父母课堂

聪明是练出来的

父母是孩子最好的老师

文祺○编著

应急管理出版社
·北京·

图书在版编目（CIP）数据

聪明是练出来的,父母是孩子最好的老师/文祺编著.
－－北京：应急管理出版社，2019（2020.7 重印）
（父母课堂）
ISBN 978－7－5020－7739－6

Ⅰ.①聪… Ⅱ.①文… Ⅲ.①家庭教育 Ⅳ.①G78

中国版本图书馆 CIP 数据核字(2019)第 252524 号

聪明是练出来的，父母是孩子最好的老师（父母课堂）

编　著	文　祺	
责任编辑	高红勤	
封面设计	小红帆童书	

出版发行　应急管理出版社（北京市朝阳区芍药居 35 号　100029）
电　话　010－84657898（总编室）　010－84657880（读者服务部）
网　址　www.cciph.com.cn
印　刷　山东大族文化传媒有限公司
经　销　全国新华书店

开　本　880mm×1230mm$^1/_{32}$　印张　40　字数　960 千字
版　次　2020 年 1 月第 1 版　2020 年 7 月第 2 次印刷
社内编号　20192856　　　　定价　128.00 元（全八册）

　　智商 (IQ) 的高低反应了一个人智力水平的高低。智商是人最基本的一种智能，如果没有一定的智商作为基础，人的整体智能发挥就会受到严重制约。

　　作为父母，都希望自己有一个高智商的孩子。一般而言，智商高的孩子具体表现在：有较强的观察力，通常可以在普通孩子看不出问题的地方发现问题；有比较强的记忆力，善于在理解的基础上进行记忆；有着非常丰富的想象力，标新立异；思维敏捷、深刻，理解能力强，易掌握事物的本质，抓住问题的关键，善于对事物进行分析、比较、对照、归纳、总结和推论；求知欲旺盛，喜欢打破砂锅问到底。

　　需要注意的是，高智商的孩子一般自尊心、自信心、好胜心都特别强，但他们的组织纪律性却特别差，甚至特别反感外部的一些规矩，时间一长，容易产生优越感，把骄傲之气表现得淋漓尽致，最大的一个弱点就是在交际能力较弱。这些都是高智商孩子普遍存在的弱点。所以，在培养孩子智商的同时，不要忘了培养孩子的情商。

　　孩子的智商不是固定不变的，智商不高的孩子经过后天的培养，也可以成为一个高智商的孩子。本书从培养孩子的想象力、思维能力、注意力、观察力、记忆力、创造能力等方面入手，告诉父母们如何培养一个高智商、高情商的孩子，如何做孩子最好的老师。

目录
CONTENTS

第*1*章 培养高智商的孩子，赢在起跑线上

智商是一种表示人的智力高低的数量指标。一般而言，智商越高的人越聪明。父母从多方面对孩子进行智力的培养，才能培养出高智商的孩子，才能让孩子赢在起跑线上。

第*2*章 培养孩子的想象力，提高孩子的思维能力

孩子的想象力和思维能力，是孩子智商的重要反映指标。要想培养高智商的孩子，父母必须培养孩子的想象力，提高孩子的思维能力，两者同时进行。

第3章 培养孩子的注意力和观察力，提高孩子的智商

观察力是形成智力的重要因素之一。观察必须要用心，要集中注意力。当一个孩子对于世界产生好奇，认真地去看、去听、去触摸的时候，在孩子观察一些人、事、物的时候，孩子一定会把注意力放在他所感兴趣的事物上。因此，父母在培养孩子观察力的同时，也培养了孩子的注意力。

第4章 培养孩子的创造能力，提高孩子的智商

每个孩子都有创造能力——如果孩子没别的事情可做，他们可能就会制造一些恶作剧，在大人那里落个"小淘气鬼"的绰号。父母应该做的，便是将孩子的这种创造力，引上正确的轨道，让它保持健康发展的势头。

第5章 培养孩子的记忆力，提高孩子的智商

从小培养孩子的记忆力，是发展孩子智力的重要方法。孩子的记忆力越好，记忆的知识就会越多，反应就会越快，处理事物的能力就越强，遇到问题时就可出现"计上心来"的灵感。所以，孩子的记忆力越强，也就会越聪明。

第6章 做聪明的父母，做孩子最好的老师

父母是孩子最好的老师。父母在孩子的眼里就是模范和表率，父母的一举一动、一言一行都在潜移默化地影响孩子。父母是聪明的，孩子也会变得聪明。所以，聪明的父母要在各方面给孩子做好榜样。

第 1 章

培养高智商的孩子，赢在起跑线上

智商是一种表示人的智力高低的数量指标。一般而言，智商越高的人越聪明。父母从多方面对孩子进行智力的培养，才能培养出高智商的孩子，才能让孩子赢在起跑线上。

孩子的智力是需要开发的

父母课堂

做父母的都希望自己的孩子聪明，希望自己的孩子智力超群，甚至想把孩子培养成一个小"神童"。这是需要父母从各个方面来加强对孩子智力的开发，让孩子从小就接受训练。虽然说一个人的智力受着遗传因素的影响，但后天的教育更为重要。

孩子的智力需要开发，这是一个毋庸置疑的问题。现在的父母都希望自己的孩子是一个高智商的人，就算不是一个天生高智商的人，也要想尽各种方法来培养孩子，开发孩子的智商。其实，孩子的智力是可以被开发的，父母可以从以下几个方面着手：

1. 通过音乐教育开发孩子的智力

音乐对于孩子来说具有一种强烈的感染力，它可以非常容易就引起孩子在感情上的共鸣，孩子最早所接受的教育就是从感受音乐开始的。通过音乐，可以把孩子那份可能被埋没的才智挖掘出来。

（1）感知觉的发展是智力发展的基础

父母一定要重视对于孩子的感官训练。例如，当父母在对孩子进行音乐教育的时候，可以让孩子先闭上眼睛听周围所发出的声音，让他辨别声音的长短和高低。还可以让孩子模仿他所熟悉的东西所发出的声音，比如，小鸭子的叫声、青蛙的叫声、火车和汽车的鸣笛声。父母还要鼓励孩子把他对节奏的感受和反应，用一些简单的动作来表达出来。比如让孩子拍拍手、跺跺脚、说说、敲敲……这样可以培养孩子眼睛，嘴巴，耳朵和手脚的协调。

（2）语言能力是智力发展的重要条件

对于培养孩子智力的发展，语言能力起着非常重要的作用。日常生活中，父母可以选择一些优秀的儿童歌曲让孩子听，因为歌曲对孩子有着非常强烈的感染力，可以让孩子在听听唱唱中不知不觉丰富词汇，让孩子可以凭借自己对音乐的感觉和理解，结合自己生活实际，编出自己喜欢的，生动活泼的小故事讲给别人听，促进语言的发展。

（3）思维能力是智力的核心

孩子的思维是随着语言的掌握而发展起来的。当父母在教孩子唱歌的时候，可以让孩子在熟练地掌握歌曲旋律的情况下自己编旋律，自己填上自己想唱的歌词，还可以让他编几个和歌词相对应的动作。这样对孩子思维能力的发展有所帮助。父母还可以为孩子选择不同的音乐以启发孩子根据不同的音乐来表达自己不同的感受。

2. 在游览中开发孩子智力

怎样利用参观游览来促进孩子身心健康和智力发展，同时还达到让孩子获得知识和开阔眼界的目的呢？

首先，当父母要带着孩子去参观和游览时，应该一边走一边和孩子谈话，在游览的过程中看到什么给孩子讲什么。如果发现孩子对一些事情感到有兴趣的时候，可以针对这些事物对孩子进行一些有关的知识教育，在讲解的时候一定要注意其知识的准确性。

其次，如果去一些定好的地方去参观和游览，父母应该对要参观的地方事先做一些适当的了解，可以找一些资料，做好知识方面的准备。如果有一些资料找不到的话或解说的不是很详细，可以根据里面的说明牌给自己孩子讲解。

最后，父母必须明确自己的目的，要知道除了游玩之外，最重要的是要让孩子获得知识，让孩子从中学会观察，得到锻炼。所以，当观察到动物的时候，要让孩子去注意动物之间的不同和相同之处；观看植物时，让孩子注意看不同的花和不同的树之间有什么区别，这样可以培养并提高孩子的比较和鉴别能力；当参观一些名胜古迹、古代建筑的时候，让孩子注意建筑物的形体特征，比例和色彩等方面的问题。要让孩子懂得，今天之所以可以看到这些壮观的建筑和秀丽的风景，都是人们用智慧和辛勤的劳动创造出来的，这样可以培养孩子的爱国主义精神以及对创造活动的向往。

想要做到这些，父母必须要有渊博的知识，以及对一些旅游胜地的了解才能正确地回答孩子所提出的问题，从而满足孩子的好奇心，并且充实他的知识面，相对的，他的智力也就会有所提高。

3. 在劳动中开发孩子智力

很多家庭在周末清扫卫生的时候，往往是一个人在打扫，而另一个人在照顾孩子。这种并不是最佳的，父母完全可以让孩子试着参加家庭劳动，不久父母就会发现，孩子在劳动的时候是快乐的，并且通过劳动还可以提升孩子的智商和情商。

劳动是一项中华民族的传统美德。让孩子参与劳动不仅可以增长孩子的知识面、锻炼孩子的意志力、增强孩子的责任心，还可以培养孩子做事有始有终、尊重他人劳动的良好品质。

通过研究发现，就算一些年龄小的孩子，比如三四岁的，他们的身心发展水平也都具备了参加一些简单劳动的基本条件。当他们的体力随着年龄的增长而加强，身体的活动也更自如，手的动作也更灵活。当他们有一些简单的知识经验后，再加上孩子有着超强的好奇心，好动，好模仿。如果在正确的教育影响下，他们是会很乐意去参加各种力所能及的劳动的，而且他们还可以从劳动中获得知识，找到快乐。所以，父母不要把所有的家务劳动都自己做，带着孩子一同劳动，一同分享劳动所带来的快乐。

什么样的孩子智商高

父母课堂

到底什么样的孩子才会拥有高智商呢？一般而言，父母文化程度高的孩子、眼球灵活的孩子、体重适中的孩子、爱笑的孩子、爱争论的孩子、勤于运动的孩子、多与父亲打交道的孩子、睡眠充足的孩子……智商比较高。

每个父母都希望自己的孩子智力过人，拥有过人的智商，但是到底什么样的孩子才会拥有高智商呢？为什么这样的孩子会拥有过人的智商呢？这些都是需要父母自己去深思的问题。

1. 父母文化程度高的孩子

孩子的第一个生活环境就是家庭，不管是从身体、智能还是从心理等许多方面家庭都对孩子产生了潜移默化的影响。英国专家提供的一份资料就是最好的证据：父母都是小学文化程度的孩子平均智商是 98.3，父母都是初中毕业的孩子平均智商为 103.3，父母都是高中毕业的孩子平均智商达到 108.1，而父母都获得大专和大学文凭的孩子平均智商是 109.9。这些数据充分说明了一个问题，就是：父母的文化程度超高，孩子的智商也相应的高。

2. 眼球灵活的孩子

美国的专家通过对照观察显示，那些目光灵活、眼球运转快的孩子智商比较高，而那些目光呆滞的孩子智力就比较差。究竟是为什么呢？其奥妙就在于眼睛是一个人所有感觉器官中向大脑输送信息量最多的器官，其中 90% 以上的信息都是来源于眼睛。眼睛视物越快，大脑受到的良性刺激就越多，智商也就越高。因此，要好好保护孩子的视力，让其多看多想，提高视觉的灵敏度，促进智力的发展。

3. 体重适中的孩子

研究人员将超过正常体重 20% 的肥胖孩子与同龄正常的孩子相比较，智商尤其是操作智商的相差十分大，不管是从视觉、听觉以及接受知识的能力，前者均处于低水平的状态。神经解剖学家为此所做的解释是，肥胖儿大量脂肪进入脑内，挤压脑的沟回，妨碍神经纤维增生与沟回形成，致使大脑皮层平滑，神经网络简单，医学上称为肥胖脑。所以，父母一定要注重孩子的平衡膳食，让孩子坚持体育锻炼，削减超标的体重，这是提高肥胖儿智商的重要一招。

4. 爱笑的孩子

一般喜欢笑的孩子都比较聪明，这是美国华盛顿大学医学专家在系统地研究了年龄与智慧之间的关系后得出的结论。他们观察到，聪明的孩子对外界事物的发笑年龄比一般的孩子要早，次数也更多。

从孩子的发育进程看，一般在生后 2~3 个月时在父母逗引下发出微笑，称为天真快乐反应，这是孩子与他人交往的第一步，在心理发育上是一个飞跃，对脑发育是一种促进，被誉为"一缕智慧的曙光"。为人父母者应及时抓住这一缕"曙光"。具体做法是，父母多向孩子微笑，给以新奇的玩具、画片等激发其天真快乐的反应，让孩子早笑、多笑，这样的孩子长大后智商也会比较高。

5. 爱争论的孩子

争论是一种语言上的斗争，想要战胜对方就必须采用最流畅、最简练也最有逻辑性的语言。因此，争论可以给孩子提供一种特殊的语言学习和训练机会，在争论中发展完善发音器官，积累丰富的语言因素，改进语言形式，增强表达能力……所以，喜欢争论的孩子大多也都非常聪明。

6. 勤于运动的孩子

美国贝鲁奇学院纽索拉博士的一项研究发现，凡是每天坚持

20 分钟跑步或健美操的孩子，学习成绩明显优于那些懒于运动的孩子。锻炼能使大脑处于最初的启动或放松状态，想象力会从各种思维的束缚中解脱出来，变得更加机敏，更富于创造力。

7. 吃母奶的孩子

英国剑桥大学营养学家对 300 名 7~8 岁的儿童做了智商测验，并与其在婴儿期的食谱进行对照，发现吃母奶长大的孩子普遍智商更高，平均比吃牛奶的孩子多 10 分。其奥秘在于母奶中含有多种可以促进大脑发育的活性物质，特别是一种叫作牛磺酸的特殊氨基酸，不仅能增加脑细胞的数量，促进神经细胞的分化与成熟，更有助于神经网络的行成。与牛奶相比，母奶中牛磺酸的含量高出 10 多倍。

8. 经常欣赏音乐的孩子

从 3 岁开始，孩子的感知、思维、反应和表达能力都有了突变，如果教育得法，这将是一个初露锋芒的重要时期。如贝多芬 3 岁学钢琴，6 岁登台演奏；莫扎特 3 岁学钢琴，7 岁作曲；肖邦 3 岁半学钢琴，7 岁旅行演出。大名鼎鼎的科学家爱因斯坦也是从幼年开始学提琴的，音乐促进了他的智力发展，为他后来潜心探索科学创造了良好条件。著名的"狭义相对论"思想不就是在他连续两周的音乐演奏中润育成熟的吗？爱因斯坦深有体会地说："我的许多科学成就是从音乐启发中而来的。"更确切地说，是由于幼年开始的音乐学习赋予了他超人的智力。

9. 多与父亲打交道的孩子

据调查，常与父亲相处的孩子，对外界刺激的敏感性、生活的独立性和自信心等方面更具有优势。资料显示，常与父亲在一起的孩子，对新奇的事物兴趣更浓，社交能力更强，数学成绩更好。但愿所有做父亲的，平时工作再忙，也要注意多与孩子亲近，与孩子一起讲故事、做游戏、看书、画画等。这样，长时间的耳濡目染，可以开启孩子的智力，使其学有所成。

10. 睡眠充足的孩子

法国科学家以 7~8 岁小学生为对象，观察到孩子的学习成绩与其睡眠长短关系密切。凡是睡眠少于 8 小时者，61% 的孩子功课较差。而每晚睡眠 10 小时者，76% 成绩中等，11% 成绩优良，只有 13% 功课较差。这种说法得到美国多伦多大学心理学教授的印证，他们强调睡眠的重要性与学习书本知识等同。对复杂逻辑游戏，完全不睡或少睡的孩子明显落后。

决定孩子智力的因素

父母课堂

有很多因素可以决定孩子的智力，其中有一些因素对孩子智力的影响作用是不可低估的。所以，作为父母，对这些因素一定要了解，并为孩子智商的发展创造条件。

父母都希望自己的孩子聪慧过人，可怎样才能如愿以偿？众多资料显示，下列因素对孩子智力的影响作用甚重。

1. 饮食

吃肉过多或贪吃的孩子智力减低。不吃早餐的孩子智力会受到影响，这是因为早餐摄入的蛋白质、糖、维生素和微量元素等是健脑的重要成分。

2. 环境

生活在枯燥环境里的儿童，如弃婴，得不到母爱及良好的教育，智商会较低。据研究调查表明，这类孩子 3 岁时平均智商仅为 60.5，反之，处于良好环境的 3 岁儿童智商平均可达 91.8。

3. 药物

某些药物会影响儿童的智力，如长期服用抗癫痫药物可使智商降低，当停药若干年后，智商会有所提高。

4. 人体生理节律

科学研究表明，每个人从出生起一直到生命终止，身体内一直存在着体力、情绪及智力三方面的周期性变化，这种周期性的变化是人体生理节律。

人体处于生理节律低潮期或低潮与高潮期临界日时，身体易疲倦，情绪不稳、做事效率低、注意力难以集中、健忘、判断力下降。同时，身体抵抗力下降，易被病菌侵扰，感染疾病的概率增大。受孕时，如果夫妻一方处于高潮，另一方处于低潮，易生出健康和智力情况一般的孩子；如果夫妻双方都处于低潮期或低潮与高潮临界期时，也易生出体弱、智力有问题的孩子。

5. 婚育时间

抽样调查结果显示：母亲在 23 岁以前所生子女的平均智商为 103.24，而在 28 岁期间生育者高达 109.29，但 29 岁以上所生的子女智商又低于 105，故专家建议 24~29 岁为女性的最佳生育年龄。至于男性，则以 30 岁左右为优。"早生贵子"与"晚年得子"对子女的智力发育皆是不利的。适宜的年龄在生育孩子的过程中，可让父母有充沛的精力，对提高孩子的智力发育也是非常重要的。

6. 维生素 C 摄入水平

美国营养学家曾以 350 多名幼儿作为检测对象，发现其每 100 毫升血液中含维生素 C 在 1.1 毫克以上者智商高出平均水平 5 分。这主要是因为人脑细胞中负责向脑输送养分的神经管，容易堵塞变细，致使大脑缺乏营养而功能减退，维生素 C 可使神经管保持通畅，保证大脑的营养供应。

7. 血缘关系

一般说父母智商高，孩子的智商也不会低。这种遗传因素还表现在血缘关系上。有一种学说认为，父母血缘关系越远，孩子智商越高；混血儿漂亮又聪明是常被这种学说引用的一个证明。当然，不同种族、民族之间的婚配也能生育聪明的孩子。近亲婚配是生育痴呆儿的祸根，"同村婚育"等就地取材式婚育观念也是不宜提倡。据说，新疆达坂城的姑娘越来越难看就是因为其拒绝与其他地域的人通婚所致。有学者研究发现父母均为本地人，其子女平均智商为 102.45，同省异地通婚者上升到 106.19，异省者达 109.35。可见远血亲关系与下一代的智商相关，择偶时不妨考虑。

怎样提高孩子的智商

父母课堂

> 有很多这样的父母，为了孩子毫不吝惜金钱，以为买够了孩子所需要的一切，就可以有利于孩子智力的发展。其实这些确实有好处，但却是远远不够。有很多事情光靠金钱是不行的，需要父母自己去做。

不难找到这样的父母，他们为了孩子毫不吝惜金钱，以为买够了孩子所要的一切，或者能请到一名好的家庭教师，或者千方百计进入一所好的学校，那么孩子的智力发展就不成问题了。的确，做到这些，肯定对孩子的智力发展有好处。不过，仅有这些还远远不够，因为还有许多事是父母自己应该做而别人所不能替代的。

为了能够让孩子可以在智力方面有良好的发展，可以在未来的社会竞争中以智慧能力取胜，父母到底能做些什么呢？

1. 为孩子创造好的家庭环境

只有良好的家庭环境才有可能培养出智力优秀、聪明活泼的孩子。而所谓的家庭环境是包括两个方面的：一是物质环境，要让孩子具备基本的生活用品，有良好的学习环境，有活动的场所；二是心理环境，指和睦友爱的气氛、民主宽松的态度、无拘无束的沟通，以及父母自身的榜样……它比物质环境对孩子的智力成长更重要。这两方面环境的好坏，很大程度上决定着孩子的发展前途。通过科学研究证明，即使两个遗传素质完全相同的双胞胎，如果在不同的家庭环境中长大，他们的智力发展水平也不相等，在比较优裕的家庭环境中长大的孩子智力发展会更优秀。

2. 为孩子提供创造的机会

孩子的成长，是通过自己不断地体验和学习才实现的，所以，父母应该尽可能地为孩子提供一些体验的学习机会。如果父母只是以自我为中心，对孩子不闻不问，或忽冷忽热，在空闲的时候拿孩子逗乐，心烦的时候拿孩子出气。这样，是肯定不利于孩子智力的发展的。

智力的内容包括很多方面，孩子可以朝着不同的方向去发展。可是，当孩子幼儿时期很难辨别出孩子的智力到底适合向哪个方面发展。所以，父母的责任就是要保证从多个方面给孩子提供发展机会。有的父母只是按照自己的兴趣和期望，从而在孩子幼儿时期就规定了孩子的发展方向，让孩子单一发展，这样对孩子的成长是非常不利的。要知道，不管是哪一个方向的才智，都是需要在早期打下坚实而宽广的基础。如果没有全面扎实的基础，某一方面的才能即使能够得到暂时的进步，也不过是昙花一现。

3. 对孩子的兴趣给予关心和鼓励

在培养孩子某方面的才能时，父母不能过急，如果过于着急的话，"欲速则不达"。孩子往往会对强迫式的训练说"不"，一旦接受不了，孩子就会想尽办法去逃避训练。正确的做法应该是让孩子在轻松自由的气氛中自发地产生兴趣、感受乐趣。

对于孩子的兴趣，父母应该倍加珍惜。当孩子对某件事情产生兴趣时，也正是父母的指导最有效果的时候，错过时机，以后的指导只会事倍功半。孩子常常会缠着父母问问题或是要求讲故事，这正是孩子感兴趣的表现，如果父母粗暴地以一声"自己一边玩去"拒绝，对孩子的求知欲无疑是一次打击。但如果父母能耐心解释或启发孩子一起思考，则有利于孩子以后语言的发展和思维、想象的发挥。在孩子有兴趣时加以拒绝，以后即使设法弥补，恐怕也难以奏效了。要知道，孩子的兴趣是非常容易变化的，可能到你想要培养他的兴趣时候，他已经对那个时候的兴趣不再感兴趣了。

4. 让孩子体会成功的乐趣

不管什么时候，父母都不可以去嘲笑孩子的努力。常常会听到一些父母这样的训斥："你怎么这么笨啊，那么简单的题都会错！""人家小明又考了 100 分，你呢？整天只知道玩！"这些批评虽然是出自一片好心，想让孩子做得更好一些，但是这些方式只会伤害到孩子的自尊，让孩子畏惧学习。父母应该尽量避免这样的批评，对孩子所做出的努力给予肯定，哪怕是一些微小的进步也要给予赞赏，让孩子体会到成功的快乐。这样既是对孩子最好的精神奖励，同时又有利于激发孩子对下一次尝试的期待。

5. 尽量理解孩子的心理世界

在孩子的眼里，世间万物都是有生命的。他们不能正确区分有生命和无生命的物体，在心理学上，这被叫作"泛灵论"。他们会把蜿蜒雄伟的长城看作巨人横卧；把桌上的瓷娃娃看作站岗的哨兵；杯子摔碎了，他会说杯子好疼。到四五岁以后，孩子会认为能动的东西都是有生命的，不能动的东西是无生命的，如街上跑过的汽车、天上飘动的云彩在孩子心里都是有生命的。父母要理解孩子在言谈举止间所表露出的这种意识，以孩子能理解的方式与孩子进行交流。而不能简单地将孩子这种看待世界的方式视为错误加以否定。

孩子的头脑里充满了幻想，儿童时期孩子还不能把现实世界和想象世界截然分开。如果孩子回到家里说他看见一只像马一样大的狗，父母不要以为孩子在撒谎，那只是他的想象。孩子伸开双臂绕圈跑动，也正是他幻想着自己是一架飞机的表现。不会将幻想和现实世界区分开，并不是孩子的头脑有什么不对，而这正是他们幼儿时期的正常表现。此时的孩子，正是在想象和幻想中生活，所以他们非常容易接受暗示。只要大人稍稍给以启发，孩子就可能发挥想象来一番表演。所以，不能简单地把孩子的想象和幻想看作胡思乱想，因为自由自在的想象是孩子智慧成长的必经之途。

6. 营造轻松愉快的智力活动氛围

孩子的智慧和才能并不只是靠枯燥乏味的训练就能培养，更不可能靠父母的强迫压制而得到发展，而只有体会到智慧活动的乐趣，在轻松愉快的氛围中喜欢上智力活动，才会自然地培养出良好的智力技能。对父母来说训练孩子的智力，实际上就是一种高级的游戏，是为了孩子的发展和成功。因此，父母没有必要把智力训练看成一种紧张拘束、一板一眼、不得不完成的任务，不必作出任何过于严格、一成不变的硬性规定。父母对孩子的智力训练应该是一种轻松自然、无拘无束、开心尽兴的共同享受，是家庭生活中一种快乐的游戏。不论是父母，还是孩子，不要因为做这种高级游戏而失去什么，而应从中都得到了快乐和智慧。作为参与游戏的一方，父母不应带着任何一点紧张、无奈、敷衍、应付和不高兴的表情和心情。如果父母觉得是一种负担，那么对孩子肯定也是一种压力，因为他不能从中得到愉快的交流。因此，父母应该在自己充满热情和兴趣时用孩子喜闻乐见的方式对孩子进行智力训练。为了给自己减少负担，更是为了孩子生活愉快，所以一定不要用强迫的方式来训练孩子。

7. 多用表扬来激励孩子

虽然对于孩子不守纪律、胡乱冒险等不好的行为，父母可以给予适当的训斥。但是，把训斥作为激励孩子的唯一手段，这种做法过于草率。有些父母对孩子不是训斥，就是吆喝，到后来，父母的好言相劝、轻言细语对孩子失去了作用，孩子已经养成了听不到训斥和吼声就不行动的习惯。

望子成龙乃人之常情。有些父母往往对孩子有较高的期望，一旦孩子达不到如期效果，就十分急躁，接着就开始训斥甚至打骂孩子。有些父母甚至信奉"棍棒底下出才子"。可是，看看周围，哪个有出息的孩子是真的在父母整天的训斥打骂中成长的呢？一味地训斥和强迫难道真的能取得父母所期望的效果吗？

经常受训斥和指责的孩子心里会想：我究竟做错了什么事，爸爸妈妈要对我这样厉害呢？渐渐地，孩子会对自己的能力失去信心，放弃尝试努力，只想着怎样逃避父母的训斥。其结果是，孩子的才能难以发展。实际上，如果父母全力以赴地以积极乐观的态度为生活而奋斗，孩子消极畏缩缺乏自主，这种情况父母必须引起重视，应该静下心来，反省自己的教育方式，耐心细致地体察孩子的成长，承认和肯定孩子的细微进步。即使孩子没有达到父母的期望，但总比以前有了一点进步！重要的是父母应该对孩子的进步给予肯定和表扬，让孩子也知道自己的进步，知道父母为自己的进步而高兴。孩子对父母肯定自己的成长感到满足，就会树立信心，会更好地去努力了。

对孩子来说，表扬比训斥更有效，用表扬和肯定的方法对孩子更有好处。

孩子的智力和营养有密切的关系

父母课堂

父母都希望能生出一个既健康漂亮、又聪明伶俐的孩子，许多孩子在懂事以后也都想使自己聪明。但是，父母们知道吗，孩子的饮食也决定了孩子的智力。所以，也需要注意孩子饮食方面的一些问题。

使孩子更聪明，除了先天遗传因素外，后天环境因素中，全面均衡的营养是首要因素，其次才是教育因素和个人的努力。所以，父母要特别注意孩子的饮食，因为食物对孩子的影响非常巨大。比如，多吃些对智能提升有帮助的食物能使孩子变得聪明；多吃了对智能提升有伤害的食物不但使智能提升训练事倍功半，甚至会使孩子的大脑变笨。这些都是需要父母注意的。

孩子渐渐长大时，食物中的成分对智能提升仍有很大影响，吃鱼对大脑有帮助，但在鱼之外尚有多种营养素，能帮助孩子的学业突飞猛进。

有一些化学元素，也能深远地影响智能提升。只需极为微小的分量就能明显帮助改善智能提升的生理功能。因此，过去一直没有特别注意，直到最近一连串的科学实验结果，才显示出微量元素和一些营养物质与孩子的智能行为之间的密切关系，这些微量元素有着惊人的威力。人体含有必需微量元素共14种：铁、锌、铜、碘、氟、锰、锡、钼、钴、硒、铬、镍、矽、钒，占必需元素的0.15%。

与孩子智能行为关系较大的有蛋白质、维生素以及几种微量元素。

1. 蛋白质

蛋白质对智能行为的影响。蛋白质是一切生物体的必需组成成分，也是决定各类细胞和组织生理功能的首要物质基础。脑组织中功能越高的部位含蛋白质就越多。蛋白质影响孩子智能行为改变的机理是通过神经递质起作用的，而神经递质又是由氨基酸转变而来的。脑中所含自由氨基酸的总量约为血浆的8倍，谷氨酸及谷氨酰胺在脑中的含量约为血浆的17倍。谷氨酸为兴奋型的神经递质，是学习记忆的关键物质。还有两种氨基酸与大脑发育有密切的关系，即核苷酸和牛磺酸。前者是大脑细胞新陈代谢的基础物质，它参与细胞分裂与更新，对婴幼儿脑细胞形成发育至关重要。后者属必需氨基酸，对人脑神经细胞微管蛋白质的合成具有明显的促进作用，在神经细胞增殖的高峰期表现得尤为突出，在人脑神经细胞的分化成熟过程中发挥着重要作用。

2. 维生素

我们再看看维生素与智能行为。维生素 B1 缺乏时会出现神经衰弱症候群，全身无力、烦躁、焦虑不安、记忆力减退，思维迟钝等。维生素 C 缺乏时出现头晕、失眠、焦虑、记忆力减退。维生素 B6 缺乏时可出现惊厥、烦躁、焦虑不安、生长延缓。维生素 B2 缺乏时影响铁的吸收与储存。

3. 铁

铁在脑中主要集中在苍白球、黑质、尾状核、视丘等部位，是胆固醇和脂质合成的辅基，直接参与了髓鞘的形成。此外，铁还参与了氧化还原代谢，由此间接地参与了髓鞘形成。缺铁时含铁酶及铁依赖酶活性降低，引起一系列生化改变，能影响大脑生理过程，使脑发育迟缓，脑功能受损伤，从而加重了智能行为障碍。

缺铁常有倦怠、懒动、偏食、易怒、不安、易激惹，对周围事物反应低，注意力不集中，学习成绩差等行为改变。此外，其智力发育与非贫血者相对比较低，机体的平衡性和协调性以及语言能力等均有障碍。还有研究发现，隐性缺铁小儿兴奋躁动，反应差，语言发育落后，还发现对母亲的反应比正常的孩子迟钝，观察力也比正常的孩子差。屏气发作是缺铁婴幼儿常见的行为问题，使用铁剂治疗可以减少或停止发作。

4. 锌

锌是人体内重要的必需微量元素，在人体中总含量 2~3 克。

锌参与了 100 多种酶的组成。是合成 DNA、RNA 和蛋白质所必需的微量元素。缺锌 18 小时就会影响到 DNA 的复制，36 小时影响 RNA 的合成，48 小时影响蛋白质的合成。锌在大脑中的分布与蛋白质相似，海马部位含锌最高，对维持脑发育与正常功能具有重要意义。缺锌后将严重影响细胞的分裂和分化，可使脑内超微结构及神经递质的水平改变，引起异常行为。

对于怀孕的人来说，怀孕早期缺锌可能会引起流产；怀孕晚期缺锌可能会引起早产、孩子体形小、畸形儿，其中最多的畸形为中枢神经系统畸形；暂时缺锌可能会影响胎儿将来的智能发育。儿童缺锌常伴有神志淡漠、反应迟钝、注意力涣散、学习困难、多动、智力降低，尤其是抽象思维能力降低、异食癖……缺锌也可影响视觉与听觉功能，暗适应能力……感音性耳聋与缺锌也有关。羊水中含锌量的多少与胎儿的生长发育密切相关。羊水中含锌量高的胎儿，生长发育会更好。

5. 铜

婴幼儿及儿童缺铜后会发生精神发育停滞、神志淡漠、嗜睡、视觉障碍、运动迟缓或共济失调，以及智能发育迟缓。缺铜时常易出现骨质畸形或病理性骨折。铁的吸收率下降，易引起贫血，且补铁后贫血不易纠正；皮肤、毛发色素减少。

6. 碘和硒

胚胎形成 14 周是碘影响胚胎生长发育的最重要时期。碘参与髓鞘形成及神经传导过程，影响脑的发育。碘缺乏症是全球性的公众健康问题，常见智力和体能发育异常。妊娠早中期发生的严重缺碘可以导致发育延滞，黏液性耳聋。新生儿早期缺碘，主要表现为生长阻滞、畸形和听力障碍。资料表明，缺碘地区儿童智商比非缺碘地区低 10%~15%，缺碘儿童不仅智力低下，并有不同程度的运动、听力和语言障碍。部分亚克汀病患儿，早期无明显异常表现，但上学后逐渐表现出学习困难，成绩下降，尤其是数字计算、抽象思维、综合判断等方面的困难。

缺硒比缺碘更影响脑部发育指标，表现为：在缺硒的地方，其髓鞘基本蛋白质和大脑的神经营养因子 RNA 的降低更为显著。

总之，营养物质是脑发育的物质基础，全面均衡的营养供给可以促进大脑的正常发育和智力发展。如果营养异常（缺乏或过多），都会导致脑结构及脑功能的异常，影响胎儿及婴幼儿的智能发展，并引起异常行为。

别把测智商的结果看得很重

父母课堂

越来越多的父母热衷于测试孩子的智商，甚至有的父母会根据孩子的智商而评定孩子的人生，这样的做法是完全错误的。当然，测智商本身没有什么不对，不对的是父母在孩子测智商后的态度。其实，智商是可以提高的，如果孩子的智商不高的话，可以通过后天的培养提高上去。

当父母们知道了孩子的智商可以决定孩子的一生时，他们就热衷于给孩子测评智商，如果测评的结果是高分，那么父母孩子都高兴；如果测评的结果是低分，那么父母孩子就都垂头丧气，有的父母甚至会因此而埋怨孩子。其实，不光是父母看重孩子的智商，就连一些幼儿园在接收孩子之前也都会替每个孩子做个智商测评，当孩子进入幼儿园，会让孩子经过一段时间的学习之后再测评。幼儿园就是用这个孩子来检测孩子们学习的进步情况的。

其实，对于智商测试，从其出现的第一天起，就有人对于其准确性和有效性抱着怀疑的态度。当然，随着人们不断地试验，不停地试用，对其准确性的怀疑已基本消灭。然而，其有效性还是有待研究和观察的。

对于智商的测定，有关资料表明，在孩子5岁之前所测定的智商对孩子以后的表现不具备预测能力，孩子6岁时，是对孩子进行智商测定的最早也是最佳的年龄。

国内为孩子测智商的机构不少，但真正权威的并不多，其科学性和严肃性也就大打折扣。因为，测智商，不像查视力、测身高、量体重那么简单和机械。那么，对于孩子的智商测定要如何看待呢？我们不妨听听专家怎么说。

殷红博(幼儿教育专家)认为，当今智商测试内容仅包含语言、数字和图像，不全面，人的智力因素大大超过这三方面。单纯以此来衡量一个孩子的智力，对孩子有失公允，如果再有意无意地给孩子某种心理暗示，很可能对孩子的成长不利。因为，2~15岁的孩子处于成长发育的自我认知阶段，他们要通过他人的反应来认识和判断自我。他还强调一点：人的智商是变化的，一次测试只能说明孩子此时此刻的智力状态，不能由此一锤定音，更不能把它视为对孩子一生智力的评判。

另外，在发达国家，智商的测定是极其严格的：测试人员必须经过专业培训、有教育学方面的知识、懂得孩子的心理、有标准的设备……整个测试区域的环境和氛围必须"到位"，甚至对光线、室内陈设、温度、湿度等都有明确的界定；测评人员说话的方式、速度、声调、面部表情等都可能对被测试的孩子产生影响；而孩子当时的生理状态和心理状态也都直接影响到测试结果。智商测定绝不是一知半解的人就可以随便进行的。

当然，有一点是肯定的，那就是：人的智力水平与他的成才是有一定关系，智力是成才的基本条件之一。但是，还是有很多人在小时候是高智商儿童，他们长大会碌碌无为。其实，这样的例子在我们古代已经出现过了。

我们都知道这样一个故事：在我国的古代有一个叫作仲永的小孩，他是一个聪明过人的孩子，有超强的记忆力，并且可以当场作诗作文。正是由于他有这项才能，他的父亲就带着他到处表演，挣了不少钱。但是，过了若干年之后，这个昔日的"神童"已经变得和普通人一样了。这个时候，仲永的"智商"没有起上什么作用。

对于孩子测智商，有些家长是抱着这样的想法的，他们认为，如果经过测验，孩子是高智商，他们就会全力培养孩子；如果孩子的智商一般或是较低，那么就让孩子自己发展，不需要对孩子花费那么大的力气。其实，这是一种非常危险的想法。不管孩子的智商是高还是低，父母都要对孩子负责，不要因为智商的问题而耽误了孩子的一生。

1905 年，法国心理学家设计世界上第一智力测验。这些测验，共 30 题，由浅入深，测试人的判断理解及逻辑等能力。这套测验，给当时的法国政府采用，用来测试学童的智力，以找出那些智力较低者，为其提供特殊教育服务。不断修正先前设计的测验，得出一个"智力年龄"的概念。

智力年龄（Mental Age）是指某个年龄组别的孩子，平均而言所能达到的智力水平。比如，一个 8 岁的小孩子，他在智力测验的表现，跟普通 10 岁的孩子一样好，我们就说，这个孩子智力年龄是 10 岁，虽然他的实际年龄只有 8 岁。

1916 年，心理学家 Stern 提出一个"智商"的概念：如果一个小孩子的智力年龄与他的生理年龄一样，那么他的智力就是一般；但如他的智力年龄高于或低于他的生理年龄，他的智力便高于或低于一般水平。

智商（IQ）=（智力年龄 / 生理年龄）×100％

比如上例中，小孩的智力年龄是 10，生理年龄 8，故智商 =（10÷8）×100=125。

智商（IQ）智力等级

140 以上	天才或近于天才
120~140	智力优异
110~120	智力较高
90~110	普通智力
80~90	迟钝偶为低能
70~80	介乎迟钝与低能之间（也可归入低能）
70 以下	确定为低能

根据统计，在我国，智商小于 90 的占了全国人口的约 25%（根

据定义，智商 100 就是人口的平均智力水平）；智商在 90 与
110 之间（也就是普通智力）的人占了全国人口的约 50%；智商
在 110 与 120 之间的人约占了人口的 14.5%；智商在 120 与 130
之间的人约占了人口的 7%；智商在 130 与 140 之间的人约占了
人口的 3%；智商超过 140 的人仅占人口的 0.5%。

正确对待成绩差的孩子

父母课堂

孩子学习差，父母恨铁不成钢，着急、气恼，是可以理解
的。但粗暴地对待孩子，既无益于孩子学习的进步，也加
深了父母与子女之间的矛盾，更不要说让孩子对学习产生
兴趣了。其实，成绩差的孩子，更需要父母用心去对待。

"望子成龙"可以说是每个家长的心愿。但是，在我们的现
实生活中，由于各种各样的原因，有不少学习不好的学生，这就
使得一些家长的"神童梦"破碎，思想悲观，粗暴地对待孩子，
造成孩子心灵的扭曲、身心和学业上的恶性循环，后果堪忧。其实，
成绩差的孩子更需要父母用心地去对待。

孩子学习成绩不好可能主要有以下几方面原因：

1. 孩子智力因素方面存在问题

孩子的成绩不好可能是孩子的智力发展滞后，感觉器官先天
缺陷或后天损伤，大脑受到伤害等智力原因。另外，孩子的思维
大多都有具体、形象的特点，如果他们的抽象思维能力没有及时

地发展起来，赶不上教学内容的要求，在学一些抽象性、逻辑性知识的时候就会跟不上。孩子学习差，多半是这个原因。

2. 孩子非智力因素方面存在问题

孩子的成绩不好有可能是孩子的学习态度不端正，学习目的不明确，学习方法不得当，学习动机不强烈，学习习惯不合理等非智力原因。如果孩子年龄较小的话，性格、情绪方面对孩子的学习也有很大的影响。当孩子自制力较弱、理智感不强的时候和情绪高涨时成绩会直线上升，情绪低落时成绩则大大下降。性格外向的往往过高估计自己的学习能力，性格内向的则容易背上精神包袱。

3. 老师和家长的教育方式、方法存在问题

孩子的成绩不好可能和老师与家长的教育有关，比如教师水平有限，上课枯燥无味，让学生厌学；家长对孩子学习上的困难视而不见；或者随便训斥孩子；或者包办代替，不能正确地启发、帮助孩子……

4. 环境方面存在问题

孩子的成绩不好还可能是和环境有关，学校是孩子学习的主要场所，如果学风不好，设施、设备不完善，势必对孩子学习成绩造成影响；孩子在课余时间没有好的活动场所，没有丰富的活动内容，与社会上各种不良分子接触，受到社会上一些不良因素的影响，也自然会使成绩下降；在家庭中，家庭的结构、条件、气氛，家庭成员的素质等，这与孩子的成绩有密切关系。

由于孩子成绩差的原因是复杂的、多方面的，因此家长要抓住主要原因，比如帮助孩子树立好的学习目标和学习动机，教育孩子要有一个正确的学习态度，让孩子掌握正确的学习方法等。其中关键是对孩子既要理解宽容，又要严格要求。家长要积极主动地与学校老师联系，交换情况，共同磋商，找到好的方法。一般来说，孩子学习成绩差，只是其发展过程中暂时的波折，只要家长重视，并加以适当的教育，是能改变这种状况的。

如果孩子的学习成绩不好的话，父母就有必要对自己进行一些心理调整，首先需要父母做的是放弃过高的期望，制定一个切实可行的、适合孩子实际能力的目标。

容易厌倦的孩子可以先让他学习 10 分钟、15 分钟，完成后表扬孩子一番，日后将时间逐渐拉长，当能完成 30 分钟后，1 个小时也不再会是高不可攀的目标了。最终目标可以很高，但暂时目标不宜过高，是孩子易于接受的，这样才能不断地给孩子成就感和自信心。小的目标逐一实现，这种积累终将成为一座大山。

据报道，南方有一位中学生因学习不好长期受到父母的粗暴对待。一次他期末考试成绩没有达到父亲规定的标准，父亲罚他双膝跪地，头顶一盆凉水，不准晃动，稍一晃动就打。孩子不堪忍受，不久就离家出走了。

现在父母一般以孩子考试分数作为衡量孩子学业优劣的唯一标准，分数高者，父母高兴，给予各种奖励；分数低者，父母打骂，给予的则是各种处罚。但是，考试并不能证明学业的全部，父母不要两眼只盯在分数上。只有对孩子的学业不佳有了正确的认识，父母才能避免粗暴地对待孩子。父母只有信任孩子，对孩子满怀期望，才能调动孩子的自尊心、自信心，孩子才能具有追求进步的内部动力。父母应该了解，学业不佳的孩子对他人的态度特别敏感，稍有不慎，就会伤害他们的自尊心。父母可与学校老师联系，共同分析孩子学业差的原因，根据具体情况采取措施，帮助孩子进步。

第 2 章

培养孩子的想象力，提高孩子的思维能力

孩子的想象力和思维能力，是孩子智商的重要反映指标。要想培养高智商的孩子，父母必须培养孩子的想象力，提高孩子的思维能力，两者同时进行。

培养孩子的抽象思维能力

父母课堂

一个孩子智力水平的高低，可以通过他的抽象思维能力反映出来。父母应该对抽象思维有正确的认识，并且在教育培养孩子过程中采取有效的方法，这样才能让孩子变得更聪明。

抽象思维又称"逻辑思维"，是思维的一种高级形式。它的特点是以抽象的概念、判断和推理作为思维的基本形式，以分析、综合、比较、抽象、概括和具体化作为基本过程，揭露事物的本质特征和规律性联系。

在这里介绍一下抽象思维的特征及其实质。

抽象思维有两个最基本的特征：抽象性和确定性。由这两个特征还会派生出其他一些特征，如形式性、精密性、简单性、理论性和分析性等。不过后者都是由抽象性和确定性所决定和制约的。所以，这里主要介绍抽象思维的抽象性特征和确定性特征。

1. 抽象性

人们透过事物的现象，认识事物的本质和变化规律，把握事物间的联系，达到真理性的认识，始终离不开理性的抽象。也就是说，人们从现象到本质的认识在思维中是通过抽象来完成的。

以数学的发展为例：古埃及人和古巴伦人尽管掌握了关于空间和数量关系的大量知识，但这些知识主要是凭经验进行考察的结果。在所有古埃及人的著作中，法则仅能应用于为数有限的具体情况。在他们的几何学中，没有用一个三角形来代表一切三角形这种在建立演绎体系时所必需的一般化抽象概念。抽象的数的概念还有待引进。古希腊人则不同。数学之所以会在古希腊发展起来，就是因为古希腊人依靠古埃及人和古巴比伦人的数学素材，引进了"智力革命"，从事物的多样性中辨别出共同性，把它抽象出来，加以一般化，从而导出与更广泛的经验相符合的新关系。就是这个缘故，古希腊人被称为科学方法的倡导者。亚里士多德把抽象称为自然研究的路线或途径，并指出，科学从感觉上较为易知的混乱的集体（即现象），通过抽象达到理性上较为易知的原理（即本质）。

抽象性的实质，我们可以从三个方面去理解。

首先，抽象就是抽取事物的共同点。抽象最主要的是对同类事物去除现象的次要的方面，抽取它们的共同点，从而使思维从个别中把握一般规律，从现象中把握本质。

其次，抽象就是选取事物的深入点。一个事物往往有几个特点。抽象的实质是从这些特点中选取一个被认为在某个方面特别重要的特点，而忽视所有其他特点。这样，抽象限定探究范围，突出某一重点，限制其他思路，并把某一种思路引向深入，从而使我们能够深入地研究对象。

最后，抽象就是理想地复现认识对象。抽象的目的在于把事物加以理想化而再现于思维之中。因为不可能单纯地通过从可观察现象概括共同点来把握理想事物，所以必须脱离直观地运用思维的抽象力量创造出理想客体。同抽取共同点相比，理想化是更深刻的抽象。

抽象既是抽象思维的重要手段，也是抽象思维的重要特征。正是这个意义，我们把这种思维叫作抽象思维。

2. 确定性

确定性是抽象思维的另一基本特征。从信息论的观点看，所谓知识，就是不确定性的减少。所以，认识真理的意义，就在于不断减少和消除对自然界和社会认识上的不确定性。一般说来，认识中的不确定性来源于认识主体的感性活动和思辨的猜测。经验认识是人的感官对于自然现象的直觉认识，这种认识通常只是知识的准备和原料。作为"前知识"，这种认识的最主要特征是不确定性。抽象思维要获得本质，就必须以确定性去减少和消除。这种来源于事物现象偶然性的不确定性。只有确定性的思维所获取的认识才称为知识。因此，可以说理论知识和日常知识之间的最重要的区别就在于理论知识的命题必须具有严格的确定性，而日常知识则不需要严格的规范。

爱因斯坦曾说过，科学的概念最初总是日常生活中所用的普通概念，但它们经过发展就完全不同了。它们已经变换过了，并失去了普通语言中所带有的含糊性质，从而获得了严格的定义，这样它们就能应用于科学的抽象思维中。例如，信息和系统原是日常生活中的普通概念，信息论和系统论对它们作了严格的定义，使之成为这两门学科中的科学概念，而信息论和系统论也正是由于引入了这两个具有确定性的概念，才奠定了这两门学科的基础。

抽象性和确定性是抽象思维的两个基本特征，二者是辩证统一的。爱因斯坦有一句话，言简意赅地表达了抽象思维抽象性和确定性的这种统一。他说："科学家必须在庞杂的经验事实中间抓住某些可用精密公式来表示的普遍特征，由此探求自然界的普遍原理。"仔细体味这句话，我们便可以体察抽象思维中抽象性和确定性的统一关系。

孩子思维的成熟过程，其实就是人类由蒙昧走向文明的缩影。牙牙学语的婴儿，不会有什么抽象思维能力，他们也许搞不清苹果与梨的差异和苹果与月亮的差异在性质上到底有着怎样的不同。然而，生活能使孩子们学会抽象，比如小宝宝淘气，用手触摸火炉，烫起几个泡。有过几次教训后，他就不会再触摸任何火炉包括那些不曾烫过他的火炉了。他显然自发地形成了这样一种朦胧意识：那些东西也是火炉，也会烫人的。这种朦胧意识十分可贵，因为他已经自发地从同类事物的个体中抽象出了该类事物的共性。

不过，如果仅靠自然形成，没有足够的刺激，孩子的智力发育就会相对缓慢。3岁之前的孩子，对他进行训练，会显得过早；而对学前的孩子，父母则完全可以运用各种手段，在潜移默化中对孩子进行这方面的启蒙了。

1. 教孩子归类

父母可以把日常生活中的一些东西根据某些相同点将其归为一类，如根据颜色、形状、用途等。父母应注意引导孩子寻找归类的根据，也就是事物的相同点，从而使孩子注意事物的细节，增强其观察能力。

2. 教孩子认识大群体与小群体

首先，应教给孩子一些有关群体的名称，如家具、运动、食品等，使孩子明白，每一个群体都有一定的组成部分。其次，还应让孩子了解，大群体包含了许多小群体，小群体组合成了大群体。如动物——鸟——麻雀。

3. 让孩子了解顺序

了解顺序的概念这种学习有助于孩子今后的阅读，这是训练孩子逻辑思维的重要途径。这种顺序可以是从最大到最小、从最硬到最软、从甜到淡等，也可以反过来排列。

4. 让孩子建立时间概念

建立时间概念幼儿的时间观念很模糊，掌握一些表示时间的词语，理解其含义，对孩子来说，无疑是必要的。当孩子真正清楚了"在……之前""立即"或"马上"等词语的含义后，孩子或许会更规矩些。

5. 理解基本的数字

理解基本的数字概念有些两三岁的孩子就能从 1 数到 10，甚至更多。但与其说是在数数，不如说在背数。应该把数字具体化，如"1 个苹果""3 个人"等。父母在孩子数数时，多点儿耐心。让孩子一边口里有声，一边用手摸摸物品，过渡到眼睛"默数"。日常生活中，能够用数字准确表达的概念，父母们尽量讲得准确。同时，还应注意使用"首先""其一""第一"等序数词。

6. 掌握一些空间概念

掌握空间概念，大人们往往以为孩子天生就知道"上下左右，里外前后"等空间概念，实际并非如此。父母应利用日常生活中的各种机会引导孩子，比如："请把勺子放在碗里。"对于孩子来说，掌握"左右"概念要难些。

7. 在游戏中发展孩子的思维

游戏是培养孩子抽象思维能力最有效的途径之一。通过游戏，孩子的活动变得更复杂，其思维发展水平更高。通过搭积木、玩魔方、走迷宫、下棋、拼拼图等玩具类游戏，可以训练孩子对空间、规则等方面的认知，提高其抽象思维能力。

打破孩子的定式思维

父母课堂

孩子正处于一个身体心智发展的成长时期，如果养成定式思维的不良习惯，就会对孩子思考能力的发展、智力水平的提高产生巨大的阻力，还会限制孩子想象的空间。作为父母，要帮助孩子打破他的定式思维，这对孩子的学业进步以及身心健康大有益处。

人们常常会按照一种常规性的思维模式来思考问题，久而久之形成一种难以阻遏的惯性，它对人们的思维活动产生着严重的影响。

有这样一个故事。有两个小孩子长得一模一样，他们的出生年月日、家庭住址、电话号码、家长的姓名也完全一样，第一次看到他们的人都认为这两个孩子是双胞胎，可是这两个孩子却说不是。大家都感到挺疑惑的，就问他们是什么关系。原来，他们不是双胞胎，而是三胞胎中其中的两个。在这里，大多数人就是犯了思维错误，因为在许多人的心中两个长得像的孩子就是双胞胎，可是他们忘了还有三胞胎的存在。所以，当我们在思考问题的时候，如果可以转换一个方向，就会有很多可能，也会得到很多不一样的答案。但是，怎么样才能打破孩子的定式思维呢？

1. 培养孩子善于思维的兴趣

好奇心是孩子语言和思维的突破口。孩子的好奇心理可以凝聚成为一个又一个"为什么"，也可以说，好奇心是孩子思维最直接的反映。他们对事物越好奇，他的思维运动就越强烈。从这个意义上来说，激活孩子的好奇心，有利于培养孩子独立思维的好习惯。

好奇心是孩子的专利，父母要通过正确的引导来保护孩子的好奇心，培养孩子"打破砂锅问到底"的习惯，对于孩子所提出的问题一定要表现出兴趣，和孩子一起寻找答案，这样可以开发孩子独立思维的能力。

2. 开发孩子思维的丰富性

讲故事、猜谜语是激发孩子想象力的重要途径。孩子酷爱听故事，尤其是童话和神话，这些最能激发孩子的想象力。

童话是通过幻想创造的情境和形象来曲折地反映生活的，家长可以在娱乐中对孩子进行启发和教育。比如说：常常给孩子讲童话故事，用一些富有童话式的语言，比如"月亮婆婆""太阳公公"等，或者用童话情节将触景生情的一幕给孩子讲述出来，或者在孩子的小房间里摆放一些玩具，在墙壁上张贴一些童话故事，家具样式小巧、别致、颜色丰富等，给孩子营造一个具有童话特色的小空间，让孩子在"童话世界"中遨游。

实践证明，长期感受"童话氛围"的孩子，思维能力、想象能力、创造能力等各方面都会超过很少接触"童话氛围"的同龄孩子。

3. 培养孩子思维的细腻性

不论是培养孩子的观察力、还是培养他的想象力，在这些过程中，都无法忽略孩子在其中的存在和作用。观察是一种有目的、有计划、有组织的知觉，是一个主动的知觉过程。观察力就是指一个人对事物的观察能力，在观察中起着重要的作用，所以有人将观察称为"思维着的知觉"。

所以，父母应该从培养孩子的观察兴趣开始，向他们提供大量的观察环境与观察的题材，在此基础上以发展他们的思维能力。

比如，带着孩子走进大自然，和他们一起观察花草树木的变化、虫鱼鸟兽的习性。他们会提出一些"为什么天一下雨蚂蚁就搬家""天为什么是蓝的？云为什么是白的？""鸟为什么会飞？虫为什么会爬？"……

大自然里会有无数的"为什么"从孩子的思想中迸射出来，荒诞的、奇怪的、值得成人深思的，甚至是现代科学仍无法解答的。无从论其对与错，因为这些都是孩子思维运动的结果，他们的思维一旦飞起来就是神奇的，有时是相当深奥的。如果家长有意识地引导孩子去想象、比拟，这些事物就会在孩子头脑中变成无数美好而奇异的童话。在孩子想象的同时，家长可进一步引导孩子把自己的想象用语言描述出来，或用图画将其表达出来。

4. 培养孩子思维的灵活性

引导孩子对已经熟悉的事物变换一个角度或多个角度去认识，从而培养孩子灵活的思维能力。这样就会使孩子遇到问题时总是从多方面去发现事物的多面性、多样性、多变性，以形成全面考虑事情的好习惯。

比如，当孩子在解答出一道数学题后，家长可以对孩子进行表扬，可以鼓励孩子："如果你能用另一种方法再将其解答出来，那样会比别人掌握得更好。"凭借孩子好胜的心理，他就会努力去找出另一种解题方法。然后，家长可以用更动容的表情或语言让孩子明白他很聪明。当孩子的兴趣被激活时，家长还可以再次鼓励孩子分析这道题是否还有更简洁的解题方法。如此一来，既让孩子对数学产生一种"剖析"兴趣，又使他明白事物具有的变通性。

一个人思维的发展，不仅与其智力因素有关，而且和一系列非智力因素的个性特征也是相关的。善于思维的好习惯是由众多特征构成，其中包括孩子的种种才能和其不同于他人的人格特征。

5. 让孩子走进自然，接触社会

现在的孩子生活面并不宽，见识也比较少，再加上受传统的定式思维习惯的影响，思维水平自然就受到了许多限制。家长要利用一切有利时机让孩子走出家门，走入社会，到公园、博物馆、动物园、科技中心等地，了解社会生活，接触更多的人，开阔眼界，增加知识积累，扩大思维范围。孩子一旦具备了一定的见识，他思考问题的方向就会灵活得多，不会被旧思维、老办法限制。写河流，就到河岸上走一走，看看鱼虾飞鸟、山花野草，收集关于河流的传说、神话、历史等，激发写作灵感，增加知识，扩大思维的范围。

6. 营造宽松、自由的创新氛围

克服定式思维，其实就是打破传统，创造求新。创新思维只有在自由、宽松的环境中才能孕育。家长不要给孩子过多的限制和压力，应留给他们足够的自由思考的空间和放松的心情，以便能深刻、全面地掌握知识，提高学习成绩。

7. 从不同角度看待问题，同中求异

我们可以经常发现，对于同一个问题，不同的孩子的回答却千篇一律，缺乏新意。父母在这一点上应该给孩子适当的帮助，引导他们从不同的角度、不同的方向去思考问题，鼓励孩子发表个人意见，提倡一题多解，同中求异。

让孩子在想象中成长

父母课堂

虽然孩子的梦想可能永远都不能实现，但是每一个孩子都在憧憬未来，并会为这或远或近的"未来"投入他们全部的努力。父母一定要支持孩子的梦想，让孩子在想象中成长。

大家都知道"想象"这个词，但是它究竟有什么含义？在人的智力活动中有什么重要作用？能不能提高想象力？很多人对这些问题不一定有太多的了解。

想象是在外界现实刺激的影响下，在头脑中对记忆的表象进行加工改造，从而形成和创造新形象的心理过程。比如说，我们读古诗《敕勒歌》："敕勒川，阴山下。天似穹庐，笼盖四野。天苍苍，野茫茫，风吹草低见牛羊。"在我们脑子里就会出现一幅非常壮美的图画，而且每个人脑子里的图画各不相同。这就是每个人想象的结果。每个人在想象的时候，都借助原来脑子里的表象进行加工和创造。

在人的智力活动中，想象有十分重要的地位。俄国教育家乌申斯基说："强烈的活跃的想象是伟大智慧不可缺少的属性。"著名物理学家爱因斯坦创立"相对论"，就是采取所谓"思想实验法"，在充分发挥想象力的基础上，经过严格的逻辑思维和严密的数学推导而成的。因此，有一位物理学家赞叹爱因斯坦的成就时说："作为一个发明家，他的力量和名声，在很大程度上应归功于他的想象力给他的鼓励。"孩子在学习各门课程中都要借助想象力。没有想象力，很难理解教材中的图形、图画，对教材中用描述方法表现的具体事物也很难知道它的具体样子，写作文干巴巴，也不会有形象生动的描写。想象力，还直接关系着一个孩子创造力的发展。现实生活中的许多发明创造，都是从想象开始的。

孩子的心灵成长需要想象，其实很多孩子天生都有属于他们的梦想。孩子的童年是一个梦想生根的地方，孩子的梦想就像鸟儿飞翔的翅膀。如果缚住了孩子的翅膀，孩子永远不会知道自己到底可以飞多远、飞多高。如果一个孩子拥有了他心中的梦想，他就会做出许多让父母惊奇的事情，孩子这些多姿多彩的梦都是他最宝贵的财富。

孩子本来是充满童真、充满童趣、富于幻想的，他们想做的事情应该有很多。但是，现在的孩子离他们的梦想却是那么的遥远。在一次研究调查中，有一个这样的问题"长大之后想要做什么"，面对这个问题，有 92.71％的孩子回答"上一个好大学，找一个好工作"。这样一个成人式的回答怎么会出现在孩子的口中？大部分的孩子好像忘记了他们的年龄，所有本该属于他们的激情与幻想在他们身上毫无踪影，好像他们是一个马上要考虑工作和生存的"小大人"。看到这种情况，不禁会问，是谁让孩子变成了这个样子？是谁把孩子的幻想给磨去了？不可否认，这和父母的教育有关，父母把生存的压力过早地传播给了孩子，孩子也就自然开始压制自己内心的激情与渴望，甚至对生活冷淡，他们过早感受到了生存的压力。在生活中可以常常听到父母这么训斥孩子 "不要瞎胡想" "你不要异想天开了" ……就是这样的训斥把孩子的想象力扼杀了。

著名诗人纪伯伦说："我宁可做人类中有梦想和有完成梦想的愿望的、最渺小的人，而不愿做一个最伟大的无梦想、无愿望的人。"而人类发展的历程也表明：没有"异想天开"，便没有人类社会的进步。许多古人"异想天开"的事，经过科学家们不断地探索与研究，在今天都变成了现实。所以，当你的孩子有奇特的想法时，不要责备他们"胡思乱想"，而应当给他们以适当的鼓励和引导。

1. 父母应尊重孩子的想法

例如，你打算教孩子学习阿拉伯数字，当你在本子上端端正正地写下一个"0"时，孩子便会马上展开丰富的想象，说这是张大的嘴巴，煮熟的鸡蛋，妈妈的耳环或者其他一些你根本想不到的东西。这时候，你千万别为孩子没有按照你的思维去学习而火冒三丈，责备他："胡说！这是阿拉伯数字零。"殊不知，这样做挫伤了孩子想象的积极性，把孩子的思维过早地束缚在成人所画定的框框里，而失去了儿童应有的天真与童趣。

2. 不要把现在不可能事情认为永远都不可能发生

例如，当孩子对你说："妈妈，我长大了要到太阳上去探险。"你千万不要对他说："傻瓜，太阳那么热，上去还不把你烤成灰？"而是应当鼓励、引导孩子："你的想法很好，但那需要有丰富的知识，从现在起你就要好好学习，将来发明一种不怕太阳高温的飞船和宇航服，这样才能在太阳上探险。"父母一定要用心地倾听孩子每一个"可笑"的幻想，不要嘲笑他们，因为每一个奇妙的想象在若干年后都有可能变成现实。如果父母仅凭自己的经验来强迫孩子接受自己的判断"可能或不可能"，那么孩子独特的个性和创造性就会被无情地扼杀于摇篮之中。

3. 父母要鼓励孩子想象

一对年轻夫妇为了培养孩子的记忆力和复述力，每次给孩子讲完一个故事后，便要求孩子重述一遍。有一次，听完《狼和小羊》

的故事后，孩子认为可爱的小羊不应该被凶恶的狼吃掉，便加了一个情节：小羊拼命奔跑，大声呼救，正好被猎狗听到了，猎狗跑过来勇敢地与狼搏斗，终于战胜了可恶的大灰狼。孩子的父母听后非常生气，"我是这样讲的吗？下次好好听着，别讲错了！"孩子感到很委屈，连听故事的兴趣也没有了。对于这对年轻夫妇的做法，我们不能不感到很惋惜，因为他们扼杀的不仅是孩子听故事的积极性，还有孩子的想象力、同情心和孩子成为小作家的可能性。

孩子的"异想天开"体现了孩子独特而丰富的想象力，父母正确的引导和鼓励，将成为每一位"异想天开"的孩子攀登科学高峰的阶梯。所以，当孩子"异想天开"时，不要再对他们泼冷水了，让孩子自由地想象，让他那双想象的翅膀自由地飞翔吧。

怎样提高孩子的想象力

父母课堂

> 每个人都有一双想象的翅膀，它会把人们带到各种奇怪的地方，孩子的想象更是天马行空，完全不会照着规矩来，各种奇形怪状的东西都会在孩子想象的空间里飞扬。作为父母，要做的就是拓展孩子的想象，让它飞得更高更远。

想象是人的一种思维活动，它是人的大脑对已有的表象进行再创造，进而创造出新形象的过程。想象不是凭空产生的，想象所需要的材料都来自生活，来自人的经验。无论多么新奇、多么古怪的想象，都建立在已有的信息基础之上。想象在发明创造中

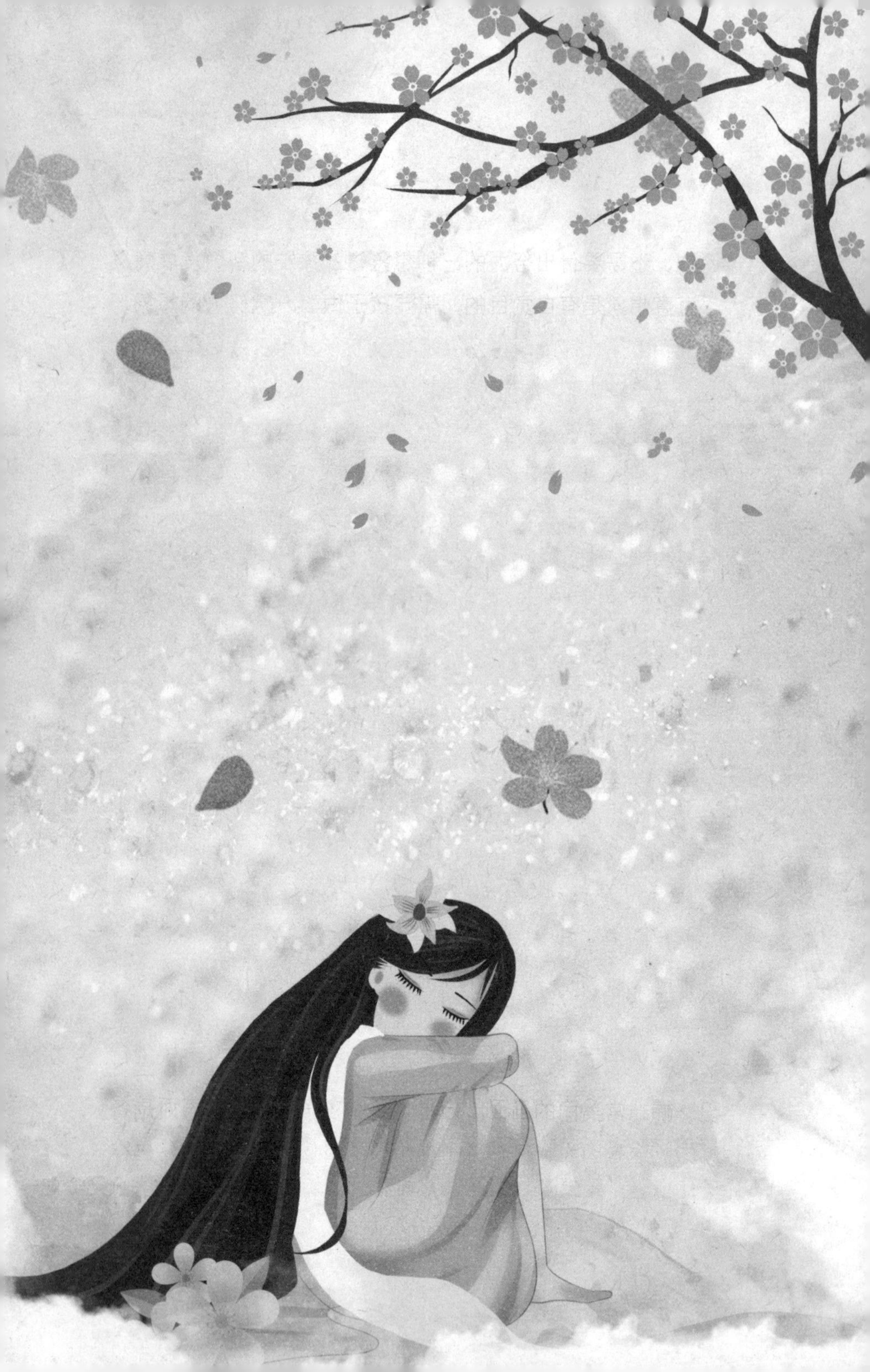

起了至关重要的作用，直接推动了人类的进步。

一般来说，想象包括无意想象和有意想象。无意想象是没有自觉目的，不需要付出努力的一种想象，对孩子的智力发展意义不大。有意想象是有自觉目的，需要孩子做出一定努力的想象，它是孩子智力的一部分，能直接促进孩子智力的发展。

有的父母认为，孩子会不会想象没什么作用，这种观点是不正确的。鲁迅是这样评价孩子的想象的："孩子是令人敬服的，他们常常想到星月以上的境界，想到地面下的情形，想到花卉的用处，想到昆虫的言语，他们想飞上太空，他们想潜入蚁穴……"事实上，孩子的想象力有时候是足以让我们这些自以为是的成人感到惊叹的。曾经有一位 6 岁的小姑娘因为做出一幅畅想未来到月亮上荡秋千的美术作品而荣获了联合国举办的世界儿童绘画比赛一等奖。因此，父母一定要重视培养孩子想象力的好习惯。

那么，有什么好方法来培养孩子的想象力吗？以下是一些好建议：

1. 丰富孩子头脑中的表象

人的想象总是以自己头脑当中的表象为基础。表象是外界事物在孩子头脑中留下的影像，它们是很具体的、形象的，是想象的基础材料。想象就是大脑在外界条件的刺激影响下，对头脑中所存储的表象进行加工改造，从而形成和创造新形象的心理过程。比如，当老师朗读一篇优美的风景散文时，每个孩子的脑子里就会出现一幅非常美丽的画面。但是，每个孩子脑子里的画面是各不相同的。这是因为，每个孩子在想象的时候，需要借助各自存储在脑子里的表象进行加工和创造。如果头脑中的表象积累越多，孩子能够用来进行想象的资源就越多。

因此，父母在日常生活中要引导孩子多观察、多记忆形象具体的东西。父母要根据孩子的年龄大小和生活环境，利用节假日，带着孩子去接触新鲜的事物。例如，带领孩子去博物馆参观，参加各种公益活动，带领孩子去郊外游玩，指导孩子观赏各种事物，仔细观察各种事物，可以让孩子记住许许多多的表象。尤其值得注意的是，农村的父母要多带孩子到城市去，让孩子认识城市的建筑、交通设施等；城市的父母要多带孩子到农村去，让孩子认识农作物，欣赏美丽的田园风景，了解花鸟虫草的生活习性等。

事实上，孩子认识的事物越多，想象就越广阔。如果父母指望孩子只通过课本来学习，是无法养成良好的想象习惯的。为了让孩子记得又多又准确，父母可以引导孩子用语言描述出来，或者以日记的形式记下来，这些都是孩子进行想象的重要资源。

2. 让孩子积累词汇

想象虽然以形象为主，但是需要用语言将想象的内容表述出来，词汇在这时起到了重要作用，词汇量大的孩子能很顺利地表述一件事情，词汇量贫乏的孩子则常常由于找不到合适的词汇而中断想象。如，一个孩子如果词汇量不大，他在自己极度兴奋的时候，只知道用"高兴"来表达，再也找不到其他的词语了。

因此，父母应该引导孩子有意识地积累词汇。比如，多给孩子提供一些富有幻想色彩的书籍，如童话、科幻作品、神话、寓言等。父母可以让孩子准备一个专门用来记录文学名句、名段的摘记本，随时把阅读中遇到的名句、名段摘抄下来，在空余时间多翻阅摘记本，巩固这些词汇。这样，孩子的词汇量不知不觉就扩大了，在想象时就可以顺利表述心中的想法，从而促进想象力的发展。

3. 鼓励孩子讲故事，读故事，记日记，画画

讲故事能促进孩子的想象能力。父母要从小就鼓励孩子自己编故事、讲故事。可以讲给同学听，也可以讲给爸爸妈妈听，这样不仅锻炼了其语言表达能力，而且也促进了孩子想象力的发展。父母也可以引导孩子按照某个主题想象，并适时地给孩子赞扬，提供一些建议。

如果孩子已经识字，父母要重视让孩子自己去阅读，这对孩子想象力的发展是大有好处的。因为，依靠父母讲解，想象的余地总归有限，自己阅读则可以主动地进行再造想象的训练。因此，只要孩子达到一定的识字量，能够自己阅读了，父母就应该指导孩子阅读，并给孩子购买一些童话、神话、民间故事书等启发孩子想象力的作品。

父母也应该鼓励孩子记日记，把好的故事记录下来，不断修改。通过不断想象，孩子的想象能力就能不断提高。

图片很能激发孩子的想象能力，父母可以有意识地让孩子多接触各种图画。例如，父母可以购买一些景色优美的风景图片和知识性、趣味性较强的图片，让孩子认真观看，并在此基础上画出来。当然，孩子画什么，父母不应限定，让孩子想画什么就画什么，这样，孩子才能充分发挥他的想象能力。通过不断地锻炼，孩子的想象能力必定有所提高。

4. 用游戏启发孩子的想象力

爱做游戏是儿童的本能，对于孩子的自发游戏，父母应该给予关注，善于引导孩子通过做游戏来发展想象力及其他能力。

创新性思维是想象力的基础。父母要积极培养孩子的创造性思维能力。首先，父母要培养孩子独立思考能力，让孩子敢于打破陈规，标新立异地提出自己的见解。

其次，父母要鼓励孩子提问，碰到自己无法解答的问题，要弄懂，或者向其他的人请教，然后再向孩子解答。

再次，父母要鼓励孩子求异思考，比如，当孩子在做数学题时，父母可以问孩子："除了这种做法以外，还有没有其他的解法？"阅读文学作品时，鼓励孩子不断问"为什么是这样？""为什么不可以是那样？"……这些都有利于培养孩子的想象力。

5. 鼓励孩子幻想

幻想是创造想象的特殊形式，它往往脱离现实，能跨越时空创造出未来事物的新形象。幻想越大胆，可能出现的错误也越多，但是其创新价值不可估量。

其实，幻想是十分可贵的。正如郭沫若在《科学的春天》一文中指出的："科学需要创造，需要幻想，有幻想才能打破传统的束缚，才能发展科学。"

因此，父母要鼓励孩子进行幻想，哪怕有时候孩子的幻想有常识性的错误，例如，孩子想让鱼在天空飞翔，让人在海底生活等，父母没有必要非要去纠正孩子，因为，孩子正是缺少常识的限制，才可以想出一些成人想不出的想法来。

第 3 章

培养孩子的注意力和观察力，提高孩子的智商

观察力是形成智力的重要因素之一。观察必须要用心，要集中注意力。当一个孩子对于世界产生好奇，认真地去看、去听、去触摸的时候，在孩子观察一些人、事、物的时候，孩子一定会把注意力放在他所感兴趣的事物上。因此，父母在培养孩子观察力的同时，也培养了孩子的注意力。

培养孩子专注的能力

父母课堂

注意力分散是孩子的一个普遍问题。一般来说，孩子的注意力不太稳定，往往对什么事都感兴趣，注意力容易随兴趣转移；同时，孩子的注意范围较小，注意力常会受情绪影响，注意分配能力也较差。所以，父母要对孩子的注意力加以引导，培养孩子专注的能力。

通过灵魂获取酬劳的唯一途径是专注，激发孩子学习潜能的一个必要条件也是专注，而一个人达到专注的最高境界就是痴迷。一旦孩子养成了痴迷的习惯和个性，那么他的智力活动便进入了一个质的提高期，而这种让他痴迷的事物也必将成为他日后极其重要的部分。所以，当一个人在做某件事情的时候一定要专注。那些今天想当歌唱家，明天想当影视红星，后天又想当艺术家的人，注定一生一事无成。

培养孩子做事专注的习惯，将会在他的人生中产生重大的影响。要知道，只有让孩子先形成一种专心的习惯，才有可能在日后对自己的事业全身心投入，不会被其他事情所干扰。所以，父母就要在孩子小的时候把孩子的专注能力给激发出来。当孩子在做某件事的时候，父母可以要求他在规定的时间内完成并帮助他排除外界的干扰；让孩子对他所感兴趣的问题不断寻根问底，深入思考；让孩子在兴趣广泛的基础上，选择最着迷的对象深入下去，父母要有意识地强化孩子这方面的兴趣。

1. 让孩子在一个安静的环境中学习

想要让孩子能够在学习的时候集中精力，父母就应该让孩子在一个安静的、没有任何干扰的环境下学习。因为，孩子周围的环境往往会导致孩子注意力的不集中。所以，在孩子的学习环境中一定要物品摆放整齐有序，也不要有太多不必要的东西，更不要布置一些照片或是图画等和学习没有关系的装饰品，书桌上面也不要放什么和学习没有关系的东西，这样才不会让孩子的注意力集中到别的地方而忘了学习。当孩子在做作业的时候，父母要尽量别对话，保持安静，更不要打开电视机。这样，会让孩子把注意力放在大人之间的对话或是电视节目上，从而达不到让孩子专心学习的效果。

很多父母会犯一个错误，那就是，当他们让孩子认真学习的同时，自己在孩子学习的周围制造出一些让孩子不能专心学习的声音。比如，有的父母会在孩子学习的时候在客厅看电视，有的父母会用很大的声音彼此聊一些事情，甚至有的一些父母会在孩子学习的时候总问孩子一些问题。一定要记住，当孩子开始学习的时候，父母要尽量避免和他说话，更不要在孩子学习的周围制造声音，不要在孩子学习期间询问孩子一些问题，因为这些都可能会成为孩子不能集中注意力的原因。

2. 让孩子按时完成作业

一般父母都会遇到这样的情况，如果要求孩子在一定的时间内完成作业的话，孩子就会按时完成甚至是超时完成，而且正确率非常高。这个时候，孩子在学习时的注意力是绝对集中的，可是如果孩子没有被这样要求。那么，他用的时间就会很长，并且正确率明显得低。虽然他用了很长时间来做，但是他的注意力却没有集中。所以，父母应该可以根据孩子的作业量定出时间，要求孩子在规定的时间内集中注意力，认真完成作业，如果孩子可以按时完成或者是更少时间内完成的话，父母可以让孩子做一些适度地放松。

如果孩子的作业实在是太多的话，父母可以把孩子的作业分开，让孩子一部分一部分地来完成，这样不但对集中孩子的注意力有所帮助，而且还能够让孩子的学习有松有紧，可以提高孩子的学习效率。如果父母要让孩子一次性地把大量的作业做完，不许孩子在中途休息，并且还在孩子的身边不停地唠叨的话，就会让孩子开始产生抵触的心理，从而对学习失去兴趣，注意力当然也就不会集中了。

3. 给孩子玩的时间

父母总是希望孩子把大把的时间都花在学习上，成天爬在书桌上认真地学习，最好从来不会有想玩的念头。可是，孩子的天性就是玩，如果父母把孩子的天性都剥夺了，那他怎么可能会专注于其他事情上呢？如果父母硬要孩子只是学习，一点儿玩的时间都不留给孩子的话，那么孩子就会在学习的时候有意地拖延时间，有时候明明可以一个小时就做完的功课，他可能会花上二到三个小时，那么多出来的那些时间他就会用到走神、发呆或者是玩铅笔上。因为他知道，父母只有在看到他学习的时候才会高兴，为了取悦父母，他也只能这样做。

可能有的父母对于专注的含义不是太过了解，专注的意思是指在一定的时间里高度地集中注意力，而不是说必须长时间地集中注意力。更何况，长时间地集中注意力对于孩子来说，并不是一件什么好事，反而会让孩子不能更好地专注于一件事情。

4. 培养孩子有意地注意

有意地注意一件事情或是一个东西对于孩子来说很重要，有一些孩子的学习成绩差并不是因为他的智力差，而是因为他的注意力太过涣散，精神也集中不起来。所以，才导致了他学习成绩不好的结果。大家都知道，对于学生来说，最重要的就是听老师讲课。如果孩子在刚刚接触听讲时不能养成良好的听讲习惯的话，他的学习生活将会遇到一些困难。所以，父母要在孩子上学之前让孩子多做一些需要集中注意力才能进行的活动，这样对培养孩子的有意注意力是很有好处的。

很多孩子会对老师所讲的内容没有什么兴趣，所以他们的注意力涣散，不能专心地听讲，但是孩子又必须要注意听老师所讲的内容。因为，只有这样，他们才会学到知识。针对孩子的这种情况。首先，父母要让孩子知道听老师讲课的重要性，然后再找出对老师讲的课有兴趣的地方，提高自己在听课时的注意力。如果孩子对于老师讲的课实在是提不起什么兴趣，父母还可以让孩子自己告诉自己，一定要认真听课，如果把这堂课听懂，下次考试的时候就会容易的多了，自己就会轻而易举地取得好成绩了。还可以让孩子告诫自己，如果你今天能够把这堂枯燥乏味的课听下来，就说明你有很好的控制能力，这样不仅可以锻炼自己的控制力还可以让自己多学一些知识，何乐而不为呢？

5. 不要对孩子重复交代

总是有一些父母在对孩子交代的时候重复好多遍，生怕孩子记不住，孩子听多了自然会感到厌烦，所以当父母在说话的时候，他总会显得漫不经心。而在和别人交谈的时候也就没有办法一次性地抓住别人所讲的主题，因为，他已经习惯了别人不断地重复。所以，当父母在对孩子说某件事情的时候，只要说一遍就可以了。这样，可以让孩子在听父母讲话的时候集中注意力，抓住事情的主要内容，就会提高孩子集中注意力的能力了。

6. 通过玩游戏训练孩子的注意力

游戏是让孩子最感兴趣的一件事情，是能够让孩子的注意力在一定时间内保持高度集中的一件事情。父母不要认为孩子做游戏是在浪费时间，其实游戏是可以用来培养孩子注意力的最好方法之一。因为如果孩子想要在游戏取得胜利的话，就必须在游戏时把自己的注意力集中在游戏上，克制自己不能分散注意力。所以，让孩子多做一些游戏，这也是一项提高孩子注意力的法宝。

帮助孩子克服注意力涣散的毛病

父母课堂

有很多成绩不理想的孩子都存在着一个共同的缺点，就是注意力涣散，他们做什么事情都是漫不经心，粗心大意。为此，父母们非常着急。其实，这和孩子的自信心、心情等密切相关。

　　许多学习成绩不理想的孩子，存在一个共同的缺点，就是注意力涣散，上课时思想容易开小差，阅读课本时不专心，做习题时精力不集中。做什么都漫不经心，懒懒散散，粗心大意，这样的孩子怎样能把学习搞好呢？这些孩子只有克服注意力涣散的毛病，才能把学习搞好。那么，怎样才能克服这种缺点呢？

1. 培养注意重点的习惯

　　不管是听课、读书或者做作业还是做别的事情，都要让孩子学会动脑子分析综合和比较，通过思考区别所学内容的重点和非重点、本质和现象。动脑子思考的过程不仅能把孩子的注意力吸引过来，而且一旦区别出重要的与一般的内容，使认识得到加深，还会产生愉快的体验，使注意力稳定得更久。

　　训练孩子的注意力，一方面要让孩子将注意力稳定于注意对象不断发展变化的各个过程，要注重各种不同过程的相互联系，同时还要让孩子区别出主次轻重缓急。有的心理学家指出，具体训练应该这样做：要使每一客体的一般知觉保持得相当好，同时还要从次要的东西中分出主要的东西来，并把注意力集中在主要的东西上。在孩子每次活动或上课时，父母要让孩子学会去动脑子分析内容的主次。坚持下去就能增强孩子的注意力。

　　有的专家认为，集中注意力就是将精力指向特定对象，专心的意思主要是专注地思考，对所关注的事物进行分析综合、比较归纳、抽象概括和系统化、具体化的思维，或者进行发散思维和聚合性的创造性思考。可以说所有伟大的科学家、艺术家和学者都具有高度集中注意于思维的非凡能力。想要让孩子成才，就必须训练他们的注意力，特别是要训练他们专心思维的能力。

2. 专心训练

培养孩子注意力的可靠途径就是训练孩子能在各式各样的环境条件下专心学习或做事。一旦孩子确定了要干的事，就要有计划、有目的地集中注意力，去干好要干的事，不要受其他刺激的影响和干扰。坚持无论读书学习，还是干事情，都把它们当作锻炼注意力的机会和场合，经常训练就会逐步形成良好注意的习惯。

苏联心理学家普拉托诺夫说："要想使自己成为一个注意力很强的人，最好的方法是，无论干什么事，都不能漫不经心！"

3. 学会不想自己

人们都有这样一个毛病，常常以为自己是被注意的中心，因此不自觉地把注意力指向自己。例如，当我们穿一件新衣服，或者戴一顶异样的帽子，就总会以为众人都在注视自己。当一个学生考试不好，或做了件错事，他就会觉得众人在议论自己，看不起自己，甚至觉得没脸见人。一个同学站在座位上回答问题，虽然紧张但是还能说出话来，如果站到讲台前面对着全班同学，他就会吓得说不出话来。因为他害怕答错了惹人耻笑，怕老师批评，怕同学会议论等，其结果是越想越怕，以致吓得连话都说不出来。其实这种总以为众人在注视自己的想法多半是或完全是自己的臆想，自己的许多不自然的态度和表现都是自己假想的结果。每个同学都有自己的学习任务，有着自己的事情，每个人的思想重点或注意指向都不相同，他们不可能有那么多时间注视别人，正像你自己常常把注意力指向自己一样，可能众人没有顾得上注意你呢。

有的学者说："自我感觉是臆想的一种形式。别人并不会如你所想象的那样关心你。他们都有自己的事要忙。记得这一点，你在他们面前便不会感觉不舒服了。"

让孩子克服这种恐惧感的方法首先是让他不想自己，不要把注意力放到自己身上。其次是把注意力集中在眼前要解决的任务上，专心致志地做事，就不会因为其他事情引起不安了。

4. 关键是要有信心

能不能使孩子注意力集中，自信心是一个关键因素。静下心来以后，要相信自己能够集中注意，全神贯注地听课，于是就能获得好的效果。所以要教会孩子自己对自己说："我能够集中注意力，能够很好地听课！"如果孩子没有信心，认为自己的注意力集中不起来，那就会真的出现注意力不集中，就会出现失败。

5. 疲劳是集中注意力的大敌

孩子长时间地连续学习，彻夜不眠地看书会使他感到疲劳，因而大脑神经兴奋水平降低，注意力难以集中。比如，长时间开车的司机，会因"疲劳驾驶"出现事故，这是非常危险的，有些人还会为此付出惨痛的代价。一定要让孩子在学习过程中注意劳逸结合，保持精力充沛的生理状态，这样才能增强注意力集中的水平。

6. 心情愉快有利于注意集中

心情舒畅或联想愉快的事情能帮助注意力的集中。有些研究生一想到学习的结果能获得硕士、博士学位，能戴上博士帽，心情就充满愉快，注意力就能集中。在外出旅游时，旅途劳累辛苦，但一想到它是一次难得的有意义的活动，也就不觉得辛苦了。常常跟孩子说一些愉快或是孩子有兴趣的事情，教他把克服注意力涣散当成一件愉快的事情来做，这样注意力增强的速度就会很快了。

7. 心情平静有益于注意力

心里平静，情绪稳定，有助于控制自己的心理状态，使之集中精力，指向学习目标。所以，在需要注意力集中之前，先使心神安定下来。有人说："只要能静下心来，就等于集中了一半的精力。"反之，当孩子在心情焦躁、烦乱的时候，要想让他集中注意是一件很困难的事。那么，如何才能使孩子的心理安静下来，下面再推荐几个放松的技巧，父母也可以和孩子一起来做。

（1）深呼吸法

坐好，轻轻闭上眼睛，慢慢地呼气，吐气的速度越慢越好，然后慢慢地吸气。如此重复数次，心情就会平静下来，能把与学习无关的杂念赶出脑海，干扰一旦被排除，就能全神贯注地去学习了。

（2）静坐法

静静地坐着，脑子里不要想任何事情，眼观鼻、鼻观口，约半分钟左右，渐渐地达到无私、无欲、无我的一种精神境界，脑子就会平静下来。"宁静致远"，这时学习的效果会格外好，思考问题也会更深刻，有人说这也是发挥个人潜力的一种有效措施。

（3）目标转移法

请仔细观察眼里的某一件物品，看清它的形状、颜色、材料和其他特点，然后闭上双眼，回忆所观察到的物品，再睁眼观察一下所看物品，检查回忆得是否正确。这时就会发现，脑子里原有的想法或杂念都被"扫除"出去，大脑变得平静了。

（4）回忆法

上课前，让孩子提前 2 分钟坐在座位上，认真地回忆这门课程上一次讲到什么地方了？主要内容是什么？自己已经掌握了多少？这样的考虑不知不觉地引导孩子的思路，使之纳入这堂课的轨道。

在晚上做作业和复习功课时，如果心理状态不安静，可以用回忆法，回忆课堂上老师讲课的内容，这样既复习了功课，又能使心理平静下来，专心致志地做作业或复习功课。

（5）聆听法

聚精会神，仔细倾听某一种声音，对周围其他的声音则听而不闻。被倾听的这种声音越轻微，注意力也就会越容易集中。如此反复训练，注意力就能集中。例如，有位中学生，放学回家后，每天练习听时钟的嘀嗒声。第一天 10 次，第二天 15 次，第三天 20 次，逐渐增多，每次都训练自己只听到时钟的"嘀嗒"声，周围声音都听不见。半个月后，他的专注能力大大提高，而且排除了外来干扰，专心致志地学习，长时间训练，养成专注的良好习惯，受益会良多。

要让孩子拥有善于观察的能力

父母课堂

> 观察是有目的、有计划、比较持久的知觉。是人对客观事物感性认识的一种主动表现，是有意知觉的高级形式。观察是孩子增长知识的主要手段，它在孩子的实践活动中，具有重大的作用。

观是看，察是想。让孩子观察问题，不仅应该让孩子知道事物是这样，而且必须知道为什么是这样。孩子认识一个事物，总是从观察开始的，有了观察，便开始有了注意、记忆、想象和思维等，如果把孩子的观察比作蜜蜂采花粉，那么思维等心理活动就好比将花粉酿成蜜，没有花粉就酿不出蜂蜜。没有良好的观察，孩子的思维就会因为缺少材料而得不到良好的发展。所以，观察是认识的基础、思维的触角。

观察是孩子认识世界、增长知识的主要手段。它在孩子的一切实践活动中，具有重大的作用。孩子通过观察，获得了一些知识，对一些事物有了鲜明的印象。观察和随便看看、随便听听是不一样的。而孩子观察能力的强弱决定着孩子智力发展的水平，因为观察力是一个人智力活动的基础，想要发展孩子的智力，首先就必须把观察的大门敞开，让外界的信息源源不断地进入孩子的大脑。如果把孩子观察的大门堵住，老是让信息吃闭门羹，那么，他的智力不仅不会提高，反而会每况愈下。

心理学专家认为，如果让孩子生活在缺少日常刺激，使感觉起作用很少的环境下，会使他们的知识内容显得苍白无力，而且注意力涣散，容易受到暗示，并且缺乏学习能力。另一个实验表明："仅仅遮断触觉刺激，也会使被试者智力迟钝，手指尖的灵巧性下降，感情容易冲动，出现离奇古怪的思维。"既然缺少一般性的感知，就会使孩子的智力活动受到如此明显的不良影响，那么，缺乏有目的、有计划的观察，对孩子智力活动的消极影响是不言而喻的。

大量的事实证明，观察力是一个学者不可缺少的心理品质。认识来源于经验。我国著名科学家李四光以他敏锐洞悉各种现象的观察力著称于世。他走到哪里，就观察到哪里，处处留心，时时注意，不放过任何一个微小的观察机会和意外情况。无论是出国讲学，参加国际会议，还是旅行、散步，他都要找机会进行地质观察。

一个有作为的人是否能够提出并解决新问题的前提也是观察力。人类如果要进步，就要不断地发现新问题，解决新问题。一个具有敏锐观察力的人，即使在众人司空见惯的事物中也能发现新问题。我国古代的名匠鲁班上山时被草叶划破了手指，他从草叶边缘呈锯齿形的特征中受到启发，发明了锯。德国著名的科学家魏格纳病在床上，仔细观看起一幅世界地图来。普通的一张世界地图，人们不知看了多少遍，而魏格纳却通过观察发现，各大洲的边缘，像锯齿一样参差不齐，却恰好可以互相拼接在一起，由此提出了"大陆漂移学说"，后来得到证明，一举成名。生物进化论的创始人达尔文，有一次发现许多昆虫落到一种特殊植物的叶子里面，植物受刺激后，分泌出一种消化液，把昆虫吃掉，变成这种植物体的营养。后来，达尔文经过16年的观察研究，写出了《论食虫植物》一书，为生物学研究做出了贡献。我国著名的药物学家李时珍的巨著《本草纲目》，著名地理学家徐霞客的《徐霞客游记》都是他们不辞劳苦，有计划、有目的地进行实地观察的结晶。这些大量的事实证明，没有敏锐的观察力，就不会有新的发现，也就不会有人类的进步。

观察力是孩子进行学习活动的必要条件。学习活动是一种复杂的智力活动，智力活动的基础就是观察。没有一点观察力就无法写作文，就无法解数学题，无法听课。观察力在孩子的一切活动中都是必不可少的。将来要当科学家、艺术家、企业家或领导人都应具备高度敏锐的观察能力。

苏联教育家赞科夫经过几十年研究，发现学习成绩差的孩子有一个共同特点，就是观察力差。学习的基础是以直接经验为主，间接经验为辅。而观察是孩子们获得直接经验的重要途径，观察力的强弱，直接影响着学生的学业成绩。

例如，在语文学习中，两个字的字形、写法只有细微差异，观察力较强的同学就能看出来，观察力较差的同学常常把它们认错或写错。在写作上，如果观察力较强，就可以抓住现实生活中的大量材料，感到有东西可写，对人物、事件的描写就细致、深入、具体、生动；反之，在这方面能力较差的学生，就感到没有什么可写，写不具体，或就事论事，空洞无物。

在数理化的学习中，如果有较强的观察力，在老师用实验演示或图形说明某一个概念时，就能抓住本质，看到数量关系的变化，理解概念的实际意义。在简便计算和速算过程中，需要有较强的观察力，才能发现运算的特征，选择合适的简便方法。例如，要求同学们找出下列数的关系，在（　）中填上适当的数1，2，3，5，8，（　）。观察力好的同学，很快能从数的顺序上观察出数量关系的变化，填入恰当的数，而观察力差一些的同学却可能感到无从下手。

在理化实验中，观察力更为重要，特别是通过对实验现象的观察，推断物质的结构和性质。例如，初三学生做钠和水反应的实验，观察力强的同学，能全面而细致地观察到钠与水激烈反应的现象：纳与水激烈反应而熔化成小圆球，浮在水面上，做无规则运动，发出咝咝声，并且钠球不断变小，最后全部消失。而观察力差一些的同学，只能看到钠浮在水面上着火了，描述不出更多的现象，这种观察力的差别必定造成对钠的结构性质进一步思维和记忆的能力的差别。

通过以上的说明，父母要让孩子在做好功课的同时要尽量多参加科技活动，进行实践中的认真观察。

我们下面谈谈观察力的特点。观察力的特点又称作观察力的品质。了解观察力的特点对提高孩子的智商有着重要的意义。

1. 观察的目的性

如果一个人在进行感知时，没有明确的目的，那么就只能算一般的感知，不能称作观察。只有当那种感知活动具有明确的目的时，才能算观察。因此可以说，目的性是区分一般感知和观察力的重要特点之一。

作为观察的目的性，至少应当包括：明确观察对象、观察要求、观察的步骤和方法。而这些内容，可以在观察前的观察计划中以书面的形式写下来。一般来说，不论是长期的观察，系统的观察，还是短期的、零星的观察，都必须制订观察计划。

观察的目的性，还要求我们在进行观察时，须勤做记录。这种记录是我们保存第一手资料最可靠的手段。记录要力求系统全面，详尽具体，正确清楚，并持之以恒。贝弗里奇告诉我们："做详尽的笔记和绘图都是促进准确观察的宝贵方法。在记录科学的观察时，我们应该精益求精。"实践证明，要做好观察记录，特别是长期的、系统的观察记录（如观察日记），要坚持到底，持之以恒。切忌半途而废，功亏一篑。中国科学院副院长、气象学专家竺可桢在北京几十年如一日，对气候变化，进行长期观察，从不间断。他每天都坚持测量气温、风向、温度等气象数据，直到逝世的前一天。而他的观察和记载也为编写《中国物候学》积累了丰富的资料。

2. 观察的条理性

观察是一种复杂而细致的艺术，不是随随便便、漫无条理地进行所能奏效的。观察必须全面系统、有条不紊地进行。长期的观察要如此，短期的观察也要如此。

一般来说，有这样几种方式。

按事物出现的时间说，可以由先到后进行观察。

按事物所处的空间说，可以由远及近或由近及远地进行观察。

按事物本身的结构说，可以由外到内，也可以由内到外，或者由上到下，由左到右，可以由局部到整体，也可以由整体到局部进行观察。

按事物外部特征说，可由大到小或者由小到大进行观察。

观察力的条理性，可以保证输入的信息具有系统性、条理性，而这样的信息，也就便于智力活动对它进行加工编码，从而提高活动的速度与正确性。如果一个人做事杂乱无章，那么通过他所获得的信息也就必然是杂乱无章的。这样，他的智力活动要在一堆乱麻中理出一个头绪来，必然要花费较多的时间和精力，甚至还会影响到智力活动的正确性。

3. 观察的理解性

观察力包含两个必不可少的因素：一是感知因素（通常是视觉）；二是思维因素。

思维因素是观察力的主要作用，它可以提高观察的理解性。理解可以使我们及时地把握观察到客体的意义，从而提高我们对客体观察的迅速性、完整性、真实性和深刻性。

在观察过程中，运用基本的思维方法，对事物进行有效的比较分类、分析、综合，找出它们之间的不同点和相同点，这样，就易于把握事物的特点。考察事物的各种特性、部分、方面以及由这些特性、部分、方面所连成的整体，使我们易于把握事物的整体和部分。

4. 观察力的敏锐性

观察力的敏锐性是指迅速而善于发现容易被忽略的信息。科学家和发明家的可贵之处就在于此。牛顿根据苹果坠地发现了万有引力规律，瓦特根据水蒸气冲动壶盖发明了蒸汽机。在学习活动中，同学之间的观察力也是千差万别，同是一个问题，有的同学一眼就看出问题的要害和内在联系，有的同学则相反。敏锐性的高低是观察力高低的一个重要指标。

观察力的敏锐性与一个人的兴趣往往是密切相关的。不同的人在观察同一现象时，会根据自己的兴趣注意到不同的事物。兴趣可以提高人们观察力的敏锐性，例如，同在乡野逗留，植物学家会敏锐地注意到各种不同的庄稼和野生植物；而一个动物学家则又会注意到各种不同的家畜和野生动物。达尔文曾经谈到自己和一位同事在探测一个山谷时，如何对某些意外的现象视而不见："我们俩谁也没有看见周围奇妙的冰河现象的痕迹；我们没有注意到有明显痕迹的岩石，耸峙的巨砾……"显然，达尔文对各类生物的观察力是非常敏锐的，但对于地质现象却没有什么兴趣。

观察力的敏锐性是与一个人的知识经验密切相关的。一个知识渊博、经验丰富的人，他在错综复杂的大千世界中，自然容易观察到更多有意义的东西。相反，一个知识面狭窄、经验贫乏的人。他面对许多被观察的对象，总有应接不暇的感觉，而结果是什么都发现不了。当然，知识对观察的敏锐性还有消极作用。有些人常常凭借知识对一些事物进行主观臆断。歌德曾说过："我们见到的只是我们知道的。"

提高孩子的观察能力

父母课堂

现在多数的孩子生活范围狭窄，对于社会和自然的接触机会少，所以他们缺少实践，这对他们的观察力就造成了一定的不良影响。引导孩子发现事物间的区别、现象的各种变化，可以使他们逐步养成仔细、严谨的观察习惯。

观察是孩子积累知识、发展智力的重要途径，虽说有眼有耳就能看能听，但同时接触同样的事物，有的孩子能在脑子里留下准确、完整、丰富、深刻的印象，有的孩子却只有支离破碎甚至错误的印象。可见，观察力不是生来就有的，需要有意识地培养。观察也不是一种消极的知觉活动，而是知觉与思维结合的积极的活动。孩子观察能力的培养也是智力开发的重要内容。

观察是一个人认识事物的重要途径，观察是智慧的眼睛。没有良好的观察习惯，没有敏锐的观察力，就谈不上聪明，更谈不上成才。这是很多孩子的学习始终不理想的一个重要原因。

　　观察能让人更透彻地了解到自然、社会。养成了观察的习惯，就如同登山者获得了一把开山大斧，前进道路上的一切荆棘、迷雾都会被清除干净，隐藏在丛林深处的真理就会清晰地展现于眼前。观察力既是人通过眼、耳、鼻、舌、身感知客观事物的能力，也是孩子完成学习任务的必备能力。孩子学习知识需要从观察开始，即使间接地从书本上获得知识，也离不开眼睛、耳朵等感官的观察活动。许多孩子学习成绩不好的原因就是观察力差，从而导致思考能力和判断能力低下。由此可见，培养孩子的观察能力是非常重要的。

　　那么，怎样培养孩子观察力呢？

1. 指导孩子明确观察目的

　　孩子在观察当中，往往目的性不明确，喜欢凭自己的兴趣观察那些自己感到好奇的事物。事实上，孩子的观察任务，直接影响观察的效果。观察目的越明确，孩子的注意力就越集中，观察也就越细致、深入，观察的效果也就越好。指导孩子明确观察目的，不仅要教育孩子树立观察的意识，认清观察对于发展自身智力的好处，还要教育孩子在观察任何事物时，都要有明确的目的，也就是说观察什么，为什么观察。

2. 培养孩子的好奇心

　　当代著名物理学家李政道博士说："好奇心很重要，要搞科学就离不开好奇。道理很简单，只有好奇才能提出问题，解决问题。其中可怕的是提不出问题，迈不出第一步。"

一个人对各种事物的好奇心越强烈，就越具有探索的眼光。如果一个人对周围的事物都熟视无睹，就不可能发现新事物。正如爱迪生所说："谁丧失了好奇心，谁就丧失了创造力。"

3. 教孩子通过观察去验证所学的知识

在现实生活中，当孩子学了新的知识后，如果对某些内容有怀疑的态度，不要直接告诉孩子答案，因为答案太死板，孩子接受起来比较机械。事实上，可以让孩子通过实验观察寻找正确的答案，这样不仅可以锻炼孩子的观察力，而且孩子从中学到的知识会更多，记忆会更深刻。

当然，在观察之前，父母应该教孩子做好充分的准备。做好充分的准备，激发孩子的观察兴趣，在观察的时候主动地去认识事物、观察事物。因此，在要求孩子观察某个事物时，可以让孩子先做准备，特别是知识上的准备，比如，在孩子观察猫的习性时，让他先看一些猫的相关资料，这样有利于孩子根据已有的知识去辨别事物，取得有效的观察效果。

4. 让孩子有计划地观察事物

父母要帮助孩子拟订观察的计划，让孩子明确观察的对象、任务、步骤和方法，有计划、有系统地进行观察。

让孩子观察的事物应该从简单到复杂、观察的范围从小到大、观察的时间从短到长，这样有计划地指导孩子观察事物，有利于提高孩子的观察能力。例如，父母可以鼓励孩子自己种一盆花或其他植物，每天观察其变化，并写观察日记，父母则不断给予指导。这样，孩子在观察过程中充满了兴趣，往往可以观察到丰富的内容，效果也会很好。再比如，父母可以让孩子观察父母怎样做菜，然后让孩子一边观察，一边学着。这样，孩子不仅提高了观察力，而且还锻炼了动手能力。

5. 在观察后对孩子进行提问

许多孩子观察后就把观察的过程放在一边。这时，如果父母能够在孩子观察后进行提问，不但可以检查孩子观察的结果，而且可以促进孩子确定观察的内容和重点。

可见，生活中，父母应该鼓励孩子多提问，可以让孩子问父母、问老师，甚至是问陌生人，然后通过不断地观察去找答案，并抓住事物的本质。父母要鼓励孩子在观察之后整理，把获得的材料做必要的分析和综合，从而得出科学的结论。

6. 开阔孩子视野、激发观察兴趣

家长要充分利用周围环境和自然界千变万化的特点，扩大孩子生活的范围，开阔他们的眼界，随时随地激发他们的观察兴趣，引导他们观察各种事物的特征以及变化过程，如大树、小草、小动物、日出、刮风、下雨、霜冻等自然事物和现象。晚上看星星，给他讲一讲星系，讲一讲与星星有关的故事；白天看云，就讲一讲云的形成。家长利用有限的空间，种植树木花草，饲养小动物，为孩子提供一个观察的场所和氛围。到商场，就观察商品的摆放、商场的布置，等等。将日常生活细节融入学习中。

7. 教给孩子观察的方法

观察要讲方法，有了科学合理的方法，观察效果就会事半功

倍。在一些范围大、事物多的场所观察，采用重点观察法。家长要根据孩子的实际情况引导孩子有选择地观察一部分重点景物，在野生动物园里，着重看几种珍稀动物。黑格尔说，培养观察的最好方法是教给他们在万物中寻求事物的"异中同，同中异"。观察松树叶子的形状，用比较观察法，比较松叶与一般树叶形状的差别；参观一道工艺品的制作过程，适宜采用顺序观察法，清楚地了解工艺品的制作步骤；观察动植物的生长、天气变化等都可采用顺序观察法。总之，家长要逐步把适合观察特定对象的科学方法教给孩子。

8. 把观察和表达结合起来

观察是从外界获取信息的手段。将所获信息表达出来，才能达到观察的目的，才能提高孩子整体的智力水平。当父母带孩子去公园玩，回来以后，父母可以让孩子把游览公园的过程，所见到的花草虫鱼，所听见的鸟鸣禽声叙述出来。这样不但增加了观察的力度和深度，同时训练了孩子的逻辑思维能力以及表达能力。

9. 观察加想象

引导孩子一边观察，一边想象、联想，孩子看到月亮，就问他：月亮像什么？孩子也许就会说，像镜子、像孩子的脸蛋、像盘子……这样将观察同联想、想象结合起来，孩子对事物的认识就会更全面、深入，而且能由此及彼，举一反三，这对孩子各方面能力的发展大有好处。

10. 纠正粗心、马虎的毛病

很多孩子写作文困难，口头表达简单、粗略，这与观察时粗心大意有很大关系。家长要及时纠正孩子不仔细、粗心马虎的毛病。观察事物尽量落实到事物的每一个部分、每一个环节及其他更细微的地方。

引导孩子发现事物间的区别、现象的各种变化，使他们逐步养成仔细、严谨的观察习惯。

培养孩子独立思考的能力

父母课堂

思考好比播种，行动好比果实，播种愈勤，收获也愈丰。一个善于独立思考的孩子，才能品尝到金秋的琼浆玉液，享受到大地赐予的丰收喜悦。正如伟大的物理学家爱因斯坦所说："学会独立思考和独立判断，比获得知识更重要。"父母要培养孩子独立思考的能力，循序渐进地引导孩子认清世界，体味人生，思考自己的未来。

我国当代著名诗人任寰出生于 1975 年，她 7 岁写诗，9 岁发表作品，10 岁出版第一本诗集，12 岁加入河北省作家协会，18 岁考入北京大学中文系。任寰已出版诗集、文集多部，发表各类文章近500篇，并多次获国际、国内文学奖。任寰小时候不爱说话，这与她从小患过敏性哮喘有关，每次住院、打吊针、输氧，她从不多话。这种生活习惯使她自然形成了善于用眼睛观察、用耳朵听的习惯，也养成了她独立思考的习惯。

任寰爱好写作，当作家的父亲以自己的切身体会教她自觉地学会观察思考，发展她的观察和思考能力，让她记日记。一个只有7岁的孩子在日记中不单描写大自然的各种景物的变化，而且注意观察人物，观察人的心理，进而思考社会和人生。《10岁女孩任寰诗文选》就是她观察生活、思考生活的结晶，著名诗歌评论家谢冕称她的诗具有思辨性。

有的父母把一切事物都安排得十分妥帖周到，从来就没有想到什么是需要孩子自己去考虑、去想办法、去解决、去处理的，这就会扼杀孩子的思考的能力，更谈不上解决问题的能力了。

父母可以从以下几个方面，培养孩子独立思考的能力：

1. 为孩子创造一个思考的氛围

这对孩子形成独特的个性，表现有创新意识的思维、举动很重要。父母不能因为孩子太小、需要成人照顾而把他看作成人的附属品，要受成人支配。孩子也是一个完整、独立的个体，应该允许他有自己的世界、自己的空间。比如，允许孩子有稀奇古怪的想法存在，给孩子一块由他自主"摆摊"的地盘，接受孩子对成人的合理建议；相信孩子们的每一次保证等。父母不妨与孩子一起逛博物馆、动物园、科技馆，和孩子一起阅读或看电视。然后问孩子看到了什么、听到了什么。只有保持家庭成员之间的和睦相处，平等生活，遇事互相探讨共同商量，让孩子在平等的气氛中长大，没有拘束和压力，才能有开放的思维、愉悦的心境，才会不时闪烁出创造的思维之光。

有句话说："什么样的父母，教育出什么样的子女"，因此，在父母努力启发孩子创造力时，不要忘了培养自己的创造力，使父母成为能欣赏创造力，并能与孩子进行创造力互动的主力。因此，父母不应在孩子与孩子间制造竞争压力，也不必为了培育创造力将家庭生活弄得紧张、沉重，更不必一改常态，变成严肃又过分认真的父母。作为父母，要成为真正成功的创造力培养者，应能与孩子一起学习、一起成长，像个挚友般地倾听孩子的心，了解孩子的举止，知道何时给他掌声，何时扶持他一把，从来不嘲笑，从来不气馁，没有命令、没有压抑。

2. 让孩子学会思考

父母在与孩子相处与交谈中，要经常以商量的口气，进行讨论式的协商，留给孩子自己思考的余地，要给孩子提出自己想法的机会。父母可根据交谈内容经常发问，如："这两者有什么关系？""你觉得怎么做会更好？""你的想法有什么根据？"等问题，以引起孩子的思考。对于已上学的孩子，可采用启发式，诱导孩子逐步展开思考。当孩子在想问题时，父母不要太热心、太心急，应该留给孩子足够的思考时间，尤其不要轻易把答案告诉他们。孩子错了可用提高性的问题帮助他们思考，启发他们自己去发现纠正错误。

3. 给孩子一个独立思考的机会

孔子说过："学而不思则罔。"这句话说明了学习与思考的关系，它强调了思考的重要性。翻开历史，我们可以发现几乎所有的科学人才都有超出常人的强烈好奇心，如居里夫人、爱迪生、达尔文等，他们都是从幼年时期即有相当强烈的好奇心。当孩子脑中有疑问时，他们便开始一连串地问："为什么？"父母亲如果正确引导，不压抑他的好奇心，孩子的求知欲必定会越来越旺，因为孩子的好奇正是探究新奇事物的开始。

曾获国际数学奥林匹克铜牌奖及亚太数学奥林匹克银牌奖的林英豪，从小父母就给了他许多思考能力的训练机会。强烈的好奇心驱使他经常地问个不停，林先生夫妇针对孩子的提问，教他一些常识，从日常生活中收集教材，通过巧妙安排，培养孩子思考能力。通常孩子有疑问时，林先生夫妇要他想一想，而不是马上给他答案。偶尔遇到难解决的问题，稍一提示，孩子便想通了，如果真没办法，父母再告诉他答案。父母不妨经常提出些问题让孩子去解决，让他们从中多方思考、探索，寻求多种途径和方法开拓思路，由各种解决问题的可能方法中，找出最好的答案来。

第 4 章
培养孩子的创造能力，提高孩子的智商

　　每个孩子都有创造能力——如果孩子没别的事情可做，他们可能就会制造一些恶作剧，在大人那里落个"小淘气鬼"的绰号。父母应该做的，便是将孩子的这种创造力，引上正确的轨道，让它保持健康发展的势头。

培养孩子的创造能力

父母课堂

创造力是一项综合性的能力，它与一个人的想象力、思维能力和个性特征关系非常密切，只有了解了创造力与这三者的关系，才能掌握创造力的本质，也才能找到各式各样的方法来培养孩子超常的创造力。

创造力是一个人在传统知识和习惯的包围中，发现、探索、掌握事物的能力。也就是说，创造是无法在现有知识中找到的。富有创造力的品质对一个人来讲非常重要，这将决定他在事业上能否取得成就和能取得多大成就。在经济生活中更是如此。如果家长期望自己的孩子获得良好的理财能力，在将来挣得一笔可观的财富，富有创造力的品质培养必不可少。这个世界到处都充满着激烈的竞争，商机的难以捕捉和人的生存空间正在变小，这也是人所共知的事实。经济上的成功常常只属于那些能够不拘一格和独辟蹊径的人，而这些都是富有创造力的品质带给人的馈赠。

其实，每个孩子都有创造力，只是我们做父母的没有发现。例如，有的父母对待孩子提出的问题，要么给予现成的答案，结果使孩子渐渐养成懒得动脑筋的习惯；要么置之不理，甚至叫孩子闭嘴。也有些好奇的孩子喜欢把家中的东西拆开来探究，而父母将其视为"不务正业"，当然少不了一顿责骂，孩子的创造性也渐渐消失了。发明家爱迪生曾经说过："善于创造的人，往往具有一个奔驰的脑筋。"给孩子一片"破坏"的天空，孩子"破坏"

失去的只是可估量的价值，得到的却是孩子一生受用不尽的财富：思考、创造和智慧。

当孩子处在创造力的萌芽阶段时，他们好动、好问，对周围的环境有强烈的探索欲望和好奇心。创造力主要取决于后天的培养，青少年时期是培养孩子创造力的关键时期，现在很多家长都注意发掘孩子的智力，事实上，如果父母注重培养孩子的创造力，孩子的智力也能快速提高。

1. 营造宽松和谐的家庭氛围

调查显示，处于宽松、和谐家庭环境中的孩子，往往具有较强的思维能力和创造力，而处于专制、压抑或者过分溺爱的家庭中的孩子，往往缺乏创造力。这是因为在专制的家庭中，孩子往往没有发言权，不能充分表达自己的想法，因此也就缺乏创造力；在过分溺爱孩子的家庭中，由于父母都围着孩子转，孩子怎么说，父母就怎么做，不利于孩子形成创造力。

在宽松和谐的家庭氛围中，孩子的人格受到尊重，家庭成员之间的关系是平等的、民主的，有什么事情，父母与孩子一起商量，共同想办法。如果孩子的意见比较中肯，父母就应该听从孩子的意见，这样可以鼓励孩子积极开动脑筋，培养孩子的创造力。

事实上，许多荣获诺贝尔奖的科学家在少年时代都不是"安分守己之辈"，他们经常会冒出一些奇思怪想，有时还会闯祸。因为他们总是喜欢去做一些别人没想到的实验。由实验导致的爆炸也非常多。1962 年诺贝尔生理学 / 医学奖获得者克里克，1972 年诺贝尔物理学奖获得者库柏，1981 年诺贝尔生理学 / 医学奖获得者休伯尔，1991年诺贝尔化学奖获得者恩斯等人，都曾是爆炸事件的"肇事者"。令人费解的是，这些科学家的父母并没有如我们想象的那样去呵斥孩子，而是采用一种宽容的态度，既使孩子从中接受了教训，又保护了孩子的科学爱好与创新意识。

由此可见，要培养孩子的创造力，父母一定要营造一个宽松和谐的家庭环境，容忍孩子做出一些不可思议的事情，允许孩子坚持自己的"奇谈怪论"，这些正是孩子创造力的来源。

2. 鼓励孩子的探索活动

好奇是孩子进行创造活动的动力，好奇心越强，想象力越丰富，创造性就越高。孩子通常对许多事情都感到好奇，凡事都想弄个明白，他们是无所畏惧的，他们喜欢冒险，做危险的游戏，并能从中获得乐趣。父母不应抑制孩子的探索活动，而应引导孩子大胆去想，允许他们创造性地尝试。

儿童文学作家严文井说："人应该有探索，有追求。这些都要从幼小时培养孩子的独立性和主动性做起。"家长们总是对孩子说："太危险了，你可不能玩呀！""这么可怕的事情你想参加吗？""我看你还是在家看看动画片算了，这种危险性太大的活动不要参加了。"

事实上，孩子们在探索活动中得到的不仅是乐趣，还有思维和能力的发展、创造力的发展。美国幼儿教育就非常注重让孩子们在各种冒险活动中去体验各种情境，探索新奇的世界。

在日常生活中，家长可以根据孩子的年龄大小和生活环境，经常利用节假日带领孩子接触各种新鲜事物。

3. 正确对待孩子各种各样的提问

在孩子的天性中，有求知的欲望，他们心中有着无数个"为什么"，想了解这个奇妙世界的本来面目。提问就是一种思考和钻研，是具有探索意识的表现。孩子从会说话起，就开始会提问。由于年纪小，他们所提的问题往往十分荒唐，有的可能无法回答，但不管问得怎样，说明孩子是在思考。如果成人用习以为常的姿态和不以为然的态度来对待，孩子的这种求知冲动就会被逐渐扼杀。

因此，作为家长，应该心平气和地、认真地对待孩子的各种问题，不能因为有的问题显得太幼稚而一棍子打死，要有意识地引导孩子，保护好孩子的好奇心，鼓励孩子积极思考，对孩子的提问表现出自己的兴趣，与孩子一起去思考，去寻求未知的答案。这样，孩子提问的欲望就会不断增强。

4. 启发孩子多角度思考问题

天才往往善于从他人想不到的角度去思考问题，发现他人没有发现的办事角度。达·芬奇认为，为了获得有关某个问题的构成的知识，首先要学会如何从许多不同的角度重新构建这个问题。他发现自己看待某个问题的第一种角度太偏向于自己看待事物的通常方式，他就会不停地从一个角度转向另一个角度，重新构建这个问题。随着视角的转换而对事物从不同角度进行理解，从而理解得更加深入，最终抓住了事物的本质。

在日常家庭生活中，要经常引导孩子多角度看待分析事物，逐渐养成换一个角度想问题的好习惯。例如，纸张除了写字外，还有别的用途吗？椅子除了可以用来坐，还有什么作用吗？……其实，社会生活和家庭生活中的每一个事物，都可以作为启发孩子多角度思维的内容。

事实上，多角度思考是一种发散性思维。科学家哈定说："所有创造性的思想家都是幻想家，而幻想主要是靠发散性思维。"确实，发散性思维是突破原有的知识圈，从一点向四面八方扩散，沿着不同方向、不同角度进行思考的方法，它是通过知识、观念的重新组合，找出更多更新的可能的答案、设想或解决办法。在生活中，父母可以加强对孩子进行发散性思维的训练。

5. 多带孩子走向大自然

经常带孩子到大自然中去玩，去学习。一方面可以让孩子感觉大自然的美，另一方面，大自然能教给孩子无穷无尽的知识，激发孩子创造性思维。

6. 让孩子动手去做

动手动脑有助于萌发孩子的创造性。1983年著名科学家杨振宁博士在隆重的颁奖会上向一名少年授予了青少年发明一等奖。获奖的是一名16岁的中学生张今，他的父母为他的创造力发展提供了重要的条件。在他小时候为他购买能发展感官、发展智力、能动手动脑的玩具，鼓励他动手实践。在众多玩具中拼板最能激起他的创造力，在反复的拼拆过程中发展了孩子的创造力。所以，家庭要为幼儿提供动手实践的机会和条件，鼓励幼儿动手动脑。幼儿在动手操作的过程中不仅发展了想象、创造性思维，更促进了幼儿创造力的发展。

7. 丰富孩子的知识

家庭要培养幼儿的创造力，就应该不断增进孩子的知识。孩子在家里一定要有相当的东西玩、相当的事情做，如果不玩不做是不会有所发展的。如果孩子不玩水，不知道水会流动；不会玩冰，就不知道冰是冷的。总之，在丰富孩子知识的同时，要会利用社会、自然这天然的知识宝库，多带孩子到大自然中去爬山涉水，仰望蓝天上变化多端、漂亮漂浮的白云，引起幼儿想象；欣赏美丽的晚霞。这既能满足孩子的求知欲、好奇心，又能丰富孩子的知识，为萌发孩子的创造力打下基础。

8. 培养孩子的兴趣

兴趣是创造的原动力。兴趣能激发幼儿学习的动机，调动学习的积极性，激发创造的欲望，促进创造力的发展。科学家爱因斯坦说过："兴趣是最好的老师。"在家庭中我们发现，当孩子对某种事物有了兴趣，会亲自动手去实践；当孩子对制作玩有了兴趣后，会自己收集各种材料进行制作，碰到困难会想方设法解决，如果自己不能解决还会去向家长求助。

好奇心是兴趣的源泉。有的孩子将玩具搞坏不是孩子顽皮，实际上是想看看玩具里到底有什么秘密，有了好奇心才会不知天高地厚地拆坏玩具的。我国著名发明家张开逊教授说："我所具有较高的创造力首先应该感谢我的妈妈，在我幼年期妈妈在日常生活中经常向我提出一些问题，启发我动脑筋、想问题，培养我的好奇心与想象力。同时，妈妈不会因为我在好奇心的驱使下拆坏东西而打骂我。"正是这位母亲教子有方，善于引导，才使他后来成为取得突出成绩的发明家。

培养孩子的创新能力

好妈妈课堂

孩子是天生的破坏者，但也是天生的创造者。可以毫不夸张地说，家庭是孩子创新意识的土壤。作为父母，要像呵护幼苗成长一样，为孩子创新意识的发展提供丰富的养料。

人们对儿童、青少年创造性或创新性的关注，通常比较集中于对其创造能力的研究与培养上。然而，创造或创新并非那么简单。个体的创造性、创新性水平如何，第一体现在创新意识上，第二体现在创新能力上，第三体现在创新个体上。创新意识无疑是至关重要的一个方面。孩提阶段是父母呵护孩子良好的创新意识，培养孩子独具一格的创新技能，发展孩子的创新个性，从而使孩子的创新水平有本质提高的最佳时机。创新能力是人最重要和最有价值的一种能力。一个孩子将来有多大成就，关键在于他的创新能力有多强。

作为家长，也应该重视对孩子创新能力的培养。因为家长是孩子的第一任老师，而且家长与孩子相处的时间最长，接触的生活面最广。那么，家长应怎样培养孩子的创新能力呢？

1. 让孩子有发言权

校有校风，班有班风，家也应有家风。有利于孩子创新能力培养的家庭氛围必须是宽松愉悦和谐的。不管家庭成员是多少，也不管地位及年龄差距有多大，孩子与其家庭成员之间的关系应该是平等民主的，应该是自由自在的，而不应该是压抑的、紧张的，甚至是恐怖的。在家庭中，要让孩子有发言的权利。就目前而言，孩子与其家庭成员之间的关系不恰当的表现主要有两种：一种是老子说了算，一切都听家长的，孩子没有发言权，更没有决策权，包括孩子对自己的事的决策权；另一种是孩子说了算，孩子是太阳，是小皇帝，所有的家庭成员都是围着孩子转，孩子怎么说家长就怎么办。这两种家风都不利于孩子创新能力的培养。宽松愉悦、有事大家商量，共同想办法，谁的主意好就听谁的，只有这样，孩子才能积极开动脑筋，从而形成创新意识和创新精神。

2. 经常带领孩子接触新鲜事物

知识是一切能力的基础，没有知识，对外面的世界一点儿也不了解、不熟悉，即使智商很高，也不会有创新能力的。家长要根据孩子的年龄大小和生活环境，利用节假日带领孩子接触新鲜事物。是农村的，可带孩子去城市，让他们认识城市的建筑、交通等设施；住在城市的，可带孩子去农村走走，让他们认识农作物、家畜家禽以及欣赏田园风光，了解花鸟草虫的生存特性等。认识事物越多，想象就越宽广，就越有可能触发新的灵感，产生新的想法，那种只想把孩子关在家里，只想让孩子写字、画画、背诗的方法，只会把孩子培养成书呆子，绝不可能培养成有创新能力的人。

3. 在玩的过程中搞创新

玩是孩子的天性，不会玩的孩子不可能是聪明的孩子。家长要积极鼓励孩子进行探索性玩耍，积极鼓励，就是要创造条件，必要时，也可能一起参与玩耍。探索性玩耍，就是要鼓励孩子玩出新的花样，尝试各种各样的玩法。在对孩子的玩耍方面，要纠正三种不正确的做法：一为了安全，不让孩子玩，安全当然是重要的，但不能杞人忧天或因噎废食，而且安全也有个程度问题；二怕孩子弄脏衣服而不让孩子玩，有些家长把孩子打扮得花枝招展，有的全身名牌，生怕因玩耍而弄脏衣服，卫生确实需要讲究，但不能影响必要的玩耍；三怕损坏物品和玩具，有些家长虽然给孩子买来了各种玩具，但不让孩子自由地玩，有些家长不准孩子摸或摆弄物品，动辄以"要弄坏的"相威吓，教育孩子爱护东西是对的，但不能要求过严。总之，孩子不能不玩，因为玩不但可以增加智慧，还可以直接培养动手能力。

4. 提问是创新的基础

提问是一种思考和钻研，是具有探索意识的表现。作为家长在面对孩子的提问时，应该心平气和地、认真地对待。在这个问题上，要避免出现以下三种错误态度：一是强行压制提问。如"你怎么问题那么多？""你没看到，我正忙着吗？""你怎么会问出这样的怪问题？"等，这类话语要力求禁止；二是欺骗搪塞，有些家长对孩子的问题回答不了，但又怕丢面子，就胡编乱造一些所谓的答案来欺骗和搪塞孩子，这不但影响孩子的思维发展，也影响家长自身的威信；三是解释得太深太难，让孩子听不懂。这三种态度都不利于孩子创新精神的培养，对孩子的提问，家长有的可直接回答，有的可启发孩子自己去寻找答案，家长如不能回答的，可实话实说，也可和孩子一道探索。

5. 多角度思考问题是创新的前提

在日常家庭生活中，要经常引导孩子多角度看待和分析事物，逐渐养成换一条思路想的习惯。家里买了一条鱼，可以问孩子，除了蒸以外还有什么吃法；茶杯除了喝茶的用途外，你能说出别的用途吗？突然下了一场暴雨，树倒了，菜淹了，这些害处是明摆着的。那么，这场暴雨就没有一点儿益处吗？等等。其实，社会生活和家庭生活中每一个事物，都可以作为启发孩子多角度思维的内容。多角度思考问题，实际上就是进行发散性思维的训练。培养发散性思维是培养创新能力的前提。因此，家长要注意从小引导和培养。

6. 有意识训练孩子的想象能力

想象是创造之母，没有想象能力就没有创新能力。在日常生活中，家长要有意识地训练孩子的想象能力，训练方法一般有：

（1）多给孩子提供一些富有幻想色彩的书籍，比如：童话、科幻作品、神话、寓言等；

（2）许多家长平时都给孩子讲故事，不妨在讲到一半时戛然而止，让孩子根据前面的情节续接故事；

（3）看文字画画，可提供一些文字（或口语）让孩子把文字的内容用图画的形式画出来；

（4）进行概念的联结训练，经常出一些毫不相干的概念，要让孩子通过相关的中间环节把两个不相干的概念联系起来。比如，"石头"与"电脑"这两个概念不相干，但通过"玻璃"与"屏幕"，就构成了相关的概念链：石头——玻璃——屏幕——电脑；

（5）鼓励孩子直接编制故事，孩子平时都爱听故事，听到一定数量后，可让孩子自己来编故事。

7.兴趣是培养孩子创新能力的最好老师

兴趣是开发智力的钥匙、对孩子的智力发展有促进作用。兴趣是引起和保持注意的重要因素，孩子对感兴趣的事物总是愉快地、主动地去探究它。兴趣使人集中注意、产生愉快、紧张的心理状态，对认识过程产生积极的影响。兴趣是人们从事活动的强大动力。所以，对孩子应从小培养学习的兴趣，让孩子保持旺盛的求知欲，让孩子追求知识、追求真理、追求真知。父母要从小就给孩子买《幼儿智力世界》《十万个为什么》《少年百科全书》等科普书籍。孩子对书中的科学技术方面的知识产生浓厚的兴趣。同时还要买一些益智的玩具。如积木、魔方、智力环、七巧板、折纸书等，这些东西可以不断培养孩子对知识的追求。

创新是一个民族进步的灵魂，是一个国家兴旺发达的不竭动力。孩子是祖国的未来，对孩子的创新能力的培养是每一个家长必须关注的问题。因为父母是孩子的第一任教师，家庭则是从小培养孩子创新能力的最有利环境。

让孩子学会自己动手去做

父母课堂

在日常生活中，父母总是认为孩子年龄小，能力差，所以很多事情都由自己一手包办代替。这样对孩子的健康成长是非常不利的。父母作为启发教育者，要培养孩子爱动手的好习惯。在培养孩子的动手能力时，要让孩子持之以恒，直到由技能变成技巧，熟练掌握。

手是人的重要感觉器官，通过它，可以获取更多的外界信息，这些信息能促使大脑积极活动，有利于大脑神经细胞功能的迅速发展，而大脑的神经中枢又能调节手指的活动能力。神经中枢与手指活动的相互作用，可以促进孩子大脑的发育，使孩子心灵手巧，聪明能干。因此，动手是促进孩子智力发展的重要途径。

在孩子自己动手操作的过程中，其他智力因素也就相应得到了发展。孩子动手操作，就有机会接触更多的事物，可以扩大他们的知识面，提高他们多方面的兴趣。为了完成一个操作动作，他们的活动就必须有一定的目的、计划，这些都必须借助一定的想象力和创造力，所以，孩子动手对发展他们行为的目的、动机、想象力、创造力、意志力都大有好处。让孩子自己动手，还有助于他们认识自我，培养他们的自我服务能力，克服样样都要依赖别人的不良习惯。

因此，要想发展孩子的智力，使他们成为一个全面发展的人，就要多给他们动手的机会，千万不要因为担心孩子不小心做错事，或怕他出事，或怕他损坏东西，就不让他们动手。同时，教导孩子动手"操作"是一件很复杂的事情，如果没有适当的教导，他们的操作就会乱七八糟，而这类杂乱无章的动手操作正是孩子的特征。如果父母教他们动作操作，动作就有了明确的目的，孩子就会静下心来成为一个动手操作者。所以，父母要从小培养孩子动手操作的能力。

1. 兴趣引导勤动手

在开始的阶段，孩子对身边的一切新鲜事物都有着好奇心，这是人的本性所决定的。他们会认为帮助父母做事是一件光荣的事，父母应该趁此机会让孩子勤动手，并引导其成为一种兴趣习惯。有时候，孩子会摆出"小大人"的样子，说"我自己来，我会""妈妈放手，我能"等。在这种情况下，父母就应该放手，让孩子自己来。哪怕是孩子认为自己可以移动一只易碎的花瓶，也要让孩子自己动手，如果可以用一只花瓶，换来孩子的自信或者是孩子勤动手的好习惯，那么，一只花瓶又算得了什么呢？

在生活中，父母也可以用一些废弃物品与孩子共同动手制作工艺品，比如用蛋壳制作人头像或用泡沫雕刻一些形状简单的东西。这样一方面让孩子从小认识到双手的魅力，让孩子懂得生活中很多废弃物都是可以利用开发、变废为宝的，另一方面可以让孩子有自己动手的"成就感"，这种"成就感"可以增强孩子的动手兴趣。所以，父母平时要多买一些手工制作图片或书籍，让孩子从中展开制作的想象力和制作的兴趣。也可以多让孩子做一些动手的游戏，像折纸、剪纸、撕纸张、粘贴、折皮球、组装玩具等，为孩子提供动手的机会。

在孩子做某件事情的时候，父母可以在一旁观察、鼓励，或适时地加以协助。如果孩子实在做得不理想，也不要责备他，可以在孩子离开现场后再略加收拾，因为孩子的自尊心致使他不愿意接受大人的帮助。

2. 鼓励动手增信心

称赞是鼓励孩子、增加孩子信心再合适不过的一种激励方式。当孩子做出一些"小成绩"的时候，不要忘记告诉孩子，他们是多么的优秀。当孩子帮你做了某一件"小事情"的时候，不要忘记告诉孩子，你对他们的帮助是多么的感激。这种真诚的感谢会令孩子更积极、更认真、更负责地成为一个自信、热爱劳动的好孩子。比如说，妈妈在摘菜时，可以让孩子参与，并以游戏竞争的形式看谁摘得又快、又多、又好。妈妈可以故意输给孩子，以增强孩子动手的信心。当下次再摘菜时，孩子就会主动请缨挑战。当孩子发现成人能做的事自己也能做时，就会从中发现自身的能力和潜力，就会对自己充满信心。

不要让孩子失去动手的机会。有时父母会因为孩子动作太慢、太笨，而代替孩子去做。这样容易养成孩子的依赖心理、惰性心理。不要强迫孩子做他不愿意做的事，或者他力所不能及的事。希望孩子做的，一定是孩子能够完成的，否则会挫伤他的信心与勇气。因为家长一道否定的目光或一声消极的语气，都对孩子有极大的"摧毁力"。相反，家长一道赞赏的目光或一句激励的话语，又有着使孩子充满自信并取得成功的魅力。

3. 手脑结合开启孩子的智力

孩子的动手能力是对大脑发育最好的刺激。3岁前父母应该教幼儿握笔、写字、做手工、拿筷子等，动手的同时就将新的刺激源源不断地输入了孩子的大脑。脑的使用度越频繁，脑的成熟度就会越高。

人们常说"心灵手巧"，脑越用越灵，手越用越巧。因此，父母应该安排孩子做一些必要的家务活儿。例如，起床后自己叠被、扫地、擦桌子、饭后洗碗、刷锅、购买小件物品等。这些应当要求孩子主动来做，这对孩子能力和责任心的培养作用都不可小视。

父母可以帮助孩子做一些简单的小实验，让孩子从动手中开发智力，体验到成功的快乐。让孩子由"'通过理解一个道理而去做实验'发展到'通过实践证明一个道理'"，就是说由被动操作向主动实践的转换。由此养成一种手脑的相互结合，手脑的相互促动的好习惯。

4. 具体指导，技能训练

父母应认识到任何一种新的动手技能都要以一些原有的动作为基础。例如打字，虽然是第一次练习，但如果过去学弹钢琴或电子琴，其中所包含的按键动作，就会对打字有帮助。所以，小学生从小培养各种动手能力，对他们将来的学习、生活、工作都大有好处。

有时，在培养儿童动手能力过程中，发展到一阶段就会停滞不前，这是一般练习中都有的，心理学上叫"高原期"，在这个阶段，家长鼓励孩子不要放弃，继续练习，达到一定阶段，会出现质的飞跃，就是我们常说的"熟能生巧"。

父母作为启发教育者，在培养孩子的动手能力时要持之以恒，直到由技能变成技巧，熟练掌握。

让孩子拥有一颗好奇心

父母课堂

> 很多父母都有一个共同的想法，就是把孩子教育得循规蹈矩，墨守成规。父母不断地替孩子们"设计"行为，规范思维，不许孩子做出任何"出轨"的举动。但是，这些父母们恐怕不知道她们这么做的结果——只会让孩子丧失了他们天生的好奇心、探索欲和想象力。

美国著名发明家爱迪生，小的时候并不聪明，但是他对周围的一切都充满了好奇，还特别喜欢刨根问底。比如，他曾经学母鸡的样子趴在草丛里孵蛋，因为他好奇母鸡为什么用体温能孵出小鸡，而人却不行？他看见小鸟在天空中飞翔，联想到家中做面包的发酵粉能产生气泡，让面包变轻变软，人要是吃了发酵粉，是否也能使身体变轻飞上天呢？

正是因为他对大自然的种种奇观异象都充满好奇。所以，他从一架儿童玩具中得到启发，如果把照片连起来快速移动，就会在眼中构成连续的动作。因此他发明了电影放映机。爱迪生这一生发明无数，像留声机、电灯、喷气机车、有声电影等。这些发明强烈地冲击着现代文明，使人类进入一个崭新的生存境界。

好奇心能引发孩子的求知欲，是推动孩子主动学习、探求知识的内在驱动力。未来社会是一个充满不确定性、多元化的社会，我们的孩子也将会面临复杂的竞争环境。这就需要他们用超群的想象力、大胆的探索精神去解决问题。而所有勇于实践的行为，都源于他们的好奇心和丰富的心灵底蕴。

有个儿童教育家说："好奇心可以被父母的无知摧毁，也可以被父母的爱心培养出来。"爱迪生 7 岁上学，不到 3 个月，就因为满脑子都是稀奇古怪的想法，被老师劝退学。但他的母亲一直都没有放弃对他的教育责任，她不仅给爱迪生讲名人的成功故事，更鼓励他对身边的每件事都问"为什么"，并积极尝试。而我们的很多父母，常常会因担心孩子的好奇心过重而惹麻烦，进而阻止孩子的好奇行为。

冉冉是一个聪明又漂亮的好孩子。有一天，她问妈妈："妈妈，为什么别人都会夸我漂亮呢？"妈妈告诉她："那是因为你每天喝一袋牛奶的结果啊，牛奶是最有营养的了，喝了它会让人健康漂亮。"听了妈妈的解释，冉冉立刻把一袋牛奶"哗"地全都倒时了鱼缸里。妈妈看见了，当场就对冉冉骂开了："你在干什么？那是人喝的东西，怎么能给鱼喝？我刚把鱼缸的水换好，这下好了，又得重换，你怎么这么讨厌啊？"其实，冉冉只不过是想知道当鱼儿喝了牛奶之后，是不是也能长得肤白体健。在她的小脑袋里装的是，既然牛奶对人有好处，为什么鱼儿不能喝呢？她要亲自验证一下。冉冉的这种探索行为是多么的难能可贵啊。但是，却由于妈妈的嫌麻烦，致使冉冉的探索行动受到了制约。妈妈阻止的后果是，纵使以后冉冉再有什么大胆新奇的想法，也不敢付诸于行动了。

有时候，孩子常常会问父母这样的问题，"为什么鸟儿可以飞上天？"面对这种幼稚的问题，很多的父母会不屑一顾地回答："这种问题太简单了，有什么好说的？"这种问题对父母来说或许很简单，但对于孩子来说却很稀奇。当父母用敷衍和取笑应对孩子的好奇心时，他们对大自然神奇的景象，就失去了思考的兴趣。

另外，父母的知识水平，也对增强和延伸孩子的好奇心，起到至关重要的影响。亮亮看着妈妈的手机出神，突然他问爸爸，"为什么手机没有电线也可以和别人通话呢？" "那是因为可以靠电波传送。" 爸爸回答。亮亮追问："电波是什么？" 爸爸挠挠头："唉，这个我现在也说不清楚，等你长大了，上学后自然会学到的。"于是，亮亮的好奇心被爸爸微薄的学识阻断了。其实，如果爸爸稍微懂点电子学原理，深入浅出地给亮亮指点一下，他的心里就会早早烙印下物理学知识，也会为以后的学习打下基础。

有父母曾经说："我之所以不让孩子对事物太好奇了，是怕他出事。"比如，有的孩子好奇自行车的大小齿轮转动咬合现象，便把手伸进去感受，手被齿轮咬住了……所以，很多父母会盲目地制止孩子无处不冒的好奇心，强硬地说："不许乱动东西，不许胡思乱想，好好待着。"长此下去，孩子会失去对新鲜事物的兴趣。一旦他停止了好奇和思索，也就停止了探索和钻研的冲动。

其实，好奇心与危险并不冲突。父母可以做一些防范措施，比如电插头挂到高处、热水瓶放在孩子摸不到的地方……总之，在安全的情况下，让孩子尽情地对事物展开联想，产生好奇，对他后续的学习，会产生极大的推动力。

1. 随时随地解答疑问

随时随地解答疑问，答案未必明确，但态度应诚恳、积极。小杰问妈妈："为什么舅舅从美国打电话老是在深夜，还说自己在吃午饭？"妈妈告诉他，是因为中美两国有时差。小杰接着问：
"时差是什么？"妈妈正在写工作报告，便说："我现在很忙，而
且知道得不多，但我会查资料告诉你。"当天晚上，妈妈便找来
地理书籍，仔细研究地球的自转、公转和时差问题，第二天便把
答案告诉了小杰。

父母繁忙时，切勿用"别烦我，走开"或"我不懂，别问了"
来搪塞孩子。对孩子来说，父母是否给孩子正确答案并不重要，
但认可他好奇心的态度，却会影响他的求知欲。比如像"这个问
题提得真妙，让我想想，明天再告诉你"或是"你先说说自己的
看法，好吗？"这样的回答就很人性化。这种带有鼓励性质的回答，
会让孩子衍生出更强烈的好奇意识，扩大思索空间。

2. 让孩子多接触环境和实物

让孩子多接触环境和实物，开创感性空间，启发好奇心。有
个妈妈说，现在的孩子接触东西太多了，像电脑游戏、卡通片、
儿童图书、玩具……他们已经没有时间学习了。言下之意，这些
东西对孩子一无是处。其实，换个角度考虑，恰恰是这些东西，
开阔了孩子的视野，激发了他们的好奇心，扩大了思维空间。

在这里，建议父母多带孩子参观展览、出去旅游和采风，让
他们在各种社交活动中汲取丰富的信息，让好奇心和思考意识，
始终贯穿在他们成长的过程中。

3. 让孩子多动手

让孩子多动手，在自由的空间里随性地创造，激发孩子的好
奇心。峰峰家里有几台拼装四驱车，有的跑得快，有的跑得慢，

他很好奇。咨询后才知道，汽车跑得快与慢，全由发动机决定。于是，父母鼓励峰峰自己改装发动机。他抠抠弄弄地搞坏了几台，越弄问题越多，爸爸花了不少钱，但峰峰最终改装成功了，因此他对机械知识产生了浓厚的兴趣。所以，父母应放开手脚，让孩子在实物操作中，激发好奇心。因为探索的快感，总是存在于感性的过程中。

4. 父母应多问孩子"为什么"

父母应多问孩子"为什么"，帮助他建立好奇意识和思考习惯。孩子的大脑还没有发育完全，思想不够敏感和活跃，所以，常常会对某些新鲜事物视而不见。父母平时要多问孩子"为什么？"比如在公园，可以问他"风筝为什么能飞起来？"到了冬天，问他"羽绒服为什么能保暖？"当孩子在父母的牵引下，看见任何事物都要问"为什么"时，他一生都会养成思考和探索的习惯。

5. 父母应加强知识储备

父母应加强知识储备，用生动易懂、循循善诱的方式，把孩子引入深层次的思考空间。真真问妈妈："风筝不是飞机，没有能源，为什么能飞上天？"妈妈告诉她，是风带动的气流把风筝托了起来。妈妈反问真真："没有风的时候，为什么风筝也能飞上天？"真真摇头表示不懂。于是，妈妈带她去公园看放风筝。真真发现没风的时候，人们大多都是拽着风筝线跑。妈妈启发她，夏天停电时，奶奶就会用扇子给她扇风，于是真真回答："是不是跑的时候，会造成气流流动，跟有风的效果一样？"妈妈高兴地夸奖了真真。

好奇心是孩子最强烈的心理活动。一个孩子是否具备好奇心，往往表示在其思维是否活跃，心灵世界是否敏感丰富。所以，父母要从生活的各个环节入手，培养孩子无处不在的好奇心。

正确应对孩子的好奇心和求知欲

父母课堂

世界对于孩子来说是一个非常新奇的事物，他们对世界从一无所知到逐步认识，好奇和求知是他们认识世界的开始，也是他们的好奇心和求知欲得到满足的突破口。所以，父母一定要做到及时地、耐心地回答孩子提出的各种问题。

"人为什么要吃饭呢？""飞机为什么会飞？""月亮为什么会跟着我走？"孩子总是会不停地问问题，这些无休止的问题常常会给父母一个措手不及，还会问一些离奇的问题，把父母弄得瞠目结舌。

"学问学问，边学边问。"学问和知识就是人在不断的探索中，在不断地提出问题和解决问题的过程中获得的。大人如此，孩子也是如此。区别只是大人有了问题，他会在没有适当的人可以求教时，自己去看书，寻找答案。而孩子由于知识有限，没有这方面的能力，或者这方面能力比较差，他们就需要父母的帮助。孩子有问题找父母，这正是孩子对父母信赖的表现。孩子想了解周围的一切，渴望从大人那里得到答案。有些问题在父母看来是幼稚可笑的，但对于孩子来讲却是神秘好奇的。正是这种好奇心使牛顿从苹果落地的现象中发现了"万有引力"；正是这种好奇心使瓦特从水蒸气推动壶盖的现象中发明了蒸汽机；正是这种好奇心使伽利略对教室里吊灯的均匀摆动产生兴趣，导致他发现了等时性……这些都说明了少年儿童的好奇心与人的创造力有着密切的关系。做父母的为了孩子的成长应尽一切努力来帮助孩子，比如帮助解答孩子的问题，孩子还没有查书寻找答案的能力，父母就应自己查书寻找答案。如果父母在面对孩子的问题不知该如何回答时千万不要敷衍了事，或横加指责，那样只会把孩子求知的欲望扼杀掉。

父母对孩子的好奇心应该十分珍惜。儿童的心理发育是从低级向高级发展的，学龄前期像一座桥梁横跨在幼儿期和小学期之间，这个时期孩子的认知能力、思维能力迅速发展。各种心理倾向的空白点也正在陆陆续续地填补，渐渐对各类事物产生个人兴趣，好奇心特别强，总爱问这问那，有时还会做出一些"破坏性行为"，如拆坏钟表、电动玩具等。人民教育家陶行知先生曾对一位因好奇心而拆坏了金表的孩子的母亲这样说："小孩子拆金表是出于他对表为什么不停地走的好奇，这种探求知识的好奇心是十分可贵的。"他建议这位母亲带孩子到钟表店去看师傅修表，把钟表店当课堂，让修表师傅当老师，将修理费当学费，这样就可以满足孩子的好奇心，使之更加聪明。陶行知先生的处理方式不愧是我们做父母的正确对待孩子好奇心的典范。好奇心满足了，智力水平也就提高了一步，好奇心不断得到满足，智力也就不断提高。所以，父母要充分珍惜学龄前儿童求知心理的最佳时期，及时地、耐心地回答孩子提出的各种问题。

要做到及时地、耐心地回答孩子提出的各种问题，以下8点建议可供参考：

1. 加强自身修养和学习

要使孩子懂，首先自己懂。知识是无穷的，希望孩子成长，父母就要博览群书，掌握丰富的科学文化知识。如果有些问题一时难以解答，可以带孩子一起查找书籍，直到弄懂。如果父母一问三不知，这又怎样满足孩子的求知欲呢？

2. 讲究科学性

教给孩子的知识必须真实，符合客观实际，切忌把模棱两可、违背科学的东西告诉孩子。如果孩子提出的问题比较复杂，比如"人是怎样跑到电视机里去的？""月亮为什么有时大有时小？"父母必须把正确的答案告诉孩子，切忌胡编乱造，使孩子接受错误的知识。如果父母也不懂，可以找书，也可请教别人。父母的这种尊重科学、实事求是的精神会感染孩子的。

3. 注重通俗性、趣味性

对孩子提出的问题，父母通俗地把具有趣味性的知识讲出来，孩子才能充分接受。

4. 注意正确"导航"

孩子好奇心是诸多方面的，他们提出的不一定都是知识性或有积极意义的，有些还是不切实际的。有时他们跃跃欲试，要去看、听、闻、尝、摸、捏、掂，有的还会做出些"惊人之举"，如用嘴尝任何东西，到池塘边玩水，摸电器插头、开关等，有时还会捅出"漏子"，给大人添麻烦。此时，父母要积极引导，讲清道理。

孩子的心灵发育一辈子只有一次，每一阶段的发育都是无法重复的，好奇心的发育同样如此。父母应珍惜和满足孩子的好奇心，不断提高孩子好奇心的水平，充分利用孩子求知的最佳时期，讲究科学的育儿方法，促进孩子的智力发展和身心健康。

5. 幽默感

父母对孩子不要摆出像法官般一脸的道貌岸然，也无须扮演命令、威胁、说教或斥责的角色，因为这些角色往往会使孩子产生恐惧而畏缩。所以，父母要给孩子温暖和安全感，然后发现问题并协助他解决问题。

6. 利用故事增强孩子的好奇心

故事是用口语化的艺术语言来表达的，它有内容、有情节，形象生动，孩子一般都非常喜欢听。故事不但能丰富孩子的知识，扩展孩子的视野，使他们从中懂得人生的哲理和人生价值。而且还能起到增强好奇心、丰富想象力，从而激发求知欲望的作用。有位儿童教育专家建议：当孩子刚满 6 个月，可以坐在大人膝盖上的时候，就应当给他们读小人书或根据书、画讲故事给他们听，这种抚爱和温馨的气氛能培养他们对书籍的感情。

7. 鼓励孩子积极探索

好奇、好问、好动是孩子的天性，我们应加以爱护，给他们充分的自由，允许他们大胆地去想象。即使产生了一些稀奇古怪的想法，也不能盲目否定，而应采取他们能理解的方式，耐心解答，共同讨论，或提出问题引导他们继续思索。同时，要关心他们那些在大人看来是"错误"的行为，要善于发现他们"错误"中的创造成分，帮助他们选用适宜的方法，展示出来，及时肯定他们与众不同的想法和做法，推动宝宝好奇心的发展。

8. 不要挫伤孩子好问的积极性

孩子对什么都感兴趣，有着强烈的探索精神。他们常会问父母，自己是怎么出现在这个世界上的。作为父母，我们应好好地回答他们的问题，而不要随随便便地搪塞一些答案，例如"路上捡到的""从石缝中跳出来的"等等。这样不但会使孩子幼小的心灵感到害怕，也很可能会使他失去再提问题的兴趣。相反，如果我们的回答既生动又活泼，例如直接回答孩子："是从妈妈肚子里生下来的"，孩子也许会有一连串的联想，例如"为什么妈妈的肚子里面会有我？""妈妈又是从哪里生出来的呢？"无形之中就能帮助孩子建立对生命、对未来的好奇。

第 **5** 章

培养孩子的记忆力，提高孩子的智商

从小培养孩子的记忆力，是发展孩子智力的重要方法。孩子的记忆力越好，记忆的知识就会越多，反应就会越快，处理事物的能力就越强，遇到问题就可出现"计上心来"的灵感。所以，孩子的记忆力越强，也就会越聪明。

孩子的记忆力及其特点

父母课堂

记忆是一种比较复杂的心理过程，是过去经验在人脑中的反映，它包括识记、保持和再现几个环节。孩子的记忆是从什么时候开始的，还是一个有争论的问题，但是不管什么时候开始，父母都要对孩子记忆的特点有所认识，这样才能针对孩子记忆的特点来对孩子进行记忆力的培养。

记忆是指人的大脑对经历过的事物进行储存和再现的能力，通俗地说，就是把某个东西记住，在某个时候想再次遇到的时候就想起来。就好像把某件东西放在抽屉里，需要的时候再取出来一样。

记忆，是人对过去感知过的事物或语言的再认和再现。从人类的发展史来看，在文字产生之前，人类的文化发展就是靠记忆，靠一些最简单、最原始的记忆辅助方法来世代相传的，如打结、好在石头或其他器皿上刻痕等。据悉在古代社会曾出现过一种"记忆人"，这些人记忆力超群，于是他们就专司记忆，而他们的记忆也就成了人们衡量事物的标准。对于单独的个体来说，记忆则是人们学习、掌握知识的基础，古今中外记忆力超常的大有人在。

某杂志曾说："如果我们能迫使我们的大脑达到其一半的工作能力，我们就可以轻而易举地学会 40 种语言，将一本苏联大百科全书背得滚瓜烂熟，还能够学完数十所大学的课程。"

事实上，一个人的记忆潜力是非常大的。据美国科学家研究，如果一个人始终好学不倦，他的大脑所能储存的各种知识，将相当于美国国会图书馆藏书量的 50 倍。美国国会的藏书有一千多万册，可以想象一下，一个人的大脑能够装下多少知识啊！

其实，人脑就像是一个图书馆，一个人学习的、记忆的东西都会保存在这个图书馆内。当他需要用的时候，就可以用。但是，如果图书馆的书库中根本就没有进过那本书，怎么可能借给你呢？记忆就是过去经验在人脑中的反映。一个人只有先去记，才可能在脑海中再现。

那么，孩子记忆有什么特点呢？

1. 记得少，忘得快

孩子记忆的范围和记忆保持的时间，是随着年龄的增长而扩大和延长的。1 岁左右的孩子记忆的范围很小，起初只能认妈妈、亲人，然后才能再认周围的事物。他们记忆保持的时间很短，例如将他们和一起生活的亲人分开一个月，再相见时可能就不认识了；幼儿园的小朋友一堂课上能学会一首儿歌或一个故事，但是不久也就忘了。

2. 记忆缺乏目的性

上学前孩子的记忆很难服从一个有目的活动，他们的记忆以无意识为主，他们只对形象鲜明的对象，引起兴趣的事物或引起强烈情绪体验的事产生记忆。要年幼的孩子将记忆专门作为有目的活动是困难的。当孩子五六岁的时候有意识的能力才开始发展起来，如果大人委托他做某件事，他会运用简单的记忆方法，比如重复大人说的话来记住这件事。进入小学后，在教育的影响下，孩子有意识记忆的能力可以得到较快发展。

3. 记忆方法呆板

成人的记忆一般是通过对要记忆事物的理解，找出事物的主要特征和内在联系，摒弃事物非主要部分，进行意义识记。而孩子由于受到知识和经验的限制，不会进行这种分析，只能对事物的表面进行机械识记。例如，成人和孩子同时遇到一个初次见面的人，成人记住的是这个人的相貌特征，而孩子记住的可能是这个人的衣着颜色，等等。但是学前孩子也不是完全没有识记，对他们能理解的事物也会进行一些意义的识记。

4. 记忆不精确

孩子记忆的精确性也是随着年龄增长而提高的。年幼的孩子记忆不精确表现在记忆不完整、相互混淆、歪曲事实和易受暗示等方面。例如，当孩子听了一个故事，他只记住感兴趣的某个细节，整个故事的情节记不住，或者把另外故事的情节也混在一起。又如，一个母亲问幼儿园回来的孩子，今天舅舅到幼儿园看你了吗？他回答说是的，事实上他舅舅今天没有来而是前几天来过，他被母亲一问就认为今天来过了。这是由于记忆不精确加上以臆想来补充记忆而造成的。随着年龄的增长这种情况会改变的。

怎样提高孩子的记忆力

父母课堂

很多父母认为孩子的记忆力是天生的，其实这种认识并不正确，记忆力不仅和遗传因素有关，更重要的是和记忆的条件、方法有关。所以，父母要尽早有意识地培养孩子的记忆力，让孩子有效地提高记忆力。

父母想要提高孩子的记忆力，下面的这些建议可供参考：

1. 科学安排孩子的饮食起居

父母应该懂得，良好的记忆需要有发育良好的大脑和良好的环境。因此，要增强孩子的记忆力，父母要合理科学地安排孩子的饮食结构，安排好孩子学习的环境。

在饮食方面，要保证孩子摄入足够的蛋白质，如蛋黄、瘦肉、海鲜、豆制品等，同时，要合理搭配蔬菜、水果等。另外，要控制孩子的饮水。据科学家研究表明，当一个人大量饮水时，他血液中的水分就会增多，渗透压下降，血容量增大，从而会使下丘脑合成及神经垂体释放抗利尿激素减少，这是不利于记忆的。因此，父母让孩子保持平衡的饮食结构，保证大脑的营养供应，控制孩子饮水量。

在起居方面，应该选择蓝色、灰色等色调来布置孩子的房间，这样可以让孩子的情绪趋于相对稳定的状态，能集中注意力去记忆事物。房间内东西的摆放要整齐，杂乱无章容易干扰视线，影响记忆。在为孩子选择台灯时，一定要注意不要选择灯泡太亮的，而且最好不要让灯光直接照射到桌面，可以使用间接照明。比如，让灯光照射到墙壁，然后再反射。这样，光线就比较柔和，不会刺激孩子的眼睛，有利于他集中精力学习。

2. 让孩子掌握记忆的规律

记忆的过程是识记、保持、理解、再认、再现的过程。在这个过程中，识记是记忆的开始，保持是记忆的中心环节，理解是保持的基本条件，再认和再现是记忆水平和质量的反映。

记忆有自身的规律，这是由遗忘规律决定的。专门研究记忆的心理学家艾宾浩斯，做过一个著名的实验。实验的结果是：熟记13个无意义的音节后，仅过1个小时，就遗忘了7个；2天后，又遗忘了1个；6天后，虽然遗忘还在进行，但是速度更慢了。可见，当记忆过程一结束，遗忘就开始了。遗忘的速度是先快后慢，记忆刚结束，在短时间内就会遗忘很多，越往后则遗忘越少。

正是因为已经记住的东西在遗忘的时候有先快后慢的特点，所以父母要教育孩子掌握记忆的规律，针对遗忘的特点来进行复习。一般来说，刚学过的东西要多复习，以后的次数可以逐渐减少，间隔时间可以逐渐延长。对于年级较低的孩子来说，最好间隔一天，如果孩子要准备考试，则父母要强调平时经常复习，多熟悉教材，进行有意识的背诵，这样可以提高孩子的记忆效果和对记忆的信心。

3. 帮助孩子找出最佳的记忆时间

每个人的最佳记忆时间是不一样的，一般来说，早晨和晚上睡觉之前是记忆效果比较好的时间。因为早晨头脑最清醒，记忆起来相对比较轻松。而根据心理学研究，在睡眠中的记忆力是不会下降的。因此，睡觉之前记忆材料，可以减少其他事物的干扰，从而减少遗忘。

父母要帮助孩子找出最佳的记忆时间，如果孩子在早上记忆效果好，可以让孩子在早上听一些英文歌谣、诗歌、散文等，然后引导孩子学习一些知识，但要注意引起孩子的兴趣。如果孩子在晚上睡觉之前记忆效果好，可以让孩子在睡觉之前记忆一些内容，然后让孩子在第二天醒来后进行回忆，这样效果是比较好的。可以让孩子在他的最佳记忆时间里固定地识记、背诵、理解，直至完全记住。

4. 激发孩子对记忆的兴趣

兴趣是学习的老师，孩子对有兴趣的东西能表现出很强的记忆力。因此，要激发孩子对记忆的兴趣，父母首先要给孩子创设一个轻松温馨的氛围，让孩子在心情舒畅中来记忆。孩子在精神放松的状态下进行记忆不仅记得快，而且记得牢。因此，父母应该想办法诱导孩子高高兴兴地去学习，而不要一边责骂孩子，一边呵斥孩子去学习，这时的记忆效果肯定是不好的。同时，父母也可以教育孩子运用一些方法，把枯燥无味的知识特殊加工，从而变成让孩子感兴趣的东西来记。

5. 让孩子在理解的基础上进行记忆

所谓"欲要记，先要懂"，说的就是记忆要在理解的基础上进行。理解记忆的基本条件是对材料进行感知和思维加工。有些材料，如概念、定理、法则、历史事件、文艺作品等，都是有意义的。记忆这类材料，最好让孩子先理解其基本含义，即借助已有的知识经验，通过思维进行分析综合，把握材料各部分的特点和内在的逻辑联系，从而使所要记忆的内容纳入已有的知识结构，保持在记忆中，而不要采取逐字逐句死记硬背的方式。孩子只有理解了学习的内容，才能较快较牢地记住。

因此，父母应该让孩子在充分理解学过内容的基础上进行记忆，如果孩子对所学材料不是很理解，父母应该担负起老师的职责，耐心给孩子讲解，及时帮助孩子弄懂。

6. 丰富孩子的生活环境

有生活经历才有记忆，有的年龄很小的孩子，由于"见多识广"能记住和讲出很多见闻。因此，父母要从小给孩子提供丰富的生活环境。给他玩各种彩色的、有声响的、能活动的玩具，听音乐，多和孩子讲话，给孩子念儿歌、诗歌，讲故事，带孩子去公园、动物园、商店和孩子一起做游戏，等等。在他们的耳濡目染中，对形象鲜明的、感兴趣的或引起他们高兴或惊奇的事物，都会留下深刻的印象，较长时间保持在记忆中，这些印象在遇到新的事物时会引起联想，更容易记住新的东西。

7. 给孩子布置识记任务

为了培养孩子的有意识记忆能力，对两三岁的孩子就可以布置有意识记忆的任务。最简单的可以从要孩子去取一样东西或传一句话做起。随着孩子年龄的增长，布置识记的任务可趋向复杂。如要求记住游戏规则，复述一个故事或讲出参观见闻，等等。

8. 增强孩子记忆的信心

　　记忆力的好与差不完全是天生的，是可以训练的，记忆力是可以提高的。但对自己的记忆能力失去信心，就很难提高了。只有有信心，才能集中注意、开动脑筋、想方设法把它记住。因此，家长切忌打击孩子记忆的信心。如有的家长骂孩子"你什么都记不住，一点记性也没有，对你说了也是白说"等等，是很不妥当的。家长要了解其记忆的不足之处，记不牢或记不正确的原因，耐心帮助他，要多给予鼓励。从小培养起对自己记忆力的信心。

9. 指导孩子记忆的方法

　　善于运用各种记忆方法能提高记忆力，家长要针对孩子的不同年龄阶段，进行记忆方法的指导。年幼的孩子记忆保持时间短，记忆的主要方法是机械识记，要他们记住某种内容就要不断重复，可教他们背诵一些儿歌、诗歌，记住一些简单的科学常识。入学前的儿童已会运用意义识记，可以教他们运用顺序记忆、归类记忆、联想记忆等识记方法。入学后要记住一篇课文，可用整体记忆和分段记忆等方法。

10. 多让孩子观察

　　观察是孩子摄取知识经验的大门，记忆是储存知识经验的库房。多让孩子观察，在观察中记忆具体的形象事物。例如，带孩子外出时，事先提出要求，让孩子记住行走的路线、方向，注意观察周围及拐弯处有什么特点，乘坐哪一路电车、汽车等，请他带路。

　　记忆的方法多种多样，将孩子引入记忆方法之门，让他知道用有效的记忆方法可以提高记忆力，促使他去探索、交流、创造适合自己的记忆方法，以达到提高记忆的目的。

帮孩子走出记忆障碍

父母课堂

> 许多父母经常抱怨，自己的孩子记性不好，学过的东西记不住，或者平时记得好好的，一到考试就忘了。许多父母认为，记忆力是天生的，是父母给的。其实，记忆力是可以通过训练来提高的。

虽然从理论上讲，人的记忆潜力无穷，但还是有很多孩子存在这样或那样的记忆障碍，下面是针对几种问题的建议：

1. 上课"不带耳朵"怎么办

有的孩子的性格十分内向，上课的时候也从来不主动发言，不影响别人，但是自己却是经常走神儿。用老师的话说就是人来上课了，耳朵却"留"在了家里。这类孩子在学习上的重点障碍就是记忆障碍。

通常，一个孩子的短时记忆不好，会影响到上课听讲的质量；而长时记忆的优劣，则与其概念理解能力的水平高低有较大的关系。研究者发现，学习障碍孩子的记忆力异常，比较常见的有短时记忆的编码分类，以及长时记忆中检索资料上的困难。

针对这种情况，可以为孩子制作一份训练计划。首先要给他创造出一个轻松的家庭氛围。因为对听觉不发达的孩子来说，应该有一个良好的听觉环境。

在训练中，首先要解决的是孩子的听广度和听记忆问题。训练先从简单的数字开始。再逐渐过渡到文字和句子。在训练过程中，想办法让孩子对自己有信心，这样，他就不会害怕别人对他提问，这样对孩子的记忆能力也会有一个很大的提高。

接着，对孩子进行视记忆的训练。训练的主要项目是看、记符号，目的是通过多渠道的参与，对他进行视记忆训练。在此项目训练过程中，不直接告诉孩子记忆的方法，而是要求他自己归纳出对每组数字记忆最有效、最简单的方法。

2. 精神不集中怎么办

有的家长在说自己的孩子是"不能从头到尾地做一件事，精神不集中，非常容易分心。教他背一首诗，他总是记不住；让他拿两样东西，总会忘掉一样，幼儿园的老师也说他是个什么都学不会的孩子。"毫无疑问，只这是个记忆能力明显不足的孩子。这将影响到他的智力发展。

人的智力是由观察能力、记忆能力、思维能力、创造能力、想象能力及操作能力等组成的。其中，记忆能力是整个智力结构的基础，如果没有好的记忆力。其他各种能力都无法得到正常发展、在不同的年龄阶段，记忆力与智力关系也不一样。在幼儿期，记忆能力占据人智力的主要部分。也可以说，如果一个孩子的记忆力发展正常，即他的智力发展正常。记忆力超常的孩子，智力的发展也自然是超常的。正因为幼儿期的记忆能力对人的智力发展有举足轻重的作用，因而使得孩子的记忆力训练成为一项相当不容易的事，要发展孩子的记忆力，需要有科学的方法及持之以恒的态度。

记忆力训练首先是注意力的训练。因为记忆的基础是注意。就如我们在教孩子学习某种知识技能时，他首先必须在能够集中精力于自己手头事情的基础上，我们才能指望他认真学习。也就是说，首先应具备一个良好的注意品质。

在提高注意力训练之前，首先要弄清记忆力不足的孩子是如何分配其注意力的。研究表明：这类孩子往往把注意力集中在比较简单的认识过程上，从而无暇注意那些难度较大或更为复杂的过程。其原因有两种：一是没有足够注意力可分配给不同的过程；二是不能向某一任务的各个方面有效地分配适量或适度的注意力。

3. 孩子发愁背书怎么办

有的孩子在听觉记忆和视觉记忆上不能较长时间地保持对所学知识的记忆。因此，尽管他比较刻苦，并付出很大努力去背、记，但也只能是机械地记忆，而不能把知识系统化。根据这种情况，可以对孩子进行以下的训练：

（1）提高听觉记忆能力，目的是让他听清楚，听到后到记住。

（2）提高视觉能力记忆，目的是要求他看日记后写下来。

（3）理解能力训练。先从语文知识中的字、词、句、段、文章开始做理解训练。

推理和思维训练，听故事谁想原因或结果。应用题理解，帮助他掌握基本解题方法。从各种类型习题中挑选出最典型的习题进行练习，教会他如何分析题，找出已知条件和未知条件的关系及要解决什么问题等。

14 种提高孩子记忆力的方法

父母课堂

记忆是一定有方法的，凡是有成就的人差不多都是记忆力
超群的人。他们良好的记忆力，就是因为他们掌握了一些
行之有效的记忆方法。让孩子拥有良好的记忆力，关键就
要看父母如何让孩子们掌握一套记忆方法了。

父母可以教给孩子一些科学的记忆方法，能帮助孩子记忆，
增强记忆效果。记忆方法很多，下面列举的几种记忆方法，可根
据孩子的不同年龄、不同情况灵活运用。这是许多父母教孩子增
强记忆力的经验结晶。

1. 趣味记忆法

心理学实验证明，形象生动、内容有趣的材料，在头脑里留
下的记忆保持量远远超过内容枯燥乏味的材料。有趣的事不容易
忘掉，我们就应把记忆对象尽量塑造成有趣的形象，增强了记忆。
例如，对肌肉、肌腱和骨骼的关系可以这样比喻：肌肉就是马达，
代表原动力；肌腱就是皮带，传送动力，带动齿轮；骨骼就是齿轮，
接受动力，产生动作。这样一来，简单明了，一听就懂，容易记忆。

2. 形象记忆法

一朝被蛇咬，十年怕井绳。被蛇咬所造成的创痛及恐惧，与
蛇的形象建立了牢固的联系，以致看到形似蛇身的东西，便立即

产生痛苦的回忆，往往不需要多次重复也能保持很久，甚至终生不忘。父母可利用首次强烈印象的作用来建立孩子正确的记忆。首先必须让孩子以感性认识为基础，记忆目标力求形象明确。其次，让孩子通过记忆目标的外部特征及其本质，由表及里，力求认识全面。最后，孩子应该了解记忆的目的与用途。例如，给孩子放映一部关于蛇的科教片，从蛇的外形、被蛇咬的惊险场面，到防蛇、捉蛇，再到利用蛇，花几分钟时间便能使他们建立一组生动的联系，留下深刻的记忆。用这种办法获取知识，快速有效。

3. 归类记忆法

孩子到森林中去，在水库里钓了许多鱼，在山野间采了许多野果鲜花。傍晚回家时，他们把东西归类，用绳子把鱼穿起，野果装在篮子里，用野藤捆好花束，满载而归，什么也没有遗漏掉。我们每天都能感应到很多丰富的东西，犹如森林中采集的花果，如果归类，只要抓住一个线索，可以拖出一串有联系的知识。孔子称这种方法为"默而识之，一以贯之"。不少学生采用睡前回忆的方法进行归类记忆、效果很好。因为白天活动多，大脑皮层被各种刺激兴奋着，容易掩盖记忆；睡前所记忆的事物，有较长一段时间没有新的刺激覆盖它、冲淡它、抑制它。既然如此，睡前静坐片刻，默默回忆一下当天的学习和活动，归纳分类，使同类知识联系起来，这对掌握新知识大有裨益。

4. 轮廓记忆法

我国心理学家在 20 世纪 60 年代做过一些实验：让一批学生背诵描写长江三峡的古文，然后进行测试。记忆效果最佳的是先

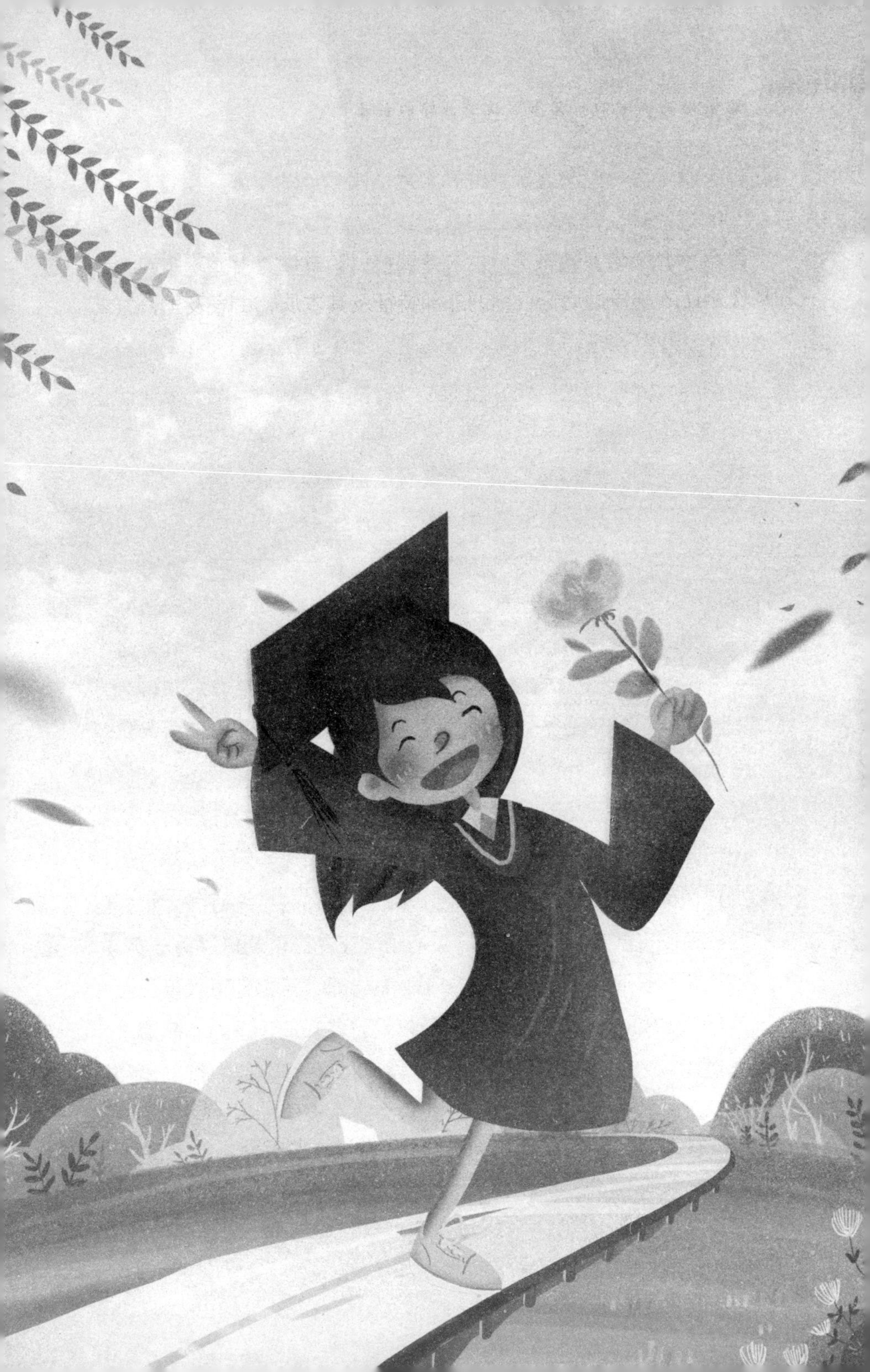

记轮廓、再按段落大意并联系想象山川景色的学生。采用逐字逐句硬背的学生记忆效果最差，很快忘了。对一件事、一门学科也应先览其梗概，进行记忆。有了轮廓，再按"枝节与主干"的联系记忆，就比较顺畅。有些孩子在复习时，还像初学时一样从头读起，这个办法很不经济，效果也不会太好。应当在学的时候不断归类，复习时先回忆、后看书。这样，一章一节的大概结构便浮现脑海，经过归纳整理便可将所学知识如"渔网拖出水面"。再往细处想，想出来的记住了，想不出的翻翻书，重点补上。这种复习记忆牢固，条理分明，重点突出。

5. 间隔记忆法

出差住旅馆，认识了一位同房间的人。尽管朝夕相处，过了一个月才分手，但10年后在街头偶然相遇，还是会忘了姓名，似曾相识，却不敢相认。反之，客人不是每天来访，而是半年见一次。10年中虽然只会了20次面，但在第十一年来访时，你还是一眼就可以认出。这就是间隔记忆的好处。实验证明，人们的记忆，总是最初和最后的部分被遗忘得少一点，因为最初与最后的记忆部分受到的抑制最小。另外，同一刺激持续时间太长，也会使大脑皮层从兴奋转为抑制。心理学家艾宾浩斯做过另一实验，他对某一长篇材料一次要读68遍才能背诵，可是他每天读几段，3天内读38遍就全部背熟了。所以，苦背长篇，不如分而治之。采用间隔方法，把文科复习与理科复习交替开，记忆效果也会提高，因为性质相类似的知识，互相抑制作用要大些。马克思善于运用这个规律。他写《资本论》时，累了就通过演算高等数学来调节。体力与脑力交替开，其实也是间隔。用体育活动或体力劳动来让大脑休息，让小脑兴奋，加强心脏与肌肉功能，调节整个机体，提高记忆的功效。

6.选择记忆法

很多大科学家，对与他事业无关的信息像聋子、瞎子，而对与他事业有关的信息，记忆却灵敏得像电火花。有所不为才能大有所为，这就是选择淘汰。要提高有用记忆的比例，就要对每天的记忆对象进行选择，在精力最好的时间记最重要的、最有用的。记忆要详略得当，重要的详记，用各种记忆法加以增强；次要的可记个梗概；对无用的则不予理睬。因为每个人的记忆专长发展很不平衡，不同的环境与教育，不同的经历与爱好，总是使人的记忆在某方面更强一些。所以，父母要教育孩子，对自己的记忆能力扬长避短。

7.列表对比记忆法

英语时态、化学元素等，不列表对比就会非常混乱，并且无法用几句话来概括。说不清楚，当然就记不住。通过列表，繁杂的内容就可简单化、条理化，一目了然，便于查阅和记忆。列表的过程，就是抓特征、分类归纳的过程。我们不仅要让孩子借助书本上或前人列表，还应当让他们自己开动脑筋，综合加工，列表对比。经过自己的消化和分析，也就记住了。

8.协调记忆法

为了建立深刻的印象，记忆时必须动用眼、耳、鼻、舌、四肢、大脑等认识器官，集中对付一个记忆目标。那么，记忆目标的声、色、形、味以及其他性质之间就建立了比较完整的同时性联系，记忆也就比较牢固。反之，若认识器官"各自为政"，所对目标各异，各自记下残缺不全的印象，自然就容易忘掉。因此，记忆应尽量采用"多兵种协同作战"的方法，加强视觉、听觉、触觉和大脑思维活动之间的联系。如学习计算圆锥体的表面积公式，学生边听老师讲解，边剪硬纸片，自己拼凑、拆开、思索、计算、推出公式，眼、耳、手、脑并用，建立的同时性联系比单纯听讲要牢固得多。即使以后忘记公式，也还能记住推导的生动过程，把公式追忆起来。

9. 规律记忆法

规律记忆法就是总结事物的规律以增进记忆的方法。如三角函数有许多诱导公式，但这些公式所表达的三角函数的关系，都存在一个共同规律。抓住这个规律，便可统一为"函数同名称，符号看象限"两句口诀。只要记住这十个字，就可以推导出全部诱导公式。

10. 概括记忆法

所谓概括记忆法，就是对识记材料进行提炼，抓住关键的记忆方法。例如，学习历史，"王安石变法"的内容是：青苗法、募役法、农田水利法、方田均税法、保甲法，可简略为一青、二募、三农、四方、五保等几个字。

11. 精选记忆法

对记忆材料加以选择和取舍，从而决定重点记哪些，略记哪些，这种记忆方法叫作精选记忆法。

据说古时，有的人记忆力极好，甚至可以把文章倒背如流，过目成诵。可是郑板桥却看不起这种人，把他们叫作"没分晓的钝汉"。什么叫没分晓？就是不分主次、轻重，不管有用、无用，一股脑儿地全都背下来。

小学生每天接触的信息太多了。这些信息并不是都需要记忆的。教材和笔记中很多详细的说明性文字、同一类型的很多道习题、非重点的内容、可以根据其他公式推导出来的那些较复杂难记的公式等，都可以忽略不记。这样，就可以拿出主要精力记忆那些对考试来说最重要、最有意义、最有价值的材料。

牵牛要牵牛鼻子，记忆要选择知识的"牛鼻子"。因此，要想考出好成绩，必须对所学知识充分消化理解，精选重点内容，把它们牢牢地记住。

12. 对立记忆法

如学习外语单词时，可把大小、长短、上下、远近、前后、早迟、冷热、天地、男女等经常联系对比，进行记忆。

13. 谐音记忆法

在汉字中，有很多属于同音字，还有更多的字读音相近似。字与字的读音相同或相似，就叫谐音。借助谐音，赋予材料以引人入胜的意义，常可收到简便易记且经久难忘的效果。

14. 提纲记忆法

提纲记忆法就是通过对学习材料的分析、总结，将其归纳成提纲的形式进行记忆的方法。东汉经学大师郑玄曾在《诗谱序》中说："举一纲而万目张，解一卷而众篇明。"即知识之间的关系虽然纵横交错，但只要抓住主要的、关键的部位，次要的、从属的部分就迎刃而解了。

所谓提纲，实际是一本书或一篇文章的主要脉络。在提纲中，既要体现材料的主要内容、精神实质以及相互间的逻辑关系，又要突出自己的语言风格，做到恰当地表述，这样，易于记忆。

父母在教育孩子学习记忆方法时，还应懂得"运用之妙，存乎一心"的道理。让孩子在进行记忆时应不拘一格，举一反三。孩子只有综合运用各种记忆方法，才能取得好的记忆效果。

第 6 章

做聪明的父母，做孩子最好的老师

父母是孩子最好的老师。父母在孩子的眼里就是模范和表率，父母的一举一动、一言一行都在潜移默化地影响着孩子。父母是聪明的，孩子也会变得聪明。所以，聪明的父母要在各方面给孩子做好榜样。

让孩子按计划做事

父母课堂

在日常生活和学习中，父母要向孩子强调计划的重要性，并给孩子的各项行为制订一些计划。当然，制订这些计划的时候应该让孩子参与进来。计划制订了以后，孩子必须按计划办事，不能半途而废。

做事有计划不仅是一种习惯，更重要的是它能反映一个人做事的态度，是能否取得成就的重要因素。对于孩子来说，做事有计划同样是非常重要的。

许多孩子在早晨起床后找不到袜子、学习用品或者生活用品，这便是由做事缺乏计划性和条理性引起的。做事情缺乏条理、没有计划是儿童时期的一种自然反应。但是，如果父母不注意引导，孩子们往往就会养成不良的习惯，从而麻烦不断。

做事有计划可以帮助孩子处理事情时不致手忙脚乱。做事没有条理的人，将无法很好地料理自己的生活，也无法很好地进行学习和工作。在走向成功的道路上，做事没有条理、没有计划的孩子将会比其他人走得更辛苦。

那么，怎样培养孩子做事有计划的好习惯呢？

1. 让孩子做事有条理

在日常生活中，不管做什么，父母都要让孩子做得有条理。例如，房间摆设井然有序，用过的东西放回原处，以免需要的时候找不到。晚上睡觉之前，整理好书包、准备好第二天要穿的衣服等。这些都可以帮助孩子养成做事有条理的好习惯。

当然，让孩子养成做事有条理的习惯不是一朝一夕的事，需要父母的耐心和恒心，还要善于抓住教育的契机进行适时引导。

2. 引导孩子向做事有条理的人学习

许多孩子做事没有条理，当父母跟他强调要有条理地做事时，他往往无法接受。事实上，孩子需要有个榜样来引导。

琳琳已经上小学二年级了，却经常乱放东西，把房间弄得一团糟。为此，妈妈非常苦恼。

有一次，琳琳的妈妈跟同事说起了这件事情。同事对琳琳的妈妈说："我女儿婉儿以前也是这样，有一次，我家里来了个小客人，她做事就非常有条理，每次都帮助我女儿整理东西，教她怎么整理自己的房间和东西。结果，我女儿现在做事很有条理。要不，你带你女儿到我家住两天，让我女儿教教你女儿好了。"

于是，妈妈就把琳琳带到了同事家。两个女孩玩得很高兴，一起玩拼图、玩棋类游戏等。两人玩得差不多了，婉儿便很自觉地收拾东西，并放回了原来的地方。琳琳看着婉儿收拾，也帮忙收拾。第二天，琳琳学会了主动去收拾东西。琳琳从婉儿家回来后，就把自己的房间整理得干干净净，再也不会乱放东西了。

3. 教孩子做计划

要让孩子做事有计划，父母可以向孩子示范自己的计划。即把自己的计划告诉孩子，并且征求孩子的意见，让孩子帮着计划。比如，在周末的清晨，可以这样对孩子说："今天我想好好安排我们的生活，吃完早饭后，我们到公园去看花展，然后回来吃午饭，午饭后你小睡一会儿，一点钟我们去少年宫学画画，三点我带你去海洋馆，回来后，你要写一篇一天的见闻，你觉得这样安排好不好？"这种示范不仅可以帮助孩子理解计划的重要性，而且，他能够学着去安排自己的事情。

如果孩子对父母的计划提出了疑问或者孩子有了计划的意识后，那么，父母就可以让孩子来安排、计划一下了。如果孩子安排得合理，就按照孩子的安排去做。如果安排得不合理，就要跟孩子讲清为什么。

这种实践性的锻炼最能培养孩子做事有计划的习惯。对于孩子自己的事情，父母更应该让孩子自己来安排，这样孩子能够更好地遵守自己的计划。

有一位聪明的妈妈，发现孩子在学习弹琴的时候总是没有计划，刚想弹琴，不一会儿就去看动画片了。有一天，妈妈对孩子说："你每天得弹半小时的钢琴，刚回家的时候弹也行，吃完晚饭弹也行，但是，弹的时候你不能半途而废，一定要弹足半小时。"孩子考虑了一下，因为晚饭前有一个他喜欢看的动画片要播放，于是他选择了吃完晚饭再弹。结果，他确定自己的计划后，果然一直执行得非常好。

德国人非常注意做事的计划性，在子女教育问题上，他们也是十分注重引导孩子做事讲究计划。

如果一个孩子对爸爸说："爸爸，我周末想去郊游。"他的爸爸不会直接说"好"或者"不好"。他会问孩子："你的计划呢？你想跟谁一起去？到什么地方去？怎么去？要带什么东西去？"如果孩子说："我还没想好。"爸爸就会对他说："没想好的事情就不要说。如果你要去，就要先做计划。"这样，德国孩子做事一般都比较严谨，做事之前往往会有周密的计划。

当孩子提出某项请求时，父母可以问孩子："你的计划呢？"当孩子逐步习惯了在行动之前做计划后，他就会养成先计划后办事的好习惯。作为父母，你可以耐心地与孩子讨论他的计划，并使计划趋于可行，那么，孩子也就悄悄地养成了良好的习惯。

4. 让孩子按计划办事

在日常生活和学习中，父母监督孩子按计划办事，不能半途而废。

明明做事非常磨蹭，本来没有多少作业，却非要拖到很晚，妈妈又气又急。

有一次，妈妈想了一个办法。她跟明明约定，做作业的时间只有半小时。然后，妈妈把闹钟上好，同时，明明开始做作业。半小时一到，闹钟就响起来，明明还差两道题目没做完。明明向妈妈投来求助的眼神。但是，妈妈毫不犹豫地说："时间到了，你不要做了，睡觉吧。"

第二天，妈妈把明明没做完作业的原因告诉了老师，老师也支持妈妈的方法。这天晚上，妈妈又上好了闹钟，明明一开始做作业就很抓紧时间，效率明显提高，居然顺利地在半小时内做完了作业。

从这以后，明明做作业的速度和质量都提高了。而且，做其他事情的时候，他都会有意识地给自己设定一个时限，有计划地去做了。

5. 教孩子按规律做事

引导孩子计划周密，学会有条理、有理智地生活，都离不开

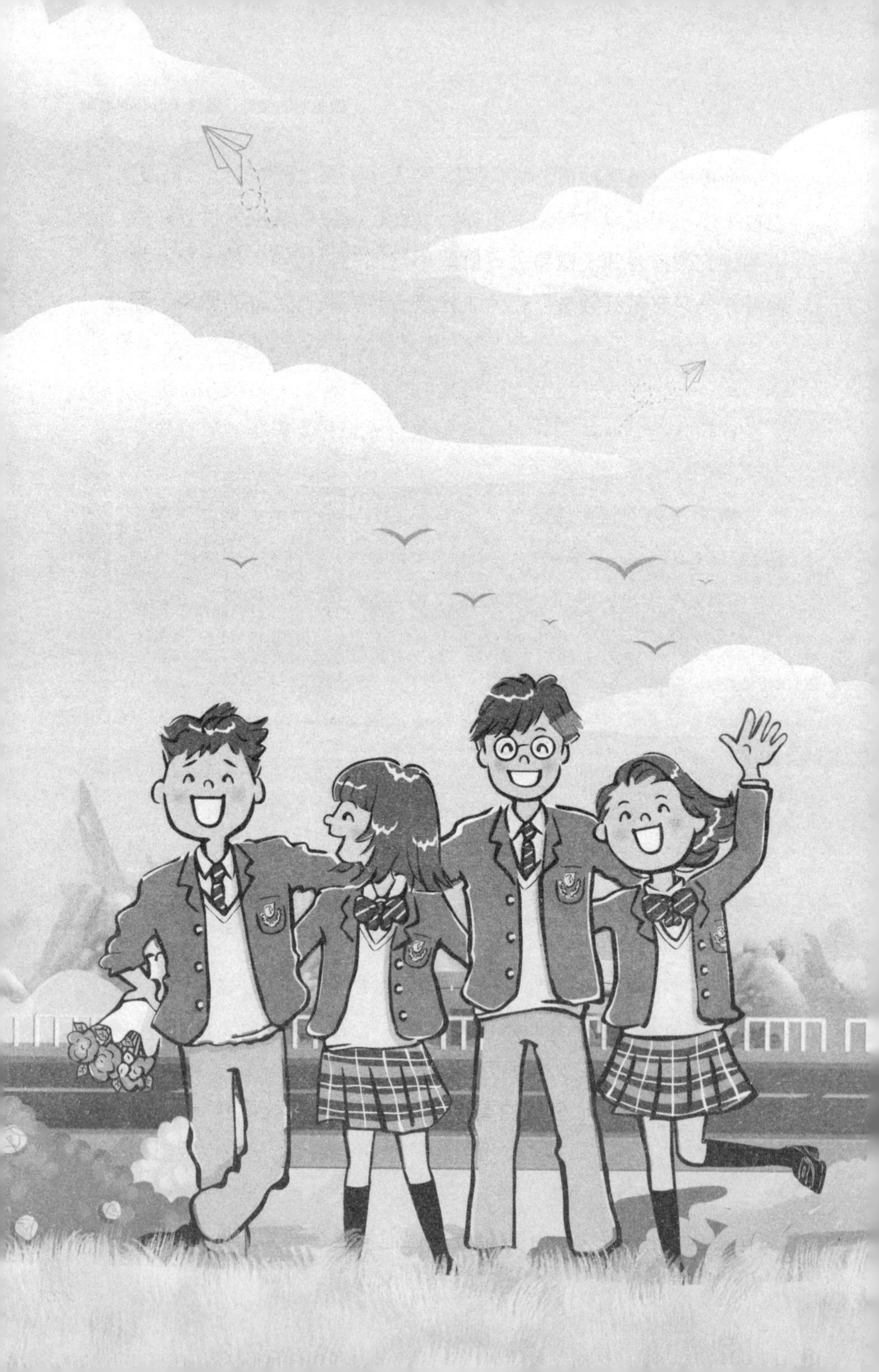

科学的态度。也就是说，要遵循客观规律，而不能冲动蛮干打乱计划。

　　一位改掉了儿子做事丢三落四坏习惯的妈妈说："一次，我发现儿子又忘戴红领巾了，为了让孩子尝尝丢三落四的后果，养成良好的习惯。这次，我没有给他送红领巾。儿子放学回来沮丧地说，因为他没戴红领巾，他们班被扣了 1 分，同学们都责怪他。于是，我趁热打铁说：'以后你一定要把该带的东西整理好！'儿子若有所悟地点点头。从这以后，儿子做完作业总是认真地收拾书包，嘴里还念念有词：'钢笔、尺子、语文书、默写本、文具盒、红领巾……'做事也有条理多了。"

指导孩子合理地安排和利用时间

父母课堂

父母应帮助孩子克服由于淡薄的时间观念所形成的不良习惯，增强孩子的时间观念，让孩子养成惜时、守时的良好习惯，并指导孩子合理地安排和利用时间。

　　俗话说"一寸光阴一寸金"，指导孩子科学安排时间、充分有效地利用时间，是每一个父母的一项重要的任务。

　　越来越多的父母逐渐认识到，如何让孩子学会合理地安排时间是一个十分重要的问题。让孩子学会合理、自主地安排时间，不仅是保证孩子身心健康的重要条件，更是成才教育的一项基本训练。在孩子上小学时，父母就应该进行这项训练了，因为上小学的孩子已懂得了昨天、今天、明天，认识了年、月、日，并随着年龄的增长时间观念不断增强。但他们还没有真正懂得"一寸光阴一寸金，寸金难买寸光阴"的道理，没有时间的紧迫感，没有学会安排和利用时间。因此，父母应帮助孩子克服由于淡薄的时间观念所形成的不良习惯，帮助孩子合理地利用时间。

具体来说，父母可以从以下 5 个方面指导孩子自我合理安排和利用时间：

1. 和孩子一起制定一个时间表

时间表的内容应该包括在家什么时间起床，什么时间上学，什么时间放学回来，什么时间休息、睡觉，复习功课用多长时间等。父母应该通盘考虑、合理安排、忙而不乱，还要教育孩子认真遵守、持之以恒。

2. 时间安排要有张有弛

父母不应该让孩子把时间都安排在学习上，连星期天也不许玩，要让他做到有张有弛、劳逸结合；照顾到孩子爱玩的天性，允许他们较多地安排玩耍的时间，有利于孩子的身心健康发展；让孩子学会在最佳时间学习。孩子的大脑发育尚不完善，比起成人来容易疲劳，他们记忆力好，但不宜进行过长时间的学习。一天最佳的学习时间是在上午 9 时 ~11 时和下午 3：30~5：30，但在中午应让孩子有两个多小时的休息时间。另外，晚上做作业、复习功课时间不宜过长，否则会影响孩子的睡眠，不利于孩子的身心健康。

3. 利用零碎时间

茶余饭后的零碎时间是最容易被人忽视的，不过让孩子合理充分地利用这些零碎时间背记一些单词、诗文是很有益的。

4．教育孩子有责任感

让孩子为自己在什么时间干什么事确定一个明确的目标，并且力争在规定的时间里做好规定的事情，不要拖拖拉拉。

为孩子营造一种健康的家庭氛围

父母课堂

> 对于孩子来说，家庭与社会相比，前者对他们的影响更大，因为家庭是他们主要的生活场所和赖以生存的地方。所以，创造一个良好的家庭环境，酝酿一种快乐和睦、温馨甜蜜的家庭气氛，对孩子身心的健康成长相当重要。

美国心理学家诺尔蒂生动地描绘了家庭教育环境与儿童成长之间的关系：如果儿童生活在批评的环境中，他就学会指责；如果儿童生活在充满敌意的环境中，他就学会打架；如果儿童生活在嘲笑的环境中，他就学会难为情；如果儿童生活在羞辱的环境中，他就学会内疚；如果儿童生活在忍受的环境中，他就学会忍耐；如果儿童生活在鼓励的环境中，他就学会自信；如果儿童生活在赞扬的环境中，他就学会抬高自己的身价；如果儿童生活在公平的环境中，他就学会正义；如果儿童生活在安全的环境中，他就学会信任他人；如果儿童生活在赞许的环境中，他就学会自爱……

所以，作为父母，我们该怎样为孩子营造一种健康的家庭氛围呢？

1．营造和谐的家庭气氛

　　家庭氛围是实施家庭教育的要素之一。为了孩子的将来，也为了全家人的幸福，所有的家庭成员都应当努力营造一个有利于孩子成长的家庭氛围。这种家庭氛围，对孩子的思想品德、性格和为人处世的影响是起决定性作用的。

　　任何家庭都会有矛盾，有争吵，但尽量不要把矛盾和争吵暴露在孩子面前，更不能因此对孩子造成伤害，尤其不要把孩子当作出气筒。一个和睦的家庭、轻松的环境对孩子的身心发展有着至关重要的作用。营造和睦的家庭气氛与家庭的经济条件，以及家长受教育的程度没有多大关系，关键是父母重视的程度。

　　心理学家研究表明，孩子从小就生活在气氛紧张的"缺陷家庭"中，智商一般较低，而且存在不少心理问题；而生活在和睦家庭中的孩子，心理都比较健康。

　　在夫妻恩爱、和睦温馨的家庭里，孩子过着无忧无虑、井然有序的幸福生活。父母经常带孩子散步、逛公园、参加体育锻炼、做游戏等，孩子可以全方位接受教育，从而使孩子热爱学习，对周围的事物充满好奇和求知欲。反之，若夫妻感情不和，家庭气氛紧张，父母不仅无心照顾孩子，甚至还会将孩子当作"出气筒"。这种家庭的孩子感情上很痛苦，精神上很压抑，健康和智力都会受到严重影响。

　　家庭环境是否和睦，对孩子健康成长起着极其重要的作用，家庭是孩子成长的摇篮，父母的一言一行对孩子是无声的教育。一个尊老爱幼，团结和睦的家庭环境，能让孩子体验到一种浓浓的亲情，一份拳拳的爱心，能感受到温暖和幸福。家长的辛辛苦苦、忙忙碌碌，可以让孩子体验到父母的勤劳，感受到奋斗的乐趣……

2. 营造平等、开放的家庭氛围

家庭是一个整体，家中发生的事情每个人都有知情权。大多数父母都喜欢把爱埋在心里，喜欢含蓄，可如果不说出来，又怎么能让孩子理解和体会到呢？因此，父母不能把爱只埋在心里，应该把它放在嘴上。如果有工作上的快乐或烦恼时，建议父母讲给孩子听，不要认为孩子太小理解不了，或是怕孩子伤心就不想让他知道。父母这样做是出于对孩子的爱与保护，结果总会事与愿违。孩子会始终觉得自己游离于家庭之外，家里的事都不知道，会有一种孤独感。因此，父母应该保证家庭成员之间的真正平等的关系，不因年龄的大小、地位的高低而区别对待，家庭中的每个人都应该受到大家的尊重，每个人都有发表意见的权利。

家庭成员之间可以很开放地谈自己的想法，父母尤其要鼓励孩子发表自己的意见，说错了也没有关系。只有这样，家庭成员之间才不致积下一些不可调和的矛盾，当一个人遇到问题的时候，其他的人才能够很好地理解他，真正达到一种默契，成为心心相印的一家人。

3. 营造快乐的家庭氛围

据某项调查发现：常有笑声相伴的家庭，孩子的情商和智商普遍较高。研究人员认为，提高孩子的情商和智商的因素是多方面的。家庭气氛活跃，会使孩子性格开朗。孩子在轻松、愉悦的环境中学习、生活，能使知识面拓宽，从而促进脑细胞的发育，并且有利于锻炼自己的交际能力。

家庭是一个组织，每个成员都是构成这个组织的个体，如果每个人都带一些快乐、欢乐回家，家里自然就充满笑声。相反，如果每个人都携烦恼与不快回家，那么家庭中肯定会是乌云密布、雷电交加。当然，这样说并不是让人们回家时"报喜不报忧"，家庭中的成员应互相分享快乐，也应互相分担忧愁，这是家庭之所以被称为家庭的原因之一。作为父母，应该为孩子营造一种快乐的家庭氛围，这是最基本的责任。

父母是孩子最好的榜样

父母课堂

根据心理学家的调查显示，有一半的孩子有自己模仿认同的对象，而其中78%的孩子以自己父母为认同的偶像。父母是孩子心目中的英雄人物，孩子以父母为榜样，所以父母要注意自己的言行。

家庭教育是一门艺术、一门学问，既深奥又简单。其核心关键是要求做父母的用言传身教去审慎地进行教育。在家庭环境中，父母的一言一行，孩子都耳濡目染，并极力仿效。要想使家教收到良好的效果，既要"言传"，更要"身教"。也就是说，父母在教育孩子过程中要身体力行，要求孩子做到的，自己必须首先做到。父母是孩子的第一任教师，孩子是父母的影子。父母教育孩子，对于孩子来说，重要的不是看父母讲了多少道理，而要看父母怎样做，只要父母率先垂范做出榜样，其感召力和威力所产生的家教效果是不言而喻的。

　　年幼的孩子缺少辨别是非的能力。他们总是无意识地模仿父母的行为。父母是孩子的榜样，父母的言行举止无论好坏都会被孩子不自觉地效仿。好的行为被效仿，当然很好，但坏的被效仿了，改变起来是很难的。如果此时父母加以管教的话，孩子会说，既然父母这样做，那他为什么不能这样做？

　　汉森习惯在每天工作之前，先去镇上的酒馆喝上一盅。虽然知道这是不好的习惯，妻子一直劝他戒掉，但是他想，反正只是自己的一个坏习惯而已，又不会影响别人。

　　一天，天降大雪，汉森穿好棉袄，戴上手套，吻别妻子后，和往常一样吹着口哨向酒馆走去。没走多远，他觉得有人跟在后面。回头一看，竟是自己年幼的儿子。

　　儿子踩着父亲留在雪地上的脚印，边跑边兴奋地喊："爸爸，你看，我正在踩你的脚印！"

　　儿子的话令汉森心中一顿，他想："如果我去酒馆，儿子踏着我的脚印，将来他也会去酒馆的。"

　　从那以后，这位父亲再也不光顾酒馆了。

　　家庭是孩子的第一课堂，父母是孩子的第一任老师。父母是孩子进入社会最初的模仿对象，孩子从父母那里学会的某种习惯和处事态度，对其一生的发展产生极大的影响。

　　父母的品质、人格对孩子有潜移默化的作用，它会影响孩子今后的成长。如果父母的榜样出现了偏差，孩子的思想行为就会出现偏差。在今后的生活中他就会放松自律，做出有损社会公德的事情，从而也使他失去社会性人格的发展机会。

　　父母日常生活的一言一行都无不对孩子产生影响。

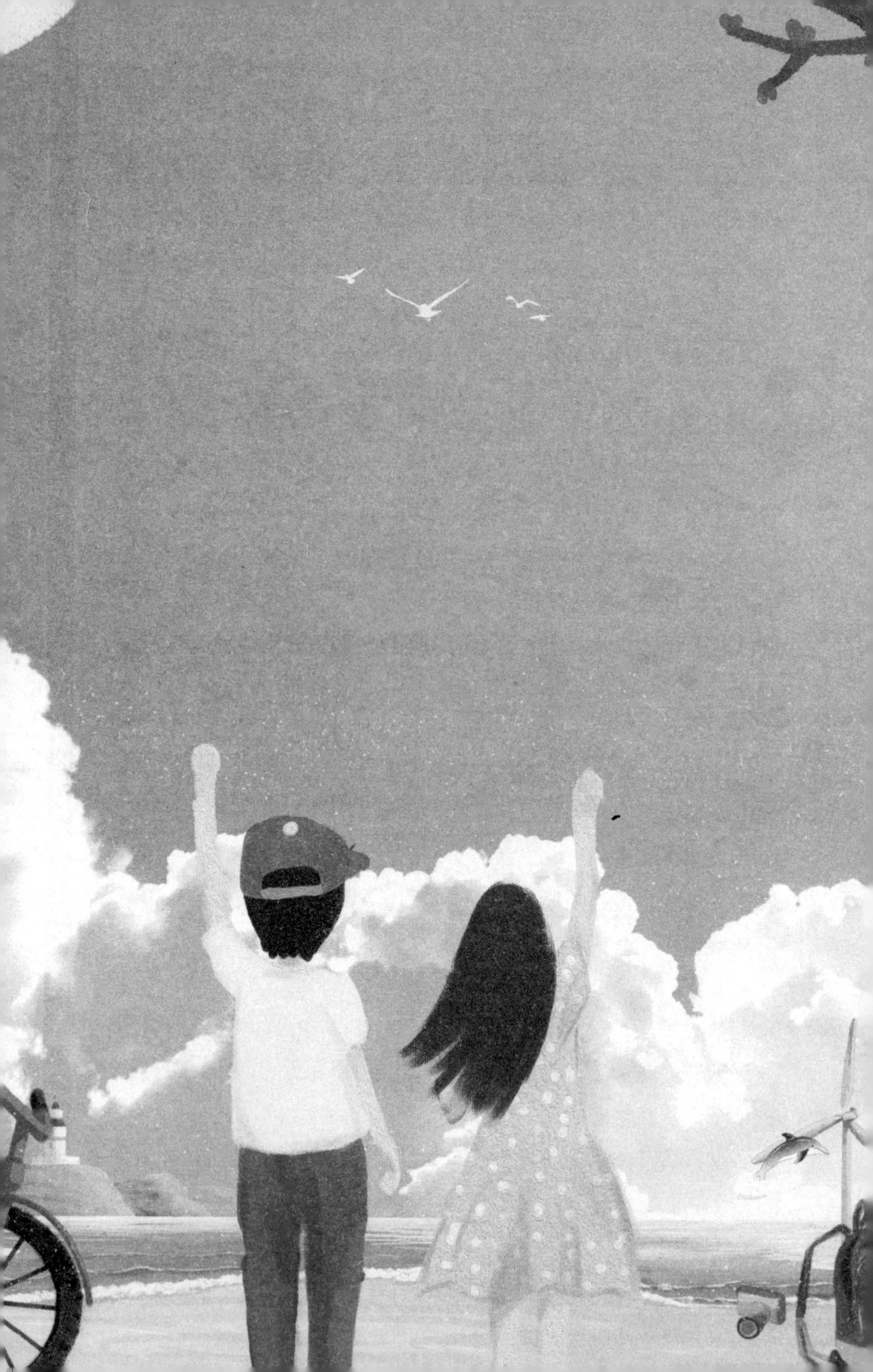

　　许多人还记得他们的父母是怎样向家庭之外的人伸出援助之手的。一位母亲说："萦绕在我脑海中的是那种对家庭之外的其他人的真诚关心的氛围。我的父亲直到 60 岁时仍然是一位志愿消防员和救援工作者。我的母亲则一直做各种志愿工作并时常帮助社区中的其他人。即使并不富有的时候，父母对别人仍很慷慨。因为父母的友善，许多人在我和姐姐面前常常称赞他们。"

　　有一位男人这样谈及他的父亲："我记得我的爸爸在工会保护制度还没有建立起来以前，他每周有五天要为他的本职工作干很长时间，星期六还有另外的工作，也要干很长时间。我还能记得每天天还没亮的时候我醒了，就能听见父亲起床并悄悄出去上班，此时家里其他人都还在睡觉。我不记得他生过病，请过一天假。他唯一不工作的一天是星期天，他总是和我们一起做些事情来消磨这一天，比如探望亲戚，和我们一起骑车，等等。他的家庭就是他的生活。他的工作信念和他对家庭的全力投入给我留下了很深的印象，而且至今影响着我。"

　　当我们友好而和善地对待他人时，我们的孩子就会学到我们的善；当我们心胸狭窄、自私自利时，我们的孩子也同样学到了这些东西。如果我们为了推掉一个不愿参加的约会而说谎，或者我们因为不想听电话而让孩子告诉人家我们不在家时，我们便在孩子的心灵中播下了撒谎的种子，受过骗的孩子会去骗人。孩子若看到父母从工厂里偷工具或在旅馆里偷毛巾便会以为偷窃不是错事。在家里看不见父母笑脸、得不到爱抚的孩子将来很难开朗和友爱。

　　在家庭教育中，父母经常会对孩子说应该这样做，不应该那样做来规范孩子的言行。可是这种空洞的说教所起的作用微乎其微。在某些方面的教育中，说教几乎起不到什么作用。比如：早晨起来，父母要有意识地向家里的长辈问早，向邻居问早，下班回家，主动问好，带孩子出门做客时要轻声叩门，在做客时谈吐高雅，举止文明，主人招待时要说谢谢！临走时要说谢谢！家里来了客人，要带孩子到门口迎接并引导孩子把自己最好吃的东西拿出来招待客人，客人给孩子带礼物时，让孩子表示感谢！客人回家时要带孩子送到门口说"欢迎下次再来""再见"……你的一言一行，一举一动，孩子都会看在眼里，并以你为榜样模仿效法。在日常生活中，谨言慎行，以身示教，凡是要求孩子做到的，自己首先要做到。

父母一旦答应了孩子的事一定要兑现，兑现有困难的事不要轻易许诺。如果父母随便承诺孩子一件事，由于种种原因给忘记了，对孩子的情绪不仅是一个较大的打击，在某种程度上也会对孩子内心带来伤害。如果父母经常说话不算话，就会降低在孩子心目中的可信度，孩子对父母的崇信、敬仰与爱戴，就会由于你的失信次数而递减。次数过多，父母的话就会被孩子完全不当一回事，还谈什么教育孩子呢。再者，如果作为父母经常说话不算话，孩子也会下意识地效仿，对自己说出的话不负责任，便会成为他的一种不良习惯。如果你经常有言出不行这样的"过错"，请你在孩子面前道歉，给他一个合理的解释，博得孩子的谅解。当然，这种道歉的次数越少越好。

父母是孩子一生的老师。如果你是明智的父母，就应该以身垂范，给孩子在各方面做出好榜样。

让你的孩子在鼓励中成长

父母课堂

> 现在的孩子自尊心都很强，父母也都很重视保护孩子的自尊心。通过鼓励来教育引导孩子，会增强孩子的自尊心，让孩子在自信中健康成长。

3岁的帕蒂在看妈妈摆吃饭的桌子。她拿起了一罐子牛奶，想帮着倒进玻璃杯里，妈妈很快地抓住了瓶子，非常慈祥地说："不，亲爱的，你还很小，这件事你不能做。我会自己倒牛奶，你可以帮我把餐巾摆上。"帕蒂看着妈妈亲自去倒牛奶非常失望，她不高兴地离开了餐厅。

孩子们在生命的初始阶段，都有非常强烈的与生俱来的勇气，非常积极地想去做他看到别人在做事情，假如帕蒂真的洒了一些牛奶，但和她的自信心比起来，洒些牛奶是太渺小的事情了。帕蒂有勇气去试着做新的事情，那么妈妈应该表现得对她有信心，从而给她以鼓励。如果牛奶洒了，帕蒂会觉得自己失败了。那么母亲需要给她更多的鼓励。这时候妈妈应该表扬她的勇气，把洒了的牛奶擦干净，鼓励她说："再试一下，帕蒂，你会成功的。"帕蒂一定会很高兴。因为她受到来自妈妈的鼓励，她的自信心就会在这点滴的日常生活中逐步成长起来。

鼓励在孩子的成长过程中，具有非常重要的意义。正面积极的鼓励常可带给孩子意想不到的冲力，引导孩子发挥最大的功效。

1. 在孩子自卑时要鼓励

芳芳从幼儿园回来闷闷不乐，因为同伴嘲笑她有个大蒜鼻子。妈妈对她说："你的鼻子挺漂亮啊，妈妈就喜欢你这个样子。"妈妈的这种鼓励方法是错误的。妈妈不过是在宽慰孩子，告诉她无论长得什么模样，妈妈一样爱她。但是，这其实等于告诉孩子她担心的东西是真的。事实上，两三岁孩子就开始注意自己的长相了。到了五六岁，他们会同别人比较，然后会抱怨："我的脸太黑了。""我是不是太矮啊？"……如果孩子觉得自己哪里长的不好看，先问问他，是不是在和谁做比较。然后可以同他讨论，看看能不能帮他。如果孩子觉得自己不如同伴高大，可以告诉他各人有各人漂亮的地方，如果真的想高大一点，可以鼓励他去打打篮球，学习游泳。当然，有时候对于孩子的抱怨我们实在无能为力，在那种情形下，你可以对他的不快表示理解，千万不要置之不理。

2. 在孩子发言的时候要鼓励

给孩子发言的机会非常重要。当然，他们的思考过程难免会有错误的时候，"怎么啦，怎么会连这个都不懂？""简直就是笨蛋嘛！""多用一下大脑好不好！"这类的话，父母不应该随口而出，否则只会使孩子更加别扭和执拗。父母若是一口就否决孩子的想法。那么，由于否定而产生的挫折感，往往会使孩子再也不肯继续想下去，或是再也不肯发言和回答问题。所以，碰到这种情形，父母可以用比较婉转的方法，像说："你的想法，我不太明白，你要不要再想一想，想清楚一点再告诉我好吗？"引导孩子从别的角度去思考，还可以提高他的自信心。当孩子对"什么是对的"还模糊不清时，还是避免马上使用嘉许和鼓励，父母要先对孩子有所了解。仔细留心孩子的发言内容，有助于父母对孩子的了解。

3．在孩子帮忙家事的时候要鼓励

在家里孩子经常会帮忙做一些轻松的家事，只要他卖力、认真，就值得父母赞美。当父母走过正在扫地的孩子身旁，尽管慷慨地说：“这么干净，走起来真舒服。”“辛苦你啦！”等。奖励的词句无论多么简短，孩子都可以感受到无比的快乐。特别要注意的是，这种场合的鼓励，父母一定要保持某种程度的理性。千万不要把话说得抑扬顿挫，过于感情化，只要有诚意，孩子就能感受到，所以，父母不能毫无理由地凭空夸奖孩子。

4．在孩子活动的时候要鼓励

其实，除了在知识或行为上的良好表现，孩子可以得到奖励之外，父母更可利用孩子在休息、游戏或出神发呆的时候，走到他旁边，用手拍拍他，表达一种关爱。每个人都有胜任愉快的时候，也有不知所措的时候，即使是运动也一样，大部分的人只熟悉一种或数种运动，而无法全能。当孩子对于自己拿手的运动，不但表现好，并且专心投入、全力以赴时，父母应当把握机会，以一种明确清晰的方式给以鼓励。同时，若能对孩子从开始到结束的整个过程予以正面的肯定，通常这种鼓励会使孩子在练习过程中努力不懈。

5．在众人面前的时候要鼓励

奖励所来的喜悦程度，往往因为层次不同而产生差异。由个人面前到在多数人面前，或奖励的人是亲爱的爸妈或心中敬仰的老师，所获得的喜悦感将随着层面的扩展而加大。这种普遍存在的现象，父母可以用在鼓励孩子上，多多给予孩子公开、当众的奖励。值得注意的是，当众表扬孩子时，父母的情绪不可过于激动，语气也不要唠叨个没完没了，或者反反复复一再重叙；换句话说，就是避免内容贫乏而又有夸张的赞美，别让受夸奖的孩子，非但喜悦感消失，更可能产生厌烦，进而产生反抗和逃避的心理。

6. 尽量不要用物质来鼓励孩子

当孩子怎么也不肯洗脸或不肯吃饭时，妈妈就许诺给他买这买那，以使他好好洗脸、吃饭。这位家长不但没有对孩子批评，反而给以物质奖励，这种奖励无疑于是对孩子错误行为的支持，更表明你的家规本身没有内在的价值。好的办法是在孩子干完事之后才能奖励，以表彰其好的行为。一般不要用物质奖励，因这样会养成孩子做任何事都讲条件，最好的办法是用一句得体的话语、一个微笑或亲亲孩子，还可借用别人的言语来表扬孩子，如"你阿姨都夸你讲卫生，小脸洗得很干净""小朋友都说你爱劳动"等。

不要随便向孩子许诺

父母课堂

在日常生活中，有的父母为了让孩子高兴，常常随便答应孩子的要求。许诺既有积极的一面，也有消极的一面，但无原则的许诺是有百害无一利的。所以，父母在对孩子许诺时一定要慎重。

　　乐乐有个坏习惯，每次玩完玩具，就把玩具扔得满地都是。于是，妈妈有天对乐乐许诺说："只要把玩具收拾整齐，放回原处，就带你去吃肯德基。"乐乐一听，马上来了兴趣，三两下就把玩具物归原处。妈妈很高兴，立即兑现了诺言。以后，每次妈妈让乐乐收拾玩具，乐乐就跟妈妈讨价还价。

　　法国教育家卢梭说过："他想得到你手中的手杖，转眼间又想得到你的手表，接着他又想要空中的飞鸟，想要天上闪烁的星星，他看到什么要什么，除非你是上帝，否则你怎么能满足他的愿望呢？"由此看来，无原则的许诺是有百害而一利的。作为家长，特别是年轻的父母，切不可随意向孩子许诺什么。

　　一位五年级的学生"控诉"说："假期前，爸爸说好了要带他去杭州西湖游玩的，为此他还特意读了一些写西湖的文章，感觉西湖特别令人神往，早就盼望着这一天了。可是放假了，爸爸却接受朋友的邀请决定去黄山了，并且什么解释也没有就跟着朋友去了。"他生气极了。

　　在日常生活中，有些父母常常为了诱导孩子做一件事，就轻易许诺，事后就忘记。孩子的希望落空了，他发觉父母在欺骗自己，在向自己撒谎。比如，妈妈嘱咐儿子，在家要听话，如果表现好，就带你去动物园。结果，孩子努力去做，表现得很好，但妈妈星期天有许多应酬，就把日期推后，而且一推再推，最后不了了之。孩子因为妈妈的许诺没有实现，感到失望，并因受骗而愤怒。

　　有很多父母常常出尔反尔，反复无常，不能始终如一。久而久之，就会在孩子的心灵上打下父母的"禁律"是可以打破的烙印。父母对自己的言行都那么草率，那么不认真，又怎么去教育孩子认真地履行诺言呢？

　　教育孩子信守自己的诺言，可以从生活中一点一滴的小事做起，从小培养孩子信守诺言的习惯将使孩子终生受益。

　　父母要为孩子做信守诺言的楷模。如果一旦失信，这个时候，提醒孩子要信守自己的诺言是十分必要的，教育孩子对别人要讲信用，负责任，答应别人的事要兑现；如果经过再三努力仍没有做到，应诚恳地说明原因，表示歉意。

　　面对孩子不合理的要求，父母不要许诺。父母们由于一时的兴致，往往喜欢说："你要什么，咱们就买什么。"这会使孩子更加随心所欲，进而提出不合理的要求，父母就需要学会断然拒绝。有的孩子在大庭广众之下撒泼耍赖，以此要挟父母。父母一旦让步，孩子以后就会得寸进尺。解决的办法是，带孩子上街前就和孩子约法三章：根据我们的能力，今天只能给你买一件东西，你想好，买一件最需要的就是了。对这个诺言，父母要兑现，孩子再提出别的要求，就不予理睬。如果他违反规矩，就取消他下次上街的机会。

　　作为父母来说，千万不要轻易许诺。许诺虽不等于欺骗，但许诺了的事一定要设法兑现，不能言而无信。说者无心，听者有意。父母的随口许诺，孩子肯定念念不忘，时时刻刻都在盼望父母来兑现，不会轻易忘记或放弃。如果不兑现，孩子就会有充分理由，认为你是言而无信，是撒谎骗人。"上行下效"，父母言而无信，孩子不仅从此再不信任父母，父母的话再也不会听从，而且孩子也会跟着学撒谎骗人。而孩子一旦沾染了这种毛病，那后果是不可想象的。

　　言行一致是一种良好的道德品质，需要在日常生活中注意培养。为此，父母既要做到"言有分寸"，又要做到"言而有

信"。对孩子的要求区分哪些是正当的，哪些是不合理的，如果
孩子的要求是正当的，而且又有条件办得到，父母答应了就要做
到。但有时候孩子的要求是合理的，父母也答应了，可是实际情
况有变化，父母的许诺一时无法兑现。比如，孩子要一架钢琴，
父母也答应了，可市场上一时买不到，父母就应该耐心地向孩子
解释许诺无法兑现的原因，使孩子懂得父母并不是"言而无信"。
父母要用自己遵守诺言的实际行动来培养孩子言行一致的高尚
品质。

如果错了，要敢于向孩子认错

父母课堂

父母在家庭教育中出现过失、错误时，理当采取明智之举，
勇于向孩子道歉。父母的这种行为会为孩子树立榜样，当
孩子有错误时也会主动承认错误、主动道歉。父母勇于向
孩子认错，是种无言的人格力量，能影响孩子一生一世。

一天上午，淘淘的妈妈花瓶是淘淘打碎的，便不分青红皂白
地将儿子训斥了一通。淘淘虽极力辩解，妈妈就是不信，还为儿
子不肯承认错误而伤心不已。下午，邻居家的孩子抱着小猫过来
道歉，说小猫爬上爬下把花瓶打碎了，请求原谅。送走邻居之后，
妈妈赶忙把淘淘叫到了跟前，她抚摸着孩子的头发，柔声说道：
"对不起，宝贝，妈妈错怪了你。妈妈现在知道花瓶是小猫打碎的，
不是你，你愿意原谅妈妈吗？"

没想到淘淘竟"哇"地一声哭了起来，比刚才还委屈。妈妈

慌了，捧着儿子的小脸说道："宝贝别哭，是妈妈不对，妈妈向你道歉好不好？下次再遇到什么事情，妈妈一定会先调查一下的，决不会再冤枉你。"

妈妈接受了这个教训，以后再也没有盲目地批评过儿子。在这之后，淘淘经常向人提起这件事，并且自豪地说："一想到这件事儿，我就觉得妈妈很通情达理。"

不少人在家中却从不道歉，尤其是父母，更不愿向孩子道歉。其实，一个人在生活中不可能不犯错误，不可能没有缺点。无论我们多么优秀，在长期的工作中也不可能没有缺陷或者没有感到遗憾的地方。

如果我们对自己的缺点或者错误讳莫如深，刻意地将自己打扮成完美的化身，在孩子面前隐瞒我们的错误，我们的光辉形象必将对孩子的未来产生严重的误导。因为孩子必然以父母为榜样，事事要求自己做到完美无缺，一旦遇到困难就会深深自责，甚至陷入不能自拔的境地。并且，父母在孩子面前隐瞒错误会让孩子产生误解，认为父母都可以隐瞒错误，自己也可以这么做，这样是很不利于孩子的成长和发展的。

不少父母认为自己是一家之主，保持自己的形象与威信，因此不愿意在孩子面前承认自己的缺点和错误。比如：有些父母明明知道自己做错了事，冤枉了孩子，或误导了孩子，还给自己护短，不当回事儿。这就违背了做人的基本原则，也是家庭教育之大忌，次数多了，父母就会在孩子心目中失去威信，更不用说教育了。

实际上，父母如果从不向孩子承认自己的缺点、过失，孩子就会产生"父母说的永远正确的，但实际上老是出错"的观念，久而久之，对父母正确的教诲也会置之脑后。父母如果在做错事后总能郑重地向孩子认错、道歉，孩子就会懂得承认错误并不是一件可耻的事，就会提高分辨是非的能力，尝到原谅别人的甜味。比如当孩子闯祸后，一些父母由于一时冲动，往往会对孩子进行不恰当的、过重的批评或惩罚，事后又往往会后悔。这时，倘若父母能真诚地向孩子道歉，补救自己的过失，就能引导孩子更好地发展。

被称为"西班牙王国上空的一颗光辉灿烂的巨星"的拉蒙·依·卡哈的成长，就说明了这一点。卡哈小时候调皮得很，13岁时用所学的知识造了门"真"的大炮，把邻居家的孩子打伤了，闯了大祸，被罚款和拘留。当他从拘留所出来后，身为大学教授的父亲把这个"顽童"着实训斥了一顿，并责令他停止学业，学补鞋子。后来，父亲越来越觉得这样的处罚过于严厉，孩子闯了祸是要管教，但不能因噎废食。一年后，父亲上补鞋铺接回了卡哈，搂着孩子深情地说："爸爸做得不对，向你道歉。我不该因为你闯了一次祸就中断你的学业。从现在起，你就在我身边学习吧，你会有出息的。"从此卡哈潜心学习骨骼学，终于成为举世瞩目的神经组织学家，并荣获了诺贝尔奖。

一位父亲在报上曾刊登了题为《给儿子的"道歉信"》的寻人启事："看了昨天你给我的信，对我震动很大，反省自己，最近一段时间性格变得很暴躁，漠视了你的感受。在此，请接受我深深的歉意。给我一次机会，让我们像朋友一样说说心里话。看到这封信，就给我打电话，好吗？永远爱你、惦记你的父亲。"我们有理由相信，当儿子看到父亲这封道歉信后，肯定会为父亲的自责、反省、与儿子平等对话的勇气所折服。

实际上，人类就是在不断地犯错误并且不断地改正错误的过程中取得进步的。所以，作为父母不妨坦诚自己的缺点或错误。有一位母亲在教育孩子时，曾经多次将自己在成长过程中犯过的错误告诉孩子，并详细地分析主客观原因，尤其是分析自己的一些缺点在产生这种错误中所起的作用，其目的就是让孩子在今后的人生道路上不再和她一样，以类似的个人缺点犯同样的错误。

因此，一些父母认为"向孩子认错、道歉会失面子，会失去权威"的担忧是多余的，父母学会向孩子道歉对教育子女无疑是大有裨益的。

给孩子一片自由的天空

父母课堂

不被给予自由、仅仅是按父母旨意行事的孩子，不管其行动的结果怎样，在孩子眼里，"这全是爸爸妈妈的事"。那些没有责任感的孩子、马上把责任转嫁于他人的孩子，就是这样被培养出来的。

孩子正处在生长发育时期，他们天性好动、贪玩，好奇，爱游戏，喜欢合群，喜欢模仿。可是，有些家长，却往往忽视了孩子的这一点。

他们总认为作为家长要配合学校老师把孩子的学习抓好，总希望孩子的学习成绩好，其他无关紧要。所以，孩子一回到家里，家长就催促他们赶快学习，没等孩子吃完饭，又催他们赶快做作业，甚至连一些简单的家务劳动也不让孩子去做，更谈不上主动让孩子去玩一玩，轻松一下脑筋了。难怪孩子在私下议论："我妈妈一天到晚就是让我们学习，学习。"所以，孩子过着枯燥乏味的"学习"生活，抵触情绪超过学习兴趣。

家长由于用自己的主观愿望代替了孩子身心发展的客观规律，没有注意培养孩子的个性、才能、品德和社会适应性、心理承受力等。所以，适得其反，孩子的学习成绩往往处于一般化。

家长要注意的是，给孩子自由，不等于放任。

所谓给孩子自由，就是虽关注着孩子的活动，却既不动口也不帮忙，这称为放手。在这种关注的过程中，当孩子自己有什么不懂的，或是做不好的事情时，他会时不时地来到妈妈身边。这时候，妈妈的存在以及关注，对孩子来说便具有极大的意义。

所谓放任，就是不与孩子在一起，也不关心孩子的活动。所以，这种父母可以说是采取着一种对孩子不负责任的态度。

给孩子自由和对其放手的培养方法，看似简单，其实却不然，这是因为有不少家长难以坚持这种态度，一不干涉孩子，自己就会陷入极度的不安。这样的家长，很可能其自身的自发性没有得到正常的发展，并且其中为数不少的人，他们自己也曾受到过父母的过度干涉。

常与孩子在一起，你会发现，越是年龄小的孩子，越想寻求父母的帮助。这种时候，我们可以向孩子伸出援助之手。随着孩子逐渐长大，这种求助会自然减少。但父母的关怀始终是重要的，感受着身旁父母的温暖，孩子的自发性可在安定的情绪中顺利地发展。但若是放任不管，孩子便感觉不到父母的温暖，也培养不出对父母的信赖感。放任，将造就出轻视父母的放纵儿。

怎样给孩子自由，让孩子享受自由的乐趣？

1. 每天给孩子留出可支配的时间

一些家长总怕孩子的时间空下来，当孩子写完作业以后，马上给他安排了画画，刚画完画，又安排了学外语，外语学完了还有钢琴。这样做的结果，会使孩子没有了自己的意志和想法，几乎成了一个机器人，在家长的紧张安排下失去了自我，以致越来越懒散、麻木和消极。有的家长总是埋怨孩子写作业太磨蹭，边写边玩，却不知道这些坏习惯可能正是自己给孩子养成的。因为家长经常无限地给孩子加压，使孩子没有玩的时间，复习了这科又复习那科，都复习完了以后还要做些高难的题目，这样做不仅使孩子对所学的科目厌烦，而且容易使孩子养成磨蹭的坏习惯。孩子没有自己可支配的时间，采取迂回的办法，以争取可玩的时间。每天给孩子留出可支配的时间，让孩子做自己喜欢做的事是非常有必要的。

2. 告诉孩子：为自己负责

家长要为孩子奠定这样一个人生观：人要为自己负责，每个人的能力有大小，但应该尽力发挥自己的聪明才智，努力达到自己可以达到的目标。只要孩子的头脑里有这样一个基本观念，父母才有可能放心地给他自由，而不必担心他滥用自由，做事毫无准则。他会知道对他来说最重要的事是什么，他要达到的目标是什么，而这一切将和他未来的人生息息相关。这样的教育也许从三四岁就已经开始。有的父母很可能认为那么小的孩子哪会懂得什么是人生观，所以只简单地告诉孩子应该怎么样，不应该怎么样，而不告诉他们为什么不能这样和为什么不能那样。其实，这是一个很大的误区，孩子的确不懂得人生观这个词的意义，但是他可以一点一滴地接受人生观所包含的那些具体内容。

3. 教会孩子遵守一些最基本的规则

家长要教会孩子遵守一些最基本的规则，包括学习习惯、生活作息制度等，为了让孩子在自由生活的同时遵守生存的基本规则。这些规则能够帮助孩子适当地克制他们的任性，有计划地、有条理地去完成他们要做的事，不用父母事事督促，时时检查。即使他们有很大的偏好，也会平衡地处理爱好和学习之间的关系。遵守一些基本规则是必要的。如果孩子从小能将某些规则内化成习惯，他就不会觉得那些规则是难忍的束缚，也才能最大限度地享受自由。而那些没有任何规则意识的孩子长大以后，在一个秩序化的社会会更多地感受到压抑，甚至无法融入社会。自由是需要的，每一个人都需要自由，每一个孩子也需要自由，没有自由就不可能有创新，就不可能有民主，就不可能有身心充分的发展。但是自由不是无边无际的，自由是要受到一些制约的。家长有责任告诉孩子有些事情是危险的，规则是要遵守的。

父母要尊重孩子的想法

父母课堂

大人的世界和孩子的世界应该是平等的，孩子的想法和大人的想法也同等重要。在某些问题上，对于孩子的想法，父母不应该进行压抑和驳斥，而应该尊重。这样才能使孩子有自己的想法，而不致畏首畏尾或随波逐流。

孩子懂事以后，便开始思考这个世界，思考他所遇到的每一件事，逐渐产生自己的想法和观点。大人和孩子的世界确实不同，但在孩子成长的过程中，一直在向大人靠近。他们对大人世界的事情发表意见和想法，说明他们有了独立的思考意识，这是非常可贵的。

这时，父母应该尊重孩子的想法、理解孩子的心情、倾听孩子的诉说，在孩子想要发表自己的想法和观点时，给予积极的赏识和尊重。尊重孩子的想法，不仅可以进一步锻炼孩子的思考意识和表达能力，而且可以通过倾听孩子的观点，发现和了解孩子的真实想法，从而纠正孩子成长过程中的一些错误思想。

父母千万不要忽略和压制孩子的想法，即使他们说得不对，即使他们的想法幼稚可笑，也不能嘲笑和打断他们；不要总是以大人的思维来要求孩子，而应该让孩子说下去，允许孩子把自己的观点表达出来。

周末，陈女士和来她家玩的同事聊天，说到单位几个年轻人谈恋爱的事。

"听说小赵又失恋了，你知道吗？"陈女士说。

"是吗？我不知道，什么原因？"同事很惊讶。

"还不是小王，已经好长时间不理小赵了，听说又在医学院找了一个研究生，正打得火热呢！"

"啊？小王怎么这样啊，不是跟小赵谈得好好的吗？人家小赵也不错啊，真是的！"

这时，一直在旁边看电视的儿子明明突然说话了："我要是小赵叔叔，才不理小王阿姨呢，她太坏了！"

"到你房间去，大人说话你搭什么腔，你懂什么啊，讨厌的孩子！"陈女士站起来，拉着明明的胳膊就让他走。

明明噘着小嘴，一边走还一边小声嘟囔："本来就是嘛！"

　　孩子经常会在看动画片或漫画书的过程中产生一些想法。对于这些孩子世界里的事物，父母不能漠不关心，而应该主动去了解它们，和孩子一起去欣赏和思考。

　　孩子主动和父母谈到孩子世界的事情，是对父母的信任和依赖，是想从父母那里得到解答和安慰。这时，父母应该努力站在孩子的角度，理解和尊重孩子的想法，耐心地和孩子沟通交谈。

　　大人的世界和孩子的世界应该是平等互重的，孩子的想法和大人的想法也同等重要。因此，不论是孩子想要讨论大人世界里的话题，还是大人想要进入孩子的世界，这种彼此之间交流都显得尤为重要。

　　当孩子想要向你表达他的想法和观点时，给他足够的时间和空间，耐心倾听孩子的话。

　　当孩子在你和客人谈话时突然想要发表自己的看法，不要打击和压制他们。你应该说："好吧孩子，你也来说说你的观点！"

　　当孩子说的观点是正确的，你应该说："孩子，你说得很对！"

　　当孩子主动和你谈起他对某件事情的感受和想法，不要不耐烦地敷衍了事，而应该对孩子说子："我们一起聊聊。"

　　此外，当孩子讲反对意见时，也要先肯定其态度后再纠正其是非。

　　当周围的人都讲"右"的时候，自己却认为"左"正确，提出这种主张是相当困难的。这时孩子的回答即使出现差错，但对他大胆地提出反对意见的态度也应该给予充分肯定。

　　能否提出自我主张，与创造性有很大关系。例如，发现万有引力定律的著名物理学家牛顿，在少年时代不与同龄孩子一起玩，他不像一般的孩子，经常一个人摆弄机器。因此，他在学校里曾被同学们讥笑为"乡巴佬"。因确立相对论而出名的爱因斯坦曾指出"应与他人有不同的见解"，并以此作为生活的座右铭。可以说不仅是发明和发现，任何有创造性的工作都是从与常识及大多数人的意见相异而开始的。

能够主张自己的意见，具有很强的自主意识，是十分有益的。自我意识一强，就会有不少人认为这是坏事。因此，提出独自不同意见的孩子，就会被指责为"别扭的人""格外的人"等。例如，大人总是对于不喜欢父母买的玩具、不照父母要求去做的孩子说"你尽给我找别扭"，对反驳父母的孩子也有不少父母责怪说"脾气古怪"。当孩子与朋友的意见不一致时，父母有时也会因担心而教育孩子说："只有你一个人提反对意见，这样会遭到大家讨厌的。"而父母把"不顺从大家的意见不好的"看法强加给孩子，与说孩子"脾气古怪"没有什么区别。如果父母采取不认可孩子的主张的态度，就会妨碍孩子自我发展。其结果就有可能培养出大家向右自己也跟着向右的随波逐流的孩子。

在这方面，不大欢迎"别扭者"的日本与法国形成鲜明的对照。在法国，只能与别人说相同意见的人，不但不能被视为成熟，反而被视为傻瓜。所以在法国的家庭中，无论孩子的意见如何幼稚，父母都会认真倾听。有时父母还会故意提出不同意见与子女进行议论。虽然有国情不同的原因，但这种教育方法是值得学习的。在这种意义上，孩子反驳父母的意见时，并不认为这是过分的，甚至认为这是可喜的。父母的想法也需要转变，如果孩子的想法不对，父母可以认真地听了之后加以纠正。父母有了这种态度，就能培养出孩子的创造性头脑。

父母课堂

情商高的孩子

说话做事自信满满

文祺◎编著

应急管理出版社

·北 京·

图书在版编目（CIP）数据

情商高的孩子，说话做事自信满满/文祺编著. --北京：应急管理出版社，2019（2020.7 重印）

（父母课堂）

ISBN 978 – 7 – 5020 – 7739 – 6

Ⅰ.①情… Ⅱ.①文… Ⅲ.①家庭教育 Ⅳ.①G78

中国版本图书馆 CIP 数据核字（2019）第 252521 号

情商高的孩子 说话做事自信满满（父母课堂）

编 著	文 祺	
责任编辑	高红勤	
封面设计	小红帆童书	

出版发行 应急管理出版社（北京市朝阳区芍药居 35 号 100029）

电 话 010 – 84657898（总编室） 010 – 84657880（读者服务部）

网 址 www.cciph.com.cn

印 刷 山东大族文化传媒有限公司

经 销 全国新华书店

开 本 880mm×1230mm$^1/_{32}$ 印张 40 字数 960 千字

版 次 2020 年 1 月第 1 版 2020 年 7 月第 2 次印刷

社内编号 20192856 定价 128.00 元（全八册）

父母最关注的是孩子的教育问题，他们都想让自己的孩子接受最好的教育，给孩子最好的未来。

以前父母们对于孩子的教育都是着重于智商的培养，但是，现在很多父母又开始关心孩子的情商问题。情商 (EQ)，又称情绪智力，是近些年来心理学家提出的与智力和智商相对应的概念。它主要指的是人在情绪、情感、意志、耐受挫折等方面的品质。据研究，一个人的智商是最重要的，一个人能否取得成功，智力水平占第一位，也就是说，一个人的智商超高，他取得成功的可能性就越大。但是，现在心理学家们普遍认为，情商水平的高低对于一个人是否可以取得成功也有着重大的影响，有的时候情商的作用甚至高于智力水平的作用。情商的水平是根据个人的综合表现来判断的，它不像智力水平那样可以用测验分数的形式准确地表示出来。心理学家还认为，情商水平高的人有比较强的社交能力，是一个外向而愉快的人，不会轻易陷入恐惧或伤感之中，对待事业比较投入，是一个富于同情心并且正直的人。这样的人虽然有着丰富的情感生活但是绝对不会逾越，不管是独自一人还是和很多人在一起都能够怡然自得。

有研究表明，一个人的成功，智商（IQ）的作用只占20%，其余80%都是情商在起作用。光聪明而不会做人，未必能稳操胜券，而会做人，懂得处理好人际关系，却能弥补不够聪明的缺陷。情商可以弥补一个人智商的不足。

智商决定人生的宽度，情商决定人生的高度。如果要培养一个优秀的孩子，让他将来事业有成，就要重视对情商的培养。本书从提升孩子的情商，培养孩子的良好品行、良好的人际关系、成功意识等方面入手，为父母们讲解了怎样培养一个高情商的孩子，是父母们培养孩子情商的好帮手。

目录
CONTENTS

第 *1* 章 提升孩子的情商，增强孩子的人生高度

情商到底是什么？为什么要培养孩子的情商？高情商的孩子就会有一个好的未来吗？其实情商就是一个人的情绪智商，是决定孩子未来的一种能力，是除了智商之外的一切内容。作为父母，提升孩子的情商，就是在增加孩子的人生高度。

第 *2* 章 培养孩子的良好品行，夯实情商基础

孩子的品行是在不断地同别人交往过程中形成和发展的，是在自我意识发生的基础上产生的，常常会受到情绪和周围环境的影响。良好的品行是情商的基础，所以，父母培养出孩子的良好品行，是留给孩子一生享之不尽的财产。

第3章 让孩子保持心理健康，孩子的情商才会高

让孩子全面发展的基础是孩子心理上的健康。根据孩子不同的年龄和身心特点，通过父母的正确教育和训练，就可以培育孩子的健康心理，让孩子充分地发挥出他的潜能，进一步提高情商。

第4章 培养孩子良好的人际关系，孩子才会活络起来

作为父母，从小培养孩子善于和人相处的能力，让孩子融入人群中，对孩子以后适应社会大有帮助。要知道，孩子良好的人际关系，是孩子将来在社会上生活的基础，更是高情商的体现。

第5章 培养孩子的成功意识，给他成功的人生

一个人要在事业上有所成就，强烈的事业心和进取心是必不可少的。作为父母，要想使孩子将来有所成就，从小培养孩子的成功意识很重要。孩子的成功意识，就是孩子迫切希望自己通过努力达到预期的目的，并做出为人们所注意的成就。

第6章 从多方面下功夫，培养孩子的高情商

作为父母，要从各个方面来培养和提高孩子的情商，不管是从道德、心理还是某种习惯上，只要对提高孩子的情商有所帮助的方面都要加强培养。只有这样，孩子才会成为一个高情商的人。

第 1 章

提升孩子的情商，增强孩子的人生高度

情商到底是什么？为什么要培养孩子的情商？高情商的孩子就会有一个好的未来吗？其实情商就是一个人的情绪智商，是决定孩子未来的一种能力，是除了智商之外的一切内容。作为父母，提升孩子的情商，就是在增加孩子的人生高度。

情商就是智商以外的一切内容

父母课堂

　　一个人的成功，智商的优劣占 20%，情商的优劣占 80%，从而可以得出这样一个公式：20% 的 IQ + 80% 的 EQ = 100% 的成功。如果要造就一个优秀的孩子，让他将来事业有成，那么就要从小重视培养他的情商。

　　情商（EQ），是美国哈佛大学心理系教授丹尼尔·戈尔曼在 1995 年出版的《情感智力》一书中提出的。所谓情商，指的就是情感智力，"EQ"是"情感智力"的英文缩写，指有良好的道德情操，有乐观幽默的品性，有面对并克服困难的勇气，它也是一种自我激励，持之以恒的韧性，是同情和关心他人的善良，是善于与人相处、把握情感的一种能力。简而言之，它就是指人的一种情感和社会技能，是智力因素以外的一切内容。

　　随着世界步入网络时代，人际交往的增多，情商越来越被人们所重视。它被普遍认为是通往成功的必备素质。丹尼尔教授认为一个人的成功，智商（IQ）的优劣占 20%，情商的优劣占 80%。为此推出的成就方程式为：20% 的 IQ + 80% 的 EQ = 100% 的成功。由此可知，如果要造就一个优秀的孩子，让他将来事业有成，就要从小重视情商的培养。

　　一般来说，情商可以分为五大类：

1. 了解自己的情绪

认识情绪的本质可以说是 EQ 的基石，这种随时能感觉得到自己的能力，对于了解自己来说非常重要。不了解自身真实感受的人必然会沦为感觉的奴隶，相反，只有掌握自己感觉的人才能成为生活中真正的主宰。

2. 控制、管理好自己的情绪

情绪的控制和管理是建立在自我认知的基础上，即：如何自我安慰，摆脱焦虑、灰暗或不安的心情。这方面能力比较匮乏的人常常会和低落的情绪进行交战，而对情绪掌控自如的人则很快能走出生命的低潮，重新出发。

3. 用自己的情绪激励自己

无论要集中注意力、自我激励还是发挥创造力，专注情绪是绝对必要的。无论成就什么事情都要靠情感的自制力——克制冲动与延迟满足。保持高度热忱是成就一切的动力，一般来说，能够自我激励的人不管做什么事情都有很高的效率。

4. 了解别人的情绪

同情心是一种基本的人际技巧，同样建立在自我认知的基础上。具有同情心的人比较能从细微之处察觉到他人的需求，这种人特别适于从事医护、教学、销售与管理的工作。

5. 和周围的人友好相处

人际关系是管理他人情绪的一种艺术。一个人的人缘、领导能力、人际和谐程度都和这项能力有关，掌握这项能力的人往往是社会上的佼佼者。

当然，在这些方面的能力是不同的，有些人可能很善于处理自己的焦虑，却不知从何安慰别人的哀伤；而有些人在处理别人的事情时能够非常理性，但是面对自己的事情就会乱了方寸。这些能力可能是与生俱来的，没有什么优劣之分，但是人的可塑性是很强的，不管是哪一方面的能力不足都可加以弥补或是改善。

如今，大人们面对的是快节奏的生活，高负荷的工作和复杂的人际关系，没有较高的EQ是难以获得成功的；孩子们也是生活在一个马不停蹄的环境里，繁重的学业使他们喘不过气，同时还要和同学们搞好关系，只有拥有较高的EQ，才能让他们在这样的社会状态下生活得游刃有余。EQ高的人，人们都喜欢同他交往，总是能得到众多人的拥护和支持。权变理论代表人物之一弗雷德·卢森斯对成功的管理者（晋升速度快）与高效的管理者（管理绩效高）做过调查，发现两者之间不同之处在于人际网络关系，支持成功的管理者最多，占48%，而支持有效的管理者只占11%。可见，在职场中，要获得较快的成长，良好的人际关系是排在第一位的。

情商在估价一个人的整体素质方面有着重要的作用。心理学家认为，情商与智商不太一样，它是靠后天培养的。因此，情商也是父母培养孩子能力和素质的重要的内容。而且，从现在社会的发展和对人才的需求来看，仅靠知识是难以在社会上立足的。未来社会需要的人才不仅要有较高的才智、健康的身体，还要有高尚的人格、优良的品质、坚强的意志和不怕挫折、经得起失败考验的健康心理。就学习而言也是如此，即使一个孩子有再好的智力，却没有学习动机，没有意志力，其学习是很难搞好的。另外，道德在很大程度上，是给智力把关的。学习成绩优秀的学生进入社会后犯罪的事例并非罕见。所以，培养孩子高尚的情商是父母必须做的。

独立生活是孩子成才和立足于社会的基本能力。独立生活能力弱的孩子往往伴有胆怯、懒惰、消极等习性，而未来社会需要的是积极进取、勇于竞争、不畏艰难的人。父母们要站在时代的高度，开发孩子智力的同时，重视对孩子非智力素质的培养，这样才能让孩子在未来的社会上有立足之地。

情商重要 VS 智商重要

父母课堂

> 长期以来，人们习惯于将智商作为衡量人才的标准，而现代研究表明，孩子成才成功的决定因素不仅仅是智商，从很多方面看，情商显得更为重要。

一个人的智商可以使他具有非常丰富的知识，使他顺利地得到一份工作。如果他有稳定的情绪，适应环境的能力，对外界和上司、同事没有什么过分的要求，对自己有正确的评价，不会让外界影响到自己的情绪，在受到挫折时有重新再来一次的激情，并可以不断地提高自身的心理素质，不会怨天尤人或悲观失望，这样他的智商和潜能就会得到激发，在工作中游刃有余，走向成功。与之相反，如果一个人的智商很高，却常以此自负，情商低下，天天为自己周围并不理想的环境苦恼，那他的结局或是愤世嫉俗、孤芳自赏，与社会、公司、同事融不到一起；或高不成低不就，一辈子碌碌无为；或是走上邪门歪道，毁于高智力犯罪。由此可见，一个人能否成功，情商与智商的作用一样重要。

智商和情商是一个人重要的心理品质，是事业成功的重要基础。它们的关系如何，是智商和情商研究中提出的一个重要的理论问题。正确认识这两种心理品质之间的差异和联系，有利于更好地认识自身，有利于消除智力第一和智力唯一的错误倾向，有利于培养更健康、更优秀的孩子。

情商与智商是两种不同的心理品质，它们有哪些区别呢？

第一，智商和情商反映着两种性质不同的心理品质。智商主要反映人的认知能力、思维能力、语言能力、观察能力、计算能力、律动能力等。也就是说，它主要表现人理性的能力。它有主管抽象思维和分析思维的左半球大脑的功能。情商主要反映一个人的感受、理解、运用、表达、控制和调节情感的能力，以及处理情感关系的能力。情商所反映的是一个人把握与处理情感问题的能力。情感常常走在理智的前面，它是非理性的，其物质基础主要与脑干系统相联系。

第二，智商和情商的形成基础不同。情商和智商虽然都与遗传因素、环境因素有关，但是，它们与遗传、环境因素的关系是有所区别的。智商与遗传因素的相关程度远大于社会环境因素。据英国《简明不列颠百科全书·智力商数》词条载："根据调查结果，70%—80% 智力差异源于遗传基因，20%—30% 的智力差异受不同的环境影响。"情商的形成和发展，先天的因素也是存在的。美国心理学家艾克曼的研究表明，从未与外界接触过的新几内亚人能正确判断其他民族照片上的表情。但是，情感又有很大的文化差异。从近代史研究中也可以看到，人的情感容易受到社会环境的影响，人总是有着根深蒂固的从众心理。

第三，智商和情商的作用不同。智商的作用主要在于能更好地认识事物。智商高的人，思维品质优良，学习能力强，认识深度深，容易在某个专业领域做出杰出成就，成为某个领域的专家。调查表明，许多高智商的人会成为专家、学者、教授、法官、律师、记者等，在自己的领域有较高造诣。情商主要与非理性因素有关，它影响认识和实践活动的动力。它通过影响人的兴趣、意志、毅力，加强或弱化认识事物的驱动力。智商不高而情商较高的人，学习效率虽然不如高智商者，但是，有时却能比高智商者学得更好，成就更大。因为锲而不舍的精神使勤能补拙。另外，情商能把握和调节自我和他人情感，因此，对人际关系的处理有较大关系。其作用与社会生活、人际关系、健康状况、婚姻状况有密切关联。情商低的人，人际关系紧张，婚姻容易破裂，领导水平不高。而情商较高的人，通常有比较健康的情绪，比较完满的婚姻和家庭，有良好的人际关系，容易成为某个部门的领导，具有较强的领导管理能力。

诸多证据表明，EQ 较高的人在人生各个领域都有较多优势，无论是谈恋爱、处理人际关系或理解办公室政治中不成文的游戏规则，成功的机会都比较大。此外，情感能力较佳的人通常对生活比较满意，比较能维持积极的人生态度。反之，情感生活失控的人必须花加倍的心思与内心交战，从而削弱了他的实际理解力与清晰的思考力。

一个 IQ 高的人和 IQ 低的人谁更幸福？答案肯定是 IQ 低的。一个 IQ 低的人往往会无忧无虑，而 IQ 高的人在做事情时往往会瞻前顾后。那么一个 EQ 高的人和 EQ 低的人谁更幸福？答案也很明显是 EQ 高的。IQ 低的人可能会进步，但是 EQ 低的人很容易患抑郁症。EQ 低的人在受到挫折时，很容易拿别人的错误来惩罚自己。高 EQ 能让我们明白外面的世界很现实、很复杂，但很精彩。自己走什么道路其实在于自己的情绪，在于对未来的各种选择。比如说摔倒了，有的人会说真倒霉，有的人会说正好我要歇一会儿。对于外面世界的一切美好，一切复杂都要靠你的 EQ 去领会。

在美国，人们流行一句话："智商 (IQ) 决定录用，情商 (EQ) 决定提升。"事实上，IQ 和 EQ 都很重要。只不过，在今天这个竞争日趋激烈、知识爆炸、人际关系复杂的社会中更显 EQ 的重要性。

对孩子加强情商培养

父母课堂

只要让孩子多一点勇气，多一点磨炼，多一点感情投资，孩子们也会像"情商高手"一样，营造一个有利于自己生存的宽松环境，建立一个属于自己的交际圈，创造一个能发挥自己才能的空间。

　　现在的父母越来越重视孩子的教育，在孩子教育方面的投资也越来越大。父母们聚在一起谈论最多的一个话题就是：孩子的学习怎么样，谁家的孩子学习好，谁经常考第一名，谁家的孩子不学习……其实，父母关注孩子的学习是一件好事，应该得到提倡和发扬。可是，有一些父母的教育方法却把孩子领入了一个误区：为了让孩子各个方面都得到发展，一到周末，就把孩子送往各种补习班，给孩子进行盲目地恶补。其实，父母只注意到了孩子智力的开发，却忽略了让孩子走向成功的另外一个更加重要的因素——情商。那些在父母的精心呵护下长大的孩子，就像生长在温室里的一朵花，禁不起一点挫折和磨难。不能清楚地认识自己，对自己的能力也不能很好地把握，更别说去控制和整理自己的情绪了，当他遇到困难的时候也不会自我激励，只会一味地退缩。对于别人的情绪、感觉和需要更是采取事不关己的态度。这样一来，就不能正确认识自己和他人，更谈不上什么同情心理，人际关系也会被他处理得一团糟。许多的心理学家都认为，情商是影响个人健康、情感、人际关系的一个重要因素，更是一个人生活的动力，它可以让智商发挥更大的效应。

　　我国从古代起就提倡"忍""三思而后行""不以物喜，不以己悲""淡泊明志，宁静致远"的思想，现在风靡全球的"成功教育""愉快教育"也都包含着情商培养的因素。因此，今天的父母们在全方位开发孩子智商的同时，更应加强对孩子情商的培养。

　　说了这么多情商的重要性，那么，到底什么样的做法才是高情商的表现呢？

第一，高情商的人不管做什么事情的动力都是来自内部，他们有很强的自觉性和主动性。在决定要做一件事情之后，没有完成是绝不肯罢休。做任何事情，他们都有明确的动机、浓厚的兴趣以及积极独立和不甘落后的精神，并且有勇气，自信心强。一个高情商的孩子，懂得自动自发，自动做事、自动读书、自动做功课……所有的一切都是自发的，不用别人来督促。因此，就算他的智商不比别人高，但成绩也可以比别人好。

第二，高情商的人目光是长远的，不管想什么问题、做什么事情，他们都会把眼光放得很远，而不会满足于眼前的一点点欲望。

比如：研究者告诉孩子们说："这里有糖，你们可以马上吃，但只可以吃一块，如果等我出去办完事回来再吃，你们可以得到两块糖。"跟踪实验的结果表明：那些有耐心的孩子，长大后比较能适应环境、讨人欢心、敢冒险、自信、可靠；而那些只满足眼前欲望的孩子，长大后各方面的成就都不是很高。

第三，高情商的人善于控制自己的情绪，他们在任何时候都可以做到头脑冷静、行为理智，能抑制感情的冲动，克制当前的欲望，及时化解和排除不良情绪，使自己始终保持一种良好的心境——心情开朗，胸怀豁达。一个高情商的孩子，会把自己的情绪控制得很好，当他们遇到烦恼的事情时，他们可以自己化解，绝不会做出一些极端的事情来。

第四，每一个人大多都有某些连自己也看不清楚的个性上的盲点，高情商者常常会自我反省，从不同的角度了解、认识自己，对自己有一些比较客观的评价，具有自知之明，并且能正确定位自己。因此，他能够处理好周围的一切关系，成功的机会也总是比较大。一个高情商的孩子，会很清楚地看到自己的优点和缺点，他们既不会因为成绩好、受老师赏识而自傲，也不会因为自己在某方面不如别人而自卑。

第五，高情商的人善于洞察并理解人心，能控制自己的情绪，会设身处地为别人着想，理解对方的感受，尊重他人的意见。因此，他们善于人际沟通与合作，人际关系融洽，在复杂的人际环境中也会游刃有余。一个高情商的孩子，在集体中会有好人缘，容易得到老师和同学的喜爱和欢迎，很少感到孤独。

其实情商就是一种能力，是一种创造，也是一种技巧。既然是技巧就会有规律可循，就能被人们所掌握，就可以熟能生巧。

提高孩子的情商应先由父母做起

父母课堂

消极的情绪无助于问题的解决，反而会像传染病一样在全家弥漫。所以，父母应当以理智控制自己的情绪，应该学会掌握调节自己的情绪，同时帮助孩子摆脱消极情绪，学会自我调适，变得乐观自信起来。

家庭是孩子学习情商的第一所学校，是孩子情感发展的基石。在家里，他们将学到许多基本感情知识，比如他们的自我观察，别人对自己的反应，如何看待自己的感觉，如何洞悉别人的情绪与表达自己的喜怒哀乐等。根据研究显示，父母对待子女的方式，对子女的情感世界有长远而深刻的影响。因此，想要孩子高情商，父母必须力争做到以下几点：

1. 为孩子树立良好的榜样

父母的言行举止，无不对孩子起着潜移默化的影响和作用。因此，父母要以身作则，凡是要求孩子做到的，自己要先做到，用榜样的力量去塑造孩子。

2. 父母要用好的情绪影响孩子

孩子的情绪往往受家长的影响，平时在生活中，家长要用热情、豁达、乐观、友善等好情绪对待孩子和他人，控制住不好的情绪，这样孩子才会具有活泼、大方、快乐、关心他人的积极情绪和性格。同时，大人要及时排除孩子恐惧、抑郁、悲伤、愤怒等不易被社会接受的坏情绪。父母还要让孩子懂得：在什么场合，用什么样的情绪，让孩子能自觉地掌握，逐渐形成自我控制情绪的能力。

3. 要注意孩子情感的细微变化

父母要与孩子心灵沟通，做孩子的知心朋友。对于孩子的要求，只要是合理、能够满足的，父母应该尽量给予满足；不合理的、不能满足的，则要向孩子说明为什么不能满足的道理。父母千万不能不关心孩子的痛痒，也不能让孩子放任自流，更不能动辄训斥、打骂，压抑孩子的情感流露。相反，父母应让孩子的情感得到适当的流露，并了解它产生的原因，需要解决的，应及时加以解决。

4. 要为孩子创造各种人际交往的条件

如果家里来了客人，父母要让孩子相识相伴、沏茶接待。父母也要适当带孩子去参加一些聚会、晚会，让孩子见见各种场面，学习与各种人打交道。另外，带孩子上街时，鼓励孩子问路。乘车、进公园、购物等，都可由孩子付费。孩子在学校当了小干部，要予以积极鼓励和支持。

5. 要带孩子多参加各种集体活动

在集体活动中，孩子与同龄的小朋友一起生活游戏，他们会相互教会怎样玩耍、相处、生活。父母要欢迎孩子的朋友上家里来玩，也要鼓励孩子到别的小朋友家里去玩。在孩子与其他小朋友交往的过程中，父母要教育孩子严以律己，宽以待人，互相信赖，彼此尊重。

教孩子学会情绪的自我调适，是父母们日常生活中应该特别给予关注的事情。

"啪、啪！哗啦！哗啦！"小辉又在摔东西了，这次可非同一般，他摔碎了爸爸心爱的瓷茶杯，还砸坏了妈妈梳妆台上的大镜子，接下来是一场席卷全家的"急风暴雨"。当小辉被三四个大人"押"到心理老师面前时，他手上缠着纱布，脸上、手臂上都有青紫的伤痕。父母回避后，小辉慢慢道出自己的苦衷："还不是因为我期中考试没有考好？父母不许我做任何解释，这次题目特别难，班上十几个人没及格，我都及格了，比上学期名次更高。可爸妈不相信我，说我贪玩、不努力，我能不跟他们急吗？我一回到家里就感到特别压抑。我学习很努力，可成绩没有父母期望得那么好。爸爸见到我总是板着脸，除了问学习没有别的话说，我出点小错就打骂，他手可狠了，摔东西可厉害了，老拿我当出气筒；妈妈爱唠叨，动不动就哭天抹泪的；爷爷有心脏病，不让大声说话；只有奶奶真疼我，可又管不了爸爸。一放学，家里人都不让我出去，说我脾气大，怕我惹事，不让我下楼踢球，也不让听音乐，我觉得家简直像牢笼一样！我一感到难过，就想学爸爸摔东西，听到那刺激的响声，我才觉得心里痛快些！"

其实，所谓脾气大、情绪易波动的青少年，往往是情商较高的孩子，也是因为他们的神经系统属于强型，所谓"发脾气"，是因为缺乏宣泄和表达的机会，只不过是想让父母了解自己的内心。近年来，"情商"这个时髦的心理学名词引起人们的兴趣，是有一定道理的，因为情商是人非智力因素的核心内容，也是一个人事业成功的关键性因素之一。情商包含着三方面：一是正确表达和适度控制自己情感的能力；二是理解和接纳他人情感的能力；三是与他人交流，以自己情感影响和感染他人的能力。在家庭教育中，应重视对孩子的情感教育，家长应引导孩子努力提高情商，懂得爱自己和爱别人。

世界医药学的鼻祖希波克拉底曾经说，躯体本身就是疾病的良医。七情六欲，人共有之。但是，同样是情绪，可以让人健康，也可以给人带来疾病。而人本来就有能力和办法来控制和调节自己的情感和情绪，使之利于健康。儿童、青少年处在心理尚不成熟、情绪情感十分丰富而脆弱，且又复杂多变的时期。在家庭中，父母的情绪直接影响孩子的情感水平，是孩子情绪的主要"影响源"。因此，父母应该学会控制自己的情感，提高自己的情商，保持情绪的乐观、稳定，给孩子做

出健康情感的榜样。并成为孩子情绪的镇静剂、安慰剂和调节剂。

喜怒哀乐，人皆有之。在家庭中，教孩子学会情绪的自我调适，以下建议可供父母们参考。

加强自身的情感训练，提高自身的素质，使自己具备基本的情商。

对孩子细心一些，发现孩子情绪不佳时，要懂得理解孩子的感受，努力去了解引起孩子情绪不佳的前因后果，进而帮助孩子以适当的方法抚平情绪。

帮助孩子建立自信心，培养他们的同情心，促进其情商的提升。

每天和孩子聊天 10—20 分钟。为了避免拘束，可以采用共同的游戏、文体活动，或是在睡前陪伴孩子一会儿，创造一种轻松温馨的气氛，使孩子说出想说的话。创造轻松活泼的气氛，保持乐观、平和的心境，处事不惊，顺其自然，知足者常乐，能够轻松做事。

开朗豁达处事。凡事想得开，对人大度开明，虚怀若谷，在家庭中讲究宽容，有话好好说，运用对话、谈心、讨论等方式与孩子进行心理沟通。

保持深邃沉稳的人格魅力。遇到任何事情能够镇定自若，引导孩子以自信和自强之心来战胜挫折和失败，使他们真正学会主宰自己的情绪。

以幽默机智化解家人之间的矛盾。要能够承受一切外界和内心变化所带来的危机，总是会转危为安，保证在家里不动武，不喊叫,以幽默机智,维持和谐平静的气氛。

如果父母出现言行、情绪失控的情况,向孩子发了脾气,则应当在事后做检讨。反省自己,以得到孩子的理解和原谅。

对于进入青春期的孩子,父母更要注意尽量不与孩子发生正面冲突,而要心平气和,冷静处理所有的问题。

情感的交流是相互的。父母也应该将自己的喜怒哀乐告诉孩子,使他学会关注别人的内心,学会分享别人的快乐,分担父母的忧愁和烦恼。

鼓励与肯定孩子对不同情绪的表达。尤其是对不好的情绪,也要表示理解和尊重;还要教孩子通过正确的方式宣泄负面情绪,比如,通过向亲人倾诉,向自然环境的宣泄等,达到敞开心扉、缓解紧张焦虑的目的。

培养孩子对艺术的喜好,使他的情绪得到转移和升华。引导孩子学会专注地欣赏艺术作品,让孩子明白,这是一种艺术修养,可提高一个人的品味。让孩子学会用音乐、绘画、朗诵、做诗等方式来表达自己的内心,也是完全可以实现的。

让孩子远离"成长问题"

父母课堂

有些孩子有着非常高的智商,但是他们的情商却低得可怜,致使他们出现了一系列的问题。所以,父母要经常和孩子做一些情感上的交流,对孩子细心一些、帮助孩子建立自信心、培养孩子的同情心,以便促进孩子情商的提高。

厌学、早恋、网恋、孤僻甚至是犯罪发生在越来越多孩子的身上，不仅如此，还有越来越多的孩子对于亲情表现冷漠、不愿意和父母沟通，并且在人际交往上也存在着一系列的问题。于是，人们把这些孩子划为"问题孩子"。然而，根据教育专家研究发现，这些"问题孩子"的智商基本上是正常的，甚至有的还是智力超群的。但是，他们的"情商"却相对比较低，他们的情感世界可以说是一片荒漠。这些问题从根本上说并不是孩子的过错，而是他们严重缺乏情商方面的教育。

根据了解，"问题孩子"的年龄一般都在3—20岁，也就是说他们基本上都是计划生育政策实行后出生的独生子女，是备受父母呵护的一代。看见这么多的孩子问题，父母们心急如焚，遍求良方。

一位家长为了孩子，整天寝食难安。因为自从孩子上了初二就不大愿意和父母沟通交流了，这位家长害怕孩子走进"早恋"的误区，所以天天都悄悄地"护送"孩子上学，有时候看见孩子与女生交往过密就现身制止。后来，孩子更不愿与其多说话了。这位家长到学校和老师交流了很多次，都没有找到很好的解决方法，自己也很着急。

5岁的蓉蓉坐在办公室的沙发上一声不响玩她的小手，而她的小眼睛却一直在关注着妈妈，小耳朵也在认真听着妈妈和咨询师的谈话。因为孩子逆反心太重，蓉蓉的妈妈只好向心理咨询师请教。

不少家长都反映如今的孩子越来越难管教了，非常希望教育专家能指点迷津，帮助他们解决孩子成长中的具体问题。

为什么现在的"问题孩子"越来越多，问题也越来越突出了呢？教育专家林蔚博士认为，孩子出现这些问题的一个重要原因就是我国对孩子情商教育的落后！我国的普遍教育往往偏重于智商而忽略了情商！学校存在这种现象，家庭教育更是这样。

随着人们生活水平的提高，现在很多父母为了孩子拼命工作。他们认为只要给孩子吃好、穿好就算对孩子好了，从而忽视了对孩子情感上的教育和沟通，不少孩子产生了孤独感，逐渐变得沉默，然后演变成叛逆，甚至是犯罪。目前的"问题孩子"大多是独生子女，家里几代人都宠爱这一个孩子，形成孩子心中至高无上的优越感，使其在与朋友、同学的交往中颐指气使，导致没有要好的朋友，从而陷入孤独。

刘翔平博士认为，塑造一个人性格的重要阶段是 0—12 岁，老师和父母都要重视对孩子情感、情绪及心理方面的教育。80%—90% 的人的智力是不相上下的，但是现在所有学校的教育模式都是发展智力的"知"觉教育，经常以分数的高低来衡量孩子的好坏，缺少了感恩教育等综合素质的"感"觉教育。

情商教育的专家吴芳认为，一个人的行为来自他自身的需求或动机，而其又受情绪情感的支配。那么，要解决孩子叛逆、厌学、网恋等问题，就要重视"情商"的教育。在一些大城市的中小学校，都开设有心理活动课，孩子们可以在这里抒发情感，陶冶情操。目前，部分学校也拥有了心理咨询室，不过咨询老师大多是由语文老师兼任，很少有专业的心理老师。吴芳老师认为，过去几乎所有的家长都把教师奉若神明，希望老师能把自己的孩子教育成才。而现在有不少家长都认为，自己给学校交钱就是让老师教孩子，孩子有错就是老师有问题，从不认为孩子自己有问题，而孩子对家长与老师的关系很敏感，这样容易让孩子学会"推卸责任"——自己犯错却责怪老师。

为了弥补孩子在情商方面的教育，让孩子们远离"成长问题"，现在已有多家教育机构涉及孩子的"情商"教育。据悉，目前不管是家长还是教育机构都已经意识到了情商教育的重要性，如何对孩子实施有效的情商教育却成为业内关注的问题。

培养孩子的情商就要关注孩子的心理、行为、意志、与人交往、控制自己情绪的能力，心理脆弱、行为偏激的孩子，一旦走入社会就很难适应，遇到复杂情况往往会束手无策、不知所措，仅仅拥有高智商而缺乏情商的孩子，其创造力很难挖掘、开发。

教育专家认为，让孩子远离"成长问题"，父母必须转变教育观念，重视孩子的情商教育，这样，我们的孩子才能健康成长。

第 2 章

培养孩子的良好品行，夯实情商基础

孩子的品行是在不断地同别人交往过程中形成和发展的，是在自我意识发生的基础上产生的，常常会受到情绪和周围环境的影响。良好的品行是情商的基础，所以，父母培养出孩子的良好品行，是留给孩子一生享之不尽的财产。

杜绝孩子的说谎习惯

父母课堂

> 人的一生都在真与假的斗争中度过，父母要引导孩子从小说真话，一步步养成说真话的好习惯。这种习惯一旦养成，就会变成一个做人准则。这对孩子将来的发展大有益处。

几乎刚会说话的孩子就已经开始撒谎，有时可能更早。孩子在成长初期，看不出言行之间的直接关系，对他们来说，行为远比语言重要得多，语言都是模糊的，是有多重含意的。

当孩子慢慢长大后开始发现，故意说谎误导别人是错误的，当他们发现父母、兄弟姐妹或朋友欺骗自己时，会非常愤怒。他们逐渐开始区分谎言的类型和轻重的程度。

孩子说谎并不可怕，可怕的是面对孩子的谎言，父母听之任之。但是，父母想要控制孩子说谎，培养孩子的诚实，的确是件不容易的事。

那么，怎样杜绝孩子说谎呢？

首先父母一定要说真话，为孩子做出榜样，无论在什么情况下，都不撒谎、不作假，有一说一，说到做到。要让孩子看到爸爸妈妈是怎么做的，并要让孩子懂得为什么不能撒谎。有些父母在孩子不高兴时，或在自己很高兴的时候，常常会"哄"孩子，许下种种并不准备兑现的诺言。这样很容易在孩子心目中留下"爸爸妈妈说话不算数"的坏印象，从而面临家庭教育失去基础的难题。因为不被孩子信任的父母，是没法教好孩子的。只有孩子说真话，父母才知道他们究竟在想什么，从而才能适当地给孩子鼓励、引导、帮助和劝阻。要是孩子说假话成了习惯，孩子的行为就会变成当面一套，背后一套，很容易走上犯错误、做坏事甚至违法犯罪的道路。所以，为人父母，一定要教育孩子不撒谎，说真话。

孩子如果连父母都信不过，天下还有谁值得信赖？既然父母是孩子最信任的人，孩子听到什么事情或是想到什么东西，统统都会告诉爸爸妈妈。这时，不管孩子说什么，父母都要认真、耐心地听完。就算是孩子有些地方说错了，甚至使父母不愉快，父母也不要吹胡子瞪眼发脾气，而要亲切地跟孩子交谈讨论，说自己的心里话，不能应付、糊弄孩子。总之，不论在何时何地都要鼓励孩子说真话。

控制孩子说谎，培养孩子的诚实经验主要有以下几点：

1. 要澄清孩子的谎言

当警告孩子不要说谎时，父母不能对孩子说："如果你说谎就把你的舌头割下来。"孩子说谎了，父母当然不会割他的舌头，这使孩子认为父母的警告本身就是谎言。孩子的想象转化成谎言，有时仅一步之遥，这就需要做父母的正确引导。孩子拥有想象力是天性，如果父母对其想象力一味地赞许，就有可能发展成谎言，而父母如果一味反对孩子的想象力，又会扼杀孩子的智力发育。所以，父母必须调整教育方法，循循善诱地更正孩子不当的想象。

2. 要找出孩子说谎的原因

如果孩子到了能够分辨是非的年龄仍然说谎，父母应找出原因。孩子说谎的原因，许多心理学家都给出了答案。概括有如下几种：

（1）说谎有时比说真话更能免受处罚

大多数父母认为，孩子主要是因为不知道撒谎的严重后果才说谎的。事实上，孩子说谎有时是因为说真话反而受到惩罚。

（2）出于无奈而撒谎

许多父母可能无法接受，孩子撒谎有时是父母逼的。父母应该知道孩子有沉默的权利。许多成年人在处理一些棘手的两难问题时，经常保持沉默。如果非逼孩子说出真相，孩子就只能说谎了。鉴于这种情况，可以给孩子一定的缓冲，等大家都心平气和，再让孩子主动把事情的真相说出来。

（3）为了讨父母欢心而撒谎

著名心理学家皮亚杰博士发现，4岁以下的孩子判断自己的言行是否正确，通常是看爸爸妈妈脸上的表情。为了不让爸爸妈妈生气，他们本能的反应就是不承认自己做过的错事。

3. 要树立良好的榜样

对于说谎的孩子，威胁或强迫他承认自己的谎言都不正确，父母最好能用一定的时间，冷静、严肃地与孩子谈谈。孩子在承认错误以后，父母一定要称赞孩子的诚实表现，要说一些类似这样的话："我虽然不满你做错事，但幸好你说出了真相，我很赞赏你的诚实。"

4. 让孩子感到安全

所有的孩子说谎都因为需要安全感，如果父母能够给孩子安全感，孩子就会诚实起来。

5. 减少孩子的心理压力

父母对孩子过高的期望，会给孩子增加压力，导致孩子说谎。因此，父母对孩子的期望值要合理，不盼望他们做超出自身能力的事。父母要以宽容之心对待孩子，经常与孩子倾心交流，减少孩子的心理障碍，做孩子的知心朋友。

总之，面对孩子的谎言，要分析、研究，找出孩子说谎的原因，对症下药，进行善意的引导和教育。每个父母都望子成龙，虽然不是每个孩子都能成为杰出青年，但可以让他们做一个人格健全的人。诚实，则是培养孩子健全人格的重要方法。

让孩子离嫉妒远一点儿

父母课堂

> 嫉妒对个人、集体和社会均起着耗损作用，是一种对团结、友爱非常不利的情感。这种缺点如果保留到长大以后，孩子就很难协调与他人的关系，很难在生活中心情舒畅。纠正孩子的嫉妒心理，是父母培养孩子情商的一个重要方面。

嫉妒是人类普遍的情绪表现。嫉妒之心，人皆有之，即使是孩子也不例外。我们常会看到两三岁的孩子看到妈妈抱起别人家的孩子，就会很快地跑过去，叩叩他的头，或抓他的脚，想把那个孩子支开，并会立即要求妈妈抱自己。虽说嫉妒是一种可以理解的正常情绪反应，但这并不意味着家长可以采取听之任之、放任不管的态度。因为反复的嫉妒反应情绪，会演变为人格的一部分。另一方面，孩子嫉妒心过强，容易受外界的刺激，产生诸多不良情绪。这不仅影响进步，而且对身心健康极为不利。

孩子产生嫉妒心理的原因是多样的，比如，和自己成绩差不多的同学却是班干部，这时心里就会有种说不出的滋味；看到别人有一支漂亮的自动铅笔，就特别羡慕，千方百计地想得到，否则就耿耿于怀；有的在竞争中受挫会导致对成功者的嫉妒；有的因老师对他人的表扬而产生嫉妒；还有的因自己容貌欠美，身材欠佳而对生理条件优越的同学产生嫉妒。嫉妒之心会腐蚀人的灵魂，但父母往往会忽略它对孩子幼小心灵的伤害。做父母的要了解孩子产生嫉妒心的原因，从而进行有针对性的教育，帮助孩子摆脱嫉妒心的纠缠。

父母要培养孩子宽阔的胸怀，引导孩子战胜嫉妒心理。

帮助孩子提高自我认知水平，培养孩子的内省智能，是克服嫉妒心理的基本途径之一。

有些家长发现孩子嫉妒心强，就很生气，故意在他面前说："你的同学比你强多了，你应该向他学习。"但这样做只能加深孩子的嫉妒心，使他对同学怀有敌意。所以，这种做法是不可取的。正确的做法应该是，家长告诉孩子，每个人都会有优点和缺点，只要你努力，取长补短，不断地超越别人，这样，就会和别人一样优秀。如果家长能做到这一点，等于在抑制孩子的嫉妒心理继续滋生。随着孩子认知能力的提高，就会知道每个人的能力有限，不可能各个方面都比别人强。

　　有的孩子自我认知能力比较强，比较容易培养他的移情能力。移情，简单说来，就是凡事都可以设身处地为别人着想。移情能力，是孩子心理成熟的一个重要标志。只有心理成熟的孩子才会自我排解嫉妒心理。

　　家长可以鼓励孩子多参加一些竞赛性强的游戏，对处在嫉妒心态中的孩子来说，游戏能让孩子多体验一些成功与失败交织的矛盾感受。多经历一些心理上的矛盾冲突，可以让孩子的心理调试机能得到很好的锻炼。如果孩子赢了比赛，家长在和孩子一起开心的时候，多问问孩子，他为什么会赢，一个人会一直赢吗？当孩子输了，家长不要表现出一副很难过的样子，应该正确对待这件事情，让孩子明白，比赛中的输赢是非常正常的。一场比赛，输了可以再赢，赢了也可能会输。

　　嫉妒的范围是很广的，包括嫉妒人、嫉妒事、嫉妒物。手段也多种多样，有的挖空心思用流言蜚语恶意中伤他人，有的付诸手段卑劣的行动。事实上，嫉妒心本身就是一种自私的表现，使人在处理问题时完全以自己为中心、情绪反应强烈、自控力差、缺乏理性，很难对事情的利弊做出恰当的判断。所以，家长要注意纠正孩子的嫉妒心理。

让孩子成为一个文明礼貌的人

父母课堂

一个有教养的孩子必须有良好的文明礼仪，这样才会受到别人的欢迎，也就是心理学上所说的"被众人接纳的程度高"。孩子的文明礼仪应从小培养，让孩子形成良好的文明礼貌习惯。

文明礼貌是人们在社会生活中必须遵循的公共生活准则，孩子的文明礼貌是在大人的教导下逐步养成的。如见了人要有称呼，要表示问候；得到他人关心、帮助要表示感谢；分别时要表示乐意再见；两人共事时要表示高兴；出现矛盾要认真考虑自己的过失，不轻易责怪对方；家中来客人要表示欢迎；家长与客人交谈时不打扰；出门做客要听家长的吩咐，不乱拿人家的东西。父母必须知道文明礼貌的养成是一个长期的过程，不要以为讲一两遍，孩子会永远照着做。家长应当反复对孩子进行有关训练，如让孩子坚持说"请、您好、对不起、谢谢、再见"，直到成为孩子习惯化的语言。当孩子做了有损他人的事情时，一定要让他认识到自己的错，并诚恳地向对方表示道歉。

良好的礼仪习惯不仅能带来快乐，而且能够帮助一个人走向成功。从表面上看，礼貌是一种表现或交际形式，从本质上讲，礼貌反映着自己对他人的一种关爱之情。所以，真正的礼貌必然是源自内心的。

讲究礼貌也是处理人与人关系不可缺少的要素。人与人之间互相观察和了解，一般都是从礼仪开始的。一个举止优雅、彬彬有礼的人，更容易交到朋友、找到工作。正如一位哲人所说，那些明智的和有礼貌的人，他们特别谦虚谨慎，从不装腔作势、装模作样、夸夸其谈、招摇过市。他们通过自己的行为而非言语来证实自己的内在品性。

有些父母认为，现代社会是个自由的社会，懂不懂文明礼仪没关系，只要学习好、有真本事就行了；有些家长则认为，小孩子单纯无知，长大就会懂得文明礼仪。其实，这都是误解。一方面，孩子的文明礼仪需要从小培养，否则会形成坏习惯，一旦形成坏习惯，再改就很难；另一方面，越是懂礼仪的孩子，越能获得自由发展的广阔天地，因为他会受到他人的尊重和欢迎。可见，文明礼貌始终是孩子应该养成的好习惯。

那么，怎样来培养孩子讲礼貌的习惯呢？

1. 为孩子树立榜样

父母是孩子的榜样，父母良好的行为举止是给孩子最生动、最有效的教育。父母应该利用家里来客的有利时机提醒孩子，并给孩子做出榜样。

兴兴在和客人交流的时候没有运用礼貌用语，兴兴的妈妈并没有当场指责孩子，因为她知道批评和指责往往只会造成孩子的逆反和不服心理，而且这种做法本身也是一种不礼貌的行为。但是，妈妈并没有忘记这件事，当客人离开后，妈妈把兴兴叫到身边，温和地对他说："兴兴，今天你在和客人叔叔讲话的时候，妈妈发现你没有运用礼貌用语，这是不对的。当叔叔送礼物给你时，你应该说'谢谢叔叔'，是不是？"兴兴听了，若有所悟地说："哦，我忘记了，对不起，妈妈，我下次会注意的。"这样，妈妈通过在事后提醒教育孩子，让孩子明白了自己的错误。

在对相同事情的处理上，另一位妈妈用不同的做法也取得了良好的效果。妈妈发现倩倩在接受他人礼物的时候没有运用礼貌用语，就微笑地对孩子说："倩倩，你好像忘记对阿姨说什么了吧？"年幼的倩倩表情显得有些茫然，显然她还没有意识到自己应该说什么。这时，妈妈对客人说："谢谢您送礼物给倩倩，我代倩倩谢谢您！"倩倩听到妈妈的话，意识到自己没有表示礼貌，于是稚声稚气地说："倩倩也谢谢阿姨！"

2. 培养孩子注重个人礼仪

父母在平时要有意识地向孩子强调个人礼仪的重要性，一般来说，父母应从以下几方面来培养孩子注重个人礼仪：

（1）仪容仪表

教育孩子保持仪容仪表的整洁，要把脸、脖子、手都洗得干干净净；勤剪指甲勤洗头；早晚刷牙，饭后漱口，注意口腔卫生；经常洗澡，保证身上没有异味；衣着要干净、整洁、得体。

（2）行为举止

这方面的教育目标就是"站如松，行如风，坐如钟，卧如弓"，主要从站、坐、行以及神态方面提出要求。优美的站立姿态给人挺拔、精神的感觉；身体直立、挺胸收腹、脚尖稍向外呈V字形。要避免无精打采、耸肩、塌腰等习惯，千万不能半躺半坐。走路要昂首挺胸，肩膀自然摆动，步速要适中，防止八字脚、摇摇晃晃，或者扭捏的碎步。

（3）表情神态

教育孩子表现对人的尊重、理解和善意。与人交往要面带自然的微笑，千万不要出现随便剔牙、掏耳、挖鼻、搔痒、抠脚等不良习惯的动作。

（4）言谈措辞

要求孩子使用文明礼貌用语，如"您好、谢谢"等。要求孩子做到态度诚恳、亲切，使用文明语言，简洁得体，既不沉默寡言，也不啰唆重复。

父母向孩子强调文明礼貌的常识时，不要用教训、命令的口吻，而应循循善诱、谆谆教导。同时，父母还要让孩子明白，人与人之间若出现互相挤撞，不要恶言恶语，要抱着理解、宽容的态度；要求孩子做到行为文明，如：和人见面时主动打招呼、和别人说话时要专心、爱护公共环境、遵守交通规则等。

3. 尊重你的孩子

文明礼貌看起来是一种外在的行为表现，实际上它反映了一个人的内心修养。有自尊的孩子会尊重自己，维护自己的人格尊严。懂得尊重他人的孩子在说话时往往会顾及到他人的感受。因此，父母在生活中要尊重孩子。

英国著名教育家斯宾塞说过，"野蛮产生野蛮，仁爱产生仁爱，这就是真理。你对待孩子没有同情心，他们就变得没有同情心；而以应有的友情对待他们，就是一个培养他们友情的手段"。也就是说，以应有的尊重对待孩子，孩子才会懂得尊重。

礼貌是人们合乎社会规则谦虚恭敬的表现，它是通过动作与语言来体现的。所以，父母既要让孩子懂得"应该"有礼貌，又要让孩子懂得"如何做"才能体现一个人的礼貌。

教孩子学会宽容

父母课堂

> 宽容体现了一个人的素养与气度，表现了一个人的思想水平。教孩子学会善待他人的短处，这样孩子才可以与他人和睦相处；教孩子学会宽容对待他人的长处，可以使孩子不嫉妒，从而不断取得进步。

宽容是一种美德，它像良药一样，能够化解矛盾，使人和睦相处。诸如"退一步天高地阔，让三分心平气和""大肚能容天容地，容天下难容之事；开口便笑，笑古笑今，笑古今可笑之人"这种不重表面的输赢，而思想境界和做人水准是高尚的。正如有位哲人所说："宽容是需要智慧的。"

作为父母，应该充分认识到宽容对于孩子来说不仅是一种待人准则，更是一种保护心理健康的习惯。现代科学揭示，宽容有利于一个人的健康长寿。美国密歇根州立大学的研究人员进行的一项研究发现：当人们想要报复他人时，血压会明显上升；而在宽容他人时，血压则显著下降。因此，作为父母一定要培养孩子宽容的习惯。

那么，怎样让孩子学会宽容的习惯呢？

1. 不要把世俗的毛病传染给孩子

父母最好不要在孩子面前以自己的眼光谈论其他小朋友的缺点，容易让孩子对其他小朋友过于挑剔。相反，父母要尽可能表扬其他小朋友，让孩子明白每个人都是有优点的，不要使孩子产生一种以自己为中心的思想，这非常不利于培养孩子宽容的习惯。

父母尤其不要对某些人和事有偏见，更不要把这些偏见在孩子面前表露出来，让孩子在潜意识里也受到这种偏见的影响，而对这些人和事物有偏激的看法。

当孩子的小伙伴来家里时，父母对其他小朋友的态度不要过分冷落，也不要过分热情，尤其要教育孩子尊重小伙伴，让孩子平等地与人交往。

2. 教孩子换个角度看问题

不论何时，父母都可以教孩子学会从别人的角度来看待问题，让孩子置于别人的位置，设身处地地站在别人的角度来思考问题。

日常生活中，父母要鼓励孩子参与多元化的活动。无论孩子年纪多小，都鼓励他接触不同种族、宗教、文化、性别、能力和信仰的人，这有利于孩子与不同的人坦诚相待，遵从规则，平等竞争。

3. 教孩子善待他人

"要想公道，打个颠倒。"宽容是一种美德，在生活中，即使别人错了，无礼了，你若能宽容他人，同样能获得信任和支持，能得到别人的友善相待。

在教孩子善待他人的时候，父母可以通过角色互换的方法让孩子摆脱以自我为中心的想法，学会心中有他人，宽容他人。父母应该教孩子对其他小朋友多一点忍让，多一份关心，这样别人也会遇事宽容自己，体谅自己，为自己着想。事实上，只要孩子学会了宽容，他就会赢得朋友，就能真正体会生活的快乐。

4. 父母要起表率作用

父母本身具备的品德，一般在孩子身上都可能找到。因此，父母首先要为孩子创造一个良好的家庭环境。一个整天吵闹不休的家庭，是很难塑造一个具有和蔼品质的孩子。父母对他人的热情、平等、谦虚等处世原则和行为，是孩子最好的直观而生动的教材，会在潜移默化中培养孩子尊重别人、爱护别人和谐相处的良好品行。

5. 创造一个和谐密切配合的家庭环境

让孩子生活在一个宽容友爱、温馨和谐的家庭环境中，用父母的言行影响孩子，这样，孩子会逐步形成一种宽容忍让的善良品质。

孩子的宽容心是一种非常珍贵的感情，它主要表现在对别人过错的原谅。这种感情对孩子个性的健康发展，尤其是感情的健康发展以及良好关系的建立有着非常重要的意义。宽容的人，时时刻刻都会受到他人的爱戴。因此，他们更加容易处理好各种人际关系，能够很快地适应各种不同的环境，能融洽地与人合作，充分挖掘自己的潜能。富有宽容心的孩子往往心地善良，性情温和，惹人喜爱，受人拥护。

然而，在现实生活中，总有那么一些人，心胸狭隘，小肚鸡肠，处世总是持"宁可我负人，不可人负我"的态度。对别人的不是，甚至并非不是之事也斤斤计较。往往使一丁点矛盾恶化，最终酿成祸患。轻则使人受伤，重者致人命亡。作为父母，这些道理要给孩子讲清楚。

穿梭于茫茫人海中，面对一个小小的过失，一个淡淡的微笑，一句轻轻的歉语，会带来包涵谅解，这就是宽容。不要苛求任何人，要以律人之心律已，以恕己之心恕人，这也是宽容。宽容待人、待事、待自己，善待一切存在。让孩子知道，因为宽容，我们知道了幸福的真正意义，因为宽容的世界是多姿多彩的。

让孩子学会忍让

父母课堂

只有让孩子从小学会谦让，不怕吃亏，关爱他人，长大以后他才能适应群体生活，具有奉献精神，才会被别人尊重。只有吃得起"亏"的孩子，长大了才能得到更多的"回报"。

孩子的生活是多姿多彩的。他们会有很多伙伴，每天在一起学习、生活、做游戏。可是，他们也会碰到一些不顺心的事，比如和小伙伴相处时，有时会因为一些小事争得面红耳赤，好朋友之间闹别扭成了陌生人；有的孩子把不顺心的事都闷在心里不肯说，变得怪癖而孤独；有的孩子控制不住情绪，恼羞成怒与伙伴大打出手，险些酿成悲剧；等等。让孩子避免这些事情的发生，就需要让孩子有一个广阔的胸襟。只有学会宽厚谦让，才能有健康的心理，才能与伙伴相处融洽。

父母要让孩子学会忍让，让孩子知道，忍让是一种美德。其实，生活中总会有一些不如意的事情。比如：亲人的错怪、朋友的误解、讹传导致的轻信、流言制造的是非……遇到这些事情的时候，生气是没有用的。因为生气不会解决问题，只会让事情变得更糟。如果能学会忍让，在必要的时候，学会往后退一步，这样不但能让自己不再生气，还能创造轻松和谐的氛围。

父母要时常提醒孩子，对朋友要以诚相待，学会原谅别人的错误或过失，懂得宽容、忍让。这样有利于增进友谊。当然，父母在教育孩子学会忍让的同时，还要让孩子知道，有些事情可以忍让，有些事情不能忍让，不能让孩子没有原则地忍让。

小文的玩具被婷婷摔坏了，小文一把抓住婷婷要和她算账。这时，小文的表哥走过来说："算了，以后让你爸爸再给你买吧，她也不是故意的，小男生应该大方一点，不能打小女生。"小文听了表哥的话不再吭声。但是，没有想到，婷婷却以一副得理不让人的架势说："谁让你不给我玩的，你不给我玩，我就让你也玩不成。"小文的表哥听到后很生气，但又不知该说什么好。批评婷婷吧，她是女孩，一说她，她就该哭了，不说吧，心里又堵得难受。这时，婷婷的妈妈来了。没有想到，当婷婷的妈妈听了事情的原委之后，居然也支持自己的女儿，说小文比婷婷大，本来就该让着她，要是小文一开始把玩具给婷婷玩，婷婷怎么会去摔小文的玩具呢？

小文和表哥本来是不愿意和婷婷闹别扭，没有想到，最后却从有理变成了没理。

父母要让孩子知道，忍让不是没有原则的，该让的时候让，不该让的时候就要争。要知道，如果只是一味地忍让，那么，忍让反而成了一种软弱，容易受到别人的欺负。所以，作为父母，千万不能认为知道忍让的孩子一定会得到好回报，也就是说，不可以让孩子无原则地忍让。

培养孩子诚实守信的好习惯

父母课堂

从小培养孩子诚实守信的好习惯，对于孩子来说终生受益。从小事中培养，在大事中受用。久而久之，孩子就会变得格外信守诺言。

诚实守信是一个人最基本也是最重要的品格，我们要把它作为人格教育的起点，诚实守信是一种言出必行、互不欺骗的优良品格。教育孩子养成诚实守信的好习惯，对孩子的成长有很大影响。要让孩子明白：一个人要诚实、不说谎、信守诺言，才能建立起自己良好的信誉；如果经常说谎，会令人觉得你的话不可靠，到你说真话的时候，别人可能仍然不相信，到那时就后悔莫及了。

生活在社会大家庭中，每一个人的行为都要受到社会规范的约束。社会规范不是玄妙的观念，也不是空洞的说教，它是一种行为法则，是根植于我们头脑中的趋于本能对事物的理解与尊重。不论社会发展到什么程度或处于哪个时代，都应有自身独特的对社会规范的理解，有自己独特的价值系统。不论是国内还是国外，都有一些共有的对基本价值的遵守与尊重。这些基本价值包括：诚实、勇敢、自律、忠诚、守信、无私和公正等。无论在家庭还是学校，我们的孩子都在有意无意地接受这些价值观的熏陶，学校中更偏重直接的灌输、纪律的约束和名誉的鼓励，那么在家庭中，如何最有效地培养孩子的道德、价值观念呢？

1. 父母要敢于承认错误

孩子诚实守信的习惯，首先是从模仿开始的。做父母的如果答应了孩子的事情就一定要做，努力为孩子树立诚实守信的榜样。一旦父母没有遵守诺言，就意味着为孩子种下了一粒不守约的"种子"。如果父母真的无法遵守诺言时，一定要以道歉的方法予以解决，并且一定要告诉孩子：遵守诺言是一种好习惯。

"劳拉，我和你讲了许多次要遵时守约，否则会浪费别人的时间，也给别人留下不好的印象，你不这样认为吗？"

"的确不好，不过，也没什么大不了的。"

妈妈有些生气了："千万别不把它当回事，你养成这样的毛病，长大会怎么样呢？还有谁会信任你呢？"

看见妈妈生气，劳拉也有些沉不住气了："你是大人了，不是也过得很不错吗？没见你有什么麻烦呀？"

"你是什么意思？"妈妈不懂为什么话题扯到自己身上。

"你大概忘记了，好几次答应来参加我们学校的活动，我都告诉老师你会来，可是到最后也没看到你的影子。"

妈妈想了想，很快回答："劳拉，我没有意识到自己的行为对你造成的影响，我当时的确有急事不能去，但我应当事先或事后同你解释一下，甚至去同你的老师解释，我真的很抱歉，你能原谅我吗？"

劳拉有些感动："没关系，我知道你很忙。下次打声招呼就可以了。"

"你们下一次家长座谈是什么时间？我一定安排好时间，当然如有意外我会和你联系，好吗？"

在现实生活中，许多父母都可能不自觉地对孩子讲了一些不诚实的话，或讲过的话没有兑现。这时候，父母一定要放下架子，以平等的身份向孩子承认错误，这样反而会赢得孩子的信任。要知道，只有家长做出优秀的榜样，孩子才能受到良好的影响。孩子的道德观、价值观的构筑也是从生活中一点一滴的小事开始的。

2. 给孩子树立诚信的榜样

纠正孩子的不守信用，父母首先要做到言行一致。孩子的模仿能力很强，很容易受到某种行为的暗示。如果父母言行不一，不履行承诺，孩子就会受到暗示，跟着模仿。例如，父母如果答应孩子星期天带他去公园玩，就一定要去。如果临时有事，要先考虑事情重不重要，若不重要，就要坚守诺言；如果事情确实比较重要，一定要向孩子说明情况，并争取以后补上去公园的活动。而且，应尽量避免这种推迟或失约的事情发生，这样才能取信于孩子。

曾子是我国著名的思想家。有一次，他的妻子出门，儿子要跟着一起去。她觉得孩子跟着很不方便，想让孩子留在家里，于是对儿子说："好儿子，你别哭，你在家里等着，妈妈回来杀猪给你炖肉吃。"

儿子听说有肉吃，就答应留在家里。曾子把这一切看在眼里，记在心里。

当曾子的妻子回到家，看到曾子正在磨刀，就问曾子磨刀做什么。曾子说："杀猪给儿子炖肉吃。"

妻子说："那只是说说哄孩子高兴，怎么能当真呢？"

曾子语重心长地对妻子说："你要知道，孩子是欺骗不得的。如果父母说话不算数，孩子长大后就会不讲信用。"

于是，曾子与妻子一起把猪杀了，给儿子做了香喷喷的炖肉。

父母的这种诚信行为直接感染了儿子。一天晚上，儿子刚睡下又突然起来，从枕头下拿起一把竹简向外跑。曾子问他去做什么，儿子回答："我从朋友那里借书简时说好今天还的，虽然现在很晚了，但再晚也要还给他，我不能言而无信呀！"曾子看着儿子跑出门，会心地笑了。

"人无信不立"，为了培养孩子的诚信习惯，在日常生活中，父母对待孩子一定要诚信，不要说话不算话。有位母亲经常警告孩子，如果撒谎，他的鼻子就会变长。有人问这位母亲："如果孩子真的撒谎了，你有办法让他长出一个长鼻子吗？"显然，这位妈妈对孩子说的话本身就是不现实的，用这种方式来教导孩子不撒谎是非常不可取的。

3. 适当奖惩

父母的言行一致、赏罚分明，会对孩子产生积极的效果。如果事先与孩子定好了制度，父母就要认真对待。对孩子的行为优劣，设有一定的奖惩原则。奖要奖得恰到好处；惩要惩得心服口服，适可而止。奖励之前，要让他明白原因，以鼓励孩子继续坚持好习惯；惩罚之前，要警告孩子，犯错之后要按奖惩原则言出必行，并对他讲清原因，告诉孩子惩罚其原因。

比如，为了让孩子养成按时起床的好习惯，父母和孩子有这样一个小协议：每天早上必须6点起床，否则要放弃吃早餐的权利，并为自己失信的行为负责。

如果哪天孩子起床晚了，父母要言出必行，一定要把早餐收起来，让孩子明白诺言是不可随意破坏的。其实，早餐本身并不是最重要的，而是让孩子明白每一个诺言都是认真的，是不可随意更改与破坏的。

诚信是人性一切优点的基础，诚信这种品质比其他任何品质更能赢得尊敬，更能取信于人。诚信是立身之本，是一个人最宝贵的财产，它不但能让孩子保持正直，挺直脊梁，光明磊落地做人，还能给孩子力量和耐力。

让孩子知道谦虚使人进步

父母课堂

巴甫洛夫说："绝不要陷于骄傲。因为一骄傲，你们就会在应该同意的场合固执起来；因为一骄傲，你们就会拒绝别人的忠告和友谊的帮助；因为一骄傲，你们就会丧失客观方面的准绳。"所以，父母如果发现孩子骄傲的情绪，一定要尽快地加以纠正。

谦虚是一种美德，"枝横云梦，叶拍苍天，及凌云处尚虚心"。我国古代诗人曾以竹子来歌颂谦逊的品格。谦虚也是一种求实的态度。它能使人比较清醒地认识自己取得的成绩和存在的问题，比较清醒地认识主观与客观、个人与集体的关系。孩子也必须明白，骄傲是谦虚的对立面，是前进的大敌，是失败的阴影。一个人的成绩都是在谦虚好学、扑下身子实干的时候取得的。当他什么时候骄傲了，自满自足了，那他必然会停止前进的脚步。而骄傲自满、故步自封不仅是个人成长进步的障碍，而且还会造成伙伴关系的紧张。

所有骄傲的人都会这么认为：自己有学识，有能力，或有功劳；而谦逊的人却总是习惯认为自己还差得很远。骄傲的人也许真的有其骄傲的资本，但谦虚的人就真的没有让他们产生骄傲的条件吗？

实际上，使一个人产生骄傲的真正原因并非饱学，而是因为他的无知。同样，一个人会谦虚也不是因为他差得很远，恰恰相反，他不比别人差，甚至会超越那些自以为是的人。谦虚与骄傲的原因在于一个人的总体素养如何，而不在于是否多读了几本书或多做了几件事。

下面关于希腊古代大哲学家苏格拉底的一则小故事，可以充分说明这个问题。

苏格拉底是古希腊哲学家中最受人尊敬的一位。他不仅学识渊博，且非常善于辨析，不管是谁提出的任何问题，只要到他的手里，没有不迎刃而解的。但尽管这样，他还是非常谦虚，从来不以权威自居。

由于博学而谦逊，苏格拉底被公认为是最聪明的人，好像没有什么事情是他不知道的。但是苏格拉底却一点也不这样认为。他说："不可能！我唯一知道的事情是，我一无所知。"

众人仍异口同声地称赞他是天下最聪明的人，并建议他到山上的神庙占卜，看看天神的意见如何。于是，苏格拉底来到神庙去占卜，占卜的结果明白无误：他确实是天下最聪明的人。面对神谕，苏格拉底无话可说了，但口里仍然喃喃自语："我唯一知道的事情是，我一无所知。"

像苏格拉底这样博学多才的大哲学家还认为自己什么都不知道，可见他是多么谦虚，这种谦虚可以让他不断地进步。但却有很多人认为自己天下第一，这样的人，哪有不跌跟头的。

在现在的社会家庭环境中，一些独生子女往往不能正确对待荣誉与成绩，他们之中有的会因为骄傲自大看不起同学，有的因为自己成绩拔尖而逞能，有的产生盲目自满的情绪，有的有一点进步就沾沾自喜，甚至有的会把集体的成绩看成个人的，这些表现将会使他们不再进步甚至脱离同学、脱离集体，进而失去目标，成为一个后进同学。不过父母也不用太过紧张，可以通过各种途径来帮助孩子找到其骄傲的原因。

首先，家长要向孩子讲明谦虚使人进步，骄傲使人落后的道理。一个人如果谦虚会永不自足，会不断学习新的知识和事物，他们会学习别人的长处和一些好的经验，进而使自己不断进步。而一个骄傲的人会自满自足，故步自封，他会认为自己什么都掌握了，也就不会学习别人的优点长处和新知识新事物。这样，他就会原地踏步，他就会掉队。此外，谦逊的人能虚心好学，尊重他人，团结他人。团结谦逊的结果往往能凝聚起更大的力量，取得更大的进步。而骄傲自满瞧不起别人，往往自以为是，盛气凌人，伤害别人，影响团结，导致失败。所以，谦逊会迎来成功，而骄傲最终只会导致失败。

其次，在培养孩子的谦逊品格时，应当结合讲道理、多举实例的方法。"勤于学，严于分，善于比"的教育方法，很值得借鉴和参考。

勤于学，就是让孩子不断学习，让他知道，取得一点成绩并没什么了不起，只要你继续学习，就会发现原来这个不了解，那个也不明白，这样，他就会知道自己有不足的地方。所以，当孩子在某个领域取得一些成绩后，不要让他产生骄傲的情绪，一定让他继续学习。为他确立新的努力目标，他才会知道自己原来还有那么多东西不会，而自己所取得的成绩实在不值一提，正所谓"学问茫茫无尽期，为人第一谦逊好"。

严于分，就是严于解剖自己。每当孩子取得成绩后，父母要和孩子一起冷静分析，用"两点论"来看待自己，要告诉孩子寸有所长、尺有所短的道理，每个人总有长处也有短处。所以，既要看到自己的优点，也要看到自己的不足。这种方法可以有效防止骄傲情绪的滋生。

善于比，就是要教育孩子以己之短比人之长，和比自己强的人比，找差距，明白自己应该向别人学什么。应该知道"山外有山，人外有人"。有首民歌写得好：山外青山楼外楼，英雄好汉争上游，争得上游莫骄傲，还有英雄在前头。

我们还要让孩子认识到：他自己现在年龄小，知道的少，经验也少。所以，他必须要认真学习，向成人学习，向别的小朋友学习，要知道"三人行必有我师"的道理，只要虚心学习就能向任何人学到东西；一旦产生了骄傲的情绪，他就会看不起人，也就不可能前进，结果必然会影响到自己的进步。

此外，在家庭生活中，父母不要代替孩子做他自己该做的事，让孩子自己学会思考问题，以免让孩子以为世界上的一切事情都很容易。如果可能的话，家长甚至可以有意识地制造一点困难让孩子去克服，使孩子认识到不管做什么事情并不是那么容易，在人生的道路上还有很多困难等着他去解决，从而就会促使孩子虚心学习，取人之长，避己之短，不断进步。

培养孩子的感恩情怀

父母课堂

感恩是每个人都应该有的基本道德准则，是做人最起码的修养。父母要让孩子明白：当别人为你做了某些事情后，你应该表示感谢；当别人给予你关心、安慰、祝贺、指导以及馈赠时，你应该表示感谢；别人为你做事而未成功，但那份情意也值得你感谢……告诉孩子，无论生活还是生命，都需要感恩。

在一个家庭里，孩子对父亲、母亲，或对其他亲人的付出往往习以为常，熟视无睹，很少说出自己心中的感恩。造成这种情况的一个关键性原因是，很多孩子的脑子被某种错误的意识占据。他们把别人的辛苦、帮助和付出视为理所当然，认为没有必要表示感谢或肯定。

感恩的心态有助于孩子良好品质的建立，加强沟通，加快感情的积累。不知道感恩的孩子往往长大以后也难以赢得别人的尊重、好感和支持。如果孩子认为他人的帮助是理所当然的，不用感恩，那么在无意间就会带来副作用。

比如，有这样一件小事。

有个妇女抱着一个小孩坐公交车，当时没有人让座。这时，售票员说："小朋友，请到这边来，这边的叔叔想给你让座。"那个青年听了这话，马上站起来让了座，没想到那位妇女径直走过去一屁股坐下，对这个青年看都没看一眼。这个青年的脸上立刻就挂不住了，心想，好心让个座，连一句感谢的话都没有，心里很是不快。这时售票员逗小孩说："小朋友，刚才叔叔给你让座，快感谢叔叔。"小孩马上说："谢谢叔叔。"那妇女也明白过来，忙不迭地说"谢谢。"青年人听到"谢谢"，心里很高兴，还不时逗小孩开心。

尽管这是生活中一件很小的事情，但给孩子的影响却非常大。如果像那位妇女开始那样，孩子会认为别人这么做是应当的，他就会坦然的接受。试想这样的孩子进入社会后会怎么样呢？但是经过正确的教育，孩子知道感谢他人为自己所做的一切，哪怕是很小的事情，孩子也从中体味到，人与人之间的关怀所带来的温暖和快乐。

中国自古以来就有"知恩不报非君子""滴水之恩当涌泉相报"的古训。我们不仅应孝敬父母，尊敬师长，而且对于曾经帮助过自己的人，也应该发自内心地感激。感恩是每个人都应该有的基本道德准则，是做人的起码修养。不会感恩或不愿意感恩的人是缺乏情感的，是不受欢迎的。因此，父母要让孩子有感恩情怀，这样他才能成为一个人人欢迎、人人喜爱的孩子。

1. 让孩子理解父母

很多父母习惯把自己的辛苦隐藏起来，呈现给孩子的总是生活中最高兴、最舒适的一面，以为这是对孩子最无私的爱。事实上，他们可能忽略了一个重要的问题，那就是，孩子们将看不到生活的真实面目，从而对幸福、对父母、对他人缺少了一份理解和感激。因此，明智的父母要学会从小培养孩子理解父母的习惯。

2. 教孩子感谢父母

生活中，许多父母都只知道无限地为孩子付出，却从不知道应教孩子感谢父母，对父母有所回报。这样的孩子往往是自私的。只有懂得感谢父母、回报父母的孩子才能够感谢其他人、回报社会。

许多孩子不懂回报父母，是因为父母没有给孩子机会来回报。在这方面，父母需要培养孩子的感恩、回报意识。羊有跪乳之恩，鸦有反哺之恩，而孩子又应拿什么来报效父母付出的无数艰辛呢？

一位妈妈看到儿子吃巧克力的时候，要儿子分一点给她吃。儿子先是不同意，这位妈妈就跟孩子讲道理，但是，儿子还是不愿意。这位妈妈就假装生气。看到妈妈生气了，儿子只好分一半给妈妈。

事后，这位妈妈是这样解释的："我并不是真的想吃儿子的巧克力，我只是想让儿子从小就学会感谢父母、回报父母。"

3. 教孩子感谢师长

马其顿王亚历山大说："我尊重亚里士多德如生身之父，因为，如果说我的生命属于父亲，那么赋予生命价值的所有一切都属于亚里士多德。"

老师是给予我们知识的人，是给予我们打开知识宝库钥匙的人。许多取得巨大成就的人都非常重视感谢老师。父母要教育孩子感谢师长，从小事做起。比如，尊敬老师，不给老师添麻烦，为老师擦黑板，给老师倒茶等。尤其是要教育孩子好好学习，回报老师的教导。

4. 教孩子感谢朋友

一个人的一生必然会有一些朋友。真正的朋友不仅可以同甘共苦，且可以帮助自己解决许多人生中的困难和麻烦。一个人的成功或多或少与朋友的支持是分不开的。

有一家商贸有限公司的总经理在公司周年日致辞："感谢一直以来支持我，关心我，陪我一起走过风风雨雨的朋友和同事；感谢生命中一切让我成长的人。当我沉浸在胜利的喜悦中停滞不前时，是他们提醒我要居安思危，他们是我的良师益友，借此机会向他们表示我真挚的谢意。"

父母要教育孩子以平常心对待、帮助他人，不要有图回报的心理。但是，对于他人的帮助，却应怀有回报的想法，做一个感谢他人、知恩图报的人。

5. 教孩子感谢生活

美国犹太教哲学家赫舍尔说："世界是这样的，面对着它，人意识到自己受惠于人，而不是主人身份；世界是这样的，你在感知到世界的存在时，必须做出回答，同时也必须承担责任。"

生活是美好的，也是痛苦的。一个人只有怀着感恩的心态，才能忽视生活的苦难，时刻看到生活的美好。父母要教育孩子感谢生活，感激自己得到的一切，并且以平常心看待生活中的每件

事情，尤其在遇到困难、遭到不幸时，仍然要感谢生活，不怨天尤人，做个生活的主人。

第 3 章

让孩子保持心理健康，孩子的情商才会高

让孩子全面发展的基础是孩子心理上的健康。根据孩子不同的年龄和身心特点，通过父母的正确教育和训练，就可以培育孩子的健康心理，让孩子充分地发挥出他的潜能，进一步提高情商。

让孩子的笑脸更灿烂

父母课堂

乐观的品格，对一个人的一生很重要。一个孩子如果拥有乐观的品格，便会生活得快乐。让灿烂的笑容永远洋溢在孩子的脸上吧，这样的孩子才觉得自己能够驾驭生活，能克服学习中的困难，能够摆脱一些挫折。

乐观是孩子对未来充满信心和希望又不断进取的个性特征。孩子对那些能够满足自己需要的事物或对象，会产生一种积极的情绪，而对无法满足自己需要的事物则会产生消极的情绪。乐观的性格是孩子应对人生中悲伤、不幸、失败、痛苦等不良事件的有力武器。如果孩子无法乐观地面对人生，会意志消沉，对前途丧失信心，而且长此以往，还会损害身体健康。儿童心理学家马丁·塞利格曼认为，乐观不但是迷人的性格特征，还有更神奇的功能，它能使人对生活中的许多困难产生心理免疫力。乐观的孩子不易患抑郁症，也更容易成功，身体也比悲观的孩子更健康。

从心理学角度讲，乐观的情绪，能够提高人的大脑及整个神经系统的活力，使体内各器官活动协调一致，从而有助于充分发挥整个机能的潜能，有益于健康和工作效率的提高。相反，悲观的情绪可能使人的整个心理活动失去平衡，对人的身心健康可能造成严重影响。

值得庆幸的是，孩子乐观的性格是可以培养的。早期诱发理论认为，人的性格是在后天的环境中逐步形成的，乐观的性格可以通过实践逐步培养，悲观的性格也可以在实践中逐步改善。

想让孩子成为一个快乐小精灵的父母们不妨试试下面的方法：

1. 让孩子拥有自己的选择权

很多孩子不快乐的主要原因是他们没有自由。有些父母对孩子太过溺爱，往往会抑制孩子们的一些行为和举动，甚至会替孩子包办一些事情。这样，孩子就事事不用做，但这样一来，孩子就无法在做事中得到乐趣。并且，孩子们不见得就喜欢这样。所以，父母要把选择权交给孩子，让他们决定自己要什么东西或做什么事情。比如，年纪小的孩子可以选择吃什么午餐，大一点的孩子可以选择穿什么样的衣服上街，再大一点的孩子可以选择在节假日去什么地方玩、可以选择买什么玩具，或可以选择看什么电视，这样有充分选择权的孩子才会感到快乐自立。

2. 鼓励孩子多交朋友

不善交际的孩子大多性格抑郁，因为享受不到友情的温暖而感到孤独痛苦。性格内向的孩子更应多交一些性格开朗、乐观的同龄朋友。这样孩子就能接纳各种性格的人，有助于养成豁达的心胸，乐观的性格。此外，家长也应与他人相处融洽，热情、真诚待人，给孩子树立一个好榜样。

3. 允许孩子自由地表现悲伤

当孩子遇到困难时，往往会自然流露悲伤的情绪。这个时候，父母应该允许孩子自由地表现他的悲伤。假如孩子在哭泣时，父母要求孩子停止哭泣，不能表现软弱，孩子就会把心中的悲伤积聚起来，久而久之，反而会造成孩子的消极心理。

对于孩子表现出的悲伤或软弱，父母不要呵斥，应该让孩子尽情地发泄心中的郁闷，只要孩子发泄够了，他自然会恢复心情。当然，如果孩子需要父母的帮助，父母应该及时安慰孩子，用相同的心理去感受孩子的情绪，努力引起孩子的情感共鸣，从而缓解孩子的不良情绪。

4. 引导孩子摆脱困境

生活中不如意者十之八九，没有谁能没有一丝烦恼地走过整个人生，谁都会遇上一些烦恼的事情，即使他是一个乐观的人。但是乐观的孩子和悲观的孩子在遇到同样的事情时，他们的处理方式却是截然不同的。他们的反应虽然和先天的遗传有关，但大多方面还是父母教育问题。所以，当孩子遇到困境时，父母要多留心孩子的情绪变化。如果孩子闷闷不乐，父母无论多忙，也要挤出一点时间和孩子交谈，教育孩子学会忍耐和坚强面对，鼓励孩子凡事多往好的方面想，不要尽往消极的方面想。

父母对于孩子情绪的变化一定要注意观察，只要孩子愿意与父母沟通，父母就要引导孩子把心中的烦恼说出来。这样，孩子的烦恼很快就会消失，他也就会恢复快乐。当然，父母也可以帮助孩子克服一些困难，教孩子以正确的态度和方法来保持乐观的情绪，这些都是促使孩子摆脱消极情绪的好方法。

5. 拥有自信十分重要

一个自卑的孩子通常比较内向悲观——这从反面证实拥有自

信与乐观性格的形成息息相关。对一个因智力或能力都有限而充满自卑的孩子，家长应该仔细观察他的言行举止，适时适当并审时度势地多做表扬和鼓励。来自家长和亲友的肯定有助于孩子克服自卑、树立自信。

6. 父母要做乐观的人

父母在教育孩子时，要以身作则，每个家长不管是在工作上还是在生活中都会遇到各种各样的不如意，而父母对待这些事情的方式会直接影响孩子的做法。如果父母在面对困境、挫折时能够保持自信、乐观的精神，那么孩子也会受到父母的影响。当他们在遇到这种情况时，就会自然而然地乐观面对。

让孩子生活在自信当中

父母课堂

自信是人生成功的心理基础，又是能力和意志的催化剂。当孩子在某方面有了进步，父母应该对他的进步进行夸奖，即使孩子没有什么进步，父母也应该寻找机会进行鼓励，这样会让孩子有想要进步的欲望和动力，会让孩子更加渴望进步。

"自信"就是"相信自己"。自信心，是一个人最重要的个性品质。它建立在自我意识成熟的基础上，是自主精神的重要内容。自信心强的人，会相信自己的力量，不指望依靠别人的帮助，确信自己经过努力一定能有所作为。因此，自信心是一个人在事业上取得成就的必要条件。

　　每个做父母的都希望孩子可以受到良好教育，能早日成才，高人一等。于是，各种各样的教育方法都被父母们所采用，从小给孩子买一些锻炼智力的玩具，恨不得孩子一开口就是一口流利的英语，期望孩子会有绘画、弹奏等方面的天赋……为了这些，父母们让孩子接受各式各样的训练，参加花样繁多的补习班。但无数的事实证明，通过这样教育获得成功的例子寥寥无几。因为这种狂热、高压的教育方法，充其量只能使孩子习得优秀的外在技巧，而孩子真正需要的是内在力量和精神品格的培养，尤其是自尊感和自信心，它是推进行动的内在品质。因此，教育的起点从培养孩子自信好习惯开始，要知道，自信心并非天生，而靠后天培养。作为家长帮助孩子树立信心，是责无旁贷的。

　　那么，怎样才能培养孩子的自信呢？

1. 强化对自我的积极认识

　　自信是对自己能力的一种正确认识和信任，如果认识不到或低估自己的能力，那他很可能会有不自信的表现。孩子正处于一个需要别人引导、帮助和认可的时期，他们对于自己的潜能、长处和不足往往没有什么认识和把握，大多数的时候，他们是通过别人对他们的态度来确定自我价值的。如果父母对他们的思想和行为加以肯定，让他从中感受到成功的喜悦，那么，他的自信心就会在父母鼓励的话语中不断地提高。如果孩子在某方面做得不好，或失败了，父母要帮助他寻找并分析原因，鼓励他要不断地进行尝试，去争取成功。父母强化孩子对自我的积极认识，帮助孩子认识到自己拥有巨大潜能和广阔的发展可能，使其深信：只要在某些领域努力持之以恒，坚持不懈，就一定能取得成功。孩子的自我认识在其成长过程中，对培养孩子自信有着举足轻重的作用。

2. 培养孩子的特殊才能

如果孩子拥有一项特殊的才能，就可以大大加强他的自信心。所以，父母可以根据孩子的兴趣爱好来培养孩子的一些特长，让孩子通过发挥他的特长树立起信心。只要孩子有兴趣去学，肯定会做得很好，父母就可以抓住机会夸奖孩子，让孩子明白自己也是有能力的，从而培养孩子的自信心。当然，父母也可以通过展示孩子的特长，让其他人来认可孩子的能力，这样更能提高孩子的信心。

父母应该让孩子知道，每个人都会有自己的特长，自己可能会在一些方面不如别人，但也完全有可能在其他方面超过别人。父母还可以教孩子运用一些自我暗示，这样可以让孩子从对某件事的良好感觉中扩散出去，从而形成良好的自我感觉。

父母还可以多鼓励孩子参加课外活动，让他们在学业之外，培养其他的兴趣爱好；鼓励孩子参加社区义工活动，让他们多接触那些需要别人关爱帮助的人群，这些都会提升孩子的自信心与自尊心。

3. 让一些榜样来引导孩子

无论国内外，还是孩子的身边，都有很多榜样，他们都是天赋平平没有什么过人的才华，有时候他们甚至是身处逆境的。但他们不甘平庸、不屈服于命运安排，顽强拼搏，终于取得成功。

父母可以把这些人的故事讲给孩子听，引导孩子向他们学习，为培养孩子的自信提供一些生活中的依据。

4. 尊重孩子的意见

父母一定要注意倾听孩子的想法，了解孩子的看法，一些关于孩子的重大事情和他们一起商量，并要尊重他们的意见。做父母的自尊、自信，构建家庭民主格局，这是培养孩子自尊、自信的无声语言，相对来说，也是最有效的做法。

5. 父母对孩子要有合理的期望

如果父母对孩子的要求太高，孩子很难实现目标，一旦他们不能实现父母制定的目标，会很难建立起信心，甚至会打击到他们的自信心。如果父母能对孩子的实际水平适当地降低标准，孩子就很容易取得成功。对于孩子来说，成功会带给他们意想不到的效果，孩子可以从他的成功中体验到快乐，并能够获得充分的自信，这样，他们就会取得大幅度的进步。

6. "笨鸟先飞""勤能补拙"

对于一些必要的知识和技能，父母可以让孩子提前掌握，等他正式学这个东西，或是和同伴们一起学习的时候，他就会有"这很容易"的感觉，再加上别的孩子可能没有学过，就会让你的孩子产生自信。

一个人成功的起点是自信，也是他前进的力量，而自卑则是其成才路上最大的阻力。作为父母不应只看到孩子成绩单上的成绩，还要看到孩子别的方面的长处。父母对孩子的信任和评价，为孩子树立自信心有着不可估量的影响，因为孩子的经验是很有限的，他的自信心最初建立在别人对他的反应上。如果孩子认为自己讨人喜欢并具有一定的能力，他就会勇往直前，对自己充满信心。因此父母要用微笑、赞许的话来鼓励孩子。如果父母成天都在孩子的耳边说"这孩子没出息，比某某差多了"。孩子可能真的会认为自己没有出息。如果父母经常告诉孩子"你并不比别人笨""别人能办到的，你也一定能办到"这些话语，这样会对孩子产生一些效果，会让孩子拥有自信，一旦有了自信，孩子就能通过努力而取得成绩。

教孩子正确面对挫折

父母课堂

有的孩子一旦遇到挫折就容易产生一些消极反应，他们往往会用逃避的方式来避开那些挫折。想改变这种现象，唯一的方法就是在孩子遇到挫折时，父母要教育孩子勇敢面对挫折，向挫折发起挑战。

挫折，是指当事情的发生并没有让人感觉到预期的情境与感受时，人们内心的一种感受。不同年龄段的孩子会有不同的挫折经验，在面对挫折时也会有不同的表现。对年纪小的孩子来说，当他想要某个玩具时，妈妈把玩具收起来；当他想吃零食的时候，妈妈加以阻挠，这些事情都可以形成他的挫折感。年龄小的时候，孩子通常是通过哭闹或是大发脾气的方式来表现。年纪大一点的孩子，他们和年纪小的孩子的挫折感来源不一样，当他们遇到什么挫折没有办法解决的时候，或是和预期想象不一样的时候，他们就会表现出生气、沮丧等负面的情绪。

其实，对于孩子来说，挫折的发生是没有办法避免的。既然没有办法避免，那就只有让它发生，让孩子学会在面对挫折时的正确对待方法。那么，父母该怎样做才能帮助孩子战胜内心的恐惧，成为解决问题的能手呢？

1. 父母要树立挫折教育意识

很多父母认为，年纪小的孩子心理承受能力也是弱的，所以对孩子的保护就显得有些过了。父母认为不应该让孩子遭受过多的挫折，这样对他们没什么好处。父母的这种观念直接影响到孩子对于挫折的认识和理解。

正确来说，让孩子受点挫折和磨难是有好处的。孩子遭受挫折的经历有利于培养现代人的良好品德；有利于发展孩子的非智力因素；有利于丰富孩子的知识，提高他的能力。所以，对于挫折的教育价值，父母应让他有一个正确地认识，可以把它看成一种磨炼意志、提高适应能力的好方法。

当然，如果父母把挫折教育看成一种吃苦教育，专门让孩子参加一些以吃苦教育为主的夏令营，或参加一些探险、到边远穷山村去体验的活动等，只能说，这是一种片面的挫折教育，或说是挫折教育的一个方面。

让孩子对挫折有一个全面的认识，让孩子正确对待各种挫折和不如意，父母可以把自己在事业和家庭生活中遇到的挫折和不如意告诉孩子。在这种情况下，父母对生活的热爱、执着、不怕困难的态度和坚强的意志，就是孩子在面对挫折时最强有力的精神支柱。

2. 培养孩子独立生活的能力

让孩子在现实生活中具有独立生存的能力，能独立面对挫折，较好地解决问题，这些就是进行挫折教育的目。美国教育的专家认为，培养孩子的抗挫折能力，就是培养孩子独立生活的能力。美国的孩子从小就拥有自己的房间，自己活动，锻炼独立生活能力。很多美国大学生都是自己挣钱来交学费的。孩子成家的时候，父母往往也只送上一个祝福，不像中国父母那样为儿子买房子、为女儿置办嫁妆等。

因此，父母应从小锻炼孩子独立生活的能力，父母可以让孩子从两三岁开始独立睡眠，让孩子自己吃饭、入厕、穿衣服、整理床铺、收拾玩具等；孩子的年纪稍微大一些，就可以让他打扫房间、替父母买东西等；再大一些，可以要求孩子独立解决问题，自己挣钱花等。父母对孩子的要求要一致，不要产生分歧，这样不利于孩子的培养。只有从小让孩子学会独立生活，他才可能在生活中成熟起来，提高抗挫折能力。

3. 给孩子设定一些挫折障碍

挫折会光临每个人，不管是成人还是孩子。对于孩子来说，在他成长道路上难免会遇到苦难、阻碍。如果孩子平时一切都很顺利，那么，一旦遇到一些不顺利的事情他们就会感到紧张，而找不到解决办法。所以，父母可以有意识地在孩子的生活或是学习中安排一些困难，让孩子习惯面对挫折，当一次次地经历挫折之后，他们就会从中找到解决挫折的方法。

在安排挫折时，父母要有目的、有针对性地组织障碍性活动。这样既可以提高孩子的适应能力，增强其韧性，同时又不会超过孩子的心理承受限度。比如说，对于年纪小的孩子，如果孩子想要一种东西，父母可以不用马上给他，让他自己动脑筋想办法，看怎么样才能拿到。对于年纪稍微大一些的孩子，可以让他参加各种劳动，在劳动中体验生活的艰辛；也可让孩子多参加集体游戏，在游戏中让他体验到失败和不如意等。

4. 鼓励孩子克服挫折

当孩子遇到挫折时，父母要鼓励孩子，鼓励孩子克服挫折。当孩子一次次面对困难并一次次战胜困难的时候，他们就会增添勇气，激起战胜困难的愿望。这样，他们害怕的心理就会消失，而自信心也会随之增强。这时候孩子会认为自己已经有能力去克服困难，抗挫折能力也就培养起来了。

5. 在孩子失败后，温情地鼓励孩子

可以说，不如意的事情充斥着我们的整个生活，对于孩子来说，家人的温情与支持就是他们信心的来源。人是有感情的动物，所有父母都希望子女可以一帆风顺，不要让任何磨难降临到孩子头上，但是挫折却会像影子一样跟随着孩子的一生。面对这种情况，我们只好把它当作生活里正常的一部分，用一颗平常心去对待它。所以，当孩子在面对挫折的时候，父母要用温情去温暖孩子受挫的心，对孩子进行引导，避免挫折对孩子心灵造成不可抹

灭的伤害。

6. 提高孩子的应变能力

应变能力是孩子处理困难和挫折的重要能力。培养孩子的应变能力，随时准备行动，把握机会或解决问题，可以帮助孩子变得更果断。

在平常的生活中，父母可以有意识对孩子的应变能力进行锻炼。通过锻炼后，会让孩子各方面的能力都得到提高。

首先，可以让孩子有适应自身生理或心理变化的能力，孩子会把自己身体某个不舒服的部位及时告诉成人；当他们感到烦恼时，会选择向父母或知心伙伴倾诉，而不是让烦恼把自己淹没。

其次，让孩子有适应周围环境变化的能力。比如，应知道早晚气温不同；应注意保暖；应知道出门要带什么东西；应该知道不同的地方可能会发生什么情况等。

再次，可以锻炼孩子对突如其来的事件有应变能力。比如，当孩子一个人待在家里，遇到突然停电时，他们会知道怎么样去点燃蜡烛、开手电筒；当他们遇到陌生人问路时，应该怎样避免被骗等。

最后，让孩子有对不同事物做出不同反应的能力。比如，虽说要相信他人，但当孩子在面对陌生人，或心存不良的人时，他们知道应该采取什么样的办法；如果父母生病了应该怎么办；等等。这些都要教孩子去判断，当面对这类事情的时候该怎么办。

只有培养孩子具有较强的应变能力，遇到任何紧急情况才会将损失降到最低程度，争取最好的结果。

一个人的人生注定既有高潮也有低潮，既有峰顶也有低谷，没有谁可以永远春风得意、一帆风顺，也不可能永远背时背运、道尽途穷。所有挫折都会有尽头，只要一个人拼力攀登，就可以更快到达顶峰；只要一个人主动奋斗，就可以更快突破逆境。

让孩子学会坚强地面对困难

父母课堂

作为父母，要从小教育孩子，不管面对多么糟的情况都一定要学会坚强，要具有跌倒了再爬起来的精神，这样孩子在以后的人生道路上，才能走得顺顺利利。

在生活中，人们对那些冲破困难和阻力、经受重大挫折和打击而坚持到底的人，其敬佩程度是远在生活的幸运儿之上的。征服的困难越大，取得的成就越不容易，就越能说明你是真正的英雄。当接连不断的失败使爱迪生的助手们几乎完全失去发明电灯泡的热情时，爱迪生却靠着坚忍不拔的意志，排除了来自各个方面的精神压力，经过无数次实验，电灯终于为人类带来光明。在这里，爱迪生的超人之处，正在于他对挫折和失败表现出超人的顽强刚毅精神。

巴尔扎克说："苦难对于一个天才是一块垫脚石，对于能干的人是一笔财富，而对于庸人却是一个万丈深渊。"有的人在厄运和不幸面前，他不屈服，不后退，不动摇，顽强地同命运抗争，因而在重重困难中冲出一条通向胜利的路，成了征服困难的英雄、掌握命运的主人。而有的人在生活的挫折和打击面前，变得垂头丧气，自暴自弃，进而丧失了继续前进的勇气和信心，于是成了庸人和懦夫。培根说："好的运气令人羡慕，而战胜厄运更令人惊叹。"

一个人在顺境之中当然会做出一些成绩，但更容易出人才的是在逆境当中，因为逆境和挫折的情境会磨砺一个人的意志。在逆境中经过挫折千锤百炼成长起来的人，会比在顺境中生活的人更具有生存力和更强竞争力。因为，在顺境中成功的人只熟悉成功的感觉，却不知道怎样面对挫折，而在逆境中奋斗的人既有失败的教训又有成功的经验，他们会显得更趋成熟。他们能把挫折看成一种财富，深谙只有经历失败才会得到成功，成功是建立在失败基础上的，因此要具有笑对挫折、迎难而上的风范。

对于孩子来说，只有经历失败，才会知道如何面对失败，才会在失败中变得更加坚强。每个孩子都会遇到这样或那样的麻烦，在面对困难和挫折的时候，胆小懦弱的孩子往往没有坚强的意志去克服困难和挫折；坚强勇敢的孩子则能做到持之以恒，凭借坚强的意志，战胜困难和挫折，越过障碍和绊脚石，从而取得成功。

1. 让孩子学会自己生活

一些父母对孩子百依百顺，什么事都不让孩子去做，只让他们在舒适、平静、安稳的情况下生活，从而剥夺了孩子自我表现的机会，衣来伸手、饭来张口的生活方式，导致孩子失去独立生活能力。所以，父母的包办代替是孩子形成软弱性格的重要原因之一。

生活善于自理的孩子在生活中会表现出坚强的一面，在面对挫折和困难时，他们会用自己的能力去处理这些问题，不会无所适从。因此，父母要让孩子学会自己生活，让他们自己去面对生活。让孩子自己去做一些事情从而让他们受到锻炼，当以后父母暂时离开时，稍大一些的孩子能够自己待着而不害怕；当发生意外情况时，也能够不惊慌、不哭泣等。这些看起来是小事，但是对培养孩子坚强、勇敢的品质是很有益处的。

2. 支持孩子大胆地去做事、说话

父母教育孩子要用正确的方法，父母可以在孩子未成熟期加以保护，但这种保护应随着孩子的成长发育越来越少。父母要训练孩子单独生活、适应社会的能力，这种促进应随着孩子的成长越来越多。千万不要凡事包办，养成孩子胆小怕事的依赖心理。

还有一些内向软弱的孩子不喜欢过多地说话，对于这种孩子，父母应尽量避免对他们说："你必须这样或那样做"之类的话，而是应多对他们说"你看怎样办？""你有什么想法吗？"之类的话，给孩子一个独立思考并发表自己意见的机会。

3. 不要把孩子当成弱者

想让你的孩子坚强，千万不要把孩子当成弱者来看待。只有让孩子自己去站立，他的双腿才会直立，他的意志才会坚强。

在公共汽车上，有人给一个 5 岁的小女孩让座。孩子的妈妈却对让座的人说："让她站着吧，她已经到了该自己站立的年龄了！"

4. 教孩子凡事再坚持一下

有这样一句话"胜利往往来自再坚持一下的努力之中"，正是这样，当一个人在遇到困难的时候，能有足够的意志去让他再"坚持一下"，这种坚强的意志足以让他取得成功。

当孩子在不断的训练下，做出一些比较胆大的事情，父母应该不断鼓励、称赞孩子，让孩子感受到勇敢的乐趣，觉得以前的胆小非常幼稚，让孩子从内心上勇敢起来。这样，孩子就会越来越胆大，越来越活泼。

5. 鼓励孩子与社会打交道

有些内向的孩子在年龄小的时候，只习惯同自己熟识的人待在一起，与社会上的人打交道时会产生一种潜意识的惧怕。因此，父母在孩子小时就要培养他们处世的能力，鼓励孩子与社会打交道，多接触各种人。

6. 帮助孩子增强应付他所害怕的对象或环境的信心

有一些孩子在成长过程中时常发生害怕的情绪。那么如何帮助孩子克服害怕情绪呢？

儿童有害怕情绪时，父母不该嘲笑或处罚他们。如果孩子害怕一个人在房间里关灯睡觉，可在他床头上装一个灯的开关，让他掌握或明或暗的主动权，帮助孩子消除害怕。

经常给孩子讲一些有趣的知识，有助于消除他们的恐惧心理。如有孩子害怕蜜蜂，可耐心地向他解释蜜蜂是如何辛勤劳动、采花粉酿蜜的。只要你不惹它，它就不会蜇你。

教孩子学会正确面对失败

父母课堂

不要害怕让你的孩子面对失败，因为，失败不会使孩子有
所损伤，反而能把孩子磨炼得更坚韧、果敢和聪明。只有
经历各种各样的失败，才能证明孩子的能力，才能让孩子
成熟起来。

"失败"通常是一种无声的语言，是一种我们不了解的语言。
不然，我们也不会在面对它的时候犯同一个错误，当我们面对这
种错误的时候，也不会吸取不到一丝的教训。实际上，失败这种
语种是世界上最容易了解并最能出效果的语言。因为，它是一种
宇宙通用语言，当我们聆听不到其他语言的时候，大自然就通过
它跟我们对话。

用正确的态度来对待失败，是让孩子成长和成熟的一个重要
组成部分。很多家长都希望孩子有出息、有才能，但是，他们一
心只想让孩子认识成功，和成功握手，却没有想到让孩子在认识
成功之前及早地对挫折和失败有所了解。因为，只有这样，孩子
才有冲向成功以及和逆境作斗争的准备。所以，父母要尽早给孩
子这种锻炼的机会，等他们长大了，面对逆境的时候就会显得从
容不迫。

那种经常被视为是"失败"的事情，通常只不过是一位"过客"
而已。父母可以让孩子把这种失败看成一种幸福，是生活赐予最
伟大的"礼物"。因为它可以使人们振作起来，调整人们的努力
方向，使人们向着更美好的方向前进。这些看起来像"失败"的事，

其实却是一只看不见的慈祥之手，是它阻挡了我们的错误路线，并以伟大的智慧促使我们改变方向，向着对我们有利的方向前进。

如果人们把这种失败理解为一位"过客"，并且是一位让人引以为戒的"过客"，它就不会在人们的意识中成为失败。事实上，每一位"过客"来临时都会带来一个教训，我们能够从中汲取极为宝贵的知识，而且，通常来说，这种知识除了经由失败获得外，别无他法。

还有一句话是说"在哪里跌倒，在哪里爬起来"，其实这是不逃避失败的一种态度，相反，它也是正确对待失败的一种态度。那么，为什么要强调一定要爬起来呢？下面的几条理由可以说明这个问题：

1. 保住自己的尊严

人的天性就是看上不看下、扶正不扶歪的。一旦你跌倒了，如果你本来就不怎么样，那别人会因为你的跌倒而更加看轻你；如果你已经有所成就，那么你的跌倒将会是许多心怀妒意的人眼中的"好戏"。所以，为了不让人看轻，保住自己的尊严，就一定要爬起来！不让他们有任何机会来小看你和嘲笑你。

2. 爬起来才有机会

虽然说"跌倒"并不代表永远的失败，但是也要先爬起来，才有机会继续和别人竞争。如果只是躺在地上，即使有机会，也会让站着的人抢走，所以一定要爬起来。如果因为跌重了而不想爬，不但没有人会来扶你，你还会成为人们唾弃的对象。如果忍着痛苦要爬起来，迟早会得到别人的协助；丧失"爬起来"的意志与勇气，当然不会有人来帮助，因此，一定要爬起来！

3. 证明自己的意志和能力

一个人要成就事业，他的意志力相当重要。一个人的意志可以改变一切，跌倒之后忍痛爬起来，就是对自己意志的一种磨炼。有了如钢的意志，便不怕下次"可能"还会跌倒了。有时候人跌倒了，心理上的感受与实际受到伤害的程度不一样，因此一定要爬起来。这样才会知道，我们完全可以应付这次的跌倒，也就是说，知道自己的能力何在。所以，只有爬起来才能证明一切。

总而言之，不管跌的是轻还是重，如果没有再爬起来的想法，那就等于永远丧失了竞争的机会，会被人看不起。这是人性的现实，没什么道理好说。就算爬起来又倒了下去，至少也是个勇者，而绝不会被人当成弱者。而且，一个人的一生不可能是一帆风顺的，总有摔跤、跌倒的时候，就是所谓的打击。但有一点要记住：不管是什么样形式的"跌倒"，不管跌得多惨，一定要记住：跌倒了，一定要爬起来！

我们要告诉孩子：命运之轮在不断地旋转，如果它今天带给我们的是悲痛，明天它将为我们带来喜悦。

让孩子把一件事情坚持做下去

父母课堂

成功的过程中会遇到许多艰难、挫折、失败，战胜它们最有效的方法就是坚持。父母要培养孩子敏锐的目光，可以让他看清成功背后的景象；要培养孩子持续的毅力，坚持到困难向他退缩。

坚持下去，已经成为所有卓越人物的共同点，也已经成为他们生活中的一个基调。父母要让孩子知道，每一个成功的人，在确定了自己的正确道路之后，都在不屈不挠地坚持着、忍耐着，直到胜利。波斯作家萨迪在《蔷薇园》中写道："事业常成于坚持，毁于急躁。我在沙漠中曾亲眼看见，匆忙的旅人落在从容者的后面；疾驰的骏马落后，缓步的骆驼却不断前进。"

坚持对于一个人成就事业是相当重要的。说起来，一个人克服一点儿困难也许并不难，难的是能够持之以恒地做下去，直到最后成功。

其实，很多时候成功与失败的差距仅一步之遥，父母要告诉孩子，只要咬紧牙关坚持一下，便会拥抱胜利。但是许多人正是因为在前面的困难中已经筋疲力尽，在最后的关头，即使遇到一个微不足道的困难或障碍都可能放弃而导致前功尽弃。事实上，对于孩子来说，胆怯懦弱是普遍存在的。美国斯坦福大学心理学家菲利普·津巴多在20世纪的七八十年代对近万人的调查中发现，大约有40%的人认为自己胆怯、腼腆。胆怯有许多表现形式，如公共场所胆怯、社交胆怯、特定情境胆怯、特殊动物胆怯等。

"习惯是人的第二天性""教育孩子，就是逐渐培养他们良好的习惯"。这两句话告诉我们，好习惯是培养出来的，把教育内容以习惯的方式在孩子心中固定下来，随时随地应用，形成一种本能。在培养的过程中要坚持不懈，父母培养孩子坚持不懈的一种习惯，有利于许多好习惯的养成，有利于整个教育的顺利进行。培养孩子做事有始有终、坚持不懈的好习惯，父母可以通过以下两点来教育孩子：

1. 让孩子做事有目标

父母可以为孩子设定一个目标，然后促使孩子针对目标来采取行动，并在其身边推动这种行动的进行。父母可以在孩子完成目标的过程中鼓励他，但是不可以帮助他完成，要让他独立完成；当孩子想半途而废的时候，父母要制止他，一定让他把这件事做下去，实现既定的目标。

在实现奋斗目标的过程中，设立既定目标将会激励人们去克服困难，坚持不懈地去奋斗。实现既定目标的愿望越强烈，施行起来就越持久、越彻底。

父母在激发孩子成就大业的兴趣与耐力的时候，需要让孩子树立正确的价值观、帮助孩子确立间接的远景性目标。但是，仅仅靠这些是远远不够的，因为远景性的目标与孩子的当前实际情况有相当一段距离，而真正让孩子更加努力地为实现既定目标而奋斗，父母应该从小激发孩子的内发性动机力量，并从小事培养孩子持之以恒的决心。

2. "磨难"是培养毅力的沃土

随着生活水平的日益提高，"磨难"对于孩子们来说是一个陌生的词语。但是许多事实证明"自古雄才多磨难，梅花香自苦寒来"。

张海迪自幼截瘫，无法上学，但为了学习文化，她长期不顾一切地顽强学习，终于成为作家。能不能坚持下去，其关键在于能否以不屈的意志、顽强的精神来与厄运抗争，创造出奇迹，做常人无法做到的事。

在顺境中成长的孩子，磨难可能成为他们的致命伤；而在逆境中长大的孩子，磨难却成了人生道路上一笔可观的财富。因此，父母们应该在日常生活中给自己的孩子设一些障碍，让他独立克服障碍、跨越障碍，父母可以在必要时适当地给予帮助，以此锻炼孩子面对"困难"而坚持不懈地毅力。

在困境中坚持不懈是逆商 (AQ) 的精华所在。这种坚持的力量是一种即使面临失败、挫折仍然继续努力的能力。我们常常能够观察到，正确对待逆境的销售人员、军人、学生和运动员能从失败中恢复并继续坚持前进，而当遇到逆境时不能正确对待的人（低AQ 者）则常常会轻易放弃。

意志力坚强的人懂得培养自己的恒心和毅力，并将它变成一种习惯，无论遭受多少挫折，仍坚持朝成功的顶端迈进，直至抵达为止。

经得起考验的高 AQ 者常常以其恒心耐力获酬甚丰。作为吃苦耐劳坚忍不拔的补偿，不论他们所追求的是什么目的，都能如愿以偿。他们还将得到比物质报酬更重要的经验："每一次失败都伴随着一颗同等利益的成功种子。"

英国首相丘吉尔不仅是一名杰出的政治家，还是一个著名的演讲家，十分推崇面对逆境坚持不懈的精神。他生命中的最后一次演讲是在一所大学的结业典礼上，演讲的全过程大概持续了20分钟，但是在那20分钟内，他只讲了两句话，而且都是相同的：坚持到底，永不放弃！坚持到底，永不放弃！

这场演讲是成功学演讲史上的经典之作。丘吉尔用他一生的成功经验告诉人们：成功根本没有什么秘诀可言，如果真是有的话，就是两个：第一个就是坚持到底，永不放弃；第二个就是当你想放弃的时候，回过头来看看第一个秘诀：坚持到底，永不放弃。

告诉孩子：敏锐的观察力、果断的行动和坚持的毅力是成功的必备要素，你可能用敏锐的目光去发现机遇，同时也能用果断的行动去抓住机遇，但是最后还是需要用你坚持的毅力把机遇变成真正的成功。

让孩子学会对自己的事情负责

父母课堂

生活自理能力是一个人生存于社会的基本条件，是孩子独立性的一种表现。父母应当珍视孩子不同年龄段的生活自理愿望，而不要约束过多，剥夺孩子"独立成长"的机会。这样不仅可以培养孩子的生活自理能力，而且还可以培养他们的责任心。

现在大多数家庭中的孩子都是独生子女，因此在素质教育的探讨中，关于孩子的人格发展特点受到了更多的关注。尽管到目前为止，对关于孩子是否有独特的人格发展进程尚有争议，但大量关于独生与非独生子女之间的发展比较研究，给我们提供了许多极其有意义的启迪。

很多专家认为，独生子女和非独生子女相比较起来，独生子女相对比较自私、任性、不知道尊重长辈。但是，在大部分性格方面的特征上，并不是说独生子女比非独生子女差，甚至他们有机会比非独生子女发展得更好，但也更有可能在这方面出现问题。这种向两端分部的情况说明，这种发展特点并不是独生子女生来就有的，也不是他们所处环境造成的，而是对于他们的教育不恰当、不完善，特别是家庭教育。因此培养独生子女的健康人格，关键还在于恰当的教育方式。对大多数父母来说，感情的分寸往往难以掌握，表达感情的方式也不恰当，常常是盲目的溺爱代替了理智的教育。因为就这么一个孩子，父母就把全部的爱都倾注于这唯一的孩子。当孩子进入学校以后，如果学校又只是片面的看重文化知识方面的学习，忽视了学生性格发展方面的问题，那么，孩子就又错过了矫正不良性格特征的一个重要发展时期。

那么，作为独生子女的父母，应该如何选择恰当的教育方式？那就是对孩子"严格要求、不娇不纵"，掌握爱的分寸，不必对其行为过分担心和限制，并为其创造"集体环境"，这是克服独生子女性格发展中所产生种种弊端的关键。具体地说，他们应该充分认识到孩子在各方面的发展需要，并采取相应的教养行为模式。

俗话说习惯成自然。习惯不是某种行为的偶然表现，而是一个人习惯化了的行为方式。让孩子从小学会独立自主，父母可以通过以下 6 点来教育孩子：

1. 让孩子认识真正的自己

想让孩子全面正确地认识自己，就要了解孩子在各个年龄阶段所具备的一些能力。要知道什么年龄的孩子可以做一些什么事情，这样，父母就可以放心让孩子去做他自己的事情，去慢慢地发现真正的自己，而不是依赖父母以后告诉他自己是一个什么样的孩子。著名的古希腊哲学家苏格拉底有句名言："认识你自己！"除此之外，父母还要在日常生活中让孩子去发掘自己的个性、特点、习惯、兴趣爱好，等等。因为选择的过程也是一个认识自己的过程，需要了解自己的方方面面，才能更好决定取舍。常会听到有些孩子说自己没有什么特别的兴趣和爱好，或者今天的兴趣是这个，明天又变成另外的了。这都是父母平时很少注意培养孩子的兴趣造成的。

2. 自己安排和自己负责

很多父母不给孩子自主选择的权利，是因为对孩子没有信心，怕他们会做些错事，这也会让孩子对自己失去信心。很多父母对孩子的照顾是十分周到的，从生活到学习，各个方面都替孩子想到并且帮他们做好，可以说，一切可以包办的父母都一手包办了，孩子只需要吃饭、睡觉和学习。从外表上看，父母对孩子无微不至，但是，正是父母的无微不至"培养"了孩子的依赖性。其实，对于孩子来说，他们也希望能够得到父母的信任，把自由选择的权利交给他们。如果父母可以经常对孩子说，"你可以做好这件事！"这是你自己的事情，你可以自己选择！"类似的话语，孩子就会勇敢地去做尝试，而不是一味地依靠父母。

3. 给孩子充分的空间，让孩子自由的发展

让孩子在独立的活动中培养他的独立自主性。想要让他成为一个独立自主的孩子，就要为他提供一些独立思考和独立解决问题的机会。可能他还没有足够的生活经验，会对一些事情做出错误的判断。但是，这种错误绝对是有必要的，也是可以被理解的，因为他们需要从中吸取教训。如果父母不给他们自由发展的空间和机会，他们也就不会有足够的实践来面对将来需要独立做出选择的事情，到时候，他们很可能会束手无策，茫然以对，毕竟谁也不会一开始就具备自主选择的能力。

4. 与孩子建立亲密的关系，让孩子充分感受到爱。

因为独立自主性的培养，需要以孩子的信任感和安全感为基础。只有当孩子相信，在他遇到困难时一定会得到帮助，他才会放心大胆地去探索外界和尝试活动。因此，在孩子活动时，父母应该陪伴在身边，给予适当的鼓励。

5. 相信孩子能处理好自己的事

自主选择并不是让孩子进行盲目的选择，当孩子在做出某些重大决定的时候，父母可以帮助孩子收集资料，了解和熟悉各选项，这样有助于孩子进行科学、理性的选择。如果孩子没有较强的自主选择能力，父母也可以和他一起分析资料，找出各选项的利弊，最后了解孩子做出选择的动机。如果孩子有较强的自主能力，则可以让他自主完成选择。只要父母在重大的事情上帮助孩

子把好关，防止出现重大的错误即可。当然，不同年龄阶段的孩子具有不同的自主能力，父母把关的尺度也应该不一样。

培养孩子用拔苗助长这种违反客观规律的做法，肯定是要失败的，但是消极地完全"顺其自然"，也不利于孩子的成长。遵照客观规律，积极创造条件，让孩子去锻炼，才是我们应该采取的正确做法。

6. 尊重孩子的选择。

孩子的选择往往可以表现出他的自主性，但由于父母害怕孩子的选择是错误的，总是不敢把选择的权力交给孩子。可是，如果从来不让孩子有机会使用选择的权力，那么，他也就永远都学不会自己选择，永远没有自主性。

第 4 章

培养孩子良好的人际关系，孩子才会活络起来

作为父母，从小培养孩子善于和人相处的能力，让孩子融入人群中，对孩子以后适应社会大有帮助。要知道，孩子良好的人际关系，是孩子将来在社会上生活的基础，更是高情商的体现。

从小培养孩子善于交际的能力

父母课堂

善于与他人交往的孩子不仅能够从容地与同龄人交往，还能够从容地与老师等成人交往。良好的人际交往是适应社会的表现，孩子是否善于同别人打交道，在人群中人缘如何，对他以后的学习和人生的发展有很大的影响。

卡耐基曾经说过，一个人的成功，他的专业知识所起的作用是 15%，而他的交际能力却占 85%。所以，和谐的人际关系以及高强的交往本领，是未来社会判断成功者的重要标准。只要一个人生活在社会中，他就不得不和他人打交道。

人际交往是人与人之间相互联系的最基本的方式，是父母在教育孩子的过程中不可忽视的一项内容。如果你的孩子没有同龄的伙伴，他就会缺乏集体主义的意识。当他们步入社会以后也会无所适从或是不尊重他人，自傲、任性，或是封闭自己，自私、孤僻，种种不良的性格就会体现在他的身上。许多工作都是需要人们一起去协作完成的，所以，父母必须从小就培养孩子善于交际的好习惯。

其实，不用父母强迫，孩子也总是希望能够和自己差不多大的孩子玩在一起，也希望有几个在思想上、学习上或者生活中志同道合的朋友，希望可以从朋友那里获得鼓励、信任和支持。在与周围的人相处时，朋友的肯定态度总是多于否定的态度，孩子们就会感到与他人有一种休戚相关、安危与共的情感，并愿意牺牲自己的利益去为他人谋利益。

因此，父母要常与孩子谈论关于朋友的话题，或是倾听孩子和他的朋友之间所发生的一些事情，千万不要阻拦或过多参与孩子们之间的交往，他们自有一套评价朋友好坏的标准。即使孩子们在交往中吃了亏，他自己也会从中吸取教训。

既然善于交际那么重要，父母应该怎么培养孩子善于交际的能力呢？

1. 多与孩子沟通

父母和孩子之间的代沟是培养孩子理解、关怀、接纳、自信和尊重心理的重要因素。有些父母不愿意与孩子共同探讨，他们认为那是浪费时间。只是一味地让孩子接纳自己的观点、尊重自己的权利，很少有父母会做一个换位思考。他们不知道那样的教育方式，对孩子的内心平衡会产生多么不良的后果。所以，父母平时要多和孩子沟通，多了解孩子的想法，这样，才有利于父母对孩子的教育。

2. 帮助孩子结交朋友

一个人不能离开朋友的陪伴，即使是孩子也需要伙伴，友情能使孩子有一种归属感，孩子和他的小伙伴之间会有共同的乐趣，共同的感情，共同的语言，所以孩子们都喜欢在一起。即使从不相识，甚至语言不通，孩子们也会一见如故，亲热地玩起来。所以，父母应该为孩子创造交友氛围，让孩子们建立起温馨美好的感情。在这种气氛的熏陶下，孩子们就会相处得快乐融洽。在孩子们相处的过程中，给予他们正确的引导和支持，通过接纳他的朋友、招待他的朋友等种种方法帮助并鼓励孩子与人交友。

父母还可以鼓励孩子带同学回家一起玩，和孩子热心地招待他的同学朋友，提高孩子在同学朋友中的形象。父母的热心招待往往会让孩子的同学和朋友增加对孩子的好感，从而愿意与孩子保持良好的朋友关系。父母也可以邀请邻居家孩子来家玩，让自己的孩子在与他人的交往中增加信心，学习人际交往的方法。

3. 多参加集体活动

父母应该鼓励孩子参加团体活动，让他们融入集体生活中。在集体活动中做一些自己能做的事情，加强与同学的交往，增加同学对自己的好感和信任。在一个集体中，每个孩子都会有自己的智慧和个性，他们会发现自己和别人的不同，也会从中找到适合自己的方面。在集体中，也会让孩子无形中产生对一种信念的凝集力，形成共同帮助而忘小我的团体意识。这种意识的形成，有利于孩子在以后的人际交往中，改变以自我为中心的傲慢、优越感，使他与大家形成一种融洽、和谐的相处关系。

4. 培养孩子的专长

有位专家说："友谊是以共同爱好为基础的。如果你的孩子朋友不多，你可帮助他培养某些爱好，从而认识更多的朋友。"马克思与恩格斯的友谊，就是建立在有共同志向、共同语言等诸多共同爱好基础之上而结出的。所以，父母要挖掘孩子的各种专长，让孩子结交广泛的朋友，拓宽、延长孩子的交际之路。

5. 教给孩子一些交往技巧

随着时代的发展，现在的孩子非常讲究个性，要想与之保持良好的关系也需要一定的技巧。父母可以教给孩子一些交往的技巧，帮助孩子得到同学的友谊。以下这些交往技巧能够帮助孩子在与人交往中获得他人的好感。

（1）使用礼貌用语，如"谢谢""再见""对不起""没关系"等，不要对别人说粗话、做不礼貌的动作。

（2）主动和同学打招呼问好，帮助打开友谊大门。

（3）在和同学的交往中，宽容同学的缺点和过错，不要为一些小事而斤斤计较。

（4）与人交往要注重给予，而不是什么事情都希望得到回报。

（5）不要无故地打断他人的讲话，当别人在说话的时候要认真地倾听，不可以心不在焉或是只顾做自己的事情。

（6）不要在背后议论别人，也不要打听别人的秘密和隐私，更不可以把别人告诉你的秘密大肆宣扬。

（7）对待别人要真心诚意，讲信用，不欺骗说谎。

（8）不要用捉弄、嘲笑的方式吸引别人注意，这样反而会引起别人的反感。

（9）在和同学的交往中，善于发现别人的优点和长处，多赞美别人，不要处处炫耀自己的某些特长。

（10）与他人说话，尽量讲一些两人都感兴趣的话题，不要独自说个不停而不考虑他人的感受。

（11）同学之间交往尽量不要有过多的物质往来。

（12）不对自己的成绩得意忘形，要体谅他人的感情。

（13）学会带领其他同学参与到集体交往中来，组织大家围绕一定的主题进行交流。

教孩子学会交朋友

父母课堂

很多孩子只知道让别人关注自己，却不知道去关注别人，这样他们是不会交到朋友的。要知道，交朋友也不是一件容易的事情，其中很多事情需要注意，也有很多事情需要去学。很多父母并没有想过如何帮助孩子交朋友，好像交朋友是孩子自己的事，与大人无关。其实并不是这样的，孩子的社会交往是一种能力，是需要父母去帮助的。

交朋友是孩子在处理同伴关系中的一项重要社会技能。在游戏的时候孩子学会了多合作和少攻击，能够把自己的思想和情感用语言表达出来，还希望在家庭之外得到同伴的支持。孩子同伴关系的核心是友谊，友谊对于孩子的发展有着重要的影响，它能为孩子提供相互学习社会技能、交往和合作的机会；能扩大和丰富他们的社会关系；还可以帮助孩子体验情绪；更是积累情感力量的源泉。如果孩子没有什么朋友，那么很可能会让孩子做出一些消极的行为，还容易让孩子陷入情感危机和人际冲突，对孩子以后的学业和事业都会有所影响。

年龄小的孩子是因为共同的爱好而建立起友谊，由于孩子年龄小，这种友谊可能只会维持几个月，这种情况是很正常的。当孩子年龄大一些，就会把友谊看成生活中非常重要的一部分，他们会认为朋友是可以分享思想和感情的，朋友之间要保持信任和忠诚，他们就会保持更加持久而稳定的友谊。

　　孩子的性格有内向也有外向，不管是哪一种，孩子天生都是喜欢交朋友的。当然，不同性格的孩子在交朋友时候的方式不一种，但是，不论哪一种方式，都要让孩子在交朋友的时候遵守以下原则：

1. 怀着一份愉快的心情去交朋友

　　在交朋友的时候，让孩子怀着一份愉快的心情。要知道，愉快是乐观的一种形式，一个乐观的孩子总是能够感染到周围的人，让他们喜欢和自己做朋友。一个愉快的人，在和陌生人交往的时候，更容易打动陌生人的心，别人会从其态度中感到快乐，也就愿意和其交朋友。珍珍就像一只快乐的小燕子，总是在小朋友里面飞来飞去。其他的小朋友也想和她一样快乐，所以有很多人都愿意和她做朋友；娟娟和珍珍一样大，在同一个班里，但是，她整天一副闷闷不乐的样子，别人跟她打招呼她也好像很不高兴。有的小朋友看着她苦闷的样子，都不想和她来往，唯恐她的坏心情会传染到他们身上似的。因此，父母要让孩子保持一份快乐的心情，这样很容易就会交到朋友了。

2. 喜欢帮助别人

　　很多孩子交朋友，都是一个孩子因为某件事情而帮助了另外一个孩子，于是两个孩子就成为了朋友。比如，当一个孩子拿的因为东西太多而得到了另一个孩子的帮助，他们俩就很可能成为朋友；当一个孩子考试时忘记带橡皮，另一个孩子将橡皮借给了他，他们也可能成为朋友。总之，朋友就是在相互帮助中形成的。

因此，父母要让孩子养成乐于助人的习惯。父母可以告诉孩子，当你帮助一个人的时候，他就可能成为你的朋友。

3. 做一个诚实的孩子

没有人喜欢和一个骗子在一起，更没有人喜欢和骗子做朋友。真正的朋友是可以相互信任，可以把自己内心的话倾诉给对方，是可以在任何环境中都不会弃朋友于不顾的。如果一对朋友中存在欺骗，那么，他们就不再是真正的朋友。父母要告诉孩子，在交朋友的时候，诚实是最重要的，也是最宝贵的。如果你有了诚实，就会吸引很多人来做你的朋友，因为他们看中了你的诚实。一个诚实的孩子，身边总会有很多朋友，那些朋友是他的财富，而他更大的财富就是他的诚实。当然，有些人为了交朋友会说一些好听的话，但是不管这些话有多么好听，都是一些骗人的话，时间一长，可能就是这些好听的话把他们之间的友谊毫不留情地摧毁。

4. 做一个聪明的孩子

交朋友的时候，聪明的孩子一般会轻易得到其他孩子的欢迎，并且喜欢和其做朋友。因为，在遇到一些有困难的事情时，这些孩子总是会轻而易举地把困难解决。或者是当自己遇到尴尬的事情时，聪明的孩子总会用他的聪明使自己不再尴尬。在遇到可能会伤害到别人的事情的时候，有些孩子会用真实却非常粗鲁不仁慈的语言说出来，而聪明的孩子则会用机智幽默的语言表明。比如，当遇到一个朋友的脸上有一些脏东西的时候，这个朋友却还一点都不知情，有些孩子会对朋友说："你赶快去把脸洗一洗，好脏。"还有一些孩子会机智地将其叫到一旁，轻轻地对他说："我相信，你现在一定想知道你脸上有什么。"第一种说法会伤到朋友的自尊心，而第二种说话则可以让朋友欣然地接受。

5. 不要随便取笑别人

当孩子处于即将长大成人却又还是孩子的那段时间，他们在和朋友交往的时候，彼此都会十分坦白，有什么说什么。很多时候，他们都不是有意要对朋友粗鲁，也不是有意批评朋友、和朋友争吵，甚至是取笑朋友。虽然他们不是故意的，但是这些举止还是会伤害到他们之间的友谊。因此，父母要教会孩子，不要随便对朋友开玩笑，尤其是不能对朋友开一些低级的玩笑，也不要随便说一些贬低朋友的话。要知道，没有人喜欢被人取笑，也没有人喜欢被人贬低。

6. 学会倾听别人

一对好朋友在交谈的时候，总会有一个说，而另一个听。要不然，两个都争着说话，或者是两个都没有话说，这样的人也不会成为好朋友的。而人大多数都是喜欢以自己为中心，他们喜欢说一些关于自己的事情，让别人对自己多一些了解。因此，父母要让孩子学会倾听。小峰在班里有很多朋友，大家都喜欢和他说话，问及原因，小峰笑了笑，并没有多说什么，只说了一句，"我能够认真听任何人说话，并且在适当的时候提出自己的看法"。是的，只是倾听还不够，还要让对方知道你很重视他说的话，对于他说的话你可以提出一些自己的看法，这样对方就会乐意跟你说话。当有一天，他觉得把自己的情况说得很清楚了，他就会想要听你说一些关于你的东西，这样一对朋友就诞生了。

教孩子专心倾听别人的说话

父母课堂

孩子要与人融洽相处交流，必须要先学会倾听。倾听他人既是一个听的过程，也是一个学的过程。在倾听他人的过程中，孩子可以从他人的言语中学习到一些自己不知道的知识和他人的为人处世的态度与原则。

再也没有比专心倾听别人说话更礼貌的人了。常发牢骚甚至最不容易讨好的人，在一个有耐心和同情心的听者面前，也常常会软化而屈服下来。

有一位哲人曾经说过："上帝给我们两个耳朵，却只给我们一个嘴巴，意思是要我们多听少说。" 听在人们交往中居于非常重要的地位。善于倾听他人的说话在人际交往中是非常重要的。心理学研究表明，越是善于倾听他人意见的人，与他人关系就越融洽。因为倾听本身就是褒奖对方谈话的一种方式，你能耐心倾听对方的谈话，等于告诉对方"你是一个值得我倾听你讲话的人"。一位名人说："学会了如何倾听，你甚至能从谈吐笨拙的人那里得到收益。"

事实上，在谈话中，不管什么人都不可能总是处于说的位置上。要使交谈的双方双向交流畅通无阻，就必须善于倾听他人谈话。善于倾听他人说话的人，懂得"三人行，必有我师"的道理，不仅能够及时地把握对方的信息，弥补自己的不足，不断完善自己，而且能够让对方产生被尊重的感觉，加深彼此的感情，有利于人际交往。

但是，在我们的现实生活中，往往有很多孩子非常善于表达自己，但却不会倾听他人，无法与人在交往中体现出真诚，甚至不愿意倾听他人的建议和忠告。事实上，每一位父母都应该培养孩子倾听他人的习惯，它将使孩子终生受益。

1. 倾听孩子的心声

想让孩子养成倾听他人的习惯，父母必须要有认真倾听孩子心声的习惯，但是，在现实生活中，许多父母都没有做到这一点，他们总是喜欢自己说，从来不会去倾听孩子的话。经常会有父母这样感叹："孩子有什么话总不肯跟我说，我说什么孩子也不愿意听，真是拿他没有办法。"事实上，只是平时父母没有倾听孩子的习惯，孩子说的话就得不到父母的重视，所以，孩子只有把自己的想法藏起来。而且，孩子还会感觉到父母是不尊重自己的，从此更加减少与父母之间的沟通。这种后果非常严重。

倾听孩子的心声不仅是了解孩子心灵的有效途径，也是培养孩子倾听他人的重要方法。父母一定要专门抽出时间来倾听孩子的心声，让孩子感受到你对他的重视和赏识。在倾听孩子说话时，父母一定要端正姿态，不要摆出一副表面上倾听、实际上千方百计想出一些理由来反驳他的样子，完全不顾及孩子的感受，总是否定孩子的思想，这样孩子便不会再主动与父母交流了。

更重要的是，通过倾听孩子们说话可以解他们心中的感受。不论孩子提出什么样的问题，父母都要尽可能找时间去倾听，而不要让孩子等你有了时间再说。立即倾听孩子说话，有助于赢得孩子的信任，更有助于培养孩子与人交往，倾听他人的好习惯。

2. 用心倾听他人

有些孩子在听别人讲话时往往会心不在焉，或是左顾右盼，看起来一点都没有用心在听，这种方式最容易伤害别人自尊。说话的人往往会觉得自己不被尊重，因此不愿再讲，更不愿讲心里话，谈话不仅无法收到较好的效果，还会影响到双方的关系。

父母要教育孩子在别人愉快的时候分享他的快乐，在别人痛苦、失落的时候分担他的痛苦和失落，这种用心与人交往的表现必然会赢得他人的好感。父母要让孩子知道，在人际交往中，孩子不仅需要理解他人的情绪，而且还必须感受和体验他人的情绪。

有些孩子经常在大人说话的时候插嘴，不能认真听别人说话，其实这些不好的习惯都是大人造成的。父母一定要端正对孩子的态度，要知道，孩子首先是一个独立的人，其次他是一个与大人平等的人，如果孩子养成了以自我为中心的不良习惯，要想让孩子倾听他人是不太可能的。所以，当父母在和别人讲话的时候，不要让孩子随便插嘴，应该让孩子懂得倾听别人讲话是尊重他人的一种方式，安静地听别人把话说完，也是一种倾听他人的礼貌。

3. 教给孩子倾听他人的礼仪

倾听他人有许多好处，但是，怎样才能认真地倾听他人呢？

（1）倾听他人的环境最好比较安静，这样可以减少外界的干扰。

（2）交谈时保持冷静的心态，不要受到其他事物的影响。

（3）要面带微笑,不要显示出不耐烦的样子；要让对方感到轻松自如,而不是拘束。

（4）倾听时不要挑对方的毛病,不要当场提出自己的批判性意见,更不要与对方争论,尽量避免否定别人的回答或评论式的回答,如"不可能""我不同意""我可不这样想""我认为不该这样"等等。应该站在对方的立场去倾听,努力理解对方说的每一句话,并可以对他人的话进行重复。

（5）交谈过程中要少讲多听,不随意打断他人的讲话。

（6）倾听的过程当中要运用眼神、表情等非语言传播手段来表示自己在认真倾听。尽可能以柔和的目光注视着对方,并通过点头、微笑等方式及时对对方的谈话做出反映；也可以不时地说"是的""明白了""继续说吧""对"等语言来表示自己在认真倾听。

（7）如果对对方谈到的内容比较感兴趣,可以先点点头,然后简单地表明自己的态度,然后再说"请接着说下去""这件事你觉得怎么样？""还有其他事情吗？"等,这样会使对方谈兴更浓。

（8）要注意倾听对方说的内容,最好能够在对方讲完后简单地复述一遍,这样可以让对方感到被认真倾听,同时也确保理解了对方所讲的内容。

（9）如果对对方的谈话不感兴趣,可以委婉地转换话题,比如,"我想我们是不是可以谈一下关于……的问题？"等等。

倾听他人的心声是孩子必须具备的美德。想要让你的孩子在人际交往中做到最好,倾听是他必修的一门课程。所以,作为父母,赶快行动起来吧，把你的孩子培养成为一个善于倾听的天使。

让孩子学会赞美别人

父母课堂

人类本性最深的企图之一是期望被赞美、钦佩、尊重，父母如果想让孩子长大后能很好与人沟通，会得体地表达自己的心声，就从小培养孩子赞美的能力吧！

赞美是语言的钻石，赞美有着巨大的威力，赞美是我们乐观面对生活所不可缺少的，是我们自强、自信、自我肯定的力量源泉；赞美是人际关系的润滑剂，可以约束人的行动，使人自觉克服缺点，积极向上；赞美的效果常常会出乎人的预料，即使是简单的几句赞叹都会给人心理上的满足。向别人传递一个真诚的赞美，能给对方的心灵带来光明。所以，在日常生活中，应该培养孩子去发现，去寻找别人值得称赞的地方，并设法真诚地告诉别人，这样既能给别人的平凡生活带来阳光与欢乐，使生活更加光彩，也会让赞美别人的孩子有一个良好的人际关系。

在人际交往中，赞美要运用得体，它是密切人与人关系，消除隔阂，增加双方亲近感的奇妙的"润滑剂"。由于它能使别人获得自尊心和荣誉感的满足，从而有效地削弱抵触与对立的情绪，同时增强了双方的理解、信息和亲近感。对于一个人的赞美可以使其受到鼓舞、不断进取，也能使其盲目自满、故步自封。所以，对别人进行赞美的时候一定要讲究技巧。要记住："赞美词是一把两面有刃的利剑，它能增进人际关系，铲除隔阂；也能刺伤对方的自尊心，破坏关系。"

赞美别人应是一种习惯，这种习惯应该从小就开始培养。那么，怎样让孩子学会赞美别人呢？

1. 赞美别人一定要真诚

赞美绝不是虚伪的胡乱夸赞，也不可以用漫不经心的态度，一定要认真诚恳的赞美他人。如果别的同学把事情搞砸了，你却"不失时机"地赞美道：你做得真好，我想做还做不到那个样子呢。这个时候，赞美就变成一种讽刺了。不真诚的赞美往往会起反作用，不但不会使别人舒畅，反倒会伤害别人。

实际上，真诚的赞美与虚伪的谄媚有着本质区别：前者看到和想到的是别人的美德，而后者则是想从别人那里得到非分的好处。只有真诚赞美别人的人才能真正得到别人的爱。

赞美有时候没有必要用刻意的修饰，只要是源于生活，发自内心，真情流露，就会收到赞美的效果。

2. 对事不对人

赞美也绝不是阿谀奉承。教孩子赞美别人不能毫无根据，只是说："你真是一个好人！"那样的赞美毫无意义。所以，一定要赞美事情的本身，这样对别人的赞美才可以避免尴尬、混淆或者偏袒的情况发生。比如，当父母带孩子到朋友家做客，朋友准备了美味的饭菜，这时候，父母可以让孩子这么说："阿姨你做的饭真好吃。"而不要只是说："阿姨，你真好。"

3. 可以直接赞扬

以具体明确的语言、表情称赞对方的行为。

如赞扬同学的作文写得非常好，就该说："你的作文写得真好，我要是也有你那么好的文笔就好了。"这样的话语既平等，又真实，充满羡慕，让别人觉得很舒服。即使被赞美者知道自己的作文写的没那么好，也会对称赞者平添一份友好的感情。而赞美长辈则应怀着敬佩、尊重、学习的心情。

4. 也可以间接赞美

教孩子以眼神、动作、姿势来赞美和鼓励别人。一般的人对表情和动作的感受远远超过对语言的感觉，有一些场合，人的表情在多数情况下是下意识的，装也装不像，其中所含的虚伪成分是很少的。比如，可以用微笑、惊叹，或是夸张地瞪大眼睛表示对别人的能力倾慕和敬畏，这种方式是容易被对方接纳。另外，如果想让孩子有赞美别人的习惯，父母首先要学会赞美孩子。赵越的英语习成绩一直很差，他经常为此感到十分自卑。在一次期末考试的时候，他的英语成绩侥幸有所提高，并且受到了老师的表扬，他的父母更是给了他充分的赞扬和鼓励。这次意外的好成绩使他重新找回了自信，学习不断进步，最终考上了理想的大学。

恰当地赞美别人非常重要，它能拉近人们彼此的距离，让别人对你充满好感，充满信任。生活中，只要孩子注意到了这一点，经常恰当地赞美别人，将会改变孩子的生活，让孩子生活在爱的世界里，体会到爱的快乐。

让孩子学会尊重别人

父母课堂

> 在人际关系中，要得到别人的尊重最好的办法就是尊重别人。让孩子学会去尊重别人，也就教会了孩子怎么得到别人的尊重。这样，孩子以后踏入社会就会自然而然地对别人表示出尊重，这对他的人缘也有很大的帮助。

俗话说："不怕没有钱，就怕没有尊严。"尊严可以改变一个人的命运。父母要培养孩子从小就要有骨气、有尊严。不仅如此，还要让孩子学会尊重别人的尊严。只有学会尊重别人，才是真正的尊重自己。

让孩子知道，也许只是一个微笑，一声问候，一句夸赞，一个祝福，甚至是默默无语，都可以为人们彼此的沟通与交往架设一座心灵的桥梁。编织一条情感的纽带，在相互尊重中传递出温暖与关爱，接受着祝福与帮助。

现在的人们在考虑怎样处理和别人相关的一些问题时，通常95%的时间是在考虑自己，如果我们多分出一些时间，好好地想一想对方的优点，不讲任何无价值的奉承话，真诚地评价对方，由衷地称赞对方，表现出你对对方的尊重。那么，你所说的话，他将牢记，并会不断地在他生命的长河中重视，一直到永远，你也会成为他所尊重的人。

可是，怎么样才能培养孩子尊重他人的习惯呢？父母可以考虑下面的 5 点做法：

1. 真诚地欣赏别人

美国哈佛大学的心理学家威廉·詹姆斯指出，人类本性最深的需要是渴望得到别人的欣赏。想要让孩子学会尊重别人，就必须让他诚实地、真心地欣赏不同的人，只有这样，他才会找出别人身上让他觉得尊重敬佩的特点。所以，应该让孩子学会找出每个人身上独特的地方，并欣赏他的特点，从而形成一种习惯。

现在的孩子都喜欢把人分类，诸如老师、学生、家长、孩子、同学、朋友等，并认为只有少数人和他们是一类的。这样一来就出现了问题，限制了他自己。假如他认为自己喜欢某种人的话，他就会和他所喜欢的那类人走的很近。但是，当他和其他类型的人相处的时候，就会觉得非常紧张。而且和他们不欣赏的人相处的时候就不会找出别人身上的优点，也就不会对别人表现出他的尊重。所以，父母要教会孩子和不同的人相处，不要把他锁在一个小圈里，要学会欣赏不同人的特点，学会尊重所有的人。

2. 真诚地关心他人

你若不尊重别人，而希望别人尊重你，是很难做到的。而尊重一个人最基本的就是去关心他。心理学家亚德洛说："对别人不感兴趣的人，生活中困难最大，损害也最大。"美国罗斯福总统到处受到欢迎和尊重，一个重要的原因生兴趣，关心别人。想要与别人很好的相处，就应学会关心他人，尊重他人。当然，热心助人是要花时间和精力的。比如，孩子要交朋友，他们就有必要记住朋友的生日，并按时致贺，与朋友打招呼挂电话时，都要表现出热忱的情绪。

3. 培养感受别人经历的能力

要学会"体会"别人的感受，这将使孩子的生活更丰富。如果孩子经历过某种感受，就可以体会到别人在某个特殊情况下的感觉。譬如，当他还记得心爱的东西被弄坏时的那种感觉，现在他的一个朋友的书包上被人划了一道口子，他就可以体会朋友的那种感觉。他们就可以互相谈一下自己心里的感觉。父母要告诉孩子，要尽量记住别人的话，并且尝试体会他们的经历和感受。

4. 记住别人的名字

美国总统约翰逊，把与人相处的九条原则写在纸上，放在自己的办公桌里。其中第一条是熟练地记住别人的名字，如果做不到，就意味着你对那个人不太关心。许多人往往对自己的事物较有兴趣，尤其是对自己的名字最感兴趣。如果能记住一个人的名字，并能容易叫出，这样会是对一个人最大的尊重。

5. 避免讥讽别人

讥讽别人不仅不讨人喜欢，而且是危险的。因为它伤害了一个人的自尊心，并会激起他人的反抗。所以，父母让孩子知道，即使你不喜欢一个人，你可以减少和他的交往或接触，但是，绝对不能对他的某些地方有不尊重的话语和行为。

让孩子学会善解人意

父母课堂

孩子的健康成长，需要父母的特别关注；让孩子学会善解人意，需要父母的精心教育。一个善解人意的孩子，在与人交往中就会减少摩擦，彼此加深了解，增进友谊。这对孩子的未来来说非常重要。

我们知道，善解人意是一种良好的心理素质，这种心理素质在协调社会人际关系和家庭生活中，起着举足轻重的作用。

孩子在1—3岁的时候已经初步具备了认识周围事物的能力，其意识和行为的控制能力和分析能力也大为提高，并且在大人的影响和教育下开始学说话，这个时候正是教育孩子的最佳时期。能否抓住小孩这一年龄特性，有意识地培养其善解人意的性格尤为重要。

教孩子学会善解人意，要从平凡的小事着手。

玲玲和妈妈的感情非常好，她每天都会缠着妈妈，想让妈妈一直陪着她。但是，妈妈要上班，不能一直陪她。所以每次妈妈上班的时候玲玲都要哭闹一番。只要玲玲看到妈妈拎起书包，玲玲就又哭又闹，抱着妈妈的腿不让她走。

这天，妈妈上班快要迟到了，她有意躲着玲玲，想趁玲玲不注意的时候走出家门。谁知道，她刚想出去就被玲玲发现了。看到妈妈又要去上班，玲玲哭喊着："不让妈妈走！不让妈妈走！"为了能够顺利走出家门，妈妈拿起一个漂亮的洋娃娃递到玲玲手里，对她说："妈妈出去一会儿就回来了，你先喂饱这个娃娃好不好？她还没吃饭呢！"玲玲根本就听不进去，一个劲儿地嚷嚷："不！不！我不要妈妈走！"她夺过洋娃娃，将洋娃娃摔在了地上，还踩了两脚。"再不让妈妈走，妈妈就要迟到了，快找奶奶玩去。"趁奶奶过来抱玲玲的时候，妈妈赶紧出了门。

每天玲玲都会闹上这么一场，对于玲玲的这种行为现象，有关专家分析，孩子大都会出现一个特别依恋亲人的阶段，并表现得非常任性霸道。

孩子在一岁前由于缺乏"客体永久性"概念，会认为事物消失了就是不存在了，看到父母离开就以为再也见不到了，因此表现出非常焦虑。此外，受"自我中心"心理的影响，学龄前孩子往往倾向于从自己的需要和立场考虑问题，从而体会不到他人的需要，往往表现得非常任性。其实，孩子的任性、不通情达理和家长的抚养方式也有很大的关系。过分娇惯、迁就孩子，往往会强化幼儿的利己心理，从而难以形成理解他人、为他人着想的性格。

所有的父母都想有一个善解人意的孩子。其实，如果父母想要让孩子善解人意，可以通过很多方法来培养孩子，以下是有关专家的建议：

★让孩子参与一些社会公益活动，以此来培养孩子善解人意的品性。

★当父母发现孩子有某些不良想法或做法的时候，父母要及时引导孩子多从对方的角度去思考问题。

★教孩子学会宽慰体贴别人，人都需要得到别人的体谅与帮助。能同情人的人是伟大的人，能宽慰别人的心是崇高的心。

★帮助孩子建立理解别人的愿望。要让孩子懂得，人与人之间需要互相理解、关心和体贴。在对孩子付出爱的同时，也要让他们知道别人也同样需要他的爱。这样做才能激发孩子了解别人的愿望。

★提高孩子理解别人的能力。提高孩子理解别人的能力，可以使孩子学会审时度势，避免激发不必要的矛盾。

★父母双方教育方法可以是不一样的，但是目标必须要一致，相互配合要默契，这样才会唤醒孩子心底的善良，使其设身处地去为别人着想，最终才能谅解别人，提升自己。

让孩子学会说"不"

父母课堂

要培养孩子成为有用之材，独立性和自信心的培养是关键，而教孩子学会拒绝，则是对孩子独立性和自主精神培养的一个方面。所以，妈妈要教孩子当遇到不正确的要求时，能分辨是非，敢于说"不"，而不应该胆小、懦弱。

喜剧大师卓别林曾说："学会说'不'吧！那你的生活将会美好很多。"在拒绝别人时要讲究技巧，表达自己的意愿时语气要委婉，同时要记住，拒绝是对事不对人的。另外，在拒绝别人之前，可以先听一下别人所提出的要求，不要对方还没有说要让你帮什么忙或是做什么事，你就已经在找借口拒绝，这会让对方以为你在敷衍他；拒绝时要面带笑容、语气缓和、讲明理由；在拒绝之后，可根据对方的情况再提出建议。

英国心理学家朱莉娅、贝里曼等人提出的"破唱片技术"，对不会说"不"的孩子来说，具有很好的借鉴意义：如果你需要拒绝某人的不合理要求，或者想对他说"不"，或者想尽快结束某个你认为没有任何意义的讨论，你可以像"播放破损的唱片，总在一个地方一遍遍地重复"那样，以坚定的态度一遍又一遍地重复你的意见。

亚杰带着复杂的心情来到了咨询室，他说在自己的心中藏着一个解不开的结，这个结常常让他觉得心情非常压抑，但是却又找不到原因，也不知道要怎么样去打开那个结。"我不知道怎么拒绝别人，不知道对别人提出的要求说'不'。当别的同学提出一些要求的时候，我从来没有拒绝过，即使那个时候我很忙，很不愿意去满足他的要求，可以我却从来不敢拒绝别人。就因为这样，我常常会打乱自己所制订的学习计划。"亚杰说这些话的时候非常无可奈何。他还说，虽然自己的内心非常苦闷，但是这表面上他还是没有表现出一丝的不高兴。他常常责怪自己，为什么这个'不'字会那么难以说出口。

亚杰的这种情况属于 NSN 综合征。NSN，就是 NEVER SAY NO 的缩写。NSN 综合征是指人们由于不会拒绝而产生的紧张、焦虑、恐惧、自信心下降等一系列情绪障碍。

患有 NSN 综合征的孩子，太过看重自己在别人眼中的形象，他们认为自我的价值是取决于别人的看法和观点的。如果拒绝了别人，可能会招致反感，从而影响到人际交往。所以，即使别人向他提出一些不合理或是超出他能力范围的要求，他也会答应别人，因为他害怕引起别人的不满；如果是偶尔拒绝了别人，也总会感觉到很抱歉而后悔万分；有时候，即使是别人伤害到了自己，也不会表达出自己的愤怒和不满。对于这些孩子来说，拒绝别人的要求自己心里会很难受，但是，如果不拒绝他们则会更难受。由于他们的委曲求全，别人可能会提出更多或是更进一步的要求，这些要求有时会非常不合情理，有时甚至是挑剔、敌视的。这样会导致更严重的后果。也就是说，有的孩子会将自己的这种焦虑情绪压抑到极限，一直到他们不能或是不想再压抑的时候，最终以攻击性的方式表现出来，这样只会对人际的交往造成不可弥补的损失。那些患有 NSN 综合征的孩子曲解了人际关系的平等原则，他们是把别人的"满意"建立在了自己的"痛苦"之上。

NSN 综合征的形成有很多原因，不正确的家庭教育方式、对人际关系的错误认知等都有可能成为诱因，而自卑也是一个很重要的方面。出现 NSN 综合征的人，往往会感觉自己没有足够的吸引力，总害怕惹别人生气，进而压抑自己情感的表达，把自己和别人放在不平等的位置。

想要让孩子学会拒绝，以下建议可供父母参考：

1. 营造民主的家庭氛围

这是教孩子学会拒绝的前提。家长要明白不管孩子有多大，他都是家庭成员之一，是一个独立的人，绝对不能对孩子持独断专行的态度，而是要用商量的口吻向孩子表明自己的态度和想法，也允许孩子把自己的意见、想法充分地表达出来，允许孩子对父母的想法和做法持否定意见。如果孩子提得对，或在某些方面有一定道理，父母应该学会接受。这样既可以开发孩子的智慧，又可以培养其独立能力并锻炼其意志。

2. 让孩子独立

在平常的生活中，只要是孩子自己可以做到的事情，就要鼓励孩子单独去做。父母没有必要再包办操持。只有这样做，孩子才能从日积月累的亲身体验中积累经验、增长才干，才会有能力对父母或他人的行为做出正确的判断。

3. 把握自己的情绪

父母要帮助孩子正确地把握情绪，明辨是非。父母所要教孩子学会的拒绝是一种经大脑分析思考后的有意识行为，是对人、对事做出的理智判断，它与孩子感情用事、耍脾气，或无端拒绝父母合理的要求是两回事。

4. 体验别人的感觉

孩子是最单纯、善良的，当他了解到自己的一句话、一个举动可能会给小朋友带来不愉快，心里就会感到不是滋味。父母所要做的，就是要给孩子解释清楚，他的言行在对方内心产生了什么样的感受。当体验到了他人的感受时，孩子也能设身处地地想一想，怎样让对方高高兴兴地接受自己的决定，轻而易举地达到目的。

5. 商量是一种交往技巧

拒绝别人有时候要和对方反复地"磨嘴皮子"，直到对方认可为止。比如，芊芊不想把遥控飞机给嘉伟玩，于是就抱着飞机跑走了，而这种行为的结果就是两败俱伤。与其这样，还不如找一个理由，对他晓之以理，让他心平气和地接受。孩子的注意力一般会转移得很快，只要这个"岔"打过去，哪还记得明天和以后？以商量的口吻和小朋友对话，既可以巧妙地守住自己心爱的东西，又可以避免一场暴风雨。

6. 泰然接受他人说"不"

父母要在孩子很小的时候就在孩子的头脑中强化一个概念——别人的东西不属于我，只有在人家同意的情况下，才能享用一会儿。如果能和小朋友换着玩，一件玩具就能换来很多种，孩子们都能玩到自己没有的东西。

其实社会就是一个巨大的关系网络，在很多情况下，孩子在其中都必须与他人共同分享许多权利，不能一个人独占。父母所要做的，就是教会孩子如何平和地、友好地、委婉地、商量地拒绝小朋友的要求；同时泰然自若地接受他人的拒绝。这将会使他们受益终身。

5

培养孩子的成功意识，给他成功的人生

一个人要在事业上有所成就，强烈的事业心和进取心是必不可少的。作为父母，想要自己的孩子将来有所成就，从小培养孩子的成功意识很重要。孩子的成功意识，就是孩子迫切希望自己通过努力达到预期的目的，并做出为人们所注意的成就。

孩子有好性格才会有好命运

父母课堂

我们不可能永远充当孩子的保护神，也无法把孩子的未来安排得尽善尽美，唯一能帮助他们的，就是从小让孩子形成好性格，使他们勇敢地走向人生，去适应环境，创造属于自己的幸福。因为，性格决定命运。

人的一生很短暂，有的时候，想要取得一些成就，想要得到人生的幸福，就要经过艰辛的努力去争取，肯花时间去努力、去探索、去争取的，大多数都是性格坚强、乐观、自信、刻苦，在困难面前不退缩，勇于创造、有耐心的人。

父母都希望孩子早日成才，除了要进行智力投资外，可别忘了从小培养孩子良好的性格，孩子性格如何，直接决定了其一生的命运。那么，现在的孩子需要什么样的性格呢？

1. 快乐活泼

孩子从小要快乐活泼才好，不爱哭而爱笑，不呆板和胆怯，无忧无虑、无拘无束地生活。但是活泼却并不只是好动，更不等于吵闹。我们要树立全面的、科学的"活泼观"，真正活泼的孩子表现在6个方面：表情活泼；口齿伶俐；身躯活泼；感知活泼；双手活泼；思想活泼。还应表现为喜欢提问、讨论、辩理、识字读书等，这种活泼比较内在，表面上反而显得比较安静。

2. 安静专注

活泼的表现有外在和内在之别，而后者就表现为安静。但不论外在还是内在的活泼，专注都是必要的。玩也要玩得专心，全身心都倾注在玩耍之中，才能得到最大的快乐和收获。假如孩子该静静不下来，该坐坐不好，该跑跑不快，该跳跳不高，心猿意马，注意力分散，做事不能坚持到底，这种性格显然是很不好的。有的孩子玩耍没有目标，行为没有规范，放任自流地"玩野"后，就自然失去安静专注的性格品质了。这样的孩子到上学时再去纠正就很困难了，智能发展也会受到严重影响，将来也很难耐得住寂寞。

3. 勇敢和自信

人生应该是勇敢的，世上凡有成就的人必定是强者和自信者，一切成就与懦夫无缘。孩子的勇敢、自信主要表现在"不怕"上，不怕黑暗，不怕摔跤，不怕吃药，不怕打针，不怕小虫，不怕登高，不怕鬼怪，不怕孤独，也不怕陌生环境和陌生人。他的自信主要表现在"自我意象"好，总觉得自己是个好孩子，很能干，因而也很快乐。自信像一只大鸟，它会驮着孩子上进和腾飞。这种优良性格与骄傲、没礼貌、不友好完全是两码事，不可混为一谈。

4. 独立自主

独立性，极少依赖性，是成才的自我保证。成功者自我意识强，相信自己的力量，又有主见，能独立处理事情。据说美国许多跨国财团、亿万富翁，一般经过数十年，至多一二百年后，其家族就衰落了。但有个叫洛克菲勒的家族却几个世纪经久不衰，亿万巨富还是亿万亿富。那又是什么原因呢？研究他们的家族史发现，他们特别注意培养孩子的独立意识和独立能力，要求孩子自立、自主、自强，以保证不当败家子，代代都是如此。独立精神是人立业的根基。孩子的独立性格表现在从小自己会睡、会坐、会玩、不处处依靠大人；会走以后，能够独自串门；自己的事情喜欢自己做；在保证安全的前提下，还会自己上学校，走亲戚，与陌生人交朋友等。那些胸前挂钥匙孩子，独立精神往往是比较强的。

5. 爱劳动，关心人

从小爱劳动的人以劳动为快乐，从不懒惰，也有同情心，会关心人，所以勤劳与善良往往联系在一起。孩子关心人，主要从关心家人和周围的人开始，关心他人劳动累不累，生病难不难受；别人睡觉不去吵醒，别人谈话不去吵闹；自己不去折磨人；好东西先给别人；等等。孩子从小有这样的性格，就一定是个道德高尚的人，远大的理想也会就此萌发。

6. 好奇心和创造性

具有这种性格的孩子表现为对新奇的事物爱看、爱听、爱摸、爱问、爱记、爱模仿又爱试验；做事情喜欢别出心裁，与众不同；要求精益求精，不满意就重来，直到满意为止；还喜欢自己动手，想办法玩耍，想办法做玩具，搞小发明等。有着充满求知欲望和创造精神的性格，就能培养起求异思维和发散思维，还能培养起自学能力，将来会是开拓型、创造型的人才。

那么，作为父母，怎样让孩子形成好的性格呢？以下几点至关重要：

1. 有强烈的自信心

孩子相信自己有能力去迎接各项挑战时，他才有可能战胜它。要做到这一点，父母首先要尽可能地早发现孩子的天资和才能，有意识地去诱导他们，鼓励他们抱有成功的信心。

2. 有饱满的热情

一个人如果缺乏热情，任何事业都不能成功。热情，对大多数孩子来说，都是生而有之的，然而，要使其不受伤害，继续把热情保持下去，却不容易。因为热情是脆弱的，很容易被诸如考试的分数、他人的嘲笑或接连的失败等挫伤，以致被摧毁。因此，父母要十分注意保护孩子的热情，不要随意伤害它。

3. 富有同情心

大多数孩子对于有生命的动物所遭受的痛苦是很敏感的。如果一个家庭经常关心他人，自然会在孩子幼小的心灵中播下同情的种子。

4. 有较强的适应能力

怎样培养孩子的适应能力呢？最好的方法是尽早用成年人的爱心和感情去对待孩子，让他们早日成熟，避免由于过分幼稚和脆弱而经不起来自社会的各种冲击。

5. 充满希望

充满希望这种特性能使人在黑暗中看到光明，敢于迎接挑战。

要培养孩子对生活充满希望，父母本身就应该是乐观主义者。如经常教育孩子：失败乃成功之母。这样，当困难真的来临时，孩子就会敢于面对现实，临危不惧，从而建立起坚强的个性和忍耐力。这一点，正是其一生成功的希望所在。

培养并引导孩子的好胜心

父母课堂

好胜心在孩子的成长过程中能够发挥巨大的积极作用。美国著名心理学家布鲁纳曾经指出，好胜的内驱力可以激发人的成就欲望。所以，父母从小培养并引导孩子的好胜心，对孩子的成长至关重要。

6岁的小汤姆好胜心很强。平时让他练琴，他没一点兴趣。有一天，妈妈带他去亲戚家玩，无意间看到表妹照着那蝌蚪似的五线谱用电子琴弹出几支他所熟悉的歌曲时，小汤姆羡慕极了。回家后，他赶紧找出电子琴，擦干上面的浮尘，开始弹奏，还让妈妈教他弹。有一段时间，小汤姆一听到别人家的琴声，他就连忙拿出自己的电子琴来弹，连玩都不想出去了，好像在和表妹悄悄比赛似的。

看到小汤姆这样，妈妈想，这正是利用他好胜心的好机会。于是就给孩子请来了音乐老师，并买了一些正规的音乐教材，让小汤姆好好练。

小汤姆颇有音乐天赋，简谱掌握得很快，两只手弹起来也非常协调。仅仅半年的时间，小汤姆就熟练掌握了音乐的基础知识，并且在全美少年音乐大赛中获得了个二等奖。

著名的教育学家斯宾塞的儿子小斯宾塞，一直被铁匠的儿子强尼视为竞争对象，因为小斯宾塞的成绩在班里遥遥领先。

小斯宾塞对这件事向来都不在意。直到有一次他在体育课上长跑输给了强尼，并且被强尼和其他孩子奚落，小斯宾塞才愤怒了，冲上去扑打强尼，但是强尼个子比他高，力气也比较大，小斯宾塞反而被推倒在地。

当斯宾塞了解了整件事后，说："孩子，你输给强尼是很自然的，"他安慰孩子说，"但是这并不是你的错，而是我没有加强你平时的体育锻炼……现在弥补还来得及，你愿意吗？你还想赢他吗？"

"想！"小斯宾塞擦干脸上的泪痕，坚定地说。

于是，从第二天，小斯宾塞就开始锻炼——为了超越自己，在跑步上胜过强尼。

在第二个学期的长跑比赛中，强尼和小斯宾塞并列第一。小斯宾塞对这个结果感到很满足。

这就是好胜心带给孩子的动力。在孩子的生活和学习中，适当地激发孩子的好胜心，可以增强孩子前进的动力，把潜力发挥出来。

孩子的好胜心及参与竞争的意识并不是与生俱来的，而是通过培养和锻炼获得的。父母可以有意识地为孩子创设一些合理的竞争环境。如早上的时候，可以让孩子与父母比一比，看谁能按时起床。平时，可以鼓励孩子和小伙伴一起游戏、学习，并有意识地运用比赛的形式让他们比高低、赛胜负。如比一比谁跑得快、谁跳得高、谁的积木搭得好等。在这些简单、轻松的小竞赛中逐渐激励孩子的好胜心和竞争意识。

在家庭教育中，父母在培养并引导孩子的好胜心要注意以下几个问题：

1. 好胜的对象应该超越自我

竞争取得胜利的关键在于实力，而要提高实力，关键是超越自己。当然，孩子要提高自己就得向别人学习，要进行横向的比较，以发现自身的优势和不足，但是无论怎样横向比较，最终还要改变自我，才能有成效。连自我都不能超越的人是无法超越别人的，超越自我是超越别人的前提，超越别人只不过是超越自我的一种自然结果。很多家长把超越自我和超越别人的关系颠倒了，他们总会横向比较，忽视了孩子自己跟自己比是否有进步。时间久了，孩子就会形成眼睛盯着别人位置的不正常的"排队心理"，于是很自然就会滑向嫉妒的泥坑。

2. 让孩子敢于面对失败

在竞争中，孩子难免会遭到失败，受到打击。这时，父母千万不要责备、讥笑孩子，这样会使他气馁，甚至失去信心，丧失竞争意识。父母可以引导孩子从竞争中发现自己的进步和长处，帮助孩子走出失败的阴影，使他懂得竞争既是展示自己的力量，也是检验自己的不足，其目的是求得进步。

3. 好胜应该对事不对人

所谓"胜"，只是说在某一件事情上比别人做得好，如此而已，并不是说整个人比别人高一等。语文不如你，但数学可能比你好；学习不如你，但体育可能比你强；绘画不如你，但音乐可能比你好。也就是说，所谓胜负，是对事而不对人的：人生来平等，大家都是好孩子。这样的"好胜"和"竞争"就不容易造成某些孩子的妄自尊大和另一些孩子的自卑。如果对孩子某次考试成绩的高低和某次比赛的输赢太在意，老要分出个"好生"和"差生"，这种竞争的结果就会涉及孩子整个的生活质量，于是一下子就把孩子的注意力从事情的比赛转移到人的位置上去了。

4. 注意培养良好的品德

　　父母在培养孩子好胜心时，要注意避免嫉妒心理的产生。父母有责任从正面客观地引导孩子，避免消极的、不与人为善的暗示和态度，不要时时拿自己孩子的长处与别人孩子的短处相比，以出人头地压倒别人而后快。在鼓励孩子不甘落后的同时，必须注意培养对别人的爱心，善于发现并学习同龄人身上的长处，并积极倡导良好的竞争道德。

努力培养孩子的成功意识

父母课堂

　　要想让孩子将来有所成就，父母就要努力培养孩子的成功意识。孩子有成功意识，才会在日常生活和学习中奔着目标前进，这种内在的动力是孩子取得成功的关键力量。

著名生物学家达尔文小时候是一个爱说谎话的孩子。他得了几块化石便说是价值连城的珠宝，还故意向同学炫耀说发明了一种"秘密液体"，可以改变花的颜色。家里人知道后很气愤，姐姐要求父亲严加管教。可是老达尔文并没有简单从事，他观察孩子的平时爱好，了解到孩子的谎言并非事出无因，而是自身的兴趣追求、智慧的萌动与渴望成功等方面的产物。通过父子俩的朝夕相处，老达尔文更认识到孩子的许多谎言很有见地，如同一座将要爆发的智慧之山，将来肯定会有出息。他没有惩罚达尔文，而是给予了巧妙的暗示和鼓励，以培养孩子的成功意识。

孩子年纪小，容易被一些大人看来似乎很小的事而激励。殊不知，小小的事却包含孩子成功的喜悦。作为父母，应学会分享孩子们成功的喜悦。孩子有了成绩和进步，哪怕是做成的一只"纸飞机"，搭成了一辆"大卡车"，父母都应该适当夸奖鼓励。这样，他们的自信心足了，心情更好了，也会向着更高的目标去奋进。相反，如果父母无端训斥，就会大大挫伤孩子的积极性，孩子会变得畏缩软弱，失去信心，影响今后发展。作为父母，都应看到自己孩子独特的优势，发挥其特长，努力培养孩子的成功意识。

1. 父母要影响和引导孩子的成功意识

没有谁比父母更能影响孩子的成长的人了，父母对于生活、家庭和工作的态度会对孩子的成功心态产生巨大的影响。和睦的家庭会使孩子感到温馨；父母对家庭充满责任感，会使孩子对父母产生一种敬佩之情；父母工作勤奋，而且成就显著，会在孩子内心深处形成要成功必须能吃苦的观念。孩子的成功意识可以在日常生活中得以培育，如果他们某些"天真"的想法或行为及时得到父母的鼓励而成功，就会使之从实践中和心理状态上体验到成功的全过程，并促使他产生再次成功的强烈愿望；反之会使其缩手缩脚，产生怯懦心态而不敢进行成功的尝试。在这个培育孩子成功意识的过程中，父母的引导尤为重要。

2. 培养孩子的耐挫力

现在的孩子，大多数是独生子女，他们在父母的关怀中长大，备受至爱，事事顺心，因而缺乏一种耐挫力。他们听得进表扬，却听不进批评，偶尔考试成绩不佳便会经受不起，失去自信心。为此，家长有必要培养孩子的耐挫能力。在家中，有意识地让孩子经受一些小小的挫折，并鼓励他自己克服。例如：父亲与孩子下棋，有的父亲怕孩子输后哭闹，因而故意让他一回，孩子赢了，虽然不哭了，久而久之，孩子只能赢得起，却再也输不起了。有的父亲则不然，真刀实枪与孩子干，第一回孩子也许输了，但第二回、第三回情形也许会出现变化，孩子也会想尽办法对付父亲，表面看来似乎赢了一盘棋，实际上培养了孩子不仅赢起得起更输得起的好品质，为他今后的学习、生活打下良好的心理基础。因为能够承受失败的挫折，是一个人成功必备的心理素质。父母应该利用日常生活中的小事，告诉孩子任何事都可能有不理想的结局，遇到挫折后一定要理智。考试没有得到理想成绩，最好不要责怪，应该正确疏导，这一次失败了，还有下一次，只要经过自己的努力，成功一定会属于你。将失败的压力转化成动力，就可以使孩子正确认识失败，并养成良好的成功意识。

3. 让孩子学会自己争取

在教育孩子的时候，首先要让孩子明白他的愿望是什么，立场又是什么，同时，应在心理上支持他，帮助他们树立自我意识。可以通过鼓励他参加一些比赛，以锻炼他适度的成功心态，让他理解生活中的成功都是自己争取来的。

4. 孩子自己的事情自己负责

比如，在督促孩子起床这件事上，如果由父母每天提醒，孩子总是拖拖拉拉，如果由闹钟提醒，按规定时间起床，迟到了自己负责，效果好于父母的督促。父母对孩子的责任千万不能代替，而应让孩子自己承担责任。

5. 培养孩子的进取心

现在的孩子，在家中一切均被安排得妥妥帖帖，根本用不着自己去努力，去进取。久而久之，很容易使一些孩子缺乏进取心。其实，父母也不可忽视培养孩子的进取心理，可以从以下几方面着手。第一，肯定孩子的才能，如孩子确认要干某件事时，做父母的应给予支持肯定，相信孩子的才能，并鼓励说："你行，你真行。"这样，孩子会备受鼓舞，努力进取的决心可想而知了。第二，当孩子失败时，尽量不要训斥孩子，而是耐心细致地给孩子找原因，分析情况，确定改进方法。试想，如果孩子稍有不顺父母就谴责，日后他的进取心会上哪儿呢？第三，对于一些特别胆小怕事的孩子，家长应多加鼓励，少批评甚至不批评，让他们通过努力去做一些力所能及的事，使孩子逐步形成"我能，我行"的自信心理，培养孩子的进取心。

6. 培养孩子的竞争意识

告诉孩子要说"让我自己来！"这是一种竞争意识，从其实质来说就是主动精神，也就是"我要学，我要做"，而不是"要我学，要我做"。因此，对父母来说，培养孩子的竞争意识，首先要对孩子大胆放手，让孩子"自己来"。只要孩子能做的就不帮他做，只要孩子能说的就不代替他说，只要孩子能想的就鼓励他去想。这样孩子就会逐渐意识到：一切都得依靠自己去努力、去争取。

7. 父母的赞赏要不厌其烦，指责要适可而止

当孩子做了好事，应当充分肯定他，为他讲解这样做对人、对己、对环境的影响，让孩子明白自己的行为可以对周围的人产生多么好的影响；当孩子做错事时需要提醒纠正他们，但当他们改正错误养成了好习惯后，父母还要给他们足够的肯定，使他们对自己的行为有信心，进一步巩固良好习惯。虽然每个进步都要赞许确实很累，但是必须坚持，因为这对孩子的影响太大了，成功的意识是在表扬和激励中不断地前进发展的。

让孩子自己做选择

父母课堂

孩子对于自己的选择，会产生一种强烈的责任心，并在责任心的驱使下，努力克服困难，以走向成功。尊重孩子的选择，可培养孩子的责任心和战胜困难的顽强意志，形成遇事冷静、有主见的良好心理素质。

一个孩子总要长大离开父母，走向自己的生活。几乎没有一

个家长想有意识地损害孩子的自信心，或损害他们独立解决问题的能力。但不幸的是，无意识的伤害俯拾即是。

许多父母出于对孩子的宠爱，既希望自己的孩子做得更好，又不放心孩子的能力，于是干脆以自己的选择来为孩子代劳。很多事情孩子没有自主决定的权利，久而久之在孩子观念中就会认为自己的选择总没有别人的好，凡事都由父母决定好了，从而也就不爱思考、没有主见。孩子不会自主选择的责任主要在于父母。许多家长怕孩子自己选择错了，总是不敢把选择的权利交给孩子。可是，如果从来不给孩子选择的权利，他也就永远学不会选择，永远没有自主性。

父母要有意识避免过分保护，给孩子机会让他们独立决定自己的事情。如果孩子有一个很好的机会，孩子也会希望通过这一个机会来证明自己的能力，锻炼自己的胆量，发现自己的潜力。父母要相信他，鼓励他去尝试。

我们也一样，虽然我们面临的人生大不相同，但是他们注定同样要面对生活和工作中无数的选择，这种能力必须从小培养。也就是说，我们在教育孩子的过程中，要站得高，看得远，把孩子作为一个社会的人、未来的人去培养。为使孩子能够在未来的社会中更好的生存和发展，帮助他们在未来的生活中更成功地找寻自己的幸福打下必要的基础，这就需要让孩子学会选择。

1. 帮助孩子学会正确的比较

比较是选择的前提。一般来讲，我们要在很多的选择中选取一个最佳的方案，使目标能够用最好的方式达到，自己付出最小的代价，并能够得到大多数人的认可。也就是我们常讲的"趋利避害"。哪个是对自己、对他人有利的，哪个是对自己、对他人有害的。有了正确的比较，才会有最佳的选择。

2. 帮助孩子树立正确的观念。

哪个对，哪个错，哪个好，哪个坏，在不同的价值观念的衡量下，会有不同的结果，尤其是在我们这个多元的社会中。只有具备了正确的价值观念，才可能选择正确。

3. 遇事让孩子多想想

无论遇到什么事，家长不要急于给孩子做决定，让孩子自己想想：应该如何做？比如，天气变冷了，父母不应只顾给孩子添加衣服，而要给孩子思考的机会，告诉孩子"今天天气变得非常冷，你觉得应该穿什么衣服呢？"长此以往，孩子就会运用自己的小脑袋，增强自我决定的意识。否则，孩子就会总是依赖成人，长大后容易变得没有主见，缺乏独立性。

4. 让孩子多进行联想

如果孩子不会自己做决定或做出错误的决定，家长不应马上给予批评，更不应该强迫孩子服从自己的意愿。此时，可以多启发孩子，多给孩子讲道理。如孩子非要穿一双很脏、妈妈正准备洗的鞋，妈妈千万不要对孩子发火，而应该循循善诱，启发孩子的联想力，让他们想一想假如某小朋友穿着一双很脏的鞋，小朋友还愿意和他玩吗？别人还愿意坐在他旁边吗？经过这样的联想，孩子往往会改变自己的决定。

5. 帮助孩子学会割舍和放弃

有的时候孩子拿不定主意，不知道该选择什么，是因为觉得怎么做都好，哪个都不想放弃。可是选择都不是十全十美的，只要有选择，就意味着一定要有放弃和割舍。认真思考利大于弊，还是弊大于利。我们永远都不可能什么都得到，什么都不放弃。

6. 注意恰当地处理后果

如果孩子在自己做决定并付诸实践后，受到了挫折或导致了失败，陷入怀疑和忧郁的消极情绪中，父母千万不要再加以训斥："早知如此，当初就不该……"这样的话最容易伤害孩子，他将没有勇气做下一次的决定。既然放手让他决定、行动，那也要放心让他承受后果。喜也好，忧也好，都是独立自主的内容，让他明白，任何事情都是要付出代价的。当然，最重要还是帮助他分析总结，从而丰富他的经验，使他能够进步，继续勇于尝试。

培养孩子精打细算的习惯

父母课堂

父母最好和孩子一起制订一个消费计划，比如多少钱用于买学习用品，多少钱用于买自己喜欢的日用品，多少钱用于买零食等，这样可以防止孩子乱花钱，还可以培养孩子把钱用在刀刃上的良好习惯。

亿万富翁洛克菲勒说过："对钱财必须要具有爱惜之情，它才会聚集到你身边，你越尊重它、珍惜它，它越心甘情愿地跑进你的口袋。"很多犹太人老板对所有开支都是精打细算，为的就是尽量降低成本、减少费用，他们总是说："要把一块钱当作两块钱来使用。如果在一个地方错用了一块钱，损失的不仅仅是一块钱，而是两块钱。"犹太人的用钱原则就是这样，只把钱用在该用的地方，他们认为不该用的地方，一块钱也不会花。

现在很多父母讲阔气图享受，追求超前消费；有的对孩子娇生惯养，对于孩子的物质需求有求必应；有的对孩子进行"全包全替"的周到服务，使孩子缺乏劳动锻炼，导致生活自理能力很差。在这样的"大气候"和"小气候"的影响下，无形中在孩子的心灵播下了奢侈浪费的种子。其实，只有会精打细算的孩子将来才会聚敛财富，也才会成为真正的富人。

洛克菲勒四五岁时，他的父亲就让他帮助妈妈提水、拿咖啡杯，然后给他一些零花钱。他的父母还把各种劳动都标上了价格：打扫10平方米的室内卫生可以得到半个美分，打扫10平方米的室外卫生可以得到1美分，给父母做早餐得到12美分。他再大点的时候，父亲就不给他零花钱了，告诉他如果想花钱，就自己挣。

于是，洛克菲勒到父亲的农场帮父亲干活，帮父亲挤奶牛，跑运输，包括拿个牛奶桶都记在账里，把每一个细小的环节都量化。他把自己给父亲干的活都记在自己的账本上，到了一定的时候就和父亲结算。每到这个时候，父子两个就对账本上的每一个工作任务开始讨价还价，经常会为一项细微的工作而争吵。

洛克菲勒早年在一家大石油公司做焊接工，任务是焊接装石油的巨大油桶。在焊接时，焊条上总会有铁渣掉落。细心的洛克菲勒发现，每焊接一个油桶要掉落的铁渣不多不少正好是 509 滴。他想：要焊接摞得像山一样的油桶，要浪费多少焊条呀。于是，他改进了焊接的工艺和方法，让每次滴落的铁渣正好是 508 滴。这样这家大石油公司全年的节约资金是 5.7 万美元之多，洛克菲勒本人也因此获得了一次极佳的晋升机会。

洛克菲勒成为亿万富翁以后，他的经营管理也是以精于节约为显著特征。他给部下的要求是提炼一加仑原油的成本要计算到小数点后的第三位，每天早上他一上班，就要求公司各部门将一份有关成本和利润的报表送上来。多年的商业经验让他熟稔了经理们报上来的成本开支、销售以及损益等各项数字，他能从中发现问题，并且以这个指标考核每个部门的工作。1879 年的一天，他质问一个炼油厂的经理："为什么你们提炼一加仑原油要花 19.8492 美元，而东部的一个炼油厂干同样的工作只要 19.849 美元？"

洛克菲勒是善于精打细算的，他的故事对我们很有启迪意义。

要想培养孩子精打细算的好习惯，父母可以从一些以下几个方面入手：

1. 让孩子学习珍惜金钱

不管是给孩子买东西或是给孩子零用钱，都要教育他们好好爱惜物品或保管金钱，若物品是因为孩子的疏忽而损坏，不小心弄丢了钱或是恣意浪费时，要让他们对这些失去或损坏的金钱物品负责。在提供这些金钱或物品之前，要很明确地告诉他们好好爱惜，并强调在任何情况下都不会再供应，这样才会让孩子更珍惜他所拥有的金钱或物品。

2. 给孩子钱要有节制

无论孩子年龄多大，也无论父母的经济条件如何优越，给孩子的零花钱一定要有所节制，把数额控制在孩子有能力支配的范围之内。一般来说，零花钱的数额并没有一个定数，父母要根据孩子的日常消费来预算，这些开支大多包括买零食、午餐费、车费、购买学习必需品的费用。另外，父母要鼓励孩子储蓄，这样孩子就学会精打细算，尽量使自己的钱有剩余。

3. 合理解决孩子的超支问题

现在孩子们大多有这样的毛病：父母给多少就花多少，花完了就跟父母要，花钱没有节制。当孩子超出计划的时候，最好与孩子商量，将那些可花可不花的项目划掉，当周末或者月末时让孩子把开销按照计划的项目对照一下，省下来的钱由孩子自己来支配。

4. 给孩子预习成年人生活开支的机会

孩子们虽然接触了钱，但他们很少接触到真正的成年人的生活，所以，当他们长大以后需要自己支付水电费、房租、物业费的时候，常常会觉得束手无策。因此，父母最好从现在开始给孩子一些机会，让他们去买菜、交电话费等，使孩子知道家里的钱是怎么花出去的，父母每个月都需要支付哪些开支。这样，孩子有了了解家中"财政"的机会，也会在这些小事中养成精打细算的习惯。

5. 向孩子示范理智消费

一位父亲曾带着 6 岁的孩子逛了 3 家商店，目的是买一辆物美价廉的自行车，最后父亲把省下来的 10 元钱买了一个孩子向往已久的乒乓球拍。这位父亲的做法很聪明，他的行为给孩子做了很好的示范，使孩子了解了什么是价格差，什么是理智消费。这样，孩子在支配钱的时候，也会注意精打细算。

培养孩子独立生活的能力

父母课堂

作为父母，在花费时间和精力搞好孩子学习的同时，更应该培养孩子独立生活的能力。父母不可能陪孩子一辈子，因此，要放手让孩子做自己力所能及的事情，不要包办太多，要相信自己的孩子，给他们锻炼的机会。

有一个孩子带了一个煮鸡蛋到学校，但又原封不动地带了回来，因为他不知道怎样剥掉鸡蛋外面的壳。可见缺乏独立生活能力会给孩子带来何等的难堪。

孩子不可能一辈子在父母的翅膀下生活，也不可能一辈子拄着拐杖行走，他总有一天要离开父母走向社会，走向独立自主的生活。因此，"授人以鱼不如授人以渔"，父母为孩子提供的不只是囊中的美食、身上的衣服、温暖的房间，还是走出家门、融入社会、应付形形色色的人和事的能力——学会自己去生活，这是"开启世界之门的钥匙"。

父母能替代孩子一时，却无法替代一世，早日放手、让孩子用自己的脚走路是正确的选择。孩子生活在被赋予一切的时代，因此父母对孩子的爱要深沉、高尚、科学、艺术，对孩子真正的爱要藏起一半。合格的父母给予孩子最美好的东西就是教会他们生存和生活的能力，而不是满足、娇惯或溺爱、放纵，这样才能给予他们一个健全的人格和自信的人生，才是真正地爱他们。

怜子之心人人都有，但是爱怜不能缺乏理智，不能爱得太盲目，不能对孩子的一切要求都无条件地满足，更不能剥夺孩子独立生活的权利。刚学走路的孩子面对着陌生的世界会感到束手无策，但初生牛犊不畏虎，他们有勇气去尝试，尽管他们的尝试可能很少成功。面对孩子的失败，父母不要冷言冷语，这样会使孩子失去信心，明智的父母会及时鼓励孩子，让他在失败中成长起来，并最终走向独立生活之路。

我国著名教育学家陈鹤琴先生曾说过："凡儿童自己能够做到的，应该让他自己做；凡儿童自己能够想的，应该让他自己去想。"这是一句符合教育规律的至理名言。

为了培养孩子独立生活的能力，父母可以从以下两个方面努力：

1. 能放手的就不要包办

家庭教育的目的不是让孩子过上舒适安逸的生活，而是要培养孩子各方面的能力。所以父母要转变观念，在孩子很小的时候就开始培养他们自立、自主的精神，孩子的生活起居，能放手的就不要包办。父母们不妨尝试一下美国家庭的做法：美国的婴儿从一出生就单独睡觉；孩子会捧奶瓶了，母亲让他自己捧奶瓶吃奶，吃完奶就把孩子放在大便椅上让他自己大便，之后让孩子在有围栏的床上自己玩；孩子学步的时候，也是自己扶着学步车走；孩子长大后不仅完全要自己照顾自己，还得帮忙干一些家务活；孩子在 7 岁的时候就开始学着自己挣钱；13 岁的女孩包揽全家衣服的洗涤，并按社会价格向父母收费；18 岁以后完全独立。

2. 提出的要求应该与实际情况相符

在培养孩子动手能力的时候，要按孩子的年龄、能力的发展程度对孩子提出适当的要求，如果要求过高、难度过大，会使孩子产生畏难情绪、自卑心理，要求过低又不能激发孩子的兴趣。事实上伴随着孩子生理的发展，他们的肢体活动能力增强，相应的自主性也开始发展，独立性逐渐增强，这时是父母帮助孩子形成良好习惯的适当时期。父母要坚持给孩子提出一些要求让他们独立完成，当孩子看到用自己双手完成了许多事，他们的自信心和责任感便会增强，从而减少对父母的依赖。

3. 对于进步要鼓励

孩子在独立完成一件事情后，哪怕在成人看来微不足道的，父母一定要给予鼓励，以培养孩子的自信心。如孩子自己洗了脏衣服，作为从未洗过衣服的孩子，尽管他洗得并不干净，但父母也应说："会自己洗衣服了，真不错。"同时，不失时机地教孩子洗衣服要注意哪些问题。而面对孩子其他做得不好的一些事情，不要指责他笨手笨脚，或当众挫伤他的自尊心，而是对孩子的进步给予肯定，让孩子体会到成功的乐趣。这样就会促进孩子独立生活的能力。

培养孩子坚强的毅力

父母课堂

毅力也称意志力或坚持力。它是成才者必须具备的最重要品质之一。意志薄弱是很多孩子普遍存在的一个问题，表现在做事不能自始至终；面对困难依赖成人帮助，独立性差。这种结果与父母的教育思想和方法有关，父母必须重视孩子毅力的培养。

我们知道，毅力是一个人成功的关键因素。现在很多孩子都缺乏毅力，作为父母，培养孩子的毅力，实际上是在为孩子的将来奠定坚实的基础。

那么，父母怎样培养孩子的毅力呢？可以参考以下建议：

1. 给孩子制定目标

父母应指导和帮助孩子制定短期与长远的目标，使之有努力的奋斗方向。孩子心里有了目标，有了奔头，就会为实现目标去努力，表现也会变得坚毅并充满勇气。

2. 增强孩子的自信心

由于自信仍是毅力的"精神基础"，自卑者往往难有毅力。因此，父母应从增强孩子的自信心、消除自卑感方面，来培养孩子的毅力。

3. 让孩子独立活动

尽可能让孩子独立活动，让他自己穿衣，收拾玩具，完成作业。孩子在进行这些活动时，要克服外部困难与内部障碍，正是在克服这些困难和障碍中，孩子的毅力得到锻炼。

4. 培养孩子坚持的习惯

孩子的兴趣常常转移很快，因而不少孩子今天学钢琴、明天学电脑、后天再学绘画，到头来却什么都没有学好。心理学家指出，这种"三天打鱼，两天晒网"式的学习对培养毅力往往起负面影响。不妨鼓励孩子一心一意专心致志地做某件他感兴趣的事，在获得成功之前决不歇手。由于目标明确，孩子会要求自己克服困难坚持到底。即使遇到挫折也会不打退堂鼓，实际上孩子坚持一件事本身，即是对自己意志力的培养和考验。在孩子小的时候，无论是玩耍、看"小人书"，还是学习、做事，都要有始有终，养成习惯。如孩子学洗自己衣服，绝对不准借口累或手疼半途而废……长此下去，就会习惯成自然，坚持也不再是难以克服的困难了。

5. 为孩子设置障碍

父母应有意识地给孩子设置障碍，为其提高克服困难的机会。如，让孩子参加一些对他来说兴趣不大的、平凡的或情绪上带点不愉快的活动。不要怕孩子吃苦，更不可力图减少生活和学习中的难处，倘若把孩子前进道路上的障碍都清扫的干净，他现时或许表现的平平安安，日后则会失去通过坎坷道路的能力。

6. 展开竞争

想让孩子把一件事情干好，最好的方法是和孩子进行比赛，这样做不仅可以提高孩子做事的积极性，还能让孩子最大限度的体会胜利的喜悦，当然，孩子其实很难战胜父母，可是，为了培养孩子的吃苦耐劳的精神，父母可以故意认输，并在干完事情后给予孩子表扬。

7. 孩子遇困难时多给鼓励

父母要适时、适度地给孩子肯定和赞许，期待的目光，温存的微笑、亲切的抚摸，对孩子都是鼓励。在孩子完不成计划时，父母要具体分析，切忌说"我就知道你干不成事"等丧气话。当孩子在接受意志力考验的过程中，遇到困难或挫折，会意志消沉。这时，父母要给予帮助、鼓励，让孩子鼓起勇气过难关，得到很好的意志力的锤炼，从而增强毅力。

8. 培养孩子的规则意识

培养孩子的规则意识，有助于培养孩子的毅力。他人制定的规则是强加的，属于外力约束，而自己制定的是内省成分，易于自律。不妨和孩子商量制定家庭规则，以便共同遵守。如，进他人房间要先敲门；下棋、玩游戏要按规则决胜负；特定时期不许干扰他人等。父母违规也要受罚，让孩子懂得规则的严肃性。

9. 加强体育锻炼

积极参加体育锻炼，不仅可以增强体质，而且还可以增加心理承受能力，即培养了坚强的毅力，尤其是那些需要坚持才能完成的运动项目，如慢跑、游戏、爬山、登楼等，对锻炼孩子的意志力更有效。当然父母的要求也不能过高，运动水平的提高是循序渐进的，逼迫孩子一步登天往往事与愿违，不仅达不到锻炼意志的目的，反而挫伤孩子的身子骨和宝贵的自信心，最终让孩子视坚持为洪水猛兽。

10 父母要做出表率

如果父母自己都缺乏毅力，那么要求孩子有毅力就成了一句空话。很难想象一个冬泳时因怕冷而半途而废的父亲能培养出不屈不挠练长跑的儿子，要求孩子做到的父母首先自己也得做到。要知道，榜样的力量是无穷的。

培养孩子的领导才能

父母课堂

很多父母都希望自己的孩子将来是一个具有领导力的人。而一个具有领导才能的人，是个有独立思考能力的、能够带领大家的人。领导才能是后天培养的。父母不要只想着让孩子智能开发，而错过了培养孩子的领导才能。一个有领导才能的孩子，将来更容易获得成功。

一群在山里野餐的孩子走错了路，在潮湿与饥饿中度过恐怖的一夜之后，她们无望地失声痛哭。"人们永远也找不到我们，"一个孩子绝望地哭泣着说："我们会死在这儿。"然而，11 岁的伊芙蕾·汤站了出来。"我不想死！"她坚定地说，"我爸爸说过，只要沿着小溪走，小溪会把你带到一条稍大点的小河，最终你一定会遇到一个小市镇，我就打算沿着小溪走，如果愿意，你们可以跟着我走。"后来，他们在伊芙蕾·汤的带领下，胜利地穿出了森林，她们的欢呼声引来了救护人。无疑，伊芙蕾·汤是个具有领导才能的孩子。

孩子的领导才能是各种能力的综合。在发挥领导才能的过程中，孩子的综合分析、创造、决策、应变、协调、任贤、语言表达、自学等能力得到相应的锻炼。

孩子在同伴群体中领导地位的树立和领导才能的体现，与普通意义上成人群体中领导地位的树立和才能体现不同，它主要是由非权力因素决定。具有这种影响力的孩子比较自信，而且其应变、交往、语言表达等能力也较其他孩子强，常常使同伴对其产生亲切感、信赖感和佩服感。

领导才能不但对孩子将来有好处，对孩子目前在学校里的表现也有帮助。孩子在教室及课余活动中所表现的领导才能，比智力或学业成绩更能准确地预测他们未来的成就。

作为父母，应该怎样着手培养孩子的领导才能呢？

1. 培养孩子的自信心

当交给孩子一项任务时，他能充分自信地去完成。这些孩子对自己的能力充满信心，他能够独立思考、独立行动。特别是当孩子参与和他具有同等能力的伙伴进行竞赛时，他不但敢于参加，而且跃跃欲试，有一种非成功而不罢休的劲头。有些孩子却缺乏自信或者依赖性很强，总不敢承接单独去完成的任务。其实，依赖性是孩子丧失自信的一个重要原因。所以，父母对孩子不应娇惯，尽量让他自己去做自己的事情。

2. 培养孩子与人沟通的能力

领导者总是要用别人来做事的，因此，领导者要有能力理解别人，与人沟通，协调矛盾，解决分歧。这样，他才能赢得别人的尊敬，别人才会听他的。因此，父母要培养孩子的领导能力，必须培养孩子理解别人、团结别人、与别人沟通的能力。

3. 培养孩子的责任意识

对于孩子来说，其责任感主要表现在他对自己、对他人以及处理日常生活各种事情的态度上。因此，父母不仅要求孩子自己的事情自己做，还要让孩子懂得对自己的行为负责，对待父母交给的任务以及在群体活动中分配给自己的任务要认真完成。

4. 培养孩子运用知识的能力

现代社会是一个知识社会，作为现代社会的领导者，必须具有丰富的知识，不仅如此，还必须能够把自己所学到的知识运用到实践、生活中去，解决实践和生活中的问题。因此，要想提高孩子的领导能力，必须让孩子认真学习，积累知识，不断地学会运用知识。

第6章

从多方面下功夫，培养孩子的高情商

作为父母，要从各个方面来培养和提高孩子的情商，不管是从道德、心理还是某种习惯上，只要对提高情商有所帮助的方面都要加强培养。只有这样，孩子才会成为一个高情商的人。

培养孩子助人为乐的品格

父母课堂

> 一个懂得帮助他人的人，才能得到更多的人的帮助，有更
> 多的朋友，获得更多的机会，也才能取得更多的成功。因
> 此，父母要积极培养孩子帮助他人的好品格，鼓励、尊重
> 孩子去帮助他人。

现在的很多孩子大都是独生子女，这些孩子在家里也都是处于一种随时被照顾的地位。这就减少了他们去关心、照顾别人的机会，有的甚至很少想到别人，除非是他们需要别人帮助的时候。这一切看起来是自然而然地就形成了，可是，这些却非常不利于孩子的成长；不利于孩子形成优良的品格；不利于孩子长大后进入社会和人相处；它甚至会妨碍到一个人的学习以及事业上的成功。

乐于助人是一种高尚的品质。这对于一个孩子来说，可能难以理解，因为他们可能对此没有明确的认识，还不懂得它的社会意义。可是孩子们都是极富同情心的，他们的同情心就是培养他们乐于助人的精神基础。

乐于助人的对立面是自私，自私是一种人的本能反应，这种本能是必须靠道德的约束力才能加以调和的。有些孩子喜欢主动帮助别人，会把别人的事当作自己的事情来对待；有的孩子则对别人的事漠不关心，认为那是别人的事情，跟自己没有什么关系，这是一种自私的表现。一个自私的人的生活是毫无乐趣可言的，

他没有朋友、内心孤独。一个自私的孩子也只能远远地看着别人在一起玩的兴高采烈，自己一个人站在旁边，他的自私让伙伴都远离他。所以，父母一定要培养孩子乐于助人的好习惯，因为这不只是在帮助别人，同时也是让孩子健全他的性格。

父母培养孩子助人为乐的品格，可以从以下 5 点做起：

1. 尊重他人

培养孩子帮助别人的习惯也和培养孩子其他方面的习惯一样，一定不要强迫他去做什么，而是要让他把这些作为一种助人为乐趣的习惯。让他从家庭中懂得仁爱、友情、亲情、付出与给予等方面的善行给他所带来的喜悦。

想要让孩子懂得礼貌让座、尊老爱幼、不欺弱小的道理，首先要让他学会去尊重他人，并且要付诸于行动，他才会真诚的并且不图回报的去帮助别人。在日常的生活中，父母要经常向孩子灌输一些关于雷锋好善乐施、以诚待人的行为和事迹，焦裕禄扶贫济富、全心为民的情操被世人永记于心等事例，还要让孩子知道为什么这些人会受到那么多人的爱戴。让他从中认识到尊重别人、以诚相待是受世人关注与爱戴的；让他明白尊重他人等于尊重自己、给予与付出对等、爱是双向的一种相互关系。

2. 与人分享

不懂得和别人分享的人是自私的，这种人是从来不会去帮助别人的，即使他做了什么帮助别人的事情，也可能是另有所图的。所以，想让孩子养成帮助别人的习惯，首先应该让他学会和人分享，让他体会到和人分享的乐趣。

在一个阳光明媚的星期天，妈妈带着女儿去公园玩，来到一个小亭子里，妈妈打开装零食的小书包，女儿快乐地吃着她最爱吃的小熊饼干。这时，一个哭泣的小男孩也来到了小亭子，并且一边哭一边叫妈妈。妈妈对女儿说："这个小弟弟可能是找不到妈妈了，我们把他送到公园管理处，好吗？"女儿点点头。妈妈再看向小男孩，只见他眼带泪花地看着女儿手中的小熊饼。女儿好像也察觉到了，于是下意识地用手捂住了小书包。"如果是你找不到了妈妈，现在是又急又饿，你希不希望吃一块饼干？"妈妈耐心地引导女儿。女儿想了想，把手伸进了书包，拿出了她最爱的小熊饼干。

虽然孩子的年龄小，但是他们有着善良的心地和单纯的想法，所以父母要鼓励孩子的参与意识和分享意识，使孩子对帮助别人产生兴趣，并且通过帮助别人得到一种满足感，经过时间的锤炼，孩子的这种美德意识就会在他们体内生根发芽，并且逐渐在他们心中形成一种可以影响他们今后人生的良好品质。

3. 鼓励孩子帮助别人

在日常的生活中，父母要用鼓励的方式让孩子帮助父母做一些他们力所能及的事情，这样可以增强孩子助人为乐的责任感；还可以通过讲道理的方式让孩子知道，如果一个人只想到自己而不能给予别人帮助，他就是一个自私的人。当然，这样的人就会被孤立起来，同样得不到别人的尊重和帮助。所以，让孩子迈出助人为乐第一步就是鼓励孩子去帮助别人，这也是关键的一步。

有时当孩子准备把座位让给一位老人时，父母不要心疼孩子而阻止孩子的善行，应该给予鼓励、欣赏、赞扬，证实他的做法是非常正确的。

4. 以身作则

父母在对孩子进行教育的时候，要身体力行，以身作则。要知道，一个人的品质和习惯并不是一时之间就能养成，也不是说只通过一次教育就可以成功，而是经过长期而有效的教科文以及各个方面的努力、多方面的原因才形成的。这段时间，父母的引导和示范起到了不可忽略的作用，但是，如果父母给孩子做了一些不好的榜样，那么所作的努力就会功亏一篑。所以，在让孩子养成帮助别人的习惯时，父母一定要身体力行地去帮助他人，这样的教育不需要语言的说教，它是一种环境的熏陶。

5. 寻求帮助

一般孩子在 3 岁左右就开始有了独立的愿望，并萌生自我意识。那时候的他们不愿意接受别人的帮助，尤其会对父母的包办或摆布会产生反感。他们更喜欢自己动手去做，即使做不好也不会寻求援助。有时候，本来是一件通过别人的指点就可以解决的事情，就因过不了"自尊"的关卡而使他对事物认知停留在一知半解的范围内。所以，父母应该让孩子去寻求别人的帮助，告诉他谁都有解决不了的事情，都会有需要别人帮助的时候，让他明白向别人求助并不表示自己是个弱者，也不是一件丢人的事情，而是非常正常的。

父母在培养孩子助人为乐的时候，还要注意对孩子品德的培养。父母一定要以身作则地教导孩子：要学会尊重他人，不论别人身份高低贵贱；当别人需要帮助时，不要视若无睹，要毫不吝啬地贡献你的力量；平时要多体谅他人，多替别人着想；乐于助人，尊老爱幼；帮别人无所求，得到帮助一定要知道感恩……鼓励孩子从多方面加强修养，启发孩子的觉悟，唤起他的良知，使他认识到自己的善行给人带来的快乐。使他们在善与恶、美与丑、真与假的斗争中反省自己并取得进步。

培养孩子乐于助人的品格，还要有赖于家庭成员特别是家长的榜样作用。孩子是父母的一面镜子，家长的行为，常会在孩子身上反映出来。因此，家庭成员间互相关心、邻里间的互相帮助，能直接影响到孩子。

培养孩子爱劳动的好习惯

父母课堂

热爱劳动是一个人在体格、智慧和道德上臻于完善的源泉。不要一味地觉得孩子还小，没有什么可以让他做的。国内外专家都认为，劳动观念必须让孩子从小就养成，要让孩子在家庭的日常生活中，承担一些他力所能及的家务。

"劳动最光荣"，这句话一点都不假，劳动是人类生存的基础和手段，也是人类高级于其他动物的特点之一。父母要知道，即使是一个 2 岁大的小孩子，也要让他懂得收拾自己的玩具和睡衣之类的东西。当孩子逐渐地长大，他就会成为一个有能力独自做大部分家务活的好帮手。如果父母过分地宽容孩子、宠爱孩子，什么事情都舍不得让孩子做，这样对孩子一点好处都没有，只会把孩子变成一个懒惰性、依赖性强的人，对孩子的人生有着非常大的危害。

如果想让你的孩子成长，真的是爱你的孩子，就让他们从劳动开始吧。其实，孩子天生就是喜欢劳动的，当他们在四五岁的时候就已经表现出来了，这时候的孩子很喜欢帮助父母干活，可是父母却总是把孩子的好意看到是"捣乱"。就这样，孩子的劳动热情被父母扼杀在了摇篮里。到孩子10岁左右的时候，就会出现明显的懒惰现象。当孩子进入学校之后，一些父母只想到要让孩子好好学习，于是又将劳动和孩子分离。他们认为，孩子要把全部的心思用到学习上，全身心地争取到优秀的成绩，他们不准许劳动来扰乱孩子的学习。而这样的结果，只会让孩子形成一种孤僻的性格，机械式的为父母"提高学习成绩"而马不停蹄。

有些父母则从小就对孩子进行劳动教育，不但让孩子养成了热爱劳动的习惯，而且不管遇到什么事情，这些受过劳动教育的孩子都会尽自己的全力去完成，无论是在劳动方面，还是在学习方面，他们都有一种自觉的心理和一种责任感，而且在做事情的时候根本不需要任何人去监督和督促。在劳动中可以培养孩子乐观向上的性格，也可以让孩子感到劳动成果所带来的喜悦和自豪，让孩子在学习上也会感到轻松和简单，这样，孩子的成绩当然就会进步得很快。所以，想让孩子可以轻松地走过受教育阶段的父母们赶快开始行动吧，让你的孩子从小就成为一个劳动高手。

怎样让孩子养成热爱劳动的习惯呢？

1. 从做家务开始

现在的绝大多数家庭中的家务没有科学安排，差不多都是由父母来做的。但是，如果想让孩子热爱劳动，就要从做家务开始，父母要让孩子从小就具备做家务的习惯和能力，让孩子把家务看成生活中很自然的内容之一。其实，对于孩子来说，常常做家务除了可以培养热爱劳动的习惯之外，还可以养成务实的良好品格，培养做事情的能力和集体精神。父母什么家务都不让孩子做，这看起来好像父母对孩子的一种"爱"，可以就是这种"爱"在无形中抑制了孩子许多良好习惯的滋生。所以，父母一定要舍得让孩子参加家务劳动，帮助孩子成为有责任感的和热爱劳动的人。

2. 多称赞，少批评

对于孩子来说，称赞是最好的一种鼓励方式。所以，父母要经常对孩子说一些称赞的话，或是感谢的话。比如，父母可以感谢孩子的劳动为自己提供了很大的帮助，或是夸赞孩子是多么的聪明能干。像这些带有称赞的语言会让孩子有一种成就感，也会调动孩子参与劳动的积极性。让孩子参加家务劳动，是让孩子学习的一个过程，也可以让孩子从中得到锻炼。然而在这个过程中，失败是在所难免的，当孩子做家务失败时，父母千万不要对孩子进行指责，而是要和蔼地告诉孩子，没有谁可以不经历失败就直接拥有成功，只要能从失败中吸取教训，就会有从头再来的机会。

最重要的一点是，父母可以口头称赞孩子，但要尽量避免用金钱作为奖励。因为做家务是每个家庭成员所应尽的义务，而且做家务的目的并不是想要得到一些物质的奖励，而是自己的独立和锻炼。

3. 针对孩子的兴趣

想要培养孩子的某种习惯就要让孩子对其产生兴趣，这样就会达到事半功倍的效果。一般的孩子都喜欢家里来客人，父母就可以让孩子准备一些接待客人所用的一些用品，还可以让孩子来招待客人。让孩子做一些他喜欢的事情，可以调动他体内的积极因子，会让他自动地去做事，慢慢地就会让他养成热爱劳动的习惯。

4. 增强孩子的责任感

责任感是让一个人自动去做事的驱动力，通过做家务会让孩子体谅到父母的辛苦，也就会逐渐承担一些家庭里的责任，这样就会提高孩子的责任感，也培养了孩子的良好品质。当孩子在父母的谆谆教导下渐渐养成了热爱劳动的习惯，感受到自己的劳动所带来的快乐、自己的行为所产生的正面影响时，他们就会更加努力地、更自信地承担起自己的劳动。

5. 让孩子有实践的机会

对孩子进行劳动教育，不能只限于口头，而应该通过劳动实践来进行，多给孩子劳动的机会。如果父母在平常没有让孩子参加具体的劳动，那么孩子是不太可能爱好劳动的。孩子具有很强的模仿能力，然而却被许多父母给剥夺了。比如，当他们看到妈妈在洗衣服时，他也会要求洗；看到爸爸在修电视，他也会在一旁跃跃欲试。当遇到这种情况，父母一定不要拒绝孩子，这正是父母教育引导的好机会，给予孩子适当的肯定不仅可以保存孩子的劳动热情、培养孩子的创造能力，还可以培养出孩子热爱劳动的习惯。

培养孩子的语言表达能力

父母课堂

> 孩子的语言表达能力，是教育孩子的第一步，它是架起孩子自信与能力的一座桥梁。

一个会说话的孩子，往往会赢得老师、父母、同学和朋友的尊重和喜欢；而一个不会用语言表达的孩子，通常他一说话就会得罪人。

心口相应，言为心声。语言是人们表达思想、是人与人之间进行交流和沟通的工具。孩子时期的语言发展是人生中最好的时期。通过语言，孩子可以获得知识技能，可以养成一定的行为习惯，可以和别人交流，可以做很多事情。总之，人总是在很多时候都需要语言的陪伴。通过语言的表达促进孩子的沟通能力，所以，父母要学会倾听孩子并鼓励孩子多说话。当孩子在兴致勃勃地向父母诉说某件事，或是描述某件事物的时候，父母要以一个朋友的身份去倾听他，并试着从不同的角度去刺激孩子多说话。

语言是作用最广泛的一种交往的工具，在和别人交往的时候，能否可以恰当地使用语言，是一个人交往成败的关键。一个人很可能会因为自己的"不会说话"，缺乏有效的语言表达，而使别人觉得自己没有得到尊重，从而不再与其交往，这就是言语所造成的失败。所以说，有效的语言表达方式是交往的必要条件。同样的，一个会说话的孩子，会赢得老师、父母、同学和朋友的尊重和喜欢。而一个不会用语言表达的孩子，通常他一说话就会得罪人，让人觉得讨厌。所以，父母一定要从小就培养孩子语言表达的能力，让孩子在和别人交往的时候没有语言方面的烦恼。

那么，父母应该怎么培养孩子的语言表达能力呢？

1. 不要混淆孩子的发音

当孩子在学习语言之前，会有一段说话很模糊的发音期，那个时候的孩子所说的话都是片段而不完整的，这是因为孩子的智力还没有发展到可以对语言运用自如的程度。而有的父母在和孩子交谈的时候，常常会迎合孩子的声音或者是说话的方式，可能是父母觉得这样做可以更亲近地和孩子进行交流，实际上，这样做非常不利于孩子的智力增长。如果父母一直去刻意模仿孩子的语气和说话方式和孩子交谈，这样只会延长孩子使用片段语言的时间，并且会使孩子的思维长时间处于一种幼稚状态。

比如，有的父母在让孩子认识事物的时候，把猫叫作"咪咪"，把狗叫作"汪汪"，这样做只会让孩子对叫声类似的动物产和一种模糊的概念。所以，当父母在教孩子说话的时候，一定要用正确的发音和孩子交流。

2. 丰富孩子的词汇

当孩子开始说话的时候，父母要注意丰富孩子的词汇，父母可以通过和孩子谈论身边的事物让孩子记一些简单的词语，但是绝对不可以让孩子死记硬背。比如，家里所摆设的家具、厨房中所用的炊具以及院子里的花草树木，父母一定要用正确的发音告诉孩子这些事物的名字。然后，再渐渐地让孩子对每个事物的组成部分进行仔细地分别，让孩子学会用一些形容词和动词来形容它们。这样，就会让孩子的词汇丰富起来。父母也可以通过讲故事来扩展孩子知识面的同时来丰富孩子的词汇。最好是让孩子一边听故事一边重复故事，这样可以加深孩子对词汇的记忆。但是，在丰富孩子的词汇量时一定不可以操之过急，这个过程是循序渐进的，一旦过于着急，只会物极必反。

3. 给孩子说话的机会

语言是通过说话表达出来的，所以父母一定要找机会让孩子自己说话，鼓励孩子说话的勇气。父母可以让孩子复述一下给他讲的故事，或是今天所发生的事情；父母还可以在和孩子一起做事情的时候和孩子多做一些交流，并制造一些让孩子说话的条件，这些对培养孩子的语言表达能力都起着非常重要的作用。

4. 说话时要顾及到对方

当父母在和孩子说话的时候，一定注意不要让孩子只顾着自己说，或是只说关于自己的事情，老是把话题围绕着自己打转。应该让孩子学会顾及对方，谈一些大家都有兴趣的话题，也可以把重点放在对方关心的事情上，留心对方有没有欲言又止的动作，如果有的话，一定要主动询问，绝对不可以视而不见。这是和别人交流时最重要的一点。

5. 父母要注意与孩子的对话的方式

很多家长可能还没有意识到这个问题的重要性。因为在父母的眼里，和自己说话的那个人又不是外人，他是自己的孩子，没有必要去在意什么对话的方式。如果和自己的孩子说话时还得去绞尽脑汁地"绕圈子"，这样不是太累了吗。可是，孩子的模仿能力是非常强的，你和孩子说话时所表现出来的方式、展现出来的特色以说说话时的语气都可能成为孩子模仿的对象。而且，有些父母常常会在家庭教育中用命令的口气和孩子说话，这种口气很容易使孩子产生逆反的心理。如果父母换一种说话的方式，很委婉地将自己的意思表达出来，这样会更容易让孩子接受。

其实，对话的方式不仅仅只限于讲话的语气，更重要的是内容的表达。所以，父母在平常的言行或是在和孩子交谈的方式上一定要注意。

一个人的智力发展和形成概念的方法，在很大程度上是取决于语言的。对于孩子来说，有效的语言表达是学会与人共处的重要内容。如果说倾听的态度更多地需要一种修炼来支撑，那么说话的风度则更需要一种素养来呵护。在增进素养中学会说话，在学会说话中学会共处。

怎样纠正孩子的不良行为

父母课堂

在孩子的身上出现一些不良行为是正常的，父母不需要大惊小怪。当父母发现孩子的不良行为时，及时地想出就应对的方法，让孩子改正他的行为。这样，既纠正了孩子的不良行为，又增强了孩子出现错误的免疫力。

经常会听到一些父母这么说："我的孩子有很多行为会让我觉得非常生气。他非常懒，在家里什么事情都不做，经常犯错误，说了他也不改，还常常做一些愚蠢的及以欠缺考虑的事情。"确实，当父母发现孩子有一些过火或是不良的行为时，父母常常会不假思索地做出一些激烈的反应，尤其是当孩子屡教不改的时候，父母往往会更愤怒。

有很多父母都认为，不管什么事情，孩子都一定要按照父母的意思去做，不要出现什么不良行为。其实，这好像是不可能的。父母们应该好好想一想，有没有一个人一点不良的行为都没有做过，即使是一个大人也会做出现一些不良行为，更何况是一个孩子。关键是父母怎么样对面对和处理孩子的不良行为。

的确，孩子需要约束，但是父母要怎么做才能在做法得体、不失沉稳的前提下，让孩子去做正确的事情呢？

1. 改变孩子生活的环境

很多孩子对周围的事物会感到好奇，也总会想对某一件东西研究一下，所以他们喜欢东摸摸，西看看，可是一摸到什么容易破碎、损坏的东西时就会遭到父母的训斥。然而，父母的训斥只会让孩子耍一顿脾气，然后对这个不让碰的东西更加感兴趣之外，不会收到任何效果。如果父母不想让孩子碰到这些东西的话，把这些易碎、易损的物品放到一个让孩子拿不到、看不见的地方，这样，问题很容易就解决了，根本就不需要对孩子大喊大叫。

针对孩子的一些行为问题，有时候并不需要父母去训斥孩子，甚至不需要和孩子去商量就可以解决。例如，父母不必对孩子说："不要把你用的玻璃茶杯打碎了。"为什么不让孩子平日使用塑

料茶杯呢？ "我告诉过你，晚饭前不要吃零食（把零食放起来）

每次你发觉自己对孩子大喊大叫时，就把它记录下来。随后，看

一看是否可以通过简单的改变环境，来解决反复出现的问题。

2. 与孩子进行有益的对话

在家中和孩子扮演不同的角色，演练那些孩子的行为容易出现问题的情景，可以教孩子懂得什么该做，什么不该做。还可以和孩子进行一些对话，让孩子从中发现自己的不良行为，进而自己改正。这样，比父母在一旁大声喊叫的效果要好得多。

3. 让孩子学会自我管理并自我控制

"自我管理"可以帮助成年人实现自己确立的目标，成为事业上的成功者。而父母可以让孩子掌握这种技能。

有一位家长说自己的孩子有一段时间非常迷恋音乐碟和影碟，每次和父母出去的时候就会买一大堆碟回来。可是这些碟的质量很差，但是其中有很多重复的，并且价钱非常贵，让孩子在上面花了不少的钱。

为培养孩子的理财意识，建议父母为孩子在银行开一个账户，每月为这个账户提供一定数额的可支配资金，这样就把消费自主权给了孩子。同时要求孩子建账管理，订立"财务制度"，如果一有超支就要"扣税"，如果有结余就要予以奖励。这样的话，家长就只需要负责孩子的生活学习用品，其他的一切开支都由孩子自己承担。这样不仅可以控制住孩子乱花钱的活动，还可以让孩子在平时的购买活动中学会节省。

4. 巧妙地变批评为表扬

当孩子已经犯了错误，这些已经错了的孩子又固执己见，不听家长和老师的忠告，这通常会引起他们更大的愤怒。但是如果家长仔细想想，对于已经犯了错误的孩子，他们心里肯定也有很大的压力，他们的自尊心又不允许他们"盲从"，所以，家长首先应该做的不应是责骂或训斥，而是与孩子进行有益的对话。

这种对话式的教育，不仅保住了孩子可贵的积极性，也保住了他的自尊。也是给他以认可和鼓励，让他不必在心中放太多的包袱，认为自己是个不守纪律的孩子。而批评与指责，却可能挫伤他的自尊，令他产生逆反心理，故意重复同样的错误。

5. 父母要以身作则

让孩子们懂得什么该做，什么不该做的最为有效的途径之一，就是让他们向父母看齐。只要你能够在行为举止方面给孩子们做个好榜样，他们迟早会仿效你。俗话说，榜样的力量是无穷的，只要你能够处处起到表率作用，那么你的孩子总有一天，将会心服口服的跟着你。

现在的孩子大都是独生子女，这就造就了孩子在家庭中的特殊地位。从小就生活在以他自己为中心的氛围里，家里所有的人都宠着他，要什么就有什么，说什么都听他的，要是哭起来就会被抱在怀里哄着，在这种过度的溺爱中，会让他产生一种什么都要顺着他，都要为他服务的观念。这样就会养成这样容易养成他爱发脾气、骄傲、任性、不听管教等不良性格，而且独立生活能力也差。再加上没有兄弟姐妹，缺少孩子之间的互助、互让和分享要求的体验，缺少兄弟姐妹之间的情谊和关怀，这样，许多不良的心理和性格就会形成。所以，如果父母想使孩子养成良好的品德，减少孩子的不良行为，就要维持一种正常的家庭关系，让孩子感受到互相关心、爱护和尊重，这样才会拥有一个各个方面都健康的孩子。

让孩子丢掉爱磨蹭的坏毛病

父母课堂

> 想让孩子做起事来敏捷利索，不马马虎虎、慢慢吞吞的，需要父母在平时多创造一些机会让孩子做一些他力所能及的事情，也要让孩子知道做事慢会造成一些什么样不好的后果。这样，孩子就会在做事情的时候有意识地加快速度。

有人说，一个人生来就有一种特殊的能力，不过并没有显露在外面，而是隐秘在人体内的。如果谁能发掘出这种潜在的能力，那么，谁就是天才，只要对这种潜在的能力进行充分的利用，就会做出一番不平凡的事业来。而培养孩子敏捷灵巧的习惯就像是发掘人体内的潜在能力一样，需要父母去诱导孩子去自由地发挥这种潜在的能力，从而让孩子养成雷厉风行、严谨高效的办事能力，但是切记不可以对孩子灌输那些陈年的术语和乏味的公式，那样，只会适得其反。

那么，怎么样才能让孩子克服磨蹭的毛病，从而养成敏捷利索的习惯呢？

1. 做给孩子看

为了培养孩子敏捷灵巧的好习惯，父母应该处处做孩子的表率，要知道，孩子的好坏习惯也都是父母教育和影响的结果。可以这样认为：孩子是父母的翻版。父母要想培养孩子敏捷灵巧的好习惯，就必须注意自己平日的言行，看自己是否做到了敏捷灵巧。

2. 给孩子找动作快的感觉

要给孩子找动作快的感觉，尝动作快的甜头，不要给孩子慢的心理暗示。有一些孩子存在逆反心理，你越说他动作慢。父母要把动作慢看作正常的，就如同孩子刚开始说话时，说不好也是正常的。当孩子动作快的时候，父母要对其进行表扬。还有，父母可以在一段时间内集中解决一个问题，这样父母和孩子都能看到变化，并且可以增加解决问题的信心和动力。在变化的过程中父母对孩子的每一点微小的进步都要鼓励。

平常在家，也可以多进行一些竞争比赛。比如，看谁起床快又好，比比谁先洗完手绢和袜子，等等。

3. 鼓励孩子多动手

"孩子的智慧在手指上"，这句名言给了家长很大的启发。想要开发孩子的智力，最简单而高效的方法就是运动双手。特别是幼儿时期，大脑发育很快，双手动作灵活，能促进头部机能的发展，使大脑变得更聪明，就是我们平时说的"脑子越用越灵"，有利于孩子敏捷灵巧习惯的培养。

4. 锻炼孩子的视觉、听觉、触觉

培养孩子敏捷灵巧的习惯，需要发展孩子的各种能力，比如视觉、听觉、触觉。如果一个人闭起双眼，那么他走起路来就会显得拙劣；捂住耳朵，对别人的表达就模棱两可；失去触觉，就会变得麻木。因此父母必须让孩子的各种能力都成长起来，才能达到敏捷灵巧的目的。

比如，以做游戏的方式，蒙上孩子的眼睛，让他在屋子里摸索，碰到一件东西让他猜是什么，这类游戏能有效地发展孩子的触觉；通过做数数的游戏，把豆子放在桌子上，让孩子掠过说出数字，可以发展他的视觉；给孩子放出许多动物的录音，让他判断是什么动物，或者判断外面的脚步声是爷爷的、还是奶奶的，以发展孩子的听觉；或者随意说出一个数学等式让孩子马上说出结果，以锻炼孩子的反应能力。

5. 抓住孩子感兴趣的事物，及时表扬

兴趣是孩子做事的前提，父母的表扬是孩子的动力。父母要抓住孩子感兴趣的事物加以诱导，当孩子做出成绩，不忘表扬、鼓励。

有很多孩子磨磨蹭蹭，一件事得让家长费尽口舌，他才肯动一动。分析孩子磨蹭的原因，发现有些事是因为孩子不愿干、觉得没意思的事情，比如吃饭、洗碗、穿衣服等，这样家长应给孩子制定一个严格的一日活动时间表；可以把孩子感兴趣和不愿干的搭配起来；如果上床晚了，妈妈就没有时间讲故事了，如果吃

饭慢了，有趣的"特种部队"就演完了等。这样使孩子珍惜时间。有时候孩子干事磨蹭也可能是由于对这项工作还不熟悉。比如：穿、脱衣服，刚学会穿衣服的孩子在扣纽扣的时候是很费劲的。由于他的不熟练使他扣得非常慢，这就有待于家长的训练。孩子磨蹭会有很多原因，只要父母找出原因针对处理，这些都可以解决和克服。

父母课堂

不吼不叫

教出听话的好孩子

文祺◎编著

应急管理出版社
·北京·

图书在版编目（CIP）数据

不吼不叫，教出听话的好孩子/文祺编著．--北京：
应急管理出版社，2019（2020.7 重印）

（父母课堂）

ISBN 978 - 7 - 5020 - 7739 - 6

Ⅰ.①不…　Ⅱ.①文…　Ⅲ.①家庭教育　Ⅳ.①G78

中国版本图书馆 CIP 数据核字（2019）第 252523 号

不吼不叫　教出听话的好孩子（父母课堂）

编　　著	文 祺	
责任编辑	高红勤	
封面设计	小红帆童书	

出版发行　应急管理出版社（北京市朝阳区芍药居 35 号　100029）
电　　话　010 - 84657898（总编室）　010 - 84657880（读者服务部）
网　　址　www. cciph. com. cn
印　　刷　山东大族文化传媒有限公司
经　　销　全国新华书店

开　　本　880mm×1230mm$^1/_{32}$　印张　40　字数　960 千字
版　　次　2020 年 1 月第 1 版　2020 年 7 月第 2 次印刷
社内编号　20192856　　　　　　定价　128.00 元（全八册）

前言
REFACE

一位爱生气且经常对孩子发火的妈妈在博客中写道：

对付再难缠的客户我都可以很从容，哪怕在对方走之后生气到立即拍桌子——因为我知道，跟客户生气就是跟自己的钱过不去——没有人会不喜欢钱，所以我可以忍耐到客户掏了钱走掉后才开始发泄自己的怒气。然而，在对待自己的孩子方面，我却没有这份忍耐力。

规定贪玩的孩子必须在晚上10点前去睡觉，孩子不睡心里就不舒服；如果看着孩子终于服从了命令，即便孩子已经委屈到哭得泪眼汪汪，我也会感觉松了口气。

当然，当愤怒的情绪褪去，看到熟睡的孩子脸上挂着泪痕时，无尽的悔意就会随之而来。而且，之前越生气，对孩子越凶，之后后悔的程度就会越深。尤其是孩子当一觉醒来，眨巴着眼睛甜甜地喊妈妈的时候，我更是会深深叩问自己：天哪，我到底做了什么？！他才6岁。跟一个精力旺盛的6岁的孩子较劲，是多么的愚蠢可笑呀！遗憾的是，当相同的事情再一次发生时，我还是无可避免地会生气……

"不要逼我发火！""你怎么就是不听我的话！""我已经跟你说过多少次了！"很多父母爱子心切，对待孩子总有一种"恨铁不成钢"的心理，遇到问题难以自控时，就着急生气发脾气，对孩子大吼大叫，甚至拳脚相加。贬低、责骂孩子是没有用的，做父母的要想到情绪失控可能带来的恶劣后果——脾气上来的时候没有分寸、没有理智，甚至动手，所有的原则和底线都被怒气突破，最后以孩子的眼泪收场，除了伤害没有任何作用。

在家庭教育方面，作为父母的我们，需要对抗的最大敌人不是电视、不是手机、不是游戏，而是自己的情绪。生气究竟有多大的杀伤力？请你想想，连你自己都失控了，还怎么对孩子产生影响力？当一个人生气时，其言行就会变得冲动可笑，那么生气的父母又怎么可能让孩子停止其幼稚的行为呢？

既然选择了父母这一"终生职业"，就要学会控制自己的情绪，学会让自己冷静，遇到事态恶化，难以自控时，最好先离开现场。请记住：生气的时候不要对孩子说话，这会儿说话办事可能失态、失控。你可以找个借口，如倒杯水、拿东西等理由离开现场，先让自己心情慢慢平静下来。也可以在说话之前先做几个深呼吸，保持头脑清新、心情平静，或者强迫自己停下来，心中默数 10 下，闭上眼睛深呼吸，等情绪稳定下来再面对孩子。

本书分别从与其生气不如教孩子争气、纠正孩子的坏习惯、孩子贪玩不必动怒、别为分数跟孩子过不去、发脾气前先反省自己、别把坏情绪传染给孩子等方面入手，向父母们讲解了"不动手，不生气，也能让孩子听话"这一主题。希望在本书的陪伴下，父母们能控制好自己的情绪，科学教子，学会与孩子沟通，并成为孩子的知心朋友。

目录
CONTENTS

第1章 孩子不如别人，与其生气不如教孩子争气

哲学家康德说过："生气就是拿别人的错误来惩罚自己。"孩子还小，可塑性很强，作为父母，没必要因孩子暂不如人而气自己。世界上没有过不去的山，也没有教不好的孩子。所以，与其沉浸在孩子不如人的痛苦中，不如绕开它，做个聪明的父母，善待自己，也善待孩子，教孩子为自己争气。

第2章 耐心纠正孩子的不良习性，别动辄发火

有些不良习性孩子自己也不喜欢，但他无法控制。所以，父母应对孩子抱以宽容的态度，在帮助他改正缺点的时候，要耐心地指出他的问题。鼓励永远比批评有效，哪怕孩子只有一点点的进步，也不要吝啬你的表扬。父母一个赞许的微笑，一个会意的眼神，都会让孩子受到莫大的鼓舞。

第3章 玩是孩子的天性，孩子贪玩不必动怒

身为小孩，没有谁不爱玩，对他们来说，玩是人生第一大事，要玩的话，最好是只有开始，没有结束；作为父母，没有谁不担心孩子太贪玩，虽然也承认爱玩是孩子的天性，但是更担心孩子自制力差，玩起来没节制。其实，父母不必因孩子贪玩而动怒，而应教育孩子学会自我管理，这样孩子才能学好玩好，玩出名堂。

第4章　成绩不代表全部，别为分数跟孩子过不去

成绩并不是最重要的，重要的是对孩子学习能力的培养。成绩只能代表过去，只能说明某一方面。父母要培养的不是考试机器，而是心智健全、善良美好的人，所以千万不能在分数上跟孩子过不去。父母一定要把健康的学习观传达给孩子，使他健康快乐地成长。

第5章　面对不听话的孩子，发脾气前先反省自己

孩子不听话，多数父母的第一反应就是抨击、指责孩子，怪他们不懂事、不学好。事实上，每一个问题孩子的背后几乎都存在着一位问题家长、一个问题家庭。不合理的教育方式，才是问题产生的根源。所以，父母不要只紧盯着孩子的问题，而是要寻找并理解问题背后的原因，发脾气前一定要先反省自己。

第6章 控制自己，别把坏情绪传染给孩子

情绪是会彼此影响的，所以家长管理好自己的情绪既是为孩子，也是为自己，更是为了家庭的和谐。作为父母，不管自己的心情好坏、空闲还是忙碌，对孩子要一如既往，该指导的指导，该关心的关心，使孩子感到父母一直在爱着自己，关心着自己，从而给孩子安全感和信任感。

第 1 章
孩子不如别人，与其生气
不如教孩子争气

哲学家康德说过："生气就是拿别人的错误来惩罚自己。"孩子还小，可塑性很强，作为父母，没必要因孩子暂不如人而气自己。世界上没有过不去的山，也没有教不好的孩子。与其沉浸在孩子不如人的痛苦中，不如绕开它，做个聪明的父母，善待自己，也善待孩子，教孩子为自己争气。

请记住：别总拿孩子作比较

父母课堂

责备一个孩子为什么不像他的表姐、他的表哥或者他的同学、朋友，这是不公平的。他之所以不像其他人，是因为那不是他。

许多家长喜欢拿自己的孩子跟别的孩子进行比较，尤其喜欢拿自家孩子的短处跟别的孩子的长处相比，经常说一些诸如"你看看你们班长""姑姑家的表妹如何如何不像你"之类的话来刺激孩子。家长自以为这些话能起到"激将"的作用，让孩子奋起追赶，但实际上却伤害了孩子的自尊心和感情，让孩子越来越觉得不自信。

家长应该从内心深处杜绝"拿孩子作比较"的想法，其实，你的孩子就是你的孩子，没有必要去和别人家的孩子相比，只要你的孩子今天比昨天进步了，你就应该祝贺他。每个孩子的性格和特点都是不同的，要用一颗平常心来对待孩子暂时的不足，发掘孩子的优点，尊重孩子的个性和天性。

具体来说，家长要从以下几点杜绝拿孩子做比较，认为自己的孩子不如别人的心理：

1. 大方承认孩子间存在差异

每个孩子的性格和特点都是不同的，拿自己的孩子跟别的孩子进行比较实际上忽视了孩子之间的差异。父母应当接受并承认孩子之间的差异，帮助孩子学会取长补短。除此之外，当父母看到自己的孩子和别的孩子有差异时先不要着急，这种差异未必就是差距。孩子跟别人的差异产生往往是其个性形成的开始，而且，这种差异更需要父母来加以保护。此时，父母应该做的是根据自己孩子的特点进行教育。例如，自己的孩子脑子迟钝一些，教育孩子笨鸟先飞，再努力一点然后迎头赶上。孩子有了进步就应该鼓励。只要孩子付出了努力，已经尽其所能，父母就不要对孩子提出过高要求，这样的教育就是成功的。

2. 尊重孩子的天性

父母要尊重自己孩子的天性，不要盲目比较。很多家长会以怒其不争的语气对自己的孩子说类似的话，如："你咋就不能像对门的张楠那样勤快……"其实，告诉孩子，他不像某个人是一件冒险的事，因为你很难知道自己孩子的感觉如何。如果你的孩子喜欢，或者说是欣赏张楠，那么你的话可能会促使他寻找途径向张楠学习，从而一味地去模仿张楠，而不是寻找表达真正自我的途径。但如果孩子本身就对张楠很反感，那么你的话非但不能起到正面激励的作用，反而可能使孩子更加讨厌张楠，甚至对张楠产生敌对情绪。这对孩子的成长是很不利的，要知道，做父母的只有按照孩子的天性去培养他，孩子才能按照他自己的成长规律自由成长，他才可能收获幸福和成功。

3. 接受孩子本来的样子

很多家长看到自己的孩子如果在某一点上不如别人的孩子，心里马上会有沮丧的感觉。其实，接受孩子就要接受他本身的样子，爱他就要爱他原来的样子。

每个孩子生下来都有自己的特色，有人说是个性使然或是天生气质的差别。但是要帮助孩子看见"真实自我"，还必须先让他（她）"了解自己"。了解自己本来的样子，然后"欣赏自己"——了解自己有哪些特色，而后才能"接纳自己"——正确地看待自己。通过了解自我进而欣赏原本的自己，才能使孩子更加爱自己。而影响孩子最重要的人就是父母，父母对待孩子的态度，是让孩子接纳自己非常重要的一把金钥匙。若父母认为孩子不如别人，是缺乏能力的、做不到的，那么孩子便会做不到；而一个经常受到父母肯定的孩子，就能对自己充满信心，并能以同样的心去看待其他事物。所以，作为父母一定要接受孩子本来的样子，并在此基础上给他尽可能多的鼓励和支持。

4. 要知道孩子并非十全十美

世界上没有完人，不要期望孩子成为十全十美的人。对孩子的行为过分挑剔是大多数家长常犯的错误。这些家长时时刻刻地盯着孩子，当他们有些事情做得不好或不对时，就急切地去纠正，直到他们完全无误才肯罢休。

家长对孩子进行严格地要求和训练是想让孩子的为人和处世达到完美无缺。其实，只要我们静下心来仔细思考，就不难理解人类的行为都是基于大脑的反应，错误是不可避免的。如果家长们多关心孩子表现优秀的一面，并不断地给予鼓励，那么孩子犯错的次数也一定会越来越少。

相反，如果家长老是挑孩子的错，不仅会使孩子存在自己常犯错的印象，还会使其对犯错产生恐惧感，这种恐惧心理可能导致孩子失去信心从而不敢尝试。恐惧的压力会使孩子变得无能，他们认为凡事难以做得完美是因为自己愚笨。

5. 想办法引导孩子而不是抱怨他

抱怨的语气通常介于发牢骚和威胁之间。父母抱怨孩子的时候他很可能没有真正在听，所以很难起到作用。更为糟糕的是，抱怨的次数多了，孩子知道了你最终的警告也不过如此，那时，他将不再对抱怨作出回应。——因为你会再次以抱怨的方式提醒他。

当你在引导孩子时，他会发现你在问他问题，所以他也会认真地倾听。除此之外，他能在解决问题时很好地实践，比如用你传授的技巧解决他遇到的问题。

调整对孩子的期望值

父母课堂

正是家长的高期望值和急功近利，导致了孩子的茫然和压力。

希望自己的孩子将来能成为一个优秀的人才，能够成为社会的栋梁，这是所有家长的共同心愿。"望子成龙，望女成凤"是天下所有父母的眷眷之心。关键的问题是怎样望子成龙。有的家长把望子成龙变成"令子成龙""逼子成龙"。按理说，望子成才的前提是尊重孩子，在此前提下，再对孩子加以引导、劝说、帮助、鼓励、监督，这才是应当采取的正确态度。可是有的家长不顾条件瞎指挥，把自己的主观愿望强加给孩子，让孩子完全按照自己的指令去做，颇似皇帝下圣旨，家长说了办就得办，办不好就斥责。

由于孩子在小时候没有反抗力，不管心里多么不乐意，表面上也不敢不顺从。虽然会发点小脾气，但真正反抗父母的安排是不大容易做到的。于是，就造成了一种假象，好像家长的"战略部署"一条一条实现得很顺利。家长先是喜在心头，接着是头脑发热，认为自己的伟大计划一定能实现。殊不知孩子已经反感透了，而且正聚积着反抗的力量，年龄稍大一点就可能出现"儿大不由娘"的现象，公然与家长冲突、顶撞。所以，家长应学点心理学、教育学的基础知识，了解自己孩子的基本素质情况，不要盲目地确定对孩子的期望值。

那么，家长该怎样合理确定对孩子的期望呢？以下几点可供参考：

1. 充分认识对孩子期望值过高的危害性

家长对孩子的期望值如果超过了社会需要和孩子身心发展的内在规律，就会严重影响将来孩子的性格、社会适应能力的发展及身心健康。在高期望值的驱使下，家长评价孩子好坏的标准会严重失衡，认为学习好就是好孩子，就什么都好。在这种心态驱使下，孩子只要学习好，要什么给什么，极端娇宠，并且，盲目给孩子开"小灶"，认为玩就是浪费时间，因而给孩子出很多题，远远超过了孩子的承受能力，不利于孩子的健康成长。例如，某地有个五年级的小男孩，平时功课是很不错的，但在家长高期望的值驱使下，心理压力过大，总认为自己不够聪明，怕考不上重点中学，终日惶惶不安，极度紧张，后来竟悬梁自尽了。造成这种悲剧的根源是家长，当然最后吞食这个恶果的也是家长。

2. 学会与孩子换位思考

对孩子的期望要实事求是，因势利导，要设身处地地为孩子排忧解难，而不要硬逼孩子，不要无休止地对孩子要求这个那个，不切实际地急于求成。

有一位父亲，他曾经和孩子试着换个角色，让孩子当父亲，父亲做孩子，孩子就向父亲提问题："人家挣一千元，你怎么挣八百元呢？人家住三居室，你怎么住筒子楼呢？人家有高级职称，你怎么还是助理呢？"这位父亲虽然很有涵养，但最终还是受不了孩子这样的提问而大发雷霆。他认为儿子怎么能不看实际情况一味地要求老子挣大钱、住好房、有高级职称呢？因此悟出道理，对孩子的要求要合情合理，要实事求是。

拔苗助长只会事与愿违。当父母无休止地对孩子抱有过高期望时，孩子的反感就必然产生了。时间一长，随着这种反感的积累，出现各种问题也就成为一种对父母高压的自然反应了。

3. 善于鼓励孩子的进步

要求尽善尽美的父母，通常是期望太多，批评太多，总是挑毛病。当父母在孩子身上寄予很高的期望，同时又不断地指出孩子的不足之处时，实际上是在使孩子失去勇气，在降低孩子的自信心，这些父母往往忽略了孩子较小的、积极的行为，这就很容易犯苛责和越权的错误，从而漠视孩子的权利，这与孩子的成长是不相匹配的。相反，如果父母时刻注意到孩子的每一点进步，并及时加以鼓励，就会使孩子充满活力，并且产生要多做一点的欲望。这应当引起父母的足够重视。

4. 激发孩子的动机

如果父母要使期望成为现实，就必须让孩子把期望化为自身发展的内在动力。如今的孩子，大都生来就享受着众多成人给予的关爱。在这样的生存空间里，孩子不知不觉地养成了一种被动的习惯，习惯于等待外来的指令与安排，而真正源于内心的需求与动机则相当缺乏，从而导致积极性与创造力水平低下。有时处理不好甚至还会产生逆反心理。这样的期望，能对孩子产生积极作用吗？

5. 根据孩子的实际情况来确定恰当的期望值

家长们必须承认，由于人的生活和受教育条件不同，以及孩子生理、心理的发展水平是不均衡的，因而人们的自身努力也表现有限。若家长不承认客观条件的差异性，不承认主观能动性的有限性，而是一味地苛求孩子，这对孩子的进步和身心健康都将是有害的。因此，家长在确定对孩子的期望值时，一定要考虑自己孩子的实际水平，决不要和别人的孩子随意攀比。如果期望值高于孩子的实际水平，不但会给孩子造成沉重的学习和精神负担，使其丧失对学习的兴趣，厌倦学习，而且还会剥夺孩子本应有的生活乐趣，使其长期处于超负荷生活状态，影响其身心发育，损害健康。可是如果期望值过低，也不利于孩子的发展和进步。因此，家长应根据老师的建议，必要时征求心理专家的意见，并合理倾听孩子的要求，实事求是地确定恰当的期望值。

不要盲目鼓励孩子的竞争意识

父母课堂

孩子有竞争意识是好事，但是没有明确的竞争目标，凡事都要比个高低，就会走入盲目竞争的误区。

竞争意识是指对外界活动所做出的积极、上进、不甘落后的心理反应。它是产生竞争行动的前提。培养孩子的竞争意识，鼓励孩子参与竞争，对于孩子的健康发展具有重大意义。

有个叫壮壮的孩子，向来喜欢争强好胜，赢了得意扬扬，输了大发脾气。上大班后，他更爱事事占上风，总爱跟同伴比，从球踢得多远，到家里有多少玩具，都要胜人一筹。一天，他放学回家后，得意地对爸爸妈妈说："我换牙了，黎黎没有。"弄得家长哭笑不得。不过，孩子处处争强好胜固然不好，但在充满竞争的社会大环境中，孩子将来必然要为进入好的学校、参加各类竞赛活动而和同伴展开竞争，如果淡化孩子争强好胜的意识，会不会影响他将来在这个充满竞争的社会中生存？为此，壮壮的父母也感到苦恼。

壮壮父母这种矛盾心理，道出了一个家教问题：孩子应该具备怎样的竞争意识。

很多父母也知道让孩子早日明白竞争的意义，了解竞争的重要性是非常必要的。于是他们通过各种措施鼓励孩子参与竞争，鼓励是好事，但是，如果盲目地鼓励孩子去竞争，却没有让孩子了解到竞争的意义，恐怕这种鼓励非但不会起到推进作用，还会导致孩子为了得到奖励而恶性竞争，就像上述故事中的壮壮那样。

家长不妨从以下几个方面做起，正确地培养孩子的竞争意识：

1. 消除孩子在竞争中产生的嫉妒心理

有的孩子害怕同学比自己强而对同学采取"封闭"和"打击"的对策。比如，有好的资料和信息不愿意借给别的同学，对同学的求助漠然置之，甚至毁坏比自己强的同学的资料等。这时父母要激励孩子在竞争中表现出高尚的情操，不要以打击对方的方式来达到自己的心理平衡的目的，让孩子认识到竞争不应是故步自封、暗中算计人，而是齐头并进，以实力取胜。

2. 培养和发展孩子的个性

有些孩子需要竞争的刺激才能把潜能充分发挥出来，如果把握正确，竞争意识可以成为孩子努力把事情做好的动力。心理学研究表明，个性与竞争能力紧密联系，具有良好个性的孩子，对待竞争问题会更理智、更积极。家长要从孩子本身的性格特点和兴趣特长出发，培养孩子完善的人格，使其具备完善的竞争能力。

除了个性原因外，只注重自我意识而忽略别人感受的孩子，往往还没学会怎样和别人相处。这时，家长就要告诉他：如果他为了争第一，而令别人不开心，就可能失去与别人的友谊。要让孩子明白：永远不要只着眼于和别人争高下，而应向自己的能力极限挑战。

3. 鼓励孩子相信自己

家长应该鼓励孩子勇于表达自己的内心感受，用自己的价值观判断是非，相信自己有能力去实现所追求的目标，而不是单纯通过竞争来体现自我价值。要让孩子明白，自己在尽了最大努力之后，能做一个继续上进的赢家或是毫不气馁的输家，而不是过分注重竞争本身。

4. 保护和引导孩子的"自我意识"

竞争意识与自我意识紧密相连，清晰的自我意识是在与他人的比较之下才显现出来的。幼儿期是孩子自我意识发展的关键期，为了发展自我心理，需要拥有与别人区分开的、独特的、私有的经验，从而显示出自己的独立人格。为了在不同对象面前表现自己，孩子需要了解自己的言行将会如何影响他在别人眼里的形象。竞争意识的萌芽，正是孩子自我意识发展的重要表现，家长应及时予以支持与正确引导，既不能打击这种意识，也要防止这种意识走向极端。

5. 教育孩子在竞争中要学会宽容

现实生活中，部分在竞争中失败的孩子，往往会流露出消极的情绪，会对获胜的一方充满敌对意识，表现为不再和对方交朋友，甚至怂恿别的伙伴孤立他。这点也反映出这些孩子还未能积极、正确地面对竞争，这就要求父母在培养孩子竞争意识的同时，提高孩子的竞争道德水平，教育孩子在竞争中要学会宽容。让孩子明白竞争不应该是狭隘的、自私的，竞争者应具有广阔的胸怀。

不要按自己的意愿设计孩子的未来

父母课堂

孩子是一个独立的个体，应该有自己的人生，家长不应让孩子帮自己去圆梦。

做父母的，没有不希望自己的孩子能成龙成凤的，特别是现在大多数孩子是独生子女。当一个新生命到来时，带给家庭的是更多的喜悦，父母总是尽可能多地在物质上满足孩子，感觉给了孩子足够丰富的物质生活，便是最大的爱了。许多家长望子成龙、望女成凤心切，面对这个竞争激烈的社会，更是不想让孩子输在起跑线上。于是，从孩子出生，便精心策划好了孩子的未来，从孩子咿呀学语时就为孩子设计了一幅理想的蓝图，甚至孩子以后要上哪所大学的哪种专业都安排妥当，总想让孩子胜人一筹，有朝一日能出人头地。

很多家长把孩子的成长历程安排的满满当当的，钢琴、绘画、舞蹈等特长要从小培养，英语、写作、奥数等也不能落下，这让孩子没有了自己思考的时间，没有了自我想象的空间，更没了选择想做什么、想要什么样的生活的自由，也无须去想走了这一步下一步该怎么走。

很多家长不顾孩子的爱好和理想，强迫孩子按他们自己设计的轨道发展，如果孩子有一点没有符合自己的意愿，就对孩子的努力和成绩全盘否定，甚至打骂孩子。在面临关键的选择时，家长们生怕一个闪失就会让孩子错过发展的机会，往往以过来人的姿态，凭借以往生活经验和自己的意愿，不容置疑地对孩子的选择大包大揽，完全掌控了孩子的生活。

确实，随着现代社会竞争越来越激烈，父母这种望子成才、追求上进的良好愿望，本就无可厚非。但是如果为了孩子能有一个好的前途，而抹杀孩子的选择权，让孩子替自己实现梦想的话就太让人遗憾了。

孔子曾说过："古之学者为己，今之学者为人。"过去的孩子都是为自己而学习的，不管其目的是为了追求功名，还是为了提高自己的修养，最起码是按自己的主观意愿去做的；而现在的孩子很多都是为了完成家长的心愿而学习，具有很强的被动性。从心理学上看，前者的学习主要是出于内部动机，而后者的学习主要是出于外部动机，前者不会因为达到了某种目的而放弃学习，他们越学越要坚持；而后者会因为已经满足了某种需要而放弃学习，他们越学越不想放弃。

如果孩子学习都是为了满足家长的要求，或者为了实现父母的梦想，甚至是为了得到一次表扬、买一部MP3、出去旅游一次，那就很难体验到学习的乐趣。而一旦缺少了学习乐趣，谁还愿意勤奋学习呢？

著名作家高尔基说过："天才，就其本质而论，只不过是一种对事业、对工作过程的热爱而已。"父母要引导孩子，学习不是为了满足父母的愿望，更不是为了获取物质的奖励，而是为了满足自己对世界的好奇心，是为了满足自己求知的欲望，是为了不断获收学习的成就感，不断挑战自我，只有这样，他才能真正享受到学习的无穷乐趣。

很多事实都证明，多听取孩子的意见，尊重他们的意愿，对于强化他们的主见有着非常重要的作用。父母没有权力借父母之名而剥夺孩子的选择权，更没有权力不尊重孩子的意愿，强行让他们按照自己的意愿去生活。

对孩子的理想，父母如果觉得是合理的，就应给予尊重和支持。对孩子理想真正的支持应该建立在充分理解和尊重孩子的基础之上，以孩子的心理准备和接受能力为前提，然后进行适当的启发和引导，孩子需要的是精心呵护，不是说教，不是命令，更不是趁机提条件。即使孩子的理想与父母的规划产生了很大的偏差，也要平静地与孩子沟通，在尊重孩子理想和追求的基础上，通过充分的沟通和探讨，让孩子理解父母的想法，然后再把决定权交给孩子。

善于发现孩子的闪光点

父母课堂

每个孩子都有一颗敏感而细腻的心，善于发现孩子的闪光点，尊重他的兴趣，才能使他获得心理上的满足与快乐。

现实中有这么一个奇怪的现象，孩子在小时候听到家长的表扬多，随着年级升高，得到的表扬渐渐减少，有的孩子到中学几乎就与表扬无缘了。而批评的情况恰恰相反，由少到多，批得越来越厉害，有的孩子甚至常受到"狂轰滥炸"式的批评。究其原因，是因为随着孩子慢慢长大，家长对孩子的要求越来越高了。很多家长总是怀着急切的心情希望自己的孩子比别的孩子强，于是总盯着孩子的缺点不放。只要孩子达不到他们的要求，他们就横加指责，而对孩子的长处总是熟视无睹。

其实，每个人都有自己的闪光点，只是成人会以各种方式、途径来表现自己，展示出自己的潜能让周围的人看到，并得到关注，而孩子往往是在不经意间表露出他的兴趣爱好，或在某方面的天赋。这就要求要家长善于发现，善于捕捉孩子好的一面，而不是盯着孩子的缺点不放。

俗话说得好，"金无足赤，人无完人"。古今中外许多伟人、名人其实都有缺点，可他们仍然是伟人、名人。伟人、名人不是没有缺点，只是最大限度地发挥了自己的优点。作为父母，我们不要总是盯着孩子的缺点不放，而是要努力寻找孩子的长处，并用欣赏的眼光看待孩子。小孩子毕竟是小孩子，当然会有他的不足之处，如果我们经常斥责孩子"笨蛋"，否定他的能力，孩子可能丧失对自己的信心。我们要尽可能地多一些赞美，少一些指责。赞美孩子，相信他，并帮助他正确对待自己问题，用激励引导他们战胜困难。

著名的儿童教育家福禄贝尔说："与其批评孩子的学习，不如真心地鼓励孩子，这会起到比批评更好的效果。"是的，这就是告诉我们家长与其批评孩子的缺点，不如赞美孩子的闪光点，鼓励孩子去努力，帮助孩子建立自信心。

辛梓妈妈发现老师给孩子的评语上竟然没有提一句孩子的优

点，一位老师说辛梓的纪律性差，一位老师说辛梓爱说闲话，希望她能改正。妈妈相信这些话辛梓已经听了无数遍，已经不起作用了，如果老师能把辛梓入校以来的进步和他的优点罗列一下，激起辛梓的上进心，然后在适当的时机告诉他希望他改掉那些毛病，相信结果就会不一样。于是，妈妈在给辛梓写评语时，就列举了辛梓的优点和进步，说他在家里很勤快，表现很好，对他的缺点一概不提。

很快，妈妈就看到了效果。在拖地时，辛梓能够听话地配合妈妈，并帮妈妈拖两个房间。在此基础上，妈妈继续寻找和挖掘辛梓身上潜在的闪光点，并从他的闪光点切入，对他进行引导和教育，使他获得初步的成功体验，进而使孩子品尝到成功的喜悦。

妈妈的良苦用心没白费，有一天，辛梓对妈妈说："我发现你对我的表扬越来越多了，周围的人似乎也更喜欢我了。"妈妈笑着说："是你自己做得越来越好了，大家都喜欢优秀的孩子呀！"这次对话使妈妈意识到，她对辛梓的培养已经进入了一个良性循环。

没有人喜欢被盯住缺点不放，经常被表扬的孩子（大人也一样）会处在让自己上进的状态中。父母不能迫切希望于孩子马上改掉一些毛病，而要给孩子时间，给他信心。如果孩子的毛病并不影响大局，只要养成了良好的生活习惯，相信他自己会改正的。

对孩子，家长应该多一些鼓励和信任，不能操之过急，要循循善诱。如果一个孩子生活在批评中，他就会学会谴责；如果一个孩子生活在鼓励中，他就会学会自信；如果一个孩子生活在认可中，他就会学会自爱。父母的教育会潜移默化地影响着孩子对学习、对生活，甚至对人生的态度。罗素曾经说过：凡是缺乏爱的孩子，无论品格还是智慧都不能充分地自由地发展。这就要求我们要学会欣赏孩子，善于发现孩子的闪光点。家长如果能换个角度去看待孩子，或许就会发现孩子许多的长处和可爱的地方。

每一个孩子身上都有闪光点，这就要求家长要具有敏锐的洞察力，及时发现和捕捉这些闪光点，作为鼓励他们的契机。金子要有阳光的照耀才会反射出耀眼的光芒。孩子需要家长为他们创造一定的机会，这样，他们的"闪光点"才会被人所知、被人欣赏。

适时鼓励胜于事后奖赏

父母课堂

当孩子试着做一件事而没有成功时，父母应避免用语言和行动来告知他们的失败。做一件事失败了，并不意味着孩子无能，只不过他还没有掌握技巧而已。

每个孩子都需要鼓励，就像植物需要阳光一样。美国前总统里根曾说过这么一句话："我认为今天有些父母所犯的最大的错误是忽视了对孩子自我认知能力的培养。一般而言，缺乏父母鼓励和支持的孩子，自我价值感往往较低，这会妨碍他们建立良好的品行和达到较高的成就。这不但会影响孩子个人的成长，而且对家庭和国家也不利。"

孩子的可塑性是很强的，成人的评价方式往往决定了孩子的未来。家长要不断地鼓励、肯定孩子，给孩子自信，使孩子相信自己可以干得好，干得漂亮。当家长相信孩子的能力的时候，往往会给孩子更多的鼓励。透过家长的眼神，透过家长的话语和动作，也许这些"相信"孩子的信息连家长自己都意识不到，但是这些信息对孩子来说，却是非常重要的。既然鼓励对孩子的成长是如此的重要，那么家长们应该如何鼓励孩子呢？

1. 多包容孩子的缺点

人一定有要容纳不完美的勇气，作为家长更应该包容自己的孩子。这并不是说，你必须包容自己或别人所有的行为，人的行为本来就存在褒贬不一的情况。家长应该学会包容别人，教育孩子也是如此。

法国作家雨果有过一段很恰当的比喻："世界上最宽阔的是海洋，比海洋更宽阔的是天空，比天空更宽阔的是人的心灵。"宽阔的心灵能包容万物，父母的心则能包容各种各样的孩子。

作为父母，要容得下犯错误的孩子。其实，每个孩子都是伴随着错误长大的，这是他们成长中必须经历的一个过程。但愿每个父母都能用一颗宽容、理解的心来对待孩子的错误。著名教育家苏霍姆林斯基说过："有时宽容引起的道德震动比惩罚更强烈。"父母的宽容，会让孩子拥有更加宽松的成长空间。

2. 每天给孩子一句赞美

假如你想增加与孩子之间的欢乐，就应该避免一些言行，不要只是挑剔孩子的错误，应该让他知道自己做得优秀的方面。当孩子对自己的表现也很满意时，他才会更有动力去改正出现的错误。

每天给孩子一个鼓励，赞美、微笑、拥抱等，会使你们亲子间的关系更加融洽。

苏霍姆林斯基指出："给孩子劳动的快乐，取得成绩的快乐，唤醒隐藏在他们心目中的自豪感，这就是家长教育孩子工作的一条金科玉律。"在孩子的内心深处，有渴望被人赏识的愿望。因此，在孩子说话时，家长要多表扬、少批评，多激励、少指责，哪怕发现孩子微小的进步，也要及时地给予肯定。

3. 不要轻易否定自己的孩子

家长要多给孩子鼓励，多给孩子支持，不要轻易对孩子说"不"。在孩子遇到困难的时候，要积极调动他们的积极性，引导他们鼓起勇气去面对困难，想办法去解决困难。

萌萌念小学二年级，每次小测验，一旦自己没有考好，爸爸妈妈便会很生气地说："你真没用，看看人家小强为什么每次都能考 100 分呢？你不好好学习，长大了有什么出息？"萌萌说她很不喜欢爸爸妈妈用这样讽刺的口气和自己讲话，她已经很努力地在学习了。

相信我们大家对这样的例子是再熟悉不过了。应该说，我们当中大部分人小时候或多或少都遭受过父母"没出息""没用""不好好学习看你以后有什么出路"等诸如此类的打击。面对这样的训斥，孩子的心里除了难过、沮丧，还有什么？父母是这个世界上最亲近的人，连父母都无法给自己勇气和鼓励，那让孩子去哪里找寻前进的动力？

鼓励孩子虽然对孩子的成长有很大的帮助，但是鼓励也要适度，要注意以下原则：第一，不讽刺他，以免孩子受到不同程度的打击；第二，不过分赞扬，以免孩子感到骄傲自满。鼓励是一个持续的过程，主要目的是让孩子得到自我满足，即有自尊感和成功感。家长要让孩子明白，快乐掌握在自己手里，成功是自己努力的结果。

最后提醒大家，作为称职的父母，不能以严厉的指责作为与孩子交流的工具。真诚地鼓励孩子的积极性，表现出作为成人的爱心和耐心，孩子自然也能感受到父母的支持与关爱，从而使孩子意识到自己的责任，树立有意义的人生目标。

做"眼里能容下沙子"的家长

父母课堂

作为父母，既不能娇惯和任意表扬孩子，也不能无故打击和批评孩子，要避免极端的教育方式，克服完美主义倾向，允许孩子有缺点。

几位妈妈聚在一起谈论自己的孩子，一位妈妈谈到了她正在上小学三年级的孩子。她一脸的苦恼，说是孩子太调皮，打也打了，骂也骂了，就是不听话，她甚至怀疑是不是孩子有什么问题，是否要去看心理医生……

其实，这位妈妈说她的孩子不听话，无非就是叫他做作业，

他会拖一下，多玩一会儿，她的要求孩子不一定能达到而已。局外人都觉得这是正常现象，可是为什么在这位妈妈眼里孩子就一无是处了呢？

其实，很多家长都遇到过类似的问题。那么，为什么会出现这种情形呢？

首先，父母都有望子成龙的愿望，一般对子女都有比较高的要求，对小学阶段的孩子也不例外。父母都希望孩子学习优秀，明白地说就是分数要高，作业、考试都不要出错，天天100分更好。可是事实上，这是不可能的。小学阶段的孩子，玩的天性还没有褪去，孩子喜欢玩是他成长的必要过程，要允许他有这个过程，允许他在玩中学习。孩子小，做作业、考试，粗心大意也是很正常的，不要要求孩子天天100分，要允许孩子有错，允许孩子得60分、70分，甚至不及格。只要孩子努力了，是他的真实成绩，家长都应加以鼓励，同时帮助孩子找出差距，争取之后的进步。

其次，父母与孩子所处的角度不同。在父母看来，孩子的那些问题非常简单，根本就不应该出现。这实际上是父母没有设身处地为孩子着想，没有站在孩子的角度去想问题的缘故。其实，孩子在成长的过程中，有时候不完全听父母的话（父母的话也不一定全对），有时候把事情做不好等，都很正常。家长要理解孩子，给孩子应有的成长空间，尽量帮助孩子拥有快乐的童年，这是父母对孩子应尽的义务。要让孩子快乐成长，父母就得对孩子宽容一些，允许孩子有缺点，允许孩子犯错。当然不是故意纵容孩子，允许犯错的同时还要帮助孩子尽快改正缺点和错误，只是不能太过于心急，要让孩子有个逐步进步、逐步成长的过程。相信只要引导得当，孩子一定会不断进步，快乐、健康地成长。

一位妈妈说："我儿子很调皮，但在我心里我从不感觉孩子不好。有一次孩子太调皮了，姥姥骂他是'捣蛋鬼'。孩子就跑到我面前问：'妈妈，你喜欢捣蛋的孩子吗？'我回答他说：'妈妈喜欢捣蛋的孩子，捣蛋的孩子聪明。'我从不感觉孩子有点小缺点是大问题，我会接纳孩子的全部，无论是优点还是缺点。"

这位妈妈的做法并不是娇惯孩子，而是合理地培养了孩子的自我概念。让孩子清楚他有哪些优点，哪些不足。在认知自我的基础上再帮助孩子克服那些小缺点。

爱并接受你孩子的全部，是为人父母者最难做到的事情之一。相反，很多父母总是忘不了孩子身上那些我们视为缺点的东西，或者沉迷于我们为他编织的未来之梦，担心我们的愿望可能会落空。但是，如果你沉迷于理想化的未来，现实很可能会令你失望。而且如果你将这种情绪表现出来，那么，本该让他充满自信亲子关系，现在却只会让他产生自我怀疑。

如果你不能接受有缺陷的他，动不动就训斥他，孩子很有可能会隔绝其真实的自我，或者四处小心提防，生怕有什么地方得不到你的认可，或是想方设法讨你的欢心，获得你对他的认可，长此以往，他必然会失去真实的自我。

家长要用发展的眼光看待孩子，不要认为孩子自己不会改变。只要细心观察孩子，就会发现孩子有进步的地方。可能对问题的认识提高，分析理解能力增强，可能某方面科学文化知识增加，可能一次作业进步或者一次考试的进步，也可能在劳动或公益活动方面表现突出，可能文艺、体育取得好成绩，可能完成了什么小发明、小制作……

　　要拿孩子的今天比昨天，比前天，而不是跟别的孩子比，哪怕发现一点微小的进步，也应及时肯定。不应该由于盲目攀比或高标准就把看着不起眼儿、认为不值一提的孩子的点滴进步漠视、忽略过去。应该想到"积小致巨"，优点是一步步发展的。

　　家长要求孩子们遵守纪律、专心学习，这没有错，但面对幼小的孩子，家长应该多一分等待，多一分耐心，少一分急躁，少一分冲动，允许孩子带着"缺点"成长，期待孩子新的进步！

第 **2** 章

耐心纠正孩子的不良习性，别动辄发火

有些不良习性孩子自己也不喜欢，但他无法控制。所以，父母应对孩子抱以宽容的态度，在帮助他改正缺点的时候，要耐心地指出他的问题。鼓励永远比批评有效，哪怕孩子只有一点点的进步，也不要吝啬你的表扬。父母一个赞许的微笑，一个会意的眼神，都会让孩子受到莫大的鼓舞。

给撒谎的孩子"对症下药"

父母课堂

> 父母在处理孩子说谎这件事时，不该充满一触即发的火药味，更不应显出一种怒发冲冠之态，而应心平气和地进行疏导和教育。

很多父母认为，孩子小小的谎言没有什么危害性，甚至还觉得这很可爱。可其实撒谎危害是很大的。撒谎一旦成了习惯，孩子长大后就会变得满嘴谎言。当这种习惯形成后再去改变它，就十分困难了。

东东是个聪明、活泼的孩子，就是有个坏毛病：喜欢说谎话。一次，他因为上学迟到，他向老师编造了生病的谎言。还有一次，为了从家长那里得到"奥特曼"玩具，他将考试成绩由70分改成了90分。父母知道了这些事情后，又生气又无奈，不知道东东是如何学会撒谎的，也不知道该如何教育东东才能改正他这个坏毛病。

现实生活中，有很多孩子都像东东那样，在这种或那种场合讲过假话，但是他们说谎的原因并不完全相同。因此，我们在处理孩子说谎时，首先得弄清楚孩子说谎话的原因。

一般来说，孩子在2~3岁时，认知和语言能力的发育都不成熟，还不能看出自己的言行之间有什么直接关系。对他们来说，行为远比语言重要，而语言都是模糊的，有多重含意的。

但是从4岁起，孩子们开始明白，故意说谎而误导别人是不对的。事实上，这时或稍大一点的孩子对事实的崇拜几乎达到狂热的程度，如果发现爸爸妈妈、兄弟姐妹或朋友说谎骗自己，他们会非常愤怒。换句话说，他们认为语言的真实与否远比说话者的意图要重要得多。

面对说谎的孩子，家长不妨采取以下方法加以预防、引导和矫正。

那么，父母具体应该如何对待说谎的孩子？

1. 不要对孩子说谎的现象大惊小怪

由于孩子智力、认知水平较低而造成的无意识说谎，家长不必大惊小怪，随着年龄的增长，孩子的记忆力、想象力、辨别能力、分析能力的发展，这些说谎现象会自然消失。父母可亲切地指出与事实相违背的地方，帮助他把理想、想象与现实分开，切不可粗暴地训斥，也不要归结为道德问题，否则会使孩子感到莫名其妙和惊惶失措。

2. 为孩子树立好榜样

父母要以身作则，言而有信，说到做到，做诚实的人，给孩子起表率作用。可以经常的选择一些诚信方面的故事讲给孩子听，或者选择一些诚信方面的书，拿给孩子看。用故事中的人物给孩子做榜样。

父母千万不要在家庭生活中，给孩子做坏榜样。如一个母亲要睡觉，不想招待客人，就对自己的孩子说："如果有客人来，你就说妈妈不在家。"等客人来了，孩子对着客人说谎了："妈妈不在家。"这种错误引导很容易使孩子养成说谎的习惯，这对父母来说是不可取的。

3. 纠正孩子说谎要循循善诱

要纠正孩子说谎的坏习惯，家长先不要责备孩子，而是要找出原因。属于有意识说谎的，要帮他分析危害。可用形象的事例来帮助孩子了解说谎是一种不良行为，会失去别人的信任，会失去朋友，然后鼓励他，帮助他改正。当孩子有了进步，要及时表扬，予以信任。要激励孩子鼓足勇气，积极向上，争取做一个高尚的人。

4. 给孩子正确的心理暗示

两个孩子在一起玩，一个是诚实的，另一个是喜欢说谎的，成人要嘉奖诚实的孩子，让说谎的孩子知道说谎是错的，从而走上诚实的道路；另外，孩子跑来告诉父母一件事时，父母要信任他，不要说："真的吗，你不要骗我呀？"如果父母这样说，将会在孩子的心灵上种下一个说谎的种子，认为语言是可以骗人的。

5. 重视孩子的第一次说谎并鼓励孩子说真话

如果孩子说谎了，父母要让孩子知道，即使他说了谎，爸爸妈妈还是爱他的，也能理解他的心情；要与孩子一起商量，下一次遇到类似情况用哪些更好的办法来代替说谎；而且要注意，一旦发现孩子说谎了，不要立即在其他人面前指责或教训他，最好另找一个合适的时间单独与孩子谈。

真相是谎话最真实的映照，父母在发现孩子说谎后，要注意保护孩子的自尊心，同时也要问清楚孩子为什么要说谎，不排除孩子撒善意的谎言的可能。这样才能从根本上杜绝孩子说谎骗人来达到目的的心理。

让孩子养成良好的卫生习惯

父母课堂

培养孩子养成良好的生活卫生习惯是件平凡而细致的工作。做父母的要持之以恒，不厌其烦地教导孩子。

个人清洁卫生看起来是一件微不足道的小事，却往往反映出一个人的精神面貌和生活情趣。人们常说活着就是为了提高生活质量，从而获取精神上的自由和提升。

在日常生活中，不少孩子的个人卫生意识非常差。我们经常会看到一些住在集体宿舍的学生，衣着却乱七八糟，衣服裤子皱皱巴巴，油渍斑斑。集体宿舍的卫生更是惨不忍睹。桌子上杯盘狼藉，有的剩饭剩菜已经长出"霉菌"，床上更是成了"杂货铺"，被子已经看不出是什么颜色，床下的世界更"精彩"，空瓶子、臭袜子、脏球鞋等横七竖八地堆在一起。

如果一个人的起居生活一塌糊涂，特别不注重个人卫生，他的个人形象肯定很差，更谈不上 什么精神面貌。衣冠不整，精神上也必然是散散漫漫。

整洁的服装能使人更加自信。因此，父母一定要教育孩子明白这个道理：穿着不体面、不整洁是没有出息的表现。

养成良好的生活卫生习惯，是保证孩子身体健康的重要条件。

孩子的抵抗力比较差，容易受病毒侵袭，而良好的生活卫生习惯，不仅对预防疾病、保障健康有重要意义，而且对孩子以后的生活也有深远的影响。

那么，家长该如何帮助孩子改掉不讲卫生的坏习惯呢？具体来说，可从以下几个方面做起。

1. 让孩子明白讲卫生的重要性

如果孩子没有真正明白讲究卫生的重要性，只是被老师或父母逼或催着讲卫生，很难培养出注意卫生的好习惯。

为此，父母可以为孩子讲一讲不讲卫生的害处，或者让他们自己查一查资料看讲卫生都有什么好处，也可以让他们回想自己的行为，看有没有因为不讲卫生而引发过不良后果。对那些不爱剪指甲、有指甲垢的孩子，有条件的话，父母可以找一台显微镜，挖一点指甲垢，放在玻璃片上，加上一滴水，放在显微镜下，让他们看一看手上的细菌在水中游动的情况。这样能让孩子获得深刻的印象：手指甲下藏了那么多的细菌，万一吃进肚子，细菌在肚子里活动就会给身体带来很多疾病。

2. 从平常生活的点滴做起

家长要逐渐地给孩子灌输卫生的概念与知识，告诉他什么是脏的、什么是干净的，教育他饭前便后要洗手，不要吃脏东西、不要随地吐痰、不要咬手指、不挖鼻孔、不抠耳朵，要养成良好卫生的习惯。要定期给孩子剪手和脚的指甲，这个时期孩子的手到处乱摸，手指甲一定很脏。在给孩子洗脸、洗手时，要开始教孩子自己来洗手，教他如何擦肥皂，如何清洁。父母还要教孩子刷牙。要让孩子养成不乱丢弃垃圾的习惯，注意公共场所的卫生。

3. 制定具体的卫生准则

父母要和孩子共同制定具体的卫生准则，并向他讲明这些规则的意义。甚至可以将这些规则以标语的形式张贴在墙上。例如：不撒饭粒，饭前洗手，饭后擦嘴，吃水果要洗干净，等等。这样可以时时提醒孩子遵守卫生规范。

4. 告知孩子讲究卫生要注意的细节

有些孩子在家从来不乱扔垃圾，一出门就忘记了，垃圾随手就丢。父母可以为孩子准备一个塑料袋，让他随身带着，以便把垃圾放在里面。喉咙有痰时教育孩子不随地乱吐，最好是吐在纸上，然后丢进垃圾箱里。再如：勤剪指甲，剪完指甲要清洗手和剪刀；红领巾等物品要保持清洁；书包、文具盒等器具要保持整洁；身边常备纸巾；嚼完口香糖后用纸包好再扔进垃圾箱等。

5. 言传身教比什么都重要

孩子总是以父母为榜样的，良好习惯的养成非一日之功。要想孩子养成好的习惯，父母首先要以身作则，杜绝蓬头垢面、不爱整洁的坏习惯，让爱整洁、讲卫生的习惯成为家庭生活的一部分。

良好的生活卫生习惯是保证孩子身体健康的必要条件。从小培养孩子良好的卫生习惯，能够让孩子健康茁壮地成长；孩子拥有了良好的卫生习惯，才会拥有健康的心理状态；而干净整洁的服饰，又会增加孩子的自信心，让孩子更好地面对生活。

孩子总是拖拖拉拉怎么办

父母课堂

> 父母需要明白的是：磨蹭只是一个习惯，并不是一个人的心理特征，也不是性格缺陷，是可以纠正和不断完善的。

孩子心理过程的随意性很强，自我控制能力较差。很多孩子常常是一边吃饭，一边玩耍；一件事情还没有做完，心里又想着另一件事情；做事总是杂乱无章，缺乏条理。这时候，如果爸爸妈妈不加注意，就会让孩子养成"拖拉"的坏习惯，久而久之，这种坏习惯会根深蒂固。

"乐乐！放学回家后要先写作业！""我知道了！我休息一下就去写。""乐乐！你怎么还没开始写作业呢？""等一下！我把这个卡通看完了就去写""乐乐！你已经看了一个多小时了，赶快去写作业吧！""好了！马上就看完了，等我吃完饭就去写。""乐乐，你每天都这样，不到最后不写作业！""我保证，明天不会这样了，明天一定放学后就写作业！""唉！你已经保证过好几回了……"

这样的对话在现代的家庭中有很多，有的家庭几乎每晚都能听见这样的对话，究其原因，是因为孩子们有了拖延的习惯，认为时间还早，不着急，结果每次作业都要写到很晚，影响第二天的学习。孩子小的时候形成了这种拖延的习惯，长大后，不管做任何事，都会有不到最后一秒不行动的不良习惯。

　　孩子做事慢，或者磨蹭，有时与孩子的性格有关，有时和孩子的生活习惯有关，家长不能一概而论，应该具体问题具体分析，帮助孩子改正做事拖拉磨蹭的习惯。

　　那么，如何让孩子改掉拖延的坏习惯，以便在成功的天平上多一个砝码呢？

1. 为孩子树立榜样

　　为孩子树立的榜样应该是他所熟悉的小伙伴或同学，这样对孩子才会有意义。也可以让孩子与这些榜样孩子一起学习、游戏，通过孩子之间的相互影响，帮助孩子逐渐改掉拖延的坏毛病。

2. 培养孩子良好的作息习惯

　　父母可以和孩子一起制定一张作息时间表，什么时间起床，洗漱要多长时间，吃早餐要多少时间，放学后先做什么，然后做什么，几点睡觉等，都可以让孩子做出合理的安排。只有把作息时间固定下来，形成习惯，孩子才能对时间有一个明确的认识，从而能养成良好的时间观念。

3. 让孩子品尝耽误时间的苦果

　　现在很多孩子做事磨蹭、拖延，不珍惜时间，这些毛病都是父母的娇生惯养造成的。当孩子赖床不起时，可以试着不要催促他，让他来不及吃早饭、上学迟到、受老师批评。一旦孩子品尝到耽误时间的苦果，心里会感到不舒服，自然会吸取教训从而改正拖延的坏习惯。

4. 教孩子定期检查时间运用

孩子的时间是否浪费了，有时候，他不认真反省是不太清楚的。因此，要想让孩子合理地利用时间，就得让孩子学会反省自己的时间是如何利用的。

在日常生活当中，父母可以要求孩子每天把自己的时间利用情况记在日记本上，每月分析自己时间安排的规律，找出浪费时间的地方。这样，可以帮助孩子减少时间的浪费。

5. 教孩子学会集中精力做事

有的孩子，做事时三心二意、漫不经心，甚至边做边玩，这是最浪费时间也影响效率的。父母应告诉孩子，做事时就要认真做，而且必须做完一件事再去做另一件事，绝不能一心二用。当孩子做好一件事，父母要给予表扬，以强化他的行为习惯，至于高效地完成任务而剩余下来的时间，可以让他自己支配，以示"奖励"。这样，不但提高了孩子做事的积极性，还使孩子养成了在规定时间内集中精力做好一件事的习惯。

杜绝脏话，净化孩子的语言环境

父母课堂

孩子的模仿能力比较强，因此父母与孩子在一起的时候，一定不要说脏话。除此之外，还要教导孩子不能说脏话。

走在城市的大街上，遇到迎面而过的孩子，总能在他们的嘴里听到不少的脏话；坐在街边的餐馆，也经常能听到孩子的脏言脏语。说脏话一直被现代社会认为是一种不文明的现象，但这种行为有时却能满足我们对情绪的表达发泄，从心理学的角度来讲，说脏话有时是我们灵魂的"止痛药"，但这并不是默许孩子说脏话的理由。

在现实生活中，谁都会遇到一些不顺心的事情，在内心极度懊恼、生气、压抑、愤怒的时候，谁都会忍不住说一些脏话，把别人数落一番，把不顺的事情抱怨一通。咒骂之后，也会发现自己内心舒服很多，这是因为不良的情绪已经得到了宣泄。孩子喜欢说脏话，发泄恐怕是很大一部分原因吧！

下午放学，和同学们分手后，雯雯哼着歌走进小区就碰见了妈妈，妈妈喘着粗气，两手拎着满满的都是雯雯爱吃的蔬菜和水果。"妈，你怎么买这么多啊？来，我帮你拎。"急忙跑上前来的雯雯伸手从妈妈手里接塑料袋。走到楼下的时候，因为拎的东西太多妈妈不得不停下来歇一会儿，跟着停下来的雯雯说："妈，我想要个 MP3，我们明天去买好不好？"妈妈问："你要它干吗？""听歌啊，我们同学都有。"雯雯撅嘴看着妈妈。"不行，对学习又没什么帮助，买了……"妈妈的话还没有说完。"猪脑子！"雯雯狠狠地嘟囔一句，扔下手里的蔬菜口袋，转身上楼了。女儿蹬蹬上楼的声音，传到妈妈耳边全成了那 3 个脏字的回音。

一般说来，孩子四五岁时，正是语言表达能力迅速发展的时期，这个时期孩子语言模仿的范围已经相当广泛了。不仅喜欢听别人说话、讲故事，也喜欢自己讲给别人听，这个时期孩子学习的最大特点就是模仿性强，几乎什么都要模仿。发现孩子骂人、侮辱人的无礼行为后，有的家长默然视之，认为是鸡毛蒜皮的小事，不必认真对待。有的家长却大动肝火，破口大骂，甚至打孩子的嘴巴，认为这样就算严格教育了。其实，用这种打骂方法所进行的"严教"，结果只能事与愿违，不仅不能帮助孩子改正骂脏话的缺点，而且会伤害孩子的自尊和情感。

那么，怎样使孩子改掉讲脏话的不良习惯呢？这和教育孩子改正其他缺点一样，不仅要严格要求，而且要耐心教育，注意方法。以下几点可供参考。

1. 净化孩子的语言环境

孩子不文明的语言一般都来源于周围的环境，要想让孩子成为一个文明礼貌的人，首先要净化孩子周围的语言环境。孩子从两三岁开始，语言能力发展极快，他喜欢模仿周围人的说话，虽然有时候他根本不知道自己说的是什么意思。

当父母发现孩子说脏话时，要找出孩子说脏话的"根源"，尽量让孩子远离或少接触那种不良的环境。比如，父母可以有意识地限制孩子与善于说脏话的同学来往；也可以和教师取得联系，借助老师的力量促进其他孩子养成文明礼貌的习惯；也可以和孩子同学的父母取得联系，一起帮助孩子养成文明礼貌的习惯。

2. 冷静处理

孩子讲脏话往往是在模仿，也就是他们的脏话只有"脏"的形式，而不包含"脏"的道德。因此父母不必过分大惊小怪，只要在预防和引导方面双管齐下就可以了。当孩子出口成脏时，爸妈也无须反应过度，冷静面对才是最为重要的处理原则。不妨先询问他是否真的懂得这些脏话的意义？他真正想说表达的是什么？他知道这些语汇其实是不尊重他人、不成熟的行为吗？如果换个方式，他会怎样表达呢？爸妈要避免恶言威吓，得让孩子知道，爸爸妈妈很愿意和他讨论"说话的艺术"，包括脏话和好话。其次告诉孩子应该怎么说。

3. 给孩子示范友好表达的方式

对偶尔说脏话的孩子，成人应以文明的语言把孩子所要表达的思想、感情重复说一遍，形成正确示范。如孩子经常重复一些脏话，家长应严肃地告诉孩子这些话不文明不好听，爸爸、妈妈和所有的人都不喜欢听，并和孩子一起分析孩子喜欢的、尊敬的成人或是小英雄们是怎样说话的。利用榜样的力量，可使孩子产生说脏话不好的印象。

在此基础上，教育孩子表达气愤、激动等情绪和处理矛盾时的文明用语和方法。和他人发生争执时可以说："请你走开！""你不讲道理，我很不高兴。"或自己先走开，等等。

4. 告诉孩子自己不喜欢说脏话的孩子

当孩子第一次说了一句脏话的时候，有些父母会觉得孩子说脏话很好玩，说："哎呀，我的宝贝居然学会了说脏话了，这是从哪里学的呀？"孩子根本不知道自己说的话是脏话，但是他觉得大人喜欢他说这样的话，于是，他就不断地说脏话，并以此来逗大人开心。

事实上，父母要明确地让孩子知道，一个人说话要文明，说脏话的孩子不是个好孩子。父母可以这样说："爸爸妈妈不喜欢说脏话的孩子，小朋友也不愿意跟这样的孩子玩。"明确表示自己的态度，从正面教育孩子改变自己的行为。

让娇气离孩子远一些

父母课堂

孩子充满稚气地向大人撒点娇不是什么错误，然而一旦娇过了头，养成了过于娇气的毛病，就会影响他的健康成长。

娇气是现在孩子的通病，有很多父母都反映，我的孩子怎么这么娇气啊！不喜欢走路，喜欢父母开车送自己上学；不喜欢背书包，喜欢父母帮自己背包，不能忍受疼痛，一点小伤就大哭不止。

有一位妈妈去兴趣班接儿子亮亮回家，到了那里一看，时间还早，就站在门口看他们是怎么训练的。老师正在教孩子们横叉，一共只有十来个孩子，却有大半的孩子做不好，其中就有亮亮。许多动作没做好的孩子在老师的指引下努力做到位，亮亮却好，索性坐在地板上休息了。

下课了，老师召集动作没做好的孩子到一块再来训练，说好过关后才能回家的。不过看到家长都来接孩子了，老师最后说愿意练的就留下来。亮亮忙不迭跑到妈妈身边，想就这样趁机溜回家。妈妈虎着脸，批评他训练一点也不认真，让他继续去练。他呢，腆皮腆脸地撒着娇，说自己做不好，没办法将横叉做到位。妈妈心里明白，真的逼着他再去练也没什么效果，他自小就娇气，走多一点路都会说脚疼。参加这个兴趣班，他也只是好奇，觉得好玩，现在新鲜劲过了，训练也就马虎了。

由于父母的溺爱，导致现在娇气的孩子越来越多。要知道，家庭是孩子成长的摇篮。父母及其他家庭成员的观念与行为，对孩子认知的养成起着决定性的作用。

如今许多父母对孩子的溺爱已经上升到了新的高度，很多孩子衣服非名牌不穿，手机非名牌不用，电脑不贵的不要。这些娇气就是父母溺爱孩子的产物之一，想要孩子不再娇气，父母就必须要做到以下几点：

1. 狠下心来"治娇"

为了使"治娇"有好效果，并且不半途而废，家长必须下狠心，关键时候不能心软。孩子过于娇气，主要是由于大人过于疼爱、过于娇惯造成的。要想给孩子"治娇"，父母先要统一认识，认清娇惯孩子将来带恶果。有的家长以"孩子还小"作为娇惯孩子的借口，这没有好处。要明白，在孩子的成长过程中，家长要学会拒绝他们无理的要求。一般地说，小学中学以后，就应把这种娇气克服掉，不然会影响孩子未来的发展。

2. 引导孩子的利他行为

孩子的娇气往往是与自私、任性等性格相伴而生的。对此，父母可以经常支持、鼓励孩子进行分享和奉献，如将自己的文具、玩具与同伴分享；陪年龄更小的小朋友回家，交还捡拾物品，讲卫生、讲文明、懂礼貌，等等，养成良好行为习惯从而改变不良行为。专家认为，积极引导这些利他行为，对于孩子的信任感、独立感的培养以及良好的同伴关系是十分必要的，同时也有助于改正孩子常见的以自我为中心倾向与娇气、任性等性格。

3. 让孩子独立完成劳动

父母给孩子安排适当的、力所能及的劳动，如穿衣服、刷牙、洗脸、洗手绢、扫地等，并予以及时的指导与表扬，有助于培养孩子的劳动意识和独立意识，这在很大程度上抵制着娇气心理、行为的产生。家长对孩子的教育，除了生动、形象的言语教育外，直观、具体的实际行动同样潜移默化地发挥重要的作用。

4. 运动治娇

娇气的孩子最怕费劲的运动。家长跟孩子订个协议，每周一起跑步，不少于三次，距离远近依孩子年龄和身体状况而定。开始 1000 米，跑几次后提高速度，以后逐渐延长距离。记时还能调动孩子的积极性。利用双休日去爬山或者徒步远足也是好办法。跑步、爬山既能开阔孩子的视野，又能锻炼身体，磨炼意志。

别让孩子过于自满

父母课堂

父母在夸奖孩子的同时也要指出他的不足，让"自认为很牛"的孩子对自己有个清醒的认识。

孩子自信是好事，但是如果自信过了头，就变成自负了。一般地说，自负多表现在独生子女身上，或是家庭条件较优越、具有某种先天优势的孩子身上。自负产生的原因是多方面的，但是从家庭这方面来讲，多是由于家长对孩子过分宠爱、不能正确客观地评价他们所导致的。正如您的孩子，她的聪明可爱不仅让亲戚朋友们赞不绝口，更使许多同龄人对她刮目相看。这些过分的夸奖，客观上助长了她的自高自大，不能正确评价自己，因而得意忘形，目空一切。这是因为，孩子还缺乏全面客观评价自己的能力。如果成年人再对孩子评价不适当，就会给孩子带来一种错觉，以为自己真的像人家评价的那样毫无瑕疵。

自负的孩子虽能取得一定的成绩，但往往没有远大理想和志向，而只满足于眼前取得的成绩。而且，他们看不到别人的优秀，只会"坐井观天"。自负的孩子很难和同学们友好相处，因为他们不能做到平等相待，总是以高人一等的态度对待人或待事。

自负往往会导致自满，使孩子丧失上进心，增长虚荣心。另外，自负心理还容易使儿童意志脆弱，经不起挫折和打击。例如，有一个少年歌手去国外演出，因为过于紧张，不小心唱跑了调。这位少年歌手初露头角时一帆风顺，习惯被掌声、鲜花、奖牌包围，对挫折的承受力太弱，一旦在国外演出失败，便无法接受，结果以自杀告终。可以这么说：自负心理是他自杀的重要因素之一。

为了纠正孩子的自负心理，作为家长，你可以从以下几个方面去努力：

1. 做不自负的父母

自负的父母并不会生出自负的孩子，却会教出自负的孩子。不要以为孩子小还不懂，其实从孩子一出生的那刻起，周遭的环境就开始在影响他了。如果父母表现得骄傲自大，孩子可能会有样学样，把骄傲这个不好的习惯学起来。

2. 让孩子正确评价自己

孩子出现自负情绪往往是过高地估计了自己，认为自己比谁都强，只看到自己的长处，看不到自己的短处，拿自己的长处比他人的短处。因此，他们往往狂妄自大，大都以"自我为中心"，想干什么就干什么，不会设身处地地替别人着想。作为父母应耐心地教导孩子，让孩子学会正确地评价自己，既认识到自己的优点，又看到自己的不足。父母还需要规范孩子的行为，督促他们改正自负的认知，告诉孩子在交友中应该怎样做和不应该怎样做，并加以训练和指导，使其养成良好的行为习惯，这样，他才会受到大家的欢迎。

3. 让孩子认识到自负的危害

自负的人就像井底之蛙，视野狭窄，自以为是。家长应该让孩子认识到自负是自己健康成长的绊脚石，任何成绩的取得只能是阶段性的、局部的，只能作为一个未来的起点。在学习上，知识是无边的海洋，如果因一时的领先就忘乎所以，恰恰是知识不够、眼界不高的表现。家长应该有意识地给孩子分享一些成功者的经验，告诉孩子古今中外有所作为的人，都是在取得成绩后仍能保持谦虚然后奋进的人。

4. 奖励孩子时以精神鼓励为主

其实，孩子只要能得到口头表扬，心理上就会得到满足。过多的物质奖励，有时会强化幼儿产生沾沾自喜、高傲自大、忘乎所以甚至不思进取的心态，要防止他们被夸奖声和赞许的目光所埋没，或被过多的物质奖励而产生畸形的满足感，懒于上进和努力，从而削弱进取意识。所以，父母要注意不能给孩子过多的物质奖励，让他们明白好条件是父母创造的，他其实和其他同学一样，没有什么特别的地方。父母要观察孩子的心态和行为表现，发现不良苗头，及时教育，消除其骄傲自大的不良习惯。

5. 对孩子进行挫折训练

家长可以交给他一些较难的事去做，当他没能完成任务时，要帮助他分析原因，使他看到自己的不足。家长还可以和他一起玩竞赛性游戏，如智力竞赛等。在这些活动中，要让他有输有赢，输的次数要多于赢的次数。当他失败时，要教他学会调节自己不愉快的情绪，能接受失败的考验。其次，让自负的孩子有机会参加大孩子的活动。当他与大孩子在一起时，大孩子表现出的智慧和才能会让他意识到自己的不足，这种感受对矫正孩子自负心理会起到一定的作用。

6. 不要全家围着孩子转

在家庭中，要把孩子当作普通一员，不要让他成为"中心人物"。家里来了客人，除了正常的礼节外，不要让孩子过多地表现自己，更不要在客人面前过分夸耀自己的孩子。

让胆小怯懦的孩子心中"有底"

父母课堂

孩子遇到困难，父母应加以指导并鼓励孩子自己去解决。

孩子心中"有底"，就不会退缩不前了。

晶晶刚刚上小学，文静秀丽，但是胆子特别小。她从来不敢一个人待在家里，大白天爸妈不在，也不敢一个人留在家里，总是到附近的奶奶家去；每次家里来了客人，也不敢与人打招呼；要是听见打雷、看到闪电，总是吓得缩进爸爸妈妈的怀里；从来都不敢独自出门，有什么事总是要爸爸妈妈陪着；要是有道题目不会做，妈妈叫她去问隔壁的哥哥，她也不敢一个人去，非得妈妈陪着去不可。晶晶的性格，就是典型的怯懦。

明智的父母应该从小就重视培养孩子积极大胆的品质，让孩子遇事心中"有底"，在以后的人生道路上能够坚强地走得顺顺利利。

父母们可以从以下几个方面做起：

1. 鼓励孩子大胆地说话

一些性格怯懦的孩子不太喜欢说话，对这种孩子，爸爸妈妈应尽量少讲"你一定这样或那样做"之类的话，而应多讲"你看怎样办""你的想法是什么"之类的话，给孩子一个独立思考并发表自己意见的空间。

2. 鼓励孩子与人接触交往

父母可以多带孩子到各种公共场合，别人对孩子表示的友好尊重，能使他感到快乐，孩子也会更注意与人的交往。最主要的是要要让孩子和同龄伙伴接触，有意识地邀请一些小朋友到家中来，让他做小主人。平时注意帮助孩子结交新朋友。胆小不是病，但对孩子的全面发展有不利影响。只要端正教育态度，运用正确的教育方法，一定能改善孩子的胆小，并培养出性格健全的孩子来。

3. 不要嘲笑和恐吓孩子

有的孩子比较胆小，父母就不要嘲笑孩子，更不要恐吓孩子，因为嘲笑和恐吓会强化孩子的胆怯心理，使孩子把胆怯藏在心里，不敢再在父母面前表露出来，这样就容易引发其他的心理问题。胆小的孩子非常害怕别人的评价，如果父母老是训斥他们："真是胆小鬼！"孩子就会在心中形成一个不良的自我认识，即我就是一个胆小鬼。如果父母再对孩子不断恐吓，用恐吓孩子来达到制约孩子的目的，会使孩子越来越胆小。因此，做父母的应该鼓励孩子说出害怕，让孩子明白父母是愿意帮助他一起解决问题的。

4. 多进行关注和鼓励

胆小的孩子，一般缺乏勇气，创造性也差。因此，应培养教育孩子不该做的事不做，但应该做的事就要勇于尝试，不要伤害孩子的探索精神。

孩子一旦受到惊吓或表现出害怕，家长要马上安抚受到惊吓的孩子，告诉他"怕"一点用处都没有。你要慢慢地跟他说话，轻轻地拍拍他或紧紧地抱住他，父母是他最信任的人，这样做会让他感到安全。"恐惧"这东西是通过教育、经历和被自己信任的人保护着才能摆脱的。

·不要总提起使孩子受到惊吓的事。安抚孩子的最好办法不是不停地说话，而是控制住你自己，尽量少说，只是搂紧他。等他恢复正常后，不要继续谈论使他害怕的那件事，不要试图帮他分析什么，这样安抚毫无意义，反倒强调了恐惧。

5. 鼓励孩子自己去探索和尝试

父母要在实践中培养孩子的实践精神。不要因噎废食，大部分成功都是从不断地克服失败而来。孩子只有摔倒了，才知道走路要小心；孩子只有到水池中游过、呛过水，才知道掌握游泳的技巧，但同时也了解了水是危险的；孩子只有经常自己走路，才知道走到路中间是会妨碍到别人，并且是危险的。家长不能陪伴孩子走完所有的人生道路，因此就要从小让他自己独立且勇于尝试。对于孩子能力范围外的事情，我们可以尽量创造较为安全的环境让他尝试。比如自己过马路，我们就要选择车流量很少，速车速很慢，或是有红绿灯的地方让孩子在我们的注视下开始尝试。总有一天孩子能破茧而出，成为一个积极面对生活的小勇士。

帮孩子走出孤僻的困境

父母课堂

孤僻会使孩子产生极大的痛苦，会给孩子的身体、心理、社会活动等带来很多不利的影响，所以，父母一定要帮助孩子摆脱孤僻。

城市中的高楼，阻断了孩子与外界的交流，限制了孩子的活动范围，孩子因没有玩伴而找不到快乐，久而久之就养成了孤僻的性格，个别严重的甚至患有孤独症。

孩子出现孤僻的性格确实是很不好的，它表现为不爱与人交往，这样的性格就使他很难处好人际关系，很难扩大交际面。人是在相互接触、互相理解、互相帮助之中生活成长的。一个人若总是躲避人群，独自一人，就不能与他人搞好团结，从而也不会在与他人的交往中获得更多的信息。

孤僻的孩子往往自卑感强，自信心差。因为他很少与他人接触，因此业余爱好少，学习的能力也得不到锻炼，而能力越差，自卑感就越强。可孤僻的人往往自尊心又很强，怕别人说自己不行，说自己无能，这就会造成很多的心理问题。

孤僻的孩子在集体中必定孤单，长期在孤僻中生活会影响自己的情绪，影响自己的情感。长期心情不佳对身体的影响也很大，心情异常会使大脑皮层的正常活动受到损坏，失去平衡，导致皮层下中枢神经活动的紊乱，造成消化系统、血液循环系统、呼吸系统、内分泌系统等发生紊乱甚至病变。孤僻、孤独往往与抑郁做伴，这显然对孩子的身心健康有害。

孤僻的孩子往往多疑。他们大多很内向、不活泼，自己不愿与人交谈，看到别人交谈又疑心，怀疑是在说自己，有疑心又不去问，总在心里闷着，既影响情绪，又影响学习和生活。

那么，怎样帮孩子走出孤僻的困境呢？

1. 重视心理健康

孩子的心理健康是同生理健康联系着的。生理上的缺陷、疾病，特别是痼疾往往会使孩子产生烦恼、焦躁、抑郁、灰心、绝

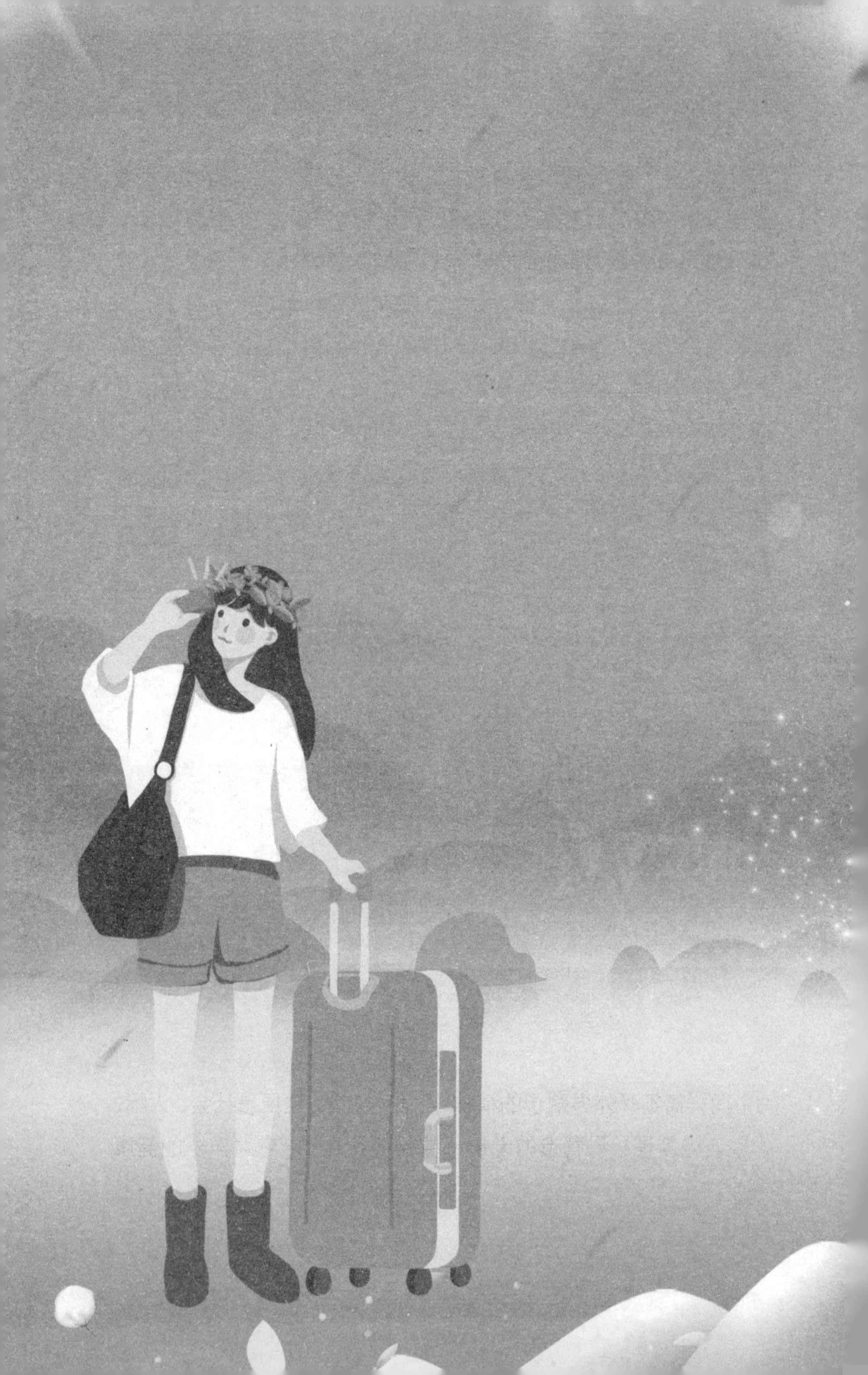

望等情绪，影响其情感、意志、性格等，长此以往也会影响孩子的心智。心理上的长期和严重的不健康状态又会导致生理上的异常和病态，因此心理保健要同生理保健同时进行。

2. 给孩子进行适当的心理治疗

作为父母，要充分满足孩子对亲密关系的需要，同他握手、擦背、贴脸拥抱、讲话以及身体上的各种娱乐游戏，来满足孩子感情的需要。鼓励孩子同其他孩子玩耍，父母要注意选择性情温和、比较老实的孩子作为孩子的玩伴，在孩子与玩伴建立了心理上的联系后，再扩展新的玩伴，切不可冒进，往往调皮孩子的讥讽会影响孩子交友的积极性。

3. 帮孩子找知心朋友

孩子和大人一样，愿意把自己心中的苦闷、忧虑、悲伤与愤懑告诉知心朋友。朋友恰恰是解决这些令人头痛问题的能手。在这方面他们很像一些内行的心理医生，会帮助孩子摆脱不良情绪的困扰。

因此，父母可以有意识的给孩子创造一些结交伙伴的环境，同时还要鼓励孩子勇于和小伙伴交流。

4. 及时给孩子补充心理营养

人的健康成长除来自对生活的乐观、信心、毅力等主观因素外，同样离不开外界赋予的精神"营养"成分，这便是社会、人际、家庭，尤其是父母营造的无形"精神营养素"。它对孩子的健康和成长有着与物质营养素同样重要的作用。专家认为，这种精神营养素是身体健康的首要因素，生活的质量与品位都无不与心理、精神的健全、健康息息相关，它主要来自父母各方面的呵护、关照和爱。父母千万不要忽视性格孤僻的孩子，日常生活中，父母可以多和孩子说说话或者陪孩子讲故事等方法让孩子感觉到父母对他的呵护，对他的爱。

不要忽视孩子的自卑心理

父母课堂

一个孩子如果被自卑心理所笼罩，其身心发展及交往能力将受到严重的束缚，聪明才智也得不到正常的发挥。

所谓"自卑"是指一个人严重缺乏自信，他常常认为自己在某些方面或各个方面都不如别人，常用自己的短处和别人的长处相比。具体体现在遇事不相信自己的能力，办起事来爱前思后想，总怕把事情办错被人讥笑，且缺乏毅力，遇到困难畏缩不前等方面。说得直接一点，也就是自我评价过低，自己瞧不起自己。它是一种人格上的缺陷，一种不健康的行为状态。

自卑常以一种消极的防御的形式表现出来，如妒忌、猜疑、羞怯、孤僻、迁怒、自欺欺人、拒绝交朋结友、自暴自弃、回避竞争、焦虑等。

对于孩子的自卑心理，很多父母常常注意不到，即使有的父母看到了也会觉得这是孩子的性格使然，而不加以重视。这都是错误的，如果孩子的自卑心理得不到及时的关注和纠正，就会形成心理障碍，从而影响孩子的健康成长。因此家长应该重视对孩子自卑心理的矫正。

具体，可以从以下几个方面做起：

1. 把孩子装扮得更自信

对于心理自卑的孩子，可以从改变服饰、说话的音量、走路的体态入手，这是改变孩子的心态，克服自卑心理的一条捷径。据国外最近的研究显示，昂首阔步的举止以及整洁大方的打扮能够提高自己的信心。因此，专家认为，家长对有自卑心理的孩子应重视教育他改变自己的形象：穿整洁大方的服装，讲话爽快，走路抬头挺胸，等等。

2. 父母对孩子的要求要适当

家长要帮助孩子建立自信，克服自卑，对孩子的要求要适当，不能苛求孩子。家长对孩子的要求应该与孩子实际的能力和水平相适应。孩子取得成绩，家长应及时表扬、鼓励，使孩子对自己充满信心。对于平时学习成绩差、考试总不及格的孩子，家长应以关心和鼓励的态度帮助孩子分析错误原因，总结经验教训，给孩子以耐心的指导，一步步地提高孩子的成绩，让孩子看到自己的进步，逐渐树立自信心。

3. 告诉孩子"你能行"

缺乏自信的孩子由于长期处于这种状态，已经在心里建立了消极的自我认识，即"我是没用的""我做不好"等，这种心理让孩子越来越不敢尝试新的事物，越来越没有信心。因此，父母在平时的生活中可以有意识地忽视孩子缺乏自信的表现，而在孩子表现出自信的时候及时给予积极的表扬和鼓励，让孩子淡化"我无能"的意识，树立起"我也行"的认识。

这方面不如别人，但是完全可能在其他方面超过别人。也就是说，父母还可以教孩子运用积极的自我暗示法进行自我激励，如"我一定能行的。""我书法能学好，其他的肯定也能学好。""我真是一个写作文高手呀！"这些积极的自我暗示可以让孩子从对某件事的良好感觉中发散出去，从而形成良好的自我认知。

4. 让孩子体验成功的快乐

我们经常用屡败屡战鼓励那些失败者，使他们相信只要士气尚存便虽败犹荣。但对孩子来讲我们却不能这么做，家长不能让孩子一直遭到学业上的失败，一直得低分，那样会使孩子产生焦虑。因为孩子很关心学习结果，很在意别人的评价。对于一个从未独立完成过作业的孩子，家长最好让他先做几道容易的习题，让他能够轻而易举地完成，再调整作业的难度。反之如果期望过高，孩子会因达不到要求而苦恼，家长也会因孩子的裹足不前而失望。

5. 鼓励孩子正确对待批评

父母可以对自卑的孩子多加表扬，但其他人却未必能做到这一点。他们或许会"实话实说"，或许会故意挑剔，甚至讽刺挖苦。此外，孩子不可能永远地依赖于别人的评价，而迟早要依靠自己内心的动力前进。因此，不妨先指出孩子的正确之处，然后提醒他不必过分看重别人的评价。

　　自卑的孩子由于做了一件错事而遭到了批评，一下子感到丧失了前进的方向。这时家长应该告诉他，对待批评的最好办法便是接受并改正，当孩子主动承认了错误时，家长完全可以告诉他："你这样做很不容易，因为这可需要很大的勇气，你可以对自己说你做了一件了不起的事。"

孩子发脾气，父母要冷静

父母课堂

　　谁说发脾气只是大人的权力？现在有些孩子发起脾气来比大人有过之而无不及，作为父母，千万不可小视孩子发脾气这个问题。

　　乱发脾气，是现代孩子比较常见的现象之一。从心理学角度来看，乱发脾气是孩子意志薄弱、缺乏自控能力的表现。其主要特征是：想要什么就得给什么，想干什么就要干什么，不达目的，决不罢休，让爸爸妈妈也无计可施。

　　孩子形成了乱发脾气的坏习惯当然不是爸爸妈妈所希望的。孩子乱发脾气会影响他的学习过程，影响人际交往等各方面能力的发展，从而不利于孩子今后的成长。

　　凌凌是一个2岁多的孩子，爱哭爱闹。以前一不高兴就尖叫，现在只要什么东西得不到满足，就会坐到地上大声哭，非得让妈妈抱才肯起来。而且，凌凌只认妈妈，不肯跟别人。每次妈妈工作回来了，他都露出很凶的样子，对妈妈回家迟了非常不满。

　　孩子在 2 岁左右爱发脾气是一种正常现象。因为这一年龄段的孩子易冲动，自制力差，且对挫折的容忍程度是有限的。孩子要到外面玩，家长不允许，他难以理解，就可能通过发脾气的方式表达自己的感情。4 岁以上的孩子，对挫折就有了一定的承受能力，明白了一些事理，如果他还频频哭闹、经常发脾气，说明家长教育孩子的方法存在问题，使孩子养成了发脾气的习惯。

　　发脾气不仅严重损伤孩子的情绪和心理状态，而且也使家长狼狈不堪，感到很棘手。所以，家长一定要想方设法制止孩子的哭闹、脾气。

　　那么，家长具体该怎么做呢？

1. 家长首先要控制自己的脾气

　　面对孩子的"发脾气"，家长切记自己不要经常发脾气。如果看到孩子发脾气，家长也跟着发脾气，双方都会火上浇油，闹得没完没了。家长是孩子的榜样，有一个爱发脾气的爸爸妈妈，不想让孩子发脾气都难。所以，家长要以身作则，遇到孩子哭闹时，要平心静气，冷静地处理；为孩子创造一个良好的家庭环境，让孩子保持积极向上，控制不良情绪的产生。

2. 家长态度要一致

　　当孩子发脾气时，千万不要在成人中间形成几派，有人不理睬，有人去哄劝，有人离孩子而去，还有人跑到孩子面前讨好，更不要当着孩子争论。成人彼此之间一定要沟通好，一旦孩子发作，全家人应当采取一致的态度。否则，一旦孩子发现了"同情者"和"示弱者"，就会更不会停止哭闹了。

3. 用转移孩子的注意力的方法

当孩子出现乱发脾气的行为时，应利用当时周围的环境，设法转移孩子的注意力，让孩子被一些新鲜事物所吸引，从而放弃无理要求。

4. 用奖惩的办法矫正孩子的脾性

当孩子固执地乱发脾气时，爸爸妈妈应立即指出他的错误，并对他的态度冷淡下来，不理睬他，直到孩子"软"下来，再给他讲道理。而当孩子有所进步，如同样一件事，孩子在以前会乱发脾气，现在不再乱发脾气或乱发脾气的程度减轻了，爸爸妈妈要及时给予表扬和鼓励，希望孩子能继续坚持下去。长此以往，孩子正确的行为得到巩固，错误的行为会逐渐消失。

5. 正确对待孩子的"第一次发脾气"

面对孩子的第一次发脾气，家长应该持不予理睬的态度，专心于其他事情。或是告诉他："什么时候安静下来，我才跟你讲话。"渐渐地孩子会由大哭变小哭，由闭眼哭叫到睁眼看父母的反应如何，他的注意力也就会转移到父母身上来，静静观察父母做事情，渐渐忘记了撒泼。当孩子的情绪稳定以后，家长一定要告诉他那样做不好，并说明为什么不好。这样孩子就容易接受了。这样第一次发脾气就能有效地被制止。

在处理孩子第一次发脾气时，家长一定要有耐心，不能半途而废，这可以说是一场"意志与毅力"的较量。如果做父母的心软，那以后就很难再奏效了。

让乱花钱的孩子"会花钱"

父母课堂

纠正孩子乱花钱的坏习惯关键，不在于教孩子如何省钱，而是培养孩子的理财能力，让孩子变得"会花钱"。

现在的父母大都出生在 20 世纪 60 年代、70 年代、80 年代。他们的成长过程中，生活都是极其艰苦的。因此，他们都希望自己的孩子能够过上吃穿不愁的富裕生活，也希望他们不再有买不起玩具的遗憾，于是，他们大把的给孩子零花钱，结果却让孩子养成了胡乱花钱的坏习惯。

一位妈妈反映，她的孩子 10 岁了，以前从来没有去超市买东西的习惯，今年过年时，孩子和小伙伴一起去超市玩，结果，买了一大堆东西回来，光是文具盒就买了 10 个。这位妈妈无奈地说："真不知道这孩子是怎么想的，我真不敢想象孩子以后会把钱花在什么地方。"

孩子胡乱花钱，是因为孩子的心理还不成熟，花钱也只是为了满足欲望，是一种对物品的占有欲在促使他不断地花钱。长此以往，孩子不仅会形成胡乱花钱的坏习惯，还会产生和别人攀比、贪婪、自私的行为。因此，父母要及时的培养孩子的理财能力，帮助孩子确立正确的金钱观。

那么，父母该如何培养孩子的理财能力，从而让孩子不再乱花钱呢？

1. 要明确孩子怎样花钱才是乱花钱

乱花钱是指孩子经常买不应该买的东西。如经常"乱"买零食、特别是"乱"买不正规商店的、不卫生的"垃圾"食品，"乱"买高档衣服和化装用品，"乱"进青少年不应当进的咖啡馆、酒吧、营业性歌舞厅、电子游戏室和网吧等消费场所，甚至为了进这些消费场所而采取不正当手段向家长要钱、骗钱等。

2. 教孩子用钱的方法

随着孩子年龄的逐渐增长，要教会他各种用钱的方法。可以让孩子去买油盐酱醋、买矿泉水、交学费等；大一点儿的孩子还可以让他利用假期打工赚点零用钱，让孩子在劳动中体会到赚钱的不易，从而更加理性地对待金钱。

3. 告诉孩子储蓄优先

孩子和大人一样，都会把储蓄这件事拖延，结果到最后才发现自己没钱可存了，所以帮助孩子在做其他事之前先把钱存起来。孩子长到3岁，爸爸妈妈便可以用家里的钱和他玩储蓄游戏。鼓励孩子将自己的积蓄存到家中的"银行"时，用孩子的名义开一个"账户"，让他有自己的"存折"，并妥善保管。到6岁时，应该让孩子理解，把钱存到银行里，不是银行把钱"拿走"了，而是把钱安全地存放起来，并产生一定的价值。这样做有助于孩子养成储蓄的习惯。

4. 让孩子为特定的目标设定期限

如果孩子要存钱买一组电视游戏器配件，可以找张那组配件的照片，然后在上面写上希望购买的日期。用磁铁把照片钉在冰箱门上或钉在他卧室的门上，让他能时时看到自己的目标。

5. 和孩子分享"骗自己存钱"的技巧

每周存下部分的零用钱；将所有在节日时收到的礼金都存起来；少花点钱在自己身上为家庭购置日用品；在有时间把钱花掉之前先存起来；看电影时和朋友共吃一盒爆米花，而不要自己吃一整盒；尽量少放钱在口袋里。

6. 教孩子学会精打细算

当把一定数额的钱交到孩子手里时，父母不要以为任务已经完成，怎么花钱是孩子的问题，反正定期就给他那么多钱。其实，父母还要教孩子学会在花钱上精打细算。比如，对孩子打工得来的报酬，可以教导孩子不要一次花光，只花一小部分，其余的就存在自己的账户上。父母还可以协助孩子拟订一个消费计划并正确执行。

别让懒惰侵蚀孩子的身心

父母课堂

孩子的懒惰大都是惯出来、宠出来的，所以父母不要过分溺爱和迁就孩子，以免在孩子幼小的心灵上播下了自私的种子，滋长起任性、依赖和懒惰。

懒惰像生锈一样不断侵蚀着我们的身心，它比操劳更能消耗身体。其实惰性人人都有，如何避免，才是关键，而孩子比成人更容易有惰性。如果父母不对孩子的懒惰进行纠正的话，就容易让形成长期的懒惰习惯，进而做什么事都想用逃避来解决。

不少家长在抱怨"现在的孩子真懒"之后，仍受"前人栽树后人乘凉"的陈旧观念的影响，乐于为孩子"当牛做马"。当然，许多家长不让孩子参加劳动有其他的想法：孩子学业已经够忙的了，再做家务太辛苦。其实这是一种错误的看法。而现在的孩子不仅在学习上懒惰，在生活中的惰性更强。曾经有一个孩子去参加夏令营，带了一大堆的袜子，老师很奇怪，问他为什么带这么多袜子，他回答说："因为我不会洗袜子啊，所以只好带这么多袜子了，穿完带回家洗就可以了。"在夏令营中不会洗衣服的孩子实在太多了，有的老师实在看不下去，只好空闲时做了学生的保姆，帮孩子洗衣服。

一般来说，孩子的懒惰通常包括两种情况：懒于做事和懒于思考。那么，孩子的懒惰心理怎么来的呢？孩子懒惰心理其实是被父母惯的。人们经常说："父母越勤劳，孩子越懒惰。"这句话是有一定道理的。父母从小过于呵护、疼惜孩子，不肯让孩子动手做家事，事事包办……过度保护的结果，就是让孩子产生了严重的懒惰心理。而父母事事包办的做法，其实是剥夺了孩子自己动手做的权利，让他们在不知不觉中养成懒惰的坏习惯。

懒惰还是一种心理上的厌倦情绪，它包括极端的懒散状态和轻微的犹豫不决，甚至生气、羞怯、嫉妒、嫌恶等情绪都会让人产生逃避的心理从而变得懒惰，使人无法按照自己的规划去完成事情。懒惰有这么多的坏处，那么如何能让孩子勤奋起来呢？

1. 激发孩子内心的需求

每个人都有自己的内心需求，而需求能不能转化为明确的目标，这要看自己的行动。孩子有懒惰或拖拉行为，是因为没有一个明确的目标，没有明确的自己究竟要干什么。所以，让孩子克服懒惰就是要激发孩子自己内心的需求，明确自己的目标，让自己立即行动起来。

2. 对孩子的勤奋努力给予关注和承认

爸爸妈妈可抓住适当时机，通过言语，承认孩子的努力、耐力和勤奋。其范围可从一句简单的"我喜欢你努力的样子"到对他们所作的成果、许诺和忍耐力做出详尽的评价。爸爸妈妈也可在孩子按标准完成了一项任务后加以肯定和主动赞扬。通常我们还要将完成一项任务和做好一项工作所确立的标准告诉孩子，例如，"我更喜欢你充满兴趣地去做这件事"这句话倾向于强调兴趣与投入，而讲"仅仅把这项工作完成"则不存在这种倾向。

3. 指出勤奋努力是孩子获得成功的要素

尊重一位为学习而拼搏的孩子，意味着对"勤奋"这一品质的评价高于成绩本身。崇尚勤奋品质的家庭，会充分考虑到孩子的每个优点，而不是将他们相互比较，当然也不会根据成绩去评价他们。每个孩子能力各异，最重要的是使每个孩子都取得进步，这些进步就要依靠每个孩子自身的努力。这也就意味着作为爸爸妈妈，应当对成绩报告单上的分数所隐含的努力予以更多的注意，并且承担起培养和支持孩子养成坚韧品质的职责。

4. 把快乐和勤奋联系在一起

促成所有行为的根源都来自痛苦和快乐。人的本能总是让人远离那些自认为很痛苦的事情，而靠近那些自己觉得很快乐的事情。孩子为什么迟迟不做应该做的事情，直到最后一分钟呢？这是因为他们把现在就开始做这件事情跟痛苦联系在了一起，却把快乐跟其他的事情联系在了一起，比如看电视。所以，父母要创造条件，让孩子感到做一件事是快乐的。

用智慧应对逆反的孩子

父母课堂

逆反心理不是一种异常现象，它是由于父辈和子辈之间价值观的不一致而产生的正常的心理差异。作为父母，须谨慎对待，用智慧应对。

逆反心理是指孩子为了维护"自尊"，而对爸爸妈妈或老师的要求采取抗拒态度的一种心理状态。苏联心理学家普拉图诺夫在《趣味心理学》一书的前言中，特意提醒读者"请勿先阅读第八章第五节的故事"，大多数读者却采取了与告诫相反的态度，首先翻阅了第八章的内容。这就叫心理的逆反现象。青少年中常会有"不听话"的时候，与他人尤其是与父母和老师"较劲儿""对着干"。这种与常理相悖，以反常的心理状态来体现自己"高明""非凡"的行为，往往来自"逆反心理"。

逆反在表现形式上与富有创造性颇有类似之处。因此某些逆反倾向严重的青少年也常对此津津乐道，或在心理上为自己的逆反行为寻求"科学"的根据。然而，逆反心理在本质上是与创造性素质有着根本区别的，它往往是孤陋寡闻、妄自尊大、偏激和头脑简单的产物。

极端的"逆反心理"，会导致青少年形成对人和事多疑、偏执、冷漠、不合群等病态性格，使其信念动摇、理想泯灭、意志衰退、工作消极、学习被动、生活萎靡等。进一步发展，还可能向犯罪心理和病态心理转化。

那么，家长该如何教育有逆反心理的孩子呢？

1. 对孩子的逆反心理进行疏导

根据孩子年龄特点、理解能力，采取疏导的方法，效果往往比简单的说教、禁止要好。有些事情靠简单命令式的禁止是收不到效果的，结果往往是禁而不止，只有通过说服、沟通的方法进行疏导。对待同一事情，方法不同，所得的效果也是截然不同的。

2. 不要过多地贬低孩子

孩子在完成一项工作时总会遇到困难，这时家长绝不能说："我就知道你完不成任务。""我看你就会说大话"等丧气话，这样会打击孩子的信心，容易让孩子在今后遇到困难时就打退堂鼓。当孩子在完成任务中有了点滴进步时，家长要抓住时机，适当、适度地给予肯定、鼓励和赞许。孩子在享受成功的乐趣时，他的信心就会加强，心情也就会更加愉悦，乐于接受家长提出的要求。

3. 要冷静不要急躁

遇到孩子违反纪律，或与父母"顶牛"时，家长要冷静，不要急躁。出现僵局时，可以先放一放，拖一拖，这利于双方都反省自己。反之，如果双方都在火头上，互不妥协时，孩子再顶撞父母，家长怒不可遏，甚至大动干戈，拳打脚踢，这样只能激化矛盾，丝毫无助于问题的解决。

4. 让孩子学会将心比心

家长过问、干涉孩子的行动，应直截了当地说出自己的担心和忧虑，让孩子知道家长的关心。比如，处理孩子放学晚归这种事情，有的家长是等孩子回家后，劈头盖脸一顿臭骂，勒令以后不准晚归。这种处理方式过于急躁，孩子不但没有体会到家长的关心，反而对家长产生了抵触情绪，认为小题大做，管得太宽。而有的家长则会尽量压住怒气，心平气和地询问原因，并说明因为不知道孩子为什么晚归，心里很着急、很担心、希望你能够站在家长的角度，体会家长的担忧和不易，以后早点回来。相信懂事的孩子听了这一番话后，会为自己的晚归给家长带来不安而感到内疚自责，对家长的要求也不会产生逆反与抵触。

5. 营造民主、平等、和谐的家庭氛围

家庭是教育的第一梯队，身教胜于言教。夫妻之间不说相敬

如宾，但至少在孩子面前也应该相互尊重、相互关心。当意见发生冲突时，不要争执不休，需要以幽默的语言来结束这场争论。遇事应该积极主动，不要相互推诿，同时，要尊老爱幼，心怀仁爱之心，这不光是道德的体现，是孩子学习的榜样。

第 3 章

玩是孩子的天性，孩子贪玩不必动怒

　　身为小孩，没有谁不爱玩，对他们来说，玩是人生第一大事，要玩的话，最好是只有开始，没有结束；作为父母，没有谁不担心孩子太贪玩，虽然也承认爱玩是孩子的天性，但是更担心孩子自制力差，玩起来没节制。其实，父母不必因孩子贪玩而动怒，而应教育孩子学会自我管理，这样孩子才能学好玩好，玩出名堂。

玩耍是孩子探索世界的重要手段

父母课堂

> 别怕孩子调皮捣蛋，调皮捣蛋不是坏事。家长只需要关注孩子的内心，只要孩子心地善良、积极向上，那就让他自由玩耍、自由探索吧！

玩耍是孩子认识世界、探索世界的重要手段，而探索又和好奇心、创造力等紧密相连。创造离不开探索，所有未知和未成形的事物都是我们创造力的源泉。鼓励孩子探索未知的东西对于孩子思考力和创造力的培养有重要的作用；鼓励孩子去探索世界同样是培养孩子好奇心和求知欲的重要手段。好的父母会鼓励孩子在玩耍中探索，同样也会陪孩子一起探索真知。

曾经一个朋友对陶行知说："我5岁的儿子把金表拆坏了，我狠狠揍了他一顿。"陶行知听后诙谐地对朋友说："中国的一个爱迪生被你打没了。"孩子看什么都觉得很新奇，都想通过自己的探索活动去看个究竟，在探索过程中损坏一些玩具或其他物品在所难免。如有的孩子为了想看清鸡蛋里有没有小鸡，会一个接一个地打碎鸡蛋；为了想看看录像带里有没有影子，会把带子拉得满地都是。碰到这种情况，切不可大动肝火，因为父母的责骂会使孩子不敢再"乱动东西"，从而在以后的探索活动中缩手缩脚。

父母对孩子玩什么横加干预，是不明智的。例如，几乎所有的孩子都喜欢玩泥沙和水，但有的父母怕孩子玩得太脏或者湿了衣服，便禁止孩子玩这些东西。然而，泥沙和水之所以对孩子有那么大的吸引力，是因为它们在孩子的手中可以千变万化：泥沙可以挖洞，也可以堆山；可以满地撒开，也可以聚成一堆；干了容易飞扬，湿了聚成一团，而且干湿的重量、体积各异。水可以化身无数种形式；可以是点点滴滴，也可以是一束水柱，甚至汪洋大海；可以成冰，亦能成烟雾；利刃无法断水，泥沙却能分开它，泥沙和水的各种变化，正好满足了孩子的好奇心和求知欲。孩子玩泥沙成水的过程，是通过自己的探索去感知未知事物、获取知识的过程，从中能体验到探索的乐趣。又如，孩子都喜欢走高低不平、坑坑洼洼的路，那因为这些变化的路面走起来能给孩子不同的感觉，不像平坦的大道那样单调乏味，能满足孩子的探索需要。可见，对孩子来说，他们的不少活动都是探索事物的过程，只有让孩子拥有充分的自由，才能满足其在探索中认识世界的心理需求。

孩子有时候会有些大胆的想法，家长千万别认为是异想天开而加以打击，而应该给予支持和鼓励，让孩子积极去探索。因为很多发明创造，都是在初看起来似乎"怪诞"的念头中通过探索而实现的。

电话发明家贝尔，当他发现电流接通和断开，螺旋线圈会发出噪声这一有趣现象时，就设想到用电传话。好几位电学家对他的想法付诸一笑，可是当时著名的电学家约瑟夫·亨利却对他进行关怀和鼓励："干吧！年轻人，你有一个了不起的设想！"当贝尔胆怯地说不大懂电学时，老科学家又鼓励他："掌握它！"多年后，贝尔回忆说："没有这几个令人鼓舞的大字，我是绝对发明不了电话的！"可见，鼓励对探索、发明有多大的作用。

不管孩子怎么玩，是摆弄玩具、亲近大自然，还是与小朋友一起玩过家家，都无时无刻不在启迪着孩子大脑的思维。他们在与外界互动的同时也在深刻感知和思考问题。画画是游戏，唱歌是游戏，剪纸是游戏，给布娃娃洗脸也是游戏。孩子的心就是游戏的心，以游戏的状态学会认知，学会规则。

好奇心、想象力和创造力就像肌肉一样，不用则废。爱玩的孩子爱观察，容易萌发好奇心，从而产生探索的欲望。这是"学习"的基本素质。不会拆东西的孩子就不会创造东西，没有破坏欲的孩子也就不会有创造欲。当然，家长在给孩子提供充足的自主的空间的同时，别忘了给予科学的指导和监督，要让孩子玩有所得、玩有所获。

1. 在安全的范围内适当满足孩子的好奇心

家长应在保证孩子安全的情况下适当满足孩子的好奇心。比如，有的孩子对灶台上的火感兴趣，建议家长拿着他的手慢慢地放在火上，让他感觉一下高温再收回来，随后问问孩子痛不痛，告诉他离火更近手会更痛，所以不要随便玩火，等长大了再学用火，这样既不会让孩子过于抗拒，又能让他们了解火的危险性。同时，家长要注意亲身示范。没跳过呼啦圈的孩子肯定很紧张，即使看人家跳得高兴，自己也不敢尝试。若是家长先跳给孩子看，再带上孩子一起跳，在这个过程中教导他、帮助他，孩子很快就能学会并喜欢上这个游戏。

2. 玩具应当少而精

　　家长支持孩子自由玩耍、自由探索并不代表要给孩子很多玩具。好的玩具确实对孩子的智力开发有很多好处，但是并非越多越好。玩具太多会分散孩子的注意力，从而降低单件玩具对孩子的吸引力，一件玩具只有被孩子翻来覆去彻底玩过，才算是物尽其用，所以孩子的玩具应当少而精。

3. 对孩子的提问要不厌其烦

　　现在许多父母都讨厌孩子问问题，这是千万不可取的。一句话把孩子的问题驳回去虽然能换来片刻的宁静，但却在不知不觉中抑制了孩子的好奇心以及探索欲，更为严重的是抹杀了孩子最可贵的求知精神。

　　著名教育家塞德兹常常不厌其烦地回答儿子提出的各种"怪诞"的问题，邻居直夸他对孩子有耐心。塞德兹却笑着说："其实也并非我的耐心比其他人好，只不过我认识到了认真回答孩子问题的重要性，因为只有这样才能够培养他的探索精神，而不是将这宝贵的品质抹杀掉。"

爱玩的孩子往往更聪明

父母课堂

　　孩子玩的过程，就是智力开发的过程，爱玩的孩子往往更聪明。

　　爱玩是儿童的天性。家长千万别轻视看似漫无目的的玩，它不仅能使孩子获得自由自在的快乐，而且也能丰富孩子的生活，丰富孩子的知识。正如人们常说的：爱玩的孩子更聪明。

生物心理学家马克·罗森茨威格做过一个实验，他在实验室里选择了一批遗传素质相当的老鼠，把它们任意分成三组。第一组的三只老鼠被关在铁笼子里一起喂养；第二组的三只老鼠被单个隔离起来，只身处在三面不透明的笼子里，光线昏暗，几乎没有刺激；第三组的十几只老鼠被关在一只大而宽敞，光线充足、设备齐全的笼子里，里边甚至有秋千、滑梯、木梯、小桥及各种"玩具"。

经过几个月的环境影响后，第三组的老鼠最"贪玩"，第二组老鼠最"老实"。经过解剖分析，马克发现三组老鼠在大脑皮层厚度、脑皮层蛋白质含量、脑皮层与大脑的比重、脑细胞的大小、神经纤维的多少、突触的数量、神经胶质细胞的数量以及与智力有关的脑化学物质等方面存在着明显的差异。第三组老鼠的优势最为显著。所以他得出结论：环境越丰富，活动得越充分，大脑的发育就越好。对人类，尤其是孩子，道理也是一样的。

美国佐治亚医学院的研究人员对163名很少参与活动的肥胖儿童进行了为期三个月的跟踪调查。这些孩子被分为三组：作为对照组的一组是每天放学后不做任何游戏也不进行体育活动；一组是每周五天放学后活动20分钟；还有一组是每周五天放学后活动40分钟。活动小组的孩子们间歇地玩跑跳游戏，如跳绳、足球和插旗游戏等。

在研究开始和结束时，研究人员分别测试了孩子们的认知能力，还对他们的数学和阅读能力以及"执行能力"进行了测试。执行能力对计划和组织、专注度、避免冲动以及自控能力和运用战略实现目标的能力都是非常重要的。

研究结果发现：每天活动40分钟的儿童在执行能力测试中比对照组的儿童好很多，每天运动20分钟的那组儿童的测试成绩也提高了近50%；两组活动的儿童在数学方面都有所长进，但阅读能力没有提高的迹象；两组活动的儿童身体脂肪减少了1%到2%。研究人员还对孩子们进行了脑部扫描，发现活动多的儿童大脑前区神经更活跃。大脑前区对执行能力影响很大。

经常活动，经常玩耍的孩子不仅身体素质好，大脑也相对活跃。人们所说的"淘气的男孩是好的，调皮的女孩是巧的"，说的就是这个道理。淘气、调皮的孩子总是贪玩，他们不停地摆弄着各种各样的物品、玩具，从许多相近似的物品中形成对事物的认知；他们喜欢"逮猫猫"捉迷藏，认真观察排除假象寻找目标，养成细致的思维习惯；他们能把一根竹竿当成骏马、火箭、飞机、机关枪，把子虚乌有的东西想象得活灵活现；他们玩耍时激动、舒畅、愉快的情绪激发和调动着大脑神经的活动能力。所以贪玩的孩子多智慧。

哥斯达黎加儿童教育学和心理学家加夫列拉·马德里斯曾撰文指出，玩耍是儿童学会观察、认识、理解、说话和活动的最佳"工具"，能促进儿童的大脑智力开发。

马德里斯指出，科学实践证明，2~5岁的儿童中，玩耍孩子的大脑要比不玩耍儿童的大脑容量至少大30%。因为，在玩耍的过程中，儿童要完成几十种与大脑和思维活动有关联的任务，例如掌握平衡、协调心理活动、处理问题等。通过玩耍，孩子能提高识别物体的能力，提高语言表达能力和思维想象创造力，还能消除心理压力和恐惧感等。

马德里斯认为，鉴于孩子的玩耍是身心发展过程中的一种"本能"，家长们应有意识地引导他们进行更多的探索，多让孩子们听音乐、学习画画、听讲故事、模仿动物叫、学唱歌等。通过这些活动，锻炼孩子们的大脑活动量，提高思维想象力，有效开发大脑功能。

值得提醒的是，儿童教育中应平心静气、耐心开导，以表扬为主。在玩耍中，儿童必定会出现某些"不轨"行为，在这种情况下，家长们千万不要严厉训斥他们，更不要对他们动手、体罚。严厉训斥和动手体罚将会扭曲儿童脆弱的心灵，使他们丧失对自己处事能力的信心，严重的还会在儿童心灵深处埋下固执、逆反和暴力的种子。

在游玩中增长孩子的见识

父母课堂

亲近自然，开阔视野，感受生活，让孩子在游玩中增长见识，才能让孩子感受自然的无穷魅力。

现在的孩子虽然有很多高科技的玩具，却很少有机会走出钢筋水泥的楼房与大自然亲密接触。有的孩子甚至认为花生长在树上，小鸡是母鸡生的。这也难怪孩子，因为他们根本就没有见过长在田野里的花生，更没有见过鸡蛋孵化成小鸡的过程。

难道孩子不想见识这些东西吗？当然想，孩子跟大自然是最亲近的，只是很多家长对外出旅游的认识仅仅是外出玩玩而已。

谈及假期带孩子外出旅游，有许多家长可能会说："孩子太小，行不行？"有的家长可能还会考虑到经济承受能力，认为还不如给孩子报各种兴趣班、补习班、买各种学习书籍。实际上，带孩子外出旅游并不仅仅是散散心、看看风景，旅游带给孩子的好处也绝不仅仅是游览哪些风景名胜那么简单。

丫丫4岁多时，妈妈就开始教她外出旅游应准备哪些物品。有一次一家人准备去登山，妈妈告丫丫登山时所应准备的衣物。临出发前，妈妈发现她穿了条小短裙，就对她说："登山不太适合穿裙子，如果在登的过程中累了坐起来不方便，而且万一不小心摔了腿也会摔得比较重的。"丫丫没有听妈妈的，坚持要穿小裙子，说是漂亮。妈妈当时想：是硬给她换还是悄悄给她带上裤子呢？为了让丫丫亲身体验一下，妈妈没有给她带裤子。果然在途中遇到难走的路，丫丫需要大人拉着，这时她感受到了穿裙子的不便。妈妈当时什么也没有说。回到家，妈妈问丫丫玩得是否开心时，她说好开心，要是听妈妈的话穿条裤子就更好了。妈妈说："没关系，吸取经验，下次就知道了。"从此以后，再外出旅游丫丫一定会准备上几条裤子。

带孩子出去玩，应不仅仅是让孩子玩，更是要在玩中让孩子学到更多的知识，并提高自理能力。为了让孩子学到更多，外出旅游之前，家长可以给孩子买相关方面的书籍。让孩子先在书上对要去的地方有一个大致的了解，然后用孩子容易理解的语言讲给他听。这样孩子就能带着问题和兴趣去玩，不但锻炼了身体，同时也增长了地理、历史等各方面的知识，这对孩子的身心健康和表达及写作能力都有好处。

王彤从小口齿伶俐，语言表达能力较强，但爸爸发现他语言表达能力虽好，在写作上语言却欠生动，词句不够优美，思路不够宽阔，对事物的观察也不够细致。爸爸是一名老师，他认为写作是孩子认知世界、感知世界的一条重要途径，要写好作文，就必须多看多练多写，到大自然中去感受，到生活中去体会，只有自己亲身经历，才能拥有对自然的真情实感。

于是，去年国庆，父母带王彤到了他梦寐以求的首都北京，参观了雄伟壮观的天安门广场；攀登了世界七大奇迹之一的"万里长城"；饱览了世界建筑奇迹"鸟巢""水立方"的奇特风格。今年暑期里，王彤先和妈妈到青海，欣赏了美丽的青海湖、茶卡盐湖、塔尔寺……又和爸爸到贵州饱览了天下奇观——亚洲第一大瀑布黄果树瀑布；到地下水溶洞——龙宫去探幽……一路走来，王彤细心观察，用心体会，用自己稚嫩的笔写下了所见、所闻、所感，在爸爸的精心指导下，将它们制作成了一本本精美的作文集。现在王彤的写作水平有了很大的提高。

带孩子尽可能多的走进大自然，才能发挥大自然对孩子的影响。父母可以利用假期多陪孩子出去走走，增长见识，开阔视野，这对孩子的全面发展、提高孩子的综合素质有诸多好处。知心姐姐卢勤说："如果您想培养孩子宽阔的胸怀，那不妨多带孩子到大海边去看看；如果您想让孩子有勇气有胆识，您就多带孩子登登山。"这对孩子良好性格的培养起到了很重要的作用。

孩子有"见"才能有"识"，拓宽眼界，从小让孩子多体会世界的丰富多彩，才能达到外出旅游的真正目的。

和孩子一起享受游戏的快乐

父母课堂

> 父母和孩子在一起，不要盲目枯燥地教他学什么，而是把学和玩结合在一起。即便是玩耍，也要玩得有意义，有价值，让孩子从中得到享受。

给孩子充分游戏的自由，和孩子一起享受游戏带来的快乐，是父母送给孩子的最好礼物。专家指出，游戏不仅能帮助孩子认识世界，同时对调节孩子的情绪也有很大帮助。与孩子一起玩耍，也是父母了解孩子的好机会。

丹麦童话作家安徒生出生在欧登赛城的贫民窟。父亲是一名鞋匠，但受过良好的教育。母亲是一名洗衣妇，虽然没受过教育还迷信，却引导安徒生进入了民间传说的世界。

父亲以修鞋为生，干活儿虽然很累，但他并没有忽略自己的孩子。他常常在干完活儿后，领着安徒生去散步，一边走在小路上，一边给他讲欧登王城堡的故事，讲自己小时候吃的苦头，讲那些穷苦人的故事。小安徒生总是仰着脖子，睁大眼睛，专注地听父亲讲那些或者有趣或者凄惨的故事，并为故事中的人物所着迷。

父亲深深明白穷苦的家庭不能给儿子提供什么好的玩具，看着小安徒生天真渴求的眼睛，他常常感到很内疚。有一天，他在干活时剩下了一块木头，顿时想到——可以给孩子做些小玩意儿啊！他找来工具，又刨又砍又削，然后尽力地精雕细琢一番，几个有趣的木偶就"问世"了！小安徒生看了，激动得手舞足蹈。父亲对他说："还可以把他们弄得更有趣一些啊！你去跟妈妈要点她用不着的零碎布片来，咱们给这些木偶缝制几件衣服穿，好不好？"小安徒生听了，拍手叫道："好啊好啊！我这就去！"他兴冲冲地跑到妈妈那儿去，在妈妈的帮助下，笨手笨脚地给小木偶们各自缝了一套衣服，并且细心地替他们穿好。父亲又对他说："你看看，他们像不像几个演员？咱们玩'演戏'的游戏怎么样？"他找来一张桌子当舞台，找来妈妈的头巾当幕布，还找来一本名叫《荷尔堡》的戏剧故事书做剧本，就这样，父子两人饶有兴致地演起戏来。他们头碰头地背台词，争执着该用什么样的表情和动作，简直把自己当成了专业演员。爸爸滑稽的动作常常把小安徒生逗得捧腹大笑。妈妈这时也情不自禁放下手里的活儿，来当他们的观众，甚至隔壁的邻居们也被吸引来了。他们一起在游戏中享受欢乐的同时也给大家带来了很多笑声。

从此以后，安徒生就迷上了故事，迷上了戏剧。那些虚构的人物和情节就像挪威古老神秘的森林一样吸引着他。为了演好戏，为了了解更多的故事，他疯狂地看书，这对他以后的童话创作产生了很大的影响。

要想和孩子一起享受游戏的快乐，家长一定要调整自己对游戏的预期。有的家长常常会感到有意无意的"紧张"，担心预设的游戏没有让孩子"发展"什么。其实，完全不必如此。和孩子一起游戏就是为了满足孩子的需要和孩子认知发展的需要。游戏是孩子最喜欢的活动，只要孩子能在一起玩耍的时候得到最放松、最开心的情感体验就足够了——这就是孩子最大的收获。至于认知的发展，并不是经过一次游戏家长就能从孩子身上看得出来的，它是一个逐步发展的过程，这就要求家长要有平和的心态，不要在发现孩子没有达到预期时过多地干预孩子。

家长可以在和孩子一起玩的过程中发明小游戏。妈妈和紫轩最近发明的"跑数字学英文"游戏，不仅可以让家长和孩子一起锻炼身体，而且孩子还能从中学到英文。

紫轩刚开始学英文数字的时候，妈妈带着她在客厅里玩跑步的游戏。妈妈从这头跑到那头，嘴里说 ONE。紫轩跟着一起说。然后一起跑回去，嘴里一起说 TWO，这样一直跑到 100。在跑的过程中，孩子的身体锻炼了，英文数字也记住了。

紫轩又大了一些时，妈妈就开始告诉她一些简单物品的英文叫法。紫轩记得差不多了，妈妈就开始和她玩游戏了。妈妈说英文，让自选走到相应的物品边上。比如妈妈说 BELL，紫轩就走到门铃前面。妈妈说 TV，紫轩就走到电视边上。过一会儿，由紫轩来说英文名字，妈妈走到相应的物品前面。有时妈妈故意弄错，让紫轩来纠正。就这样，两个晚上后，家里一些简单物品用英文怎么说，紫轩就很清楚了。

紫轩妈妈认为，孩子还小，根本不知道什么是学习，什么是玩。她把学习当成了玩，把玩当成了学习。紫轩妈妈说，教孩子，应该把一些想让孩子学的东西，变成玩的方式，让她学会。这样的一起游戏，才能发挥更大价值。

另外，值得提醒的是，既然是跟孩子一起游戏，家长一定要做到完全放松，要在游戏中积极地表现。一个积极游戏的家长，不仅要能和孩子自然投入地玩在一起，还应该有引发孩子和环境"玩"起来的能力。家长们可以扪心自问：你爱和孩子一起游戏吗？孩子玩的游戏你会玩了吗？你能像个大孩子一样和孩子"打成一片"吗？家长只有融入孩子的游戏，才能和孩子一起享受游戏的快乐。

能够痛快地玩，孩子才能更好地学

父母课堂

允许孩子痛快地玩不是家长对孩子的奖励，而是孩子更好地学习和生活所必需的。

一位家长如是说："现在的孩子条件这么好，但学习的积极性却很低，整天就知道玩，一点事情都不懂。现在是知识经济时代，没有文化行吗？我们吃过的苦头他们怎么就是不懂呢？我们这一辈子也就是这样子了，就指望他们能避开我们的老路，有点出息。可是他们就是不听，整天就想着怎么吃喝玩乐，打电子游戏、去网吧、溜冰、打球、旅游……就是没想过学习！"

一位老师如是说："学生的天职就是学习，在学校里就是要学习，要不还要学校干吗？我们作为教育者的任务就是要教书育人，育人的前提是掌握了充足的知识，没有知识什么都是假的。娱乐只是一种不成熟的表现。"

由于家长和老师等各方面的原因，很多孩子变得不敢玩了、不能玩了、不会玩了……原本多姿多彩的世界全部被学习占领，孩子变成了学习的奴隶。"我想唱歌可不敢唱，小声哼哼还得东张西望……"这是一首 20 世纪 80 年代广为传唱的老歌，但歌中所描述的情形即使是在 21 世纪的今天仍然屡见不鲜。

下面就是一个孩子在暑假日记里一段无奈的自白："离中考还有一年的时间，但是我的心却早就上紧了弦，好像马上就要中考一样，期末考试一结束我就为自己制订好了暑假的学习计划，现在我正在制订初三的学习计划。我的好朋友今天邀请我暑假一起出去玩，但被我婉言回绝了，因为我觉得一旦一天不学习就会被其他同学落下。

"说句实话，我不是铁打的，我也有惰性，我也很想出去玩一下，放松一下自己疲惫的心灵，因为我一直就像一台不知疲惫的机器一样日夜不停地转着，我实在太累了。但父母和老师的告诫却萦绕在我心头，并时刻提醒我：不能玩，玩是一种罪过。于是我便把自己锁在我那间堆满书籍的小屋里，把那些已经看了不知道有多少遍的参考书翻了又翻，即使什么也不看只是翻来翻去也觉得这样才放心一些，虽然我也知道这样并没有学到多少东西。

"每天晚上都睡得很晚，我有时候已经很困了，但我还是不敢去睡觉。其实这样学习几乎没有什么效果，我很清楚这一点，但我却无法改变自己，我到底为了什么？"

"我多么希望自己能喘息一下，哪怕是翻看一本我喜欢的故事书，听一段自己喜欢的音乐，但我无法做到，因为害怕看到父母愤怒而又无奈的面孔。为什么我不能尽情地玩一下？难道只有小屋和学习才是我的全部？"

这篇沉重而又无奈的日记，绝不是"少年不识愁滋味，为赋新词强说愁"，这是发自内心的痛苦体验。事实上，很多正在为学业挣扎的孩子也在经历着类似的体验。

伟人说孩子是早晨八九点钟的太阳，文人说孩子是灿烂的花季、浪漫的雨季，老人说孩子是一个无忧无虑的年纪……但是，很多孩子的生活从上学的那一刻起就变得单调乏味起来，太阳因为背负着太多的责任而难以升起、黯然失色，花季因为经受太多的风吹雨打而渐渐凋零，雨季因为包含太多的人生追求而混沌不堪。

有的父母在孩子放学之后经常问的一句话是"今天你学会了吗"；而很少有父母问孩子"今天你玩得快乐吗"。事实上，孩子只有能痛痛快快地玩，只有内心真正快乐，才能更好地学习。

心理学家认为，人的需求是具有层次性的，是多方面的，家长不用也不必强迫孩子杜绝一切私心杂念，去做苦行僧式的"乖学生"。孩子需要不断地学习，这是自我提高、实现自我价值的必要；孩子也需要娱乐，这是提高生活质量、体验生命存在的必需。所以娱乐就如同我们吃饭、喝水一样，是孩子生活的必需品。

国外现在有一门新兴学科叫作休闲学，这门学科的主要研究方向就是如何"玩"。乍一听起来挺可笑的，谁不会玩？玩还用学吗？但事实证明确实有好多孩子不会"玩"，像小菲这样不敢玩的孩子有，想玩但不知道怎么玩的孩子也有，玩了但玩得一塌糊涂的孩子也有，玩得尽兴但玩出麻烦的孩子也有。所以，教孩子学会玩或者说学会娱乐也是一门学问。

其实，西方发达国家的人们在忙碌的工作中也不忘忙里偷闲：法国人喜欢在休假时携全家去海边放松，他们通常会静静地躺在被阳光晒得暖融融的沙滩上。一待就是一周时间，什么也不干，顶多就是拿一本喜爱的书翻一翻。家长为什么就不能给孩子放一个假，让孩子紧绷的心灵得到放松，从而更轻松地投入下一个阶段的学习呢？要知道，磨刀不误砍柴工，孩子能玩好才能学好。

从兴趣入手，让孩子玩出"名堂"

父母课堂

对于孩子而言，他的"工作"就是玩。孩子能从"玩"中
得到身心所需的"营养"。

玩是孩子重要的"精神食粮"，引导孩子玩什么、怎么玩，
是有门道的。

每个家长都希望了解自己的孩子，在游戏中了解孩子的能力
是再好不过的了。家长可以借助游戏，慢慢地、细心地观察孩子，
给自己读解孩子的机会，尝试"让孩子的思想"表现出来。一个
能让"事实浮出水面"的家长是有深度的，一个有深度的家长做
出的应对策略才会更有效，才能更好引导孩子玩出"门道"。

儿童教育家经过研究得出结论：孩子通常对他所感兴趣的东
西最专注，记忆得最快、最牢固，理解得也最深入。因此，英国
著名社会学家、提倡快乐教育的斯宾塞说："任何生命都会对某
些对象表现出特别的兴趣。一旦他们产生兴趣时，就是教育的好
时机。"

只要这种兴趣是正当的，家长都应尽自己的力量在物力、财
力、时间等方面予以积极支持。一些发明家、科学家、文学家就
是这样产生的。

吴承恩从小就天资聪颖，有着广泛的兴趣爱好和多方面的才
能。他精于绘画，擅长书法，爱好填词谱曲，对围棋也很精通，
还喜欢收藏名人的书画和字帖。因此，他在少年时期就因爱好广
泛而在故乡出了名，受到人们的赏识。

吴承恩最大的爱好就是听父亲讲述许多优美神奇的神话故事，这使他在不知不觉中养成了好搜集奇闻的习惯。在读私塾时，他经常会瞒着父亲和老师，偷偷地阅读"野言稗史"。他还非常喜欢看关于神魔鬼怪的书籍。这些书看多了，神魔鬼怪的故事也就装了他一脑袋。这对他后来的《西游记》创作无疑是有很大帮助的。

虽然鸿篇巨作《西游记》是吴承恩晚年写成的，但却与他少年时的兴趣爱好密不可分，正是兴趣的萌芽最后才结出了《西游记》这颗中国文化史上不可多得的硕果。

每个孩子天生都会对某种特定的事物感兴趣。家长如果希望孩子学习某方面知识，可以先引导孩子对其产生兴趣，然后再教给他这方面的知识。进而，家长可以抓住孩子感兴趣的东西，引导孩子学习更多的知识。

小飞上初三时迷上了理化试验，父母也很支持他，花了不少钱给他置办实验仪器。可时间长了父母就觉得不太对劲了，原因是小飞忙忙叨叨做实验的工夫，别人家的孩子都在上补习班攻难题。虽然小飞学会了自己组装小发动机、制汽水和酿酒，但考试成绩却一直不理想。一次家长会后，妈妈得知单在物理和化学两门科目上小飞的成绩就比别人低了 20 多分！妈妈一气之下非要把小飞的实验装置捣烂扔了。小飞不干，护着他的两篮子"宝贝"跟妈妈"躲猫猫"。爸爸出面劝道："消消气！孩子哪一点错了？兴趣是最好的老师，不做实验是很难学好自然科学的。"妈妈无奈地说："你认为我不懂这个道理吗？可孩子的成绩总是中等偏下，上不了好高中谁来负责？"

为此，全家开了一个紧急会议，要求小飞在半年内将理化成绩提高到全班前15名。如果他能达标，爸妈不但不阻止他做实验，还会给予"赞助经费"。小飞爽快地答应了。等妈妈去买菜时，小飞感激地搂着爸爸的脖子，说："谢谢老爸！我不会让你在妈妈面前为难的！"果然，才过了两个多月，小飞的理化成绩就进步到了全班前10名，而且因为理化竞赛的成绩突出，还被全市最好的高中提前"预订"了！这下，轮到妈妈大跌眼镜了："没想到，这做实验还发掘出一名科学家的'种子选手'！"

其实，小飞取得的成绩早在爸爸的意料之中。因为爸爸知道，为了自制阿司匹林，小飞连大学的有机化学都涉足了；为了搞清楚实验为何失败，他只能去查文献，发现文献是英文的，就抱着字典死抠——原来他是最怕背英文的，自从搞实验后，连带着学英语的动力也上来了。现在，凡是家用电器出点儿小毛病，都是小飞来打理；家人想喝汽水，他就自制"姜汁汽水"，热量低又不伤牙……爸妈开玩笑说："将来谁家姑娘嫁了咱儿子才享福呢。要知道，现在很多孩子连怎么除热水瓶里的水垢都不会！"

由兴趣引发的学习动力是通过压迫所不能及的。专家提出，家长要学会尊重孩子，突出童真、童趣，让孩子在健康的娱乐中，忘却学习的辛苦。家长也不妨多用心观察孩子，帮孩子玩出"名堂"。

刘星从小喜欢玩乐高积木，要么就是玩拼图、魔术方块、捏塑泥等活儿。妈妈细心观察发现，刘星具有空间想象的天分，因此买了许多高一级的玩具和绘画美劳用品，让孩子玩个痛快。孩子年龄又大一点时，妈妈还不惜血本买来许多有关建筑、设计、美术方面的盘片、书籍让他琢磨。经过兴趣的引导和家长耐心的培养，刘星读大学时选择了建筑专业，也因专业成绩突出年年拿奖学金。

孩子可玩的领域，其实很广阔。不少"60后"、"70后"家长回忆，缝制沙包、毽子等玩具，都是儿时的"基本功"。玩的乐趣，不仅在于玩的过程，比如自制玩具，就有着一种自我做主的快乐。通过这些项目，让孩子学会使用针线、螺丝刀、锯子等手工技能，对提高他们的生活自理能力也有很大帮助。这也正是目前很多孩子所欠缺的。

以玩制玩，正确引导贪玩的孩子

父母课堂

同样是玩，父母若能以玩制玩，引导孩子把过剩的能量用于积极的方面，对孩子今后的发展将会有莫大的助益。

很多家长会抱怨："我家的孩子聪明是聪明，但他的聪明却总不往正道上用。"

一位家长曾这样说：

儿子小时候就很聪明，上了小学后，他的这种聪明表现得更明显了，每次考试都能名列前茅。但从初一开始，儿子的聪明渐渐就偏离了"航道"，他开始耍小聪明骗老师和家长、开始喜欢打电子游戏、对班上的同学做恶作剧……每次帮他收拾完"烂摊子"，我都会想："我的儿子要是不聪明就好了！"

孩子小学阶段一般是很听父母话的，但到了中学阶段，由于孩子自我意识的加强和逆反心理的出现，这些孩子就要用实际行动去实践自己的想法了：如果我用听起来很真实的谎言是不是可以骗过老师和家长？如果运用我的智慧和武力，是不是可以让同学们服我？如果运用我的聪明，打这些电子游戏，我是不是可以级级胜出……于是便出现了父母们所说的，从初中开始，孩子的聪明开始不向正道上用了。

如果孩子的聪明不用在正道上，他们的这种聪明就会变成一种破坏的力量。他们会利用这些聪明去搞破坏、去闯祸……每当这时，家长们大都会想：他要是不这样聪明就好了。

其实，家长们完全可以换一种思路，为什么你不想想你的男孩不把聪明用在正路上的原因呢？其实，孩子之所以不把聪明用在正道上，很大程度上是因为他的精力旺盛。正因为他聪明、精力充沛，能很快就把作业做完，做完了作业他就会把自己过剩的精力转移到玩上。一些家长由于工作、生活等原因，平时对孩子教育不够，孩子无人约束和引导，很容易便会沉溺于玩耍。玩性一旦形成便一发不可收拾，到最后玩成了"主业"，以致荒废了学习。

虽然很多孩子已经有了理性思考的能力，但孩子毕竟是孩子，对很多事情并不具备甄别和判断能力。例如，打电子游戏不仅可以帮孩子转移过剩的精力，而且还可以让他们体会到成就感，那孩子就会认为经常打游戏是件很有意义的事。所以，家长要及时引导孩子把精力用于正途。

有一个孩子，家长平日不让他做任何与学习无关的事，也不让他和邻居家的孩子一起玩耍。孩子不高兴时，就让他吃爱吃的食物，买他喜爱的各种玩具，可是孩子仍然不开心。后来家长改变教育方式，让孩子经常和小伙伴玩，帮助家长干些简单的家务劳动，孩子的生活充实了，而且他在完成各种任务的过程中得到了极大的满足，体会到了成就感。

孩子不把聪明用在正道上，甚至常常凭借自己的聪明与父母对着干，使得大多数家长又爱又恨。其实不是他们的聪明不往正道上用，而是父母不了解这些孩子，没有把他们的聪明向正道上引导。聪明孩子的大脑发育比一般的孩子要快一些，当然，到了初中阶段，他们的理性思考能力和自我意识的出现，也要比其他孩子要早一些，因此，他们对父母给他们的约束很容易反感。拿学习来说，如果父母总是认为孩子的聪明不向正道上用，并常用责骂的方式去督促孩子去学习，这就很容易激发这些孩子的逆反心理，而且孩子很容易就会厌恶学习，从而会做出越来越多的不"正道"的事情。

家长应让孩子少和那些贪玩的孩子在一起，但不要强令禁止，以免引起孩子的"逆反心理"和影响孩子的交往能力。家长要注意启发和引导孩子玩，让孩子知道怎样玩更有利于自身的健康和将来的发展。同样是玩游戏，玩益智游戏明显要比玩单纯的打打杀杀的暴力游戏对孩子更有好处。

第 4 章

成绩不代表全部，别为分数跟孩子过不去

　　成绩并不是最重要的，重要的是对孩子学习能力的培养。成绩只能代表过去，只能说明某一方面。父母要培养的不是考试机器，而是心智健全、善良美好的人，所以千万不能在分数上跟孩子过不去。父母一定要把健康的学习观传达给孩子，让他健康快乐地成长。

不要用孩子的成绩来成就你的面子

父母课堂

孩子有他独立的人格，他不需要背负着父母的面子，活在沉重的压力之下。

过去人们比吃，比穿，比资产，现在却开始比孩子了。谁家的孩子成绩多么优秀，谁家的孩子多么有才华，谁家的孩子考上了重点学校……把孩子学业成绩当成面子，当成向别人炫耀的资本。一位妈妈说，平时她和同事们在一起谈论最多的就是孩子的学习问题。大家聚会的时候，也都带着孩子。如果发现自己家的孩子不如别人家的孩子优秀，会让自己很没面子。

喜欢用孩子的成绩来为自己脸上贴金，这是一些父母的陋习。当孩子在别人面前为父母挣足了面子、让父母觉得脸上有光的时候，父母就会对孩子宠爱有加，大大奖励一番。当孩子让父母在人前面子尽失的时候，父母又会气急败坏，对孩子大呼小叫。无形中，当父母们在对孩子进行教育时，"面子"竟成了主要的考虑的因素。

因而在家里，孩子听的最多的话语是："小子，好，这样的分数为你爸妈挣得了面子，我们总算没有白辛苦！"或者"你真没出息，这个分数叫我怎么去见人？"称赞也好，斥责也罢，归根究底，都是因为在多数父母心目中，孩子的分数直接跟父母的面子挂钩。

性格开朗、活泼大方的燕妮在上初中时，妈妈几乎天天用这样一句话来刺激她："你要考不上重点中学，我就没脸在现在的单位混下去了，别人家的孩子考的可都是重点高中。"最后，燕妮在中考时如愿以偿，考进了市重点高中，为妈妈争了一口气。妈妈为此给了燕妮一些特殊的"待遇"。

上高一时，妈妈对燕妮的期望值进一步"加码"——"你必须在全班考第一。"在那所英才荟萃的"重点"中学里，燕妮有些力不从心，渐渐地，活泼可爱的笑容从她的脸上消失了，焦躁与不安爬上了她那稚嫩的额头。

令妈妈失望的是，期中考试她没有成为全班第一。妈妈降低了对她"考入重点"时的待遇，用威胁的口吻说："你的考试成绩每门达不到90分，就是丢我的脸！"

可惜事与愿违，燕妮的考试成绩中达到90分的学科越来越少，而妈妈对她的斥责却越来越多，终于，在一个大雾迷漫的早晨，燕妮离家出走了……

当今有很多父母将自己的"第一梦""重点高中梦""重点大学梦""成龙梦"，一股脑儿地寄托在子女的身上。孩子还未出生的时候，就又是听胎教音乐，又是做胎儿按摩，恨不得孩子出生时的"第一声啼哭就是一首绝妙的好诗"。孩子床沿还没有爬过，就又是搞"零岁方案"，又是进补"脑白金"，恨不得孩子一出幼儿园就成为"神童""小博士"。孩子稚嫩的双肩如何承受父母的期望之重："儿子，你门门功课必须是全班第一。""女儿，一定要考入重点中学！""孩子，你一定要考上名牌大学，为咱们家争口气。"

孩子似乎成了父母挣面子的工具。在我们这个看重"父母之命"的文化里，身为一家之主，父母当然可以凭借"家长的权威"将自己的意志强加到孩子身上，也可以将孩子拼命取得的成绩当成自己的"脸面"，但高压和强迫，往往会导致灾难性的后果，孩子极有可能以极端的方式向父母说出压抑在自己心底的"不"字。事实上，每年都有数以万计的孩子因不能为家长争取足够的"面子"而逃学、离家出走，甚至自杀。更极端甚至导致"弑亲"的人间大悲剧。

做家长的千万不要走进这样的误区，在对孩子爱中掺杂进功利性的东西。孩子能够健康成长，自由发展，比什么都重要。

眼睛不要只盯着孩子的考试成绩

父母课堂

在督促孩子学习的时候，父母不要只盯着孩子的考试分数，更应该看孩子实际的学习成果。

美国教育家斯宾塞曾经说过："身为父母，千万不能太看重孩子的考试分数，而应该注重孩子思维能力、学习方法的培养，尽量留住孩子最宝贵的兴趣与好奇心。绝对不能用考试分数去判断一个孩子的优劣，更不能让孩子有以此为荣辱的意识。"

分数本是对孩子学习情况的一个检验，是老师、家长和孩子自己反馈信息的一个渠道、一种手段，只是测评孩子学业的一个参考，分数的高低并不能用来评判孩子的一切。但在考试竞争日趋激烈的今天，分数高低决定着孩子的升级、升学、评奖的现实背景下，分数变成了目的，变成了孩子、家长、老师追逐的唯一目标。

而且，还有许多父母把对孩子基本生活需要的满足，把对孩子的亲疏宠责都与考试分数挂钩，逼着孩子去为分数而学习，结果影响了孩子的身心健康。有的父母把孩子的学习成绩作为评价孩子的一个主要标准，甚至是唯一标准。他们对孩子的考试分数增加或减少特别敏感，看到孩子得了 90 分、100 分便眉开眼笑，对孩子大加赞扬甚至用金钱作奖励；倘若孩子考试分数低了，便开始板着面孔，马上念起"紧箍咒"，一训、二罚、三检查，弄得孩子苦不堪言。

吴伟中考前一练考了 486 分，二练考试考了 493 分。得知二练考试分数后，他叹了口气，沮丧地对妈妈说，"我可能就那水平了，哎……""没问题的，以你的实力，500 来分保证没问题。"妈妈斩钉截铁地说，语气中充满着对他的信任。

中考前一天晚上，吴伟比以往提前了一小时上床睡觉，但他翻来覆去睡不着。"妈，我怎么也睡不着。"儿子见妈妈又一次来屋子里，睁开了疲惫的眼睛。以为儿子睡着了，来点蚊香的妈妈不禁为孩子担忧起来。"你说，我要是考不好怎么办呢？"吴伟显得忧虑重重。"孩子，我们的确希望你考好一些，可是咱们学习也不光是为了分数啊。你看你现在上的不是重点中学，不也一样优秀嘛，妈妈相信你将来做什么都一样地优秀。"妈妈靠进儿子，微笑地抱了抱儿子已经结实的肩膀。吴伟感到意外，母子俩紧紧地拥抱在一起，眼睛里都闪着泪花……"嗯，那我睡觉了。"

吴伟很快进入了梦乡。

中考成绩揭晓，吴伟考了 553 分，被重点高中录取了。"学习并不是为了分数……"妈妈的话，应该与吴伟取得优异成绩有着很大关系。家长关心孩子，照顾孩子的衣食起居，孩子们也能体会到这种爱，他们唯一能做的就是通过成绩来报答父母。一旦考试不理想他们心里也会感到深深的愧疚与自责。

虽然现在的教学中仍然以分数为主，但是作为父母，却不能以分数的多少来判定孩子的前途。相反，父母要帮助孩子树立正确的学习观念，让孩子明确学习并不是为了分数而学习，而是为了能学到更多的知识。

作为家长，要对分数与成绩、成绩与学习、学习与能力，这几对概念做一个明确的区分，把握它们之间的关系。很多家长只习惯于看孩子得了多少分，实际上分数就是一个数字，代表学生对某些知识的掌握情况。而家长却将成绩、能力、大学、工作等一系列问题挂钩，导致分数成为学生的命根；家长不能正确地看待孩子的能力，就会导致孩子也不能正确而全面地看待自己的相对分数；家长对考试分数的种种不合理态度，也对孩子心理的健康发展影响很大。因此，要摆正考试分数的位置，考试分数固然重要，但它毕竟是表面的东西，它只是衡量学习成绩的标准之一，而不是全部。家长应把培养孩子具有合理的知识架构、能力体系和科学的学习方法，把发展孩子的全面素质，摆在比考试分数更重要的位置上。李蓉的事迹，就说明了人生充满无数可能，并不一定是分数决定人生。

让孩子走出"满分"的误区

父母课堂

孩子过分在意分数，往往是父母过分在意孩子分数的结果。所以，父母在给孩子"补课"的同时，更应该给孩子"补心"，让孩子走出只追求满分的误区。

现在孩子们经常挂在嘴边的一句话是："我要考了 100 分，我妈就给我买××× 。"或者听见孩子们说："谁谁真厉害，考了 100 分呢！"于是，孩子们就会形成这样的思想，认为：分数高的孩子，什么都好，什么都高人一等。

但也有孩子由于受不了这种高压政策，出现了"心理疲劳"，甚至有的孩子还出现了心理扭曲进而自虐的倾向。

一个 14 岁的男孩，父母都是白领，家里的生活条件不错，父母几乎满足了他所有的物质要求，给他穿名牌，买手机、电脑。但这一切都是为了孩子能够更好的学习。在学习上，父母对他的要求则更加严格，已经到了苛刻的程度了。每次公布考试成绩，男孩拿回成绩单，无论是 95 分还是 98 分，父母总是对男孩说："你未来可以考得更好！"他们从来没有夸奖过儿子，害怕夸奖之后，儿子会骄傲、会松懈。

长时间的心理压抑，让得儿子的精神彻底崩溃，他不想再去学校，拒绝和学校、学习有关的一切事物。父母没有办法，只好带儿子去看心理医生。结果在儿子的身上发现了很多伤疤，问这些伤疤哪儿来的？儿子说："自己划的。""为什么要在自己的身上用刀划呢？""考试考不好的惩戒。考95分划一刀，考98分划两刀。"大家都很奇怪，98分比95分更高啊，为什么要划两刀呢！结果男孩说："98分离100分只有两分了，丢了分更不可饶恕，所以要多划一刀来惩罚。"

父母期望过高，导致孩子极度的迷恋分数，孩子的心理承受不住这种重压，于是就用自虐来惩罚自己。一旦孩子的心理出现了"疲劳"的现象，就会导致孩子产生厌学情绪。孩子出现"心理性疲劳"，大都是由于心理上的弦绷得太紧而导致的，是人的主观体验的一种疲倦感。

心理学家认为，有心理性疲劳的孩子常有以下几种表现：变得不爱上学，不愿见老师，甚至每到上学前，孩子就喊"肚子疼""头痛"等；不愿做作业，一看书就犯困；即使在没有外界干扰的情况下，注意力也常常不能集中；不愿大人过问学习上的事情，对父母的询问常保持沉默，或者表现烦躁，或者转移话题；上课时常打不起精神，课后却十分活跃。

目前，有"心理疲劳"倾向的孩子越来越多。家长如果发现自己的孩子有"心理疲劳"的表现，不必过于惊慌，可采取一些措施积极应对。

1. 父母要对孩子有全面的了解和正确的评估

心理学研究认为，人的智力、性格、气质等各不相同，即先天条件不同，因而接受知识的能力和效果就有高低之分，考试分数也就相应地出现高低之别，不可能每个孩子都出类拔萃。另外，考试试题的难易、孩子学习上的困难及临场发挥等诸多因素都会影响孩子现场的发挥。所以，父母要根据孩子的实际情况，对孩子提出合理的要求。

2. 对考分，既要重视它，也要藐视它

对考分，家长和孩子既要重视它，也要藐视它。所谓重视它，就是通过认真分析，找到失分的原因，看到基础知识、解题能力、发散思维等方面的缺漏，加倍努力，强化和突破孩子的薄弱环节。所谓藐视它，就是不要以一时的波动而气馁，要学会在分数中看到孩子与他人的差距，帮孩子找到学习的榜样和追赶的目标。父母要让每一次考试都成为孩子发现问题、找寻目标、增强信心的机会。父母应成为孩子成长、进步的鼓励者和见证人。

此外，家长在引导孩子搞好学习的同时，不可忽略对孩子进行心理辅导的重要性，即给孩子"补心"，以增加孩子的信心和对学习的热情。

学习好不是培养孩子的唯一目标

父母课堂

孩子走向社会后，对他们的评价标准就不单单是考试成绩了，而是个人的整体综合素质。

在孩子的教育方面，很多父母往往片面地看重分数，仅仅用考试成绩来评价孩子，认为只要孩子成绩好，那就什么都好。只要孩子学习上能考高分，其他的什么都不让孩子插手。许多父母

抱定"再穷不能穷教育，再苦不能苦孩子"的信念，对孩子百依百顺，只要是跟孩子学习相关的就有求必应。

一位老师跟班里的几个学生聊天，偶然谈到自己七岁的女儿最近几天不听话，不好好写作业，得想办法回家管教管教她。这时候，一个成绩优秀的女孩突然大声说："老师您可别那样！我小时候除了学习就是学习，我从来没有快乐的童年。"女孩说话时的那份真诚、无奈，让老师心里酸酸的。

接下来，几个孩子的话更让老师深思。一个孩子说："每次吃完饭我要自己刷碗，妈妈都会说：'放着吧，你只要把学习搞好就行了。'现在我都懒得做家务。"另一个孩子说："我妈生怕我耽误学习，前几天，就因为我吃苹果削成了小片，吃得慢点，她就说我磨磨蹭蹭不知道抓紧时间学习，似乎我生来就是为了学习。"……

老师在心底发问：家长希望孩子学习好，错了吗？没有错。这些家长错在哪？不得不承认这些家长的错就在于把孩子学习好作为了教育的唯一目标，把学习变成了孩子全部的生活。这是家庭教育的失败。

只有全面发展的人，才是社会需要的人。在当今的社会，情商比智商重要，方向比努力重要，能力比知识重要，健康比绩效重要，生活比文凭重要。如果说一个孩子从小各方面都得到了比较均衡的发展，那么他将来肯定会非常受欢迎。

进行综合素质教育是培养孩子成才的必由之路，要想让孩子在未来社会的激烈竞争中取胜，就得让孩子具有良好的综合素质，不能把培养孩子的目标仅仅放在在班级成绩排名和考试分数上，一定要从提高孩子的综合素质上入手，培养和提高孩子的综合竞争力，这样才能抓住孩子未来成功的关键。

那么，如何才能让孩子全面发展？如何才能真正提高孩子的综合素质呢？这是值得每一位家长认真思考的话题。

1. 注意引导和塑造孩子健康阳光的性格

性格是人生、事业成败的重要因素。但凡事业成功的杰出人物，都拥有健康无缺的性格特征。性格有缺陷的人，无论多么优秀，都逃脱不了悲剧的人生。即使我们不求杰出，甘愿平淡，也应该乐观、坚强、自信地生活。人的性格是带有一定遗传因素，但并不是完全先天的，而是可塑的。作为家长，要注意观察孩子的言行。如果孩子不拘言笑，不爱动，要多与孩子交谈沟通，开些轻松幽默的玩笑，并鼓励其多与同学、邻居孩子玩耍来往；孩子不自信，干什么都怕人家笑话，要循序渐进，一步一步地引导、表扬孩子；孩子胆子小、吃不了苦，除了鼓励孩子参加学校组织的课外运动、野炊、军训等活动外，要利用节假日，多带孩子外出旅游、走亲戚。总之，要培养孩子乐观开朗、活泼好动、自信向上、坚强果敢的性格。同时，要培养孩子换位思考的习惯，"己所不欲，勿施与人"，善于理解他人、关心他人、礼让他人。

2. 挖掘孩子的天赋，全面开发孩子的潜力

有的家长不顾孩子喜不喜欢，为了能让孩子全面发展，给孩子报很多特长班。实际上，不考虑孩子的爱好，给他报太多的特长班，不仅不利于孩子学习，也不利于孩子的全面发展。父母应该是孩子的伯乐，帮助孩子发现他的天分，让兴趣带动学习，这

样才能促成孩子全面发展的良好局面。

乐乐的妈妈是音乐教师。乐乐 2 岁多的时候，妈妈无意中发现自己在弹钢琴时，乐乐就会随着音乐的节奏边唱边跳，还用手做出弹奏的动作……于是妈妈就因势利导，注重培养乐乐在钢琴方面的天赋。

钢琴是键盘乐器，有固定音阶，相对其他乐器来说入门比较容易。弹钢琴要用十个手指头，大家都知道"十指连心"的说法，左、右手协调的过程，也就是人的大、小脑协调过程，大、小脑协调过程其实就是开发孩子智力的过程。

3. 让孩子参与家务劳动

一位社会学家在组织的调查中得出一个有趣的结论：经常做家务的孩子可能是因为处理事情的能力比较强的缘故，长大后生活相对比较幸福，也相对不容易受挫折，或者比承受能力较强。

但我们生活中的很多父母为了让孩子把更多的时间投入到学习中去，却剥夺了孩子做家务的一切机会。剥夺了他学习，学习分担责任，学习解决问题的机会。很多父母都认为孩子不应该做家事，应该把时间拿来学习，她们的观点是："孩子现阶段的任务就是学习。一切都要为学习让步！至于生活自理能力，孩子长大自然就会了，不应该占用学习的时间。现在一切都由我来做就好了。"

而结果呢？只是教养出一个个只会解几道数学题，或认识几个英文单词，却无法离开父母而生存的孩子。有教育专家呼吁：父母应该让子女充分分担家务，学校应该全面减轻作业分量，别让学习再剥夺孩子生活的乐趣！

4. 注重培养孩子的实践能力

孩子要全面发展，不仅要学好书本上的知识，还要不断丰富社会实践经验和掌握日常生活实用技巧，否则，长大后就会成为所谓的"书呆子"。为此，家长一是要让孩子多参加一些实践活动，如洗衣服、做饭洗碗、扫地擦桌等家务活儿要随着孩子年龄的增长，逐步学会；节假日要抽出一定时间让孩子到商店、饭店、农田等地去了解学习，或外出旅行，开阔眼界，增长见识，正所谓"读万卷书，行万里路"；二是要让孩子做有心人，注意观察日常生活中的点点滴滴，勤于思考，掌握生活中的实用常识。

别让考分成为孩子追求的目标

🖋 父母课堂

　　孩子勤奋上进值得高兴，但是过分重视分数和名次，把考高分当成追求的目标却未必是好事情。

小时候孩子一般都有自己的理想和目标，他们梦想自己将来可以当科学家、医生、画家等，只是儿时的梦想很快就被现实打破了。

牛顿童年时身体瘦弱，头脑并不是特别聪明。读书的时候在班里的学习成绩属于下游。但他的兴趣却很广泛，尤其是对数学，经过努力，他22岁时发明了微分学，23岁时发明了积分学，为人类科学事业的发展做出了巨大贡献。

爱迪生小时候因为学习差、考分低，老师和同学都嘲笑他智商低。可是他的妈妈并不这样认为，也没有因此对他失去信心，在她的精心引导和教育下，爱迪生最终成为世界上最伟大的发明家之一。

虽然国家已经对教育进行了改革，并且提倡素质教育，但升学仍然离不开成绩。成绩的好坏，决定了孩子所进院校的好坏。在这样的制度下，很多父母都将目光瞄准了孩子的考分，想尽办法帮助孩子提高学习成绩，孩子在父母对待考分的态度中感受到了压力，无奈之下只好将追求高分作为人生目标。

成绩固然重要，但不是最重要的。为了避免孩子把分数当成追求的目标，将来成为一个学习机器，一个书呆子，不能成功融入社会，父母首先要改变自身的认识和做法。建议父母从以下几个方面做起：

1. 父母要适当降低对孩子的要求

父母望子成龙心切，将自己的期望寄托在孩子身上，所以对孩子提出了很高的要求，关心他们的学习，希望他们考出高分。但是孩子课业任务繁重，来自外界的压力也大，如果父母再对孩子寄予过高的期望，就会导致孩子精神压力过大。

姚哲今年上初一，升入初中后由于老师的教学方法发生了改变，周围的环境也发生了很大的变化，他感到很不适应，学习成绩不断下降。

为此，他十分苦闷地在日记里写道："我第一次觉得自己那么失败，每当看到父母期望的眼神我都很愧疚，不知道该怎么努力才能达到他们的要求。如今，烦恼挥之不去，一看见课本我就想把它们扔出去。"

许多父母对孩子抱太大希望，无形中给孩子施加了压力。结果，许多孩子对学习产生了厌恶，严重的还会影响孩子的心理健康。父母要适当降低对孩子的要求，不要将砝码全部押到孩子的分数上。

2. 正确看待孩子的考分

父母要理智地看待孩子的分数。首先，态度要端正。不要看到孩子得高分就表扬他，看到孩子得低分就气急败坏地加以批评。其次，要考虑孩子全班的总体情况，有可能是试卷难度太大，全班的分数普遍都低。

同时，父母必须认识到，孩子学习的掌握程度并不是在一次考试中就能全面、完整地反映出来的。考分只是评价孩子在某一个阶段对部分知识的掌握程度，不代表孩子的整体学习水平，更无法代表孩子的能力。

3. 孩子的健康成长比考分更重要

乐观积极、对生活充满信心是孩子心理健康的表现，这样的孩子学习成绩往往较好；相反，一个消极、悲观、焦虑、对生活失去信心的孩子，学习成绩自然不会理想。由此可见，培养孩子健康的心理比追求孩子的高分更重要。

张强的父母没有上过大学，他们决心一定要把均均培养成大学生。张强刚上初中时成绩不理想，爸爸为他买了很多辅导书，嘱咐他好好学习，考出高分。张强也很努力，为了考高分他还牺牲了周末的时间，也不愿跟别人多交流。可最后张强却在考高分的压力下得了抑郁症。

很少有父母意识到心理健康对于孩子学习成绩的影响。教育心理学家指出，提高孩子的心理健康水平是提高孩子学习成绩的重要途径。所以，父母不要只盯着分数看，而要将注意力转移到促进孩子的心理健康上来。

别让压力转化为孩子对考试的焦虑

父母课堂

考试焦虑是一种情绪反应，不仅影响孩子的学业成绩和学习活动，也影响孩子的心理健康。

如今，繁重的课业任务、竞争激烈的各种考试再加上父母的殷切期盼，使孩子的精神压力越来越大。

莎莎从小乖巧听话，做事按部就班，性格内向，追求完美。父母对她非常疼爱，但要求也比较高，从她懂事开始，就为其灌输"只有考重点中学才能考上大学；只有考上大学将来才有出路"的思想。她一直很努力，从小学到初二，学习成绩一直都很优异。

然而，莎莎一个月前的一次物理考试成绩却不尽如人意，进而她出现了焦虑、注意力不集中、入睡困难、食欲下降等症状。莎莎说："我有点偏科，文科在班上数一数二，但理科只能达到中游水平。父母一直希望我能把理科也考好，我也很用心，没少在理科上下功夫。但是，每次考物理前都很紧张，前一天就开始担心，怕考不好，怕失败。为了理科的考试，前一天我总是复习得很晚，常常睡不着觉，有时要过上一、两小时后才能睡着。每次考理科进教室时，我都会很紧张，心慌，手发抖，出汗，想上厕所，全身绷紧。在考试时常常注意力不集中，明明掌握的知识在考试时就忘了，脑子里一片空白。上次考物理时因感冒发烧，身体很不舒服，没有考好。老师和家长都开始对我有些看法，认为我不行，退步了，我也觉得很难过。那次考试加剧了我对考试的焦虑，但越是害怕，越是担心，考试就越糟糕。不久就要中考了，这可是决定我的前途的考试，妈妈也说一分就可以定终生，把希望全都寄托在我身上了。要是再考不好，我就完了……"

无独有偶，张东平常学习不错，偶尔还可以帮助同学解答学习上的疑惑，但一接近考试就紧张，总怕自己考不好，拼命准备，夜不能眠。而考试前又会感到头痛，甚至还会发烧，最后不是被迫中断考试，就是难以发挥正常水平。循环往复，到了一听到考试就恐惧紧张的地步。

考试焦虑又称为考试恐惧，是指因考试压力过重引起的一种心理障碍。主要表现在迎考及考试期间出现过分担心、紧张、不安、恐惧等复合情绪，还可能伴有失眠、消化机能减退、全身不适甚至植物神经系统功能失调等一系列症状。这种状态影响孩子的思维广度、深度和灵活性，降低应试的注意力、记忆力，使复习及考试达不到理想的效果，甚至无法参加考试。

孩子若因不能摆脱考试焦虑、难以达到良好的心态而失去种种机会，与大好前程失之交臂，岂不是可惜？所以父母一定要指导孩子在考试时保持良好的心态。

1. 让孩子放下精神包袱，把考试当作业去对待

有的父母认为"压力越大，效率越高"，所以不断给孩子施压，以致孩子遇到考试就紧张焦虑。实际上，父母应该对孩子的学习

能力、自觉性和心理承受能力有一个恰当的估计，并引导孩子正确地估计自己的能力，降低过高的学习目标，学会重视学习过程而不要太计较考试的最终成绩。家长可以告诉孩子："考试跟平时写作业没有太大的区别，只要把你会做的，能做好的做好就可以了。"孩子养成了把考试当作业，把作业当考试的习惯，压力就会得到释放。

2. 家长要保持平常心

考前家长保持一种平常的生活状态重要。拼命给孩子补充营养，到处收集考试信息，家长在关心孩子的同时，其实无意识中让自己的焦虑情绪影响到了孩子，孩子会感受到家长的期望，担心考不好让父母失望。有句话说，"以一颗平常心对待考试。"这不仅是对孩子说的，对家长同样适用。

3. 考前不宜把学习安排得太紧

有的孩子不善于处理学习与休息的关系，他们在学习上投入的时间太多，且生活安排单调，不注意休息和体育运动。明天就要考试了，他会把前一天晚上的学习安排到 12 点。休息不好，第二天精神状态不佳，必然会增强焦虑。还有的孩子相信"临阵磨枪，不亮也光"，临进考场还为某一道模拟题的答案所困扰，这样进考场不能很快进入状态就会耽误时间，产生焦虑。其实只要平时基本功扎实，临考前保持精神愉悦，就一定能考出好成绩。

第 **5** 章

面对不听话的孩子，发脾气前先反省自己

孩子不听话，多数父母的第一反应就是抨击、指责孩子，怪他们不懂事、不学好。事实上，每一个问题孩子的背后几乎都存在着一位问题家长、一个问题家庭。不合理的教育方式，才是问题产生的根源。所以，父母不要只紧盯着孩子的问题，而是要寻找并理解问题背后的原因，发脾气前一定要先反省自己。

先改变自己，再改变孩子

父母课堂

有些父母把全部希望都寄托在孩子身上，对孩子严格要求，自己却随波逐流。殊不知，身教胜于言传，父母若不能先改变自己，孩子受其影响也会不思进取，放任自流。

对于孩子，父母内心里总有"望子成龙""望女成凤"的希冀，90% 的父母最希望的是孩子考上名牌大学，最满意的事情是取得好成绩。然而，父母们热衷于"谆谆教诲"孩子时，却忘记了"成龙""成凤"的过程中父母所起到的重要作用。父母是孩子的第一任老师，孩子的模仿能力很强，父母的一举一动，都会成为孩子模仿的对象。但是许多父母把"言传"看重于"身教"，把自己达不到的理想寄托在孩子身上，对孩子严格要求，对自己却要求很低，甚至随波逐流。

这种心态使得很多家长无法忍受孩子"不争气"这一事实。而实际上，所谓的"不争气"，只是孩子不能按大人的设想达到大人的目标而已。孩子是一个独立的个体，他也有自己的梦想，而没有帮家长完成愿望的义务。

"我们是没办法，我们就这个样子了，你一定要争口气啊！"许多家长用这样语重心长的口吻激励自己的孩子。殊不知，这样的激励方法不但不能起到激励的作用，还会引起他们的反感。

张强是某中学初二的学生，有一天，他在放学后跑来向他的班主任诉苦："我妈妈很不好，只知道要我好好读书。"

他的班主任纳闷儿了，问他"这有什么不好？"

"妈妈老跟我讲这种话，说她现在给我住二手房，我以后就要给她住公寓；她现在供我在国内读书，我以后就要供她到国外生活……"张强一五一十地将心里话都说了出来。他的班主任这才弄懂，难怪孩子想不通，原来他是觉得，为什么妈妈现在对我的付出，都是为了在未来向我索取呢！

虽然大人们都不难理解这位妈妈的心情，她只是在和孩子展望美好的未来，可是，在孩子眼里，大人却变成了自私的，只一味严格要求孩子，却对自己放松要求。

"妈妈老说，妈妈就这个样子了，可她为什么就不想办法改变自己呢？"张强的话让他的班主任感触良多："如果我妈妈是个农民，她可以种出全村最大的白菜；如果我妈妈是个环卫工人，她就可以扫出杭州最干净的路，我就不会嫌弃她，我会佩服她，向她学习。"

父母为什么就不能改变呢？这是孩子最大的疑问。

1. 先改变自己再改变孩子

其实，父母只要把自己该做的都做好了，在孩子面前树立一个好榜样，孩子自然而然会在父母的影响下往好的方面发展。每一个人都可以改变，孩子可以改变，父母当然也可以改变。

教育专家认为，一直对孩子提要求，最后只可能导致两种结果，要么孩子非常懂事，懂事得让人心疼，要么孩子最后选择自暴自弃逃避来自父母的压力。家长应该远离要求者的角色，把自己看作孩子的榜样，这才是对孩子最好、最生动的教育。

2. 父母应成为孩子的榜样

父母普遍希望或要求孩子的一生比他们自身成功，才干比他们全面，但这种做法其实是会给孩子的成长带来不少消极影响的。

其实，教育孩子的一个真谛是父母要成为孩子的榜样。英国心理学家希尔维亚·克莱尔说："如果你自己都不努力去有所成就，你也不能期望你的孩子去做什么。"

3. 成功建立亲子关系

成功建立亲自关系，不是每个父母都能做到的。有的人在工作上出类拔萃，但与子女的沟通较少，当发现子女的个性、心理发展出问题时，他已经无能为力；有的人在工作上表现平平，甚至屡次创业失败，但是却与子女建立起良好的亲子关系，成为子女成长的有力支持力量。

与父母有着良好亲子关系的孩子在遇到困难与挫折时，往往能用比较积极的态度面对。因为父母给他的支持使他更踏实、自信，因而经得起失败。在这种心态下，孩子能较好的运用智慧与各方面能力面对困难解决问题、渡过难关。

也就是说，成功地建立了亲子关系的父母，至少能使子女拥有比较顺利的、快乐的生活。从各方面观察来看，这样的孩子长大后表现比较出色，能够获得某一方面或多方面的成就。

不过，这里还要强调一点，父母的价值观中是把对美德的追求和坚守视为第一，还是把对利益的追求视为第一，决定了子女成为一个有多大发展潜力的人才。教育专家认为越是重视追求美德的价值观，越是能带给子女长久的成功和幸福。

学会聆听，给孩子说话的机会

父母课堂

为人父母者多与孩子交流，倾听其心声，才能及时发现问题，解决问题。

在如今的家庭教育中，有些父母认识不到倾听孩子的重要性，孩子一旦有问题，总爱以成人的思维方式去评判孩子所做的一切，把自己的意愿强加给孩子，不给孩子解释的机会，轻则呵斥，重则打骂。孩子失去解释的权利或者自己的想法得不到父母的重视，只好将委屈和不满埋藏在心里，长此以往，做父母的就很难知道孩子的所思所想，也就很难找到教育孩子的方向。

另外，孩子的话语权得不到父母的尊重，父母不让孩子把话说完，一方面不利于孩子语言表达能力的提高，另一方面也使孩子产生自卑心理。久而久之，孩子就会与父母产生对抗情绪，以致双方相互不信任，产生沟通困难的问题，甚至还会造成孩子的心理健康问题。

夏天的一个早上，天气异常闷热，妈妈骑着自行车送孩子去学校，妈妈的衣服都被汗给浸湿了。女儿坐在自行车的后座上，向妈妈讲述着班级里和同学闹别扭的事，妈妈满心的烦心事、加上身体的疲惫，根本没有心情听孩子的讲述。

渐渐地，孩子的声音小了下来。突然，他对妈妈说："妈妈，我差点儿忘了，我的铅笔用完了。"妈妈不耐烦地说："早干嘛去了，刚才经过文具店你怎么不说？"于是，妈妈费力地将孩子带到了文具店门口。可是，孩子却气鼓鼓地自己跳下来，说："不买了。"

在学校门口，妈妈质问孩子为什么不听话，孩子哭着对妈妈说："妈妈，你知道吗？我们小孩也很可怜。"妈妈一下子愣住了，孩子的脸憋得通红，然后委屈地对妈妈说："你们大人心烦的时候可以对我们小孩发火，我们小孩心烦的时候，能找谁发火？我们难受的时候谁知道呢？"说完，孩子头也不回地跑进学校去了。

的确，"小孩也很可怜的"，在家庭中，父母根本没有时间、也没有耐心认真听孩子的心里话。有调查研究显示，我国的父母在一周内，认真听孩子说什么的时间不到 30 分钟。中国教育专家周弘说："要想和孩子沟通，就必须学会倾听。倾听是和孩子有效沟通的前提。不会或者不知道如何倾听，也就不知道孩子究竟在想什么，连孩子想什么都不知道，何谈沟通？"

教育专家认为：倾听孩子的诉说是一把开启孩子心灵窗户的钥匙，但现在很多父母都忽视了这一点。有很多父母只注重孩子的学习，注重孩子考试的分数，根本不关心孩子的心理健康成长。所以，许多孩子慢慢的开始不愿意和父母说话，有了心事宁愿找同学讲。

与孩子沟通，要注意孩子没有表达出来的思想感情，要学会鼓励和聆听孩子说话。

有的时候，出于自尊心或是别的一些原因，孩子并不愿意或认为没有必要表达出他们的思想感情，但他们又很想让父母明白他们的意图，这时，他们就会改用另一种方式对父母进行暗示。

对孩子正处在苦恼时所表现出来的"暗示"要敏感。很多孩子在想要父母知道他们需要什么的时候，只是悄悄地说，如果父母不注意听这不明显的提示，这种悄悄话将不再被说出。

如果父母不够敏感，就应该试着努力去注意孩子反常的、细微的行为信号。比如，孩子衣服不整洁的样子、声调、面部表情、动作、姿势等。孩子讲话时，除了注意他的肢体语言之外，还要倾听他所讲的字里行间的意思，想一想孩子希望告诉我们什么，也可以提出一些问题，来识别或弄清孩子的动机或基本情绪。凭借着细致与耐心，做到这些都不是困难的。

父母还应特别注意孩子习惯行为的改变，这将是了解孩子内心情感的有价值的线索，明显的表现是孩子不吃、不睡、不玩或注意力不如平时集中，发现了线索之后，就应该试着去推测，或者去直接感受孩子的情绪状态反映了些什么。

学会倾听不仅仅是一种表示认同的形式，也是了解孩子最有效的途径。家长有必要定期专门抽出时间来倾听孩子的心声，让孩子感觉到你对他的重视和认同，而孩子对你的信任感也会越来越强。会向你袒露内心世界，让你知道他对事物的看法和感觉。

只有把耐心倾听孩子的话付诸日常生活的具体行动，才能渐渐地看清楚孩子的世界，逐渐培养孩子的良好习惯。

有经验的父母提出，通过听孩子说话来了解他们的感受，是非常有价值的一件事，为我们提供了了解和教导孩子的机会。因此，不论孩子提出的问题是什么，都要尽可能找时间去倾听，而不要让孩子等你有了空闲时间再说。立即倾听孩子的谈话，有助于赢得孩子的信任，这样孩子才愿意把他所有的事都告诉我们。因此，当孩子有话要说时，我们要尽可能地立即与他交谈，这样孩子就不会失望了，他可以感受到他对于我们是多么的重要，也就会更多地把心里话告诉我们。

用心听，但不急于判断，是倾听时必须注意的一点，然而父母却总对孩子的倾诉缺少耐心，急于判断谁对谁错。但只判断而不用心听，会失去许多心灵沟通的途径。

假如一个孩子放学后很晚才回家，孩子刚要解释，心焦的父母便开口呵斥道："我不要听出了什么事！"这种反应破坏了双方的沟通所需的和谐，更严重的是令孩子的自尊心受到打击。正确的方法是告诉他爸爸妈妈很担心。然后让他说明原因，也许孩子有可以得到谅解的理由呢。

我们都渴望有人听自己说话，在大多数的情形下，人与人不能沟通，就是因为只有人说话而没有人听。如果父母们能对孩子的倾诉多一点耐心，不急于打断孩子的话，那么孩子遇到事情时就会乐于向父母倾诉，与父母进行良好的沟通。

孩子为什么"左耳朵进，右耳朵出"

父母课堂

话语的频繁刺激会使孩子感到疲倦，进而对所说的话置若罔闻。其实这不是孩子的错，而是妈妈过度唠叨之过。

有的家长抱怨："我的孩子就是不长记性，你跟他说话，他左耳朵进，右耳朵出，从来都不用心。"这是说孩子对家长的话不以为意，听过就忘，其实从心理学方面来看，这是逃避的一种表现，是孩子对信息的选择性遗忘。

　　一位妈妈在洗衣服时发现儿子的衣服特别脏，很难洗干净，就开始唠叨儿子不讲卫生，长篇大论，啰啰唆唆，一句话反复地讲。儿子一开始还回应着，说自己以后会注意点。但随着妈妈唠叨的升级，儿子开始不以为意，甚至把妈妈的声音当成背景音乐，称为"唠叨歌"。表面上儿子在听，但是却根本没有听进去。最后，妈妈高声地问："听见没有？以后注意点！"儿子假装认真地点点头，说："知道了！"其实，如果你问他，妈妈究竟说了些什么，他根本就不知道。

　　当孩子对一些声音信息不感兴趣、感到厌倦，或者专注于其他事情，就会减弱对这些信息的感知，忽略其具体的内容，对其不经过任何处理，就轻易地放过去，大脑中就不会留下深刻的印象。很多时候，这是一种下意识的行为，此时的注意力处于一种游离状态，它在捕捉信息，但却是很随意的，只会对自己关心的、对意识有所刺激的话语产生一些印象，而对其他内容则不会。

　　其实，在日常生活中，很多话如果孩子觉得没有意思，不值得一听，或者已经听过好多遍，孩子的内心都会倍感厌烦。这时，即使家长讲得有声有色，声情并茂，孩子也能够对其产生免疫，只知道有声音在自己的耳边嗡嗡作响，但却不知道声音的实际内容是什么。就好像声音从左耳朵进来，直接就从右耳朵出去了，没有在大脑中做任何逗留，也没有给自己留下什么印象。

　　听了但是没有听进去，这就是"左耳朵进，右耳朵出"的现象，它反映的是孩子对信息的一种选择性记忆，它与孩子的态度有很大的关系。"左耳进，右耳出"在一定程度上体现了孩子敷衍的、不认真的态度。

父母们知道了孩子拥有选择性注意力，就不要对孩子重复那些说了很多遍的、被孩子称为老掉牙的唠叨了。否则结果只能是：家长白费唇舌，还很生气，孩子却什么也没听进去。要知道，父母的唠叨对孩子改正错误根本没有任何益处。

调查资料显示，当父母在孩子面前喋喋不休，把自己真正要讲的意思和许许多多"废话"，例如抱怨、絮叨或责备都夹杂在一起，或是把要跟孩子说的几件事和几个要求都混在一起跟他说个没完时，效果反而会适得其反。这是因为孩子并不清楚父母究竟要说什么，从而会忽视父母谈话的内容。父母在跟孩子说话或提要求时，应尽量使自己的话语简单明了，让孩子能很快明白他们该做什么、怎么做。为了确保孩子听明白，家长应尽量简化事情的步骤，让孩子一目了然。孩子说他明白了，家长最好让孩子重复一下自己刚才说的话，同时督促孩子照着去做。

大喊大叫地对孩子发布命令，是很不明智的做法。在厨房干活儿的妈妈对着正在房间里玩得高兴的孩子大叫："过来洗手准备吃饭。"一般不大可能有效果。如果需要孩子听见妈妈的话，并且让他按照指令去做，妈妈最好是让孩子先放下手中的事情，然后把孩子带到安静的房间里，再跟他说话。事实上，孩子都有很强的好奇心，父母越是温柔和轻声地说话，孩子越是容易关注父母所说的话。

如果妈妈实在是生气了，可孩子还是没有任何反应，妈妈不妨走到孩子跟前，轻轻扶住他的肩膀，叫他的名字，帮助他停下手里的事情。当孩子的注意力完全转移到你这里时，再开始说要说的话。说话时，妈妈最好看着孩子，用柔和的语气说出自己想说的话。妈妈这样做不仅能让自己平静下来，而且能培养孩子在和他人谈话时，端正态度集中注意力。形成习惯后，孩子就会知道，看着对方的眼睛说话，这是对他人的尊重。

"听话"不是评判孩子好坏的标准

父母课堂

> 心理学家认为，不反抗的孩子是不正常的。父母应该培养的是有自己想法的孩子，而不是盲目服从的顺从者。

培养听话的孩子，要孩子听话，这是很多中国家长的观念。一位女士回忆说："小时候，奶奶看护我，妈妈每天上班前总是反复叮嘱：要听奶奶的话。等下班回来之后也常常问我，今天有没有听奶奶的话。3岁上了幼儿园，妈妈每天早晨送我去幼儿园，临走时总是一句话：听阿姨的话。每天晚上去接我，也常常问我，今天听阿姨的话没有。上小学时，每天都叮嘱我要听老师的话，上课要用心听讲。上了中学还是经常叮嘱听老师的话。后来工作了，又经常叮嘱我要听领导的话，看领导的脸色办事。在我的记忆中，好像'听话'这两个字是妈妈对我讲的次数最多的。"

很多家长教导孩子最常说的莫过于"听话"二字。爷爷、奶奶、爸爸，不停地说"乖！听话""听话！好孩子""听话！给你买玩具""听话！我们就喜欢你"。"听话"教育几乎成了家庭教育的中心内容。据调查显示，有 70% 的家长希望"孩子听话"。

同样，在学校里，老师大都也喜欢"听话"的学生，有的甚至把是否"听话"当作评判学生是否是好学生的标准。

为什么孩子的周围都以"听话"为要求，都以"听话"为评判标准呢？因为听话的孩子好管教，可以省去大人很多麻烦。殊不知，听话的孩子虽然好带，能省去大人许多麻烦，孩子长大后执行力也比较强，但"听话"的孩子在家长的指挥下失去了童年的欢乐，早早地开始学习各种各样的知识与技能。这样的孩子走上社会后，就很容易被花言巧语所欺骗，造成社会经验的不足。所以很多家长感叹现在的孩子多么不让人省心。其实这不是孩子的问题，而是家长教育理念的问题。只有改变这种教人"听话"的教育理念，现状才会有所改变。

孩子过于听话，不提问题，更不与长辈争论，总是规规矩矩，别人说什么就是什么，很容易养成儿童的奴性。这样的孩子缺乏独立思考的能力，该会的事不会，该做的事不想做，遇事总要依赖大人；这种孩子面对问题缺少个人见解，精神头也不足，不喜欢参加活动，总爱依偎在成人的怀抱里，胆小怕事，缺乏主动热情，缺少求知欲望和创造精神，不敢尝试，面对邪恶势力更是无力抗争。这样的孩子，将来能做什么呢？

相对于"听话"的孩子，那些顽皮的孩子总会时不时遭到父母的训斥。孩子的大胆创造常常不被父母所理解，因为父母的心中有太多条条框框，他们经常用这些条条框框去扼杀孩子的创造力。他们不知道孩子的创造力之所以如此大胆丰富，就是由于他们的脑袋里没有那么多条条框框。

倘若爱迪生小时候非常"听话"，我们人类就可能在黑暗中待得更久。庆幸的是，对什么都感到好奇的爱迪生小时候是一个名副其实的破坏者，这位天才在只有 6 岁的时候就想一点小小的火星是如何烧掉一座房子的。于是他开始了"试验"，他用一点火星点燃了父亲的仓库。"试验"成功了，但其代价是父亲损失了一座仓库和仓库里的东西，爱迪生受到一顿痛打。

具有"破坏力"的"坏"孩子一般聪明灵活，能力强，所以遇到挫折时就能表现出积极的态度和创造力，这一点要比所谓"听话"的孩子强很多。若家长一味地要求孩子听话，就等于扼杀了孩子的自主创造。

德国著名的心理学家海查曾做过如下的实验：他对 2~5 岁时有强烈反抗倾向的 100 名儿童与没有这种倾向的 100 名儿童追踪观察到青年期。结果发现前者有 84% 的人意志坚强，有主见，有独立分析、判断是非和做出决定的能力。而后者仅有 26% 的人意志坚定，其余的人遇事不能做决定，难以独立承担责任。

综合来看，"听话"的孩子真正成为社会精英、业界尖子的不多，他们大多在一般劳动岗位上工作。当然，并不是说"不听话"的孩子就一定聪明，杰出。孩子的"听话"应更多体现在生活规矩、行为道德上，而孩子天性好动，鬼主意多，父母应做出正确的引导，用于学习和对待事情上。当孩子出鬼主意时，父母可以与孩子一起发掘更多的乐趣，引导他们应用在实际生活上。

教育家陶行知先生的"六大主张"十分精辟，他提出：解放儿童的头脑，使其从道德、成见、幻想中解放出来；解放儿童的双手，使其从"这也不许动，那也不许动"的束缚中解放出来；解放儿童的嘴巴，使其有提问的自由，从"不许多说话"中解放出来；解放儿童的空间，使其接触大自然、大社会，从鸟笼似的学校解放出来；解放儿童的时间，不过紧安排，从过分的考试制度中解放出来；给予民主的生活和自觉纪律，因材施教。

在别人面前，给孩子留点面子

父母课堂

父母在公众场合羞辱和打骂孩子，不仅会给孩子的自尊造成伤害，还会让孩子对妈妈产生抵触的情绪，而且一个习惯被当众羞辱的人，以后也会对别人的欺负逆来顺受。

常有一些父母因为孩子无意间犯下的错误，或是偶尔提出的无理要求，而在大庭广众之下大发雷霆，严厉训斥孩子，或是责令孩子当场认错、赔礼道歉。孩子要么在倔强沉默中固执己见，要么在啼哭之余不情愿地低头认错。

父母对孩子童年时期的教育会影响孩子的一生。父母教育孩子时，切莫忘了"关爱、尊重和严格要求"相结合的原则。父母要学会尊重孩子：尊重孩子的年龄特点，尊重孩子的认知水平，尊重孩子的心理发展需要。切勿为了一时之急，处罚孩子，追求即刻的教育效果而付出伤害孩子自尊的代价。批评、处罚孩子，无论何时何地都别忘了注意方式和技巧，给孩子留点面子，那么父母该如何做呢？

1. 父母要尊重孩子的人格

　　家庭是以血缘关系所维系的，父母承担着养育孩子的重担，孩子对父母具有依赖性。但在人格地位上，所有家庭成员都是平等的，父母要尊重孩子的人格，在平等的地位上与孩子交谈，不要用命令的语气对孩子说话，例如"我叫你""我命令你""我让你"等，要让孩子觉得父母是可信可敬的人。孩子年龄小，明辨是非的能力较差，他们做错的事情大都是由于无知造成的。孩子有了一点错误，家长可以给予积极的引导，绝对不能不顾孩子的面子，去伤害他们的自尊心。

2. 了解孩子的特点

　　成功的家庭教育来自父母对孩子的深入了解。父母要接受和尊重孩子而不是揭孩子的短。当孩子的行为表现不能令人满意时，父母要根据不同时期的孩子的心理特点，给予积极疏导，切不可劈头盖脸地乱指责一通。对于年幼的孩子，可以转移他的注意力，停止他的不当行为；对于稍懂事的孩子，给他一个眼神或某种暗示，保持暂时的沉默，常会达到"此时无声胜有声"的效果；对于稍年长的孩子，父母可以通过"悄悄话"的形式嘱咐他，绝大多数的孩子都乐于接受这种"温和"的教育方法。

3. 坚持正面教育

　　每一个孩子都是渴望被认可的，我们应该原谅孩子的一些无意识行为。对待孩子的错误，应该通过摆事实，讲道理来解决问题，一定要做到以理服人。最有效的办法是坚持正面教育，孩子不可避免的要犯错误，家长不能不允许孩子犯错误，孩子是在边错边改中才成长起来的。在孩子犯错误时，家长不能不给孩子留面子，当众训斥孩子。父母应该采取积极有效的办法，帮助孩子分析他自身存在的问题，找出他的错误所在，告诫孩子下次不要再犯类似的错误。这样，才有利于孩子的健康成长。

很多家长都喜欢在人前贬低自己的孩子，害怕孩子听到了表扬而扬扬自得。虽然家长适当的批评能给孩子一些提醒，但如果家长不顾场合，随意指责孩子，把一些莫须有的过错加在孩子身上，那么，不仅达不到避免孩子骄傲的作用，反而会滋生孩子的自卑心理和抵触情绪。

成人之间交往，总讲究给对方一点面子，那样对方会加倍尊重你。其实，孩子也需要家长对他们的尊重，在适当的时候，家长应该给他们留一点情面。当家长带着孩子出门时，面对别人夸张的表扬，家长虽然不必全盘接受，但是可以表达自己的谢意。如果别人真的有些过奖的地方，等回到家中，再给孩子提出来，让孩子意识到自己的不足。孩子赚够了面子，即使面对家长的批评教育，也会欣然接受。

放下家长的架子再开口和孩子说话

父母课堂

做孩子的朋友，以平等、尊重的语气跟孩子交流往往比粗声大气地训话更有效。

一位教育家说过这样一句话，他说："要想和孩子达到理想的情感沟通状态，就要学会和孩子交朋友，建立一种完全平等的朋友式的亲子关系。"也就是说，要父母们适当放下家长的架子，和孩子平等地交流。

现实生活中，很多父母都喜欢训斥孩子："我的话你怎么就不听呢？""你必须这样做？""我说了算还是你说了算？""你知不知道这样做是不对的？""你应该这样做……"这样的命令经常出现在父母和孩子之间，也许父母认为自己总是对的，但如果孩子同样也认为自己对的，那么父母和孩子之间就没有交流沟通得余地，只有火力爆发点，而受伤的总是孩子。

一个 12 岁的小女孩，平时都是自己的衣服自己洗，然后叠放好。然而有一天，妈妈发现她的脏衣服堆了一堆却不去洗，就训斥了女儿，认为这样女儿就不会忘了。可是接下来的一周，小女孩还是没有洗，妈妈终于发火了，她把女儿拉到洗衣机旁，强迫她把衣服洗了，并且说："记住了吗？下次记住及时洗衣服，否则就没有衣服穿！"此时，女儿的眼中充满委屈的泪花。

孩子就是孩子，无论他多么成熟，他还是不能完全达到成年人的要求，我们也不能完全用成年人的标准来要求孩子。与其训导孩子有一个好习惯或者是改掉某些毛病，不如与孩子一起朋友式地讨论问题。在讨论中让孩子懂得应该怎样，而不是单纯地要求他们必须怎样。

有些父母对孩子，总是像上级对下级那样，并总在强调他们自己的观点与尊严而不顾及孩子的想法，总抱着父母从来都是对的，而孩子从来都是错的的观念，这样做，不仅得不到孩子的认同，还容易引起孩子的反感，破坏父母在他们心目中的形象。

从心理上分析，有的家长或许根本就没有考虑过孩子的想法，只是在彰显自己作为父母的权利，标榜父母的身份、年龄与体力。弱小的孩子抗争不过，就只能用沉默来反抗，进而引发孩子的逆反心理。许多父母在对孩子无法实行有效的教育手段时，就会动用权利，强迫孩子去做。这种强硬的教育方法会让孩子的抵触心理更加深刻，开始孩子可能在父母的强制下做了，可是次数多了，孩子就会产生很大的抵触情绪，根据"哪里有压迫，哪里就会有反抗的"理论，这种亲子间不平等的交往会导致亲子关系急速恶化，甚至会发展到不可收拾的地步。

孩子比较喜欢孩子气的父母，并与之形成相互依赖的关系。虽然说孩子的独立意识不强，但是他也在慢慢地形成自己的看法。一味地命令该他干什么不该干什么，会引起孩子的不满和逆反心理。说到底，父母在与孩子说话前一定要先放下家长的架子，把孩子看作一个独立的个体，尊重并关爱他，以平等的态度去对待他，从而渐渐让孩子愿意对你打开心扉。

例如，孩子总是忘记带上课的文具，如果父母只是简单地训斥、教导，提要求说："你应该知道第二天上课应当带的文具，不应该忘记，为什么总是不改呢？"那么他很可能会说："知道，怎么老是这一套，都快烦死了。"孩子原本有的惭愧被父母的一番训斥骂成了一腔怨气。如果父母不是一上来就发脾气或指责，而是询问原因，毫无成见地说："老师说你经常忘记带学习用具，今天又忘了，是这样吗？"当孩子承认后，妈妈继续问："是不是时间太紧来不及收拾？"这样的方式就不是一味提要求、训斥的方式，而是尊重孩子，不通过主观臆断，给孩子解释的机会。

如果我们总是站在成人的立场，用成人的思维方式为孩子分析问题，告诉他们应该如何去做，就会使他们怯于亲身去做；如果我们坚持认为自己的知识渊博，总是滔滔不绝地向孩子灌输，不厌其烦地纠正他们的错误，认为孩子这也不行那也不行的态度，会极大地打击他们的积极性，使他们丧失自信，更限制孩子自己汲取知识的机会。

相反，若我们用希望了解、希望倾听的态度与孩子讨论他们所遇到的困难，我们就是向孩子表示我们尊重他们的能力，尊重他们的独立性。这样孩子的积极性被鼓励后，也会对自己更有信心。

当我们像面对知心朋友一样，向孩子请教一个问题，与孩子商量决定一件事时，可以想象他一定非常兴奋。因为他感到自己存在的重要性，他尝到了平等相处的快乐。你认为这有什么不好吗？

尊重孩子的隐私，赢得孩子的信任

父母课堂

爱默生说："教育成功的秘诀在于尊重。"尊重是一粒种子，只要把它撒进孩子的心里，就会不断地生长出更多的信任和爱。

尊重是孩子和父母交流、沟通的必要前提条件。心理学研究表明：不管成人还是孩子，每个人都是独立的个体，都希望有自己的秘密和个人空间，这也就是所谓的"隐私"，这是人类的心理需求。美国教育家卡尔·威特说："尊重是相互的，要求孩子尊重父母，父母就首先应该尊重孩子。而且要在很小的时候就要让孩子养成尊重他人的习惯。"而作为孩子的父母，就必须要尊重孩子的隐私，尊重孩子本身，就如同在工作中尊重自己的老板一样。

在我国，父母翻看孩子的日记，偷看孩子的来往信件，这种事情屡见不鲜。更有些父母，把书信日记中的内容作为孩子犯错误的证据，导致孩子的隐私受侵犯自尊心受挫，从而丧失了对父母最基本的信任。有些孩子说，他们为了防止自己父母偷看日记，就准备了两个日记本，一本是写给父母看的，上面写的都是些努力学习之类的假话；另一本则是自己真正的心里话，当然也有对异性同学思念爱慕之类的话。

这种极端的教育孩子的方式，最终会伤害孩子脆弱的心灵，让孩子的心理向畸形发展，孩子在学习的同时，还得思考一些防备父母的方法，孩子无异于把父母当成了敌人来对待，长期下去，这个假想敌就成了真正的敌人。

一个孩子走在上学的路上，忽然想起昨天晚上的作业忘记放进书包里了，于是急忙往家跑。当他掏出钥匙打开家门，看到妈妈正从自己房间里走出来，脸上带着不自然的表情。孩子走进房间去拿作业，一推门，愣住了，他看到自己书桌的三个抽屉全部敞开着，自己的日记本、同学们送的生日礼物、贺卡乱七八糟地堆在桌子上。

孩子非常生气地质问妈妈："你为什么翻我的抽屉？"

没想到妈妈却比他还生气："怎么了？我当妈的看看儿子的东西还有错吗？"

"可是你应该经过我的允许才能看！"孩子也毫不示弱。

"小孩子有什么允许不允许？别忘了我是你妈妈！好了，快去上学吧！"妈妈毫不在乎地对孩子说。

后来，孩子把书桌上的抽屉都上了锁，就连日记本都换成了带锁的。

不管多大的孩子，都是一个独立的个体，都需要父母给他足够的尊重，不要以为孩子没有尊严，不要以为只有成年人要面子，当父母悄悄地告诉孩子这样做不对，应该及时改正，甚至用一个眼神和一个微笑来制止孩子的某些行为时，孩子还是乐于接受和改变。

当孩子进入青春期以后，更需要父母的尊重，尊重孩子的隐私，尊重孩子的秘密，让孩子有一个宽松的环境来发展自我意识和独立自主能力。这对孩子的心理走向成熟有着不可估量的推动作用。父母不能总是按自己的愿望塑造孩子，要学会尊重孩子，让孩子在被尊重中树立面对未来和挑战未来的信心。

允许孩子有自己的"隐私世界"，用尊重换取孩子的信任，让孩子主动说出他的想法，这才是父母应该努力达到的效果。

文文有写日记的习惯。一天，她正在房间里写日记，听到有人敲门。

"是谁？""是妈妈，我可以进来吗？""请进！"文文一边答应，一边把日记本合起来。

原来妈妈是给她送牛奶来了。

"又在写日记啊？"妈妈问道。

"是啊，你可不能偷看哦！"文文娇嗔地"警告"妈妈。

"好，妈妈不看。其实妈妈小时候也像你一样，不光要写日记，还要拿个小锁把日记本锁住，生怕别人偷看了。"妈妈一边抚摸着文文的头发，一边说道。

"那有人偷看过你的日记吗？"文文好奇地问妈妈。

"没有，他们看我日记上有锁，就知道我不希望别人看我的日记，也就不看了。想想那时候挺好玩的，一把小锁，仿佛锁住了自己的快乐，呵呵。"妈妈笑着对文文说。

"我的日记里也有好多快乐。"文文对妈妈说。

"我知道，其实妈妈很希望能分享你的快乐，也包括忧愁。不过妈妈会尊重你的意愿，不会偷看你的日记的！"妈妈真诚地说。

"既然妈妈这么说，我倒愿意和你一起分享我的日记了。"就这样，妈妈既尊重了文文的意愿和隐私，又得到了文文的信任和爱。

其实，生活中父母们会经常遇到孩子在写隐秘日记，这时候，有些父母就会觉得孩子是在做"坏"事，于是在没有得到孩子允许的时候破坏了孩子的秘密。作为父母，我们不能认可这种错误的做法，这样做等于剥夺了孩子的隐私权，当一个人在另一个人面前完全变成一个透明的人时，可想而知那将是一种怎样的尴尬和无趣。当孩子的隐私权被父母故意地侵犯时，他们会觉得父母不尊重自己，这种坏印象长期发展在孩子脑海里，就会形成一种排斥，反而对孩子的成长是无利的。在这种情况下，父母只有获得孩子的信任，尊重孩子的个人意愿，才能走进孩子的世界，成为孩子的朋友，和他们一起分享成长的喜怒哀乐。

第 6 章

控制自己，别把坏情绪传染给孩子

情绪是会彼此影响的，所以家长管理好自己的情绪既是为孩子，也是为自己，更是为了家庭的和谐。作为父母，不管自己的心情好坏、空闲还是忙碌，对孩子要一如既往，该指导的指导，该关心的关心，使孩子感到父母一直在爱着自己，关心着自己，从而给孩子安全感和信任感。

别把压力当成对孩子发脾气的借口

父母课堂

如果父母想要对孩子发挥积极的影响力，那就必须先控制好自己，这样，无论孩子表现如何，父母都能正确地回应。

如今的家长压力都比较大，工作中的问题已经使你心力交瘁，偏偏回到家里发现孩子"不争气""不识相"。你都催了好几遍了，他还是无动于衷地做着自己的事情。看见你要生气了他反而还朝你做鬼脸，继续他的恶作剧。劳累了一天的你终于无法控制自己的情绪，对孩子吼了起来，甚至打骂孩子……

有教育专家说情绪化的行为是家庭教育的头号敌人。的确，提高嗓门斥责孩子，最后可以驯服他们，但代价是什么呢？对孩子发脾气，其实只会让孩子害怕、恐惧。在这种恐惧中，孩子那些让父母心烦的行为暂时看不见了，但孩子会变得怎么样呢？孩子要么乖乖地听你指挥，你让干什么，就干什么；要么被吓呆了，愣在那儿不动，人变得惊呆了；要么大哭起来，不会再干你不希望他干的事，也不去干你想让他干的事，会变得更加的固执、倔强；要么学着你的样子，也发起火来，把你心爱的花瓶扔到了地上，变得更加的叛逆……

孩子对大人的情绪是十分敏感的。因此，当父母发脾气时，也一定会影响到孩子的行为和情绪。但是，孩子还弄不清父母为什么会发脾气。也就是说，在很多父母发脾气的时候，孩子虽然停止了父母所不期望的行为，但他们并不知道自己到底做错了什么。

有时候，情况还会更复杂一些。孩子做错了的事情，在平常也许并不足以引起父母发脾气。但此时此刻，也许你刚刚和别人吵完架，也许工作上的一团乱麻正让你无从理起，也许你刚刚被自己的父母数落了一通，无处发泄……于是，孩子那点儿小毛病成了导火索，变成了家长的撒气筒。显然，这些愤怒发泄到孩子身上是不公平的，而且很多时候，发火是解决不了根本问题的。

父母对孩子发脾气，会带来很多不良后果。以羞辱的言语、粗暴的责打方式来惩罚孩子，只会伤害孩子的身体和自尊心。即使暂时达到一定的目的，但并不能真正解决问题。发脾气不会增加父母的权威，结果往往适得其反。因为在别人看来，发脾气是缺少足够思考下采取的办法，是一种无能的表现；在孩子面前失态，也会给人一种缺少修养的感觉。发脾气还容易被孩子模仿，经常被应用的事例是：老板对丈夫吼叫，丈夫回家后和太太争论，太太对孩子叫骂，孩子踢小猫出气。

尽管许多专家都曾经列举出父母发脾气的种种不良影响，但是迄今为止，从不对自己孩子发脾气的人还是很少。值得提醒的是，虽然父母的工作压力增大，在身心疲惫之下会发生情绪失控，但为了孩子，我们一定要学会控制自己的情绪。

家长的心态是很重要的，心态调整好了，也就不会再有那么多脾气了。有的家长说看见孩子做错一点事情就控制不住想骂他，其实仔细想想，这种情况往往是家长对孩子的要求太高了。父母不应该把自己的主观思想强加给孩子，这样是不公平的，对孩子的发展也是不利的。孩子的思想会因此受到限制，这样他就不可能有开阔的思维和视野。家长要放下紧张的情绪，一定要找出自己发脾气的真正原因。解决问题的关键是要对症下药，从根源上让自己的火气不那么大。

家长若实在控制不住自己，对孩子发了脾气，也应该把对孩子的伤害降到最低。无原则地随意乱发脾气会伤害孩子的自尊心。发脾气时，父母的语气往往很严厉，分寸不容易把握，有时过于粗暴和无理，使用的语言往往不是得体的，就事论事的，而是乱加罪名，甚至进行人身攻击。特别是一些父母压力比较大，往往因为在其他事情上不顺心，而把火气发在孩子身上，使孩子受委屈，这是十分不公平的。发脾气一定要注意以下几个问题：

首先，不能伤害孩子的自尊心。要就事论事，发脾气要以孩子犯了大错误为前提，决不能因为其他事情不顺心而对孩子撒气。

其次，要指出孩子错在何处，为什么错了，而不要说一大堆粗话，比如"笨蛋""废物""真后悔当初不应该生你""你走吧，我现在不想要你了"等等，这样只能伤害孩子的自尊，却仍然不知道自己究竟错在何处。

最后，发脾气的目的除了使孩子明白自己所犯的错误，主要目的还是要让他了解到父母因为他的错误感到伤心、不满。这样，他心理上就会感到很大压力，知道父母对他不满，从而产生愧疚感，并努力去改正自己的错误。

应对情绪化反应，不做情绪化的父母

父母课堂

不能控制自己，经常失去理智，容易向冲动屈服的父母，
是教不出明智的孩子的。避免孩子情绪化，父母应先从自
身做起。

现在有些孩子越来越情绪化，稍有不顺就发脾气、摔东西、
吵架、打架，甚至在情绪失控的状态下犯罪。有一项针对初中生
进行的调查表明，多数孩子都存在情绪失控的问题，在情绪和行
为上存在一定问题的学生比例高达 15%，其中，5% 的初中生存在
敌对、攻击行为。

刘涛刚上初一，已经是大孩子了，可还动不动就哭鼻子，还
爱跟同学吵架，甚至还跟父母吵架。在妈妈眼中，刘涛不管在生
活中还是在学习上都特别"情绪化"。在生活上，他常常由着自
己的性子来，不想干的事任家长怎样说都不为所动，想干的事任
父母怎么阻挠都非要干。在学习上，刘涛也是由着自己的性子来，
偏科非常严重。他喜欢数学，就天天抱着数学课本；不喜欢语文，
就连语文作业也不做。任老师和家长怎么劝说都没用。

上周刘涛说要学吉他，要妈妈给他买。妈妈不肯，他就气得
哭起来，还甩门而出，把妈妈弄得莫名其妙：有必要为此生这么
大气吗？简直太不可理喻了。

平时遇到一点点高兴的事，刘涛都乐得手舞足蹈，又是唱，
又是跳。可正在高兴的时候，如果别人有一句不经意的话刺激了
他，他马上发起火来，或者是摔东西，或者是掉眼泪。有时候，

刘涛沉默寡言，一副很忧郁的样子，还把自己关在房间里。父母去问他有什么事时，他不耐烦地让父母不要过问。

"简直不像个男孩，太不可思议了。"妈妈觉得儿子跟个女孩似的情绪化。

情绪化的孩子很容易成为情绪的"俘虏"。这会极大地危害孩子的身心健康，影响孩子的未来。专家提醒，造成这种局面的原因有很多，一个很重要的原因就是当下的孩子多数都是独生子女，他们在优越的环境中长大，衣来伸手，饭来张口，又受到家人过多的溺爱，因此，很多孩子都养成了一味任由其性子做事的习惯。他们以为自己是家里的小皇帝，父母娇生惯养，任何事都百般宠爱，做错了事也不舍得批评一句。久而久之，在他们心里，做事的分寸就不存在了，唯一有的就是他们自己的喜恶，全然不顾及别人的感受。同时，孩子情绪化，家长也要从自身找原因，要知道，情绪化的父母是教不出理智的孩子的。

某一天在公司里，张女士一不小心把调色剂洒到了新买的长裤上。正在懊恼的时候，老公打来电话："喂，老婆，你在哪里？我公司里有点紧急的事情不能去接孩子放学了，你能不能过去？孩子半小时前就放学了。"

糟了，孩子放学半个小时了没人去接会很着急的。虽然张女士满脑子想着要回家换套衣服，可现在却必须赶去学校，而且还必须去超市买菜，否则今晚就只能吃这星期以来的第三次外卖了。

张女士发动车子，但车子没油了。加了油之后，匆匆接了孩子，然后奔向超市，忽然发现匆忙中把购物清单忘在办公室里了。张女士猛拍脑门儿，内心一阵焦躁。这时，孩子开始吵着"要这个，要那个"，张女士实在控制不住自己，也开始对孩子大吼"住嘴""我说过不行"。吵闹不休的孩子在妈妈的吼叫下暂时安静了下来。

当张女士终于到柜台排队结账时，孩子看到那些摆设得跟他视线差不多高的、亮晶晶的糖果，又开始吵着"要这个，要那个"了。更要命的是，前面的那位太太还在用一大叠的折价券付账。

张女士不知道自己是该让步还是继续以斥责制止孩子。如果向孩子让步了，可能就为下次开了先例。"现在就给我闭嘴！""你为什么就不能安静一点？我们马上就回家了！"一顿威胁之后，孩子终于安静下来，跑到出口处等妈妈，因为他发现出口的自动玻璃门很好玩。于是，孩子趴在自动弹回的门上津津有味地玩开了，以至于张女士结完账急匆匆准备离开的时候，孩子还意犹未尽怎么都不肯走。

张女士多次威胁，加上再三的劝说之后，终于破口大骂："如果你再不放开那道门，我就会让你在所有人面前难看！"……

看到上面的情景，很多家长可能都会抓狂，甚至在对孩子吼叫的同时还会加上扯手臂、拧耳朵的动作，或是可怕地张牙舞爪。但事后回想一下，自己的愤怒与抓狂真的对事情有帮助吗？答案当然是否定的。

父母的情绪对孩子影响很大。心理学家建议，父母应该用温和的语气跟孩子讲话和交谈，最好不发脾气。不要只是肆意对孩子吼叫，发命令、提意见、横加干涉，想到什么便说什么，时常说得不准确，不清楚，也说得不对，其中有些字眼可能会伤害孩子的心灵。

孩子受到父母无意的言语伤害，不是因为父母不爱他，而是因为父母无法和他们沟通心意。因此，父母要使用一种能够传达关爱，能让孩子觉得有人需要他、尊重地、欣赏他的语言去交流，从而引导孩子变得理智、能够控制自身的情绪。

别当着孩子的面，抱怨这儿抱怨那儿

父母课堂

面对孩子的抱怨，父母要反省自己，用反省面对不成功，是一种理智，是一种修正，是一种孩子和你都成功的双赢策略。

一位妈妈去接女儿放学，见女儿一脸的不高兴，一问之下才知道她前几天考试的成绩下来了，她这次考试没考好，退步很大。她让女儿找找原因，女儿想了半天，说了一大堆的理由，什么她旁边的同学上课老说话，打扰她听讲；考试题太偏；老师最近感冒，上课时声音比以往小，等等。这位妈妈见女儿就是不说自己的原因，忍不住问她："你怎么不从你自己身上找找原因？"女儿却把小脖一梗，理直气壮地说："我不觉得自己有什么问题。"

很多家长，面对孩子的问题都习惯一味地去埋怨。很少有家长反思自己——我做得怎么样？父母是孩子的第一任老师，家长让孩子从自身找原因的时候也应该审视一下自己平时的行为，找到教育失败的原因，看看是不是自己或家人平时的态度影响了孩子。

三五家长在一起闲聊，说得最多的莫过是于对孩子的抱怨。

不是抱怨孩子贪玩好动、自觉性太差，就是抱怨孩子懒懒散散、动作太慢，或则抱怨不如自己当年厉害，或则抱怨与邻家孩子相比差距太大……凡此种种，抱怨的话语成了一些家长时常挂在嘴边的的口头禅。

在教育孩子的过程中，家长们难免要遭遇很多挫折、失败或许多不尽如人意的事情。的确，抱怨可以倾吐不快、宣泄压力，带来轻松和快感，但实际上是在放纵自己负面思考的天性，是一种习惯使然，是在有意无意地推卸教育孩子的第一责任，逃避社会或他人的批评和指责，为教育失策寻找借口，并把自己掩饰得如此无奈和无助。

其实，家长的抱怨还远不止对孩子现状的不满。职场的压力、生活的烦琐杂事，天气的骤变，油价的上涨，房价的高昂，等等，都一起掺杂进来。俗话说：播什么种结什么果。假如你觉得孩子身上确实存在这样那样的问题，那一定是孩子在成长过程中因你的失职而落下的"病根"，孩子有问题，百分之百是家长有问题。

刘女士反映，儿子小时候特别爱跟小朋友打架。每次教育他，都答应得挺好，说不再跟小朋友打架，可转过身又去打架了。刘女士当时很苦恼，想了许多办法都收效甚微。直到有一次，她跟丈夫吵架时，儿子在一旁不服气地说，"你们大人为什么就可以吵架，我为什么就不行！"这时，她才明白了儿子爱打架的原因，是因为她和丈夫经常在儿子面前因为一些小事吵架，久而久之，在儿子的意识里就形成了印象，所以一遇到问题，也只会用极端的方式来处理了。

一些家长在外面遇到了一些不愉快的事，脾气就变得很坏。

回家时，常常当着孩子的面，跟爱人抱怨个不停，诉说自己有多么无辜。有时在爱人的劝说下，抱怨得会更厉害，甚至还会发点脾气。孩子长期受到这种氛围的影响，就会觉得如果出现问题，可以用抱怨的方式来解决。

赏识导致成功，抱怨导致失败。一味地抱怨，会使孩子失去自信，觉得自己再怎么努力在父母眼中永远都是丢人的坏孩子。因此，要充分的相信自己的孩子，出现问题时要与孩子站到一块共同面对，同孩子探讨解决问题的方法，让孩子自己拿主意，从而孩子能尝试成功和失败，增强自信增加经验。

在孩子面前抱怨会把坏情绪传染给孩子，抱怨孩子更是解决不了任何问题，所以，做父母的应该跟家人有个约定，为了孩子的健康成长，不管遇到什么事，都不要在孩子面前抱怨。

切忌在孩子面前展开口水之战

父母课堂

家长不能控制自身的情绪，一气之下当着孩子的面吵起来，这可能不会影响大人的感情，但却会对年幼的孩子造成心理伤害。

很多时候，夫妻双方会因一时的意见不统一，无法控制自己的情绪而爆发口水之争，跟爱人吵起来。值得注意的是，能不吵架就不要升级到吵架的地步，更重要的是，千万不能当着孩子的面吵架，也许你看来只是小事一桩，没必要太过重视，可是对孩子的伤害却是超乎你的想象的。

　　一位母亲叙述说："我和丈夫的感情出现了一些问题，那天我们因为一件小事吵了起来。宝宝循声从外面跑过来，丈夫立刻闭上了嘴。我因为还在生气没发现，继续对他吼叫。丈夫生气了，顾不得宝宝在场，也朝我大吼。我们就这样当着宝宝的面大吵起来。就在我们的声音越来越大的时候，我突然感到一双无辜的眼睛正胆怯地看着我。当我们都安静下来后，宝宝开始大哭，怎么哄也不行……"

　　爸爸妈妈们背负着很大的压力，遇到不顺心的时候，很容易发生争吵。殊不知，吵架对孩子会造成巨大的负面影响。尤其是别当着孩子的面为夫妻间的私事或争风吃醋之类的事吵架，这点是不难理解的。不说孩子嗅到家庭不稳定的因素会感到不安，单是大声争吵也会让年幼的孩子感到很惊恐。

　　一对父母就该由谁送孩子去幼儿园一事吵了起来。当着孩子的面，孩子就那么眼睁睁地看着平时最亲密的两个人，你一言我一语，各不相让。其实，两个人都知道，原本不应该在孩子面前吵的。可是，火气一上来，就什么也顾不得了。

　　爸爸在客厅里抽烟，妈妈在阳台上生气。孩子便一个人坐在床上，乖乖的，不哭不闹，但是仔细观察就能感觉到孩子的无助与恐慌。

　　一切风平浪静时，孩子脸上挂着泪睁着大眼睛呆呆地看着爸爸："不要吵妈妈了，我自己去上幼儿园。"见孩子这么懂事，父母内心充满了无尽的自责。

　　当晚，孩子睡得一点都不踏实，睡梦中还在抽抽搭搭地掉眼泪。第二天早上一起床，孩子的情绪就极不稳定。妈妈耐心地哄，可孩子受伤了的心，一时半会儿怎么也好不了，一直哭哭啼啼。问她原因，她不说，只是哭……

不难看出，上例中的孩子是觉得自己成为了父母的负担，父母的争吵加重了她的不安。为了避免父母吵架，她说要自己去幼儿园。但很明显，孩子无法做到，于是懂事的孩子便陷入了深深的自责与不安之中。

父母当着孩子的面吵架，如果是争论去哪儿旅行，这对孩子来说无关紧要。如果父母就"孩子到底去上公立学校还是私立学校""孩子如何教育"之类的问题意见不能达成一致，即使尚未爆发争吵，也会让孩子感到不知所措。倘若父母要讨论与孩子直接相关的问题而又不想让孩子发言，那最好父母两个人在私下里讨论。

孩子很容易把父母亲的争吵联系到自己身上。如果父母多次为控制孩子吃多少糖这个问题吵架的话，孩子就会认为"爸爸妈妈不再相亲相爱了，都怪我不好"。孩子常常会把父母吵架的原因归咎到自己身上并为此而感到自责，尤其当父母争吵不休时，家庭气氛就会越发紧张。为了让孩子有幸福感和安全感，做父母的就应该尽量避免日常生活中不和谐音符的出现，不论是在夫妻间还是在父母与子女之间。

父母吵架对孩子所造成的不良影响不言而喻，可毕竟人非圣贤，相信没有哪对夫妻能真正做到几十年如一日地相敬如宾、举案齐眉，那么如何才能将吵架对孩子的"伤害"降到最低呢？

首先，家长们一定注意吵架时不要"口不择言"。其次，吵完架夫妻双方要勇于承认错误。另外，吵架后要当着孩子的面和好。争吵过后，问题说清了，误会解除了，爸爸妈妈之间就能轻松地"一笑泯恩仇"了，但这时切记不要忽略了孩子的感受，记住要好好安慰一下受惊孩子的情绪。父母要鼓励孩子把自己的感受说出来，再有针对性地加以宽慰解释。父母还要告诉孩子"爸爸妈妈还是相爱的，而且也是爱你的"。

没必要为一些小事情犯颜动怒

父母课堂

作为父母，想要发怒时不妨设想一下：自己动不动就为一些小事情犯颜动怒，又怎能教出有气量的孩子？

一位妈妈在网络论坛上倾诉："儿子在幼儿园让另一个小朋友扇了一耳光，我对着那小朋友骂他'劳改犯胚子'。但随后我也后悔自己的举动，以前曾和那小朋友的父母沟通过，根本讲不通。真的很郁闷！别的小朋友欺负儿子，他从来是打不还手骂不还口，教了很多次，不要欺负人，但别人欺负他要懂得还手，但他就是善良。儿子啊，我到底该要怎么教呢？"

其实，孩子之间的打斗，是孩子交往的一种手段和形式，跟成年人之间的打斗是不一样的，家长没必要掺和进去。孩子在打闹中会学会怎样与人交往，怎样处理问题。家长动怒参与进去不仅显得小气，而且会让孩子养成依赖家长的习惯，遇事老躲在家长后面。

有的家长看到孩子在外面受欺负会生气，而有的家长看到孩子在家中调皮捣蛋也会生气。

一位妈妈在给一对双胞胎剥瓜子，孩子拿起瓜子皮就到处扬，弄得地上沙发上都是。妈妈很严厉地说："妈妈生气了，快点打扫！"过了一会儿，妈妈去厨房做饭，刚做了一半，两个调皮的孩子拿着地上的土豆就扔到锅里面，还说是在帮妈妈做饭。妈妈又一次严肃地说："我很生气，再不出去我要打屁屁了。"到了吃饭的时候，怎么喂，两个小家伙都不吃，撒在地上的都可以喂小鸡了，妈妈很生气地打了两个小屁屁，还说："再闹妈妈又要生气了，你们还要挨打。"到了洗澡的时候，两个孩子像是吃了兴奋剂一样，打起了水仗，弄了妈妈一身，妈妈大喊："妈妈生气了！住手了！"但怎么喊，两个孩子依然没有反应。好不容易把两个孩子抱到床上，他们也不盖被子，继续玩呀，闹呀。妈妈气得快要疯了，说："妈妈今天真的好生气，你们要乖了。"看着妈妈生气的样子，一个孩子说："妈妈今天老爱生气，真是小气鬼。"另一个孩子调皮地说："就是，就是。"孩子的话引得生气的妈妈扑哧笑了出来。

调皮的孩子很闹腾，会让大人很心烦，但家长没必要真的发怒。很多时候孩子带来的小麻烦也是很有意思的，家长要试着从中发现乐趣。

一位妈妈在博客中写道：

说来也怪，每次在女儿磨磨蹭蹭的时候，每次在我让女儿洗漱而她却要吃东西的时候，每次我在让她做什么她却像没听见一样的时候……我心里总是一团怒火，气得要命，好像肺都要气炸了一样。昨天我说让女儿洗脚，她却偏要吃茯苓膏，而且打开之后还弄了一身，不知道为什么，我特别生气，拧了一下她的大腿，她夸张地叫了起来。我也知道这样做有些过分，但是想起每次让她洗漱她都要找理由做些其他事情来拖延时间我就来气，所以并没有安慰她，该做什么还做什么。谁知道小家伙儿突然不叫了，说："妈妈，你干嘛拧我啊？你想让我干什么直接说不就行了！"我突然想笑，却控制住了自己。仔细想想，也是觉得孩子大了，开始跟我讲道理了。有时候，她见我生气就会笑着说："瞧瞧！这妈妈脾气真大啊！""看看，妈妈又发脾气了！"看见我一笑，她就拉着我的手，我也只好开始跟她讲道理，跟她说说我为什么这么急，她怎样做我才能不急。看来，我也得好好调整一下自己，做个理智的妈妈。

的确，家长应该随着孩子年龄的增长逐渐调整自己的教育方式，发怒不能解决任何问题，坏情绪还会伤害自己，伤害孩子。

很多家长都有过这样的经历：心情不好的时候看什么都不顺眼，有时候甚至会把自己的怨气撒到孩子身上，冲孩子发火。虽然自己的心情已经犹如狂风暴雨，但却不能确切地说出不高兴的原因，莫名其妙地感到烦躁不安，这就是我们通常说的"无名火"。

无名火实际上都有"名"，烦恼确实存在，但无名仅仅是因为我们没找到它的原因，而不是原因不存在。烦恼的来源可能有些被你觉察到了，而有些并没有引起你的注意。

心理学家指出，莫名其妙地发火是由迁怒造成的。迁怒，是人的心理防卫机制的一种，往往表现为受了甲的气后拿乙出气，有时也表现为拿物撒气，表现为毁坏东西。心理学家把这种迁怒现象归因于"置换"的心理防卫机制。置换，就是把对某事物的强烈情绪不自觉地转移到另一事物上以减轻精神上的负担。这种感情常见的表现就是迁怒。合理的"置换"有利于人的心理健康，但如果发泄不当的话就会影响亲子关系。

因此，当你发怒的时候，首先要问自己：我为什么发怒？如果发怒的原因仅仅是一桩小事，那就要应及时提醒自己：冷静一些，不要为一点小事犯颜动怒。更不应该将自己的气撒到孩子身上。你不妨站到孩子的立场想一想：如果我是孩子，心情又会怎么样？这样一来，无名怒火就会消散很多。

爱发脾气的家长通常都脾气急躁。俗话说："大事不糊涂，小事装马虎。"不必过多地计较生活中的一些小事，真正有博大胸怀的家长绝不会为一点小事而犯颜动怒。做人应当有一定的肚量，更何况是做父母，面对自己的孩子？

不要给孩子悲观的心理暗示

父母课堂

尖刻的指责和悲观的预言，对孩子没有任何帮助，孩子需要的是来自父母的鼓励和情感上的积极拉动。

"你真笨，你看看，这么简单的题你都做不出来！你啊，我看是稀泥糊不上墙，真是没指望了。"

"孩子，妈妈相信你，相信你努力后会取得好成绩，相信你能成为更好的自己。"

这是两种截然不同的声音，前一句是我们听到最多、说得最多，也最刺耳的声音，但由于经常会听到，经常会说到，所以也就习以为常，不觉得有什么不对了。

然而，父母们是否会想到，久而久之，你们传递给孩子的是一种什么样的信息呢？你们又向孩子暗示了什么呢？你们的孩子是否从你们那里得到了这样的定论："我不行，我很笨，我就这样了。"于是，他们就破罐子破摔；你说我坏，我就坏得坏到底；你说我笨，我就笨得不识东西南北。

这并不是危言耸听，事情就是这样，如果你常用一个词语给某人下定义，往往会使某人顺从你给予的定义，做出相符的行为。尽管你的评价并不一定十分准确、合理，有时甚至是错误的，但标定的假身份往往会逐渐地成为某人的真实写照。这种效应对年幼儿童，特别是较为内向的人作用最大。

一头小象出生在马戏团中，它的父母也都是马戏团中的老演员。

小象很淘气，总想到处跑动。工作人员在它的腿上拴上一条细铁链，另一头系在铁杆上。小象对这根铁链很不习惯，它用力去挣，挣不脱，无奈的它只好在铁链范围内活动。

过了几天，小象又试着挣脱铁链，可是还是没有挣开，它只好闷闷不乐地老实下来。一次又一次，小象怎么也挣不脱这根铁链。慢慢地，它不再去试了，它习惯了链子。再看看父母也是一样嘛，好像本来就应该是这个样子。小象一天天长大了，以它现在的力气，挣断那根小铁链简直不费吹灰之力，可是它从来也想不到这样做。小象认为那根链子对自己来说，牢不可破，这个强烈的心理暗示早已深深地植入它的记忆中了。

有的孩子天赋稍差一点，有的是天赋"开发"得晚一些，就因为在学东西的时候反应有些迟钝，父母就给孩子贴上"笨蛋"的标签，这样，孩子就像商店被贴上次品的货物一样，很少有人光顾，孩子便失去了自信心。

从心理学的角度看，没有被人贴上"笨蛋"标签更令人苦恼的事情了。如果是一个有力量反抗的人，他会给贴标签的人狠狠地一拳！

孩子无力反抗，在学习成绩稍不如意，父母便说孩子是"笨蛋"；做某种事情稍一失手，又给孩子冠上"笨蛋"的帽子，孩子只能听之任之。

这样的孩子会在父母"笨蛋"标签的刺激下，失去自信心，没有自信心的人就没有独立的人格。这样不仅会使孩子的身心健康受到损害，而且在日后的成长中也难以摆脱。

所以，年轻的父母千万别乱给孩子"笨蛋"的暗示，就像小象脚上的锁链，父母要意识到这个标签是具有很大杀伤力的。

孩子在成才的过程中，父母要多给孩子一些扶持，多给孩子一点耐心、宽容和鼓励。用杀伤性的武器"笨蛋"来刺激孩子，孩子有可能真变成个笨蛋。

聪明的父母不该抱怨孩子笨，应该对孩子多说鼓励性的话，调动孩子的积极性。父母的心情是孩子成长的环境。生活在父母的笑脸里，孩子每天都会阳光灿烂。父母整天愁眉苦脸的样子，孩子就会心神不安。

父母对孩子的影响是日积月累形成的。父母给孩子积极的心理暗示，在孩子心里播下的就会是有趣的快乐的种子，快乐的种子必将随着孩子的成长而长成参天大树，带动着孩子健康快乐地成长。无论遇到什么事，他都会保持着乐观向上的态度。如果孩子从小接收的大多是父母消极的、悲观的心理暗示，例如孩子经常在家里见到的是父母吵架、骂人、唉声叹气和厌世的情绪，在孩子幼小的心里，不可避免的要留下悲观痛苦的心理阴影。长此以往，这种情感就会深深地植根于孩子幼小的心灵，并影响他的一生。

不要用斥责伤害孩子

父母课堂

苏霍姆林斯基说：“故意指责少年的缺点，甚至抱着一种讽刺的态度，会刺伤少年的心，有时甚至会使他陷入悲观失望。”

做父母的都希望自己的孩子足够优秀。有些心急的父母恨铁不成钢，会经常斥责孩子，认为斥责孩子会让他“长记性”。有些冲动型的家长，一见孩子做了错事，便“你这个浑球”“你就知道吃”等等，脱口而出。殊不知，简单、粗暴的斥责不但不能使孩子信服，感受到父母对他们的关怀，反而容易引起孩子的反抗，形成逆反心理。这种叛逆心理一旦形成，不仅会造成父母与子女间产生隔阂和冲突，而且容易让孩子的心理发展走向偏激、极端。

在日常生活中我们也常常会发现另外一种情况，就是父母责骂孩子时，孩子根本就不理会，既不顶嘴也不反抗，就是不听，你骂你的，他做他的，长此以往的话孩子会越变越坏。经常斥责孩子，易给孩子带来巨大的心理压力，常常惶恐不安，性格容易变得内向，当他们被家长用污言秽语责骂时，虽感到愤怒与厌恶，但也在潜移默化中学会了满口污言秽语，并施于他人。

经常斥责孩子，家长的威信也会递减，因为你着急时声色俱厉地说："再这样，我宰了你！""我不要你了！"之类的话时；如果他真的再犯了，你也对他无可奈何，结果只好自己打自己的耳光。孩子渐渐摸清了家长的威胁，只是吓唬，就不再惧怕，甚至不以为意。你说话再重，他照样与你对骂，这时家长已经威信扫地，再也无计可施。

孩子如果被骂皮了，什么都无所谓，若到羞耻心荡然无存的地步，便很难教育了。要知道孩子的自尊、灵性和宝贵的想象力。一旦被摧毁，是很难重建的。那是不是说父母就不能斥责孩子了呢？当然也不是。因为孩子毕竟是孩子，他们不懂事，需要大人的教导；他们难免闯祸做错事，也需要斥责，否则孩子就会在错误的道路上越滑越远。

孩子一旦受到斥责，需要一定的时间才能恢复心理平衡，所以不能时时斥责，事事斥责。孩子整天处于一个心理极度压抑的环境，长期下去，孩子的心里就会抱怨："爸爸妈妈为什么总这样子对我？"总是受到父母的斥责，孩子的心理承受不了，很容易情绪崩溃。

过度斥责，不仅会让孩子丧失自信，还容易形成懦弱、怕事、拘谨的性格。教育孩子不是一蹴而就，简简单单的事情，而是一个复杂漫长的过程。它需要父母戒骄戒躁，耐心地去和孩子沟通，简单的、粗暴的、频繁的斥责对孩子的成长是不会起到积极的促进作用的。

为了避免斥责带来的负面影响，父母一定要尊重孩子的自尊心，斥责孩子时一定要注意场合和分寸，切莫在大庭广众之下训斥孩子，也不要说辱骂、讥讽孩子的话。斥责不是父母的本意，但孩子却不明白这一点，所以一定要让孩子知道自己为什么受斥责。同时，家长一定要告诉孩子正确的做法，让孩子今后不再犯同样的错误。父母最好暗示孩子自己去思考，去判断，通过自己的努力加以改进。

非要批评孩子，不妨换种方式

父母课堂

> 如果父母非要批评孩子，也不要总是用一种方法，最好能换种孩子容易接受的说法。这样，孩子才不会觉得同样的错误被"揪住不放"，才不会对父母产生厌烦、对抗的心理。

很多孩子犯了错误之后，家长都会用老一套来批评孩子，于是孩子一听到父母的"长篇大论"就会很烦，还会说"老一套，又来了"等，这让做家长不知如何是好。

有这样的一个故事：一个孩子就是不好好吃饭，父母打过，骂过，哄过，可是孩子就是不理你那一套，依旧不好好吃饭。有一天，一个来家里玩的朋友带来了一个别致的碗，碗的内外都有五彩的颜色，看起来漂亮极了，结果这个孩子迫不及待地用这只漂亮的碗吃起了饭，而且还吃得津津有味。

同样是吃饭，用孩子感兴趣的碗盛，孩子就能主动的去吃饭，这种心理学现象被称为"椰壳效应"。而孩子犯错误后，父母对孩子的批评，也可以换种孩子喜欢的方式，这样孩子就会愉快地接受了。

一天下午放学，方圆因为贪玩回家晚了，她本来有点不好意思，可当妈妈责备说："你干什么去了？这么晚才回家，简直不像话！"时，她马上顶一句："不像话就不像话！"然后，一声不吭，三两下吃完饭躲在房间不出来。

这样的场景出现多了以后，妈妈慢慢地学会了反思：孩子一天天在成长，她已是初中生了，有着与小学孩子不同的特点。比如自我意识的迅速发展、有较强的自尊心等。孩子出现顶牛的现象，一个原因是自己没有注意她的这些特点和变化，不注重沟通和表达，批评的时候说话刺痛了孩子的自尊心和感情，激起孩子与自己对抗的意识。

意识到了这些，当方圆又一次贪玩回家晚的时候，妈妈改变了说话方式，她这样说："你可回来了，真让我担心！没出什么事儿吧！准是饿坏了，快洗手吃饭吧。知道吗？爸爸妈妈一直等你一起吃饭呢。"方圆听妈妈这样一说，有点意外，但很快她就主动向妈妈解释晚归的理由并请父母原谅。

北斗是一个可爱的孩子，但总是小错不断，妈妈用尽了各种方法，他就是改正不了。这让妈妈很为难。有一天，妈妈有事要晚回家，给北斗留了一个留言条在桌子上，告诉他回家之后先做什么，再做什么。出乎意料的是，北斗那天的表现非常好，一点错误都没犯。于是，从此以后，妈妈就把北斗的错误用小纸条的形式写出来，婉转的告诉他，有些事情该怎么做。如果北斗连续几天没犯错误，妈妈就会在小纸条上写满鼓励的话。妈妈把这些小纸条有时放在北斗的铅笔盒里，有时悄悄放在北斗的玩具箱里，甚至冰箱门上、镜子上、枕头上，只要是孩子能看到、能找到的地方都是她的目标。

这位妈妈的这种教育方法抓住了小孩子好奇心强的特点。当小孩子看到一件他从没有见过的东西时一定会琢磨半天，而当他发现了一张小纸条的时候，他一定会迫切地想知道那上面到底写了些什么。因此当他能够读懂上面的内容时他一定会很高兴，这样就比较容易集中注意力，也不会让孩子差生逆反心理。

在批评教育犯错误的孩子时，如果换一种批评方法，可能就会收到事半功倍的效果。

我国著名教育家陶行知在育才小学当校长时，看到一位同学正在用石块打另一位同学，就上前制止了他，并要求他在放学后去校长室门口等候。

下午放学后，陶行知回到校长室，发现那位同学已经在校长室门口等候了，就掏出一颗糖果给他说："这是奖励你的，因为你比我还要准时。"接着又掏出一颗糖果给他："这也是奖励你的，因为我制止你打同学，你马上就停止了，说明你尊重我。"那位同学诚惶诚恐的接过糖果。陶行知又说："听说，你打同学是因为他欺负女生，说明你非常有正义感。"于是又掏出第三颗糖果给他。这时那位同学哭了，对陶行知说："校长，我错了，同学再不对，我也不能打。"陶行知满意地笑了，立刻又掏出第四颗糖果说："你已经知道错了，再奖励你一颗，我们的谈话到此结束。"

陶行知换了一种批评的方式，让孩子在奖励、理解中受到了教育。对孩子要批评得好、批评得有效果，需要掌握批评的艺术，批评艺术的高低往往直接决定批评的效果。

不打不骂也能教出好孩子

父母课堂

孩子都是淘气的，即使是乖孩子也并不省心，当孩子惹你生气的时候，最不明智的做法就是打骂孩子。

打骂教育是一种畸形的家庭教育方式。英国著名的哲学家和教育思想家约翰·洛克早在 300 年前就提出：要尊重孩子，要精心爱护和培养孩子的荣誉感和自尊心，反对打骂孩子。他断言："打骂式的管教，其所养成的只会是'奴隶式'的孩子。"

其实，生活中孩子遭遇打骂的关键原因不是孩子该不该受罚，而是有些父母认为这种方法简单方便、见效快。孩子回来晚了，把水泼在地上了，作业做错了，考试考砸了，上课没注意听讲，都可能被父母打骂一顿。

调查显示，有 12%～18% 的父母在教育孩子时，常常使用"打一顿"的方法。相信"打一顿"管用的，农村高于城市，爸爸高于妈妈。在某小学三年级一个班展开调查，全班 43 人，只有一个学生没有挨过打。

尽管有的教育工作者这样说："打孩子不能提倡，但如果'会打'（指时机、轻重适当），也能收到好的效果。"而且还会举出前苏联教育家马卡连柯打学生的例子作证明。但是，这种观点是不可取的。一方面，它会助长那些打孩子的父母继续滥施惩罚，让打孩子的行为愈演愈烈；另一方面，本来不打孩子的父母也可能受这种观点的影响想看看动手的效果，走入误区。

一些家长打骂孩子倒不单纯是为了显示家长的权威，很大程度上是家长受一种错误的教育观念所支配，那就是"不打不成才"。"打是亲骂是爱，不打不骂是祸害""棍棒底下出孝子""树不修不成料；儿不打不成才""舍不得重打，上房揭瓦；捶捶打打，出匹良马"等都是许多家庭世代相传的教子经验。

打骂孩子，其实并非是父母的本意。很多家长之所以能对孩子嫩生生的皮肉下得了拳脚，实在是一种恨铁不成钢的无奈而已。打骂孩子的父母，过后没有不后悔的。但是到了下一次，再遇到所谓的"忍无可忍"的时候，那暴力的手还会打向孩子。

教育专家指出：打骂孩子还说明某些父母的头脑里还存在封建时期的旧意识，没有充分认识打骂、体罚孩子的危害性。他们不考虑孩子的需求与特点，一味地从自我出发，不允许孩子有半点差错或异议，使孩子感受不到来自父母的关爱，使孩子处于不安和焦虑之中，体力智力发育受到不良影响。

同时，由于得不到应有的爱和支持，孩子往往形成冷漠、孤僻、仇视、攻击、自信心差等心理问题，并且这些心灵创伤，往往会成为日后不良行为甚至犯罪的根源。

奖励和惩罚是不能分割的，但有一点家长要弄清楚，就是打骂与惩罚是两个概念。打骂属于惩罚，但却是其中最严重的。有一个纪录片，是国外的儿童行为专家，教父母如若如何管教调皮的孩子。一个小家伙跟妈妈发脾气，哭闹个不停，妈妈就把他抱进一间空房间，把门关上，让他自己去闹，过了一会儿再去开门，孩子不哭了，脾气也不发了。

儿童还没有成熟的独立意识，所以只能多靠实践的办法去教育。孩子为什么会哭？因为他知道他的哭会引起周围人的关注，有人关注了，他就更加放肆，他实际上是用哭来做"要挟"，以到达自己的目的。把他关在一个房间里，让他独自去闹去，没人理他了，要挟的人没有了，他自然就消停了。

反观我们的许多的父母，当孩子调皮、不听话时，是怎么做的呢？打骂。"你还哭，你再哭老子打死你。"语言是把双刃剑，夸赞的语言是积极的心理暗示，反之，辱骂、否定的语言是消极的心理暗示。打，那就更不用说了，它会使孩子学到，原来打（暴力）可以作为让人屈服的手段，可以达到自己的目的。

打骂孩子，只会让孩子一时表面服从，心里反感，甚至也学着以打骂对待别人。用这种方法，不但不能把孩子教育好，反而损伤了孩子的自尊心，养成自卑、胆小、孤僻、撒谎等不良的习惯。

打骂是对孩子过错的一种不良处理方式，父母目的是为了使孩子克服缺点、纠正错误，帮助他们分清是非，明确努力方向。但是，打骂本身并未指明什么样的行为是正确的，应该的，与之相伴随的常常是孩子的消极情绪。因此，父母教育孩子要做到有理、有力、有效、适度、适时，这样孩子才能心服口服，从而达到教育的目的。其实，在教育孩子方面，只要用心，不打不骂也能教出好孩子。

父母课堂

怎样给孩子定规矩

孩子才不会抵触

文祺○编著

应急管理出版社
·北京·

图书在版编目（CIP）数据

怎样给孩子定规矩，孩子才不会抵触/文祺编著．
--北京：应急管理出版社，2019（2020.7 重印）
（父母课堂）
ISBN 978 - 7 - 5020 - 7739 - 6

Ⅰ.①怎… Ⅱ.①文… Ⅲ.①家庭教育 Ⅳ.①G78

中国版本图书馆 CIP 数据核字（2019）第 252525 号

怎样给孩子定规矩 孩子才不会抵触（父母课堂）

编　　著	文　祺	
责任编辑	高红勤	
封面设计	小红帆童书	

出版发行　应急管理出版社（北京市朝阳区芍药居 35 号　100029）
电　　话　010 - 84657898（总编室）　010 - 84657880（读者服务部）
网　　址　www.cciph.com.cn
印　　刷　山东大族文化传媒有限公司
经　　销　全国新华书店

开　　本　880mm×1230mm$^{1}/_{32}$　印张　40　字数　960 千字
版　　次　2020 年 1 月第 1 版　2020 年 7 月第 2 次印刷
社内编号　20192856　　　　定价　128.00 元（全八册）

孩子不爱学习让父母最头疼的事。孩子不爱学习，是因为孩子对学习不感兴趣，从而抵触学习。学习兴趣是孩子学习活动的动力源，只有当孩子有了强烈的学习兴趣后，他才会主动地学习、持久地学习，学习成绩才会提高。有调查显示，对学习有浓厚兴趣、自觉性强的孩子，大都能集中注意力，专心听讲，肯动脑筋，爱提问题，按时完成作业；而那些缺乏学习兴趣的孩子，学习上往往很被动，不专心，敷衍了事，遇到困难易产生消极畏难情绪，把学习看成一种负担。

造成孩子对学习不感兴趣、不爱学习的原因有很多：

父母对孩子的期望值过高。为了孩子，有的父母双休日可以不休息，为孩子辅导作业，陪孩子练琴、学画，一心想把孩子培养成全才、天才。在这种长期的状况下，孩子的心理、身体上的压力大大增加，导致了孩子讨厌学习。

父母看管式的陪读。父母陪读会造成孩子缺乏学习的自觉性，难以领悟学习的过程，难以独立地解决遇到的新问题，难以体验到独立解决问题后的成功感。孩子甚至会觉得学习是在父母的监督下完成的，没有学习的自由，更毫无快乐可言。

孩子缺乏学习的方法和技巧。很多孩子不会学习，觉得学得苦、学得累、学得烦。这些孩子在学习时注意力难以集中，不能把新旧知识联系起来；不能选择重要的内容而抛开不重要的内容；无法将学到的知识正确、合理地表达出来。由于这些孩子不会学习，面对日益繁重的学业内容，自然会产生厌学情绪。

……

孩子爱学习，父母就不用整天督促孩子，就不用经常检查孩子的作业，就不用为孩子的学习成绩不理想而烦心。要让孩子从苦学、厌学变为喜学、乐学，需要父母循循善诱，耐心指点。父母要把重点放在培养孩子对学习的兴趣上，对孩子要保持合理、适当的期望，尽量不陪读，教给孩子一些学习的方法与技巧……

需要指出的是，有很多父母把孩子的学习成绩与孩子的素质、道德、品质等同起来。他们谈起某某孩子成绩差，就会认为他在其他方面也不如人。父母要知道，学习成绩并不能全面地反映一个孩子的素质，更不能简单地下这样的结论——好分数就是好孩子。父母要知道，并非所有的孩子都具有同样的能力。所以，不要把孩子的分数看得太死，对于孩子点滴的进步，父母都应予以承认，并及时给予鼓励。

本书分别从点燃孩子的学习兴趣、培养孩子的学习习惯和能力、提高孩子各科目的成绩、提高孩子的学习效率、让孩子喜欢上学习、让孩子习得一技之长等方面入手，针对孩子的学习问题展开了翔实的讲解，让父母们知道如何给孩子定规矩，孩子才不会抵触，从而让孩子变被动学习为主动学习，让孩子爱上学习。

我们的一生都在学习，学习正在潜移默化地改变着我们的命运。培养出一个主动学习的孩子，是父母的幸运，更是孩子的幸运——爱学习的孩子才能学到更多的知识，才能拥有较高的综合素质，才能在未来更容易获得成功。

目录
CONTENTS

第 *1* 章 每个孩子都有学习兴趣，只是需要被激发

孩子不爱学习是让父母很头痛的事。孩子不爱学习，是因为孩子对学习不感兴趣。兴趣是最好的老师。父母要想提高孩子的学习积极性，充分发挥孩子的潜能和才智，使孩子在学习上有好的成绩，就必须点燃孩子对学习的兴趣。

第 *2* 章 培养孩子的学习习惯，提高孩子的学习能力

对于孩子来讲，学习是一种习惯，也是一种能力。培养孩子良好的学习习惯，提高孩子的学习能力，孩子才能取得好的学习成绩。孩子学习成绩好，就会喜欢学习，就会主动学习，从而爱上学习。

第3章 纠正偏科现象，提高孩子各科的成绩

偏科是孩子在学习中常见的一种现象，很多孩子可能语文学得好，数学学得不好；也可能数学学得好，语文学得不好。作为父母，应正确地看待孩子的偏科现象，采取积极引导的方式予以纠正，提高孩子各科目的成绩，使孩子得到全方位的发展。

第4章 教给孩子学习方法，提高孩子的学习效率

很多孩子学习也很用功，但往往收效甚微，原因何在？就是学习效率不高。要提高孩子的学习成绩，提高学习效率是关键。父母要帮助孩子解决一些学习中存在的问题，教给孩子一些学习方法和技巧，这样才能提高孩子的学习成绩。

第5章 变被动为主动，让孩子喜欢上学习

很多孩子是在被动的情况下学习的，这使得学习效率低下。其实孩子的天性是喜欢学习的，只是他们更想要"轻轻松松地学习"。要想让孩子喜欢上学习，父母要给孩子一些帮助，让孩子变被动为主动，这样孩子才会不断取得进步。

第6章 发现孩子的天赋，让孩子习得一技之长

每个孩子都有自己的天赋，父母要善于发现，并加以悉心培养，就能成为孩子的特长。当然，不可拔苗助长，要孩子感兴趣才行。让孩子习得一技之长，会使孩子受益一生。

第 1 章
每个孩子都有学习兴趣，
只是需要被激发

孩子不爱学习是父母很头痛的事。孩子不爱学习，是因为孩子对学习不感兴趣。兴趣是最好的老师。父母要想提高孩子学习的积极性，充分发挥孩子的潜能和才智，使孩子在学习上有好的成绩，就必须激发孩子对学习的兴趣。

兴趣是孩子最好的老师

父母课堂

> 如果孩子对什么感兴趣，他就会学得很快；如果不感兴趣，你怎么教都收效甚微。兴趣是孩子最好的老师。培养孩子的兴趣，是父母教育孩子的第一课。

兴趣是指一个人经常趋向于认识、掌握某种事物，力求参与某项活动，并且有积极情绪色彩的心理倾向。兴趣是最好的老师。一个人如果做他感兴趣的事，他的主动性将会得到充分发挥。即使十分疲倦和辛劳，也总是兴致勃勃、心情愉快；即使困难重重也绝不灰心丧气，而去想办法去克服它。如果让孩子去学他感兴趣的知识，学习的时间也许很长，但他丝毫不觉得苦，反倒像在做游戏。

爱迪生就是一个好例子。爱迪生几乎每天都在他的实验室工作长达18个小时，在里面吃饭、睡觉，但他丝毫不以此为苦。"我一生中从未做过一天工作，"他宣称，"我每天其乐无穷"。

达尔文在其自传中曾说："就我记得的我在学校时期的性格来说，其中对我后来产生影响的，就是：我有强烈而多样的趣味，沉溺于我感兴趣的事物，喜欢了解任何复杂的问题和事物。"

世界上许多做出杰出贡献的伟人，都有自己的兴趣爱好。爱因斯坦四五岁时，就对指南针产生了兴趣，他长时间摆弄它，心想那小针为什么总是指着同一方向。他还能不厌其烦地搭积木，直到把又高又尖的"钟楼"搭好为止。正是这种浓烈的兴趣和伴之而来的思索、追求，使他成为近代伟大的物理学家。

　　莱特兄弟孩提时期就对宇宙空间产生了浓厚的兴趣。他们常爬到树上，踮起脚尖去摸月亮，好几次都被重重地摔了下来。他们的父亲知道后，非但没有因为两兄弟幼稚可笑的举动责怪他们，相反却启发、鼓励他们。神话般的奇想和浓厚的兴趣引导着兄弟俩走上了研究航空的道路，1903 年，莱特兄弟真的驾驶着自己制造的飞机翱翔于万里碧空。从莱特兄弟的故事可以看出，兴趣是学习的动力，是成功道路上的"助跑器"，是攀登科学高峰的阶梯。它会帮助我们展开丰富的联想，持之以恒地去探求。它使我们积极热情地去投入，使我们最大限度地发掘创新的潜能。

　　孩子总是对世界充满了好奇心，这是他们最珍贵的感觉之一。失去了好奇心的孩子不但失去了小孩子的特性，更不能健康成长。而孩子的好奇心得到满足时，就会感觉到生命充溢着欢乐和激情。每个孩子的脑海中都有着无数个不断变化的问题，同样一个问题，在孩子感兴趣时，几分钟就可以教会，而孩子毫无兴趣时，往往几个小时甚至几天也教不会。

　　孩子有了兴趣的事就很容易学会了。作为父母要懂得做到恰到好处，才能激发孩子的兴趣。称职的父母还要给孩子不断的蓄电充电，孩子看见他们时仿佛看见一座大山，浑身充满力量。这时，父母培养孩子各方面能力的时机就到了。

孩子的兴趣需要父母的关注

父母课堂

当孩子对某件东西或是某些事情感兴趣的时候，父母一定要对其关注一下，因为，孩子的兴趣只有有了父母的关注，才有可能把它发展成为一种才能。如果父母对孩子的兴趣不注意的话，那么，孩子的兴趣往往很快就会消失。

小孩子会有自己的一片小天地，他们会在自己的世界中自由地玩耍，在玩耍中慢慢长大。他们所做的一些事情，在一些大人的眼里是那么的莫名其妙，但是他们却做得那么起劲，并且还是把它当成一件大事去做，这就是孩子所谓的天性。

教育学家井深大说："在幼儿阶段，孩子对某种事有兴趣，都是受了母亲的影响。既然如此，母亲对孩子所做的事，就不可以漠不关心。有时，大人之所以对孩子在做的事情觉得无聊乏味，那是因为你是在用大人的眼光去看的关系。这个时候，你应换一个角度，比如把自己拉回到童年时期，你也许就不会这样对待了。"

在生活中经常发现，有一些母亲对于孩子所做的事情总是会用不屑一顾的表情去看。也会有一些母亲会提出这样的问题："我并不喜欢听古典音乐，甚至讨厌听到古典音乐。但是为了孩子，是否应该让孩子去接触一下呢？"试想一下，母亲是如此讨厌古典音乐，她的孩子会对它有兴趣吗？

其实，古典音乐对小孩会有一些很好的影响，这是一件众所周知的事。但是，由于母亲对它已经显示出了厌恶的态度，她的那种态度就会传导给孩子，从而对孩子产生一种不良的影响。这样一来，就不要指望孩子会喜欢古典音乐了。

父母们一定要明白，要用爱心去注视你的孩子，对于他的行为要报以灿烂的笑容，这胜过所有言辞的勉励。如果父母用大人的尺度去看待孩子的行为，就会影响到孩子的情绪，挫伤他们的积极性。要知道，兴趣是孩子的最佳意识促进剂，一旦挫伤了它，想要让孩子的兴趣继续维持下去就是一件非常困难的事情了。

父母一般都认为，孩子会从外界的事物中，找到一些可以作为自己兴趣的东西，并且会自动加深兴趣以将之持续下去。然而，在大多数情形下，父母必须为他们提供一些帮助。具体而言，对孩子最感兴趣的事物，做父母的能否很快发觉，并表现出支持的反应，对于孩子维持长久的兴趣具有很大的意义。

孩子的兴趣是非常容易改变的，它会在一瞬间萌生，之后又迅速萎缩。做父母的，应该适时把握住那萌芽的一刻，给予适当的辅助，使孩子的兴趣能继续下去。

话虽这样说，但是事实上，要想让孩子的所有兴趣都均衡地发展是不可能的。尽管父母不知道哪种兴趣最后会变成孩子长久的兴趣，但是做父母的还是应该尽量多给孩子一些机会，让他在广泛的兴趣中，试试哪种兴趣可以持续下去。

有一位妈妈曾经以自己的切身经历谈了这一看法。

他的儿子在一岁两个月的时候，偶然对"Z"这个字产生了兴趣。从此，不管在什么样的场合，只要是有"Z"字出现的，妈妈便会指着告诉孩子，并且还教他念发音。过了两个月，他的孩子已经认得 A、B、C 三个英文字母，妈妈便趁机用折尺上的英文字，教他继续再学 X、Y、Z、W、T、F、H、N、M 等，马上就学会了。到了一岁半时，孩子又对各种汽车、家电制品的标志发生了兴趣，妈妈就举出厂家名称，让他猜测商标，有时向他出示商标让他猜厂名。

由此可以看出，这位看似"天真的妈妈"，在孩子兴趣的培养上还是下了一番功夫的，她让孩子的兴趣既能够持续，能更为浓厚。有研究发现，婴儿期的一再重复，有利于加强他们的脑部智力组织的功能。之所以向婴儿反复地灌输他都不觉得厌烦，主要是因为他们还处于一个不懂厌烦的阶段，因此，父母才可以用反复的做法，来增强他们的智力。

即使是出生才3个月的婴儿，只要每天重复播放几次音乐给他听，过一段时间，任何深奥的音乐，他都会记得。由此可见，婴儿对外界吸引的关注是十分惊人的。

这一时期的一再反复，除了有助于孩子的智能发展外，还有助于培养他们对某一事情的兴趣。

通过不断的反复而记住了各种音乐与童话的婴儿，就会渐渐地着迷于自己所喜欢的音乐或故事。也就是说，反复的作用，一方面使得孩子能熟记故事，另一方面也增进了他们对该故事本身的兴趣。

经常反复听故事的孩子，随着不断长大，会对画本渐渐感兴趣，进而再对画本上的图画、文章产生好感，最后就会激发出想亲自去读的意念。

不管是对音乐有兴趣还是对图画有兴趣，这些都少不了父母的关注，只有父母发现了孩子的这些兴趣，才能让它继续发下去。如果父母不关注孩子的兴趣，纵然孩子再有天赋也是枉然，因为

没有机会让他的天赋施展出来。所以，父母们一定要多多关注孩子们的兴趣，说不定，你的孩子就是一个天才呢。

孩子的学习兴趣是需要培养的

父母课堂

孩子的学习兴趣是需要培养的，这是一件毋庸置疑的事情。在培养孩子学习兴趣的过程中，父母的态度和外界的环境都起着非常大的作用。所以，父母在培养孩子兴趣的时候，一定要综合考虑，用对方法。

兴趣是人的认识活动所需要的情绪表现，它主要表现在人们认识事物过程中的良好情趣上。一个人对某一事物有兴趣，表明他愿意更深入、更多地认识这个事物。学龄初期的孩子兴趣活动的特征是：孩子的兴趣已经在幼儿期就发生与发展，但是这时的兴趣多限于自己愿意做的事情上，而且这个时候的兴趣缺乏动机，并且容易转移。当孩子入学后，在学习活动中，并不是所有的课程都会使他感兴趣。因此，想要使孩子对全部的学习内容都感兴趣，并轻松自如进行学习，就需要调动孩子的意志活动参与，使其运用意志活动努力迫使自己去学习不感兴趣的课程。

那么，怎么才能让孩子对学习产生兴趣呢？

1. 精心呵护孩子的好奇心

好奇心是孩子学习兴趣的源泉。好奇、好问、好动，渴望通过自己的探索来了解世界，这些都是孩子的天性。那么，父母该如何呵护孩子的好奇心呢？

当孩子把奶瓶反转，并且试着从奶瓶的底部来吸奶的时候；当孩子将停下了的玩具火车又推又拉又打，想使它再次跑动起来的时候；当孩子在公园里专心地看着被风吹得摇摇摆摆的花草的时候，这些都是他们在好奇心的驱使下探索这个陌生世界的表现。对于孩子来说，所有的一切都是新鲜的，值得探索的。这个时候，大人不要忽视和否定孩子的学习和探索行为，而是应该精心地呵护孩子的好奇心，努力用孩子的眼光去观察这个世界，跟孩子一起去惊异、去提问、去讨论，去共同做出结论。

当孩子带着问题去问妈妈的时候，妈妈不应该简单地将结论告诉孩子。例如，当孩子问"鸟儿晚上睡在哪里"时，妈妈不必直接回答，妈妈可以与孩子一起探讨鸟儿在晚上可能的去处；当孩子问"黄色和蓝色颜料混合后会变成什么颜色"时，妈妈也不要简单地告知"会变成绿色"，妈妈可以说："是啊，那究竟会变成什么颜色呢？"以此来引导孩子去试验，去思考，让孩子自己去得出结论。同时妈妈还可以通过一些开放式的问题，激发孩子对事物的好奇心与探索的欲望。

能否给孩子自由思考的空间和时间，这是呵护孩子好奇心的关键。父母如果经常给孩子下达一些强制性的智力作业，那么孩子会感到总是在一种有压力的环境之中，他们便会将思考问题看作是一种额外的负担，久而久之，他们的好奇心和学习兴趣就会消失殆尽。因此，对于强制性的智力作业，要少些再少些。

2. 为孩子创造一个愉悦的学习环境

例如，孩子一般都爱听故事，不管是老师或父母讲故事，还是广播电台或电视台播放故事，孩子们总是能够专心致志地听，特别是绘声绘色地讲故事最能吸引他们。当父母讲小人书中的故事时，就会发现孩子常常是一边听一边很想认识书上的字，这种主动要求学习的精神是非常可贵的。父母可以利用这一时机因势利导，适当教孩子认认字，不要求孩子写，更不要求孩子记这些字，只要他们能认识，能把一个小故事读下来就行。孩子听得多了，读得多了，就自然而然地掌握了这些字。有一天，父母会发现，孩子已经能很连贯地把书上的故事读出来了。当孩子在阅读课外书刊时，父母可以利用读物内容，作为与孩子对话的内容。这样，孩子在一个宽松愉悦的学习环境中，可以不时地受到启迪，并逐步养成主动学习、主动探索知识的兴趣与习惯。

3. 带孩子开阔眼界，提高学习兴趣

父母可以经常带领孩子到大自然中观察日月星辰、山川河流。比如春天到了，父母可以带孩子去观察小树以及其他植物的生长情况；夏天来了，父母可以带孩子去游泳、爬山；秋天的时候，父母可以带孩子去观察树叶的变化；到了冬天，父母又可引导孩子去观察人们衣着的变化，看雪花纷飞的景象。这样一来，孩子通过参加各种活动开阔了眼界，丰富了感性认识，提高了学习兴趣。父母最好能够指导孩子参加一些实践，比如，让孩子自己收集各种种子、搞发芽的试验、栽种盆花，也可饲养一些小动物。随着孩子年龄的增长，可以启发他们把看到的、听到的画出来，并鼓励他们阅读有关图书，学会提出问题，学会到书中找答案。这样，孩子的兴趣广泛了，知识面扩大了，学习能力也在不知不觉中提高了。

4. 发展孩子多方面的兴趣

一些孩子由于受到家庭和周围环境的影响，在三岁左右就开始对画画或乐器产生兴趣。特别是当孩子进了幼儿园以后，在老师的诱导下，他们的兴趣爱好出现了第一次飞跃。最先使孩子产生兴趣的一般是画画、唱歌和表演，当然这些都是模仿性的。对钢琴、电子琴、手风琴的兴趣都可以在幼儿期唤起，这时父母不要去要求孩子能够达到什么水平，而是要以唤起他们对各种乐器的兴趣为主。下棋更是如此，很小的孩子就喜欢跟大人下棋，当然更喜欢和小朋友们一起下棋。父母只要做有心人，为孩子们提供一些条件，准备一些简单的器具，多给孩子讲讲自己的见闻，多与孩子一起玩，孩子多种学习兴趣就会逐渐培养起来。

不要漠视与回避孩子的问题

父母课堂

生活中，孩子总会提出千奇百怪的问题。大人们看起来很平常的事，孩子也会问个不停。这时，父母千万不要感到厌烦，孩子好问是好事，说明他有强烈的求知欲和思考意识。

"为什么火车要在铁轨上跑？"
"为什么鱼要在水中游？"
"冬天河水为什么会结冰？"
"为什么人每天要吃饭呢？"

"妈妈，为什么会下雪呀？"

"爸爸，你为什么会长胡子呀？"

……

孩子对整个世界都充满了好奇心，遇事总得问个"为什么"。可是，有的父母对此很不耐烦，或敷衍了事。很多父母都会漠视或回避孩子的问题。

3~4 岁的孩子，脑重已有成人的 80%。5~6 岁的脑重已达成人的 90%。从对词语的理解与掌握来看，3~4 岁的孩子能理解 1500 个左右的词汇，其中近千个词语可运用于交谈中；5~6 岁的孩子词汇理解可达 5000 个左右，其中对 2000~3000 个词语运用自如。这说明孩子接受知识的潜能是很大的。这时期孩子语言增多，问题也很多，这正是大脑发育快的一种表现。孩子通过提问，与大人交谈，从中可获取大量的知识。倘若大人对孩子的问题不予回答，甚至加以训斥，这等于扼杀了孩子的求知欲。在这种孩子身上，近期效应是与同龄孩子相比，获得的知识很少，语言发展慢，活泼性较低；远期结果是，这种孩子读书时不爱提问，学业成绩很差，成年后社交能力差。因此，正确对待孩子提问并认真作答是非常重要的。

处于发问期的孩子，有时候的确很难应付，甚至无法应付。恰恰此时是孩子智力发展最快、最重要的时期。他们有时之所以发问，只是想要和父母沟通一下而已。

这时期的孩子对周围的事物充满了兴趣，自然会产生很多的疑问。要父母一一仔细地回答，实在不容易。尤其是父母越忙的时候，小孩子越是纠缠不已。另外，小孩子会有为了引起大人的注意而发问的倾向。

小孩子几乎会问任何的问题，不过这是他们的智力之芽开始萌发的表现。树苗在成长为参天大树以前，需要充分地施肥、浇水，否则会变得非常瘦弱。因此，在其成长的过程中，如果没有充分补充养分，就会贻误良机。而一旦错过，则无法重新开始。

回答孩子的问题，也是相同的道理。一定要把握好他们的智力正在萌芽的时期，适当地予以应对，才能够培养出充满好奇心和学习愿望的孩子。因此，切勿漠视、回避孩子所提出的问题，而要尽可能诚恳地回答孩子的问题。

如果孩子本来就了解的事，却一问再问，这表示孩子想要引起父母的注意。尤其是在弟妹出生以后或家中有其他小朋友时，会经常想要引起父母的注意。换言之，孩子发问的目的，不在于得到答案，而是为了要引起父母的回应。

这时候，只要注意孩子的态度，就可以得知了。例如，孩子会发出撒娇的声音，纠缠着母亲，并且不断地提出问题等。这时，不要拒绝孩子，而要了解孩子寂寞的心情，想要引起注意的心理状态。如果父母没有理解这种心态而有所回应，可能会导致孩子的欲求不满，而引发其他想引起注意的行动。例如，毁坏东西、大喊大叫，果真这样就麻烦了。

对待孩子提出的千奇百怪的问题，父母应该端正回答的态度并讲究回答的方式方法。

1. 要表扬孩子

当孩子提出为什么时，父母要表扬孩子肯动脑筋。在我们的生活中也会看到这样一种情况，当孩子提出问题时，有的父母嫌

2

孩子缠人，会对孩子说："去去去，不要问个没完没了，长大了就会知道的。"这是不对的，这样做会扼杀孩子学习的积极性，长此下去，孩子会因为怕父母责骂而不敢再提问题。当孩子提出问题时，父母千万不能嫌麻烦，要鼓励、表扬孩子肯动脑筋，同时，要认真地和孩子一起探寻问题的答案。

2. 要多采用启发式

当孩子提出一个问题时，如果问题太难，考虑到孩子回答不出来，可以直接把答案告诉孩子。如果问题不是太难，孩子自己动脑筋后能够回答，父母则不要将问题的答案说出来，而要对孩子进行启发，鼓励孩子从多个角度去观察、去思考。如孩子提出"水是怎样流动的？"时，这个问题通过做一个小实验，孩子就会自己得到答案的。父母可以和孩子一起来做下面小实验：用硬纸板做一水槽，在水槽中倒上水，然后将水槽变成一头高一头低，这个时候让孩子注意观察，孩子会发现水是由高处往低处流的。

3. 不要告诉孩子错误的答案

如果回答不了孩子的问题，不妨先了解孩子的提问原因，有时孩子不一定是真的要得到答案，只是为吸引大人注意而已，这时不妨用语言和表情向孩子示意自己在注意他。不能不懂装懂，含糊其词，要向孩子说清楚："这个问题我现在不会回答，等我看过书后就告诉你。"或者对孩子说："等你上学后你自己会解决这个问题的。"这样做，可以激励孩子将来好好学习，探索未知的领域。

激发孩子多问"为什么"

父母课堂

> 对什么都感兴趣，对什么都想去摸摸、看看，这是孩子的天性，孩子的探索欲望对他各方面的发展有很大帮助。因此，当父母面对孩子的"为什么"时，请不要不耐烦，而是应该耐心地回答和解释孩子的每一个问题。

孩子从出生开始就对这个世界充满了好奇，当他们开始去向父母问问题的时候，说明孩子已经在用自己的眼睛观察这个世界，在用自己的大脑思考问题了，这时父母千万不能打消孩子的积极性，应该耐心地去回答孩子的问题。

好奇是孩子们的天性，也是他们敢于探索新知，敢于创新的动力。好奇心就像一双巨大的翅膀，能带着孩子在知识的天空里展翅高飞。父母可从保护孩子的好奇心开始，培养他们的创造精神。

世界上第一架飞机的发明者莱特兄弟，小时候是一对富有好奇心的孩子。有一次，兄弟俩在大树底下玩，两人产生了爬上树去摘月亮的想法。结果，不仅没有摘到月亮，反而把衣服都钩破了。他们的父亲见此情况，不仅没有责骂他们，而且还耐心地开导他们。

在父亲的引导下，兄弟俩日夜为制作能骑上天的"大鸟"而努力。这期间，父亲不失时机地买了一架酷似直升飞机的玩具送给他俩，这更加激发了他们对制造升空装置的浓烈兴趣。他俩不

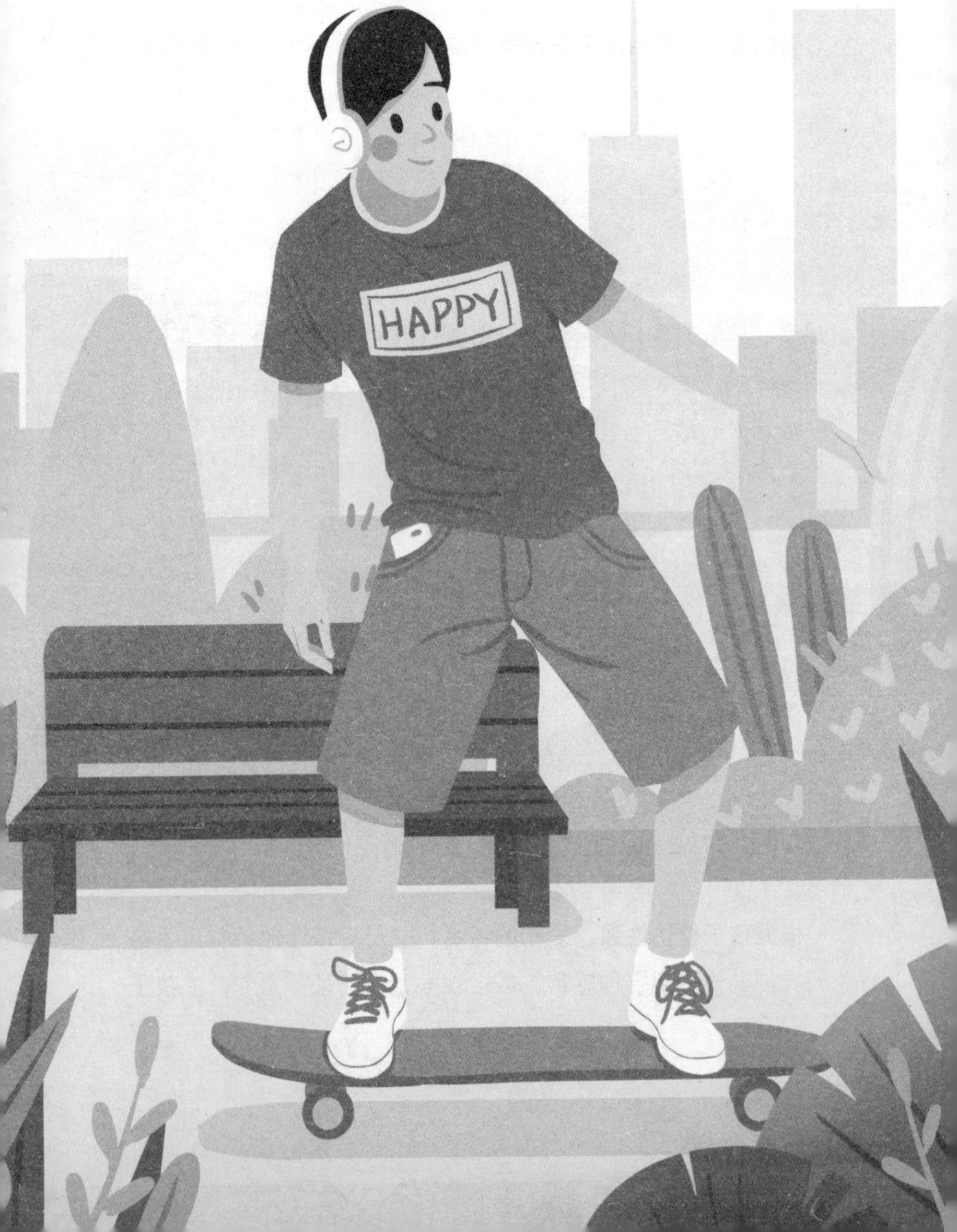
HAPPY

断地学习升空技术方面的知识，翻阅了大量有关飞行的资料。在父亲的鼓励下，经过多次试验，兄弟俩终于发明了世界上第一架飞机。

孩子由于好奇自然会提出些问题，可是有些父母会对孩子说："问这么多，烦不烦？"也许，孩子的好奇心就在父母不断的呵斥声中毁灭了。其实，父母应该做的是注意倾听孩子的问题、想法，尊重孩子的观点，积极地引导孩子的好奇心，培养孩子独立思考、探索新知的能力。这样，孩子就能在不断地发现和思考中增强创新能力。

那么，父母要怎么做才能激发孩子的好奇心呢？

1. 给孩子创造一个丰富多彩的环境

环境刺激是丰富多彩的，当世界上千姿百态的事物具体地呈现在孩子的面前时，要让他们亲自去看看、听听、闻闻、尝尝，以至摸、掰、拆等摆弄一番，这实际上就是让孩子主动去探索生活中的奥秘。日常生活中，可以让他们多玩一些色彩鲜艳的或者能活动、能发声的玩具，如各种娃娃、带动力的小汽车、飞机及小铃铛、玩具乐器等，从一开始认识世界就丰富他们的眼界。在节假日还可以带他们去郊游，大自然中的花草树木、鸟兽虫鱼、青山绿水都充满了奥秘，对孩子有着无穷的吸引力。

2. 为孩子提供动脑、动手的机会

根据孩子模仿性强、爱动的特点，父母可以让他们利用手边的工具，充分运用各种感官，自己观察，自己动手操作，让孩子体验到一种成就感和乐趣。比如，让孩子自己制作简单的玩具，

自己设计一种游戏等。他们对于自己动脑筋想出来、自己动手做出来的东西，有一种偏爱和特殊的兴趣，因此，类似的活动有利于激发起他们强烈的好奇心和求知欲。

3. 学会与孩子平等相处

孩子们一般都尊敬长辈，敬畏老师。当然，这并没有什么不好，只是父母和孩子之间的相处不应该只有尊敬，还要有和谐的关系。作为父母，应当学会尊重孩子，相信孩子，与孩子建立起朋友关系。不管和孩子讨论什么问题，都不要过早过快地断言，以免挫伤孩子的好奇心。

4. 不要挫伤孩子好问的积极性

孩子对什么都感兴趣，有着强烈的探索精神。比如，他们常会提问"鸟儿为什么会飞？""鱼儿怎么待在水里？"之类的问题，而且喜欢刨根问底。然而，有的父母在面对孩子这样的问题时却往往以"没时间和你说这些""以后你就会明白了"等敷衍的话回应孩子，这样一来就扼制了孩子的好奇心。父母应当认识到，好奇是孩子认识世界的起点，如果不予以支持和鼓励，将会挫伤其积极性。因此，为了使孩子的好奇心和求知欲得到满足和正确引导，父母应当正视和重视孩子的好奇心。

不要剪掉孩子想象的翅膀

父母课堂

> 孩子的想象力是无处不在的，父母其实不需要做太多的事情，只需要开放自己的思维，放开孩子的手脚，让孩子可以在想象的空间里自由地飞翔就可以了，千万不要剪掉孩子那双飞翔的翅膀。

作为父母，应该正确地引导孩子的想象力，也要积极参与孩子的想象游戏，同时让孩子主持游戏，给孩子发挥自己的想象力留下足够的空间。也可以考虑为孩子提供独自游戏的机会，让孩子在游戏或其他创造性的活动中无拘无束地想象。父母可以经常给孩子提一些"开放式"的问题，让孩子用多种答案来回答题，这样也可以启发孩子的想象。讲一些有启发性的故事给孩子听，让孩子想象下面的故事情节，使孩子有发挥想象力的机会，培养孩子复述情节生动又富有想象的故事，这对培养孩子的想象力更有好处。

我们常常惊叹：美国在科技创新方面总走在世界前列！然而许多人却不知道或不愿意接受美国的《公民权法》中的两项规定：幼儿在学校拥有两项权利：1.玩的权利；2.问为什么的权利。

据说，这一规定与美国历史上的一个精神赔偿案有关。

1968年的一天，美国一位3岁女孩指着一个礼品盒上的"OPEN"对她父母说，她认识第一个字母"O"。父母非常吃惊，问她是怎么认识的。女孩说是幼儿园的老师教的。父母在表扬了女儿之后，一纸诉状把幼儿园告上了法庭，理由是该幼儿园剥夺了孩子想象的权利。因为她女儿在认识"0"之前，能把"0"说成是苹果、太阳、足球、鸟蛋等圆形的东西。但是，自从幼儿园教她认识了字母之后，孩子就失去了这种想象的能力。她要求幼儿园对此负责，并进行精神赔偿。

此案在法院开庭时，父母作了如下辩护："我曾在一个公园里见到两只天鹅，一只被剪去了左边的翅膀，放在较大的水塘里；另一只完好无损，放在很小的水塘里。管理人员说，这样能防止它们逃跑，剪去左边翅膀的因无法保持身体平衡而无法飞行；在小水塘里的因没有足够的滑翔路程，也只能待在水里。现在，我女儿就犹如一只幼儿园的天鹅，他们剪掉了她一只想象的翅膀，过早地把她投进了那片只有 ABC 的小水塘。"

陪审团的全体成员都被感动了。幼儿园败诉！

父母是孩子的第一任老师。然而许多父母望子成龙心切，过早地用成人的观点教育孩子，常常否认甚至耻笑孩子的想象。孩子进入幼儿园后，幼儿园为满足家长的心理，开始教孩子许多所谓规范的知识。进入中小学之后，更是把孩子"好玩"的天性视为"洪水猛兽"。在教学中，教师常常把自己的观点强加给学生，总是强调答案规范统一。这样就扼杀了学生的想象力，不利于学生创造能力的培养。

孩子的想象力是无处不在的，作为父母的我们不必刻意限制或是多加管教，让孩子自由发挥自己的想象力，可能会取得事半功倍的效果。

爱因斯坦说过："想象力远比知识更重要，因为知识是有限的，而想象力概括着世界上的一切并推动着进步。想象才是知识进化的源泉。"由此可见，孩子想象力的培养是非常重要的。

有这样一个真实的故事。在某个学校的考试中，有这么一个问题："雪化了是什么？"这个问题对于稍微有点常识的人来说，是很简单的，但是老师在后来的阅卷中发现，有一个孩子给出了一个出人意料的答案："雪化了是春天。"然而，这个别出心裁的答案被打上了一个鲜红的"叉"号，至于原因，是因为跟标准答案不符。

跟标准答案不符！它如同一把坚硬的锉刀，毫不留情地磨掉了孩子们的想象力。但判卷的老师也是言之凿凿：我们这道题目考察的是孩子对于物理知识的掌握，雪化了当然就是水，虽然这个学生的答案非常有想象力，也很有诗意，但是他的答案与标准答案不符，不管他的想象力何等丰富，我们也只能给他判错。

其实，社会上已经有许多有识之士开始着手保护孩子的想象力了，某市少儿活动中心就曾经创办了一个想象绘画班，然而最后的结果，却叫主办者哭笑不得。在想象绘画班开办了一段时间后，主办方为家长们开了一个绘画成果展，然而没想到的是，看着孩子们把马画成蓝色、绿色，家长们生气了，这是怎么教的？这不是误人子弟吗？尽管校方再三解释这是要给孩子一个想象的创作空间，可班上80%的家长还是让孩子退了学。

这不由得叫人想起一个故事：世界著名作家歌德小时候，他母亲常给他讲故事，但他母亲讲故事的方法比较独特，总是在讲到中途的时候停下来，留下一个让小歌德想象的余地，让他自己发挥想象，继续说下去，这就很好地激发和保护了孩子的想象力，使歌德后来成为了举世闻名的大作家。

  事实上，我们现在许多父母和老师在对孩子进行教育的时候，往往喜欢用讲故事的方法来引起孩子的兴趣，那么我们何不试着像歌德的母亲那样，把我们的故事，换一种方式来表达出来呢？让孩子用他那双想象的翅膀在想象的海洋里自由地飞翔，这样，也能提高孩子的智力。

第 2 章

培养孩子的学习习惯，提高孩子的学习能力

对于孩子来讲，学习是一种习惯，也是一种能力。培养孩子良好的学习习惯，提高孩子的学习能力，孩子才能取得好的学习成绩。孩子学习成绩好，就会喜欢学习，就会主动学习，从而爱上学习。

让聪明的孩子也勤奋

父母课堂

我们不能否认人的天赋的存在，有些人确实从小就表现出对某一种技能超强的领悟力。但是我们更应该明白后天的努力才是一个人能否成功的决定因素。"天才是百分之一的灵感加百分之九十九的汗水"，是对这个道理的很好诠释。

有些孩子沉醉于自己的天赋，并认为只要依靠天赋便能不费吹灰之力地领先于人。于是在对待学习，以及其他事情上的态度上便出现了偏差，具体表现为懈怠、自负、不踏实等。一个真正成功的人决不仅仅是通过天赋就轻易成就事业的，而往往是一步一个脚印地通过自己的智慧和双手争取到的。因此，一个人的态度正确与否决定着他与成功的方向是同向还是背离。

聪明的孩子有很多，不少孩子既聪明又勤奋，因此聪明与懈怠不是直接的因果关系。那么，是什么让某些有天赋的孩子过分放大了自己的资本？

1. 父母过分赏识孩子的"小聪明"

很多时候，大人之间聊起自己孩子的时候，常常会说："我那孩子真是太淘气了，聪明是聪明，就是不爱学习，真是拿他没有办法！"仅从言辞上来看似乎是对自己的孩子十分不满，但从语气、神态上来看无不透露着对孩子"聪明"的赏识。在这样的父母心目中，孩子的活泼机敏要比勤奋刻苦更可贵。

这样的父母经常会使用"我的宝贝真聪明"等诸如此类的话来对孩子表示赏识。长期下去，孩子不通过任何努力就能轻易地满足自己的虚荣心，自然会对那些踏实刻苦的孩子表现出轻视。自己当然更是每日以"聪明"自居，浮躁散漫了。

2. 孩子的目光不够远大

一个成功的人在起步之前往往先定下了一个成功的目标。这个目标虽不在于都多么高远，但它一定是在一定的高度之上，否则唾手可得的东西就不能称之为目标了。

那些态度不够端正的孩子往往很容易自我满足，老师、父母的一次表扬、某次考试的好成绩等都能很轻易使他们对自己有十足的认可，甚至懈怠。

一个有理想的孩子会把每一次的进步当成向着理想攀登的阶梯，他们在进步的过程中不断地反省自己、充实自己，以期不断地接近自己的梦想。即使在实现了最初的梦想之后，由于持久的惯性还会对自己提出更高的要求。因此，帮助孩子找寻属于他的梦想，让梦想来鞭策孩子，他才会时刻提高警惕，不断进步。

在一个学校或者班级，通常有两种学生是最受老师喜爱的：一种是非常聪明又非常努力，从来都不因为自己的聪明而骄傲自满的；另一种是不算聪明却非常努力，从来都不为自己的不聪明而自卑的。由此可见，努力的孩子到哪里都是受欢迎的。父母一定懂得去赏识孩子的努力，而不是一味地夸大孩子的小聪明，否则很容易助长孩子的浮躁情绪。

想纠正孩子自负的态度，还得先改变孩子的意识，设法让孩子明白勤奋的可贵之处。

1. 让孩子正确认识天赋

有这么一个故事。古时候，有个叫方仲永的人。五岁之前从未接触过笔墨，有一天突然哭闹着要这些东西。父亲对此感到惊异，从邻近人家借来给他，他当即写了四句诗，并且题上了自己的名字。父亲十分诧异，便把诗作拿给周围的文人秀才观看，都赞不绝口。有人指定事物叫他写诗，他能立刻完成，而且文采出众。渐渐地，乡邻们都请他的父亲去做客，有人用钱财和礼物求仲永写诗。他的父亲认为那样有利可图，每天牵着方仲永四处拜访同县的人，不让他学习。几年之后，仲永的才华全部消失殆尽，甚至连普通的诗也写不出来了。

相信，很多父母对这个《伤仲永》的故事都不陌生，它传达了一个道理：任何事物都是相对的，没有一定条件的维系，便会向着另一个方向转变。仲永本可以通过后天的继续学习成为一个有所作为的文人，但终因整日埋首于繁杂之事，成为了一个再普通不过的人。

父母不妨将这个故事讲给孩子，给孩子时间让他自己先领会。但对孩子进行引导，让孩子明白整日贪玩，不努力学习的话，聪明的天分也会离自己而去。

2. 让孩子正确认识勤奋

聪明是一种个人资源，从大人到孩子，人们都会为自己拥有这一资源而自信和自豪。所以，孩子都愿意别人夸他聪明，却不太愿意听别人说自己用功，好像"用功"就是"笨"的意思。于是他们在同伴面前常常装作不怎么努力的样子，但回到家里却拼命地学，从而保证好的成绩。这样一来，很多孩子都形成一种错觉，以为聪明就是一学就会，样样都会，不需要努力就能取得好成绩，所以争相效尤，导致很多孩子都不努力学习。

针对这一点父母应常对孩子的努力进行赞赏。当孩子觉得自己没有过多地用心便取得了好成绩的时候，父母应该在不伤害孩子自尊心的前提下委婉地告诉孩子，成功的喜悦程度应该是和他的努力程度成正比的。容易得到的东西往往也容易失去，鼓励孩子通过勤奋地努力更上一层楼。

最后，父母应该从孩子的兴趣出发，帮助孩子为自己定下一个目标。让孩子在不断进步的过程中体验到勤奋的价值。孩子会渐渐明白，努力的人永远都是受欢迎的。

培养孩子学习的主动性

父母课堂

现在很多孩子没有压力，他们不是主动学习，而是被父母们连拉带推地去学，于是常常处于被动学习的状态中。这样学习，不但不能出成绩，长此下去，还会给孩子们造成"厌学"的情绪。因此，父母要想办法让孩子产生学习的动力，让他们主动去学习。

孩子的各项能力是在学习中得到锻炼和提高的，学习也是通往成功的必经之路。因此，孩子的学习被父母看得格外重要，都希望自己的孩子学习好。当然了，想要学习好是需要条件的，最重要的一个条件就是让孩子养成主动学习的好习惯。

要想让孩子形成主动学习的良好习惯，父母就需要注意一些问题。有的父母总是害怕孩子会落后，因此，看到孩子动作慢了一点，就忍不住要催促；孩子在做作业的时候，忍不住要去指指点点；成绩差了几分，少不了要警告几句。在父母的意识里，认为督促孩子越多，孩子进步就会越快。其实这样的结果往往会事与愿违。

如果总是被父母督促着学习，孩子就会养成被动的习惯，久而久之就会失去学习的主动性。当然了，孩子还不成熟，没有自制力，所以需要父母适当的提醒和督促。但是，父母要知道，督促孩子是想让孩子自己主动去学习，而不是让孩子变得被动。因此，父母对孩子的督促只能是适当的，并且一定要讲究方法。比如，孩子在电视机面前已经坐了很长时间了，这个时候父母可以对孩子说："你的作业要什么时候做呢？"而不是说："不要再看电视了，做作业了！"父母这样做只是让孩子被动地从电机前站起来，而不是主动去学习。

父母在督促孩子学习的时候只要点到为止就行了，千万不要唠唠叨叨，更不要大事小事全干涉。要知道，在父母的唠叨和指责中，孩子是不可能有积极愉快的上进心的，也很难去主动积极地思考。父母的唠叨只会让家庭气氛紧张，让孩子紧张，根本就不能为孩子营造一个宽松而宁静的学习环境。因此，父母应该学会长话短说，更应该学会不该说的话不要说。

学习是一种独特的大脑活动，需要适宜的气氛。这种良好气氛是保证孩子形成主动学习状态的重要条件。对此，父母也需要注意一下，以下的几种气氛对孩子的学习是非常不利的。

1. 说教气氛

有些父母认为，要想让孩子好好学习就一定要经常跟孩子说很多道理，这样孩子才有可能静下心来学习。其实，实际情况并不是这样。想要让孩子学习好，为孩子营造一种适宜的学习气氛是非常重要的，如果让孩子成天都生活在说教的气氛当中，只会让孩子觉得乏味。所以，父母要保持正常的家庭气氛，让孩子感到平和、宁静、有安全感。

2. 严厉气氛

严厉的气氛不适宜大脑思考。学习是大脑的活动，大脑如果处于恐惧和惊惶之中，是不可能出现积极状态的。有的父母在孩子做作业时，守在一旁。孩子稍稍做错一点，就厉声训斥。这种紧张气氛会让孩子感到恐惧，大脑的思考就会被抑制、扰乱，这样会严重妨碍孩子的学习。

3. 支配气氛

父母用心创造一种气氛，就是想让孩子自己主动学习，而不是让孩子每天放学回到家就听从安排，什么时候做作业，什么时候玩，这样就会形成一种绝对支配和被支配的气氛，这对孩子学习是不利的。比如孩子放学回家会问父母："爸妈，我现在做什么？""爸妈，现在可以玩吗？"这时父母要指导孩子学会自己安排学习和玩耍的时间。父母可以说："你自己安排好吗？不会的爸妈帮你。"这样可以锻炼孩子的主动性，学着自己安排学习。

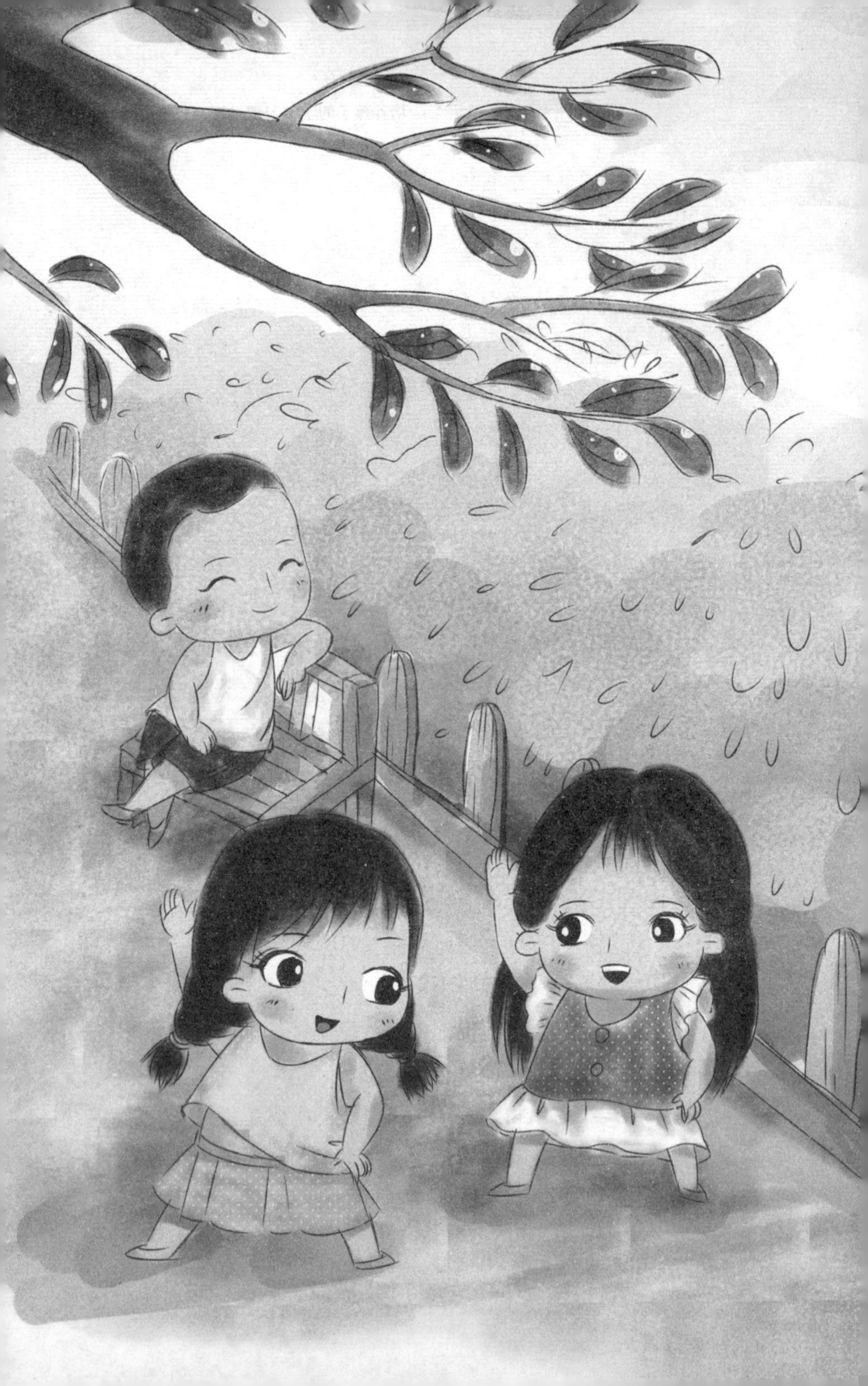

培养孩子独立思考的能力

许多父母都很重视对孩子的智力开发，然而，他们在想尽办法培养孩子智力的时候，却忽视了一种既经济又有效的开发智力的方法：让孩子独立思考。让孩子学会了独立思考，就可以丰富孩子的想象力，同时也可以发展孩子的智力。

书房里，父母在一边看书，儿子在另一边写作业。

"妈妈，这道题怎么做？"

听到儿子的发问，妈妈皱起了眉头，这已经不知道是第几次发问了，儿子一遇到问题就知道问她，一点都不知道自己思考。看着儿子拿来的题目，妈妈的眉头皱得更深了，这样的题目对于儿子来说根本不难，只要稍微思考一下，答案就会呼之欲出。

"你自己好好看一下题目，然后思考一下，就知道答案了。"妈妈不想直接告诉儿子答案，她想让儿子自己试着去思考。

没有得到答案的儿子回到桌子妈妈前，同样皱着眉头看着眼前的题目，他根本不知道从何处下手。

看着苦苦思索的儿子，妈妈觉得这么做也不是办法，于是，她放下手中的书，来到儿子的身边坐下。看到妈妈坐在自己的身边，儿子以为妈妈愿意告诉自己答案了，然而妈妈还是没有说出答案。只见妈妈拿过一支笔和一张纸，把题目中所列出的条件都写在了纸上。开始儿子并不明白妈妈在做什么，只好盯着那张纸。

慢慢的，儿子从纸上看出了答案。于是他按着自己的思路写出了答案。在这其中，妈妈一句话都没有说，只是用眼神鼓励孩子自己去寻找答案。

从此以后，当儿子再遇到难题的时候，不再在第一时间去问别人，而是试着自己思考，从中寻找答案。

培养孩子学习上的独立性，是一件很大的事情，这让许多父母感觉无从着手。其实，培养孩子学习上的独立性，首先要培养孩子独立思考的能力。

独立思考意味着在思考某一问题时要具有新颖性、独创性和积极主动性。在成年人中，独立思考是科技发明、文学艺术创作的源泉。从小培养孩子独立思考的能力，不仅为他们今后的成才打好基础，也有利于他们当前的学习。

要想让孩子具有独立的思考能力，首先应该让孩子在生活上不依赖父母。如果孩子在生活上依赖父母，那么他在思想上也不会独立。在美国，当孩子过了一岁之后就要独自睡觉。当孩子学会走路之后，父母就很少再抱他了。然而，我国的孩子就娇气多了。走在大街上经常可以看到一个四五岁的孩子还被父母抱着，有的孩子甚至到了上学的年龄还要让父母追着喂饭。试想一下，这样被父母呵护着长大的孩子，一点独立生活的能力都没有，还谈什么独立思考呢？因此，父母要让孩子学会独立生活，这是培养孩子独立思考能力的基础。

独立思考能力强的孩子，往往具有较强的好奇心，因此应努力开掘和保护孩子的好奇心。另外，为了培养孩子独立思考的能力，父母必须做到：当孩子问"为什么"时，要根据孩子的年龄特点和知识经验，深入浅出地给予解释，甚至有些问题可以暂时不要回答，而是提出建议，让孩子去观察和动手验证，这样收效会更大。

平时要多给孩子创造一些亲身体验的机会，如在节假日带孩子去旅游，让孩子观察各种自然现象，增长各方面的知识。在睡觉前，父母可以讲一些生动有趣的故事，或让他们看一些画册、儿童读物等，并从中提出问题，让孩子思考、解答。这样可使孩子的想象力更丰富，眼界更开阔。当孩子出于好奇而拆坏了玩具、钟表时，父母不应予以惩罚和打骂，而是应该引导孩子弄清楚这些器具的机械原理，想方设法创造条件满足孩子的好奇心。比如，父母可以为孩子买一些小工具、小零件，让孩子搞一些小发明、小制作。这样，孩子不仅学到了新知识，也学到了获得知识的方法。

想要培养孩子的独立思考能力，还要让孩子具有创造精神。所谓创造精神，就是指发明或是发现一种新的方法来解决问题。创造精神是人类对未知领域进行科学的探索中最宝贵的品质。父母可以为孩子订一些科普方面的报纸杂志，培养孩子对学习新知识、探索新问题的兴趣。父母还可以在平时训练孩子在思考问题时开阔思路、独辟新径。

另外，父母应当为孩子提供足够多的游戏材料，如小纸片、种子、泥土、小剪刀、积木、水、沙、颜料、空纸盒等，让他们开动脑筋动手去做，千万不要害怕孩子弄脏衣服而约束他们。在游戏之前，还可以给孩子介绍各种工具、材料的用法，并提醒孩子要注意安全。在孩子遇到困难时，要他们自己先解决，实在解决不了时，才给予一些帮助。这样可以让孩子在各种活动中，体验生活，学会思考，发展智力。

让孩子有点怀疑精神

> 如果孩子尚没有怀疑的精神，那就告诉孩子大胆地去怀疑；
> 当孩子提出怀疑时，要尊重孩子的怀疑精神，让孩子的这
> 种精神成为他进步的阶梯。

吃过晚饭，爸爸妈妈都在客厅看电视。不知道冬冬自己在玩什么，一点动静也没有。

"冬冬，快过来，有好看的动画片！"妈妈喊道。

"我不看了，我给花儿施肥呢！"冬冬说道。

爸爸妈妈听冬冬这么说都感到十分好奇，便过去想看个究竟。

"天啊！你这是干什么呢？"妈妈看到冬冬正把白花花的食盐一把一把地放到花盆中。

"今天老师说植物生长需要无机盐，我问贝贝什么是无机盐，她说就是家里吃的盐，我就想让花儿'吃'点盐……"冬冬看着妈妈生气的表情，声音越来越低……

古今中外有许多科学家都在怀疑中做出了重大的贡献。当牛顿还是一个少年的时候，看到苹果从树上掉下来，没有像其他人一样当成见怪不怪的现象，而是提出一个疑问"苹果为什么不是冲到空中，而是落到地上呢？"就是这样一个在当时人看来荒诞不经的问题，使得牛顿最终发现了"万有引力定律"，成为人类

历史上最伟大的科学家之一。这样的例子还有很多，而且不仅仅只体现在科学领域。

怀疑是一种精神，一种态度。只有怀疑才能判断和论定；也唯有怀疑才能思考和学习；也唯有怀疑，才有可能发现事物现象背后的本质。也只有在此之后，才会踏上解决问题的征程。如果没有怀疑，那么只能被动地接受，接受的东西如果不是自己完全了解了的，就很可能导致一种接受的盲目，也就有可能无意或无形中接受了一种谬误。自立的人如果缺少了怀疑精神，难免成为一个只有自立意志，但事实上却在被动地跟随别人脚步的人。因此，要自立，首先让自己学会怀疑。

为什么有的孩子不敢怀疑、不会怀疑呢？

1. "前辈"的权威使孩子"甘于"顺从

有很多父母对孩子的要求过分苛刻，孩子一旦提出相悖的意见就会付出一定的"代价"，时间长了，孩子怀疑的棱角自然会逐渐被磨平。

2. 教学模式存在弊端

在传统的"喂养"教学中，老师将解题的思路传达出来并要求学生严格按此思考，做试验也是按照提前已经安排好的设计进行。这样一来，孩子便产生了懒于提出新问题、新设想的依赖心理。孩子的怀疑精神因为找不到适宜萌发的土壤而渐渐消磨，好问的天性也因为经常处于被压抑的状态而渐渐枯萎。

3. 孩子对自己的怀疑缺乏足够的自信

　　怀疑精神产生的初衷来自于对常规的否定，而所谓常规又是为人们所普遍认可的。因此，孩子如果缺乏足够的自信会顾及到提出怀疑后的种种后果，如担心别人会向自己投来异样的目光或遭到同学的嘲笑，等等。当孩子沉湎于自我否定之时，难免对自己的认知、记忆、思维及言语、操作等活动抱着消极心理，最初的怀疑精神也慢慢消失殆尽了。

　　今后的社会，工作的内容不是一味地服从，工作能力的体现还是需要怀疑精神来打头，以自己的方式创造性地解决问题。如果解决任何问题的步骤都需要别人详细交代的话，显然有违自立的要求。

　　人类现在所掌握的知识并不都是正确的，或者说并不永远都是正确。即使真理的成立也需要一定的前提条件，随着条件的改变和人类认识能力的不断加强，真理也可能会变成谬误。可以说，时间是最好的冲刷剂，它可以筛选掉那些经不起时间考验的知识，从而使正确的知识传承下去，造福人类。如此，人类才不断地进步，文明也才不停地升级。而在这样一个不断前进的过程中，人的怀疑精神无疑是最为关键的因素之一。没有对旧事物怀疑，也就没有新事物的诞生。而孩子的成长，也需要怀疑精神。

　　父母应如何培养孩子的怀疑精神呢？

1. 转变观念，激励孩子敢于怀疑

　　有些孩子担心自己的怀疑会为自己招致不好的后果，于是不敢怀疑。父母在平常的生活中对孩子离奇的提问要重视起来，另外老师也应该为学生营造一个自由、民主的学习氛围，让孩子知道无论自己的想法如何都会受到尊重。

一个心理专家对某个班的学生进行了一次找错误的英语测验。专家让老师发给学生们每人三份试卷，然后告诉学生标号"一"的试卷上有五处错误，标号"二"的试卷上有十处错误，标号"三"的试卷上有十五处错误。老师同时提醒学生要仔细地找错误。但实际上三份试卷都只有五处错误，老师的后两个指示本身就是错误的。测验的结果是班上的学生由于过于"认真"，甚至把对的单词都改错了。这个故事向我们传达了一个道理：真理面前没有所谓的权威，人人都是平等的。

父母和老师都应该让孩子明白他们拥有怀疑的权利，并且他们的怀疑会得到尊重。只要这样，孩子才能够将精力集中于自己所怀疑的问题上，而不是顾虑如何提出自己的疑问。

2. 让孩子重视实践

俗话说：实践出真知。当孩子有所怀疑的时候，父母应鼓励孩子通过实践来检验自己的怀疑。让孩子的思维不仅仅停留在事物的表象，而是通过试验等方式进一步地接近本质。怀疑精神是一个良好的起点，在"提出问题——研究问题——发现新问题——继续研究……解决问题"这样一个螺旋前进的过程中，孩子的探索能力、思维方式都会增强，其怀疑的态度也会更加严谨认真。

最后要提醒父母，当孩子因为最后的怀疑没有被证实时，要注意及时化解孩子的消极情绪。可以向孩子讲一个科学家的故事，他们的成功都是在经历了无数次的失败之后才换来的。告诉他怀疑的过程本身就是一个进步的过程，只有这样孩子怀疑的兴致才不致陷入低谷，甚至再也无法提起来。

怀疑是孩子正确认识世界的通道，怀疑同时也孕育着信心和个性的独立。因此，保护孩子的怀疑精神，是每一位渴望孩子走向自立的父母都应该做到的。

提高孩子的反应能力

父母课堂

对于孩子反应慢的问题，父母一定要综合考虑各方面的因素，包括周围环境的影响、营养等。父母要尽量创造机会让孩子到外面多走走多看看，扩大他们的视野，让他独立地去完成一些事；另外，父母应让孩子多提出问题来促使思维的发展，从而让头脑灵活起来。

青青放学回家之后，脸色十分不好。

"青青，你怎么看起来有些不高兴呀？发生什么事了？"爸爸问道。

"爸爸，今天老师让我们做游戏了，可是我总是出错……"青青说着说着就没声了。

"老师让你们做什么游戏了？"爸爸问道。

"就是根据老师的指令做动作，要求做的动作跟老师的指令相反。就是老师让举左手，我们就要举右手……可是我总是做不对。"青青说。

"没关系，我想肯定是青青太紧张了，下次放松着玩肯定能做对。"爸爸鼓励青青道。

"才不是呢，我还没有反应过来，别人的动作都已经做完了，我跟不上……"青青越说觉得越难过，眼看眼泪就要掉出来了。

我们知道，生活的节奏越来越快，想要让孩子更好地适应这种快节奏的生活方式，灵动迅捷的应变能力是十分必要的。一分钟的时间不长，但有的人正是因为比别人领先了一分钟而站在了别人向往的高度之上。因此，时间在未来的社会中将成为宝贵的资本，但这种资本并不专属于谁，需要每个有时间观念的人主动去争取。要想在这样一场时间战中胜出，迅速的反应能力是必不可少的。

父母都希望自己的孩子拥有敏捷的思维，能迅速地对外界的指令或其他刺激做出反应。但有孩子似乎是天生的"慢性子"，做事总是比别人慢半拍，但孩子并不刻意地磨蹭。那么，究竟是什么原因导致孩子比被人慢半拍呢？

1. 思维分析能力弱

从生物知识我们可以知道，人的肢体行为是受特定的大脑神经所支配的。只有神经中枢在接收并对信息做出判断以后才能发出指令。做出判断的过程实际上也就是一个分析的过程，有的孩子大脑发育比同龄孩子稍微慢一些，由于延长了这个分析的过程，导致了反应的迟缓。

关于这一点，父母无须过分担忧，但要注意多让孩子参加拓展思维的活动，就像刀刃是磨出来的一样，通过训练同样能让孩子的反应快起来。

2. 对需要做出反应的信息不感兴趣

我们常见这样的景象：一个孩子还没有完全醒过来，如果父母说"起床吧，快迟到了"，孩子没什么反应；如果父母说"起床吧，快起来吃你最喜欢的蓝莓蛋糕"，孩子可能会马上就睁开眼睛。很明显，受孩子喜好的支配，大脑也总是乐意按照主人的意愿选择性地接收信息。

不感兴趣是造成孩子反应慢的一个原因，但同时也为父母提供一种锻炼孩子反应能力的思路，即先从孩子感兴趣的事情入手，让孩子以不同方式对自己感兴趣的事情作出反应。

3. 睡眠不足

工作的父母都知道睡眠不足的时候很难集中精力，处理问题比平时也会慢很多。儿童的大脑还正处在发育的关键时期，充足的睡眠是孩子各方面能力健康发展的保证，也包括孩子的反应能力。

培养孩子的反应能力，就可能令孩子在时间上比别人快一小步，而往往一小步中隐含的机遇所能提供的空间则是无限大的。好的机会往往是难得的，而抓住了好的机遇就是为自己的自立能力建造了一个平台，否则没有机会，便只能永远在成功门外徘徊。因此，如果父母发现自己的孩子总是比别人慢一步，一定及时地找出原因并通过恰当的方法培养孩子的反应能力。

反应能力可以通过训练逐步变得敏捷。那么，父母在培养孩子反应能力的过程中应注意什么呢？

1. 变"理论灌输"为"游戏影响"

要提高孩子的反应能力，关键还是培养孩子思维的敏捷度。思维的锻炼靠理论的灌输是无法实现的，如某些父母单纯告诉孩子如何做就能把速度提上来，这样显然是行不通的。因为孩子很多时候并不是因为不知道如何去做而反应慢，而是思维的缓冲时间过长。因此可以通过做游戏的方式让孩子在轻松愉悦中得到锻炼。

比如，爸爸妈妈可以和孩子一起玩"老鹰抓小鸡"的游戏。首先让孩子站在妈妈身后抓住妈妈的衣服，爸爸在前面，装着像一只老鹰似的要抓站在妈妈身后的孩子。孩子不停地躲，妈妈张开双臂设法"保护"孩子。玩一会儿后，可以让孩子当老鹰，爸爸当"小鸡"，换个角色继续玩。这样孩子为了不被"老鹰"抓到或者抓到"小鸡"就需要随着对方位置的移动迅速地改变自己的移动方向，这不失为一个锻炼反应能力的好游戏。

2. 从兴趣入手

我们知道孩子对自己感兴趣的事总是十分上心，比如有的孩子喜欢玩儿玩具坦克，一听到和"坦克"相关的信息就会马上做出反应。针对这一点，父母可和孩子一起玩他感兴趣的东西，随着孩子的反应速度，再逐渐扩大"成果"，让孩子在各个方面都快起来。

3. 多鼓励孩子，对孩子的训练不要太过刻意

当孩子反应快的时候，及时表扬孩子"机灵""反应快"。不要当着孩子的面说"真是天生的慢性子""你就不能快点吗"等。经常这样，孩子往往就会错误地评价自己，认为自己真的是天生就慢，从而失去锻炼的兴致和信心。另外，父母也不要为了测试孩子，不断地对孩子发号施令，这样会使孩子产生一种紧张，甚至恐惧的情绪，影响反应速度。

让孩子正确面对老师的"不重视"

父母课堂

一般来说，那些被老师忽略的孩子，往往比较容易自卑，产生许多的负面情绪，学业进步得也会比较慢。在这种情况下，父母应该教孩子用积极的心态去评价老师对自己的态度。只有这样，才能让孩子去尊重老师，也会学到更多的东西。

文燕是一个很不善于表现自己，学习成绩也不怎么优秀的孩子。由于个子高，她被老师安排坐在教室的最后一排，离讲台很远。这样一来，她跟老师的交流也就更少了。

这一天，脾气一向很好的文燕却特别生气。晚上吃饭的时候，她从头至尾都板着一张脸。父母问了好几次，她也不肯说原因。到了晚上快睡觉的时候，她才憋不住了，主动跟父母把事情说了。

原来，今天中午，她在家附近遇到了自己的新数学老师，那是一个戴眼镜的年轻女孩。礼貌的她上前主动给老师打了招呼，说："严老师好啊！"令她感到意外的是，老师好像不认识她似的。

听了孩子的描述，父母大概明白了是怎么回事。她很有耐心地跟孩子说："文燕，严老师是第一次当老师，教你们也没多长时间，班上同学还那么多，有些同学记不住也是理所当然的。你不要因此而感到挫败，以后上课的时候，多回答老师的提问，下课的时候，跟同学们多一点接触。这样一来，大家都欢迎呢，就不会有老师记不住你了。"听了父母的话，一向懂得自我反省的文燕心里也平静了许多。

第二个学期，个子高挑的文燕毛遂自荐当了班上的文娱委员，受到老师和同学的一致肯定，和同学的关系也更融洽了。她非常感谢父母的教导，才让没有让自己对老师产生负面情绪，而是学会如何去完善自己。

那么，该如让孩子正确地去面对老师的"不重视"呢？

1. 让孩子明白老师的难处

现在的孩子大多是独生子女，在家里备受瞩目，深受宠爱。可是，到了学校却不一样了。有些自卑的孩子认为：老师不重视自己就是因为老师不喜欢自己，那些被老师"重视"的都是被老师"宠爱"的。在这种错误的认识下，孩子更加不愿意与老师沟通，进步得也就慢了。其实，在学校里，一个老师可能要教好几个班，而每个班都可能有几十号人，老师很难"兼顾"所有学生。自然就只能抓"重点"，花多一点心思为大家培养出"榜样"，以达到引导大家的效果。

父母要把老师的难处跟孩子说明白，让孩子能够站在老师的角度考虑一下。父母可以试着跟孩子说："如果你是老师，要教这么多的学生，还要关心他们每一个人，会不会觉得累？""如果你是老师，学生已经很听话了，你还会不会天天老把他叫到办公室去说道理呀？"等等。这样一来，孩子就很容易接受了。

2. 多肯定孩子的优点

很多表现一般的孩子往往学习方面表现得也比较平稳。虽然他们取得的成绩很少能给父母带来惊喜，却也绝不会让父母过分操心。其实，这就是值得肯定的。

踏实的孩子会一点点的进步，往往在不经意中就走到了别人的前面。如果父母总是告诉孩子说"谁"考了多高的分，"谁"多么的出色，让其父母多有面子。这就很容易让孩子变得急躁起来。任何一个孩子身上都会有他的闪光点，孩子身上的任何一个优点都是值得父母肯定的。被老师忽略并不是孩子的错，让孩子在被忽略的同时"韬光养晦"，恐怕可以给孩子带来意外的收获。

3. 让孩子勇敢地表现自己

很多孩子之所以会被老师忽略，其中最主要的一个原因就是，孩子太不善于表现自己。常常把自己埋没在人群里，甚至生怕别人注意到自己。这样一来，无法得到别人的正确评价，孩子也就真的变得平凡起来了。

是骏马就要跑起来，有能力就要发挥出来。"酒香也怕巷子深"，一个人如果不善于表现，即使有非凡的才能也会被埋没的。遇不到伯乐，父母就要让孩子做自己的伯乐。让孩子在表现自己的同时发掘自身的优点。

当孩子跟父母说"这一点有人比我做得更好，我怎么还好意思去表现"时，可以告诉孩子：善于表现的孩子也许并不够优秀，但是因为他们有胆量、有自信去表现，这就足以吸引大家的注意力，得到大家的认可了。因为，需要表现的不一定是要凌驾于别人之上的"非凡本领"，而是"非凡的自信"。

孩子讨厌学习怎么办

父母课堂

对不愿学习、讨厌学习的孩子，即使很严厉地批评，大动肝火，也提不起他的学习兴趣。让孩子学习，不要只是简单地说"去学习"，而应教会他如何去学习。要让孩子从苦学、厌学变为喜学、乐学，需要父母循循善诱，耐心指点。

讨厌学习就是我们常说的"厌学"，对孩子来说厌学主要表现为：或把学习看成负担，被动地应付学习；或责任心不强、马虎草率；或行为散漫，经常旷课、迟到，甚至逃学。

一些孩子有时会突然对学习失去兴趣，成绩也会急剧下降。这个时候，老师和父母的哪怕是轻微的怨言，都会挫伤孩子的学习积极性。

当孩子知道一次或两次考试失败就会失去父母和老师的信任时，不只对学习，甚至学习以外的其他事情也会变得很糟糕。这种现象已屡见不鲜。这时候无论如何批评都无济于事。父母需要做的是信任自己的孩子，暂时帮助他们忘掉学习的烦恼，对孩子所做的一切要大加赞扬："爸妈相信你，你只要努力，下次肯定会把成绩提上去的。"

一些平时学习用功、成绩也相当不错的孩子，也不能保证每次考试都能得高分。即使是平常学得很好的功课，如果正好碰上自己感到棘手的问题，也可能会考得一塌糊涂。这时如果父母和老师只关心考试成绩而对孩子大加训斥，那么孩子就会变得垂头丧气，转而对学习失去信心。

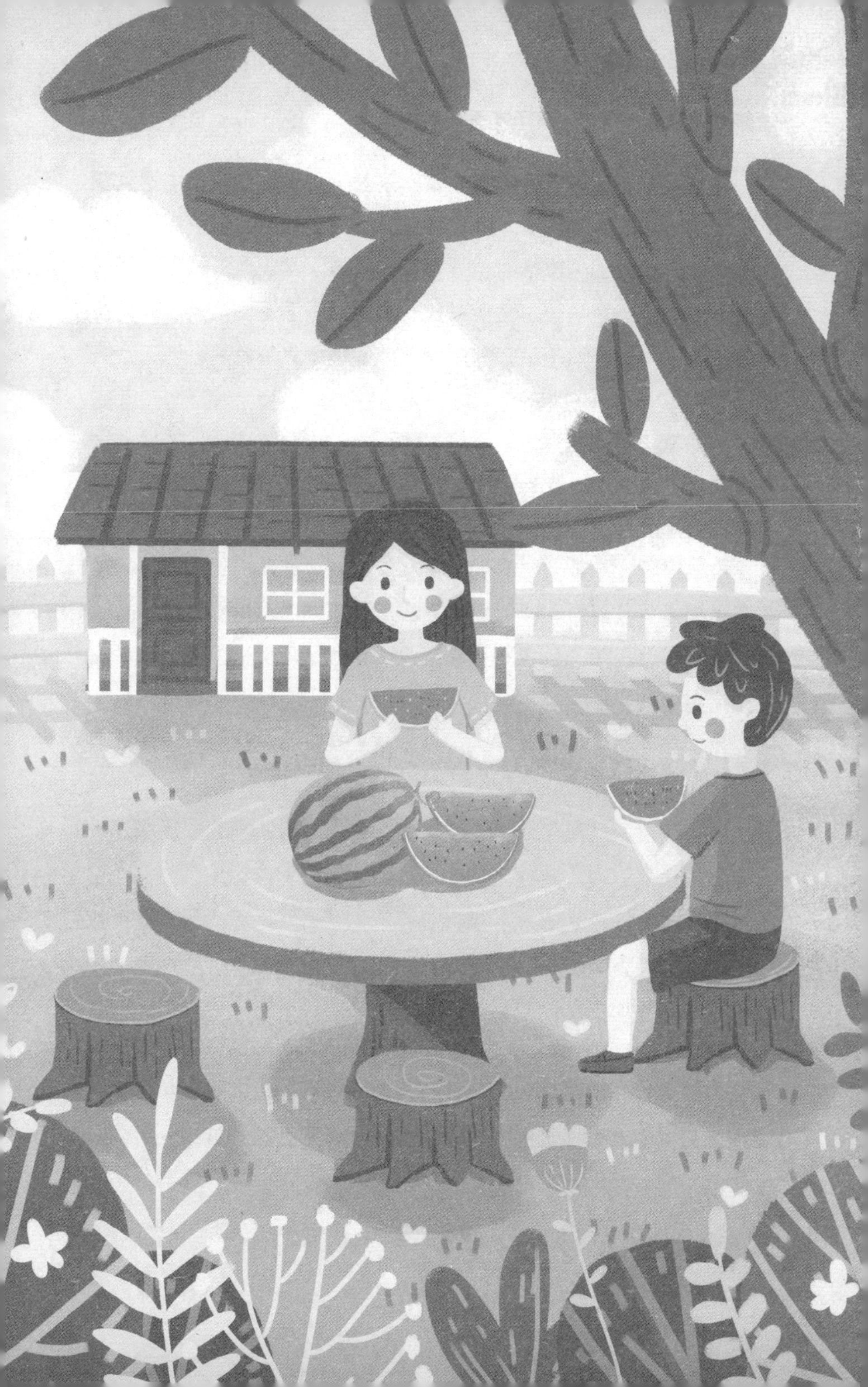

当孩子把考得不好的成绩拿回家时，父母往往会不由得大发脾气，指责孩子："怎么才考这么点分？"这样做会刺伤孩子的心，以致他们在做别的事情时也显得不知所措。其实，考得不好受打击最大的应该是孩子，他会对自己的能力不够感到内疚。如果父母这时再火上浇油的话，只能使孩子的情绪更加低落，对自己完全失去信心。

即使孩子的学习成绩不好，也不要过于刺激孩子，要给其留有余地。比如说"父母也有过成绩不好的时候，有不好的地方也有好的地方"。不是以"且喜且忧"，而是以"有苦就有乐"的态度来对待孩子的成绩。如果这样能缓解成绩所造成的压力，孩子也就能自己消除心理负担和自卑感了。

对于讨厌学习的孩子来说，成绩单似乎是苦恼的最大根源。因为讨厌就不学习，不学习成绩就不好，因为成绩不好就惹母亲生气，因为母亲生气孩子的成绩就越来越不好。这可以说是最典型的"恶性循环"。

在孩子决定是学还是不学之前，大人对成绩单的评价对孩子是一种压力。为了消除这种压力，即使孩子把成绩单拿回家，如果他自己不主动让看，父母就不要硬去看。如果大人能这样做，孩子一定会主动地把成绩单拿出来给父母看的。

表扬、斥责往往是在与什么对象相对比之后才进行的。一般地，被认为不能成为"表扬"依据的"坏的分数"是什么呢？当然，这也是与什么进行比较之后才认为是"坏的"。这恐怕是与班里的平均成绩或本人平时的成绩相比较，而得出的结论。

然而，这种"坏的分数"绝不能说就不能再成为"表扬的对象"。

上次如果取得了相当好的成绩，这次很可能下降了。总而言之，得了满分之后，下一次不可能再取得前一次那样的成绩。所以，不管取得多么"不好的分数"，如果这个孩子的成绩急剧下降，在设法对其进行鼓励的时候，也可以选择比这个分数更低的分数作为比较对象，鼓励孩子说："你总是说不好、不好，可是与去年这个时候相比，不知好了多少。"孩子考得不好，受到挫折时，与其进行不高明的宽慰和鼓励，莫如对孩子谈及与其状况"相同者"，这样更容易被孩子所接受。

即使孩子成绩不好也要说"下次努力"，使其把目光转向下一次机会，这是孩子的特权。可是，总是因为成绩不好不断受到责备而厌学的孩子，就只看到眼前的事。每当考试结束后回家的时候，孩子便又提心吊胆，担心这次又将受到训斥。

为了使孩子对学习产生兴趣，父母有必要消除孩子从考场回来时的心理压力，让其把目光转向今后。当选手在比赛中出现失误时，有的教练即使想发火也绝对不发火，极力忍耐着，而是对选手说"下一次努力就行了"。

如果孩子情绪低落，就对其说"这是下一次飞跃的充电期"。曾经讨厌学习的孩子一心想东山再起，如果硬拼一阵子，成绩也会迅速提高。然而，一旦到了某种程度，就会令人难以置信地突然停止了上升，完全陷入停滞状态。认识片面的孩子可能容易认为"不论如何努力，自己也就是这种程度"，由于这种停滞，孩子又会再次回到讨厌学习的状态，这种情况并不少见。在心理学上称这种停滞状态为"起跳台"。把这作为下一个飞跃的开端，倒可以对此予以充分肯定，即是进一步前进的一个必然阶段。如果换成孩子容易理解的话说，也可以将此解释为一种"充电期"。所以，当孩子学习成绩停滞不前时，父母就对孩子说"因为这是走向下一次飞跃的充电期，这是必然的过程"让其放心。同时，对认定"只有自己不行"的孩子，父母可以说"就是我也曾有过无论如何学习成绩也上不去的时期"。这时，父母应想办法使孩子的目光转向他的长处，增强他的自信。只要有了自信，那么学习的兴趣也会很快树立起来。总之，最为重要的是，无论什么时候父母都要相信孩子的能力。

孩子的才能是无穷尽的，自己也能把握住重新开始的时机。在此之前，父母不要着急，也不要怪罪孩子，只要父母能对他好好呵护，再进一步引导鼓励，那么孩子讨厌学习的情绪一定会立刻消失得无影无踪。

1. 要使孩子看到学习的进步

孩子很在意别人对自己的评价，他是按照别人的评价去认识自己的。如果别人说他笨，他就会认为自己笨。一个总是失败的孩子体验不到成功的快乐，也就不去努力了。有一对中年夫妇不管工作和家务多忙，每周都要对孩子的作业仔细检查两遍，把孩子的学习情况做出简要记录，并把孩子做过的作业本收藏起来，过一段时间就拿出来让孩子比较一下，经常告诉孩子学习上有哪些进步，还有哪些不足。这样，孩子对自己的学习情况心里有数，信心足，动力强。当孩子在学习时自然地产生一种喜悦的心情，得到莫大乐趣时，学习也自然变得容易而有趣了。

2. 鼓励孩子自我激励

如果孩子能够经常自我激励、自我鞭策，他便有可能避免学业上的失败。首先要帮助孩子树立自我激励的目标。其次要让孩子学会自我暗示，经常对自己说一句激励的话，如"我一定能成功"。再次是让孩子在行动中摆脱消极情绪。如果孩子因为怕学习失败而产生恐惧，重要的是告诉孩子采取什么样的行动来消除这种情绪。

3. 帮助孩子克服学习中的具体困难

一般来说，孩子逃学、厌学都有一些具体的原因，如有的孩子是因为学习基础太差，怎样用功学习也赶不上去，干脆不想学了。对于这类学习基础差的孩子，要在校内和家里抓紧"补课"，尽快使孩子补齐漏洞。有的孩子受到某一位老师的训斥，对这位老师有抵触情绪，因而殃及对这位老师所任课程的态度。这类孩子，可以通过谈心的方式，与他进行沟通来解决问题。

4. 指导孩子学习方法

在辅导孩子时，不要代替孩子学习，让孩子养成依赖心理和遇事退缩的习惯。要教给孩子获得知识的方法，如教孩子如何去查工具书，如何获得自己想要的资料等。如果孩子在学习过程中不会选择重要的内容，父母可以有意识地每周给孩子两篇长文章，让他把长文章缩写成短文章，缩写的过程既体现了孩子对知识的理解，又能体现孩子的创造性。

5. 及时发现并鼓励孩子

学习有时候是一个艰苦的过程，很多时候乐趣在于最终的结果而不是在过程。所以要培养孩子持之以恒的毅力，让他们奋力坚持到最后。所以，孩子哪怕只是取得了极其微小的进步，父母也要善于发现，及时鼓励。这样孩子学起来才会更有信心。

对孩子的期望值不要过高

父母课堂

> 父母都希望自己的孩子有所作为，都对孩子抱着无限的期望。可是，凡事都有个度，教育孩子不能"揠苗助长"。

苗苗是个仅有 5 岁的孩子，妈妈给她报了一个钢琴班，让她天天练习钢琴。妈妈规定苗苗每一年的等级考试必须考过一级。因为这样的话，苗苗在 13 岁的时候，就能达到钢琴八级的水平了。妈妈的这个高要求让苗苗苦不堪言，她真希望世上没有钢琴的存在。

天下的父母都有望子成龙、望女成凤的心态，这是人之常情，尤其看到别人的孩子某方面表现得特别好，就巴望自己的孩子也能那样。但很多父母在对自己的孩子抱有同样期望的同时，却忘了评估这一目标适不适合自己的孩子。

有的孩子无法达到父母预想的目标，父母就对孩子施加压力。其实学习任何东西都急不得、逼不得，尤其是第一次接触的新事物，应该让孩子在自然的情况下愉快地学习才能收到比较理想的效果。要将期望转变为现实，得让孩子把父母的期望转化为自身发展的内在动力。太高的、不合理的期望只会给孩子压力，使孩子产生对不起父母的负罪感。其实只要孩子今天比昨天有进步就可以了。要知道，孩子打好基础，并真正理解其中的道理远比最后的分数重要。

父母应保证和孩子有共同的期望区间。这就要求，父母对孩子的期望应与孩子的客观能力和主观意愿相一致，寻求得到孩子的认可，这样才能产生一个父母与子女都乐于接受的共同的期望区间。只有孩子从内心认同并乐于接受父母的期望，他才能从内心深处鞭策与激励自己，做到自主学习。

所以，父母在望子成龙的同时必须理性，尊重孩子的客观发展情况。不可过高过严，不要让孩子"一口就吃成大胖子"。只有这样，父母的期望才会成为促进孩子学习进步的有效手段。

比如，孩子上学期数学只考了 50 分，那么对他这个学期的要求就不能是一定要考 90 分以上，而应当要求他消除不及格的现象。对于那些毛病较多的孩子，不要一下子就要求他改掉所有的毛病，而应该慢慢地来，要循序渐进地来。因为你一下子要求太多，孩子达不到，反而会起到负面作用。如果孩子"蹦一蹦"就能摘到"果实"，他便可以不时地享受收获"果实"的喜悦，他便可以增强下一次再"蹦一蹦"的信心。

父母在教育孩子时要善于进行反思，尤其要注意自己的言行对孩子的影响，以免自身的一些不良言行对孩子的成长造成负面影响。

为了避免上面几种情况发生，父母首先要了解孩子的实际水平，根据孩子的实际水平给他提出要求。决不能模仿别人，别人怎样你就怎样。其次要多鼓励孩子，只要孩子能在原有的水平上有所进步，就应该得到表扬，要不断地增强孩子的自信心和克服困难的勇气。

　　父母在为孩子制定期望水平前，应该全方位了解孩子的学习情况、学习状态与心理现状，对其实际能力与发展潜力进行判断，并据此提出相应的期望。

第 3 章

纠正偏科现象，提高孩子各科目的成绩

偏科是孩子在学习中常见的一种现象，很多孩子可能语文学得好，数学学得不好；也可能数学学得好，语文学得不好。作为父母，应正确地看待孩子的偏科现象，采取积极引导的方式予以纠正，提高孩子各科目的成绩，使孩子得到全方位发展。

正确看待孩子的分数

父母课堂

父母重视孩子的考试分数是可以理解的，因为分数毕竟是学习状况的一种重要反映。孩子分数高，固然是好事，但千万不要一味去追求孩子的高分，让分数绊住了孩子的手脚。

孩子交来成绩单时，将会遇到父母的何种待遇呢？著名教育家陶行知说："小心你的教鞭下有瓦特，你的冷眼里有牛顿，你的讥笑里有爱迪生。"

父母关心孩子的学习分数是无可厚非的，但并非每一位父母都能使自己的关心变为孩子学习的动力。很多父母对学习分数的态度以及由此引起的某些行为，确有不科学的现象存在。这些现象的存在直接影响了孩子的学习。

有些父母片面夸大分数的功能，以分数高低为判断学习优劣的唯一标准。分数从形式上看简单直观，一目了然。片面夸大分数功能的另一典型现象为：有部分父母将孩子的考试分数作为在单位同事、亲戚朋友面前"露脸""争面子"的重要内容。若孩子得了高分，就感到光彩，有面子，很自豪。若分数不如人，则觉得脸上无光，认为自己的孩子没有教育好，出门矮人半截。以上这些行为，均不考虑分数的多重功能，迫使孩子以获取高分为学习的唯一目的，忽视思想品质、性格修养、身体素质等诸方面的全面发展，忽视孩子的个性差异和能力差异的客观存在，无疑会形成对孩子学习的负面压力，导致有的孩子在获取高分无望的情况下，采取作弊涂改分数等不正当行为欺骗父母。这样不但不能促进学习，反而影响孩子思想品质的健康发展。

分数只是在一定程度上反映了孩子掌握知识的状况，而不能完全反映孩子的智力水平，更不能以分数高低来衡量孩子的优劣。孩子的年级越低，学习内容相对较简单，考试分数也较高一些；随着年级升高，学习科目增多，内容加深，考高分就不容易了，而且分数还与题目难易程度、覆盖面大小，孩子的身体、心理状况等多种因素有关。因此，父母不能只看分数多少，硬性规定指标，不然会打击孩子的学习积极性，使孩子产生厌学、畏惧心理，还会造成孩子撒谎、考试作弊等不良行为。

那么，父母应如何对待分数，以充分发挥分数的功能，使分数成为促进孩子学习的催化剂呢？

1. 因人而异

每个孩子都有自己的个性和爱好，能力、性格的差异，决定他学习的方式、方法、能力也不尽相同。作为父母，不应只希望孩子考试分数名列前茅。正像美国哈佛大学教授霍华德·加德纳所说的那样："通向成功的道路有许多条，在不同领域不同行业，人们取得成功所需要的才能和智慧是不一样的。"作为父母，应该发现孩子并发展他们的天赋、特长，不能一再地要求他考试拿第一，这样就埋没了他的天赋。

2. 了解测试目的

测试目的不同，反映出来的问题就不同。就学科测试而言，有进度测试、摸底测试、总结性测试和诊断性测试等。也有偏重知识水平的测试与偏重于能力发展的测试等。只有弄清测试目的，才能看出测试反映的问题。比如，有的孩子在偏重于知识识记的测试中分数高，而在偏重于知识运用的考试中分数可能不高。父母就不能简单地以两次分数高低来判断孩子学习退步或进步，忽略孩子能力发展方面的问题。再比如，学期中的进度测试题的难度往往要小于诊断性测试和期末总结性测试。因此，期中考试的高分并不一定就预示期末考试也会"丰收"。

3. 发现孩子的进步

善于从分数的分析中发现孩子的进步，并及时给予恰当的表扬，以充分发挥分数的激励功能。当孩子学习成绩进步时，父母的肯定与表扬能使孩子体会成功的喜悦，产生强烈的学习动机。当孩子学习成绩退步时，更需要父母的鼓励与帮助。从孩子的诸多不足中发现孩子的"闪光点"，最能体现父母的教育水平。比如：若总分下降，单科分有无上升的？从知识结构看，有无掌握较好，丢分不多的部分？即使孩子某次考试一团糟，帮助他的最好办法仍然是以发展的眼光看他，鼓励他克服困难，相信他通过自己的努力，一定能迎头赶上，考出好的分数。那种否定孩子的可塑性，一棍子打死的做法，只会扑灭孩子的希望之火，使其自暴自弃。

4. 多鼓励孩子

孩子考试不拿第一，父母往往很焦急，常说些令孩子反感的话："你真笨""从来没拿过第一，真没用""你看，人家孩子多好"。如果孩子稍作解释，父母会理直气壮地说："你吃我的、用我的还敢顶撞我！"这些话会严重打击孩子的自信心，使孩子失去上进的动力，也失去了对父母的信赖和尊重。作为父母，应该明白，分数的高低、多少只是衡量孩子所学知识的多少，孩子能力的高低不能用书本知识、考试能力的水准作为来判断。应帮孩子正确分析原因，正确地看待分数，相信孩子经过努力会有所收获的。

父母科学地分析分数，并能对孩子学习分数的高低采取明智的态度，对孩子的学习会有很大的帮助。明智的父母在孩子考试成功时提醒他不要骄傲，不要轻浮，要脚踏实地，一步一个脚印去迎接更艰巨的挑战；而在孩子考试失利时，首先要对孩子予以他最渴望得到的安慰和鼓励，然后帮助他分析失利的原因，树立不怕困难、迎头赶上的勇气。这样，孩子才可能以更优异的成绩来回报关心爱护他的父母。

怎样提高孩子的语文成绩

父母课堂

语文是一门非常重要的学科，它能够使孩子终身受益。一个人常识的多少，从他的举止谈吐中就能看出来。所以，父母应该让孩子在生活中仔细观察，大量阅读古今中外的经典文章，以培养和提高孩子的语言及逻辑思维能力。

现代社会，年轻的父母都应该知道语文这门学科对于孩子的重要性，也知道语言、口才对于人才的重要性。如何对孩子进行成功的语言教育，怎样让孩子对语文产生兴趣，是摆在父母面前的一个非常棘手的问题。

教育专家吴华英曾说，每一位父母都希望自己的孩子聪明伶俐，因而对孩子的语文学习格外重视。然而，孩子的语言学习最初体现在了他的语言发展上。一般而言，孩子的语言像其父母，但语言环境对儿童语言的发展也起着极为重要的作用。她说，懂得教育方法的父母或老师总是会为孩子创设一种宽松愉悦的精神环境，使孩子生活在浓浓的爱的氛围中，这样孩子才会对语文产生兴趣，乐于与你交往，并接受你的语言训练。

要想让孩子学好语言，首先应对孩子进行听说话的训练。儿童学说话是从听说话开始的，对于孩子来说，要随时提供听说话的环境，最简单的方法是随时说你正在做的事，比如，你在洗衣服，可对孩子说："妈妈给爸爸洗衣服。"你在看书，可以说："爸爸妈妈在看书，宝宝长大了也要看书。"还可以说孩子正在做的事，如孩子在吃苹果，你可以说："宝宝在吃苹果，好吃吗？"孩子在玩玩具，你可以说："宝宝在玩积木，真乖。"这种语言环境的作用在于开拓儿童的"听——说系统"。孩子与成人交往时，在最初自发发音的基础上以及在视、听、触的过程中，通过生活活动和游戏，就会模仿成人的语调和音调，也就是学会了说话。

在训练孩子听话能力的时候，父母可以适时选用较慢、重复的话语对孩子说话，有助于孩子理解和模仿父母的话语，这对幼儿初期的语言发展很有好处。父母说话时务必做到发音准确、清楚，因为孩子从小养成的语言习惯和发音特点，以后是很难改正的，要让他们从小就规范化地使用语言，为将来的口语表达奠定基础。

其次，让孩子在童趣中学习语言。生活在单调环境中对孩子的语言发展不利，要创设不同的生活环境，让孩子见得多，听得多，才有"素材"可以说。如孩子常常分不清左右脚的鞋子，如果父母只是单纯地说教这是左脚鞋子，那是右脚鞋子，说得再多孩子可能还是分不清。这时，父母可以编一个童趣味十足的小故事："孩子看看，某某的两只鞋子背对着背，都生气了，他们为什么不高兴呢？因为他们在说：'把我们穿错了，我们要面对面。'"随后，父母帮孩子把穿错的两只鞋对换，再说："瞧，两位好朋友正面对面地点头微笑呢，他们为什么会这么高兴？因为他们穿对了。"父母还可配上一幅人物化了的两只生气鞋子的卡通漫画和一幅正在微笑的两只鞋子的卡通漫画让孩子们边看边说。这样，孩子不仅很快就能分清左右鞋子，而且以后也会用同样有趣的语言去和穿错鞋子的小朋友说话。

当然，随着孩子年龄的增长，父母应该采取相应的谈话方式和孩子进行交流，否则会使孩子的语言水平停留在幼稚的低水平阶段。

当孩子到了上学的年龄，就开始接触语文这门学科了。想要提高孩子的语文成绩，就先要了解语文的特点。

语文课的特点是人文性与工具性相统一，知识浩繁，是一门博大精深的学科，语逻修文，字词句篇，听说读写，无所不有；政史哲数理化，古今中外，天南地北，无所不及。语文知识就像是一个系统工程，它要求学生具备全面、系统地运用祖国语言文字的能力。

语文课主要有三大特性：

一是开放性。语文的外延和生活相等，生活的任何内容都离不开语文，只要有意识地学习，在生活的任何场合都可以学到语文。因而语文具有最便于自学的突出特点。

二是情感性。"文章不是无情物"。不仅文章，就连我们民族的文字也个个充满着感情色彩。孩子带着感情学，才有可能学好。离开了感情因素去单纯地学知识，是导致孩子对语文厌学的重要原因之一。

三是灵活性。语文学科的知识体系不像其他学科那样呈现线形或链条形排列，而是螺旋式上升。因而语文学习的循序渐进、由浅入深，不是很严格的，是相对而言的。

根据上述特点，父母在培养孩子的语文兴趣时，告诉孩子：不要自我封闭，不能机械死板地学。要把阅读与写作结合起来，把课内学习与课外学习沟通起来，把学习内容与生活感受融汇起来。自己带着感情领悟了的东西，与自己的生活感受交融了东西，才真正是自己的东西。

语文学习包含知识与能力的共同提高，重视继承与创新并举。学语文的目的着重在于提高阅读能力和表达能力。在培养孩子的语文兴趣时，要善于继承人类已有的知识、经验，更要注意培养创新精神，这样就会使孩子对语文产生兴趣，并且还会让孩子在学习过程中，成为学习的主人。

怎样提高孩子的数学成绩

父母课堂

数学这门课程逻辑性强，知识系统性强，而且和其他科目相比起来，有很多术语和公式需要孩子去记，由于这两点，很多孩子在学习的时候会觉得吃力。在孩子学习数学的时候，父母如果能用巧妙的方法把数学变得生动起来，就能培养起孩子对数学的兴趣了。

数学是一门高度抽象与概括的科学，是一片神秘而浩瀚的天空，它抛弃了世界万物丰富多彩的具体内容，不管是一个人、一个苹果还是一个本子，它只研究其中最抽象的数量关系和空间形式。因此，学习数学对孩子来说，不仅是对已有能力的锻炼与考验，同时也有利于孩子潜力的发掘与提高。所以，父母要善于在一些有趣的题中培养孩子学习数学的兴趣，使孩子在这片天空里自由飞翔。

所有的学科中，数学是最难以引起孩子兴趣的科目。那么，怎样培养孩子的数学兴趣呢？

1. 培养孩子的观察能力

观察能力是认识事物、增长知识的重要能力，是构成智力的重要因素。在孩子学习小学数学的时候，父母就必须引导孩子掌握基本的观察方法，让孩子学会透过事物的表象抓住本质，发现规律，达到不断获取新知、培养能力和发展智力的目的。

在辅导孩子数学的时候，父母要尽量列举一些孩子熟悉的实例，运用幻灯、模型、实物等教具，形象而又直观地引导孩子去观察、分析、综合，从而激发孩子学习的兴趣，使孩子在轻松愉快的环境中能够化繁为简、化难为易，掌握所学的知识。

2. 加强直观辅导

在辅导孩子学习数学的时候，父母单从提高语言表达能力和语言直观上下功夫还是远远不够的。要解决数学的抽象性与形象性的矛盾，还应充分利用直观辅导等手段。"直观"具有看得见，摸得着的优点，"直观"有时能直接说明问题，有时能帮助理解，会给孩子留下深刻的印象，使孩子从学习中得到无穷的乐趣。

3. 即时鼓励

"好表扬"是孩子的重要的心理特点。可以点头表示肯定，说"好"或者"对"表示赞许，也可以说一句鼓励的话："真好""真会动脑筋"，还可以奖给小红花等形式，对孩子学习上的进步表示祝贺，这样做可以给孩子极大的鼓舞。要善于发现孩子的闪光点，加以肯定，最大限度地调动孩子的积极性，增加孩子克服困难的勇气，增添孩子对学习数学的兴趣。

对于怎么培养孩子学习数学的兴趣，提高孩子的数学成绩，著名教育学家斯托夫人的方法很值得我们借鉴。

斯托夫人用她的方法，很快就教会她女儿维尼夫雷特数数和数字，而且她还用做买卖的游戏轻易地就使女儿学会了数钱。然而，当斯托夫人教女儿乘法口诀表的时候，女儿第一次表现出厌烦的情绪。虽然斯托夫人把口诀编成歌唱，可还是不行。

5岁的女儿可以用8种语言说话，在历史和文学方面，已经具有初中毕业的水平，还在报刊上发表了不少文章和诗歌，却学不会乘法口诀。虽然斯托夫人很担忧，但她并没有强制女儿硬背乘法口诀，因为她很清楚强制是达不到目的的，而且可能会挫伤女儿的积极性。

正好在那个时候，斯托夫人为了宣传世界语，带着女儿到纽约的肖特卡去讲演，在那里，她遇到了数学教育专家洪布鲁克女士。斯托夫人向她讲了自己的问题，洪布鲁克女士回答道："虽然你的女儿在数学上没有天分，但还不是过于片面，问题是你的教法不对，你没有能够有趣地教，她自然没有兴趣去学。你喜好语言学、音乐、文学和历史，所以能够很有兴趣地教女儿，她也喜欢学。至于数学呢，你自己没有兴趣，因而教起来也就勉强，你女儿自然就感到厌恶。"然后，她把教数学的方法教给斯托夫人，斯托夫人运用这样的方法教女儿数学，取得了很好的效果。

首先，斯托夫人接受洪布鲁克女士的建议，想办法使女儿对数学发生兴趣。她经常和女儿玩一些关于数学的游戏，例如，在纸盒里装入一把豆子或者纽扣，她们每人抓一把，数数看谁手里的多；或者吃葡萄的时候数数它们有多少种子；在帮助用人剥豆子的时候，她们一边剥一边数豆荚中有几颗豆子。她们还经常掷骰子玩，开始是掷两个骰子，把出现的点数加起来记在纸上，这就是所得到的分数。如果正好是 6 分，就可以再掷一次。玩过几次之后计算一下，看谁胜谁负。

女儿对这个游戏很有兴致。根据洪布鲁克女士的建议，每次做游戏的时间不超过一刻钟。因为洪布鲁克女士说，数学游戏很费脑力，最好不要超过一刻钟。两三个星期以后，她们玩的骰子增加到了 3 个，后来是 4 个，最后达到 6 个。

接下来，她们玩一种分组游戏，把豆子和纽扣两个一组分成两组，或者三组，要么是三个一组，分成三组到四组，再排列开来，计算总数是多少，写在纸上。为了方便计算，斯托夫人就把这些做成乘法口诀表，并且写出来挂在墙上。不久，维尼夫雷特就理解了二二得四，三三得九的道理，而且十分开心。

斯托夫人还经常同女儿做模仿商店买卖的游戏，这是为了使女儿能够将数学知识运用于实际生活中。这个"商店"里的东西有的是计量长短，有的是计数量，有的是用分量计算。价格就按实际的价格，货币用真钱。她到女儿的"商店"去买各种生活用品，女儿计算多少价钱，并给斯托夫人找零钱。

女儿有自己的储蓄，在她学习用功，或者帮助他们做事的时候，斯托夫人都会给她钱作为奖励，还有杂志社和报社给她邮寄来的稿费，这些钱都用女儿的名字存在银行，并由女儿自己计算利息。

按照洪布鲁克女士指点的方法，斯托夫人很快使女儿对数学产生了兴趣。有了兴趣以后，学起来就容易多了，从算术到代数、几何都十分顺利。

由此可以看出，数学辅导需要在父母的指导下，让孩子主动、积极地学习，这样才能有效地培养孩子独立获取知识、应用知识的能力。知识、智力、兴趣关系非常密切，而孩子的行为在很大程度上是受他们的情感支配的，父母应根据孩子的这一心理特点，有意识地创造良好的辅导气氛，让孩子热爱学习，并对所学的学科产生兴趣。

怎样提高孩子的英语成绩

父母课堂

在当今这个人才辈出的时代，如果没有掌握一两门外语的话，是不太容易在社会上立住脚跟的，而英语这门全世界最通用的语言就成为大家争相学习的科目了。为了顺应社会发展的趋势，父母有必要让孩子对作为第二语言的英语产生兴趣，并辅助孩子学好英语。

当孩子们接触英语的时候，已经过了学习语言的最佳时期，对语言的学习已经没有太大的兴趣。所以，想让孩子学好英语，就要让孩子对它产生兴趣，把学英语当成一件开心而愉快的事情去做，而不是让孩子硬着头皮去应付。

兴趣是最好的老师。许多孩子不愿学英语，关键是他们对英语没有兴趣。因此，作为父母，首先应该先去激发孩子学习英语的兴趣。

1. 迁移孩子的兴趣，激发求知欲

让孩子学英语是一件让很多父母都头痛的事。学好英语需要持之以恒的毅力，而有的孩子缺乏的往往就是这种锲而不舍的精神，如果只是从正面向他们大谈学好英语的种种好处，恐怕收效甚微。如果能把孩子在其他方面的兴趣迁移到学英语中来，则可事半功倍。

2. 用口诀帮助记忆，提高学英语的热情

英语语法规则、词的用法、发音规则等，常常让孩子感到迷惑。

有鉴于此，父母可以编一些口诀来帮助孩子记忆，降低学习难度，使孩子学英语的热情提高。

3. 制作学习道具，激发学习英语兴趣

对于初学英语的孩子来说，直观教学尤其显得重要。一般初学英语的人适合用这个方法。因为初学者所接触的词汇量比较少，所学的单词也比较简短，词与词之间的联系也不多，容易记忆。所以，可以做一些小卡片，把生词写在上面，然后随身携带。这样，就可以激发出孩子学习英语的兴趣了。

4. 自编短剧，调动学习积极性

学习要"学以致用"，而英语的学习更是如此。在学了英语后，父母要让孩子开口说英语。所以，父母可以和孩子一起表演书本里面的情节，或是自己编一些情节来演。这样可以让孩子处于一种积极主动的学习状态，也能培养孩子的创造思维能力。

5. 开展竞赛，调动学习兴趣

孩子一般都有进取心和荣誉感，他们的竞争意识更加激烈。将孩子的这种竞争意识引入学习英语中来，则是一种非常有效的形式。比如，平常在家的时候，父母可以和孩子搞一些竞赛。孩子的好胜心一旦被激起，学起来也就容易多了。

总之，兴趣是推动孩子学习的动力。父母要多创设一些能激发孩子学习兴趣的方法，以提高孩子的英语水平。

学英语是一个漫长的过程，走走停停很难有成就。比如烧开水，在烧到 90 度时停下来，等水冷了又烧，没烧开又停，如此

周而复始，既费精力又费能源，最后还很难喝到开水。学英语也是一样，要一鼓作气，天天坚持，在完全忘记之前要及时复习、加深印象，如此反复，直至形成永久记忆。

学习英语的人都知道，记忆单词是英语学习中面临的难题和任务。英语是拼音文字，abcd 等 26 个字母，经过排列组合构成几十万个英语词汇，如果只靠死记硬背，那真是太难了。但是，如果抓住规律科学巧妙地去记忆，采用灵活的记忆方法，就会收到事半功倍的效果。下面推荐几种记忆单词的方法。

1. "五用"法

"五用"法就是用眼睛看着，用嘴巴念着，用耳朵听着，用手写着，用脑子记着，达到眼、口、耳、手、脑同时并用。要知道，学习和记英语单词时需要精力集中，需要调动这五种感观来参加训练学习，以获得最佳效果。这种方法可以提高学习效率，达到最好的学习效果。

2. 理解法

这种方法就是要利用单词之间的各种联系，按照不同的类别，一类一类地学。比如把重读音节的读音相同、拼写的结构相同、词性相同、词义相反或相近的词进行科学的分类集中地去学。这样学习，就会让七零八散的单词有了可以遵循的规律，记忆起来也就会容易很多。

3. 奇想法

那些奇异独特的事物总能给人们留下深刻的印象，孩子们对那些奇特的事情更是有着强烈的好奇心。如果把英语单词造出一个个奇异的特征，让它们都有鲜明的形象特征，让孩子采取奇特的趣味记忆，他们就会记得更牢固，效果也就会更好。

4. 分类法

这种方法就是把英语单词按照它本身的性质、用途等进行归纳分类，使它们系统化。它们之中有可以分为人体部位的，有可以分为学习用具的，还有可以分为交通、动植物等类型。这样一来就可以活学活用，更可以方便记忆了。

记忆英语单词的方法很多，不要只局限于以上几种上，如比较记忆法、机械法等。但是，不管采用哪种方法记忆，都需要经常复习学习过的单词，做到"温故而知新"。

要想孩子真正学好英语，就要训练孩子的口语，要想训练孩子的口语，就必须让孩子找出要说的话题，可有的孩子学习口语时经常会遇到的一个问题就是觉得"没什么可说的"。说来说去还是那几句，不是"What is your name？"就是"How old are you？"慢慢的，兴趣也没了，热情也淡了。为此，湛立老师创立了"五说法"，在教学实践中很受欢迎。孩子们再也不会为缺少可说的话题而苦恼了。

1. 概说 (General Description)

"概说"就是在预习课文的基础上，经过思维，用几句话加以概括总结课文中心思想或主要内容。这样做，既培养了孩子们的思维能力，又综合检验了学生们对基础知识掌握情况和运用能力。

2. 变说 (Paraphrase)

"变说"就是充分发挥孩子模仿性强的特点，用所学知识来改变局部课文的原来写法，重新组织文字，进行表达的一种训练方式。由模仿到创造，举一反三，融会贯通，有利于求异思维的培养。

3. 补说 (Making Up)

"补说"是就特定语言环境扩散联想，进而由孩子对原文进行补充的训练形式。先给孩子一定的语言环境，然后启发孩子的扩散思维想象能力，对理解记忆中的表象进行加工创造以后，得到一种新的形象思维，或更精练的逻辑思维。

4. 评说 (Discussing and Commenting)

"评说"是一种更高层次的思维训练。要求孩子必须加深对文章中心思想的理解，捕捉文章中主人公的心理活动，鉴赏挖掘课文的真正思想，在此基础上利用英语来表达自己对文章主题或主人公性格特点的评价与认识。这样既提高了英语口语能力，更训练了思维能力。

5. 推说 (Inference)

用英语进行推断讲述，是一种升华，这种训练也是很必要的，是让孩子利用所学语言进行创造性思维的过程。

实践证明，"五说法"是提高英语水平和表达能力的好方法。通过近几年的训练，不少孩子已达到或超过了"英语教学大纲"

的要求，能够独立阅读和理解与课文难易程度相当或高于该程度的课外阅读材料。

培养孩子对其他学科的兴趣

父母课堂

在素质教育发展的今天，社会需要高素质综合性人才。父母需要激发孩子的学习兴趣，培养孩子多方位的知识。不管是历史、地理还是生物，父母都应让孩子领略到这些学科的无穷魅力。

历史、地理、生物这三门学科普遍不被重视，但是，为了让孩子能够成为全能的人才，父母必须让孩子把这三门学科也作为重点来学。这样，孩子才不会出现偏科的现象。

1. 培养孩子对历史的兴趣

历史是世界上各民族共同创造的，是全人类智慧的结晶。几千年来人类在各个领域的实践里取得了丰富的经验，也得到了许多深刻的教训。

历史兴趣的培养可以从如下几个方面入手。

第一，认识学习历史的重要性。人们常说："历史是真理的母亲""历史是生活的镜子"，这些话都充分说明了历史这门学科特有的功能。如今，历史学的功能较以往更广泛、更深刻。随着社会的迅速发展和竞争的日趋激烈，知识单一型人才将越来

不适应社会的需要。通过学习和研究历史，则能培养人们的历史意识、历史思维和历史方法，从而提高整个民族的文化素养和历史认同感。

第二，调动孩子学习的能动性。心理学家告诉我们，人的情绪具有感染性和扩散性，"感时花溅泪，恨别鸟惊心"，正反映了人们的这种心境。体现情感学习风格，首先要有强烈的爱憎分明的情感。这种内在的情感和外在的表情总能在学习中真实地流露出来，这样就会激起孩子相应的情感体验，并能让孩子随着父母讲述历史时感情的起伏或激奋或悲哀，因此，只有让孩子体会到教者的"情真意切"，才能"感受至深"。同时，还要让孩子经常参加丰富多彩的课外活动，寓学于乐，拓宽孩子学习历史的视野。

2. 培养孩子对地理的兴趣

学习地理首先要在头脑中形成正确的地理表象。地理表象就是地理位置、地形（如山脉、河流）以及地图等地理事物在人脑中所形成的表象。这些正确表象的形成是理解地理知识的基础。想要让孩子对地理产生兴趣，需要从下面两点做起。

第一，为孩子创设问题的情境。所谓"问题"，是指孩子迫切希望获得解答的关于地理内容的疑问。"学则须疑"，所谓"问题的情境"是指能使孩子提出问题或接受父母提出的问题，从而产生好奇心与学习愿望的情境。问题的情境由问题的背景、问题的系列、体系共同构成。问题不断明确着孩子认识活动的远近目标，激化着已知与未知的矛盾，推动着孩子认识活动的发展。

第二，为孩子创设成功的情境。所谓"成功的情境"，也就是使孩子成功地学习，使他们的好奇心与学习愿望获得满足，从而体验到认识活动快乐的情境，也就是使问题情境中的问题获得解决的情境。

没有问题的情境，难以激发孩子的认知需要，没有需要就不会去追求满足，则无所谓成功的情境。没有成功的情境，问题情境激发出的认知需要之火会自然熄灭。问题的情境与成功的情境互为条件。孩子的地理学习兴趣在两种情境的反复呈现中形成和发展。

3. 培养孩子对生物的兴趣

生物是一门实验性很强的学科，要想掌握它，就必须让孩子亲自观察、实验。

生物中的观察首先要明确观察目的。不管是观察标本、实物还是观察实验，都要先经过预习，了解观察的目的性，才能使自己的注意力集中在所需观察的对象上，才能进行细致的观察，才能对观察的对象有清晰的感知。

其次，要按合理的程序观察。观察的步骤和方法一般要由对象的整体到部分，再由部分到整体。观察应先指向对象的整体，对整体有一个初步的、一般的、粗略的认识后，再分出对象的各个部分，先看上面、前面，后看下面、后面，由外到内，由表及里，养成按顺序观察的习惯。观察时要细致，以了解其特点、作用、各种细节以及各部分之间的联系，从而对整体获得确切的全面的深刻的认识。

最后，观察时要用多种感官和分析器。不仅要用眼看，也要根据对象的实际情况运用听觉、触觉等器官细致感知。观察时要积极思考，将生动的直观与抽象思维相结合，形成正确的概念、判断和推理，认识事物的本质。

此外，还要让孩子及时做好观察记录。记录观察结果既可以巩固成果，又能促进孩子细致观察和思考。

怎样纠正孩子的偏科现象

父母课堂

> 孩子偏科这个现象非常普遍，这和孩子的兴趣有着非常紧密的关系。孩子对某门课程感兴趣，他这门课程的成绩就会好，孩子对某门课程不感兴趣，这门课程的成绩就会不好，甚至还会厌恶这门课程。父母要做的就是，让孩子重新对这门课程感兴趣。

很多孩子都有偏科的现象发生，从而导致部分的学科落后，父母要采取一些合理的措施帮孩子克服偏科的现象。

其实，产生偏科的原因分析起来主要还是与兴趣有关。课程内容有趣，教师的教学方法生动形象，孩子学起来觉得有意思，对这类课程就有兴趣，愿意学。相反，如果孩子觉得这门课程没有意思，孩子就可能会采取应付的态度。有的孩子对功课的学习兴趣，很大程度上受任课老师的教学能力和教学效果的影响。老师教得好，孩子就爱学；老师讲得平淡无味，孩子听起来就没劲，不愿意学，没兴趣，因而导致偏科。

有的孩子偏科与学习基础有关。孩子对某门功课有兴趣，是由于原来基础就不错，喜欢学，掌握起来就比较容易。对另一门功课，因为基础没打好，学习起来吃力，成绩越来越差，就越学越没有信心。

孩子偏科现象较为普遍，有的偏科程度甚至比较严重，这是因为孩子的兴趣出现了一些新特点。孩子上小学时兴趣不太稳定，容易为外界条件所左右；到中学时兴趣一旦形成，往往非常强烈，不易动摇。但孩子的兴趣指向往往带有盲目性和片面性，这种情况反映在文化课学习上出现了偏科现象。

导致偏科的另一重要原因是心理因素。往往在最初，孩子没有明显的"弱科"，但因偶尔一次没有考好或者成绩不理想，便对这门课程"畏而远之"，害怕以后考试成绩更差，结果越害怕就越失败，越失败越害怕，以致陷入失败的怪圈，时间一长，导致偏科。

面对孩子的偏科，父母要做的就是告诉孩子，失败本身并不是一件可怕的事，可怕的是走进失败的恶性"怪圈"出不来。实际上，失败的事是经常发生的，在同一个孩子身上就同时扮演着失败者和成功者的角色。重要的是让孩子建立自信，不要心灰意冷，不要退缩。只要加倍努力，就会在"山重水复"之时出现"柳暗花明"。

总之，形成孩子偏科的原因是多方面的，父母必须帮助孩子找出偏科的原因，有针对性地对孩子进行正确引导。

那么，父母怎样有效帮助孩子防止和纠正偏科现象呢？以下建议可供参考。

1. 帮助孩子认清偏科的危害

中小学教育是基础教育，只有学好各门课程，才能适应升学和就业的需要。要让孩子懂得，中小学阶段特别是小学和初中阶段，属于基础教育，学生只有学好各门功课，才能适应将来升学和就业的需要。进入高中阶段，如果单纯从高考的角度来讲，不管是文科还是理科，各门功课都必须均衡发展。如果能有一门冒尖学科，能提高标准分衡量的总分更有利；但是如果有一门偏科，会导致用标准分衡量的总分大幅度下降。

从就业角度看，偏科不能适应工作和社会发展的需要。从孩子走上社会来看，不管做什么工作，都需要多方面的知识，特别是在科学技术突飞猛进的今天，没有丰富的科学知识，就不能适应工作的需要。

2. 有偏科现象时要及时纠正

孩子在学习中出现偏科现象，在思想情绪上会有所流露，父母要随时观察、了解，发现有孩子偏科的情况，要及时提醒，把工作做在孩子偏科的萌芽时期。

有的孩子偏科，是不理解开设各种课程的目的、意义，父母要给孩子讲清道理，使他们懂得学好这些课程的意义，鼓励他们树立信心，端正学习态度。

3. 帮助孩子解决学习中的实际困难

孩子在学习中有困难，父母要给予帮助。父母还可以与任课教师联系，同学校密切配合，想办法给孩子补习功课。总之，父母对孩子偏科的现象不能放任不管。

　　有的孩子一门或几门功课学得特别好，这不是偏科。父母要支持和鼓励孩子的特殊爱好和特长，同时，也要鼓励孩子将所有的课程学好。

第 4 章

教给孩子学习方法，提高
孩子的学习效率

很多孩子学习也很用功，但往往收效甚微，原因何在？就是学习效率不高。要提高孩子的学习成绩，提高学习效率是关键。父母要帮助孩子解决一些学习中存在的问题，教给孩子一些学习方法和技巧，这样才能提高孩子的学习成绩。

帮助孩子提高学习效率

父母课堂

想要提高孩子的学习成绩，必须先提高孩子的学习效率。
但这并不是简单的让孩子"加班加点"，熬夜学习能得来的。
因此，父母也需要根据孩子自身的特点，做出合理的安排。

生活中我们经常会发现这样一些情况，有些孩子无论在学校里，还是回到家里学习都很用功，而且经常"加班加点"，熬到深夜，可学习成绩却总是上不去。父母也觉得孩子学习太辛苦了，也总是看在眼里急在心上，但又不知道该怎么办。其实，可能是他们没有意识到，出现这种状况，有可能是孩子的学习效率问题。因此，对于父母来说，懂得如何帮助孩子提高学习效率才是最关键的。

那么，应该怎样帮助孩子提高学习效率呢？

1. 有效地利用时间

有一位父母，喜欢给孩子"开小灶"，就是在孩子完成作业之后，再留一些别的作业。于是，孩子就想出了一个可以偷懒的对策：在做老师布置的作业时，拖拖拉拉，做一会儿，玩一会儿。这样一来，不仅把时间浪费了，而且还影响了学习的连贯性，反而不能让孩子有效地掌握当天要学的知识。因此，在孩子学习或是做作业时，要督促孩子集中精力，一鼓作气，不要东张西望，拖拖拉拉。父母还要根据孩子的自身特点，找出用脑的最佳时间，合理安排孩子的学习时间做出。

2. 培养孩子注意力集中的习惯

孩子学习的最大"敌人"就是不能集中注意力。其实，注意力集中的孩子学习起来比较省劲、效率比较高、效果也比较好，因此也有更多的时间来休息和从事娱乐活动。而有的孩子在学习时却是看着语文想数学，看着数学想英语，有的脑袋里还想着电视里正在播放的节目或是一会儿出去和谁一起玩，总不能静下心来。这样，学习效率自然就不会高。所以，父母要纠正孩子这种不良的学习习惯，培养他把精力专注于一件事情上的好习惯。

3. 根据实际情况，制定学习内容

孩子毕竟是孩子，都有自身的特点。比如说爱玩、好动，因此，如果让一个十几岁的孩子连续几个钟头坐在那里学习，结果可想而知，他肯定会坐不住。而且有研究表明，能否集中注意力也与年龄有关，少年儿童的注意力稳定的时间大约为 45 分钟。因此，对于孩子来说，如果要学的内容很多，可以分段完成，不必急于"一口吃个大胖子"。有的父母因为孩子的注意力不够集中而在旁边"站岗"，这不是长久之计，因为长期这样，会使孩子产生依赖心理。因此，一定要根据孩子的实际情况，合理安排其学习、娱乐时间，这样才不致事倍功半。

4. 给孩子创造一个安静整洁的学习环境

在孩子的书桌上，只应放置一些学习时需要用到的文具和书籍，其他的物品一律不要摆放，以免分散他的注意力。书桌上的抽屉和柜子最好锁上，以免他在没完成作业的情况下去清理抽屉。

书桌前方除了张贴与学习有关的如地图、公式、表格外，不要张贴其他吸引孩子注意力的东西。而且，在女孩的书桌上最好不要放置镜子，以免她在学习的时候分心。

另外，还可以通过提高孩子学习的主动性，来提高孩子的学习效率，以下几条途径可供参考：

★孩子在学习上遇到困难时，应多鼓励，少批评责骂，不应否定和打击孩子；在孩子做作业的时候父母一定不能在旁边唠叨。而且，父母也需要给孩子创造一个和谐的家庭环境，让孩子身心放松，这样才能保证孩子学习的积极主动性。

★帮孩子制定的学习目标，最好稍稍低于孩子的实际能力，尽可能让孩子获得成功的体验。孩子学习不主动，很重要的一个原因是孩子没有体会到取得成功后的喜悦，父母越是埋怨孩子，孩子学习就会越被动。

★给孩子充分自由的娱乐空间与时间，每天安排孩子进行身体锻炼，假期、周末最好陪着孩子一起玩，这样能防止孩子因长时间上课而产生厌学的情绪。

让孩子懂得珍惜时间

父母课堂

父母要让孩子知道，每个人的生命都是在时间中度过的，谁能够把握时间，谁就会利用时间，谁就最能接近成功。因此，希望孩子成才的父母，应该让孩子学会做时间的主人。

　　"佩佩，赶紧吃饭，吃完饭先写语文作业，再写数学作业，然后上床睡觉。知道了吗？"妈妈对正在吃饭的女儿说。

　　"知道了，天天都那几样，谁忘得了。"佩佩小声嘟囔着。

　　吃完饭，佩佩回到自己的房间，开始写作业。

　　妈妈收拾好房间之后，到女儿的房间看了一眼之后开始看电视。

　　电视中，一个小女孩正在跟自己的朋友说着自己的打算，"放学回到家之后，我要先写作业，然后吃饭，然后开始看《天眼》，你不知道，我最爱看《天眼》了，我也好想和香凌一样幸运……"

　　她的朋友，另一个小女孩用羡慕的眼神看着她，"琳琳，你可以自己决定什么时间干什么呀？真好！我就不一样了，一回到家，妈妈就告诉我应该怎么怎么做，什么时候做什么，一点自由支配时间的权利都没有……"

　　看着电视中的两个小女孩，佩佩的妈妈不觉地看向女儿的房间。

　　第二天，佩佩放学回到家，妈妈并没有像往常一样吩咐她做什么。这样一来，佩佩反而不适应了，她来到厨房，问："妈妈，我要先做什么？"

　　听到女儿的话，妈妈暗暗叹了口气，然后微笑着对女儿说："你自己安排吧，只要在睡觉之前把作业做好就行了。"接着，她继续做饭。

　　自己安排，佩佩抠抠耳朵，以为自己听错了，但是看妈妈的神情觉得自己应该没有听错。带着疑惑，佩佩走出了厨房。

　　既然妈妈让自己安排时间，那就先看电视吧！佩佩兴奋地来到客厅，津津有味地看起电视来。

当妈妈做好饭之后，招呼佩佩吃饭。吃完饭之后，佩佩习惯性地想要听从妈妈的安排，没想到，妈妈什么都没说，直接去收拾厨房了。

没有了妈妈的安排，佩佩不知道先做什么好，她来到妈妈的身边问"妈妈，我该做什么啊？"

"妈妈没说吗？你自己安排，只要写完作业就行了。"妈妈重复着自己刚才说的话。

"可是，我不知道先做什么，你……"

"佩佩，不管先做什么，妈妈说了，自己安排，你想先做什么就做什么。"没有等佩佩说完，妈妈又重申了一遍。

没有办法，佩佩只好自己安排了。

过了几天，妈妈发现，佩佩已经可以很好地安排自己的时间了。

俗话说"一寸光阴一寸金"，在时间的选择上都有一个最佳点，把本应昨天做的事放在今天来做叫作失时，把应该明天做的事情放在今天来做叫作失察。失时的结果往往是坐失良机，失察的结果常常是欲速不达。英国有句谚语："习惯在习惯中养成，习惯要靠习惯来征服，习惯正如在树皮上刻字：随着树木的成长，文字也会扩大。"因而，培养孩子珍惜时间、科学安排时间、充分有效地利用时间的习惯，是每一个父母的责任。

父母要让孩子知道时间是有限的。教育孩子珍惜时间不是一件容易的事，因为年幼的孩子还不能理解时间是怎么回事，更不懂得生命对于自己只能有一次。一般要到少年期，抽象思维比较发达，自我意识逐渐成熟，这时，孩子才逐渐明白时间的无限性和人的生命的有限性。父母要让孩子知道，人生 1/3 的时间处于求知阶段，1/3 多一点是为社会服务阶段，最后 1/3 是衰老阶段。其中去掉生病、睡眠、休息、娱乐，有效的求知、工作时间是很短的。因此，一定要让孩子从小珍惜时间。

"少壮不努力，老大徒伤悲。"要让孩子懂得，想要掌握丰富的知识，想要使自己的人生散发光辉，就一定要珍惜时间。

让孩子自己独立完成作业

父母课堂

> 古人云：授人以鱼，不若授人以渔。父母与其天天看着孩子写作业，力求一时的完美，还不如放手让孩子自己去做，让孩子尝尝失误的滋味。然后，再给孩子指出错误所在、原因所在，教给他解决问题的方法。

很多父母都抱怨，自己的孩子不能独立完成作业，总是需要父母的帮助。需要父母在旁边陪着、看着，提示他怎样思考、怎么写，提醒他专心、抓紧时间、姿势端正，再帮他检查错误，几乎每次都得父母协助才能完成，这让父母觉得非常头疼。

孩子会有这样的毛病大部分都是父母惯出来的。当孩子刚刚进入校园的时候，父母或许会因为担心孩子而时时询问能不能听得懂老师讲的课，会不会做作业。如果孩子稍微显出一丝犹豫，父母就会毫不犹豫地坐在孩子的旁边，看着孩子做作业，这样才会放心。有的时候，孩子遇到不会的题目，父母就会竭尽全力去教孩子，甚至还直接给出答案。其实，父母会这样做，完全是出于希望孩子比别人强的心态，然而，当时间一天天过去，孩子就不能养成独立做作业的习惯。

其实，老师所布置的作业，大部分都是对当天学习内容的巩固，要不就是预习一下新的知识。老师是想借助作业来锻炼孩子的理解和运用能力。这样的作业对孩子来说根本就不难，只要能够认真思考，是绝对可以独立完成的，根本就不需要父母的参与。如果父母非要陪着孩子做作业，这样不但达不到老师原本的目的，还会让孩子滋生依赖心理。久而久之，孩子就会不认真听课，他会认为，听不懂也没有关系，反正回家父母可以帮忙。

知道了孩子不能够独立完成作业的根源，就需要对症下药了。

首先，在孩子做作业的时候，父母不要坐在孩子的身边。要知道，很多孩子都不希望父母坐在自己的身边，因为这样会给孩子造成一定的压力，把本来能够做出的题目忘得一干二净。再说了，如果父母坐在孩子的身边，遇到不会做的题目时，父母就有可能会急于把答案告诉孩子，这样会让孩子养成不能独立思考的坏毛病。

其次，当孩子遇到不明白的题目时，不要马上把答案告诉孩子。有的父母觉得，只要让孩子知道问题的答案就行了，不需要知道为什么。其实，这样做一点意义都没有。老师让孩子做作业，本来就是想要让孩子掌握做题的方法，而不是侧重于答案。就算孩子知道了问题的答案，可是他却不知道为什么是这样的答案，父母或许能帮助孩子一时，但是却帮助不了孩子一世，因此，父母要做的是教给孩子做题的方法，而不是直接给出答案。

当然了，提倡让孩子独立完成作业，并不是要求父母对孩子的学习不闻不问。父母需要做的，是督促孩子独立完成作业，检

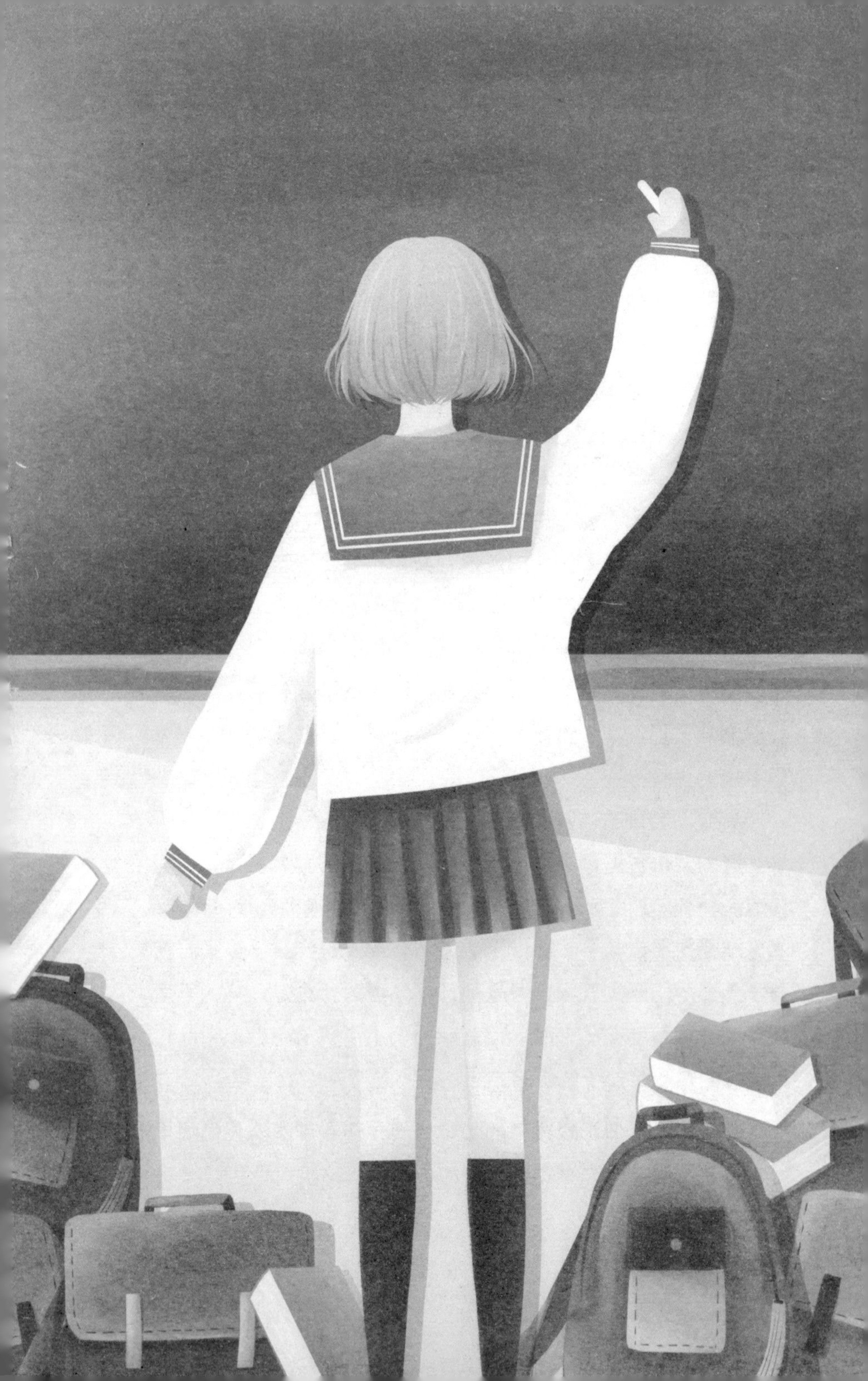

查做作业的效率和质量。当孩子遇到困难时，父母要善于启发孩子，让孩子寻找正确的解题思路。要变"授之以鱼"为"授之以渔"，教给孩子正确的思考方法。

帮助孩子解决马虎的问题

父母课堂

孩子有马虎、粗心的毛病，多半是父母没有使孩子养成细心认真的好习惯所导致的。因此，想要解决孩子马虎的问题，父母必须根据马虎产生的原因，对症下药。

粗心、马虎不但会影响孩子的学习成绩，还可能会给孩子的生活带来很多麻烦。因此，孩子粗心的毛病不容忽视。

小明特别爱看动画片，每天晚上放学一回到家，就坐在书桌前飞快地做作业，做完了也不收拾课本，急急忙忙就赶着来看电视。有几次，学校的老师发现小明不是忘了带作业本，就是忘了带课本，后来和他的父母联系上才知道，原来是小明的父母出差不在家，没有大人替他收拾书本、整理书包，他第二天自然就忘了带作业本或课本了。小明的父母还告诉老师，小明在平时，也有丢三落四的毛病，有几次还把家里的钥匙弄丢了。

孩子马虎、粗心的毛病，多半是父母没能在小时候多加培养，没有帮孩子养成细心认真的好习惯所导致的。粗心的毛病容易给人带来麻烦，不但影响孩子的学习成绩，还有可能给人们的生活带来不幸，给社会带来灾难。例如，一次小马虎可能导致孩子与重点学校失之交臂；一次粗心可能会导致一次面试泡汤；一个小数点点错了位置，可能会造成一艘宇宙飞船的坠毁。

引起马虎的原因，多与父母和孩子有联系。在父母方面，如果在孩子小时候没有及时对其进行纠正，常让孩子一心二用，边看电视边写作业，或是让孩子在一个嘈杂的环境里学习，都有可能使孩子养成粗心马虎的毛病。在孩子方面，有的是性格问题，急性子爱马虎；有时是态度问题，对学习不认真就容易马虎；有的是熟练问题，对知识半生不熟最容易马虎；有的是认识问题，没认识到马虎的危害……

解决孩子的马虎问题，必须根据产生马虎的原因，对症下药，有针对性地做工作。

1. 培养责任心，从根本上杜绝粗心

责任心是做好一件事情的前提，可以说如果没有责任心，对什么事情都敷衍了事，必然做不好。有了责任心，才会谨慎从事，细致认真，不敢有半点儿马虎。培养孩子的责任心，光靠说教不行，还要靠平日里的点滴积累。比如，在家里父母可以给孩子分配一项任务，让他负责扫地或洗碗，这就是他的责任。干好了要给以鼓励或奖励，干不好应要求他重来一遍，直至干好为止。总之，就是让他对自己的事情负起责任来。这样，就会逐渐培养起孩子的责任心，在遇事时不致敷衍了事。

2. 宽容对待，孩子才会乐意接受

每个孩子都会在不经意的时候犯点粗心的错误，父母要学会

宽容，和蔼地对待孩子的不经意。但是，也要讲究方法，首先让孩子自己去寻找错误，并意识到出现这样的问题是因为自己的粗心。然后郑重其事低告诉孩子，这是一个极不好的学习习惯，不是伸伸舌头就可以放过去的，一定要在今后的学习中克服。你和蔼宽容的态度和细致的利弊分析，会让孩子十分乐意接受你的建议，在以后的学习中努力改正粗心的坏习惯。

3. 及时提醒，孩子就能体验成功

如果孩子粗心的毛病每天都出现，我们就要想想办法了。父母不妨在每次写作业之前就提一个小小的要求："宝贝，今天的作业一定要用心，尽量全部做对，争取 100 分或者每门作业一个笑脸。父母相信你一定能做到，你说呢？"父母不要吝啬赞赏的语言，让孩子体验到成功的快乐，而且感受到被赏识的惬意。这样的话孩子在明天写作业的时候一定会认真对待，马虎的毛病也会慢慢改掉。

4. 有了兴趣，孩子自然不再马虎

粗心虽然跟人的性格有关，如有人天生细腻，所以做什么都比较认真；有人天生是个马大哈，所以一般的事情很容易粗心。但是即使一个人是马大哈，当他做他喜欢做，感兴趣的事时也会表现得非常细心、非常出色。所以，只要努力培养孩子做事的兴趣，孩子肯定会逐渐投入进去。能投入进去，马虎的问题自然就不存在了。

让孩子克服学习中的畏难情绪

父母课堂

孩子在学习上出现畏难情绪时，父母家要对孩子进行系统的学习心理指导，让孩子正确地认识自我，学会分析、克制自己，调整好心态。如父母可对孩子树立目标、计划安排、总结反思、处理学习和练习的关系、试卷问题分析与对策、合理安排时间，心理情绪的自我调节等做相应的指导。

学习难不难？有人说不难，有人说难。可是说不难的人却未必有成就感；说难的人也未必都知难而退。清朝学者彭端淑曾经就这个问题写了一封信给他的子侄们。他说："天下事有难易的区别吗？去做，难的事情也会变得容易；不做，容易的事情也会变难的；去学，难的事情也会变得容易；不学，容易的也会变的难。"

所谓"世上无难事，只要肯登攀。"一个人不管做什么，只要肯立志，坚决地去做，做到什么程度算什么程度，走到哪一步算哪一步。换句话说，只问耕耘，不问收获，事实上就总会有所收获。相反，凡事太功利主义，还没有起步就问终点何在，利益何在，期望值太高，太迫切，往往会产生畏难情绪，结果便很容易画地为牢，把自己限定在一个范围内，甚至裹足不前。

在学习中，只有先克服畏难情绪，鼓足勇气按部就班地去学，才能战胜困难，尽快学到新的东西。很多孩子在学习中有畏难心情绪，那么，父母怎样帮孩子克服这种情绪呢？

1. 让孩子端正学习态度

在学习方面，感到害怕、担心学不会的人，碰到的最大敌人不是学习任务重、难度大，而是在遇到困难和挫折时所产生的心理情绪问题和动机障碍。例如，有的孩子遇到学习成绩不理想时，不能正确地面对，会产生焦虑情绪和自卑感，认为自己不是读书的料，这种想法是万万要不得的。父母要让孩子端正学习态度，对学习有一个明确的认识——学习是在学习知识，而不是在受罪。

2. 培养孩子的自信

自信是战胜畏难情绪的有力武器。当自己出现畏难情绪时，首先，可以通过积极的心理暗示，坚定自己战胜困难的信心，如"这个问题难不住我""我就不相信自己解决不了它""我一定不能懒惰""再难的内容我也要记住它"等。要教会孩子遇事多给自己鼓励，试着对镜子里的自己说："我行，我很棒！"这样孩子就会发现自己的自信心倍增。还可以教会孩子通过纵向的比较，看到自己的变化，发现自己的进步，从而坚定信心。

3. 帮助孩子寻找成功的路径

父母应提醒孩子要专注于课堂学习，认真听老师讲解，积极参与课堂教育活动。重点难点，力求在课堂上解决。对于理科的一些课程，一定要掌握原理，从源头上理解和掌握学科知识。研究自己做错的题，举一反三，找到解决问的对策。做练习，要精选，不可贪多求全。要知道，有目的地练题，并善于总结反思，往往可以提高能力，事半功倍。在学习中，让孩子注意培养自己的能力，诸如理解能力、阅读能力、迁移能力、概括能力、创新能力等。能力提高了，许多问题就可以迎刃而解，这样自己面对的困难也就少了。文科的一些课程，要懂得化整为零，增强计划性，做到水滴石穿。学习没有固定的模式，因人而异，需要孩子在学习的过程中不断地摸索。孩子只有总结出适合自己特点的方法，才能找到出路。当然，这方面父母可以帮着指点。

4. 给孩子制定适宜的目标，循序渐进

制定适宜的目标对克服学习中的畏难情绪和思想障碍是非常有帮助的。一个人有了明确的学习目的，就会积极主动地学习，把畏难情绪变为必胜的信心。在为孩子制定学习目标的时候，不要急于求成，开始每天学习的目标可以定得低一点，然后逐步提高要求，让孩子逐渐适应。这就像跳高，一个人最高能跳 160 厘米，一下子升到这个高度，他可能跳不过去；如果分为 120 厘米、140 厘米，最后再到 160 厘米，有了这三个台阶，跳过 160 厘米就容易了。例如，有的孩子一提到写作文就害怕，父母可以和他一起制定阶段性的学习目标，设计这样的"阶梯式"训练：首先要求他每个月写一篇作文，这时，他可能会觉得压力很大，但经过一个学期的训练，慢慢就适应了；到第二个学期则要求他每半个月写一篇作文；到第三个学期则要求他每个星期写一篇作文。如果"阶梯式"训练的目标设置合理，经过逐步加大强度的"阶梯式"强化训练，孩子就会把写作文当成家常便饭，自然就不会有畏难情绪了。

第 5 章

变被动为主动，让孩子喜欢上学习

很多孩子是在被动的情况下学习的，这使得学习效率低下。其实孩子的天性是喜欢学习的，只是他们更想要"轻轻松松地学习"。要想让孩子喜欢上学习，父母要给孩子一些帮助，让孩子变被动为主动，这样孩子才会不断取得进步。

让孩子喜欢上学习

父母课堂

"活到老，学到老"，学习不应该仅仅成为一种手段，而应该成为孩子汲取知识、充实自我的途径。家长应该改变自己的观念，帮助孩子树立正确的学习动机，鼓励孩子，培养孩子的自信心。家长要关注孩子，了解孩子，帮助孩子培养学习兴趣，和孩子一起探讨，找到适合的学习方法，让孩子喜欢上学习，主动学习。

儿子很聪明，只要是自己想学的东西很快就能学会，钢琴、绘画、体育，都很优秀。可是就是懒散，不爱学习，上课不认真听讲，回家从来不主动看书、做作业，能拖就拖。家长催紧了就马虎应付，错误百出。眼看他的成绩一年比一年差，母亲心里很急，讲道理磨破了嘴皮子，打骂都试过，但见效不大，稍微好了一阵子又故态复萌，甚至更不认真了。实在没办法，母亲只好带儿子去做心理咨询，希望老师能找到孩子不爱学习的原因，让他喜欢上学习。

孩子这样的学习状态，对很多家长来说，并不陌生，甚至很多家长现在正为孩子不爱学习而苦恼。不知道孩子为什么厌学，许多父母为了让孩子喜欢上学习费尽心思，却收效甚微，因此，焦虑不已。

其实爱学习是孩子的天性，孩子在刚一出生的时候，就对周围的人及事物表现出了强烈的好奇心，想要去探究、模仿。可是，随着年龄的增长，特别是上了中学后，许多孩子却变得讨厌念书、讨厌学习了。这是什么原因造成的呢？

孩子不爱学习的原因有很多，家长可以针对孩子的具体情况，从以下三个方面进行观察和分析，找到孩子的症结所在。

1. 家庭方面

几乎每个家长都有"望子成龙"的心愿。孩子不爱学习，很多时候是因为家长过高的期望给孩子造成了压力，使孩子对学习产生了恐惧感，继而导致上进心丧失和学习动力缺乏。

家长对孩子要求不当，也会让孩子丧失学习的兴趣。要求太高，孩子总是达不到，就会慢慢失去自信，逃避学习；要求太低甚至没有要求时，孩子很容易转移注意力，不把精力放在学习上，导致厌学。

良好的学习环境是孩子喜欢学习的一个重要条件，家庭不和睦、父母离婚、吵架等都可能让孩子产生厌学情绪。

2. 学校教育

教师在孩子的学习中有很重要的作用。孩子不爱学习，也可能是由于教师的教学方法不当、态度粗暴、处理事情不公平等原因引起的。

另外，学校教学内容太难，超出了孩子的接受范围，孩子学习中失败的记忆太多，导致孩子缺乏自信，自我否定，也会引起厌学。

3. 孩子自身

内因始终是关键。孩子对学习提不起兴趣，往往和孩子学习动机不正确、内驱力不足、没有目标、缺乏意志力等分不开。很多孩子不爱学习，很大程度上是因为学习方法不对，努力了但收效甚微。当然，还有可能是孩子的身体原因。

家长只有在弄清楚孩子不爱学习的原因之后，才能对症下药，让孩子爱上学习，轻松学习。在具体生活中，可以从以下几个方面着手。

1. 为孩子营造良好的学习环境

首先要给孩子一个温馨和睦的家庭，家人互相关心，相亲相爱，孩子才能在温暖和谐的环境中安心学习。

父母要注意自己的人际交往，交友要慎重。要努力保证孩子接触到或交往中的人具有正直、善良、进取等品质，使其耳濡目染，并逐步使其内化。

如果有条件，应该为孩子留出独立的空间，让孩子可以安静地学习。在孩子学习时，家人应尽量安静，电视机、收音机最好不开，说话不应大声，尤其不要吵架。

2. 父母以身作则，热爱学习

"身教胜于言传"，让孩子喜欢上学习，家长应该做出榜样。

对于不爱读书的孩子，家长可以先为孩子做个示范，晚饭后把电视关掉，一家人各人读自己的书。在读书、看报过程中，不断把新的信息传达给家里人，并谈谈自己的认识。长久地熏陶，孩子也会喜欢读书、看报。

当生活中有些知识不明白时，应该查资料、查工具书，获得正确答案。家长跟孩子一起做这些事情，有利于孩子增长知识，训练思维，培养其解决问题的能力。如果家长再适时教给孩子一些阅读方法，效果会更好。

有的家长在读书、看报过程中，画重点、剪贴感兴趣的文章、记读书笔记，孩子就会学着大人的样子去做。

反之，如果在孩子学习时，家长在一旁看电视或上网打游戏，不仅会影响孩子的注意力，还会造成他们心理的不平衡。

3. 合理期望，帮助孩子找到正确的学习动机

诚然，望子成龙是每个做父母的愿望，但如果家长期望值背离了社会需要和孩子身心发展的内在规律，就会严重影响孩子的性格发展及身心健康。家长对孩子的期望不应陷入"过高，过多，过急，过早"的"四过"误区。家长要明白，学习的动机不应该只是取得好成绩、考上大学，更不是一定要成为什么"家"。

家长对孩子的期望要实事求是，因势利导，顺其自然。要学会换位思考，设身处地地为孩子排忧解难，而不要一味地硬逼孩子，无休止地要求孩子，不切实际地急于求成。

家长的观念正确了，孩子的学习动机才能正确。要让孩子明白，学习是为自己学，不应该把它当作一种负担和手段，而应该把学习作为一种乐趣和充实自我、发展自我的途径。

4. 关注孩子的内心需要

父母要关心孩子，不仅要关心孩子的身体健康，还应该关注孩子的内心需求。不要让你和孩子之间的话题总围绕这样的问题转："今天上课认真听讲了没？""这次考了多少分？""老师

留作业了吗？""老师讲的都明白了吗？"……孩子学习了一天，已经很累了，给他一点时间放松自己，给他一个微笑，多给一句温暖的问候："今天心情好吗？""累不累？""发生什么不开心的事情了？"孩子也会有自己的情绪，让他在你关注的眼神里，释放和发泄自己。

5. 鼓励孩子，帮助孩子树立自信

孩子是需要表扬和鼓励的。父母应该关注孩子的点滴进步，给予适当及时地赞美，让孩子在获得成就感的同时，增强自信，更好地去应对学习中的困难。

孩子在学习上遇到困难时，父母应该微笑着鼓励孩子，和孩子一起想办法，培养孩子的毅力和耐心，让孩子有勇气和信心战胜困难。

6. 培养孩子的学习兴趣，寻找正确的学习方法

孩子的学习兴趣是可以激发和培养的。父母应该用心观察和了解孩子，及时发现孩子的兴趣爱好和闪光点，巧妙借助孩子的兴趣爱好帮助孩子学习。比如，孩子爱打台球，家长可以适时灌输孩子一些物理力学方面的知识，激起孩子的学习兴趣。只要用心，到处都是学习的机会，家长要学会寓教于乐，培养孩子的学习兴趣。

家长还应该结合孩子自身的特点，与孩子一起讨论，帮助孩子找到适合自己的学习方法。正确的方法让孩子学习起来更轻松有效，孩子体会到之后，自然就会喜欢学习、主动学习了。

鼓励孩子积极提问

父母课堂

孩子喜欢提问是好奇心和求知欲的驱使。在家庭教育中，特别是学习辅导中，父母应在孩子力所能及的范围内，让孩子多看、多问、多说、多表现、多思考，让他们自己"跳起来摘果子"。把提问的权利还给孩子，鼓励孩子积极提问，主动答疑。

著名电视节目主持人杨澜讲过一个她亲身经历的故事：一位美国教授，在北京外国语大学任教，他讲了一堂历史与宗教的课。讲完了，他问大家有什么问题，却没人吱声。于是，教授从兜里掏出一张一美元的钞票，高高举起，涨红了脸大声地说："谁能提出一个问题，任何问题，都奖励他一美元。"他以这样的方式鼓励大家提问，因为这样才能知道学生的掌握情况。但还是没人举手，教授愤怒了，他认为这是中国学生对他的不尊重。"没有哪种知识是提不出问题的，难道我讲的每一句话都无懈可击吗？是你们压根儿没听进去还是愚不可及？"他的另一只拳头敲打着桌面。课堂的气氛顿时紧张了，学生们吓坏了，不知所措。

我们从幼儿园开始就被训练着双手规规矩矩背在背后，认真听讲，长大后开始记笔记，谁记得全，背得好，考试就能拿高分。课堂上提问的通常是老师，孩子只要回答出老师曾经授予的正确答案就可以了。这样的教育让孩子学会了如何应对老师的提问，却不习惯自己提问，更不被许可反问。然而正如那位美国教授说的，"没有哪一种知识是提不出问题来的"，每个人的思维都是有局限的，没有谁会完全正确、永远正确。

爱因斯坦曾说过："提出一个问题比解决一个问题更重要。"美国心理学家吉尔福特也说过："科学家成功与否很大程度上取决于他提出问题的能力。"孩子的学习不应该只是一种知识的被动接受，而应该是一种能力的主动培养。没有质疑精神，孩子很难形成终身受用的独立思考和独立判断的能力。

父母应该鼓励孩子积极提问——不明白的，要问，以求明白，这样才能真正掌握；即使明白了，也要明知故问，因为可以通过对方的准确复述，让自己掌握得更加准确。学问学问，勤学好问，好问别人，更要问自己，老师和父母应当鼓励孩子提出问题，自己寻找答案，具体可以从以下几点着手：

1. 保护孩子的好奇心

好问是孩子的天性，他们对周围的事物有浓厚的兴趣，会以兴趣为基点，琢磨、研究，从而发现问题、学到知识，甚至会有所发明创造。

詹姆斯·杜威·沃森是 1962 年诺贝尔生理学及医学奖得主。他从小就很聪明，爱提问题，并且还会亲自实践，尤其是生物遗传问题。

有一次到吃饭的时间了，可是沃森还没有回家。爸爸出去找他，发现他正一动不动地半蹲在一个鸡蛋上，爸爸很纳闷他为什么会有那样的举动。沃森说："母鸡是这样孵小鸡的，我想看看自己可以吗？我就拿了一枚鸡蛋，估计一会儿就可以孵出来了。"

爸爸听了大笑，但他立即意识到自己的态度是错误的，他先是肯定了孩子的探索精神，然后给孩子讲清了道理。

沃森正是在不断的质疑中，成长为一个科学巨匠的。

善于提问题，是孩子好奇心的体现。孩子提问题，说明孩子是在真正地思考问题，这在学习中是必需的。父母应该对孩子的主动思考和提问给予充分的肯定和赞赏。对于孩子提出的问题，父母不应以成人的眼光来看待，而应该站在孩子的角度理解，珍视孩子的问题，保护孩子的求知欲。

2. 认真对待孩子的提问

对待孩子提出的问题，父母要保持冷静、客观的态度，认真为孩子解答。孩子向父母提问，是他们求知欲望的体现，也可以反映出孩子对知识的掌握程度，父母可以利用这个机会，发现孩子的长处和优势，因势利导，有的放矢地进行教育。

一天晚饭后，鲁迅先生靠在躺椅上，小海婴在他身边问了很多幼稚的问题。对于他的每个问题，鲁迅都耐心解答。

"爸爸，你是谁养出来的啊？"

"是我的爸爸妈妈养出来的。"

"你的爸爸妈妈是谁养出来的啊？"

"是爸爸妈妈的爸爸妈妈养出来的。"

"哦，那最早的时候，人是从哪里养出来的啊？"小海婴锲而不舍地问道。

鲁迅先生耐心地说："这是个很复杂的问题，不是简单几句话就可以说清楚的，你现在年龄小，还理解不了。等你大了，老师会给你讲清楚的。只要你好好学习，这个疑问就会解决。"

鲁迅先生的回答既满足了孩子的好奇心，使孩子知道了家庭成员之间的血缘关系，又考虑到孩子的年龄特点和理解能力，对于孩子暂时理解不了的问题，选择了避而不答，在孩子的心灵深处埋下求知探索的种子。

无论孩子提出什么样的问题，父母都应该耐心倾听，力求做出正确的回答，同时告诉孩子自己的解题思路。对于难度较高的问题，回答不了，父母也不必感到难堪，更不要用训斥的方法来维护自己的权威。应该坦诚地告诉孩子，然后和孩子一起讨论，一起寻找问题的答案。这样做不仅可以激发孩子的求知欲望，还能给孩子树立起实事求是的榜样。

3. 引导孩子学会提问

要想让孩子学会提问，父母首先要善于向孩子提问，经常和孩子谈论一些他们感兴趣的话题，从而引导孩子学会思考和提问。向孩子提问时，要充分考虑他的年龄和知识范围，不能过难或过易，不然会挫伤孩子的积极性。

当孩子还未养成提问的习惯或者所学知识较难时，父母也可以设计好问题，引导孩子模仿提问。提问内容由浅入深，由易到难。经过一段时间的训练，孩子初步掌握了发现问题和解决问题的方法后，就可以留有一定时间让孩子独立提问，自我展示。

4. 鼓励孩子自己答疑

对于孩子的提问，父母不要马上给出答案。如果孩子的问题自己稍微动脑就可以解答的，父母就不要直接给孩子答案，而要鼓励孩子自己去思考，否则孩子会养成什么事情都依赖父母的坏习惯。如果孩子独立思考解决有困难，父母也应该重视引导，给孩子提示，鼓励孩子自己想办法。

父母不妨让孩子多接触新鲜事物，鼓励他们发现问题，并自己去寻找答案，以满足他们的好奇心和求知欲。孩子在自己答疑的过程中，也会逐渐掌握解决问题的方法。

协助孩子制订学习计划

父母课堂

"凡事预则立，不预则废"，制订科学的学习计划，是实现学习目标的必要条件。家长应该结合孩子的实际情况协助孩子制订合理的、切实可行的学习计划，并督促孩子严格执行计划，帮助他养成良好的学习习惯，提高其学习效率。

郑杰头脑聪明，但是学习没有长久性，常常"三天打鱼、两天晒网"，学习成绩也并不突出。郑杰的数学成绩不太好，他向妈妈保证，自己一定要努力把数学成绩提上去。妈妈听了他的保证感到很欣慰。

郑杰也的确不是在敷衍妈妈，第一天他就认真地做了两页练习题，感觉也很愉快。就这样过了一个星期，一天晚上，妈妈突然发现他并没有做数学题或者学习课本知识。于是，妈妈轻轻地提醒他："你答应过妈妈要提高数学成绩的！"郑杰摊开双手，无奈地说道："我学了几天，但是没有效果。而且其他科目老师布置的作业也很多……"

妈妈笑着说："你应该制订一个学习计划，要知道学习不是一时半会儿的事情。几天的努力怎么可能把你长期积累下来的问题全部解决掉呢？"郑杰听了之后，认真地点了点头。

学习不是一蹴而就的事情，需要长时间的坚持和积累。要想让孩子改正对学习"三分钟热度"，有条理地学习，家长就应该协助孩子制订切实可行的学习计划。

制订严格的学习计划，可以使孩子按照计划有条理、有次序地学习，可以科学地利用时间，养成守时、有序、高效的好习惯，是孩子一生受用不尽的财富。

古人说过："凡事预则立，不预则废。"家长应该怎样协助孩子制定学习计划呢？

1. 学习计划要从实际出发，切实可行

合理的学习计划要从孩子的实际出发，切实可行。

学习计划应该以孩子的学习和生活习惯为立足点，这样才具有指导性和可行性。孩子的学习兴趣、在学校的表现、生活习惯、性格特点等都应该成为制订学习计划的依据。比如，心急的孩子可能就不太适合制订长期的学习计划，短期的学习计划能很好地让孩子体会到学习的成就感，提高孩子的学习兴趣。父母在帮助孩子制订学习计划时，一定要结合孩子的习惯，充分考虑孩子的学习进度、学习能力。

学习计划应该与孩子的学习内容相匹配，否则很难达到理想的学习效果。如果孩子今天学习的重点课程是语文，学习计划中却规定要做数学题，这样的计划显然不切实际，难以取得良好的效果。

父母在协助孩子制订学习计划的过程中，还应该参照学校的教学进度。如果孩子的学习计划与学校的课程进度相差太远，那

么孩子在学校的学习和自学便不能很好地结合起来，也会影响孩子的学习效果。

父母在协助孩子制订学习计划时，要注意学习目标的设定，既不能太难，也不能太容易。

2. 学习计划要明确具体

泛泛而谈的计划会让孩子无所适从，不知道从哪儿入手。计划越具体，指导性也越强。因此，学习计划中设立的目标、学习任务及时间安排等要素，都要力求具体化，这样也有利于孩子更好地执行计划。例如，一位中学生在外语学习计划中写道："除完成老师布置的作业外，每天早起读半小时课文；晚上睡觉前写一篇英语日记；一天熟记五个日常用语，争取期末考试外语成绩在 90 分以上。"这样的任务和目标就是比较明确和具体的。

3. 学习计划要留有余地

学习计划不也能除了学习，还是学习。家长在协助孩子制订学习计划时，要留出孩子娱乐休闲的时间，适当的娱乐休闲是孩子学习的补充，可以使学习生活丰富多彩，有助于提高孩子的学习效率。

另外，在学习和生活中常有一些难以预料的事，因此在制订学习计划时，时间的安排上要富有弹性，若学习时间安排过长，会使人像拉满的弓，容易断折；但如果余地流的太多，则会使计划的执行缺乏紧迫感，都达不到应有的效果。

4. 制订计划要灵活

父母在协助孩子制订学习计划时要灵活，这包括两个方面：一方面，在计划的类型上要灵活选择。在制订学习计划时，应该设定长期目标和短期目标，并确定为实现长期目标的阶段性的计划安排，同时还应有临时计划。另一方面，在执行学习计划过程中，应该根据孩子和计划执行的情况以及教学重点做出及时调整。

5. 监督孩子学习计划的执行情况

制订了学习计划以后，孩子能不能很好地执行是关键。孩子缺乏坚韧的意志力，一遇到困难便很容易放弃自己的学习计划，因此，父母应该时刻监督孩子学习计划的执行情况。

对于孩子在执行学习计划过程中出现的问题，父母应该及时向孩子提出来，并且给他们提一些可行的建议。如果孩子在执行过程中出现懈怠，父母应该及时鼓励他们坚持下去，这样才有利于养成良好的习惯，也才能达到制订计划的目的。

引导孩子进行预习

父母课堂

预习可以明确新课的重点、难点、疑点，帮助孩子有针对性地进行学习和听讲，提高听课效率，是扫清课堂学习障碍的良方。父母应该培养孩子预习的习惯，让孩子学会正确的预习方法，从而达到事半功倍的学习效果。

小艾最讨厌预习了，每次老师留下的预习作业，她都当作耳旁风，或是草草翻翻书就算完事了。这天回到家，爸爸又让她预习，她却说："老师明天就讲了，预习不是浪费时间吗？而且，预习之后，老师要讲的我都知道了，上课就不会专心听讲了，这不是得不偿失吗？"女儿的话好像也有一定道理，可是很多书籍上都说预习是孩子学好功课的重要一步，爸爸一时间不知道怎么办才好了。

预习就是预先学习，具体而言，是指学生在上课前自学有关新知识的学习过程。预习是学习过程中一个必不可少的环节，对学习效果影响很大。一位优秀的高中生说："预习是合理的'抢跑'。一开始就'抢跑'领先，争取了主动，当然容易取胜。"然而有调查结果显示：重点学校有 25% 的学生、普通学校只有 17% 的学生能够达到预习要求。也就是说，至少有 75% 的学生没有预习的习惯。究其原因，在于他们没有真正认识到预习的重要性，甚至有不少孩子认为预习是在浪费自己的时间。

家长应该让孩子明确预习的重要性，并指导孩子正确预习，增强孩子的自主学习能力，更好地提高孩子的学习成绩。在实际生活中，家长可以从以下几个方面着手，让孩子养成预习的好习惯。

1. 帮助孩子认识预习的重要性

同样的年龄，坐在同一间教室里，听同一位老师讲课，但孩子们对新知识的理解和吸收程度却有很大的差别。其原因就是不同的同学听课的起点和接受能力不同。因此，课前预习便显得尤为重要。

（1）预习可以提高学习效率

预习可以帮助孩子弄清重点和难点，对老师要讲的内容有一个整体地把握。对于一些基础和简单的问题，孩子可以在预习的时候通过自主思考解决；而对不懂的内容，孩子也能做到心中有数。带着重点和问题去听讲，这样孩子就更能集中注意力，而且疑难处由于自己预习时思考过，再听老师讲解就容易明白。这样，学习内容更集中，目的性更强，学习效率自然也就提高了。

（2）预习能开拓孩子的思路

孩子经过预习，已经弄懂了一部分知识，这样就能节省一些时间来深入思考疑难问题，归纳并学习老师解题的思路和方法。此外，对于自己预习时已经搞懂的内容，也可以将自己思考、解决问题的方法与老师思考、解决问题的方法相对照，从中得到较大的启发，进一步打开思路，加深对已知知识的理解与巩固。

（3）预习可以提高自学能力

在预习中，孩子要独立进行阅读和思考，若能长期坚持预习，就会加快孩子的阅读速度，提高孩子分析综合、比较归纳、抽象概括等思维能力，这些自学能力会让孩子受益终生。

2. 让孩子学会控制预习内容

预习主要是熟悉一下将要学到的内容，以便帮助孩子在课上有重点地听讲。但有的时候，孩子在预习的时候往往不能很好地控制自己。比如，本来该预习下一节课的内容，他看着看着，觉得有些地方非常有意思，于是就不能控制地继续往下看；又或者觉得下一节的内容太枯燥，还没完成就草草结束。这样往往都不能达到预习的效果。因此，在孩子预习的时候，父母要教会孩子适当控制预习的内容。要让孩子了解下一节课的主要内容，弄清楚要学习哪些知识，需要巩固哪些知识，通过这门功课还能延伸哪些学习内容等，不要让孩子因为一时兴趣或感觉乏味预习太多或太少。

3. 要有一定的时间保证

要做好预习，必须有一定的时间保证。因此，在孩子的预习计划里应该有具体的时间安排，时间安排的长短可以根据课程的具体特点和孩子的学习情况来定。若空余时间多，预习就深入一点；若时间短，就浅一点。基础学科和劣势学科可以多花一些时间来预习，打好基础；而一般学科和优势学科可适当地少用一些时间。

但是家长也要让孩子学会合理控制预习时间，不能过长也不能过短。因为如果孩子预习的时间过长，就有可能把做作业的时间给挤掉；如果时间太短，则可能造成孩子囫囵吞枣，根本不能弄清课文的内容，也不能很好地理解基础性的东西，也就达不到预习的目的。家长要让孩子明白，预习的目的不是要把课文中的所有问题都弄明白，对于一些弄不清楚的问题，可以做下标记，放在课堂上听老师讲解，这样才能有针对性。

4. 要根据学科的特点进行预习

各个学科都有各自的特点，因此预习的方法也应有所不同，侧重点也应有所不同。比如，语文基础知识面广、知识点多，预习的重点应该在基础知识和阅读方面；数学是一门基本的工具学科，比较抽象，逻辑性强，预习的时候应该把重点放在对基本概念的理解和运用上；英语是一门靠自己平时积累和练习的科目，在预习外语的时候，应该把重点放在生词、阅读和语感上。

要让孩子在弄清各门学科特点的基础上，结合自身的学习情况有重点地、灵活地进行预习，这样才能事半功倍。

5. 让孩子学会合理的预习方法

预习的方法有很多，主要采用阅读法和剖析课题法。

（1）阅读法

这是最常见的方法，具体做法是：先通读教材，边读边想，找出重点、难点和疑点。然后利用工具书和参考书对遗忘或不懂的内容进行查找、分析，并把经过思考仍不懂的问题标出来，以便于听课时加以解决。最后对新课的主要内容、基本思路进行梳理，分析新旧知识之间的联系，整理疑难问题，以便对预习内容进行整体把握。

（2）剖析课题法

通过对课题名称的含义进行分析，形成一个总体印象。然后阅读教材，找出属于课题名称的部分，分清轻重主次，列出新课的提纲，并总结新课的主要内容及主题思想。

该方法一般适用于文科科目的学习。

教给孩子听课的方法

父母课堂

听课有一定的技巧，家长应该帮助孩子一起总结。让孩子学会有针对性地听讲，高效率地利用课堂上的四十五分钟时间，争取在课上就把重点、难点和疑点弄明白。这样，孩子在课下的复习就能省不少时间和精力，孩子的自信心也会一点点增强，不断提高自己的学习兴趣。

"儿子，老师今天给我打电话，说你上课老走神儿，怎么回事呀？"妈妈问儿子。

"没有啊，45分钟我一直坐在那儿听呀！怎么说我走神儿呢？"儿子反驳道。

"那老师问你大禹为什么三过家门而不入，你怎么回答他忘了带钥匙，三次都打不开家门呢？"妈妈生气地问儿子。

儿子摸了摸后脑勺，无言以对，因为这件事情已经让他在班里出了丑。

"你说你上课坐在那儿想什么呢？不好好听课？"妈妈问。

"今天我忘记带钥匙了，上课时突然想起来，正想着没带钥匙怎么回家呢，没想到老师就提问我了。"儿子低声说。

罗大佑的《童年》对很多父母孩子来说，应该都不陌生。这首俏皮又带点忧伤的歌曲非常形象地反映了孩子们听课时的心理。就像上面这个案例中，儿子虽然坐在教室，心却飘到了家里。听课的时候，尽管老师再三强调，"我们要向四十五分钟要效率"，但孩子的小脑瓜里并没有老师讲课的内容，而是知了、蝴蝶和对下课的期盼。

孩子在学校的听讲效果直接决定其对知识的掌握程度，孩子这样神游万里，必然影响其听课效率。孩子没用心听甚至压根儿没听老师讲课，当然不能很好地理解老师所讲的内容，渐渐地也就失去了对学习的兴趣，上课也就成了一种煎熬。即使课下再补习、请家教，效果也不会太好，而且会牺牲孩子的休息、娱乐时间。所以家长一定要帮助孩子提高专注力，让孩子学会有效听讲，充分利用课堂上的四十五分钟时间。

1. 督促孩子做好课前准备

课前准备包括心理准备、身体准备、工具准备和知识准备。

（1）心理准备是指要让孩子尽量保持良好的情绪、精神愉悦，同时让孩子保持浓厚的学习兴趣和强烈的求知欲。

（2）身体准备是指孩子的身体状况要良好，尽量让孩子的大脑保持兴奋状态，这是孩子认真听讲的一个重要前提。要是孩子身体不舒服，或是前一晚没休息好，孩子都不可能全身心地听讲。因此，父母一定要帮助孩子养成良好而规律的作息习惯。

（3）工具准备是指父母应该督促孩子准备好上课要用的书、练习本、笔记本、草稿纸、笔、尺子等文具。有的孩子上课了才发现课本忘带了，孩子出现这样的情况，听课效率自然不可能高了。

（4）知识准备包括两个方面：一个方面是孩子对已经学过 : 知识的掌握，这是学习新知识的基础；另一方面是孩子在预习过程中对新知识的了解及疑问。孩子的知识准备能帮助孩子带着问题去听讲，能更好地跟上老师的思路，提高听课效率。

2. 让孩子学会用眼睛看

用眼睛看，主要是指让孩子看老师的板书、肢体语言和实验演示等。老师不会把所有要讲的内容都书写在黑板上，一般来说，老师写在黑板上的东西，都是课上的重点、难点和关键点，有时候老师为了区分和强调，还会用不同的颜色标记，以帮助孩子们加深记忆。让孩子一定要多注意这些信息，这样才能抓住学习的重点，高效地学习。

有时候，老师为了增强知识的趣味性，会运用一些生动的表情或肢体语言，帮助孩子们更好地理解文章的内容，这样的情况常常出现在文科课堂上。比如，老师为了加深孩子对某个人物的理解，会进行角色扮演，用自己的表情、语言、神态和肢体语言，把人物形象扮演得栩栩如生。孩子要用心看老师的表演，这样能更快更好地记忆。

实验课上，除了要掌握相关的知识，孩子还要仔细看清楚老师的操作步骤，以免自己操作的时候出现失误甚至发生危险。

3. 教给孩子一些听课的技巧

有的孩子听课的时候，容易钻牛角尖，一个问题没听懂，就开始冥思苦想，直到想通为止。这样的听课方法是不可取的。家长应该教会孩子，上课听讲应该与老师保持同步，听不懂的可以先做上记号，等下课的时候再去和老师讨论。

有句古话说得好："授人以鱼，不如授人以渔。"知道问题的答案远远比不上知道解题的思路、方法和技巧。因此，孩子在听课的时候，一定要注意听懂老师的思路，学习老师的分析推理，提高自己的归纳总结能力。

另外，孩子在上课的时候，还要注意听其他同学的提问和回答，并与自己的答案进行对比，找出不同，拓宽自己的思路。

4. 鼓励孩子积极主动发言

要鼓励孩子争取课堂发言的机会，积极主动地回答老师提出的问题，同时也提出自己疑问。这样可以帮助老师了解孩子的掌握情况，更有针对性地帮助孩子提高学习成绩。孩子能提出自己的问题，证明孩子在听讲的同时，进行了认真的思考，是值得表扬和鼓励的。另外，主动发言，还能锻炼孩子的胆量，提高孩子的口头表达能力。

5. 让孩子学会记笔记

"好记性不如烂笔头"，会听讲会学习的孩子一定也是会记笔记的孩子。记笔记不仅能帮助孩子更好地区分和掌握老师所讲的重点，还能提高孩子的专注能力，让孩子更好地听讲。有的孩子做事特别认真，记笔记也要力求一笔一画、工工整整、清清秀秀，但是课堂上的时间是有限的，这样必然导致孩子手忙脚乱，一堂课下来疲累不堪。家长要让孩子知道，记笔记的时候，只要自己能看懂就行，不必追求完美。也不是老师说过的每一句话都要记下来，而应该挑重点记，书上有的就可以不记。如果老师讲得实在太快，来不及记，可以记下关键词，课后再慢慢补充。

指导孩子有效复习

父母课堂

学了知识如果不进行复习，过一段时间就会忘掉大部分，这和没有学的结果差不多。如果孩子能够对所学知识进行复习，那么，这些知识慢慢就会变成孩子自己的，成为他们的一部分。家长应该帮助孩子养成复习的好习惯，让孩子掌握正确的复习方法，结合学科特点灵活地复习，扎实地掌握所学知识。

复习是重新学习已学过的知识，应该成为孩子学习中一个非常重要的环节。孔子说过："温故而知新。"复习有助于加深孩子对知识的理解、巩固，也有助于查漏补缺，促进知识的系统化，帮助孩子把学到的知识和内容融会贯通。

"学习"二字中也强调了复习的重要性，"学"是接受新知识，"习"是进一步理解、归纳、总结和记忆已经学过的知识。在学习过程中，只学不习，就如"猴子掰玉米，掰一个丢一个"。因此，家长应该让孩子重视复习，学会正确的复习方法，更好地学习知识，积累知识。

1. 遵循客观规律，及时进行复习

根据心理学家艾宾浩斯的遗忘曲线可以知道，遗忘主要发生在识记后的两三天，那时遗忘速度最快，然后逐渐缓慢下来。所以复习要"趁热打铁"，当孩子学习了一些内容之后，就应当在当天或是第二天对所学的内容和知识进行复习。切忌在学习之后很久才去复习，那时所学知识遗忘殆尽，就等于重新学习。一些孩子平时不复习，考试前"临时抱佛脚"，企图"临阵磨枪"，其效果是很差的。

及时复习不一定非要让孩子吃过饭就趴在桌子上看书，有时候脱离书本的复习反而更有效果。比如，父母可以在和孩子散步、聊天的时候，让孩子把一天中所学的东西都在脑子里过一遍，总结一下一天的学习情况；也可以让孩子在睡觉之前，回想一些近两天的学习内容，思考一下老师讲的知识。这些方法都是很有效的。

为了帮助孩子更好地掌握所学知识，除了要在学完后及时复习，还应该每隔一段时间就复习一遍。比如，让孩子三天后复习一遍，每周再对所学内容进行小节复习，一个月或三个月做一次总复习。

2.让孩子学会多感官复习

复习是对所学内容进行再一次的编排，这时候，如果只是机械地阅读或是背诵，往往会让孩子觉得乏味，也会产生心理疲劳，达不到复习的效果。

现代科学研究表明，单凭听觉，每分钟可传递一百个单词，而视觉的传递速度是听觉的两倍，视听同用，则传递速度是听觉的十倍。可见，在孩子的学习过程中，眼、耳、手多种感觉器官并用是非常有效的。父母可以指导孩子运用多种感官进行复习，采用看、听、记、背、说、写等多种形式复习整理知识，可以把知识点编成口诀，甚至可以利用肢体语言辅助记忆。这样不仅可以增强复习效果，还能让孩子在复习中得到乐趣，激发孩子的学习兴趣。

3. 让孩子在最好的状态下复习

良好的状态对于复习效果来说是非常重要的，只有当孩子心情愉悦，复习的时候才会收到不错的效果。因此，如果孩子出现了不良情绪，父母应该先帮助孩子消除坏情绪，不能一味地逼着孩子进行复习。复习的时候，如果孩子没有明确表示需要父母的帮助，父母就应该给孩子提供一个相对安静的环境，尽量不要打扰孩子，让其安心地复习功课。

4. 针对学科特点，有针对性地复习

不同的学科，学习重点不同，复习的方法也不应该千篇一律。要让孩子学会结合学科的特点及学科重点，选择不同的方法，有针对性地进行复习。比如，复习语文、外语最好是大声朗读课文，记住所学的生词、读写方法和语句的含义，外语还应重视语音、语法、句型等知识的复习；复习数学则应背熟公式、定理，适当做一些练习题巩固记忆、熟悉解题技巧；复习历史、地理、生物则应细读教材，找出前后知识的联系，在理解的基础上牢牢记住基本概念、人名、历史事件发生的时间地点等。

5. 教孩子分散复习

在心理学研究中，人们发现前摄抑制和倒摄抑制对记忆和遗忘有重要的影响。前摄抑制是指先学习的内容对后继学习产生干扰，倒摄抑制是后学习内容对先前学习产生干扰。有的孩子喜欢在比较长一段时间里，集中复习某一门功课，这样过于集中的复习既有前摄抑制又有后摄抑制，会影响记忆的效果，是不科学的。

另外，孩子的专注力比成人差，很难在长时间内集中注意力做某一件事情，因此家长应该教会孩子采用分散复习的方法来进行复习。

分散复习是指把学习时间分散开来。比如家长不妨让孩子每次复习 30 分钟，中间休息之后再复习。这样孩子就能更好地集中精力，不但不易遗忘，而且不会使身心过于疲劳。

6. 教会孩子交叉复习

如果孩子的复习任务比较重，要同时复习好几门功课，家长最好教会孩子采用交叉复习的方式。比如前 30 分钟复习语文，中间休息后就换成另一门课程，再休息后又变成其他的课程。这样复习孩子不易感到厌倦，还能提高复习效率。

7. 鼓励孩子尝试背诵

尝试背诵，即读过几遍学习材料后，便尝试着背诵，看自己哪个地方最容易出错。这样有利于针对薄弱环节，重新分配精力。而且，由于注意力集中，学习印象深刻，记得快且牢固。反复的阅读和练习只是平均用力，没有针对性，而且容易走神，学习效率不高。

一般来说，将全部复习时间的 60% ~ 80% 用来尝试背诵，20% ~ 40% 用来诵读，效果较佳。

提高孩子做作业的效率

父母课堂

训斥、逼迫、监督很难提高孩子做作业的效率，孩子往往不吃家长这一套。孩子的专注力差，为了提高孩子做作业的效率，家长应该给孩子创造良好的环境，并帮助孩子一起制订计划，合理分配孩子的时间和精力，及时有效地帮助孩子解决遇到的困难，多给孩子以鼓励。这样更能激发孩子的学习兴趣，帮助孩子按时按量按质的完成作业。

小洁不爱写作业，每天放学回家，吃完饭就看电视，或者出门找其他孩子玩。每次都要父母催促好几遍才不情愿地拿出作业。写作业的时候，小洁总是拖拖拉拉，左看看，右动动的，要是父母不在旁边监督，她在书桌前做一个小时也写不了半个字。父母为此费了不少心，一开始是哄着、骗着，后来也打过、骂过，可是都不管用。到后来，小洁干脆撒谎，每次回家都说老师没有布置作业，宁可被老师批评也不愿意做作业。对此，父母是一筹莫展，焦急万分。

孩子不爱做作业的现象，是许多家长，特别是低年级学生家长普遍关心的问题。因为孩子年纪小，自制力差，又爱玩、好动，让他乖乖坐在书桌前写作业，真不是一件容易的事。

一般来说，老师布置的作业量应该都是在孩子的接受范围内的。而且老师布置的作业，往往和当天课堂上的教学重点相联系，能很好地帮助孩子巩固所学的知识，所以帮助孩子按时按量完成作业，对孩子的学习是很重要的。

1. 创设良好的环境

环境影响人，有了良好的环境，孩子自然而然就能进入写作业的状态中，认真完成作业。父母首先应安下心来，可以读读书、看看报，做一些不出声、不转移孩子兴趣的事。有条件的话，可以给孩子准备专门的作业场地，可以根据孩子的意愿进行布置，多摆放一些书籍，营造浓厚的书香氛围。为孩子创造一个安静、学习气氛良好的空间，远比坐在孩子身边加以监督有效得多。

2. 灵活调整孩子做作业的时间

家长应该根据实际情况调整孩子做作业的时间。有的家长，孩子一吃完饭，就要求回房间写作业，写完作业才能看电视。但孩子喜欢的电视节目往往都在饭后，如果家长坚持让孩子先写作业的话，孩子的情绪就会受到影响，做作业的时候也就不会那么专心，会影响孩子的学习效率。

家长可以把让孩子先看喜欢的节目或做喜欢的事当作对孩子的一种鼓励，以此为条件，让孩子更快更好地完成作业。

3. 及时给予奖励

很多父母会对没有完成作业的孩子施以惩罚，却常常忘了对按时完成作业的孩子进行表扬和奖励。当一份作业看起来过多的时候，家长可以帮助孩子把作业分成若干份，每当孩子成功完成一部分时，就给他一个奖励。比如，当孩子完成三分之一时，可以奖励一个孩子喜欢的小东西；完成一半的时候，可以奖励孩子看半小时的电视等。父母还可以让孩子自己列出一个他愿意争取的奖励清单，可以是一些小零食或是小玩具，但不能是什么昂贵的、特别大的奖励。

这样一方面能帮助孩子分散作业的压力，减轻孩子的学习负担，还能更好地激发孩子的学习兴趣，提高做作业的积极性。

4. 帮助孩子解决作业中遇到的困难

父母应该让孩子独立完成作业，开始的时候，孩子自制力差，父母可以在一旁陪伴，进行督促，但是应该逐渐减少陪伴的时间，最终放手让孩子独立完成作业。

父母要关心孩子做作业的情况，对于孩子做作业过程中碰到的困难，父母应该及时向孩子伸出援助之手。比如，孩子的作业任务太重，父母可以和孩子一起，制订一个简单的作业完成计划，合理地分配时间和精力，让孩子有计划地完成作业；如果孩子觉得作业太枯燥，父母可以给孩子讲一些相关的小故事，或是把作业题目改变成孩子感兴趣的形式，让孩子觉得写作业是一件有趣的事。当孩子碰到难题向家长求助时，家长应放下手中的工作，和孩子一起讨论，引导孩子进行思考，告诉孩子解题思路，但是不要急着告诉孩子问题的答案，多鼓励孩子进行自主思考。

第 6 章

发现孩子的天赋，让孩子
习得一技之长

　　每个孩子都有自己的天赋，父母要善于发现，并加以悉心培养，就能成为孩子的特长。当然，不可拔苗助长，要孩子感兴趣才行。让孩子习得一技之长，会使孩子受益一生。

让特长为孩子增添自信

父母课堂

> 如果孩子能有一技之长，那么，不管是在学习或业余活动中都会有很强的自信心，不管做什么事情他都能够积极主动地去面对。当孩子踏入社会的时候，他就能更善于发掘自己的潜力，发挥自己的优势，经营自己的长处，从而找到适合自己发展的道路。

有研究结果表明：一个孩子所取得的某项突出成绩，往往与其自信心的强弱有密切联系，而孩子具有某种特长又极大地强化了他的自信。也就是说，特长常常促使一个人在事业上获得重大突破。因此在促使孩子努力学习科学文化知识的同时，还要注意孩子特长的培养和发展。那些强令孩子放弃自己的特长，只埋头读书的做法是极其错误的。

有一个落魄的青年流浪到了巴黎，他期望父亲的朋友查尔斯叔叔能帮助自己找一份谋生的差事。

"数学精通吗？"查尔斯问。青年羞涩地摇头。

"历史、地理怎么样？"青年还是不好意思地摇头。"那法律怎么样？"

青年困窘地垂下头。查尔斯接连的发问，青年都只能用摇头告诉对方——自己似乎没有任何长处，连丝毫的优点也找不到。

"那你先把自己的住址写下来，我总得帮你找一份事做。"查尔斯最后说。

青年羞涩地写下自己的名字和住址，转身要走，却被查尔斯一把拉住了："你的名字写得很漂亮嘛，这就是你的优点啊。"

把名字写好也算一个优点？青年在对方眼里看到了肯定的答案。

我能把名字写得叫人称赞，那我就能把字写漂亮，能把字写漂亮，我就能把文章写得好看……受到鼓励的青年，一点点地放大着自己的优点，他脚步立刻轻松起来。

数年后，青年果然写出了享誉世界的经典作品。这个年轻人就是18世纪法国家喻户晓的作家大仲马。

生活中有很多人都拥有一些诸如"能把名字写好"这类小小的优点，或者说是长处，但常常会由于自卑等原因被忽略了，更不要说是一点点地放大它了。孩子的成长是一个相当长的过程，需要不断给予鼓舞和自我激励，去发掘一项优势潜能，以及能够激发他们努力向上的自信心和自尊心。俗话说"尺有所短，寸有所长"，每个人都有自己的长处，如果善于经营自己的长处，就会给自己的生命增值。

日本一位教育专家认为："人的大脑犹如一条毛巾，只要提起一端，便可带动全体。为何拥有一技之长的人，通常其他方面也会有优异的表现呢？正因为头脑有如毛巾般的特性，只要有一端被开启，其他部位也会相对地活跃起来。因此，若对某一课题产生好奇心，集中精力去做，必能促进全脑的活性化。"

这位教育家自己曾经有过这样的经验。在他中学时，有位同学成绩较差，同学们都瞧不起。但自从体育课教相扑后，这位同学以绝对的实力令人刮目相看，并从此获得了信心。以后他在班里积极发言，成绩也突飞猛进，令大家吃惊不已。

如果孩子能拥有一门擅长的学科，生活自然就会是充实愉快的，同时，也可能会因为自信心的增加而促使其他科目的进步。也就是说，一个拥有自信，对生活充满期望的人，将会由于连锁反应的产生，在各方面都有优异的表现。

当然，每个人都各有所长，无法事事精通。父母千万不要因为孩子在某方面有不理想的表现而苦恼，而是要随时对他的优点加以赞赏和鼓励，帮孩子树立信心，在他面对各项事情时，均有积极挑战的精神，从而发掘孩子的优势、潜能。

从理论上讲，发掘优势潜能的方法是符合"补强法则"的。"补强法则"是美国加州大学的哲学博士詹姆斯·多伯森，以哲学家的眼光在审视美国的教育（家庭和中小学教育）后，总结经验和教训，从而提出的观点。它是指"当一个人的行为得到周围人的赞许时，这种行为就会重复出现"。比如，自卑的孩子做事消极，总觉得自己做不好、会失败，常常打退堂鼓，但是如果他有了一项比别人强的拿手戏，就能焕发出自信心，觉得自己只要去做，就一定会成功。这种自信心一定也会延伸到其他更多的领域，使得孩子能积极主动地去面对各种各样的局面，应付各种各样的挑战。

父母要培养孩子的特长，可以留心孩子有哪些爱好，有哪些长处可以发展为特长，然后在这方面刻意增强孩子的兴趣。要发掘孩子的天资，父母就要让孩子多接触各方面的事物，大胆去尝试，鼓励孩子自己动手去做、用心去观察，充分接受各种新的生活体验。除了让孩子做多种多样的尝试外，父母还应注意为他们提供各种学习的条件和施展才华的机会。然后在这些过程中，观察了解孩子喜欢干什么，擅长干什么，再因地制宜、因势利导地培养孩子发展他们的长处。

对孩子进行音乐启蒙教育

父母课堂

> 对孩子进行音乐启蒙教育，是培养孩子音乐特长的首要任务。父母要多和孩子一起听音乐，一起随音乐的韵律做动作，一起感受音乐的美感，这是对孩子最好的音乐启蒙教育。

越来越多的父母开始对孩子进行音乐教育，有很多父母都给孩子报了音乐学习班，当然，也有的父母自己给孩子进行一些音乐教育。希望下面几个方面的建议，能够在父母对孩子进行音乐教育的时候有所帮助。

1. 对孩子进行音乐启蒙

★对孩子的音乐启蒙应当开始于胎教。因为孩子早在母腹中的时候就已经有了听觉，所以在母亲怀孕的时候，就应该多让胎儿听一些音乐。

★父母要让孩子一出生就生活在充满音乐的天地里，可以播放一些轻音乐来刺激一下孩子的听觉神经，对孩子进行音乐的启蒙训练。

★随着孩子的成长，父母可以选择各种情绪的乐曲或是歌曲和孩子一起欣赏，并且用自己的情绪去感染孩子，使孩子逐步学会感受乐曲、歌曲的性质。比如，当你听到活泼、欢快、抒情、柔和的音乐时就要做出相应的情感反应。到时候，当孩子在听到高兴的歌曲时，他就能够用一些表情和简单的动作表达出来了。

★父母可以为孩子购买一些小乐器，比如铃鼓、钢片琴、电子琴、口琴，也可以自己制作一些沙球、响板等，让孩子可以自由地去摸摸、敲敲、吹吹、打打，发出各种声音，以激发孩子的兴趣。

★利用铃鼓、沙球等打击乐器，让孩子感受到节奏感。当父母敲出什么样的节奏时，让孩子也敲出相同的节奏。

★父母还可以为孩子选购一些旋律优美、歌词简单、情趣性高、游戏性强的儿童歌曲光碟，放给孩子听。当孩子能够熟悉其中的歌曲之后，再教给他唱。还可以教给孩子做一些简单的动作，让他做一些音乐游戏。

2. 教孩子玩音乐游戏

父母可以在家里为孩子创设一个轻松而愉快的音乐环境。比如，经常播放一些音乐，并且根据孩子"直觉行动思维"的特点，以动作来表达和理解内容，引导孩子在听了音乐之后唱唱、跳跳、玩玩，把音乐和玩耍融入孩子的生活之中。父母要兴趣盎然地和孩子在一起玩一些有趣的音乐游戏，逐渐形成一种生活习惯。

3. 用形体表现节奏

用形体动作来表现节奏，就是用音乐来刺激听觉，让人产生印象，然后再通过身体的动作来表示音乐的情绪、节奏、速度、力度等。当孩子在听音乐的时候，让他用自己的身体动作来体现节奏。由于孩子一般都比较活泼、好动，这样的活动又适合他们的年龄特点以及他们的认识能力，有利于培养孩子的节奏感。那么，要如何教育孩子用形体动作来表现音乐的节奏呢？

★培养孩子用形体动作表现节奏的兴趣。父母可以让孩子观察人体本身的许多动作中所包含的强烈节奏。比如，爸爸在走路时的动作，父母在织毛衣时的动作，哥哥在打篮球时的动作，以及姐姐在踢毽子时的动作等，让孩子感受形体动作能表示节奏。

★和孩子一起编一些简单的体态律动。可以选择一些切合孩子日常生活的内容，如穿衣、洗脸等动作，用醒目简单优美的音乐表现节奏。还可以让孩子模仿一些自己喜爱的小动物的动作，听音乐表现节奏。比如，小兔跳、小鸭走、大象甩鼻子等。为了提高孩子练习的兴趣，父母也可以和孩子一起做，并且要注意培养孩子合拍的能力。

★选择生动有趣、节奏比较明显的乐曲，让孩子随着音乐的反复，用形体动作来体验节奏的快慢和强弱的变化。比如，让孩子跟着音乐节奏走步，要求孩子走步的速度要与音乐的快慢一致。音乐快的时候就要走得快，音乐慢的时候就要走得慢还可以让孩子用嘴巴发出象声词来伴随动作，体验节奏的强弱，比如，让孩子一边听音乐一边打鼓，还要随声发出"咚咚咚"的打鼓声。音乐强，打鼓的动作就要重，发出的声音就要高。音乐弱，打鼓的动作轻，发出的声音也轻。

★当孩子基本上掌握了用手、脚、嘴等表现节奏之后，父母就要开始引导他用身体的各个部位(头、肩、腰等)来表现节奏了。在用身体动作表现节奏时，一定要注意让孩子自由发挥，即兴表演，不要让孩子一味地模仿父母的动作。还有，孩子出现动作不协调等现象是在所难免的，当出现这种情况的时候，应该让孩子在父母的引导下进行自我调整，以求达到形体与节奏的协调统一。

让孩子选择自己喜欢的美术活动

父母课堂

孩子的思想很单纯，他虽然不知道画和画之间还有什么分别，但是他也有喜欢画的东西和不喜欢画的东西。父母不要替孩子选择，要让孩子自己选择，选择他们喜欢的，这样才会让他们有兴趣、有动力。

孩子不喜欢那种特定的东西，而是喜欢随心所欲，看到什么就画什么，想到什么就描几笔。孩子在学绘画的时候，一般会喜欢下面的这些美术活动。

1. 画人物画

让孩子最感兴趣的就是画小人了，当他们看到一个个小人在自己的画板上跳跃的时候，总会感到特别高兴。父母可以透过孩子的这个兴趣，让孩子描绘他熟悉的人物。在孩子的日常生活中，最常接触的就是父母、老师和小伙伴了，孩子对他们都十分熟悉和亲近，也喜欢为他们作画。父母不妨依照下面的步骤指导孩子画人物画。

　　孩子在学会画最基本的线条、圆圈之后，父母可以告诉他：人的头是圆形的，身子像一个小方块，四肢像细长的长方条，手脚像小半圆形。这样，孩子就会对人体几个部分的形状有一个大致的了解。如果孩子能够画出几何结构的人形，父母就可以逐渐让孩子观察一下人体的基本结构，特别是他熟悉的人的样子、主要特征。让孩子通过比较，认识胳膊、腿、身体的长短不同、粗细有别。当孩子能够画出人的轮廓图时，就应该让他注意一下人的眼睛的不同，哭和笑时的眼形、嘴形也不一样；如果孩子画的人没有脖子时，父母可以引导一下，告诉他没有脖子的人怎么呼吸呢。通过这些，让孩子注意人体结构的细小部分，培养孩子细致观察的能力。

　　当孩子画到一定的程度时，让他照着自己喜欢的玩具或是娃娃画，让他一边看着布娃娃一边画，还可以给他找来阿童木、小一休、孙悟空等玩具让他照着画，这是一种对孩子画静物画的初步训练。

　　除了上面的训练之外，还要让孩子学会用颜色为人物上色。让孩子学会挑选自己喜爱的颜色给人物上色，这样一方面可以锻炼他的色彩感，一方面又让他学会了识别颜色的种类。

　　当孩子用自己喜欢的颜色为画上色的时候，父母不要干涉，更不能指定他们用某种固定的颜色，要允许孩子大胆地根据自己的意愿为画上色。

2. 给儿歌或是故事配画

　　一个美丽的故事、一首优美的儿歌都能激发出孩子创造的欲望，也可以培养孩子的想象力、创造力。父母可以从以下几个方面入手培养孩子为儿歌或是故事配画。

首先，让孩子听一首短小的儿歌，等孩子能够理解其内容并且学会念这首儿歌之后，再引导孩子将儿歌中的内容安排在画面中，最后再画出来。比如，为孩子放一首这样的儿歌"小白兔，白白的毛，长长的耳朵短尾巴，走起路来蹦蹦跳，爱吃青菜和萝卜"。当孩子听完之后，就会饶有兴趣地根据儿歌的内容，画出一只吃青菜或萝卜的小白兔了。

其次，让孩子听一小些短小的诗句，开动一下脑筋，进行想象，然后再让孩子根据自己的生活经验和已有的知识来为诗句配画。比如，父母可以让孩子听这么两句话："爸爸妈妈，快看快看，街上出现了好多会走路的小蘑菇。"这个时候，重点是让孩子听、学，然后再让他理解和思考，思考为什么街上会走出小蘑菇？街上的蘑菇是什么？这些蘑菇又为什么会走路呢？这一连串的问题就会引起孩子的兴趣及强烈的求知欲，当他们发现原来所谓的蘑菇就是雨伞的时候，再让他们配画。

最后，父母可以引导孩子给故事配画。当孩子听完父母所讲的故事，并且企图将听过的故事讲出来的时候，故事就像"激素"一样促进孩子的语言发展，而孩子的语言发展又会促进孩子思维的发展、想象力的发展。所以，父母可以通过配画对孩子各方面的能力进一步培养。比如，当孩子听了《三只蝴蝶》的故事之后，可以让他们把红蝴蝶、白蝴蝶、黄蝴蝶画下来，再画上红花、白花、黄花三朵小花，让孩子为故事配上主题画。

3. 幻想画

幻想画可以分为两种：一种是无中生有，这种画在现实生活中是不可能有的，甚至是奇异荒谬的幻想，比如，在天上飞的鱼、在水里生活的人、未来世界的生物等；另一种是对现实世界提出的一种新的愿望，是有可能会实现的，比如，机器人、新式玩具等。幻想画是一种最能培养孩子创造力的画，它不仅能够满足孩子想象的欲望，还能疏导孩子对一些事物的恐惧及不解心理，激发孩子对他们不满意的事物谋求改善的愿望和理想等。

4. 拼贴画

这种画是让孩子把一些零碎的东西，比如细绳、纱线、小塑料片、彩纸片、碎布头、树叶、树皮、包装纸、烟盒、贝壳等东西粘到纸上。

在做拼贴画的时候，要让孩子按照自己的想象去创造，这些东西怎么摆放、粘贴都可以，最后都能构成一幅孩子心目中的图画。

5. 折纸

折纸也是一种很富创造性的造型活动。折纸需要的材料非常简单：纸张和剪刀。要教会孩子对边折、对角折、四角向中心折、连续几次向中心折、双正方形折、双三角形折等方法，在此基础上折成各种玩意儿。

6. 泥工

让孩子用橡皮泥、黏土、面团等，通过搓、揉、压、捏等动作，做出各种各样的东西。如动物、食品、家具、交通工具、建筑物等。

不管孩子选择了哪一项活动，父母都要积极支持，这样才会让孩子有兴趣学下去，才能真正能获得一技之长。

让孩子练练书法

父母课堂

学习书法，对陶冶孩子性情、磨炼孩子意志、提高孩子的观察能力、培养孩子一丝不苟的学习精神很有好处；通过眼、手、脑的协调培合，可以达到开发智力、提高孩子综合素质的目的。

书法是汉字书写的艺术，汉字所承载的文化是书法艺术的内核和灵魂。孩子在学习书法过程中自然可以学到文字、文学、历史等各种知识，通过所书写的文辞，又可以受到民族精神、传统美德的熏陶。

书法中充满了各种各样、极其丰富的形象的美、风格的美，以及人们从世间万物中提炼出来的美的法则等。书法的美是辐射性的，它的触角伸向建筑、音乐、舞蹈、绘画等各种艺术门类，孩子在学习书法的时候，欣赏美、理解美、创造美的能力能自然地得到训练和提高。

书法艺术充满了哲理。运笔的轻、重、快、慢、提、按；线条的粗、细、曲、直、方、圆、长、短；结构上的险绝与平正、疏朗与茂密、大与小；墨色上的深、浅、干、湿等，充满了对立的矛盾，同时又充满了和谐统一。孩子在学习书法的过程中，思维方式无形中也得到了训练。

书法的主要工具——毛笔对人精神的要求比较严格——必须认真细心。孩子学习书法的时候，手部肌肉、大脑神经都会得到有益的训练。父母可以从以下几方面着手：

1. 激发孩子的兴趣

书法教育同其他艺术教育一样，旨在培养发展孩子的审美能力。孩子年龄比较小，对事物的理解能力比较差，书法与其他艺术类相比显得有些单调，所以孩子在写书法的时候往往会没有耐心，容易疲劳，产生厌烦的心理。这时候，可以用孩子喜爱的书法作品激发他的兴趣，如优秀字帖，通过欣赏，诱导孩子临摹和创作，让孩子享受漂亮的字给人带来的快乐，从而提高他们的积极性。

2. 由易到难，循序渐进

让孩子始终保持一种学习的新鲜感，有效避免厌倦及抵触情绪，让孩子在学习中有自己的理解和表现。教孩子练习书法，要由易到难，循序渐进，一般先是基本笔画的写法，并选择相关字练习；然后是笔画的组合变化；偏旁部首的练习；间架结构规律，选择的字尽量是孩子认识的字、常用的字，有代表、有规律可循的字。

3. 培养良好的习惯

培养良好的习惯分为两个方面：一方面是培养孩子的独立性，自己的事情自己做。每次练习书法之前都要把东西整理好，把纸叠好格，把毛笔放在笔帘里，练完书法以后再把用过的东西整理好放回原处。另一方面是培养孩子良好的坐姿习惯。只有姿势正确才能把字写好。写字时，两腿放平，身子要正，做到人正、笔正、纸要正。姿势不正确时，父母应及时提醒，纠正。

4. 创造良好的环境

练习书法需要一个安静的环境。作为父母来说，给孩子创造一个和谐、安静的环境，让孩子始终保持坚持不懈的学习状态很重要。

5. 制定适度的学习要求

用适当的标准培养孩子的兴趣。父母在给孩子规定练习任务时，要意识到若要求过高，任务过重，只能使他们望而生畏，削弱学习的兴趣，产生厌学。父母既要给孩子定学习的时间，施加压力，又还要给他们轻松学习余地。孩子毕竟是孩子，都喜欢玩，若父母一点都不督促，放任自流，学什么都不成。但如果过分加压孩子必定承受不了，每天让孩子练字两小时较为适宜。

让孩子对体育运动产生兴趣

父母课堂

近几年来，不管是孩子的速度素质、耐力素质、柔韧性素质，还是孩子的爆发力、力量等方面的素质，都呈现出了全面下降的趋势。这些都说明了孩子体育运动的缺乏，而主要原因还是在于父母对体育的态度。

　　现在，肥胖的孩子普遍增多，孩子的肺活量下降，近视发生率也随着孩子年龄的增大而上升，孩子的身体素质也在下降，这些都充分说明孩子缺乏体育运动。

　　有的父母说，孩子天生就喜欢安静，不喜欢运动。其实，很少有孩子天生排斥运动的，孩子们的天性中总是充满了活泼好动的因子。那些不爱动的孩子也不是天生就是安静的，是因为父母把他们好动的因子全部扼杀在了胚胎之中。看下面几个例子就能够明白，为什么孩子不喜欢运动。

　　玲玲的爸爸在设计院工作，是设计院的主要工作人员。可能是由于自己身体不太好，经常生病，所以，当玲玲出生之后，爸爸就对玲玲百般呵护，生怕女儿像自己一样文文弱弱的。穿衣戴帽是春焐秋也焐，平时的饮食也是添脂又加钙。然而，在爸爸如此精心"喂养"下的玲玲却一点都没有让他省心。该病还是病，康复起来比别的孩子要慢得多……

　　虽然说不能排除玲玲的多病有遗传因素，但是，玲玲爸爸的观念也存在着明显的误区。要知道，如果能够吃饱穿暖就能健康无忧、远离疾病的话，那么，人的健康来得也太容易了。事实上，爸爸的这种过度保护，反而剥夺了玲玲锻炼的机会，削弱了她与生俱来的抗病能力。如果玲玲的爸爸能够让她坚持做一些体育锻炼的话，可能情况要好很多。

　　别看小强才刚上小学，小眼镜可就已经戴上了。这眼镜可不是白戴的，小强在幼儿园的时候就已经是远近闻名的"小博士"了。有一些连老师都不一定知道的知识，小强说起来却滔滔不绝。上了小学之后，每一次知识竞赛他都参加，而且每次都能够获得大奖，老师们都戏称他是"竞赛专业户"。但是，每次竞赛都不缺席的"竞赛专业户"却主动放弃了一次竞赛。那次的体育竞赛，小强本来是很想参加的，可是父母不同意，因为小强没有时间参加赛前训练。老师在做小强父母的工作时，他们解释说："每天都要抽出两个小时的时间，为的就是去参加体育比赛，有这个必要吗？再说了，就是拿了名次又能怎样？我家小强的时间很紧，就算是有多余的时间，我们还想让他多学一点东西呢。"见小强的父母那么坚持，老师也没有办法，只好作罢。

显然，小强的父母是把让小强"多学些东西"局限在了"书本知识"的范围内了，他们认为体育一点儿都不重要，孩子需要的只是学习。小强父母的这种观点很多父母都会有，但是，有没有想过，如果孩子没有一个好的身体，再多的知识又有什么用？

亮亮是一个普通得不能再普通的孩子，放在孩子堆里，丝毫不显眼。但是亮亮却非常想让同学们注意到自己，然而同学们似乎都不太愿意理他。亮亮认为，可能是因为自己没有地位，所以同学们才会不想理他。于是，他觉得自己必须得争取一点地位。然而，怎么去争呢？他的学习成绩虽然不能说太差，但是也只是在中等徘徊；艺术方面，他又没什么天赋。为此，亮亮十分苦恼。看着亮亮苦恼的样子，爸爸说："亮亮，虽然你没有什么天赋，但是你可以练体育，你看你手长脚长的，不就是一个练体育的料吗？从明天开始，爸爸陪你一起晨跑！"亮亮觉得爸爸说的是一个好主意。于是，开始了体育锻炼。在学校举行的一次体育比赛中，亮亮获得了长跑第一名。这个名次还挺管用，刚从场上下来，同学们就把他围了起来。亮亮的感觉可好了，从此，他做什么都有劲，学习成绩也提上去了。

其实，亮亮要的只是一种赢的感觉，这是孩子的一种很正常的心理需求，很多体育运动都可以给孩子这样的感觉。这里，亮亮的爸爸给亮亮打下了很好的基础。试想，如果爸爸对亮亮的苦恼视而不见，不陪亮亮晨跑的话，可能亮亮就不会取得这么好成绩了。所以，父母应当重视孩子的体育锻炼。

有很多父母都不太清楚体育的意义，他们只看到了"体"字，而没发现"育"字。他们认为，体育就是强身健体。其实，事情不是那么简单。从智力上讲，体育活动是孩子成长的一个重要生理刺激，对孩子神经系统的发育有重要的作用。除此之外，体育比赛可以强化孩子的规则意识；体育对抗可以培养孩子勇敢精神；团体项目可以帮助孩子学会协作；耐力项目可以锻炼孩子坚忍不拔的毅力……

在体育活动中，孩子可以扮演很多角色。在这样多种人际关系的处理过程中，孩子的社会化技能也能得到有力的推进。智力、心理、品质、社会化等，这些孩子应该必备的素质，在体育里面都能找到它们的因子。

体育锻炼是孩子终身的事情，正像智力开发有一个关键期一样，体质潜能开发也有一个最佳期。根据儿童身体发育专家的研究，4岁是开始体质潜能开发训练的最佳年龄，4~12岁是实施该训练的最佳时间段。所以，父母要做的是让孩子对体育运动产生兴趣，而不是扼杀孩子的兴趣。

让孩子成为小舞蹈家

父母课堂

看到孩子跟着电视中播放的儿歌扭动着小身体，父母会不会觉得自己的孩子有跳舞的兴趣呢？ 对于孩子来说，舞蹈可以锻炼身体，培养气质，增强身体协调能力等，值得父母们投入时间和精力让孩子学习。

舞蹈是美的艺术，它是一种用规范化了的、有组织的、有节奏的人体动作表达思想感情的艺术。它是用人体动作、造型来抒情的视觉艺术。那么，练习舞蹈对孩子有什么好处呢？

1. 提高孩子的身体素质

孩子的骨骼、肌肉及肌腱非常嫩，可塑性非常强，从孩子时期开始训练舞蹈，可以矫正一些不良习惯导致的形体毛病。比如，有的孩子由于习惯于内八字脚形走路导致小腿内侧弯曲或是"X形"腿形；有的孩子凹胸；有的习惯端肩；还有的轻微驼背等。这些形体毛病在经过一段时间的舞蹈训练后都能得到矫正和改善。舞蹈训练除了能促进孩子身体的健康发展，还有利于他们气质、风度、仪表等方面的健康发展。

2. 开发孩子的智力

（1）培养孩子奋发向上的心理素质

舞蹈课的训练是很艰苦的，而现在的孩子大多数是独生子女，很多孩子刚开始练功时，因为苦、因为累、因为疼而掉泪。父母通过引导，让孩子从小就认识到吃苦是为了什么，还要告诉他们

"苦尽甘来"的道理，告诉孩子只要努力拼搏，汗水、泪水都不会白流，总有一天会换来鲜花和掌声的。

舞蹈训练，锻炼了孩子的意志，增强了孩子们吃苦耐劳的精神。舞蹈队的每堂课，都时刻贯穿着竞赛意识和挑战的风气，不允许消极懒惰和漫不经心，这就需要每个孩子都应刻苦努力和持之以恒。通过训练，孩子们忍受着苦，忍受着痛，培养了自尊、自爱、自强、自信的个性，从小就树立了知难而上、奋发进取的精神

（2）培养孩子的注意力、记忆力及耐挫力

优美动人的儿童舞蹈能调动孩子们的无意注意，激发他们学习舞蹈的兴趣，从而发展他们的有意注意，通过高度的指向和集中力去感受舞蹈的内在情感、韵律、节奏。他们对舞蹈动作及舞蹈情感的变化都有了深刻的印象，并使之融入自身的舞蹈表演当中。

3. 舞蹈艺术的特有感染力，能够培养孩子良好的思想道德品质

我国著名舞蹈家吴晓邦说："艺术以它的感染力去培养人们良好的道德情操和高尚品质，鼓舞人们的乐观主义和进取精神。"孩子的舞蹈以感情活动为中心，通过潜移默化来塑造美的心灵，让孩子来辨别真、善、美和假、丑、恶，这也是德育的基本要求。

4. 舞蹈艺术使孩子学会感知美、表现美，提高审美能力

舞蹈有诗意的构思，有美的艺术造型，有活泼可爱的儿童形象，有悦耳动听的音乐旋律。舞蹈艺术通过孩子们的内在韵律和

形体节奏的糅合，展示多彩的思想感情，在身心自美的过程中给人以美，是一种集内涵外表于一体的理想的美育形式。它通过无声胜有声的美陶冶了孩子们的道德情操，美化着孩子们的思想感情，让孩子们从中去感知美、表现美。

很多父母都希望自己的孩子能歌善舞，希望孩子能够多才多艺。当父母看到孩子能够听着儿歌摆动自己的小身体的时候，不妨培养一下孩子跳舞的兴趣，让孩子感受一下舞蹈的魅力。当然，这也需要孩子对舞蹈感兴趣才行。

那么，怎样才能培养孩子对舞蹈的兴趣呢？以下这些建议可供父母们参考。

1. 最好父母本身能够对舞蹈感兴趣

孩子最爱模仿，而且对成人的举止、言谈、爱好都非常感兴趣。如果父母能够表现出对舞蹈的兴趣，对孩子就会起到潜移默化的感染作用，不知不觉间，孩子就会对舞蹈产生兴趣了。

2. 可以利用电视、电影等传播媒介

现在的孩子对电视、电影都非常感兴趣，父母可以有意识地带着孩子观看其中的舞蹈表演，让孩子从中感受到舞蹈的优美，慢慢的，就可激发出孩子对舞蹈的兴趣。

3. 为孩子创造一个美的环境

想要让孩子对舞蹈产生兴趣，父母首先要给孩子创造一个跳舞的环境。父母可以在窗户上贴一些有关舞蹈造型的窗花；墙壁上可以剪贴一些有关舞蹈的形体图；书橱里为孩子添置一些有关

舞蹈的画册，等等，以便让孩子观察、模仿、阅读，使孩子的生活空间充满舞蹈的情趣，由此而对舞蹈产生兴趣。

4. 为孩子播放乐曲

父母可以经常播放一些优美、抒情、活泼的乐曲或者是孩子喜欢的乐曲，让孩子听一听，跳一跳。也可以播放一些有关小动物的乐曲，让孩子伴随着欢快的乐曲蹦蹦跳跳，感受一下情趣。要知道，小孩子最喜欢动物，所以这方面的乐曲对孩子会比较有吸引力。还可以让孩子在音乐声中模仿小动物的动作，在观察中加以美化和创造。

5. 运用游戏法

游戏法是运用游戏的形式和口吻进行辅导的一种方法。舞蹈学习也应该让孩子感到是一种游戏活动、是一种娱乐。如学习鸭走步，父母就可以扮演鸭父母，让孩子当鸭宝宝，请鸭宝宝跟着鸭父母学本领，还可以戴头饰或穿上服装。还有小碎步，可用鸡父母带小鸡练习；蹦跳步，兔父母带兔宝宝练习等。此方法可以引起孩子的兴趣，提高孩子的学习热情。

平时，父母还可以经常带孩子去参加一些集体活动，让孩子感知艺术美，让优美的舞姿吸引住孩子的目光。当孩子在观看的时候，父母可以给孩子讲一些关于舞蹈方面的知识，相信那些充满儿童化、趣味化的舞蹈动作再加上艺术化的语言一定会激发孩子对舞蹈的兴趣。久而久之，孩子一定会对舞蹈产生浓厚的兴趣。

培养孩子的特长须"量体裁衣"

父母课堂

父母在培养孩子的特长时，一定要看孩子是不是喜欢，是不是有这方面的天赋。比如，孩子明明不喜欢学钢琴，父母却非得让学；孩子明明没有画画的天分，父母却硬是让画，这样做孩子是学不到东西的。所以，父母在培养孩子的特长时，一定要"量体裁衣"。

邻居家的豆豆刚过完 4 岁生日，她的父母就把"沉重"的钢琴搬回了家，从此，豆豆家传出了单调的钢琴练习曲。豆豆读小学了，豆豆的父母斥"巨资"让豆豆参加一个有名的英语学习班，此外，豆豆还参加了市少年宫的奥数班，学校的象棋兴趣班。听豆豆的父母讲，豆豆对所有的这些东西都感兴趣，而且效果都挺好。去年豆豆通过了钢琴 7 级考试，今年参加市级象棋比赛获得了第四名，参加奥数比赛的成绩也不错。姗姗的父母羡慕极了，她也想自己的女儿能像邻居家的豆豆一样。于是，姗姗的父母也给姗姗买回了一架钢琴，姗姗父母自己对音乐一窍不通，便花钱请来音乐老师教姗姗，每天练两三个小时的钢琴。刚开始姗姗还很有兴趣，但时间稍长，便觉得苦不堪言。爸爸训斥，父母诱哄，姗姗很不情愿，但又不得不练。但是，并没有取得良好的效果。

其实，发生在豆豆和姗姗身上的现象现在社会上十分普遍，许多父母都非常重视孩子的特长培养。同样的培养，两个孩子表现出不同的效果，引起了我们的思考。培养孩子的特长应该注意什么呢？

第一，要根据孩子自身的条件，帮助孩子正确地选择兴趣爱好和特长。孩子与孩子之间是有个体差异的，不同的孩子能力不同，发展潜力、发展方向也不一样。所以，父母在决定培养孩子的兴趣特长时，需要很好地观察，了解孩子的个性特点和兴趣倾向，了解孩子在平时哪一方面有"兴奋点"和"天分"。然后根据孩子的自身条件，实事求是地帮助孩子选择、确定兴趣爱好，并加以引导、培养，才能使孩子的兴趣、特长成为成功的动力，达到理想的目标。

第二，要避免对孩子进行强迫教育。如果想要让孩子形成某种特长，就必须重视对孩子学习兴趣和态度的培养。不论让孩子学什么，都要先启发，然后培养其兴趣，不能硬逼着孩子去练字、画画、弹琴等。如果父母不顾孩子的心理特点，采取强迫、命令，甚至威胁的手段逼孩子学习，那么其结果只会是扼制孩子的学习兴趣和成效，损害他们的身心健康。

第三，父母的观念要正确，不能急于求成。当孩子开始学某一种乐器时，一些父母由于望子成龙心切，往往会拔苗助长人为地给孩子加强"学习力度"，以"考级""获奖"或"获得众人较高的评价"来检验孩子学习乐器的水平，给孩子加重了负担，从而使孩子苦不堪言、兴趣顿减，甚至丧失了兴趣。常言道："兴趣是最好的老师"，当孩子没有了兴趣，将学习乐器当作苦差事，唯恐逃之不及，乐器是很难学好的，并且失去了让孩子学习乐器的初衷。因此，父母在培养孩子的特长时，一定要"量体裁衣"。

小学教师汪老师的女儿今年上六年级，她从 4 岁开始学钢琴，一直学到小学四年级，最后还是放弃了。这位汪老师曾对记者说："回忆这 6 年孩子学钢琴的经历，那真是一段辛酸史。"

　　女儿当初学习钢琴的时候，汪老师只想增强孩子的艺术修养和气质，弥补自己在这方面的缺憾，并没有想过非要让她成为一名钢琴家。

　　开始女儿还对钢琴有点兴趣，但上小学后，学习压力越来越大，逐渐对钢琴产生了厌倦情绪。每当汪老师催促女儿练琴时，她总是表现出烦躁和不满的表情，甚至怨恨母亲。

　　有一次，女儿练琴时还差一根手指的指法没有练，汪老师就批评女儿，女儿竟然气鼓鼓地说："干脆把这根手指砍掉算了！"

　　"现在我才知道，女儿并不适合学钢琴。"汪老师说，"作为一名家长，我感到自己真的很失败。"

　　事实上，像汪老师这样培养孩子特长的失败经历，许多家长都经历过。他们并没有真正发现孩子的兴趣，而是根据自己的兴趣为孩子培养特长。

　　汪老师的女儿停止学钢琴已经快两年了。汪老师感慨地说："大人应该善于发现孩子的特长，而不应该人为地为孩子造一个特长。现在，经过四五年前给孩子疯狂报各种特长班的白热期，许多父母在培养孩子的特长时，都少了几许盲目，多了几分理智。"

　　本来不喜欢音乐，非要让孩子学琴；本来嗓子不好，非要让孩子学唱歌；本来喜欢美术，非要让孩子学习跆拳道。这种逆着孩子兴趣培养特长的方式，最终会遭受失败。

　　薇薇今年 10 岁，但她已经有 6 年的武龄了。她父母很有心得体会，培养孩子的特长必须"量体裁衣"，当初他们本来想让薇薇学钢琴，后来发现孩子爱蹦爱跳，对武术很着迷。于是，他们改了主意，让薇薇学武术。现在，薇薇参加了不少大大小小的武术比赛，她很愿意在外人面前展示自己的本领。练武术，不仅强身健体，而且增强了薇薇的自信心和胆识，学习成绩也越来越好。

总之，孩子特长的培养应是"我要学"，而非"要我学，逼我学"。培养孩子特长的手段应是鼓励、聆听孩子的心声以及春风化雨的诱导，而不是强迫压制。

父母课堂

如何说孩子才会听

怎么听孩子才会说

文祺◎编著

应急管理出版社

·北 京·

图书在版编目（CIP）数据

如何说孩子才会听，怎么听孩子才会说/文祺编著.
－－北京：应急管理出版社，2019（2020.7重印）
（父母课堂）
ISBN 978 - 7 - 5020 - 7739 - 6

Ⅰ. ①如… Ⅱ. ①文… Ⅲ. ①家庭教育 Ⅳ. ①G78

中国版本图书馆 CIP 数据核字(2019)第 252528 号

如何说孩子才会听 怎么听孩子才会说（父母课堂）

编　　著　文　祺
责任编辑　高红勤
封面设计　小红帆童书

出版发行　应急管理出版社（北京市朝阳区芍药居 35 号　100029）
电　　话　010 - 84657898（总编室）　010 - 84657880（读者服务部）
网　　址　www.cciph.com.cn
印　　刷　山东大族文化传媒有限公司
经　　销　全国新华书店

开　　本　880mm×1230mm$^1/_{32}$　印张　40　字数　960 千字
版　　次　2020 年 1 月第 1 版　2020 年 7 月第 2 次印刷
社内编号　20192856　　　　定价　128.00 元（全八册）

　　人人需要交流，需要沟通，父母与子女间更是如此。每一对父母都希望自己能够与孩子相处融洽，与孩子建立和谐的亲子关系。遗憾的是，当今社会越来越多的家长觉得，跟孩子说话是一件非常困难的事情。

　　很多时候，不管父母采取怎样的表达方式，孩子不是一只耳朵进，一只耳朵出，就是产生更严重的逆反心理。很多时候，父母心急火燎地想跟孩子讲一件重要的事情，想在孩子的成长道路上多提供一点帮助，孩子却无动于衷；甚至父母还没开口，孩子就已经嫌烦了。

　　长此以往，父母觉得与孩子的距离越来越远，孩子的行为变得越来越难以理解——天凉了，让他加衣服，他就是不加；平时让他多吃点蔬菜和水果，他就是不记得吃；让他少和一些行为不好的同学来往，他就是要把人家当成好朋友；让他好好学习，他就是不把心思放在学习上……怎么说都不听。等到父母想同孩子做一次彻底的沟通时，千方百计想要撬开孩子的嘴，可就是听不到孩子心里真实的想法。甚有情况，孩子一股脑儿地把自己的想法统统讲了出去，结果却让父母听得云里雾里，不知所云。于是，父母与孩子之间仿佛受到了"通天塔"的诅咒。

　　其实，父母作为孩子的第一任老师以及终身的教育者，在与孩子的沟通问题上，是承担着主要责任的。大多数父母对孩子的生活问题过分的关注，不能真正将孩子作为有独立人格和强烈自尊的成人来看待，这在很大程度上成为了沟通障碍的根源。比如，孩子在学习和生活上遇到了什么问题，正在向父母诉说的时候，稍不留意语言的表达，就被父母打断。有的父母还擅长捕风捉影，时刻都在留意孩子的言行举止，孩子稍有不妥之处，就会对孩子轻则斥责，重则打骂。父母本着这种"宁可错杀一千，不能放过一个"的判断标准来对待孩子的错误。那么，最后只能让话到嘴边的孩子把话再强咽下去。

"父母说，孩子不听；孩子说，父母听不进去。"很多父母不知道如何说孩子才会听，也不知道怎么倾听，孩子才会说。本书从夸奖话要说在明处、批评话要不要当着孩子面说、有些话要少说、深入聆听、引导倾听、洗耳恭听等方面入手，为父母们讲解了"如何说孩子才会听""怎么听孩子才会说"两大课题。父母应成为孩子最好的倾听与诉说对象，并在说话上讲究方式方法，才能与孩子沟通无障碍，才能让孩子听话并主动讲话。作为父母，只有善于说，善于听，才能与孩子和谐相处，才能培养出优秀的孩子。

目录
CONTENTS

第*1*章 夸奖的话要说在明处，满足孩子的虚荣心

　　人类最渴望的就是得到同类的欣赏，特别是希望得到最亲近人的欣赏，孩子更是如此。因此，做父母的一定要多运用欣赏、夸奖、鼓励的正面教育方法，在满足孩子自尊、自信的同时，还会为孩子的成长增添信心和勇气。

第*2*章 批评的话不要当面说，站在孩子的立场想问题

　　一味地责骂和批评，只会使孩子产生逆反心理，影响亲子沟通。所以，在批评教育的时候，父母要时常站在孩子的角度，晓之以理，动之以情，在表扬中批评，在批评中表扬，力争做到既让孩子接受批评后改正错误，又不伤害彼此的感情。

第3章 中伤孩子的话要少说，不要考验孩子的耐心

父母在教育孩子的过程中，常常会因为一些脱口而出的语言中伤孩子。这会让孩子认为，父母在用"爱"的借口践踏他们的自尊与自信，蔑视他们作为人的独立人格。因此，在教育孩子的时候，要珍视孩子的美好心灵，从而警示自己的言行。

第4章 深入聆听，让孩子说出自己的苦与乐

一个孩子就是一个世界，父母要想走进孩子的世界，让他开口说话，就应该学会深入聆听，聆听他的烦恼，聆听他的快乐，一起分享他的喜怒哀乐。唯有如此，孩子才愿意说出他的心里话，父母也才能够走进孩子的心灵深处。

第5章 引导倾听，让孩子规划自己的梦想蓝图

　　每个孩子对这个世界都有着自己的理解，每个孩子对未来都有着自己的规划。对此，父母不应该强加干涉，更不应该强迫孩子按照自己的意愿去规划未来，而是要深入倾听并且引导孩子大胆畅谈自己的梦想，让他构建自己的蓝图。

第6章 洗耳恭听，让孩子说出自己的建议和要求

　　父母要想培养出一个有主见又富有创造力的孩子，就要尊重他们的想法和意见，洗耳恭听他们的大胆质疑。当然，对于孩子提出来的建议和要求，不应盲从也不应一律拒绝，要学会分辨，对于那些合理的，要予以鼓励，对于那些不合理的，要及时予以纠正。

第 1 章

夸奖的话要说在明处，满足孩子的虚荣心

人类最最渴望的就是得到同类的欣赏，特别是希望得到最亲近人的欣赏，孩子更是如此。因此，做父母的一定要多运用欣赏、夸奖、鼓励的正面教育方法，在满足孩子自尊、自信的同时，还会为孩子的成长增添信心和勇气。

夸奖是送给孩子最好的礼物

父母课堂

> 每个孩子都有成为天才的天赋，或者说每个孩子都是一个潜在的天才，而决定他成为真正天才的条件，是他所受的教育是夸奖鼓励，还是批判指责。作为父母要知道：夸奖是送给孩子最好的礼物。

英国牛津大学天才儿童研究中心讲师贝纳德特·泰南说过："每个孩子都有特殊才能，给他们一个机会，他们真的能够超越他人。"所以，家长应当细心观察孩子除了学习成绩外的所有表现，因为那可能预示着孩子在某一方面有天赋。

夸奖让人兴奋，感到光荣，所以为了再次得到夸奖，孩子会继续努力，只要努力去做，事情就会做得更好。所以，恰当地夸奖，会收到促其进步的效果，甚至某次重要的表扬，能成为一个人一生中的转折点。

爱因斯坦是众所周知的天才，然而这样一位有着卓越成就的科学家，童年时却是以愚笨和智商低而闻名的。

爱因斯坦从小就不活泼，3岁时还不会讲话，父母对此虽然担心，但从没有放弃他。有一天，他的母亲正坐在钢琴旁，为小爱因斯坦弹奏优美动听的乐曲，突然她发现小爱因斯坦正歪着脑袋，全神贯注地听着美妙的音乐，大大的眼睛里闪烁着快乐的光芒。

年轻的母亲非常高兴，因为她也知道了虽然小爱因斯坦还不会说话，但他不是哑巴，也不愚笨。从此以后，她都会为爱因斯坦弹奏动听的乐曲，爱因斯坦对音乐也入了迷。在母亲的陪伴下，他还学会了拉小提琴。

爱因斯坦直到9岁说话还不流畅，学习成绩平平，举止又缓慢，不但老师不喜欢他，就连同学们也嫌弃他。因为他总是沉浸在自己的世界中。对于这个沉静的孩子，父亲总是拿个小罗盘来为这个儿子解闷儿。也就是这个小小的罗盘，唤醒了这位科学巨匠。

正是因为爱因斯坦的父母总是默默地陪伴他，支持他，欣赏他，从不像有些人那样嫌弃自己的儿子愚笨，才成就了一代伟人。

孩子取得成绩、获得进步是需要夸奖的。夸奖是家庭教育的一个有效方式。不少父母已认识到这一点，学会了运用表扬的手段来教育自己的子女。但在实际生活中，许多父母夸奖孩子的方法还有值得商榷之处。夸奖也是门学问。否则，不仅达不到教育的目的，还可能导致孩子狂妄自大的不健康心理。孩子虽然需要夸奖，但父母也不要轻易表扬，夸奖多了会滋生孩子的优越感，长此以往，孩子就受不得半点批评了，对孩子的心理发展很不利。

美国著名的教育学家戴尔·卡耐基告诫我们："你的赞美应该是真诚的，如果是虚伪的，就好比是张伪钞，用出去多危险！"因而，父母不但要善于为孩子的进步喝彩，而且应发自内心地表扬孩子。

现在很多父母的夸奖却过了头。他们常常用大量的夸奖来鼓励孩子，当孩子有了一点成绩时，就表现得欣喜若狂。结果，无形中使父母的夸奖越来越廉价，越来越起不到应有的效果了。

那么，作为家长，应如何给孩子恰到好处的夸奖呢？

1. 夸奖要及时

当孩子某方面表现出色或有所进步时，应及时予以表扬，以满足孩子的情感需要，让其产生不断进取的勇气。但在表扬时谨记要防止表扬过滥。

2. 夸奖要出于真诚

不能为了夸奖而夸奖，只有建立在事实的基础上发自内心的夸奖才会让人产生感情的共鸣，才会真正有力量。那些言不由衷的夸奖，不仅不会产生激励的作用，相反还会使孩子产生反感和厌恶，产生负面影响。

3. 夸奖要慎用

夸奖是在给孩子"加油"，这个"油"不能用得太多太滥。不要重复表扬孩子做过的某件事。一些孩子应该养成的良好习惯，父母就要减少或不再对这些事表扬，不要让孩子再觉得是"做好事"。

4. 夸奖要切合实际

对孩子的夸奖应该恰如其分，不可夸大其词。如果表扬言过其实，过多过滥，就会使孩子产生"表扬得来全不费工夫"的错觉，甚至不把表扬当回事，或者成天等待着别人表扬，一旦哪天父母"不小心"忽略了孩子的"存在"时，孩子就会变得非常脆弱受不起打击。

5. 表扬要讲究艺术

有的家长以为给孩子提供最好的物质条件就是对孩子最好的鼓励，实则不然。也有的家长夸奖孩子时常常显得很做作或笨拙，使表扬变成了"例行公事"。实际上，给予孩子暖人心扉的赞美是最有效也是最重要的。一束赞许的目光，一个会心的微笑，一个赞许的点头，都可以传递真情的鼓舞，都能表达对孩子的表扬；带孩子去旅游、爬山、逛公园、看电影等，这些都是表扬孩子很适当的方式。总之，在表扬孩子时，家长应该不拘一格，因时因事而宜，以充分展示出表扬的真正魅力。

夸奖孩子要在人多的地方

父母课堂

> 每个孩子都有自尊，尤其是在别人面前，自尊心表现得更加敏感。所以，父母要学会选择夸奖孩子的时机——在人多的地方夸奖孩子。

在现实生活中，有很多父母是出于恭维、客套，多在人前夸赞别人的孩子，贬低自己的孩子，当然家长心里清楚，这绝不是因为自己孩子真的比别的孩子差。但问题在于，孩子却不知情，他们会真的认为父母喜欢别的孩子而讨厌自己，以为自己真的不如别人，这些都会在孩子的心里留下不可磨灭的创伤，阻碍孩子的健康成长。

当然，有些父母夸奖别人的孩子，批评自己的孩子，可能是认为自己的孩子真的不如别人的，有种恨铁不成钢的意味。但孩子都有自尊心，父母常常这样做会伤了孩子，对孩子不仅不会起到激励的作用，相反还会使孩子越来越差劲。

因此，父母要在他人面前多赞扬孩子，尤其要在人多的地方夸奖孩子。如果孩子在场，听到父母当着别人的面表扬自己，不但自尊心得到了满足，而且会增加自信，激励自己朝着好的方面更加努力。如果孩子不在场，当着别人的面夸赞孩子好的方面，会使别人对孩子留下好的印象，由此会对孩子投射出赏识的眼光，也间接地鼓励了孩子。父母夸赞孩子有一定的技巧，如孩子从别人的口中听到来自父母的夸奖，这样孩子会更加高兴，知道父母是从内心赏识自己，从而能激励孩子产生无穷的力量，快速地朝着更高更好的目标前进。

妈妈带着小鹏参加了一个青少年智力竞赛活动。竞赛中，在一个较难的项目上，一个女孩很快巧妙地闯过了关，而小鹏却费了很大的劲，用了较长时间才通过。活动结束后，小鹏他们正好与那个巧妙闯关的母女同路，四个人在路上有说有笑。在提到活动的时候，小鹏的妈妈由衷地夸奖那个女孩很聪明。

那个女孩听后很高兴，响亮地说了声"谢谢"。同时小鹏的妈妈转头看了儿子一眼，也夸奖他说："小鹏做得也不错，虽然时间用得多，但毅力可嘉。"小鹏刚听完妈妈表扬那个女孩，心里正不是滋味，后来又听到妈妈表扬自己，脸上又露出了笑容，他对妈妈说："我会吸取这次的教训，下次提高速度，争取第一。"妈妈看到儿子喜上眉梢，而且更加有斗志了，自己也乐在其中。

另外，父母在众人面前夸奖孩子的时候，一定要让孩子听到。可以说，父母在人前夸奖孩子，目的不是让众人听，而是让孩子听。

当然，如果父母在夸奖的过程中，既能让孩子听到，还能让孩子以为父母不知道自己在听，这样的效果会比当着孩子的面夸奖更好。因为通过这种方式，孩子更能感觉到父母对自己的赞扬是发自内心，是真正赏识自己，所以为了回报父母对自己的肯定和赞扬，他会加倍努力。

小凤的数学成绩一直不太好，但是她始终没有放弃学习，通过自己的努力，她的数学终于有了不小的进步。一次，小凤的妈妈在客厅与邻居聊天，各自都谈起了自己的孩子。小凤当时就在隔壁房间学习。聪明的妈妈知道女儿能够听到他们的谈话，于是在谈起小凤时故意夸奖孩子道："我们家的小凤以前数学成绩不太好，不过这段时间，通过自己的努力，进步了不少，以后继续努力，数学成绩一定还会有更大幅度的提高，到那个时候，我相信小凤考上好大学一定是没问题的。" 小凤听着妈妈的赞扬，心里暗自下决心，要努力学好数学，不令妈妈失望。

父母应当知道，在众人面前夸奖孩子，不是为了满足自己的虚荣心，而是为了满足孩子的自尊心，从而增强他们努力进取的信心和勇气。因此，父母在众人面前夸奖孩子的时候，要实事求是。真诚的夸奖，孩子才能听进去，才能把它放在心里，从而作为激励自己的一种手段。

但夸奖一定要注意适度，下面的例子就为我们说明了这一点。

小刚最近一段时间很讨厌妈妈，原因是妈妈总在别人面前夸奖他上次竞赛的成绩。有一天，小刚正在房间认真写作业，又听到妈妈向邻居吹嘘自己的儿子是多么多么棒，成绩是多么多么好。结果，那个邻居还没等小刚的妈妈讲完，就抢过话头说："小刚的妈啊，我已经知道了，你这已经是第三次说了。" 小刚妈妈尴尬地笑了笑，说："哦，我忘了。"

小刚听后，又是羞愧又是生气，等邻居走后，他不高兴地对妈妈说："妈啊！我不就是参加了个市级的竞赛，拿了个三等奖嘛！怎么让你说的跟得了诺贝尔奖似的啊，在路上也是，碰见一个人就得跟人家重复三遍，这样很不好！"

小刚妈妈却说："我这不是给你长面子，激励你继续进步嘛！"小刚则反驳道："你这哪是在给我长面子，而是让我尴尬。你要是再这样，我就不好好学习了！"说完，一摔门进屋了。

孩子取得了优异的学习成绩，父母当然可以在别人面前夸奖自己的孩子，以此增加孩子的动力，提高孩子的公众形象。但是，夸奖孩子应该本着实事求是的原则，更应该有个度，并不是夸的次数越多越好，否则会让孩子认为父母很虚伪而感到厌倦甚至开始厌恶学习。

夸奖的话要说到点子上

父母课堂

夸人是一门很高深的学问，夸奖孩子要让孩子明白自己是因为什么而被夸，要把夸奖的话说到点子上。这样，才能起到夸奖的效果。

父母对孩子的进步或正确行为给予得体的夸奖，不但会使孩子心花怒放，还会使孩子的信心增强；而不得体的夸奖不但不能鼓励孩子，还有可能会起到负面作用。

小雷是小学五年级的学生，在同龄人之间，小雷是个各方面进步都很快的男孩，而且表现优秀、突出。小雷之所以如此出色，与他父母的教育是分不开的——他的父母非常喜欢表扬孩子而且方式也很恰当。小雷的父母不管孩子在哪方面有了进步，他们都会不遗余力地夸奖小雷。但是，他们的夸奖并不是空穴来风，而是有着充分的事实根据。他们对孩子的夸奖从来不夸大其词，这样别人听起来不但不会觉得反感，还能增加孩子在他人心中的正面形象。小雷父母的夸奖因为总能实事求是地说到点子上，这让小雷可以非常清楚地认识到自己的进步与不足，更有利于他取长补短，向着更好的方向发展，争取更大的进步。

孩子注重自我，感情敏感，具有强烈的自尊心。因此，家长在对孩子进行鼓励教育的时候，的确能塑造孩子坚毅的品格，有利于孩子的健康成长；但夸孩子还得注意一些方法，以下可能带来的负面影响。

1. 过分夸奖毫无意义

"你好乖呀！""你真是懂事的好孩子，你是爸爸妈妈的骄傲。"这样的夸奖对于孩子来说太"笼统"和"幼稚"了。孩子应该在家长的暗示下，深切明白什么样的行为是被家长以及社会认可的。这样的夸奖根本不能让孩子认识到这一点，甚至还会让有的孩子产生父母是在敷衍了事的想法。这些不能让孩子理解的"夸奖"，对孩子毫无意义。当然，孩子也就不会珍惜家长给予的夸奖。

2. 引发孩子的反感和不安

父母知道"好孩子是夸出来的"，于是，很多父母就误入了盲目夸孩子的歧途，见孩子就夸，而且对孩子从来不打击不辱骂。

很多父母都有这样的思想，有这样的行为。这主要是父母误解了"赏识教育"的基本原则。他们以为"赏识教育"，就是寻找孩子身上一切值得夸的优点来夸孩子。更有甚者，把孩子不具备的优点也拿来夸孩子，他们认为"孩子没有这些优点，你夸了他，他不好意思否认，不就会朝这个方向努力了吗？"。

"望子成龙"的心情是可以理解的，但这样虚伪的夸奖，会让孩子怀疑父母的目的，"爸爸妈妈是为了让我乖乖就范才这么说，他们很虚假。"家长这样的夸法可能会使孩子变得更顽劣。

3.让孩子在挫折面前更加脆弱

超乎寻常地夸奖孩子，还会给孩子一种错觉：我永远是对的，是最好的，我不会做错事。这样的心理一旦形成，以后老师再因为某事而批评他时，他就会受不了，他会变得很固执、偏激，经受不了失败。这都是不利于孩子健康成长的。

因此，父母在夸奖孩子时一定要注意方式与方法。不要笼统地夸孩子，要具体地夸，要针对孩子的某项好的行为夸奖，要让孩子明白自己是因为什么而被夸，要把夸奖孩子的话说到点子上。

夸孩子一定要夸得具体。比如，当你下班回家之后，孩子主动地给你拿来了拖鞋，你要告诉他，你给妈妈拿拖鞋是对妈妈的关心，妈妈很感动。当孩子自己想办法解决了一个难题，就要告诉他这就是独立思考，很棒，继续这样，什么困难就都能解决。

孩子各方面的情况，父母是最直接的知情人。对于孩子突出的表现，父母应该采取正确的方式进行夸奖。实事求是，恰到好处的夸到点子上，才能让孩子获得真正的满足，获得巨大的前进动力。用这种方式夸奖孩子更是重在对本质的肯定，这样孩子就会把这次夸奖牢记于心，作为日后行为的榜样。这样的孩子，在增加自信的同时，也不会滋生出故步自封的狭隘心理。

称赞孩子的努力和勤奋

父母课堂

父母对孩子的努力和勤奋，永远不要吝啬夸奖，应该运用夸奖的方法努力和孩子沟通，使他把勤奋和努力这一优良品质坚持下去，直到形成一种习惯，这样孩子将受益一生。

"天才，是百分之一的灵感，加上百分之九十九的勤奋获得的"，这是伟大的发明家爱迪生的名言，他也用自己一生的行动和成就证明了此名言的正确。其实，所有的成功者都是这个真理的有力例证。父母也都知道努力与勤奋的重要性，但怎样赏识孩子的努力与勤奋，让孩子把这一良好的行为坚持下去，形成优良的品质，帮助孩子将来走向成功，却不是每个父母都能做得好的。很多父母，在孩子的成长过程中，没有注意到培养孩子的努力与勤奋意识，最终带来了不良后果，影响孩子的一生。

成人都希望别人夸自己聪明，孩子也不例外。但实际上绝大多数人的智力相差无几。之所以有人能出人头地，有人却一生碌碌无为，勤奋与努力在其中起着关键的决定性作用。有些孩子即使天资聪颖，接受能力很强，父母也要注意嘉奖孩子的努力，而不应只夸耀孩子多么聪明，否则孩子会由此而产生骄傲自大的心理，学起来就不努力，最后导致一事无成。到最后聪明反而成了这些孩子成功的绊脚石。

父母看到孩子的进步要及时表扬，赞扬孩子为此所付出的努力。父母如果没有看到孩子的勤奋和成绩，还要拿成绩好的孩子与自己孩子对比，给孩子冠以"笨"的标签，这样不仅会使孩子伤心，还会打消他努力学习的积极性，让孩子丧失自信心，认为自己确实笨，再努力都没用，从而失去前进的动力。

父母想要跟孩子做最好的沟通，就要给孩子灌输这样的理念：所有的东西，包括聪明、财富、地位等，只有靠自己奋斗得来的才值得称赞，再好的天资与条件也不值得羡慕。因为如果没有后天的勤奋努力，那些东西都不会长久。再聪明的人，没有努力与勤奋也会一事无成；再笨拙的人，如果付出勤奋与努力，也会取得不凡的成就。

因此，父母夸奖孩子，一定要在孩子通过努力取得成绩时，及时称赞。同时，一定要体现出来，值得称赞的地方不仅仅是取得了良好的成绩，更应该是获得良好成绩背后的努力和勤奋。

小华的学习成绩一直平平，父母对她的期望也不太高，想着她能上到什么程度就供她读到什么程度。但小华是个自尊心比较强的孩子，她不想一直落后于人。上初中后，为了赶上其他同学，她默默地努力，把别人玩的时间都用在学习上，有不懂的问题就及时向老师请教。

就这样，经过一年的努力，小华的成绩在班里上升到第三名。她把这个好消息告诉了父母，父母喜出望外。妈妈由衷地夸奖小华的努力，并鼓励她再接再厉，更上一层楼。晚上，爸爸做了一桌丰盛的饭菜，以示对她的庆贺与鼓励。有了父母的及时勉励，小华在以后的学习中更加勤奋了。

父母要想让孩子认识到努力和勤奋的重要性，从而把勤奋的行为坚持下去，就要在孩子经过努力获得进步、提高成绩的时候及时给予赞扬，并且要强调孩子的进步是因为勤奋得来的。以此让孩子明白，勤奋在学习和工作等各个方面都很重要，是取得所有成绩的根本，提醒孩子什么时候都不能丢掉勤奋的美德。

父母想要让孩子变成一个知道努力，懂得勤奋的人，就要与孩子进行及时的交流。比如，面对懒惰的孩子，父母应善用名人通过努力获得成功的故事激励孩子，告诉孩子勤奋的重要性，鼓励孩子向那些人学习；运用惜时的名言警示孩子，让孩子懂得时光的珍贵；运用科学的方法帮助孩子，使孩子及早改变懒惰的行为。这样孩子才能从小养成勤奋努力的良好品质，为将来实现自己的人生理想打下坚实的基础。

小盛由于基础扎实和勤奋努力，学习成绩在班里一直没下过前三名。可是在初二的时候，小盛便有些骄傲了，学习没有以前努力，成绩也一度下滑到了十名以后。小盛的父母看在眼里，急在心里：一年后孩子就要中考，如果再不努力的话，中考时就会吃大亏。这还是次要的，最主要的是，他们希望孩子能一生保持努力勤奋的优良习惯，这才是一切事业成功的基石。

于是，小盛的父母与他诚恳地做了一次交流，在肯定了他以前的成绩，分析了他最近的退步后，激励孩子说："我们相信你以后会努力学习，勤奋上进，能够把这种良好的行为一直坚持下去。"小盛在父母的激励下，又加上因骄傲成绩明显下滑这一事实的警示，深刻认识到勤奋与努力是不能放弃的成功原则。只有在勤奋努力的伴随下，才能做到事事出色。从此以后，小盛戒骄戒躁，成绩也不断稳步前进。

进步一小点，喝彩大声点

父母课堂

及时称赞孩子的每一点进步，为孩子的每一点进步大声喝彩，能表现出父母对孩子的真切关怀和重视，能传递给孩子一种强大的精神力量。这种力量不仅可以让孩子更加努力和自信，还能激发孩子奋发向上，让他的成长道路更加健康快乐。

德国的教育家约翰·赫尔巴特说："父母的喝彩，会使孩子自信增加，积极性提高，各方面变得越来越好。虽然为孩子喝彩不是万能的，但没有父母喝彩的孩子想获得成功，几乎是不可能的。"

孩子有了进步，或者做了一件很小的好事，或者坏习惯有了改善等，他们都会希望父母给予关注，需要父母为他们喝彩。此时父母及时恰当的喝彩，可以让孩子幼小的心灵体会到进步的喜悦，增加孩子的动力，提高孩子的积极性。孩子内心需要父母为自己的每一个小进步喝彩，就像禾苗需要阳光那样强烈。因为喝彩声证明了孩子的价值，增强了他们的自信，实现了他们的自尊，使他们能够更好地前进。有了喝彩，孩子能在人生路上无往不前、临危不惧。

有些父母看不到孩子的进步或者总是忽略他们的小进步，所以总是拿自己的孩子与别的孩子比较，因此总觉得自己的孩子是那样笨拙，各方面都不尽如人意。很多孩子想减少父母对自己的担心，努力求得进步，但因为父母不正确的思维角度，不仅没有对他的良好学习态度和进步激励，反而冷言冷语，刺伤了孩子的自尊心，最后导致孩子失去了学习的动力。

没有教不好的孩子，只有不会教的父母。很多父母只看到自己的孩子各方面不如别人，总是责怪孩子没有努力，不求上进，甚至埋怨孩子是个累赘。到最后，孩子也许真的成了一个一无是处的社会累赘。其实那些优秀的孩子，并非生来就很超群，而是在父母的不断喝彩声中，自信增强了，能力提高了，各方面都得到了完善，等等，最后一步一个脚印走向了成功。因此，父母应该学会为孩子的每一个小小进步喝彩，让孩子伴随着喝彩声茁壮地成长。

当然为孩子喝彩也要讲方法。首先，父母要对孩子细心观察，才能随时发现孩子的进步，及时有针对性地进行表扬，强化孩子的正面行为，鼓励孩子坚持下去，走向成功；其次，对孩子也不能不讲原则地进行喝彩。有些时候孩子并没有进步，表现一般，父母也为孩子叫好，这样做也就失去了喝彩的意义和效果。

其实孩子在学习或者生活中，总是会有一些让父母不满意的地方。比如成绩没有别人好，做事没有别人快，脑筋没有别人聪明……但是，作为父母，更应学会看到孩子的每一点进步，这才是最重要的。

在孩子看来，自己每取得一点小小的进步，都很高兴，父母也应该是高兴的，那么他就应该得到表扬。可是有的父母却不会站在孩子的角度看问题，总是用大人的标准衡量和要求孩子，所以导致孩子在很多时候都无法达到父母的要求。如此一来，孩子也会很难看到自己的进步，认为自己真的很没用，慢慢地也就丧失了自信和前进的动力。

所以，做父母的应当随时看到孩子的进步，哪怕是一丁点儿的进步。当孩子表现不好或者进步成效不明显的时候，不要打击他的信心和积极性，而是应该善于从中发现孩子小小的进步，给予孩子赞扬和鼓励，让孩子重新建立起自信心和勇气，取得更好的成绩。

小成刚进初中的时候，他的期末考试成绩是班上的第二十名，而他的同桌则考了第一名。小成感到很难过，回到家后，他问妈妈："我是不是比别人笨？我和同桌一样在听老师讲课，也同样认真地完成老师布置的作业。可是，为什么我只能考第二十名，而他能考第一名呢？"

妈妈只是抚摸着小成的头，温柔地说："孩子，你已经比以前有进步了，以后一定会越来越好的。"

到了第二个学期的期末考试，小成考了第十五名，而他的同桌还是第一名。小成还是想不通，回家后，他又问了妈妈同样的问题。妈妈还是很亲切地告诉他："你比上学期又进步了，以后还会越来越好的！"

就这样，小成中学毕业了，虽然最后他还是没有赶上他的同桌，但他的成绩也一直在提高，毕业的时候，他已经进入了前十名。

暑假的时候，妈妈带小成到大连去看海。母子俩坐在海滩上，看着那些在海边争食的海鸟。他们发现了一件有意思的事，体型越小的鸟起飞地越迅速；而那些体型比较大的鸟，像海鸥，却显得十分笨拙，起飞也很慢。这时，妈妈告诉小成说："孩子，你看海鸥虽然起飞慢，但是真正能飞越大海、横穿大洋的还是它们。"

小成听了妈妈的话，豁然开朗。进入高中后，他的成绩一直名列前茅，最后以全校第一的成绩考上了清华大学。

小成的妈妈并没有用自己的标准去衡量和要求孩子，而是善于发现孩子的一点点进步，鼓励和赞扬孩子，这不仅影响到了孩子学习和做事的效果，还影响到孩子对学习和做事的态度，值得大家学习。

发自内心地夸奖孩子

父母课堂

> 当你要夸奖孩子的时候，一定要认真地注视着孩子，无比坚定地说："孩子，你永远是我的骄傲！"孩子一定会把这句话珍藏起来，当成至理名言一样，铭刻一生。

杜鲁门当选美国总统后，有一天，一位客人来拜访他的母亲。

客人笑着对杜鲁门的母亲说："有哈里这样的儿子，你一定感到十分自豪吧！"

杜鲁门的母亲微笑地回答："是的。不过，我还有一个儿子，他同样让我感到非常自豪，他现在正在地里挖土豆呢！"

杜鲁门的弟弟是一位农夫。但是，母亲并没有认为这位是农夫的儿子无能。对她来说，每个孩子都是令她感到自豪的，无论儿子是农夫还是总统。

也许正是受到了母亲的赞赏和鼓励，杜鲁门的弟弟是这样评价哥哥和自己的："我为哥哥感到骄傲，他将是美国最优秀的总统之一。但我同时也为自己感到骄傲，虽然我是一名农夫，但我用自己的双手养活了自己，照顾了父母。"他的这种自信正是来自母亲发自内心的赏识。

作为父母，希望自己的孩子是最好的。然而，在很多父母的眼里，自己的孩子总是不如别人的孩子好，这源自父母们望子成龙的心态。但是，每个人都有优点，也有缺点，孩子也是一样。由于父母天天跟孩子生活在一起，眼中看到的似乎总是孩子的缺点，而忽视了他们的优点。

在现实生活中，父母经常会把自己孩子的短处和别人孩子的长处相比，甚至还要把别人的孩子过度美化和夸张。父母的本意是想给自己的孩子树立榜样，其实却给孩子带来了巨大的伤害，甚至会影响孩子的一生。

每一个孩子都有他的长处和优点，虽然孩子们的天资有别，学习事物有快有慢，学习成绩也有高有低。但判断一个孩子的好坏，不能只取决于一个方面。作为家长，更不能只凭长相、成绩等某个方面就认定自己的孩子不如别人、没有出息……而是应该善于发现他们的优点，发现他们与众不同的地方，要始终相信自己的孩子也是优秀的，要把赞美留给自己的孩子一些，让他们在你的赞美声中能够继续发扬自己的优点和长处。

20世纪二三十年代的美国，有一个13岁的小男孩，他在一家工厂做工。他一直梦想当一名歌星，但是，他的第一位老师却无情地对他说："你五音不全，不能唱歌。你的歌简直就像是风在吹百叶窗。"

他听了老师的话后，非常伤心，回到家后，他向自己的母亲，一位贫穷的农妇哭诉着这一切。母亲温柔地用手搂着他，轻轻地说："孩子，其实你很有音乐才能。听，你今天唱歌比昨天好多了，妈妈相信你会成为一个出色的歌唱家的！"

听了母亲的这番话，孩子的心情好多了，也一直将音乐梦想坚持到了最后。多年后，这个孩子真的成了著名的歌剧演唱家。后来，他在回忆自己的成功之路时，说："是母亲那句肯定的话，让我有了今天的成就。"

或许，这位歌唱家的母亲也从来没有想到过自己的儿子有一天能成为著名的歌唱家，也从没指望过靠那三言两语去改变她儿子的命运，然而正是由于她那句发自内心的真诚赞美，成就了那个时代最伟大的歌唱家。

父母是孩子最好的老师，家庭教育，首要是学会欣赏自己的孩子。这种教育方法，重在心态。父母赞扬孩子的心态必须是阳光的，因为只有父母有了这种心态，在孩子一时不尽如人意，或者犯了错误的时候，才会安慰孩子说，人非圣贤，孰能无过？父母有了这种心态，才能潜移默化影响到自己的孩子，让他们相信世界上没有走不通的路。

不要把夸奖变成口头禅

父母课堂

为孩子喝彩要有的放矢。夸奖可以在孩子最初进步之时，也可以在孩子坏习惯改善之际等，然而决不能天天像口头禅似的没有针对性地对孩子夸赞。这样不仅起不到好的作用，还会使孩子产生厌烦。

　　小强的妈妈知道，运用夸奖这个良好的方式可以鼓励孩子，所以就经常夸赞小强：小强从学校里回来，她会夸奖小强懂事，能够独自回家，但这是每个孩子都能做到的；小强数学得了80分，她夸赞小强比邻居孩子成绩好，但小强的成绩一直都是这个水平；小强从小就养成了起床刷牙的习惯，只要她看见小强在刷牙，也不忘记夸奖小强一句讲卫生……夸赞小强几乎成了他妈妈的口头禅，以致后来小强都不愿意再听了。他告诉妈妈如果再这样夸下去，他就不理妈妈了。

　　小强的妈妈从儿子的态度中明白了喝彩虽好，但也不能滥用，而要有针对性，应该在孩子出现进步或者更好的行为时才能给予夸奖。妈妈开始可以注意夸奖的时机方式，一段时间之后，小强的优点增多了，对妈妈的态度也改善了许多。

　　夸奖如果像一日三餐一样，成了必不可少的生活步骤，或者像口头禅一样，成了张嘴必出的习惯，那么这样的夸奖也就失去了意义。孩子整日面对这样的夸奖，只会陷入两种境地：一是对夸奖产生严重的抵抗，面对真正的夸奖也会觉得索然无味，更别说因为别人的一次夸奖而增长自信心；二是离开了每日必需的夸奖，就像一天不吃饭一样没有力量，本来就可以干好的事情也会因为没有夸奖而失去力量。长此以往，孩子就变得胆小、懦弱，无法承受挫折。

　　因此，为了避免将夸奖变为口头禅，父母应当做到以下几点。

1. 孩子改正缺点时要及时表扬

　　有些父母发现了孩子的不良行为，会不由分说地把孩子责骂一通。而这样做的结果并不能杜绝孩子的坏行为，反而会因为孩子的叛逆心理，使这种行为加重。父母应善于通过对孩子现在的行为和以前的比较，发现孩子的进步，对孩子进行及时的奖励，这样才能强化孩子正面行为的倾向，达到逐渐杜绝孩子不良行为的目的。

萌萌小时候有随意拿别人东西的坏毛病，妈妈发现后，对萌萌的行为进行了严肃的批评，告诉她这种行为带来的严重后果，并且告诫她以后不能再偷拿别人的东西。萌萌也认识到了自己的错误，但因为长期习惯立即改正还是有一定难度，有一次还是不由自主地偷了同学的铅笔盒。

回到家后，萌萌主动向妈妈坦白了自己的行为，并且保证下次不会再拿了。妈妈看着知道错误并且已经有了很大改进的萌萌，认真地说："萌萌，妈妈相信你以后不会再有拿别人东西的行为了。妈妈知道你喜欢这种铅笔盒，你把同学的东西放回去，妈妈奖励你的进步，给你买一个同样的铅笔盒。"听完妈妈的话，萌萌感动得流出了眼泪，她下决心以后再也不碰不属于自己的东西了。

2. 细心观察，为孩子身上的闪光点喝彩

父母要做到细心观察孩子的行为，并从孩子的行为中发现闪光的东西，挖掘出孩子本身的优点、长处，为孩子高声喝彩，在孩子失意时更要如此。有了这种意外的收获，孩子不但会唤醒继续努力向前的满腔热情，还会提高对自己优势的认识和发挥。

小明在学校举行运动会时，报名参加了 1500 米的长跑项目。运动会那天，小明的妈妈来为儿子助威。1500 米的项目有很多同学参加，但跑过两圈后，就有很多同学因支持不住退出了比赛。三圈后，小明也感觉到体力渐渐不支，但是他有信念，一定要坚

持到底。在最后一圈中，又有多名同学退出了比赛，小明成了最后一个，他前面还有五个同学。他眼看着同学们都过了终点线，自己早已经没有获得名次的希望，但小明还是一直坚持着跑到了终点。

没有人在意他这个最后一名到达终点的参赛者。只有小明的妈妈迎上前递给儿子一瓶水，陪着他又小跑了几步，并向他伸起了大拇指，亲切地告诉儿子："儿子，你的韧性无人可比，你的毅力会使你终生受益。我相信你将来做任何事情都会坚持到底！我为你自豪"小明看着妈妈，使劲点了点头，同样他为有这样一位妈妈而感到自豪，并且坚定了做事要坚持到底的信念。

3. 夸奖孩子每个微小的进步

孩子的行为有了好的转变，父母一定不能对此漠然，或者装作没有看见，这样只会降低孩子继续做下去的动力，打消孩子正确做事的积极性。而父母积极赞赏的态度令孩子兴奋的同时，还会让他们决心把好的行为坚持下去。

在对孩子进行夸奖的同时，要注意，夸奖不要泛滥。对每一次改变、每一次进步、每一个闪光点只进行一次真诚的彻底的夸奖就好，否则夸奖多了，就成了唠叨，也就失去了让孩子听的意义。

第2章

批评的话不要当面说，站在孩子的立场想问题

一味地责骂和批评，只会使孩子产生逆反心理，影响亲子沟通。所以，在批评教育的时候，父母要时常站在孩子的角度，晓之以理，动之以情，在表扬中批评，在批评中表扬，力争做到既让孩子接受批评后改正错误，又不伤害彼此的感情。

批评孩子要讲究方式方法

父母课堂

> 面对孩子所犯的错误，有比批评责骂更有效的方式，当然
> 在这一过程中，沟通和理解必不可少。父母应当用平等的
> 心态对待孩子，多与孩子沟通，包容和鼓励孩子，才能让
> 孩子受到教育，认识到自己的错误并改正。

现在大多数的孩子都是独生子女，父母大多对孩子寄予过高的期望，一旦现实与他们的期望产生落差，往往就无法冷静面对，就会采取一些极端的行为来责罚孩子。然而，这样的做法根本不能教育好孩子，反而会伤害到孩子，甚至引起孩子的心理疾病，影响到孩子的健康发展。

作为父母，应当学会和孩子交朋友，多从孩子的角度看问题，这样才有利于双方的沟通，减少摩擦和隔阂。例如，现在有很多孩子都迷上了网络游戏，父母虽然对他们不是打就是骂，但根本起不到任何作用，反而会让孩子变本加厉，将网吧当成自己的家，夜不归宿。这种情况下，父母就应当考虑换种教育方式，而不是再一味责罚。

小军正在上小学五年级，他一直是家中的骄傲，聪明懂事，学习成绩也很好，担任着班上的班长，还是三好学生。认识小军的人都对他妈妈说这孩子将来一定会很有出息，孩子妈妈听了也觉得脸上有光，心里很高兴。

然而这个学期，他迷上了游戏机，学习成绩下降了很多。暑

假回家，妈妈一看小军的成绩，竟然下降到了第九名，正好又听儿子说学校要开暑期培训班，就爽快地掏出了培训费和儿子的零花钱，想让儿子通过暑期培训提高成绩。过了几天，妈妈发现家里少了几百块钱，接着老师又打电话到家里问小军怎么不去参加暑期培训。

这下妈妈觉得奇怪了，钱都给孩子了，孩子怎么没去啊？于是她严厉地询问了小军。原来小军将培训费都花在了打游戏机上，家里丢的几百块钱也是他拿的。妈妈顿时非常气愤，她想让孩子受到教训，记住这次的错误，想了一个晚上，终于想出了一个她认为可以让孩子记住一辈子的惩罚方法。

第二天，妈妈和爸爸将小军硬拉到游戏厅理论。正逢赶集，路上很多行人，他们惊异地问这是怎么一回事，而小军的父母也不顾孩子的颜面，当着大家的面责骂孩子。最后围观的人越来越多，大家都跟在后面看热闹，小军羞愧得恨不得钻到地缝里去。

从那以后，小军再也没与父母说过话了，他变得异常沉默，不去上课，也不出去玩，整天呆呆地坐在家里，眼神空洞，仿佛外界的一切都与他无关。老师和同学来看他，他也置之不理，只坐在一边发呆。

小军父母大概没想到一个责罚的举动，会带给孩子这么大的伤害。这确实让孩子一辈子都忘不了，不过不是忘不了教训，而是一辈子都忘不了伤害。这种教育方式显然不可取，它伤害的不仅仅是孩子的身体，更是孩子的自尊和心灵，严重影响了孩子的健康发展。

其实严格地来说，这种伤害孩子人格尊严的做法，是一种违法的行为。因为孩子的人格尊严和成年人一样，受法律的保护。所以父母应当尊重孩子的人格尊严，不能因为只顾责罚孩子，不管孩子的自尊，这很容易给孩子造成无法弥补的莫大伤害。

作为父母，在批评孩子时，要讲究方式方法，在此列出以下几点。

1. 不要在众人面前批评孩子

孩子自尊心强，在众人面前对孩子严加批评责骂，会严重挫伤孩子的自尊心。这对个性还不成熟的孩子来说，是件极其危险的事，很可能会引起孩子的逆反心理，造成破罐子破摔的后果。

2. 批评要有理有据，让孩子心服口服

对孩子的批评，不应当以拳打脚踢代替言辞说教。蛮横无理的批评只能让孩子更加逆反，父母要根据孩子所犯的错误，有理有据，让孩子明白自己错在哪里，让孩子心服口服地接受批评。

3. 批评的过程中，切忌一味否定

批评要切合实际，针对孩子的错误进行批评，而不要借机否定孩子的一切言行，一味地否定不但不能够让孩子明白错在何处，更会挫伤孩子改正错误地积极性。

4. 批评中不应当包含父母对孩子的埋怨

批评孩子的过程中，如果父母一再埋怨孩子这种恶劣行为所带来的后果，只会加重孩子的心理负担，从而产生逃避心理。因此，

父母在批评孩子时，不应该抱怨孩子。

其实，当孩子犯错误的时候，正好是教育的良机。这个时候，父母要保持冷静，不能一味地责罚孩子，应当讲清道理，指出孩子的错误和弥补的方法，让孩子吃一堑长一智，从错误中学到有价值的东西。

孩子犯错误是很正常的事，他的心智尚未发育成熟，抵挡不住外界的诱惑也是正常。作为父母，无论孩子所犯错误是大是小，都应当以心平气和的态度来对待。暴怒地对待孩子，责罚孩子，不但于事无补，还会伤害到孩子，甚至影响到孩子的心理健康。善待孩子的错误，其实是对孩子的一种正确引导，让他避免再犯同类的过错。

一项研究表明，与肉体处罚比较起来，父母对孩子动不动就破口大骂，更有可能给孩子造成长期的心理伤害。父母在面对孩子的错误时，如果不注意教育方式，不分青红皂白地责罚孩子，不但不能让孩子改正错误，反而会让孩子形成胆怯、退缩或是叛逆、攻击等不良心理。所以，包容孩子的过错，以平静的心态对待孩子的过错，才是最好的教育方法。

孩子犯错误，不要当众批评

父母课堂

保护孩子的自尊心不受伤害，尤其体现在对孩子的批评教育上。父母不应该当着众人的面，批评责骂孩子，这会让孩子的自尊心跌落至谷底。

儿童心理学家詹姆斯·杜布森曾说："有千百种方法可以让

孩子失去自尊心，但重建自尊心却是一个缓慢而困难的过程。"孩子即使还很小，两三岁，也有了自我概念，能够描述自己的身体特征、年龄、性别和喜欢的活动，有了自己独立的个性。随着孩子逐渐长大，这种独立性就变得更加明显，孩子更加注重追求自我了，他们的自尊心尤其需要做家长的去细心呵护。

很多父母都认为自己非常爱孩子，为了孩子什么都愿意做，而且坚信自己所做的一切，都是为了孩子。但是那种爱，孩子也许并不接受，还会用各种手段来回避。于是，父母就着急了：骂孩子白眼狼、忘恩负义，还要打孩子，希望棍棒底下出孝子等不当行为频出。等到父母真的意识到该学会尊重孩子的时候，孩子的自尊已经受到了严重伤害。

一个人，如果连自尊也被随便践踏，他的生命也就失去了意义。忽略了孩子自尊的父母，是不合格的。也许很多父母会说："孩子是我生我养的，我怎么不能批评他？"但是，批评伤及自尊，即使是父母也不应该。父母应当了解孩子不是你的附属品，他也是个独立的人，任何人都没有权利剥夺一个独立人的尊严。

有一次，小龙和几个小伙伴在小区的花圃里玩连级跳远的游戏。才跳了一会儿，小龙就被落得远远的了，于是便被小伙伴们挤兑了几句，小龙也没觉得有什么，孩子间的打闹很正常。然而妈妈正好从旁边经过，她看到小龙笨手笨脚的样子，却无法忍受，皱着眉头大声呵斥他："你怎么那么笨！跳不过就不要跳了。走！跟我回去。"说完妈妈伸手就去拽小龙，这让小龙觉得很尴尬。

每个人内心深处都渴望得到别人的尊重，孩子也是如此。而小龙妈妈当着孩子同伴的面训斥孩子，深深刺伤了孩子的自尊心。

这种举动说轻点是对孩子自尊心的伤害，说重一点就是犯罪。孩子因为小，还分不清是与非，但是好话和坏话还是能分得清楚的。

父母们常常告诫孩子要有自尊心，然而他们却往往忽略了自己也应该保护孩子的自尊心，总是随意辱骂孩子，伤害孩子的自尊。美国大教育家洛克曾说过："父母越不宣扬孩子的过错，孩子就会对自己的名誉越看重，因而会更小心地维护别人对自己的好评。"事实也证明，受到父母尊重的孩子大都善于合作，没有局促感，这大概就是孩子自尊心得到保护后最直接的反应。

大卫·科波菲尔是一位医学科学家。在他小的时候，有一次，父母带他参加一个盛大的聚会。席间，他想从放牛奶的架子上拿下一瓶冰镇的牛奶，但是因为瓶子太滑，一时失手，将瓶子掉在了地上，干净的地板被溅得一塌糊涂，到处都是牛奶。

所有人的目光都落在了他身上，然而他的母亲看到地上的惨状，并没有对他大呼小叫，或是责罚他。她只是小声说："哇，你制造的混乱可真棒！我还没见过这么大的奶水坑。既然牛奶也不能喝了，在我清理它们前，你要不要在牛奶中玩几分钟？"

回家后，妈妈走到他房间对他说："宝贝，每次当你制造这样的混乱时，最好还是自己把它清理干净，你认为对不对？你看，我们可以用一块海绵、一条毛巾或一只拖把来完成清理工作，你喜欢哪一种呢？"孩子高兴地选了海绵，于是他们一起练习了几遍清理脏物。

清理完后，妈妈告诉孩子说："如何用两只小手拿大牛奶瓶，你已经做了一个失败的实验。来，让妈妈把瓶子再装满水，你再试试看怎样才能拿得动它。"孩子很快就学会了如何拿大奶瓶才不会将其打碎，他发现用双手抓住瓶颈，瓶子就不会掉下来。

很多年后，他成为科学家，当有记者问他为什么比一般人更有创造力时，他告诉记者，这和母亲的宽容和鼓励有关。这位科学家在母亲的宽容和鼓励下，懂得了过失是学习新东西的机会，因此他从不会害怕过失和失败。

孩子越小，心灵就越不设防，也越容易受到伤害。身为父母，在孩子面前所说的每一句话、每一个举动，都有可能深深地影响孩子的心理健康，所以父母不要因为自己的一句辱骂而毁了孩子的一生，而应该鼓励孩子成就孩子的一生。

不要在与别人比较后批评孩子

父母课堂

作为父母，应该明白，对孩子的批评，只能针对孩子本身的错误行为和不良习惯，而不要在与其他孩子比较后，评论自己孩子的不足。

很多父母总是习惯否定孩子，尤其爱拿自己孩子的缺点与别人孩子的优点比较："你真笨，每次都考不及格，看人家飞飞哪次不考 90 多分？"或者"你怎么搞的，又闯祸了？我从来没见过像你这么调皮的孩子。""你为什么不能像轩轩一样坐在那里安静地看一会儿书呢？"

在父母看来，他们只不过想让孩子向别的孩子学习，却没有想到这种比较下的批评只会给孩子造成很大的伤害。因为孩子的心理、意志是脆弱的，他最希望得到的是家长的理解和支持，每一句激励的话语，都会成为孩子精神上的阳光；而每一句粗暴的呵斥，都会将他脆弱的尊严击得粉碎，无地自容。

大伟被评上了小队长，他高兴极了，一回家就赶紧兴冲冲地对妈妈喊："妈妈！我当上小队长啦！"本来是想给妈妈一个惊喜，没想到妈妈一撇嘴，满不在乎地说："没出息！小队长有什么可乐的？人家平平比你小一岁，在学校早就是大队长了！"

大伟听了妈妈的话，心里觉得委屈极了。因为他从来都没当过班干部，这是他第一次当上，还费了他好大的功夫，做了很多保证，他才当了这个小队长。他本来很开心，想让妈妈也跟着高兴高兴，没想到妈妈压根就看不上他这个小队长，这让他非常泄气。

这种情况在生活中很常见，不管孩子取得了多少进步，父母却总是不满意，非但不鼓励孩子，还总是拿孩子和别人比，责备孩子比不上别人，认为这样可以激励孩子更加上进。然而事与愿违，责备得多了，孩子会觉得自己一无是处，表现出明显的抑郁，甚至产生厌世情绪，更有甚者影响到孩子的健康。

有很多父母从孩子放学回家，就开始不停唠叨，说的无非是"你看邻居某某考上了重点高中，比你强了不知道多少倍！"或是"你和某某是同班同学，怎么就是不如他！"，再者就是"你怎么总是比人家的短处，你怎么不与人家的长处比比"之类的话。其实这些过多的责备只会让孩子不知所措，不知道该如何才能令父母满意。

父母对孩子的要求远远超过了孩子的实际能力，让孩子只能处在责备中，找不到任何成就感，这其实是孩子的悲哀。每个孩子都有自己的优点，为什么总是要把它和别人比呢？作为父母，应该多表扬和鼓励孩子，要知道，大人在受到领导表扬时都会觉得特别开心，工作起来也更卖力，更何况是孩子。

孩子都有强烈的自尊心，孩子在听到家长总是夸奖别的孩子，而把自己指责的一无是处，往往非常伤心、懊恼。长期生长在这种环境下的孩子，会不断地否定自己，觉得自己的存在毫无价值，产生自卑心理，甚至会自我放弃。这些自我意识在孩子的成长过程中会像一个阴影一直伴随着他，面且直接影响到父母和孩子的关系，导致孩子在很多场合产生逃避和退缩行为，甚至误入歧途。

虽然父母的本意是好的，他们只考虑到一个好的榜样的确能给孩子带来不少好的影响，但是，拿自家孩子的缺点与别的孩子优点比较的做法，是很难让孩子接受，并产生向榜样学习的心理的。

如果家长真的想为孩子找一个好榜样，可采取以下两种方法：

1. 为孩子寻找榜样

父母在批评的过程中，要学会给孩子寻找合适的榜样。要想让孩子向别人学习，不管是向同学、亲友或是邻居学习，首先要给孩子接触这些榜样的机会。比如，让孩子有时间和他们一起玩儿，或是一起学习。这样在接触的过程中，孩子自然会和榜样融洽感情，受到他影响。

2. 与孩子学习别人的优点

父母可以在不批评的前提下，与孩子真诚地一起学习别人的优点，这时，可以适当强化这些优点。至于这个强化的方法，不能太过简单，也不能过于生硬。比如，你不能只简单地对孩子说："既然人家的优点这么突出，那你就应该好好向人家学习。"或者说："你早就应该向他看齐了！"而应该是带有暗示性地发表意见，比如，你可以说："我同意你的看法，他确实做得很不错，我们可以向他学习这一点。"或者说："我也觉得很好，其实你有些地方做得也非常好。"

父母可以通过比较让孩子认识到自身的不足和缺陷，但父母不应该也不可以把这些作为批评孩子的理由，否则，父母的批评不但会失去效用，还有可能让孩子产生严重的自卑心理以及自暴自弃的行为。

批评中，不能掺杂冷嘲热讽

父母课堂

父母让孩子的潜力展现，孩子才能尽情发挥自己的优势。那么，在孩子犯错误时，就请用坦率和温和的态度帮他认识并改正错误；在孩子取得进步时，请用赞美的言辞鼓励他继续努力。

在与大人的比较中，孩子虽然不够成熟，个子小、力量弱、知识少，但是他内心有着想成为大人或者想跟大人一样成熟的愿望。如果父母经常嘲笑孩子幼稚，把他看成他恰恰想极力摆脱的幼年形象，那么孩子内心的这种"不如大人"的意识会变得越来越强烈，很可能会使他真的无法摆脱幼稚。

孩子对事物的理解往往很简单，而且又天性敏感，那些嘲讽的话语就会像一把无形的刀，深深地刺伤他的心。有的父母特别喜欢故意嘲笑孩子，认为这样可以激励孩子。比如，"就你那破锣嗓子，还想当歌星？做梦吧！" "别逞能了，你怎么可能会做这个？" ……这样的话层出不穷下面为大家举例子说明。

一个初中一年级的孩子把简单的算术题算错了，妈妈马上在旁边说："你是小学一年级的学生吧，这样的题都不会做。"。也许，妈妈的冷嘲热讽包含了些许玩笑，但是这种玩笑不能掺杂在孩子所犯的错误中。孩子都比较敏感，如果孩子把妈妈的讽刺当真了，就会受到极大的伤害。如果连自己妈妈都瞧不起自己，还有谁能瞧得起自己呢？孩子当然会这样想。

再者说来，孩子做错了题，妈妈可以批评他不认真，可以批评他上课没认真听讲，以致做错。但是一句对孩子的挖苦，除了挫败孩子的自尊外，还能让孩子意识到什么呢？因此，在批评的过程中，对孩子冷嘲热讽，不是父母应该做出的行为。

有一天，爸爸问小童："小童，你将来想去做什么呀？"。小童很认真地回答说："我要当中国最好的大学校长！"。结果妈妈在一旁冷笑着插话说："切！就你那五门还有三门不及格的成绩，还想去当校长？做梦吧！"

听了这话小童不由想起了这次期末考试的成绩，羞愧地低下了头。从此以后，小童的成绩也再没有提高过。

或许，小童的妈妈只是联想到了小童期中考试的表现，想借此机会挫伤一下小童爱说大话的气势，批评他骄傲自大的态度。

结果不料，妈妈的一句嘲讽就让小童一蹶不振。拿破仑曾经说过："不想当将军的士兵不是好士兵。"世上的事，只要肯努力，就有做到的可能。最重要的是，你要先有这样的理想。孩子长大后想当大学校长，这是个很棒的理想，而小童的妈妈却用嘲讽的话语彻底打击了孩子的自信心。

本来应该受到鼓励的孩子，却遭到妈妈的一通冷嘲热讽。可想而知，孩子的心里有多不好受，也许从此以后就放弃了这个理想了。孩子的成长是一个发展变化的过程，会出现很多意想不到的改变。父母总是用静止不变的眼光来看待孩子，是很不明智的。即便了解孩子的性格、能力、天赋，也无法断定孩子将来一定能做什么，或是一定不能做什么。

父母嘲讽的话语，不但不应该夹杂在批评中，更不应体现在日常生活中。因为它传达出的信息是对孩子的不信任，对他取得的成绩的蔑视以及对他人格的侮辱。它就像一把锋利的剑，深深扎进孩子幼小的心灵。父母或许不知道，这种由语言带来的伤害，其实比起皮肉上的痛楚造成的后果更为严重。

因为这种语言的伤害不像皮肉伤害，可以一眼看到，所以，有的父母往往忽视了语言带来的伤害，尤其是用嘲讽这样"恶毒的武器"，给孩子带来精神上的创伤。即使这种语言"攻击"已经停止，但是造成的伤害仍然会在孩子内心存在，像一个巨大的阴影笼罩着孩子的一生。

孩子都有强烈的感情和尊严，被人嘲讽，尤其是被自己的父母嘲讽，无疑会受到很深的伤害。倘若孩子犯了错，父母最应该做的，就是用温和的态度去对待孩子，并给予孩子引导和鼓励。

给批评披上表扬的外衣

父母课堂

给批评披上表扬的外衣，也是批评的一种教育手段。这种高明的批评，会产生意想不到的效果。作为父母，在批评孩子的时候也要体现爱心，讲究批评的艺术，力求给孩子良性的刺激。

孩子在成长的过程中，被批评是少不了的，但是父母讲求方法和技巧的批评，才能收到预期的效果，孩子才乐意听，愿意改。

其实，批评不一定就是严词斥责或大声叫骂，批评完全可以通过另外一种方式表达。有的父母奉行"良药苦口利于病，忠言逆耳利于行"。所以他们在对孩子批评的时候也是急风骤雨，旨在让他记忆深刻。殊不知，良药若是苦的让人难以入口，就会难以下咽。忠言若是逆的进不了耳朵，就会让人难以接受。相反，苦药包上糖衣，更容易让人接受，给批评"穿上"表扬的"外衣"，才更容易被孩子接受。这种做法保护了孩子的自尊心，从正面引导他改善自己的不足，这就是批评的艺术。

小超是个自尊心比较强的孩子，脸皮也比较"薄"，常常会因为老师的几句批评就垂头丧气，甚至一天都提不起精神。俗话说"响鼓不用重锤"，妈妈知道儿子的这个特点后，在教育他时就尽量不采用"人前教子"的方式，而是在事后单独进行批评，而且还会给批评"穿上"表扬的"外衣"。

自从开始上外语课后，小超的妈妈就给他报了个英语辅导班，这个班的教学思想是寓教于乐，让孩子在玩乐中学习，所以从不留作业，只要求孩子们听熟课文，做到顺口说出的程度。于是爸爸妈妈要求小超每晚听 3~5 遍课文，不懂的地方可以问爸妈。

就这样连着听了两三天，小超就坚持不下来了，总是在听的时候眼睛瞟着电视，或是自顾自地玩别的东西。妈妈忍了好几天，没有责骂孩子，想让他自觉努力起来。但是情况依然没什么改变，小超仍然看他的电视，玩他的东西。妈妈看在眼里，急在心里，想着，这可得批评一下了，考虑到小超的性格特点，妈妈思考再三拿定了主意。

这天晚上，小超做完作业后又往客厅蹭，准备看电视。他一进屋，妈妈就先发制人说："是来找妈妈读外语的吗？"小超听了一愣，只好顺水推舟地点了点头。于是妈妈赶紧对爸爸说："瞧咱们儿子，多上进呀！前两天没见他读英语，我还以为是忘了呢。现在看来，肯定是功课忙，没有顾上，这不，今天作业一做完，就知道赶紧练习了"。

爸爸也会心一笑："是啊，儿子真不错！要是能这么天天坚持，一定有收获。儿子，和你妈妈互相提醒一下，有时你妈妈一忙也就忘了这回事儿，你得追着她跑，别让她耽误了你的学习啊。"

"好！"这次小超回答得干脆，立马回自己的小屋听英语去了。从此以后，小超听英语果然自觉多了，每次做完作业就去听、读半小时英语。小超在这样的表扬中慢慢改掉了他的毛病，而妈妈也达到了批评的目的。

大多数人的心理总是更容易接受肯定、赞美、欣赏的信息，而排斥否定、批评、讽刺、挖苦的信号。教育孩子也必须遵循人的心理发展规律，才能收到预期的效果。通常父母赞赏、爱护和体贴孩子，会让孩子把人性中最美、最好的一面展现出来；反之，如果一味批评、责备甚至打骂孩子，就会使他产生逆反心理，驱使他把身上最丑陋的东西暴露无遗，并最终与家长的初衷背离。

父母对孩子的批评教育，无不出于爱的目的，也只有当孩子得到被爱的体验时，他才能从心里接受批评，进而改正缺点和错误。因为孩子还小，辨别是非的能力差，犯错误是在所难免的。如果父母不讲究批评的艺术，不计较批评的言辞、场合，随意地责罚孩子，只能使孩子的自尊心受到挫伤，引发他的逆反心理和敌对情绪，不仅无法让孩子认识到自己的错误，还会伤害他的心灵。

批评中需要的是鼓励而不是埋怨

父母课堂

　　孩子容易犯错，也经常犯错。如果父母经常埋怨孩子，只会加重孩子的心理负担，影响到他大脑中某些区域的正常发育，从而导致孩子在精神以及性格方面出现许多问题。

小峰是初中一年级新生，由于刚刚告别小学生活，小峰一时还无法适应初中生活中的紧张感。因此，小峰还像上小学时一样，回到家后从来不预习功课，就是老师不检查的作业，小峰也是玩够了才做。

对于小峰这种贪玩的心态，妈妈不止一次地提醒他说："小峰，你已经是个初中生了，不能再像小学生那样贪玩任性了。初中的课程不比小学，你稍不留心，就会被其他同学远远地落在后面！等到那时，你该怎么办？"

然而，小峰左耳进右耳出，从来不把妈妈的提醒当回事。终于，第一个学期的期中考试成绩下来了。小峰捏着那张不及格的考试卷，看着上面鲜红的叉和不及格的成绩，妈妈顿时火冒三丈，也再控制不住自己的情绪，把试卷狠狠地往小峰脸上一丢，气呼呼地瞪着他说："你自己看看！自己看看！不及格！我是怎么提醒你的，结果倒好，你把我的话当耳旁风，整天就知道玩！玩！玩！不知羞耻，无药可医，我都替你感到脸红！爸妈累死累活为了什么？不就是为了供你好好读书吗……"

劈里啪啦一阵埋怨、数落，小峰怔怔地看着妈妈，不敢出一言，眼泪直在眼眶里打转，他突然觉得眼前这个人一点也不像妈妈。而小峰妈妈仍然在不停地埋怨小峰，堂堂然地责备着他，认为没考好，完全是小峰的错，直到自己喉咙喊哑了，才停下了指责和埋怨。小峰依然战战兢兢地站在角落里抽泣，一动也不敢动。

现实生活中，的确有很多父母在孩子考得不理想或是犯了错误时，总是一味埋怨孩子，认为这样孩子才会记忆深刻，批评的效果才会更好。其实，这是家庭教育的误区，一味埋怨孩子不仅不能收到预期的效果，还有可能引起孩子的逆反心理，结果只能是事与愿违。

父母作为孩子的终身教师，有责任有义务督促孩子健康成长。如果孩子犯了错，父母首先应该在自己身上找原因，而不是一股脑地把责任全部推给孩子。以上案例中，小峰的妈妈埋怨孩子不听话，难道她的教育方式会全然没错吗？孩子听不进去没她的责任吗？

孩子的心理承受能力弱，因此，在遇到挫折和失误时，孩子更需要的是理解、安慰以及如何克服当前困难的忠言和鼓励。父母首先应当尽力容忍孩子所犯的错误，帮助孩子改正错误，而不是埋三怨四！这时的孩子，最需要理解，最需要从父母那里得到鼓励、支持和指导，而不是劈头盖脸的埋怨和推卸责任。

对父母来说，教育孩子的方法要高明，应该通过"感化——说服——感化"来达到教育孩子、和孩子沟通情感的目的，这期间，与孩子所说的话语中所蕴含的更多的是鼓励而不是埋怨。比如，面对孩子的所犯的错误，妈妈可以先告诉孩子："你做得不错！""你已经很努力了！"等等，这些是最初的感化，因为这些话对孩子来说比较容易接受。然后再指出孩子失败的原因，给孩子提出改进的建议，这是教育的目的。最后，也不能忘了鼓励孩子："如果你再努力一些，就能做得更好！"这种教育方式可以促使孩子不断检讨自己犯错的原因，减少下次犯错的可能性。

在这个过程中，父母首先要做的是带孩子走出犯错之后的痛苦。孩子犯错了，他自己也会感到难过，如果这时候父母一直给孩子批评而不是安慰，孩子会更加痛苦。如果父母打骂孩子，那么后果会更糟糕，结果可能造成下次孩子犯错了，隐瞒事实。心理学家塞奇斯说："当孩子犯错了，你应该带着孩子从犯错的痛苦中走出来，不要老盯着孩子的过失不放，应该去赞扬孩子们尝试活动的努力和勇气。"美国一位著名的心理学家莱顿说："讲述你自己曾经犯过的过失，承认过失，向孩子们解释为什么会犯这个过失，告诉孩子，你将会用怎样的办法去避免重犯。"

其次，当孩子经过感化，主动承认错误时，父母要肯定孩子的行为。如果孩子在犯错之后有勇气向你承认错误，这个时候你千万不要责骂孩子犯下的错，而应该肯定孩子"承认错误"这一行为，否则，孩子会想："我主动承认错误你还批评我，下次我再也不会把真相告诉你。"就这样，孩子开始学会了撒谎。所以，父母一定要给予孩子肯定和鼓励，然后再指出错误带来的危害，让孩子在鼓励声中改正错误。

总之，孩子犯错之后，父母不应该一直只知道埋怨他，奚落他，要设身处地想想自己犯错误时的情形，安慰孩子，然后帮助孩子从错误中走出来，给孩子提供一些改正错误的建议。

巧妙运用"三明治效应"

父母课堂

孩子自尊心强，往往喜欢别人的赞许与肯定，而不喜欢受到责备和批评，这也是所有人的本性。在遇到批评时，孩子本能地会产生一种抵触心理，下文介绍的三明治式的批评方式却很容易让孩子接受。

在批评心理学中，人们把批评的内容夹在两个表扬之中从而使受批评者愉快地接受批评的现象，称之为"三明治效应"。这种现象就如三明治，第一层总是认同、赏识、肯定、关爱对方的优点或积极面；中间这一层夹着建议、批评或不同观点；第三层总是鼓励、希望、信任、支持和帮助，使之回味无穷。这种批评法，不仅不会挫伤受批评者的自尊心和积极性，而且还会帮助孩子积极地接受批评，改正自己的不足之处。

心理学家詹姆士曾说过："人类本质中最殷切的要求是渴望被肯定。"，那些热情向上的孩子更是如此。所以，父母在批评教育孩子时，不要忘记先赞美，然后再批评，这就是我们所说的三明治式批评，即厚厚的两层表扬，中间夹着一层薄薄的批评。这种批评方式，通常能产生更好的效果，孩子不但容易接受，而且还不会对父母的批评产生反感。

三明治式的批评之所以能产生如此大的效应，主要原因有如下几点：

1. 去防卫心理作用

在批评之前，先说些亲切关怀赞美之类的话，首先就可以制造友好的沟通氛围，让孩子平静下来安下心来进行交往对话。如果一开始就是直接的批评，语气又十分严厉。那么，对方就会产生一种自然的反射状的防御反应以保护自我。一旦产生了这种防卫心态，那就很难再听得进批评意见了，哪怕批评是对的，也都将徒劳。可见，三明治的第一层就起到了消去防卫心态的作用，使受批评者乐于接近批评者。

2. 去后顾之忧作用

许多破坏性的批评总是一而再，再而三地进行，批评结束时还让人心有余悸，让人搞不清楚是在受批评还是受罚。因此，总会有后顾之忧。而三明治法的最后一层就起到了去后顾之忧的作用。它常常给予挨批评者的鼓励、希望、信任、支持、帮助，使受批评者更容易振作精神，重新再来，不再陷于泥潭之中。

3. 给受批评者面子

批评不是目的，只是手段，批评在于改善行为。因此，如何批评就特别讲究。三明治式的批评，既指出了问题，同时也易让人接受，而且不留下后遗症。这主要归功于这种批评不伤人的感情、不损坏人的自尊心，能激发人向善的良心，能使人的积极性始终维持在良好的行为上。

爷爷奶奶对小刚的宠爱，使他养成了一些不好的习惯。比如说，稍微有点身体上的不适就请假不去上学，显得特别娇贵，这一点还表现在课间操和体育课上，只要身体有稍微不适或自己觉得不想去，他就不去了，有时候还不交作业。总之，整个人的精神面貌都很差。

老师一开始对他进行百般劝导，晓之以理，动之以情，但小刚只好好表现了几天，就又变回老样子了。老师见软的不行，就对他进行严加批评，结果效果更差。最后，老师只得与小刚的家长做了沟通。

小刚的妈妈是个很有思想的人。她知道小刚从小就喜欢听表扬，一表扬，他就会做得好些。于是，一天，妈妈把小刚叫过去，既没有问他课间操的事，也没有因为请假而训斥他，而是问他在学校吃饭是否习惯，并叮嘱他少吃零食，多吃米饭和蔬菜，这样才会对身体有好处，才会长高个。

此时，小刚愉快地点点头，刚才进来时的忐忑不安已经悄然退去了。这时，妈妈伸手把他弯下去的背扶了起来，因为小刚个头比较高，平时又不注意坐姿，使他的背有些弯曲，妈妈骄傲地看着儿子说："这样一看，我们小刚长得多精神啊！"

听了妈妈的夸奖，小刚稍有得意。妈妈认为批评教育的时机到了，就面带笑容地说："老师反映说，你经常不上课间操，说说你的原因吧。"小刚说出了实情，原来小刚上寄宿学校后，经常吃不好睡不好，一旦身体稍有不适就不去做操。于是，妈妈就这点指出了小刚的意志力不够坚定，不能克服不足，并鼓励他向其他表现好的同学学习，多运动身体才会更好，不能因为一点点不适就什么都不做。

妈妈指出小刚的不足后，又对小刚说："妈妈希望你能逐步改进，而且也深信你一定可以做得很好，无论是学习还是别的方面！"经过这次"批评"后，小刚明显有了改进，偷懒的行为也渐渐少了。

这个案例告诉我们，对孩子进行批评时，先对其表扬一番，使其心情愉快，自信心增强。然后再将话题一转，提出不足之处和改进之处，此时孩子就不会有被批评之感，而是觉得的确有改进的需要。趁这个机会再对孩子加以表扬和鼓励，会更加坚定孩子改正的决心。这就是著名的"三明治效应"的现实应用。

第 3 章
中伤孩子的话要少说，不要考验孩子的耐心

父母在教育孩子的过程中，常常会因为一些脱口而出的语言中伤孩子。这会让孩子认为，父母在用"爱"的借口践踏他们的自尊与自信，蔑视他们作为人的独立人格。因此，在教育孩子的时候，要珍视孩子的美好心灵，从而警示自己的言行。

不要滥用家长权威对孩子下命令

父母课堂

父母对孩子少一些命令的口气，多一些商量的方式，就会使孩子改变对父母的抵触，消除或减轻两代人的隔阂，从而使父母与孩子之间形成温馨友爱的氛围，这些不但体现了父母的修养与教育有方，也会使孩子变得更加懂事。

从孩子蹒跚学步开始，或许很多父母就已经习惯了常常把"不"字挂在嘴边，"不行""不能这样""别动那个""不可以"……出于对孩子的关心，父母会一直紧张地关注着孩子的一举一动，果断地告诫他们不能这样，不能那样。殊不知，在接收命令的环境里成长起来的孩子，一旦有了些主动权，很可能会想要挑战一下父母的权威。做一些较为"大胆"出格的事，当然，这样的孩子也很有可能真的在父母的权威下变得很听话，做什么都不敢越雷池半步，但这样最终形成胆小畏缩的性格。

孩子有自己的想法，有强烈的自尊。他们希望父母能够平等地对待自己，因此，不愿意听到父母命令自己的口气，更不喜欢父母强迫自己的行为。当父母用命令的口吻要求孩子做事时，孩子很容易产生与父母对抗的行为。结果孩子不但没有听从父母的安排，还造成两败俱伤的局面，导最终致父母与孩子的关系越来越僵。

也许，很多父母认为，对孩子发号施令是做父母的权利，命令孩子做事便理所当然。但慢慢长大的孩子，在有了自己独立自主的意识后，对父母命令的口气就会很反感，认为父母不尊重自己，内心就进一步产生逆反心理。之后呢有的父母因此感觉威严扫地，为了维护自己的面子，就更进一步强迫孩子按照自己的话去做，此时孩子与父母之间就会产生越来越严重的对抗，谁也不肯让一步，影响良好亲子关系的建立。

另外，父母用命令的口气与孩子说话，会压抑孩子独立自主的意识，长久下来，孩子就会形成懦弱自卑的性格。即使长大成人后，他们还会依赖父母，遇事不能自主，最终他的一生都要受到父母的影响。

父母都希望孩子能够身心健康地快乐成长，又希望自己的威信永远留在孩子的心中，那么，改变与孩子沟通的方式，不用命令的口气与孩子说话，多从孩子的角度去思考问题，多听取孩子的意见，让他以平等的身份参与到事件的决策之中，这样孩子才会易于接受父母的观点，也愿意按照父母的意愿做事。这样，父母的威严和形象在孩子心目中才会高大、持久。

小年的父母就从来不会用命令的口气与孩子说话。即使孩子有缺点，也是采用温和的方法促使他改进。有时候孩子会在某方面重复犯错，小年的父母也不会拿出盛气凌人的态度教训他。因此，小年与父母的关系非常好，一切都与父母分享，甚至包括自己的秘密。

初中一年级的时候，小年喜欢上班里一名女生，这让他有些分心，想向那个女孩表白，又怕被拒绝，天天魂不守舍。这时，小年想到爸爸也是从这个年龄段走过来的，就去向爸爸讨教经验。父亲听完他的诉说后，没有像有些父母那样火冒三丈，对孩子横加指责。相反，他给小年讲述了自己的经历，并且建议小年把这份感情先保存起来，好好学习，争取有一个好的未来之后，再向那个女孩表白，才是正确和负责任的做法，才能得到真正的幸福。小年认真思考了父亲的建议，觉得很有道理，此后就调整心态，把精力集中在学习上了。

父母对孩子用命令的口气说话，要求孩子无条件遵从自己的安排，是传统教育观念中的糟粕。在二十一世纪的当代，父母应该不断学习科学的教育理念，改变陈旧观点中的不可取之处，尊重孩子的平等人格。无视孩子的意愿和权利，先对孩子强行命令，后又步步紧逼，这样的结果只会是两败俱伤。

做父母的首先应放下权威的架子，把自己放在和孩子平等的位置上。父母要明白，尊重孩子就是不能把自己的想法全部强加给孩子，父母可以只是提出想法和建议，让孩子自己做选择。很多父母之所以不让孩子自主选择，是因为担心他犯错误。但是，孩子正是在不断犯错又不断改正错误的环境下成长起来的，在成长阶段，父母应该给予孩子充分的信任。

"成人世界"与"孩子世界"沟通的钥匙，不是仅仅掌握在孩子手中，父母手中同样有把沟通的钥匙，而且往往发挥着强大的作用。父母要想和孩子沟通，首先需要学会一件事——经常从孩子的观点上来思考，从孩子的角度来观察、决定事情，这是对孩子最大的尊重。父母经常站在孩子的角度去考虑孩子的言语行为，了解孩子的年龄特点，才不会给孩子提出苛刻的要求；理解了孩子看问题的角度，才不会一味只拿拿成人的标准去批评孩子；尊重孩子的自尊心，才不会采取命令的口气对待孩子。

频繁的唠叨会让孩子当成"耳旁风"

父母课堂

> 如果孩子长期生活在消极的唠唠叨叨的沟通模式下，他们
> 往往会封闭自己，不但会把父母的话当成"耳旁风"，还
> 可能对父母产生敌意。

小玲今年 10 岁了。然而，随着她年龄的增长，妈妈逐渐生出了一种失落感——女儿与父母之间的交流越来越少了，不像小时候那样什么话都跟爸爸妈妈讲。很多时候，父母问一句，她答一句，不问她不说，如果问多了，她甩手就走人。

有一天，妈妈见小玲的心情不错，就小心地问她："你故意疏远爸妈，不愿意与我们沟通，是不是有什么心事呢？"。没想到一听到"沟通"这俩字，小玲的火就上来了，冲着妈妈嚷道："你们也知道什么叫沟通？你们就知道唠叨、猜疑、灌输！你们所说的那些话，即使是沟通，那也叫强迫沟通！"

就像这样，一提到与孩子的交流、沟通，很多父母都认为：那是比较困难的事。有时，自己说得天花乱坠，但孩子还是我行我素；有时，自己明明是关心他，孩子却不领情；想对他说点知心话，发现他心不在焉；偶尔，他们还会专挑父母话中的漏洞，故意和父母对着干……

有些父母认为让孩子听话很不容易，所以自己几乎时时刻刻都在跟孩子沟通，"孩子贪玩偷懒时，我就告诉他，要好好学习，不然将来会很没出息"。"我每天都在给孩子做饭、洗衣服、整理房间，这不是时时刻刻与孩子交流吗？""孩子做错事了，我狠狠地批评他一顿，以便让他记住下次不犯，这也是沟通吧？"……

显然，父母总是习惯的把自己的命令、指挥、批评甚至是责骂都看做沟通，但其实这些沟通都是消极的、被动的，因此都被孩子看成了无用的唠叨。

其实，在孩子们中间，一直流传着的是"妈妈烦"的话题，妈妈的唠叨让他们产生了共鸣和强烈的反感。并且，父母跟他们讲得最多的是要好好学习，比如某某同事的孩子又考进了清华、北大等，这些都是孩子不感兴趣的话题。孩子喜欢跟父母聊的是学校的趣事、班上的新闻、日韩明星、流行歌曲，等等，父母却对此"不感冒"，当孩子兴致勃勃地跟他们聊起这些话题的时候，父母不是心不在焉地"嗯""啊"两声，就是批评他们爱慕虚荣，很快就将话题转移到了学习上。这样父母和孩子之间当然无法进行有效沟通了。父母单方面说教、灌输、权威式的沟通，这让孩子如何接受？

要改变这种状况，父母就要先改变自己的思维习惯和思想认识，把握孩子的心理特点和性格特点，采取积极、恰当的方式与孩子沟通。以下有三点主要方式：

1. 唠叨的同时，切莫忽视孩子的自尊心

孩子自尊心强，当孩子出了问题，父母就给孩子一顿训斥，尤其是当着其他人的面，不允许孩子申辩，非但起不到教育孩子的效果，反而会引起他对父母的排斥和反感。因为孩子听到父母

劈头盖脸的教育时，首先想到的是自己很没有面子，今后怎么还能在同学们面前抬起头来，而不会反省自己到底是不是错了或错在哪里。

2. 尊重孩子的独立意识，训话点到为止

很多孩子长大一点后不再愿意事事都跟父母商量，而是自己单独来做，是因为他们觉得自己已经是大人了。而有些家长训教孩子喜欢没完没了，还时不时地喝问孩子"我的话你听见了没有？"孩子慑于家长的威严，也为了免受皮肉之苦，只能别无选择地说"听见了"，其实他可能什么都没听进去，甚至左耳听了右耳出，根本就没记在心里。孩子之所以说知道了，只是顺着家长的意思，为了早点结束被训斥。于是，当孩子下次再犯同样的错误时，家长便会感到"痛心疾首"，说孩子"不把我的话当回事"，当成了"耳边风"，说孩子"不听话"。其实这是因为家长的唠叨太多了，令孩子分不清主次，不知道听哪一句为好；再者，经常性的唠叨多了，也会导致孩子"失聪"，对家长的话产生教育心理学中的"0反应"，使训教失去效果。因此，家长在教育孩子时务必切记改掉爱唠叨的毛病，凡事点到为止。

3. 注重为孩子营造一个良好的接收环境

孩子由于受年龄、阅历、经历、财力等方面的限制，情感多变而不稳，极易见异思迁，容易受到周围环境的影响，尤其是坏的影响。因此，父母对孩子的教育尽量是单独的，谈话性的，避免公开的申斥，尤其是在他的老师和同学的面前。父母只有为孩子营造一个良好的接收环境，孩子才可能愿意把父母的话听进去。

讽刺挖苦的话不能对孩子说

父母课堂

每个孩子都渴望得到大人的尊重，每个孩子都需要父母的
赞赏而不是嘲弄。因此，在任何时候、任何场合下，父母
要慎用自己的语言与表情，切忌对孩子进行嘲笑。

孩子由于没有什么生活经验，又对很多事情充满了好奇，所
以经常会问一些让大人哭笑不得很难解答的问题，谈起自己将来
的梦想，提一些不现实的要求。很多父母对这些都不予理解和接
受，甚至会有意无意地说出一些讽刺挖苦的话来。父母也许不知
道，就在这些看来可笑又幼稚的言语中，可能隐藏着自己没有发
现的孩子的独特天赋。有可能孩子真的如爱迪生一样聪明而富于
创造力，但由于父母没有给予应有的鼓励，采用讽刺挖苦的态度
去限制孩子的提问，就极有可能把一个天才扼杀于摇篮中。

讽刺和挖苦会让人感觉没有受到尊重，但成人有调整自己思
想情绪的能力，即使听到嘲笑的声音很不舒服，但只要认为自己
是对的，也会坚持下去。而这些对于敏感的孩子来说，带来的负
面影响却要严重得多。不管是何种类型的嘲讽，如果孩子意识到
大人是在取笑自己，他们往往就会变得手足无措，失去继续做下
去的勇气，甚至对自己在别的方面的行为也逐渐失去信心，出现
畏缩倒退的心理，以致影响孩子一生的健康成长。因此，无论孩
子的想法多么幼稚，问得如何不合常理，父母都一定不能去嘲笑

孩子。当然，父母嘲笑孩子大都是没有恶意的，但不管嘲笑的本意是什么，带着何种目的，都一定要杜绝。

有些父母对孩子说话可能只是很随意，并不存在讽刺和挖苦的意思，但孩子却容易产生误解，觉得大人是在嘲笑自己，从而在不经意间受到伤害。因此，父母在对待孩子时，不但不能采用嘲笑的态度，还要慎重用词。不能不加思考，张口就说。要尽量避免使孩子产生误解，不在孩子的心中留下阴影。

嘲笑对孩子来说，不仅关系到自信的建立，甚至还会影响到孩子一生的前程。因此，家长一定不能忽视这个问题，应时时注意自己的言行举止，任何时候都不要伤害孩子。

小路是小学五年级的学生，成绩一般，无论父母还是老师，对他的将来都没有抱很高的希望，然而小路却自我感觉很好。

一天，妈妈从姥姥家回来，对小路的爸爸说起他姥姥生病了，医院里最好的医生都查不出什么病，不知道如何去治疗。正在看电视的小路听到了父母的对话，走到妈妈面前说："我长大后要当最好的医生，给姥姥治病。"小路的妈妈看着孩子认真的模样，想着他平平的成绩，正想拿话挖苦一番，忽然意识到这正好是教育孩子的好机会，于是笑着对儿子说："嗯，妈妈相信儿子你能行。现在好好学习，将来去上最好的大学，学最先进的医术，肯定能攻克你姥姥这样的病。"

小路听完妈妈的话，没有再去看电视，转身回房间学习了。

孩子有时候可能会说出与自己目前水平相差悬殊的话，产生不切实际的梦想。这时如果父母讽刺挖苦孩子，孩子的梦想就会真的只是空想，而父母若是对孩子的梦想进行鼓励，孩子可能会从此开始发奋努力把梦想变成现实。

小兰是个敏感的女孩。有一次，小兰感冒了，老是发烧，病了很长时间都没有好。好不容易病好了，结果小兰发现自己的声音却变了，以前清脆爽朗的声音消失了，现在一开口说话，就是低沉沙哑的声音。小兰为此感到很不舒服，也就不愿意开口说话了。

一天，小兰心血来潮，就叫妈妈把自己的运动服拿来，想到外面走走。妈妈听到女儿开口说话，很是高兴，又听到女儿声音沙哑，爱开玩笑的妈妈拿来衣服后对她说："你听听，你现在说话的声音就像是乌鸦一样，还是不开口说话的好。"说完自己就哈哈地笑了起来。而此时的小兰，听着妈妈这样说自己，心里别提有多么难受了，也没有了出去散步的心情，看到妈妈拿来的衣服也没有穿。妈妈还没有意识到自己开玩笑的话伤了孩子，问小兰为什么不换衣服，但无论她怎么问，小兰都一声不吭。

或许妈妈觉得只是一句玩笑话，没什么大不了的，但却伤到了小兰的心。因此，敏感的小兰认为妈妈的玩笑是在讽刺挖苦自己。

孩子有短处，有缺点，父母一定不能拿孩子的这些弱点去开玩笑，稍有不慎，这样不经意的一句话就会伤了孩子的自尊心。

每个孩子都需要父母的夸奖，只有在赞赏中长大的孩子才会身心健康。有些父母不会教育孩子，说话粗鲁，不顾及孩子的内心感受，这是最不负责任的表现。面对孩子天真的想法、不着边际的问题以及不为别人理解的个人喜好，父母应该学会耐心引导，用赏识的态度慎重用语，不能一味讽刺挖苦孩子，不能用一些伤害性字眼去评价孩子。

不要对孩子许下不能实现的允诺

父母课堂

答应了孩子的要求就要做到，父母言而有信的态度才是孩子需要的。在平等环境下成长起来的孩子，今后也会这样去对待别人，并且会养成诚信、守信的良好品质。

据调查，中小学生最不满意父母的 12 种行为中，"说话不算数"占 43.6%，排在第一位。这个发现令中国青少年研究中心意外。

"我爸爸、妈妈说话一点儿也不算数。我爸说，只要我考了前 5 名，他就带我去坐过山车。可我真的考了第五名时，他却说没时间，下次吧。我妈妈也一样，她说我写完作业就让我下楼和同学玩，可是我写完了她又让我弹一个小时的钢琴。每到这时候，我都会想起电影《麦兜的故事》，麦兜的妈妈哄他吃药，说吃了药病就好了，病好了就带他去马尔代夫。结果麦兜吃了药，病好了以后，妈妈却再也不提去马尔代夫的事了，麦兜问，妈妈就说，发了财再说吧。我理解麦兜，觉得他和我一样可怜。以后爸爸、妈妈再怎么向我许诺，我都不相信他们了，全是骗人的！"

以上这段话，代表了当代青少年的一个共同心声。每一个父母或许都有答应了孩子的要求，后来却食言的经历。有些父母认为这样做只是为了当时应付孩子；或者希望孩子能达到什么样的目标；或者想让孩子按自己的要求去做，所以随意对孩子开出空头支票，根本没有打算日后兑现。结果孩子严格按照父母的要求去做了，父母却不兑现自己的诺言。这样只会使孩子很伤心，父母的地位也因此在孩子心目中下降了很多，以后孩子也不会再轻易相信父母的话，并且也会学着父母的样子，说到做不到，养成撒谎或者言而无信的坏习惯。

父母没有实现对孩子的承诺，有以下几种情况：一是轻易答应了孩子不切实际的要求，而父母根本就无法满足；二是父母想兑现自己的诺言，也有这个能力，但因为临时出现意外情况，使承诺兑现不了；三是父母想用缓兵之计来淡化孩子对自己承诺的记忆，以此来让孩子有所改变却不答应孩子的要求；四来只是为了改变孩子的行为，根本就没想过要兑现诺言。

对于第一种情况，父母不能因为自己根本实现不了，就千方百计为自己的食言开脱，而应该在最初，就仔细考虑孩子的要求是否切合实际，是否有能力实现，如果不能，就不要答应孩子的要求；第二种情况，父母要给孩子讲明原因，并且在障碍一解除，就及时兑现给孩子的承诺；第三种和第四种情况，父母要坚决杜绝，缓兵之计并不会使孩子忘记父母的承诺，而压根儿就没有想给孩子兑现诺言的父母，只会引起孩子的反感。

其实，无论是何种情况，父母对孩子言而无信，最本质的原因是父母把孩子当作自己的附属品，没把孩子当成独立的人，因而也没有把对孩子的承诺看成承诺，没有理解到父母与孩子之间的关系应该是人与人之间的平等关系。据调查显示，父母认为现代人最重要的品质是"责任"，而中小学生的回答却是"平等"。

把"平等"当成最重要的品质，这与孩子的生活经验有很大关系，因为孩子常被父母不平等地对待，因此特别渴望平等。

父母说话算数，才能树立起自己在孩子心目中的威信。对于孩子来说，言而有信的父母说出的话，他们更加愿意听，愿意服从。因此，父母要从以下几点出发，时刻警惕自己的言行。

1. 不能兑现的要求坚决不答应

有些父母为了让孩子达到某一个目标，轻易答应了孩子以后不可能兑现的要求。结果，孩子因为有父母的承诺，所以向着父母既定的目标前进。经过一番努力，孩子达到了父母所定的目标，而父母却没实现自己当初的承诺，这样只会让他受到很大的打击，对父母也会失去最起码的信任，有可能还会不再好好学习，以此来报复父母不守信的行为。

2. 不要拖延已经答应孩子的要求

因为父母的承诺，孩子克服了种种困难和诱惑才达到了父母的要求。这时，没有什么比父母当即兑现承诺更能使孩子得到满足了。因此，父母不要以工作、时间等任何事情为借口，拖延兑现承诺的时间。及时兑现，才能让孩子毫无遗憾地感受到辛苦之后的收获。这样才能激励他以后继续努力！

3. 父母随口答应的事也要认真完成

不要指望孩子会忘记父母随口许下的承诺。很多时候，父母根本不放在心上的事情，孩子却会把他当成圣旨一样。如果等到父母该实现诺言的那一天，才无情地让孩子发现，原来自己只不过是被父母遗忘的那一部分。那么，孩子会立刻失去对父母的信任。

父母失信对孩子来说是一件非常危险的事，至少这会让孩子对父母失望。对此，古人很早就知道了这个道理了。孔子的学生曾参在这方面就为后人树立了典范。

一天，曾参的妻子要到集市买东西，小儿子闹着也要跟妈妈一同去，曾参的妻子便随口哄孩子说："你留在家里，妈妈回来杀猪给你吃。"等到妻子回家后，曾参便要捉猪杀了。他的妻子制止他说："我刚才只不过和孩子说着玩罢了，你怎么真的要杀猪？"曾参对妻子说："小孩是不能欺骗的。他年幼无知，只会学父母的样子，听父母的教诲。如今你说话不算数，哄骗孩子，实际上是在教孩子说谎。当妈妈的欺骗了孩子，孩子便会觉得母亲的话不可信，以后妈妈再对他进行教育就不会有效果了。"于是曾参坚持把猪杀了。

哪怕承诺的是一件很小的事情，父母也要认真去做，不能认为事小而忽略不做。

不要用威胁恐吓逼孩子听话

父母课堂

恐吓法给孩子带来的最直接的影响是他们对恐惧感的体验。对孩子来说，每接受父母的一次恐吓，他们的心灵就不免要经历一次恐惧与焦虑。因此，作为父母，为了孩子的身心健康，在教育孩子的过程中，恐吓法不宜采用。

孩子的心灵是稚嫩的，很容易接受父母所说的话。然而，孩子的心灵也是脆弱的，往往只因为家长一句不会实现的威胁蒙上长久的阴影。在家庭教育中，父母常常不自觉地将孩子对自己的依赖视为筹码，逼迫孩子按照自己的要求去做人、做事。当孩子的表现与父母的期望相悖时，情急之下，家长就习惯用"不听话就……"这样的语言来恐吓孩子，想要孩子因为害怕失去父母的庇佑而变得听话、懂事。但事实却往往不尽如人意，威胁不但会使父母丧失威信，更会扭曲孩子的心灵。

在平时的生活中，很多家长都习惯于用这种恐吓威胁的方式来教育孩子，当孩子的愿望和家长们的想法发生了冲突，双方僵持不下时，许多家长会常常对孩子说"你要是再不听话，就把你怎么样怎么样"之类的话。于是，原本哭闹不止的孩子逐渐安静下来，不仅放弃了自己的意愿，而且还会做出乖巧、顺从的样子。但是，专家称：这是一种错误的教育方式。

一位母亲在路边哄孩子。小孩子不听劝，拼命地哭。母亲说好话，给他东西，都不管用。最后，母亲实在不耐烦了，大声说："你还哭不哭？再哭我就走了！"并做出要走的样子。孩子哭得更凶了。母亲二话不说，扭头就走。孩子见妈妈真的走了，不要他了，慌了神，赶紧追上去，边哭边喊："妈妈，不要扔下我，我不哭了……"

这样的场面看着令人心疼，然而很多孩子就是在父母的这种威胁恐吓下长大的。心理医生认为，这位母亲的心情可以理解，但这种情况下，只有这一种解决方法吗？父母是孩子最依赖的人。孩子从出生起，就对父母有特别的眷恋，同时也有着没有父母就不能生存的潜在不安感。不管孩子是否懂事，他的心里，都开始经常有"爸爸妈妈会不会不要我"这样的担忧。在这种心理背景下，还对孩子说"你不听话，妈妈就不要你了"之类的话，他的潜在不安会加剧，更容易受到大人无法想象的打击。孩子毕竟是孩子，他有时并不明白父母只是为了哄他而说出恐吓的话，并非真的不要他或不爱他。经常会因此受伤害。因此作为父母，应该明白，恐吓和威胁是一种很愚蠢的手段，它不但不能让孩子变得听话，而且会伤害孩子的心灵。

家长喜欢用恐吓法教育孩子的直接原因有两个：一是因为这种方法使用起来简便，不用说什么别的，只要提一句某种可怕的东西就足够了；二是因为这种方法用后即有效果。正如一位家长所说的那样："孩子太顽皮，有时候不听话，执意要做我不想让他做的事情，我好说歹说，讲了半天道理，他也听不进去，我吓他一下，他立马就不跟我拗了。"

当父母第一次尝到了恐吓法带来的甜头时，即使觉得不妥，也会止不住想再一次试试这种方法的心态。在多次的尝试下，这种方法最后大多会被父母认定为是管孩子的最有效的方法。于是，伴随着孩子的成长，威胁的话越说就会越离谱儿，次数也就越说越多，最后，这种方法竟成了父母让孩子听话的唯一手段。

可是，父母不知道，恐吓法会对孩子的成长造成多大的伤害。恐吓法是一种强制性的教育方法。它是家长们试图矫正、约束孩子行为时所使用的一种方法，目的是想帮助孩子建立起一定的行为规范与准则，让孩子明白哪些事情自己能做、哪些事情不能做。但是，一旦恐惧的心理体验消除，孩子仍有很大可能"旧病"复发。

也就是说，恐吓法教育孩子，只能起到治标的作用，并不能从根本上纠正孩子的行为。

更何况，恐吓法对孩子并不终身适用。当孩子逐渐长大，对父母的依赖感逐渐减少，自主意识逐渐增强的时候，这种方法反而会成为让孩子疏远父母的一种借口。孩子会认为，父母并不爱自己，总想把自己推向深潭虎穴，从小到大，父母对自己的威胁恐吓就是最好的说明。

父母用威胁恐吓去逼迫孩子听话的话，会起到相反的效果。父母让孩子听话的手段有很多，但威胁恐吓绝对是父母选择的最无力的手段。

不要打着"爱"的旗号逼迫孩子

父母课堂

父母不应该用自己的既定模式、自己的思维和心理定式去认定孩子该做什么，不该做什么，更不能打着"爱"的旗号，动用父母的权威去压制孩子干某件事。尊重，就是要尊重孩子的应有权利，尊重孩子的选择，尊重孩子的情感。

小涛的父母"望子成龙"心切，总是把他一天的作息时间安排得满满当当。小涛每晚要在妈妈的陪同下熬到十一二点才休息。

小涛想出去玩一会儿，妈妈不让，说先做功课；小涛想看一会儿动画片，妈妈不让，说还要温习功课；周末难得小涛不上学了，妈妈又领着他去补课、学书法……每当小涛忍不住发脾气的时候，妈妈就苦口婆心地劝他："我这都是为你好，你得下功夫才行啊……"。

父母容易犯的最大错误，就是用自己的思维和行为模式，来判断并决定孩子的思想和行为，最突出的表现就在于强迫孩子学习各种特长。如今各种特长班比比皆是，比如钢琴班、书法班、游泳班……各种各样。许多"望子成龙""望女成凤"的家长为了孩子的将来，给孩子们报了各种各样的班。这种做法的初衷的确源于父母对孩子的爱，这并没有错，但关键要看孩子是否乐于接受父母的安排。如果孩子不喜欢，那么父母就是在违背他们的意愿，强迫他们做事，这种强迫是没有好结果的，即使孩子略有所成，但他们心里也留下了对此类事的无比的厌恶和伤感。

时代需要有创新精神的人才，那么教育就应该培养出有主见的人，在任何事情面前，他们都能按照自己的想法，做出自己的选择。父母在培养孩子时，不要把"爱"强加给孩子，更要付出精神关怀。

小生的妈妈很不容易，她很早就失业了，后来又与丈夫离异，靠着摆水果摊，风里来雨里去把小生抚养成人。她对儿子要求很高，对儿子的期望也很大，希望借着儿子在艰辛的生活道路中翻个身、争口气。

可小生自从上了高中，学习成绩就一直停滞不前，最近的一次月考中，小生才考了三十七名。妈妈很伤心，总是说："小生，你要努力啊，妈妈这辈子就靠你了……"

小生不禁泪如雨下。

很显然，小生的妈妈对儿子寄予的期望变成了一种沉重的压力，妈妈在儿子面前示弱，把自己的前途命运强行绑在儿子身上，让儿子不光是为自己努力，还要承担起一份抚养妈妈的责任。这种负担对于还小的孩子来说，太沉重了。

父母不要再对孩子说"我就靠你了"这样的话。儿女赡养父母本就是天经地义的事情，但凡懂事的孩子都不会扔下父母不管，总是这样提醒孩子，以他的高分数作为爱的代价，牺牲他的人生快乐为代价，那么不是毁了孩子就是引起孩子反感。因此，父母一再把自己的希望与爱强加给孩子，只会给孩子造成巨大的精神压力，这样的行为是不明智的。

小轩长这么大，连玻璃都没擦过。学校大扫除的时候，小轩就专门挑一些轻活儿干，要么收拾书桌，要么擦一擦桌面，不是他不爱劳动，而是他根本不会。

因为自从小轩背起书包上学，妈妈就从没让他干过什么活儿，妈妈最常说的话就是"你就好好学习，其他的别管。"就连有时小轩学习累了，想帮妈妈扫扫地，她也是一把抢过扫帚，说："你就好好学习，其他不需要你管。"

首先孩子做为一名学生，的确应该好好学习，但未来的路并不只是考试成绩就能解决的，孩子必须有独立自主的能力，与别人交往沟通的能力，以及在遇到困难、挫折时，能进行自我心理调控的能力等等。倘若把孩子培养成除了学习什么都不会的人，成为一个精神残疾的人，孩子以后很可能就无法面对人生，无法追求成功与幸福了。

然而，很多父母并不了解这一点，而置孩子的全面发展于不顾，一味只注重分数、名次。饭后，女儿有意帮妈妈收拾碗筷，却得到妈妈这样的回应："去！去！念书去！你将来想当厨师吗？真是没出息！"晚上，孩子想对辛苦了一天的爸爸聊表敬意，于是给正在看电视的爸爸端上一杯沏好的浓茶。"谁要你倒茶，我自己不会倒啊？我就知道你在屋里坐不住，借倒茶出来看电视，快去学习！"受到这样待遇的孩子，只会觉得满心委屈，以后也就再也没心情与父母沟通，帮父母干活儿了。

比起学习成绩，父母更应该注重孩子的全面发展，培养孩子各方面的能力，而不是只求孩子学习好就心满意足。让孩子成为心理健全，身体健康的人，才会让他真正快乐。所以家长不要做一个打着"爱"的旗号而逼迫孩子的父母，这样的父母也不会让孩子听话。

不要把付出时常挂在嘴边

父母课堂

父母不要总对孩子说"我给你花了多少钱""你看我多不容易"之类的话，这样的话会让孩子误以为父母的付出只是想得到更多更好的回报。其实，父母真心诚意的付出，孩子是会看在眼里记在心里的。

"孩子，你知道吗？为了你，我忍受了多少的痛苦，怀胎十月多不容易，你的每一步成长，又饱含了我对你的多少爱啊！"小华的妈妈总是对她这样说。

小华的父母对她很好，在家里什么事都不让她做，吃的、用的都给她最好的，可她觉得一点都不开心。每天回家，除了吃饭睡觉，爸爸妈妈就在一旁监督着她学习，平时只要往电视机前一站，妈妈就说："我们为了这个家，在外工作不容易，你可不能偷懒，要努力啊！"只要她有一点不服从，妈妈就教训她："我们努力给你创造这么好的条件，花那么多钱让你上好学校，给你买书、买电脑，让你上各种补习班，要是学习不好，你对得起我们吗？"小华觉得，在父母眼里，因为自己上学花了他们的钱，被他们养育成人，欠了他们很多很多，所以只能听他们的话，按他们的要求做，没有一点儿自由自尊。

　　小华的父母认为自己为女儿付出了很多，女儿就要无条件地听从自己的吩咐，这是十分无理、霸道的行为。当下，很多父母都在有意无意地扮演着这种角色，他们总把自己为孩子付出多少、把为孩子花了多少精力和钱财挂在嘴边，希望以此给孩子一些鞭策、动力，实际上却只能成为孩子巨大的心理负担和情感叛逆。他们觉得既然为孩子付出了，孩子服从父母的安排、按照父母的要求行事是理所当然的。因此，在对孩子的教育和管理中往往态度冲动、急躁，方法简单、粗暴；他们只注重为孩子提供充裕的物质生活，只注重孩子的学习，却忽视了孩子情感、心理和学习以外的其他需要，这是一种不理智的、片面的爱。

　　父母这种爱翻旧账，时常把对孩子的付出挂在嘴边，以此来换回孩子的服从、听话的行为是十分令人反感的。这种行为体现的是一种不理智的爱，无形中给孩子造成很大的精神压力，使孩子觉得自己在父母眼中没有地位，没有自我，没有自由、没有自尊，就好像自己只是为了回报父母的付出，实现父母的希望而学习、生活。有些孩子甚至会因此产生无助和惶恐，总怕自己没有达到父母的目标而紧张、不安，生怕对不起父母、让父母失望，一直生活在负疚和无所适从中。有些孩子则会认为父母为自己的一切付出都是有目的的、功利的，是出于父母自己的私利，而根本没有为孩子考虑过，孩子不会用抗争、逆反来试图改变这种状况，甚至因父母的这种爱转而生发出对父母的抱怨、愤怒对立和痛恨，做出一些极端的事情来。

常常把付出挂嘴边的父母，除了表现自己的强悍之外，同时，也表现出他是个毫不自信、毫无智慧的人。因为自信的父母是从不刻意要求孩子的回报的，不需要通过提醒来限制他们的自由，而有智慧的父母则懂得凡事有度，过犹不及。让孩子知道父母的付出是必要的，这样，他们才会珍惜来之不易的生活，才会懂得感恩。但父母不应把此当作一个威胁孩子的话题总挂在嘴边。如果父母能中庸一点，效果更好。

父母要认识到，孩子不是父母的私有财产，而是一个独立的、有思想、有感情的人。父母为孩子的付出，是做父母应尽的义务和责任，而不是为了让孩子背负一笔永远亏欠的、无法偿还的债务。所以，父母要尊重孩子的人格、自尊，要关心孩子的心理和情感需要。

父母更应该以平和的心态对待孩子的学习成绩、兴趣爱好，尊重他们的选择。父母可以给孩子一些指导，比如告诉他学习一门技能会非常有用，会对他的学习以及今后的工作都有所帮助，建议他可以试一试，但一定不要强制，也不要因此要求孩子放弃他原来的爱好。

第 4 章
深入聆听，让孩子说出自己的苦与乐

一个孩子就是一个世界，父母要想走进孩子的世界，让他开口说话，就应该学会深入聆听，聆听他的烦恼，聆听他的快乐，一起分享他的喜怒哀乐。唯有如此，孩子才愿意说出他的心里话，父母也才能够走进孩子的心灵深处。

倾听是沟通的前提

父母课堂

在传统观念里，人们认为沟通的主要元素是"说"，于是很多父母认为，在与孩子沟通时，所采取的态度是"我说，你听"。其实，"说"是沟通中较不重要的一环，真正重要的沟通元素是"听"。

倾听是沟通的前提。只有倾听孩子的话，知道孩子在想什么，才能针对性地给予关心和帮助，也会使以后的亲子沟通变得更容易。孩子诉说高兴的事，父母应表示共鸣；孩子诉说难过的事，父母应让他尽情宣泄，表示同情；当孩子诉说父母不感兴趣的话题时，父母也应表现足够的耐心，并使用"嗯""噢""是吗"等词语，表示自己在认真地倾听，鼓励孩子继续说下去。这样，不仅使孩子更乐意倾诉，还可以提高他的语言表达能力。

倾听可以充分起到心理暗示的作用。父母认真倾听孩子说话，是在表示对孩子的尊敬、关心。如果孩子感到他能够自由地对任何事物提出自己的意见，他的认识又没有受到轻视，尽管有可能是错误的，这也将有助于培养孩子自尊自信，勇往直前的品格，使他以后在工作上、社会中能够勇敢地正视和处理各种事情。

孩子都渴望得到他人，特别是生活中的重要人物，如父母、老师等的爱护与肯定。他们有强烈的向成人表达内心情感的渴求。此时孩子所需要的是有人倾听他们的诉说，理解他们的内心感受，这时父母采取的最好方式就是倾听，而且是反应式的倾听，即给予及时的安抚和理解。因此，父母要从小了解孩子的内心需要，要倾听孩子说话，加强孩子对父母的信赖和安全感。如果父母只顾自己的感情需要，而不顾及孩子的心理需要，孩子就会感到很孤独。

其实，很多家庭问题都是"沟通"带来的问题，而"沟通"的焦点又是"倾听"的问题。所以，抓住了倾听，就抓住了家庭教育的关键。做好了这点，孩子一定会急切地渴望与父母沟通，渴望与父母分享他们内心的喜怒哀乐从而乐于接受父母的引导。

父母在倾听孩子说话的时候，一定要肯花时间、有耐性，做个有修养的听众，用心去听孩子的心声，用心走进孩子的世界。在此，父母可以从以下方面在倾听中与孩子做好沟通。

1. 为孩子提供表达自我感受的机会

沟通从倾听开始，倾听以尊重孩子为前提。倾听时，父母应停下手中的工作，为孩子提供表达感受的时间和空间，做一个全神贯注的倾听者。如果父母平时工作较忙，则应与孩子约定一个特定的时间，如某个晚上或周末。在这个时间段，父母所做的唯一事情就是倾听孩子的话，与孩子做诚挚的交流，让孩子感受到父母的尊重，才能达到最好的效果。

2. 倾听时注重非语言信息的传递

要成为一个有效的倾听者，父母在适时地给予孩子反应的同时，也要善于用非语言信息，如肢体及表情，表示对孩子的关注：认真注视着孩子的眼睛，仔细听孩子说话，同时关注孩子的表情，向孩子传递"我正在听"的信息。类似抚摸、拥抱等身体接触，也让孩子体会到父母对自己深切的爱，从而使孩子更主动，更自信，更流利地表达自己的内心感受。

小松特别愿意与妈妈谈话。因为妈妈每次与小松的说话时，都让小松靠近自己坐下，握着他的手，以关切的眼神，前倾的姿势，共振的表情，鼓励他完整地说出事情的经过，绝不随意打断他的话头。在小松说到委屈处，伤心落泪时，妈妈还会递过手绢、纸巾，把他轻轻搂在怀里，抚摸他的头发，或拍拍他的后背。这时，小松总会感到无限温暖，所有的烦恼也都消融了。

有一次，小松放学回来，满脸阴郁，把书包放在凳子上后，就呆呆地坐着，一动不动。妈妈看到后，什么也不说，走过来，把儿子默默地搂在怀里，就这样过了两分钟，小松抬起头来，感激地看着妈妈说："妈妈我没事了，您去忙吧。"

就连小松自己也不清楚，他为什么每次都能陶醉在妈妈的怀抱中，还总能得到安慰。

3. 引导孩子厘清诉说的思路

了解孩子话中隐含的意思，体会孩子的内在感受，帮助孩子厘清思路，从合理的角度来认识双方的感受，看清问题的真相，找出解决问题的办法，这才是优秀的父母应该为孩子做到的。

4. 倾听要以爱和尊重为传递媒介

父母要用爱的耳朵去倾听孩子的心声，只有这样才能完整地理解孩子的真实想法。从爱与尊重出发，给予孩子更多的宽容。心平气和地倾听孩子的诉说，弄清事情发生的原因，然后再对症下药，有的放矢地引导和教育孩子，并给孩子适当的赏识和信任。

如果父母仅凭个人片面的情绪，对孩子妄下结论，就会使倾听和沟通失去意义。

多给孩子倾诉的机会

父母课堂

父母都想与孩子建立良好的亲子关系，都希望孩子身心健康成长，将来能有一个好的未来。那么，父母就应该放下所有的理由和借口，多给孩子倾诉的机会，用心倾听孩子的倾诉。

孩子与成人一样，有了什么想法，受到了什么委屈，或者有什么高兴的事情，都会想找人倾诉或分享，而父母应该是他们的第一选择对象。父母无论多么忙，都要理解和尊重孩子的心理需求，满足他们倾诉的欲望，用心去倾听他们的诉说。然而现在很多父母不但不听孩子的话语，有了问题，还要责怪孩子没有早说。这样，孩子有了委屈无处诉说，有了情绪不能宣泄，久而久之，负面情绪积压多了，孩子的心理就会产生问题。到那时父母再意识到要改变教育方式，让孩子恢复到以前的健康与快乐，已经非常困难。

有些父母因为忙，没有时间去听孩子的倾诉；有些父母认为孩子小，就算有自己的想法也不正确，听了也没用，所以觉得听孩子诉说是浪费时间；还有的父母做事情一贯自以为是，喜欢武断地下结论，所以不屑倾听孩子话语，等等。

其实，不管父母是什么样的原因，有什么样的习惯，那都是因为他们没有意识到倾听的重要性。给孩子倾诉的机会，用心去倾听孩子的话语，这些行为对孩子的健康成长至关重要。因为倾听孩子说话，父母可以了解孩子的思想状态、认识水平，从而可以对孩子不成熟的认识与看法给予有的放矢地引导，使孩子较快地走出误区，向正确的方向前进；倾听孩子说话，可以更好地知道事情的来龙去脉，避免父母武断地下结论，对孩子无端地批评与指责；倾听孩子说话，还可以满足孩子倾诉的欲望，为孩子心理健康打下基础；倾听孩子说话，可以减少孩子与父母的摩擦，使孩子对父母更加信任与爱戴，在融洽的关系中，孩子更易于接受父母的教育，听从父母的安排。

倾诉，能缓解不良情绪，能满足得到关爱的欲望，这对于性格还不成熟的孩子来说，尤为重要。同样地，倾听对于父母来说，能知道事情的原委，对孩子有一个准确的认识。倾诉与倾听缺一不可，父母要给孩子倾诉的机会，用心去倾听孩子的心声。

以下为大家提供几点建议。

1. 倾听时，不要武断地对孩子下结论

孩子有了问题，出现有异平常的行为时，父母要给孩子解释的机会，了解问题的真相，这样既能找出好的解决办法，又能增进父母与孩子的理解和尊重。

2. 给孩子一个把话说完的机会

父母面对孩子的谎言，不能一概而论地认为是不好的行为，而应该给孩子一个完整的倾诉机会程，认真听孩子讲明原因，然

后再仔细分析，做出正确的判断。否则，父母的粗心大意以及盲目的判断可能令孩子蒙受冤屈，影响孩子的身心健康成长。

3. 设身处地，体验孩子的心情

小峰是个敏感且自尊心很强的男孩。他知道父母对自己的期望很高，也一直很自觉地努力学习。初中一年级，班里要抽出五名同学参加市里的数学竞赛，小峰在班里的成绩在前五名左右，他认为自己应该能被选上，最后却是落选了。他心里很难受，不知道自己该怎样向父母交代。

两天过去了，父亲首先问起小峰班里的参赛名额定下来没有，小峰为了不使父亲伤心，也为了顾全自己的面子，便向父亲撒谎说自己被选中了，说后又害怕自己撒谎的行为被父母发现，整天忐忑不安。

最后，小峰担心的事情还是来了。父亲看到别的参赛的同学都去市里参加考试了，而小峰还呆在家里，他知道儿子撒了谎。但开明的父亲并没有当即斥责儿子，而是温和地询问他事情的原因。小峰一五一十地把自己的想法都和父亲说了，父亲很耐心地听完了儿子的解释，和蔼地拍着他的肩膀说："孩子，爸爸理解你！"一句话听得小峰流下了感动的泪水。

孩子出现了异常情况，父母不仅要耐心地去听孩子的倾诉，还应该设身处地地站在孩子的角度去考虑，这样才能与孩子产生共鸣，才能真正地理解孩子，才不会做出伤害孩子心灵的言行。对于孩子来说，父母的理解更会调动孩子的积极性，使他有自信勇往直前。

至少让孩子把话说完

父母课堂

> 孩子会有自己的所思所想。很多时候，总是父母在唠叨不
> 停而不给孩子自由表达的机会。当孩子处于某方面的顾虑
> 而不敢直截了当地说出自己内心的想法时，就需要父母耐
> 心地听，并鼓励孩子把话说完。

很多父母都不能做到认真倾听孩子的看法，常常有这样的情况：父母决定了一件事，孩子持有反对意见，刚说了一两句，父母就听不顺耳了，喝令他"住口"。其实，孩子从他自己的角度看问题，往往有独到的见解，哪怕孩子气一点，也的确可以启发父母，弥补父母的决定或认识上的不足。所以，做父母的至少要让孩子把话说完，倾听孩子，是让孩子开口说话的第一步。

父母没有耐心听孩子把话说完，在孩子眼中，就会认为是自己的说话得不到父母的重视，因此孩子只能把自己的秘密埋藏在心里。这样一来，父母就很难知道孩子所思所想，这样对孩子的教育就会无所适从；孩子的说话权得不到父母的尊重，久而久之，孩子就会与父母产生对抗情绪，以致双方相互不信任，沟通困难。一份调查显示：70%的青少年心理卫生问题和家庭有关，特别是与父母对孩子的教养和交流沟通方式不当有关。

其实，很多父母都是凭借着自己的主观经验或印象而打断孩子的说话，认为已经猜透了孩子的内心，再说下去也是无益。其实不然。接着，父母凭着自己了解的情况对孩子的行为做出评价，

而孩子据理力争地申辩。这时做父母的气上加气，心想："你犯了错还狡辩？"于是，对孩子一声断喝："不用解释了！"一句话让孩子吞下了满肚子的委屈。

一位母亲和她 12 岁的儿子陪着她的父亲一道去春游。儿子口渴了，母亲从背包里拿出两个苹果，要儿子给外公一个。没想到儿子将苹果拿到手后，在上面分别咬了一口。见到男孩这样，母亲心里很不是滋味，她担心父亲怪罪自己平时没将孩子管教好。

"妈妈……"儿子似乎有话要说，但气愤至极的母亲哪里还容许孩子再说出不像样的话，于是这位母亲大声喝止孩子，说道："别叫我妈妈，我没你这样的儿子！妈妈是怎么教你的，长这么大了，还不知道……"

儿子看见妈妈狠狠地瞪着自己，于是将要说的话咽到肚子里去了。然而，将这一切看在眼里的外公知道孩子这样做一定有他自己的道理，便紧紧抓住孩子的手，笑容满面地问道："乖孙子，告诉外公，你为什么将两个苹果都要咬上一口？"

男孩看了一眼孩子生气的妈妈："因为……因为我想把最甜的一个给外公。"外公看着自己的孩子，露出了意味深长的笑容。母亲的眼里隐隐闪烁着泪花，既为有这样懂事的儿子而自豪，又为自己刚才的行为感到羞愧。

让孩子把话说完，才能了解孩子的真实想法。父母不要把自己的想法强加在孩子身上，只有让人把话讲完，才有可能了解到那些闪耀着人性光芒的最为美丽的真相，同时也充分展示了自己的细致、严谨、豁达、大度的人生风采。

父母不让孩子把话说完，往往是出于这样几种心理：

1. 孩子的话说到自己的痛处，让自己觉得没面子

所谓"童言无忌"，孩子总是想到什么就说什么，没什么忌讳。父母不妨抱着轻松的心态听听孩子怎么说，或许自己也能从中受到启发。

2. 总认为自己是对的

这样的父母属于顽固型，不听孩子辩解，老认为孩子是在找借口。长期如此，孩子就会慢慢习惯沉默，哪怕是面对冤屈，也缄默不语。一个不会据理力争的孩子，很难适应这个竞争激烈的社会。

3. 觉得小孩子不懂事，没有耐心听孩子说

其实，孩子的思维处于一个高度发展和活跃的时期，同时孩子的思维比大人单纯得多，因此，往往能从复杂的事情中看到本质的东西。父母如果不了解这一状况，总是遏制孩子的说话欲望，那么孩子的逻辑思维在无形中，很可能就会受到限制。

鼓励孩子表达自己的意见，孩子也有话语权，他想说话的时候，父母应该给他机会表达。老是被"住口"二字打断话头的孩子，慢慢就变得沉默了，他也就懒得跟父母说话交流了。这是因为父母的"禁令"让他觉得自己的意见根本不受重视，说了也是白说。一旦出现这种情况，孩子的自我表达能力便会逐渐降低，这对于他的成长和人生都是非常不利的。

总是听到"你不用解释"的孩子，会渐渐习惯放弃为自己辩解的权利，会背着很多的委屈，一个人默默承受，而这样的重负

会让他出现严重的心理问题。

所以，父母给孩子发表意见的机会，也就是在避免上面提到的种种不良后果。其实，听孩子把话说完，多一个了解孩子的机会。父母可以根据孩子说的话进行有针对性的教育——他理解有偏差的地方，你可以纠正；他看法片面的时候，你予以补充。这样，孩子的判断能力和思维能力都能得到提高。

父母愿意听，孩子才乐于说

父母课堂

很多时候，沟通出现问题，症结不在于孩子，而在于父母不肯给孩子倾诉的机会。父母总是不愿听孩子讲话，这叫孩子如何开口？给孩子一个倾诉的机会，等于拿到了开启孩子心灵之门的金钥匙。

在和孩子沟通时，有的家长苦口婆心地和孩子说上半天，结果只换来孩子"嗯""就那样吧""知道了"等几个简单的词语。家长对此百思不得其解，其实道理很简单，谁都不愿意与根本听不进自己说话的人白费口舌，孩子也是一样。

因此，要想让孩子敞开心扉地说点什么，只要父母耐心当好孩子的听众，能将孩子的话听进去，孩子才会愿意说。更重要的是，家长还要会用言行鼓励孩子去说。除了在他想说话的时候，让他尽情地说，还要在他沉默的时候鼓励他说，因为有的孩子根本没有为自己辩解的意识或者胆量。鼓励孩子说出心里的想法、不满或者委屈，会让他变得善于思考，也会使他的自主意识和表达能力增强。

说话是一个人的天性，"以人为本"首先就是让孩子说，不仅要敢说，会说，还要说好。家长的责任就是引导孩子，完善孩子的个性与人格。因此，让孩子说不仅是重要的，更是必要的，培养孩子大声说话要从听孩子说话开始。要知道，与孩子平等交流是培养孩子良好心理素质最重要的一环。

父母要耐心当好孩子的听众，因为听和说总是联系在一起的，有耐心的听众才会有健谈的孩子。无论孩子讲什么，家长都要认真聆听，让他感觉到家长很喜欢听他说话，对他所说的话感兴趣，这样才能激发孩子表达的欲望。

很多时候，父母向别人倾诉在自己心声的时候，在诉说委屈的时候，也不愿意让别人打断自己的话，更不愿不等自己把话说完，人家就批评指责。"己所不欲，勿施于人。"这话也适用于孩子。孩子情绪偏激的时候，父母更要耐心听完他想说的所有的话。如果觉得当时难以说服他，不妨先努力找出他的话中有道理的部分，给予肯定。对没道理的话，父母可以说："让妈妈再想想。"等到孩子情绪稳定了，说不定他就会认识到自己错了；没认识到，父母再怎么谈自己的看法也是没用的。

要知道，，孩子最愿为之敞开心灵之门的第一人，仍然是父母。在孩子漫无边际的讲述中，父母可以了解孩子的真实想法；在孩子的辩解中，父母可以了解事情的真正原因。所以，和孩子交谈时，父母千万不要只顾自己说话。

很多父母觉得和孩子沟通困难，不能理解孩子为什么与朋友聊天时兴高采烈，说起话来滔滔不绝，而与自己说话时，问一句答一句，问多了还不耐烦。其实，只要稍稍留意便会发现，孩子和朋友说话，对方常能耐心听他把话说完，还会赞同他的意见；而父母却总在听孩子说第一句话时便开始急不可待地训斥孩子，甚至找出更多的例子来证明孩子不对，根本没让孩子把话说完。

父母从心底里不愿听孩子说话，就不会给孩子一个倾诉的机会。这种行为的后果，一方面不利于孩子提高表达能力，另一方面还容易使孩子产生自卑情绪。孩子对着父母诉说内心的感受，是提高表达能力，增强社会交往能力的极好机会。将孩子的一切机会剥夺，孩子在社会交往中就会出现表达困难，进而产生自卑情绪。孩子由于身体及心理特质的影响，本身就极其容易陷入自卑，而与父母难以沟通，就更容易导致孩子缺乏自信。

虽然孩子从年龄上来说，确实还小，但他们也有独立的人格尊严，他们有表达内心感受的权利，阐述自己看法的自由。父母应耐心地倾听孩子的诉说，孩子说得有理，应该给予极高的赞赏；孩子说得不合理，可以进一步就不合理之处交换意见，直至解开孩子心中疙瘩为止。这样，下一次不需要父母主动要求，孩子也会率先开口说话，于是，"父母听——孩子说"这样一个良性的沟通循环就产生了。只有这样，才能建立健康、和谐的亲子关系，孩子也才会快乐、健康地成长。

倾听孩子的心灵之音

父母课堂

很多孩子表面上看很闭塞，不愿意与人多沟通，其实这个时期的孩子最需要的是得到倾听，尤其是来自父母的真诚的倾听。父母应充满耐心与兴趣地倾听，这样才能倾听到孩子的心灵之音。

倾听是一种爱。有的时候，要倾听孩子说话，更要倾听他们的心灵之音。其实成年人对孩子的偏见是很多的，他们觉得孩子还小，没有什么思维；孩子很简单，不会有什么复杂的想法；孩子很幼稚，孩子不懂事，他们的话不可取等。其实未必。不倾听就难以发现。有的时候，孩子表达的只言片语都是真实的、可贵的信息。父母要学会"翻译"，学会继续发问。比如，当孩子欲言又止的时候，父母可以温柔地鼓励孩子，小心询问他："是吗？怎么回事啊？"然后，让孩子用平静的心情把事实说出来，这个时候，父母才能得到重要的信息，才能做出恰当的判断。所以，说倾听的艺术就是教育的艺术一点也不为过。

关注孩子的情绪变化，认真倾听孩子的每一句话。在父母教育孩子的时候，父母的角色往往是主动的。因而父母有的时候很容易进入一个误区，就是一见到孩子，特别是碰到孩子发生什么问题的时候，就容易滔滔不绝，口若悬河，话特别多。在父母看来，孩子要多说，多批评，才会有进步。其实，这样的看法与做法未必是明智的。因为，大多数的父母可能急于表达，忽略了孩子的反应。孩子可能根本没有听懂父母的话，或者一个耳朵进，一个耳朵出，结果父母的教训完全没有发挥作用，反而还恶化了亲子关系。

有许多父母抱怨孩子越大越不愿意和他们交流。其实部分原因来自于孩子在小的时候倾诉意愿没有得到父母的重视，因而渐渐地，孩子也就不愿意和父母交流了。其实，孩子年纪越小，越是沟通的黄金时期，父母如果能坚持下去，孩子即便大了，也会习惯于也乐于与父母交流。

另外，当孩子有安全感或信任感时，才会向其信任的成年人诉说秘密。因此，父母应认真倾听孩子的诉说，让孩子体会到爱和温馨，从而孩子才会对父母更加信任和尊重。

要取得孩子的信任，首先一定要以信任的态度对待他。平时与孩子相处的时候，应当轻松愉快，和孩子进行朋友式的谈心与游乐，甚至可以打闹和开玩笑，让家庭充满幽默和情趣。此外，倾听孩子说话或与孩子说话时，父母应以信任亲切的眼光看着他，让孩子说话时看着自己，因为对视本身就是一种无言的交流。

有一个小孩子，因为父母的工作繁忙，从小跟奶奶长大。在他6岁那年，他终于回到了父母的身旁，然而对于眼前的新环境，小孩子的眼中却流露出一丝恐惧和陌生。有一天，妈妈炒了一盘鸡蛋，端到桌子上，接着进厨房继续炒别的菜，等母亲再次来到桌旁时，竟发现孩子已经把鸡蛋吃得精光了。

妈妈并没有责骂他，而是耐心地对他说："父母都还没吃，你怎么可以一个人把鸡蛋都吃光了呢？"孩子不吭声，只是在一旁开始悄悄掉眼泪。

妈妈有些生气了，大声问："这孩子怎么这样，我又没训你，你哭什么？"

孩子始终不说话。后来，妈妈想冷静后想：也许孩子有什么想法没说吧，于是将态度缓和下来，耐心询问孩子。后来，妈妈才知道，原来他在奶奶家时，吃得越多，奶奶就越高兴，多吃，奶奶还表扬呢，而奶奶也从没告诉过他，别人没吃的时候，自己不能都吃完。

妈妈这才知道，原来孩子本是为了取悦父母，才独自一个人把菜全吃了，虽然孩子的做法不对，但孩子的心意是没有错的。于是，妈妈表扬了他的心意，并告诉他做事之前，还是要多为他人着想。

后来，孩子一直与父母相处得很好。因为，从那以后，父母做到了耐心倾听孩子的心声。他们知道，有时候孩子做出来的行为未必就表达了他内心的真实意图，因此这对父母更加注重与孩子的心灵沟通。

仔细想想，若当年那位妈妈只是一味责怪而不与孩子交流，就不会听到孩子的真实想法，那么他们也就意识不到倾听的重要性。而孩子如果没有将想法说出来，就只能徒受委屈而又得不到教育，对他以后的成长也会有影响。

父母有时候会因为自己对孩子的偏见，认为小孩子没有多少想法，或者认为孩子自私，或者认为孩子空想，误解甚至冤屈了孩子。其实孩子也是人，孩子也有一个丰富的心灵，父母要特别注意倾听他们的心声。爱孩子，重要的是忧其所忧，乐其所乐。

这样，才有可能经常倾听到孩子的心灵之音，这正是教育成功的前提。

用心倾听孩子的烦恼

父母课堂

用心倾听孩子的烦恼，不仅仅是对孩子表示赏识的形式，而且是了解孩子的最有效的径。作为父母，有必要抽出一定的时间，倾听一下孩子的烦恼，与孩子一起商量对策，为孩子分忧解难。

成年人大都以为小孩子不会有什么烦恼，但事实上，小孩一样会有心情不好的时候，如果长期心情不好得不到排解，孩子就会有心理疾病。由于孩子年龄小，阅历浅，当他们遇到不开心的时候，发泄方式较为简单，一般只会捣乱、打架、发脾气……但父母和老师如果没有及时发现是因为心情造成的这些表现，便会对他们的行为进行斥责，往往会使孩子的心情更加恶劣。

另外，父母的期望值过高，会给孩子带来内疚和负罪感。因此，除了老师要进一步关注孩子们的心理健康外，父母更需要注意自己和孩子的沟通，以防止孩子从小有厌世或其他不良情绪而影响健康成长。孩子希望学生和老师之间不要太强调辈分。在家里同理，孩子喜欢自己和父母之间的对话是平等的，而很较接受父母以长辈的姿态站在自己面前，不明就里指指点点，说这不对，说那不好。因此，父母可以通过以下两大方面，来改善与孩子的沟通环境，从而做到家长听，孩子说，让孩子心甘情愿与父母共同分享自己的烦恼和忧愁。

1. 变唠叨为倾听

有位专家说过，家长的唠叨剥夺了孩子的话语权，堵塞了孩子向你倾吐心声的嘴。一个十几岁的男孩离家出走了，他的妈妈悔恨地说："我不该在他小时候总是打断他的话头，不管他是如何热情地滔滔不绝。这样，当他长成十几岁的大男孩时，有事就会和我商量了。"现在，能耐心听孩子讲话的家长越来越少了，有的家长经常以"不擅长与小孩打交道"为由，经常躲避孩子的倾诉。而等孩子真的出事了，却说："孩子有什么话也不跟我说，我说什么孩子也不入耳。"对此，孩子却抱怨说："父母什么事情也不跟我讲明白。他们只说自己想说的，可我想说的话，他们却懒得听。"

倾听是一种关怀的方式，是一种无私的举动，可以让孩子远离孤独，进入亲密的家庭氛围之中。所以，父母要学会变唠叨为倾听。

2. 变指责为沟通

从青少年身心发展的角度来说，孩子除了物质上的需要以外，更多的是心理需要。孩子不是一个接受知识的容器，是一个有感情、有灵性的、独立的活生生的人，有同成年人一样的情感世界，具有快乐和痛苦，羞愧与恐惧的真情体验，有自己的思想、观点、有被尊重、理解和肯定的心理需求。只有那些在心理发展上得到父母支持的孩子，他们才会更有安全感、才会性格开朗，心情愉快，从而建立起积极向上的健康的心理品质。沟通的愿望大家都有，但成功的沟通并不是件简单的事。沟通的距离来自心的距离，"沟通从心开始"。所以，首先应将节假日和平时休息时间多留些给孩子，努力创造交流的时空，寻找沟通的良好契机，打破生硬的质询，抛出一些便于孩子发挥的话题，多倾听发生在孩子身上和身边的事。

交流中，父母不要时刻将自己置于长者的地位，而应视孩子为朋友，充分尊重孩子，以平等的态度对待他们。也尽量不要将自己的意见强加给孩子，即使是正确的意见也应采取"以理服人"的方式说服孩子。遇到双方意见相左，不能达成共识时，也不宜强求统一，可另寻良机与孩子交流，或选择一个折中性的、彼此尊重的观点。只有这样，孩子乐于交流，勇于交流，走进孩子的心灵世界。在良好的沟通中容易实现家长引导的效果。

与孩子沟通，就是为家长提供了一次了解和教导孩子的机会。所以，不论孩子的问题是大是小，所说的内容是乏味还是幼稚，都要尽可能找时间立即去倾听，而不要让孩子等你有了空闲时间再说。立即倾听孩子的话，有助于赢得孩子的信任，这样孩子才愿意把所有的事都告诉父母，而对于父母来说，了解孩子头脑里想些什么，也是一件重要的事。因此，父母应当重视与孩子的交谈和沟通，当孩子想要找机会说话时，应当立即与孩子交谈，这样便能让孩子感受到父母对这次谈话以及孩子的重视，孩子也就愿意将自己遇到的麻烦事一吐为快。

这里需要注意的是，父母不能把倾听仅仅当成一种姿态或是一种骗取孩子说出烦恼、问题的手段。很多父母一边做着倾听的姿态，一边想着驳回孩子和转变孩子想法的途径，完全不考虑孩子是抱着对父母的怎样的信任和期望，才向父母敞开心扉的。结果，最后受伤的还是孩子和自己。

倾听教育是家庭教育的最重要的一环，因此，学会倾听，去了解孩子的烦恼和忧愁，才有助于教育和引导孩子走向积极健康的道路。

深入聆听，分享孩子的快乐

父母课堂

> 每个人的快乐都需要有人分享，丈夫的快乐需要与妻子分享，学生的快乐需要与老师分享，孩子的快乐也需要与父母分享。

一种痛苦两人分担，那么痛苦就只有原来的一半；一种痛苦十人分担，那么痛苦就只有原来的十分之一。而快乐则更要人分享，没有人分享的快乐就不能称其为快乐，甚至会成为痛苦。

分享很重要，孩子的快乐尤其需要与人分享。那是一堂单元练习课，其中的几题很简单，老师原本想一笔带过，因为太容易了，每个孩子都会做，但当老师准备报答案时，看到小志的小手举得老高。老师知道这个孩子成绩处于下游，平时做题目正确率不太高，看着他那由于急于回答问题而紧张激动的眼神，老师决定就"浪费"点时间，让他说说解题的思路。像得到圣令似的，小志"蹭"得站了起来，用力过猛，甚至把椅子也带翻了，接着他眉飞色舞，滔滔不绝地讲解思考的过程。当老师听完他的讲解后夸奖他"真了不起"时，小志已是喜不自胜了。

如果当初老师对小志的举手置之不理，而是快速地报答案，除了让小志失去解出难题的快乐外，还会让他心里满是怨恨，说不定还会导致他丧失学习兴趣。

如果快乐没有人分享就是一种惩罚；反之，分享别人的快乐就是对别人的一种给予，就是给别人的一种爱。做父母的，应该倾听孩子们的声音，了解他们的喜怒哀乐，才能使教育更贴近他们的需要，投其所好、对症下药，取得事半功倍的效果。

教育的过程，其实就是父母和孩子一道分享人类千百年来创造的精神财富的过程。分享，意味着父母更多的是展示，而不是灌输；是引领，而不是强制；是平等的给予，而不是居高临下的施舍……

孩子渴望得到别人的理解和赏识，他们希望能与他人一起分享自己的喜怒哀乐。因此，当孩子们在任何方面取得一点成绩时，哪怕只是一点点的进步，作为家长，都要真诚地对他们说："你们真了不起，真棒！爸爸妈妈为你们而骄傲！"家长应该认识到自己的一言一行对孩子个性形成和发展会产生多大的影响。当孩子取得成绩时，家长高兴吗？当然高兴，这是肯定的。那家长都不表现出来又怎能够让孩子表达出真情实感呢？所以当孩子高兴地告诉你他取得的成绩时，家长千万不要泼冷水，应该主动的分享孩子的快乐，鼓励孩子表达孩子的观点、表现自己的情感，表露真实的自我。

孩子在生活中，会遇到很多高兴的事，有时，孩子可能会说给父母听。这时父母不要因为正忙，或心情不好，就拒绝分享孩子的快乐，要用欣赏和略带向往的心情来聆听孩子的快乐。所以，平时，父母应当学会引导孩子讲出他们内心的快乐，耐心地聆听孩子的讲述，从而分享孩子的快乐。

一个人的快乐不能和人分享，那就是一种痛苦。而能一起分享的人一定又是他最想亲近的人。父母有幸成了孩子最想亲近的人，更加没有理由不好好听孩子诉说。这就是一个善解人意的家长，可以不费吹灰之力和孩子成为知心朋友的秘密所在。其实只要父母多一份真心，多一点耐心，就能与孩子分享他们的快乐，如果父母在分享的同时哪怕只是给孩子一句赞美、一个微笑，就会很容易得到孩子的亲近，取得孩子信任！孩子就会感受到父母给他们带去的快乐和幸福，父母也变会成功地走进孩子们的心中。

聆听孩子的快乐，分享孩子的快乐，这是与孩子沟通交流的一种手段。没有比一起分享更能够拉近人与人心灵距离的事情了，孩子可以从分享快乐中感受到父母的真心、从而也就加深了孩子对父母的信任感，愿意向父母吐露更多的心声。这样一来，分享就成了了解教育孩子的一条捷径。

教育的过程是一个动态的过程，也是亲子相互交流，相互分享的过程。"学习共同体"的构建要求父母把教育的美展现在孩子面前，要求父母不断加强学习，与孩子共同成长，把知识通过亲子互动、互享的方式让孩子灵活掌握，让自己成为孩子成长的阶梯，成为影响着孩子生活的重要人物。而分享快乐就加速了这一过程的发展。

深入聆听孩子的快乐，与孩子一起分享自己的快乐，让他们也体会到父母的欢乐心情是非常重要的事情，这会为以后让他们与自己的同学、同事分享自己和别人的欢乐种下快乐的种子。

鼓励孩子说出他的喜怒哀乐

父母课堂

父母要特别关注孩子的心理需求，无论多忙，都应抽空与孩子交流，鼓励他说出自己的喜怒哀乐，与孩子一起笑，一起悲，成为孩子的知己，这才是教育孩子的最高境界。

　　小涛是一个成绩优秀的男孩，但他的性格孤僻，不爱说话。有一次期末考试，小涛在全年级排名第二，老师特地夸奖了他，并且说他有希望考取重点高中。小涛很高兴，回家后就把这个好消息告诉了父母，没想到就在他刚开始讲的时候，父母就在那里忙这忙那，听完后也没有什么特别的表示，只是淡淡地说了句说"知道了"，本来十分兴奋的小涛，看见父母这样的态度，心情一下子跌到了谷底。

　　还有一次，小涛考试发挥失常，名次一下子落后了许多，小涛很难受。放学回家见到妈妈后，本想同她说说心里话。妈妈看见他的神情，就问："有什么事吗？有事就说，没事我还忙着呢！"小涛听了妈妈的话，便知道了即便自己说出来，妈妈也不会安慰自己的，心理的疙瘩还是解不开，所以就只能强忍着泪水，回答妈妈说没事。这样多次之后，小涛的性格变得越来越孤僻了。

　　每个人都有与别人分享情感的需要，而孩子在这方面的需要尤其强烈。

　　要想鼓励孩子说出自己的喜怒哀乐，父母首先就要懂得与孩子分享自己的喜怒哀乐。这对孩子来说，不仅会让他感觉到父母对自己的爱，也会感受到父母对自己的尊重和重视，这样孩子不但满足了与人分享的心理需要，同时知道了自己在父母心目中的重要位置，会十分珍惜父母给自己的爱，对父母的教育与引导就不会产生厌烦和抵触情绪，父母与孩子就能够更好地相处。就父母来说，因为和孩子分享了一切，就让孩子对自己有了更多地了解，更全面地认识，就能够更多地增加孩子对自己的信任。这样，孩子才愿意将自己的心里话讲出来与父母进行分享。孩子愿意说，父母才能更多地了解孩子的想法和感受，这样孩子不好的地方，父母也能进行有的放矢地指导，也不会轻易地对孩子进行批评与指责，或者武断地下结论等。

因此，父母应当多多鼓励孩子说出他的喜怒哀乐，并真心实意地聆听孩子的诉说，这无论对孩子还是父母，都是非常有益的。孩子在分享后会对父母更加敬重，父母在分享后会学会对孩子理解和宽容。有了分享，孩子的缺点与问题，父母可以及时地发现，根据情况进行有效地引导和解决；有了分享，孩子对父母抵触的情绪减少了，逆反心理没有了，更容易接受父母的教育。这样孩子的身心健康就得到了保障，父母与孩子的关系也会更加融洽。不过，父母分享孩子的喜怒哀乐时要注意不能先入为主，用心去听孩子的心声，不能因为"没有时间"，就拒绝分享孩子的喜怒哀乐，这会给孩子造成心理上的伤害。

鼓励孩子说出他的喜怒哀乐，并与孩子一起分享他的喜怒哀乐，才能给孩子带来前行的希望，使孩子身心健康地成长，鼓励孩子说出他的喜怒哀乐，有以下几种方法：

1. 耐心聆听孩子的诉说

父母面对孩子所做的事情，不管是好事还是坏事，都要先听孩子的解释，去了解了孩子的心声，不能先入为主，任凭主观武断下结论。否则，很容易做出不当行为，让孩子的心灵受伤。

小灿的爸爸因为与别人打架，曾在监狱里待过一段时间，这些小灿的同学们都知道，经常会当着小灿的面说他爸爸的坏话，为此小灿很难受。有一次，又有一个同学说小灿的爸爸打架进监狱的事情，小灿就忍不住与那个同学狠狠地打了一架，结果浑身是伤地回到了家。

小灿的爸爸因为自己打架进了监狱，现在又看到儿子与人打架，很是生气，不问原因地把小灿责骂了一通。

浑身是伤的小灿等到爸爸骂够，才小心地走到爸爸的面前说："爸爸，因为那个同学说你坏话，我才跟他打架的。"小灿的爸爸听了，非常惭愧。他想到自己犯的错给儿子带来了屈辱，儿子为维护自己的尊严与人打架，回来后还遭自己责骂，简直太不应该了。他连忙向小灿为自己的鲁莽道歉，帮他处理身上的伤口。

2. 聆听孩子爱的表达

分享是无比快乐的。无论是分者还是享者，都能体验到温情的传递，感受爱的表达。所以，当孩子对父母有爱的表达时，父母一定要重视和珍惜。

3. 用心体验孩子的喜怒哀乐

孩子与父母分享自己的喜怒哀乐，作为父母要用心体验这一切，与孩子一起分担喜乐忧愁，产生心理上的共鸣，而不是不顾孩子的心情，随口应付。否则，与孩子分享只会适得其反。

丽丽以前是一个很沉默的孩子，而今，她却变成了一个阳光女孩。因为最近一段时间，父母经常与她交流，倾听她的心声，分享她的一切，所以她很快乐。现在，丽丽已经上初一了，只要心里有什么想法，她都愿意讲给父母听，学校里发生的有趣故事，也会告诉父母。

小力的父母在这方面也做得很好。不管小力每次说什么，父母都会用心倾听，并且把自己的观点与想法讲出来，与她一起交流，让她感到每一天都充满了快乐与阳光。

4. 及时排解孩子的烦恼

当孩子遇到了什么烦心的事情时，或许因为经验不足，或许因为看问题不全面，心情会一时调整不过来，父母应及时分担孩子的痛苦，并且做好引导工作，有效地排解孩子的心理困扰，让孩子从阴影里走到阳光中，恢复快乐与活力。

促使孩子开口的聆听技巧

父母课堂

与孩子沟通的关键，不在于父母说而在于父母聆听孩子说的方式。称职的父母懂得聆听孩子的说话，用自己对孩子的信任、尊重去让孩子说话，用信任、尊重去让孩子表达自己，从而与孩子有所交流、有所沟通。

聆听是了解孩子语言所代表的信息的活动过程。父母在聆听和促使孩子说话的过程中，是有一些方法和技巧的。

1. 要对孩子的活动感兴趣

如果父母对孩子以及孩子的活动表现出有兴趣。那么父母和孩子之间不但打开了通路，而且会使孩子感到自己是重要的。父母对孩子表示关心、照顾。让他们谈论有关自己的事，孩子便会感到与父母在一起很亲密。

2. 要给孩子留出接触的时间

在孩子的生活中，有时需要母亲或父亲，特别是母亲在他身边听他讲话。当孩子经历着内心的恐慌、创伤或有失望情绪时，他们就特别需要温情的安慰，孩子自然也很想知道他们的父母在分享他们的好消息或愉快时的心情。所以应当使孩子感到你不是由于忙或急着做其他的事，而无暇听他们说话。

3. 听孩子讲话要专心

一个好的聆听者，必须集中注意力，选择一段不忙的时间和一个安静的地点，听孩子说话。在这个时间，不要做饭、烫衣服和别的一些家务活儿，关掉电视和忘掉电话及其他分心的事，用眼睛注视着孩子，表示自己是真心在与他接触。最好每天都要为孩子提供与他们单独接触的机会，哪怕只用几分钟，可以对孩子说："我们一起散会儿步，"或者说："让我们到小房间去单独在一起谈谈。"

4. 耐心地鼓励孩子谈话

开始和孩子交谈时，需要向他们提出明确的要求。为了使孩子的谈话持续下去，要使用一些鼓励的词，如"嗯""我懂了"，也可以提一些简单的问题进一步引导孩子。在结束谈话之前，不要打断孩子的话，让孩子详述某一问题的情景，尽量描述它的细节。

5. 注意自身的行为语言

行为语言是我们向孩子传达信息的一种不用语言的方式。许多父母仍然不知道怎样利用自己的行为向孩子表示"我在听着，我感兴趣，我在注意"……有几种主要信号可以表示对孩子的注意：一是正面对着孩子；二是与孩子紧挨着坐；三是身体竖直或和孩子倾斜；四是眼睛接触；五是用慈爱的目光注视着孩子。此外，应当避免紧张，并表示兴趣，面部表情和声调都是和蔼的。

小海的妈妈很体贴孩子，通常有什么事情都不需要小海说出来，就能猜到孩子的想法，并且尽量满足孩子的正常需要。一次，小海考试发挥失常，成绩很糟，他把卷子递给妈妈就回到屋里了。小海的妈妈看见孩子这次的成绩与以前相差悬殊，也吃了一惊。但她走到儿子身边，并没有责怪儿子，只是把他搂在怀里，温和地对儿子说道："儿子，没事，世界上没有常胜将军，谁都有失误的时候，吸取教训就可以了，别把这事放在心上。"小海听完后，心里轻松了许多，他抬头看着妈妈，认真地说："谢谢你，妈妈！只有你能够理解我！我下次一定努力！"

6. 表示自己有同感

一个好的聆听者，最重要的技巧是摆脱自己对问题的思想和感情，作为家长要设身处地想孩子在经历着什么。有了这种技巧就能敏感到孩子情绪的波动，并将自己符合实际的看法告诉孩子。

7. 准确反映孩子的情感

一个极为有效的聆听技巧，是要使自己成为孩子感情的一面镜子，用语言帮助孩子反映他们的感受，特别是对性格内向的孩子，他们往往不会轻易说出自己的感受，不能像成人那样表达自己的感情。当母亲认为孩子的感情是正常的、合理的，回避评价他或回避压制他的感情时，可以帮助他承认而不是否认。当消极的感情得到承认和表达后，将会为更积极的情绪和建设性的解决方法开辟道路。因此，父母对孩子的感情应做出更有意识的努力。

第5章

引导倾听，让孩子规划自己的梦想蓝图

每个孩子对这个世界都有着自己的理解，每个孩子对未来都有着自己的规划。对此，父母不应该强加干涉，更不应该强迫孩子按照自己的意愿去规划未来，而是要深入倾听并且引导孩子大胆畅谈自己的梦想，让他构建自己的蓝图。

倾听孩子的心声，别强加意愿给他

父母课堂

如果父母真正关心孩子的未来，就不要把自己的愿望强加给孩子。对孩子的喜好，只要不是原则问题，家长就不要干涉过多，顺其发展，注意观察，发现其天赋，然后因势利导，促其发展；切不可主观地为孩子设计好一切，强迫孩子去做，这样只会压抑孩子的兴趣，使孩子产生逆反心理。

望子成龙是每一位做父母的心愿，因此有的父母从孩子咿呀学语时就为孩子设计了一幅理想蓝图，甚至孩子以后要上哪所大学的哪个专业都考虑好了。接着，父母为了实现这一目标，不顾孩子的爱好和理想，强迫孩子按他们自己设计好的轨道发展，哪怕孩子有一点没有符合自己的意愿，就对孩子的所有努力和成绩全盘否定，甚至打骂孩子。

现代社会竞争越来越激烈，父母这种望子成才、追求上进的良好愿望无可厚非，但是只为了孩子能有一个好的前途，对孩子自己的梦想不予理解，只把自己的意愿强加给孩子，给孩子造成过大的压力，结果让孩子不堪重负的话，那这样的父母就需要做一次深刻反省了。

很多父母一辈子没有特别的成就，便把所有的希望寄托在孩子身上，希望孩子实现父母无法完成的梦想。于是，常可以看到有些孩子被迫变成十项全能选手，弹钢琴、学跳舞、踢足球、唱歌、滑冰、参加智力竞赛、出书、当班干部……凡是好的东西样样都干，孩子看起来像个超人，心里却对父母的严厉压迫充满了怨恨。这样的父母，只不过把一切为了孩子当成借口，他们只不过把孩子当成了实现自己理想的牺牲品。

为了满足自己的野心，很多父母对孩子的爱好视而不见、听而不闻，更谈不上尊重，使孩子的爱好、特长得不到发展。父母应该尊重孩子的意见，认真倾听孩子的真实想法，如校外兴趣班上或不上，要征求孩子的意见，只要孩子说得有理，就应该考虑采纳。

如果遇到天资聪颖的孩子，父母对孩子的过分要求，在表面上的确可以培养出各方面都出类拔萃的天才，但同时更会给孩子的心灵造成一种伤害。其中，一种明显的后遗症就是强迫型人格，对任何事情都追求完美，力争第一。一旦遇到挫折，因为从小就饱受父母的高压强迫，孩子很可能会一夕崩溃，转眼间变成一个颓废落魄的忧郁症患者。

其实，希望孩子成为全才并没有错，错的是父母的逼迫态度。真正的天才不是被逼出来的。在美国有一个华裔父亲，整天带着一张印有他孩子大幅照片的报纸，他的孩子在父亲的严格管教下曾获得过美国青少年最著名的一个科学奖的金奖，他为孩子的成就无比骄傲。转而他又叹息道，孩子成人以后却和他断绝了一切关系。无可否认的是，逼迫式教育虽然可以提高孩子的才能，却但也有很大可能以牺牲孩子的心理健康为代价。

父母要正视自己的孩子，相信自己的孩子，不要因为一时的疏忽伤了孩子的自尊心。成功的路千万条，不要把自己的意愿强加给孩子，增加孩子负担。为此，父母可以采取以下手段来倾听孩子的心声。

1. 给孩子一个成为自己的空间

父母要给孩子足够的成长空间，让他们有自己的理想和愿望，有自己的思想和独立思考的权利。不要让孩子成为别人怎么想、自己就怎么做的盲从产物，更不要让孩子成为代替父母实现他们未尽理想的工具。父母可以根据孩子的具体情况和兴趣，向孩子提出建议，引导孩子找到自己努力的方向。

2. 尊重孩子的独立性

随着孩子一天天长大，他们会逐渐形成独立的意识，所以父母要尊重孩子的独立性，让孩子自由发展，而不是被父母限制在为他们设计好的框子里。不然的话，他们也会像自己的父母一样，在补偿父母遗憾的同时，留下自己的遗憾。

3. 帮孩子树立理想

父母在尊重孩子理想和追求的时候，还要注意一些问题：不要在孩子建立理想的初期给孩子太多的压力和警示，这样做很可能会打击孩子的积极性，让孩子轻易放弃自己的想法。对孩子的理想，父母采取不理不睬或者拔苗助长的等做法都是错误的。如果父母们用这样的态度来对待孩子的理想之苗，也许孩子永远也不可能树立属于自己的稳固的理想。正确的做法是鼓励孩子树立理想，并为理想而努力。父母对孩子的理想之苗，要一点点地培养扶持，细心浇灌滋润。

尽量让孩子发表自己的看法

父母课堂

让孩子说出自己的看法，是帮助孩子独立思考的第一步。任何父母都希望自己的孩子成长为一个有独立见解、有自己梦想规划的人，那么可以从尽量让孩子发表自己的看法做起。

孩子到了一定年龄，对很多事物都会有自己的独立见解。然而，和成人的看法不同，他们会有很多不符合常规的幻想。其实这些正是童心未泯的可爱之处，如果父母认为孩子的想法奇怪而泼冷水，就会扼杀他们的想象力和好奇心，从而阻止孩子形成自己的一套思维体系，同时会让他们因为得不到理解而失望。

其实，很多时候，纯真的孩子在思维上因为不受过多教条的束缚，会有很多客观的看法，敢于说出真理。因此，家长要鼓励孩子们表达，正面肯定他们的想法。或许，这些想法就是孩子理想蓝图的雏形。当然，孩子的想法肯定会有很多不足之处，如果一些看法说法脱离实际引起麻烦，父母在倾听之余，要学会耐心地解释。

思想和思维方式不成熟的孩子，往往无法进行多方位思维，而只会延续父母的思路，因此对事物考虑不周全。家长要尽可能理解孩子的特点，采用把复杂事物分解简化的方法，分期分批地向他们解释或征求他们的意见。凡是与孩子自己有关的事情，例如搬家转学、选课外活动、参加考试比赛等，一定要先与孩子商量解释，哪怕不能完全遵循孩子的意见，也要让他们觉得父母是征求了他们的看法的。否则，不但家长的努力得不到好的效果，还会被扣上独断专行的帽子。

现在有些孩子因为先天或后天的原因，不爱说话，特别是见了生人更是一言不发，在家里，在学校，总是成为一个默默的旁观者，这对孩子的全面发展是极为不利的。家长应当尽量多的与孩子谈心，鼓励孩子发表自己的看法，这些都有助于孩子形成自己特定的梦想或目标。

对此，父母应该多为孩子创造机会让孩子说话。其实，伴随着孩子的成长，家庭里每天都有着各种各样的交谈、对话。两三岁的孩子听得懂一些跟他有关的谈话时，往往爱重复大人的话；四五岁的孩子则会想说说自己的想法和意见。这个时候就要尽量让孩子多说。例如，在商量晚饭怎么做时，就可以问问孩子，听听孩子的意见。再如，妈妈说7点去奶奶家，爸爸说6点去，这时，也不妨问问孩子觉得几点去好。这样，久而久之，孩子就很愿意对任何事情，包括那些他不太懂的事情，发表自己的看法。

孩子由于从小受到鼓励，相比较而言，就总能勇敢地说出自己的想法和主意。思维比较好的孩子，还会逐渐地规划自己的梦想蓝图，随着年龄再慢慢地为它添砖加瓦。需要注意的是，父母应该注意倾听孩子的诉说。当孩子说出自己的看法，而这些看法有时会出现用词不当或者更严重的问题的时，这时家长要很自然地用正确的词句重复一遍，然后在充分理解孩子所说内容的前提下，予以纠正。这样，会帮助孩子更准确地规划。

此外，为了鼓励孩子多发表自己的看法，可以变相地采取一种商量的形式。比如，父母可以在家庭中形成一种遇事商量的习惯和气氛，可以使孩子更好地体验到作为一个家庭成员的责任和义务，体会到自己在家庭里享有的平等地位。这样，孩子就愿意任何事情上发表看法。同时，从中还可以学到生活的道理，学会理解他人的立场和看法。逐渐地，孩子的独立思维能力也就得到了开发和锻炼，这都能为形成孩子自己的梦想蓝图，提供很大的帮助。

另一方面，多和孩子商量会让孩子感受到自己的意见的重要性，长期坚持下去，孩子会逐渐提高自信，变得越来越爱发表意见，也会越来越爱思考。

当然，这里让孩子发表自己的看法，鼓励他大胆说出自己的看法，都离不开父母的配合。父母至少要做好听孩子诉说的准备。即使他的看法以及意见是相当的不成熟或缺乏实施的可行性，父母也应该做好耐心听完的准备。因为，父母的耐心倾听会让孩子觉得自己得到了肯定和认可。父母大可以等孩子把自己想说的都说完了，再根据有误的地方进行纠正。

善于倾听，别让孩子的天赋被埋没

父母课堂

孩子的天赋需要父母发掘而不要一味只知道等待它自己显现出来。做开明的、细心的父母，善于倾听，善于沟通，善于发现，发掘出孩子的天赋。父母在教育孩子的过程中，不要因为自己的独裁和粗心，使得孩子的天赋被埋没。

　　望子成龙，望女成凤，所有的父母都希望自己的孩子能出人头地，但对于如何让自己的孩子成为人才，父母们都会感到有些茫然。对于此，现如今的家庭教育普遍出现了两种现象，一种是高压强压，父母喜欢什么就强迫孩子喜欢什么，根本不顾孩子是否喜欢；另一种就是放任自流，随着孩子的爱好，随孩子高兴，今天学这个，明天又根据孩子的要求换了另一种。在这两种态度下成长起来的孩子，前一种孩子会很痛苦，因为是完全服从父母的要求，没有任何快乐可言；后一类孩子虽然很快乐，但由于没有定性，往往会浪费很多时间，没有效率、没有速度、没有目标，最终孩子也很难成才。

　　其实，想要孩子成功并不难，关键是如何发现孩子的天赋，并为此做出正切的指引。美国波士顿大学的一批学者出版了一本名为《意志的构造》的书中说，每个人都有六种才能在婴幼儿时期会显露出来，如果开发及时，这些小孩就有可能成为某个领域的杰出人才。这六种才能是：语言表达能力、音乐感知能力、数理逻辑能力、空间想象能力、身体协调能力、人际交往能力。

　　所谓"天赋"，是指在成长以前就已经具备的成长特征，针对特别的东西的特殊天生才能，使其可以在同样经验甚至没有经验的情况下快于其他人的速度成长起来。比如，所有媒体在评价杰克逊时都说："他那独特的声音，创新的舞蹈，他那惊人的音乐天赋和与生俱来的明星气质，让所有的人都很难企及！"有人说，杰克逊对后世最大的启发，就是音乐是天才的产物，他在艺术上的成就，天赋和远见都是极少见的！可见，当天赋被挖掘、被发现时，离成功、成才就只有一小步了。

简单来说，天赋是人的一种生来具有无师自通的天生素质。人的天赋难以培养不可造就，但可以发掘。每个幼儿的身上都蕴藏着自己独特的天赋。父母的责任在于挖掘孩子身上的潜在智能，使其充分的发展。

凡是发育正常的孩子，三到六岁就开始对某一方面表现出一种特殊的敏感和强烈的好奇。语言表达能力超强的孩子爱说话；空间能力强的孩子爱涂画；人际交往强的孩子善于与人交往；身体能力强的孩子爱打闹……如果做父母的能迅速及时的发现并捕捉孩子的强势天赋，顺势给予引导，这就为孩子今后的成才率先打开了通道。

然而，现实生活中，不少年轻父母在发现孩子的强势天赋面前，竟然表现出一种异乎寻常的粗心。有的孩子明明多次在父母面前表现了对音乐、绘画、舞蹈、动物、植物、机械等方面强烈兴趣，做父母的却视而不见、充耳不闻，贻误了培养孩子成才的大好时机。

在世界名人对自己的子女进行的家教中，居里夫人是唯一教女成凤的典范。为了发掘女儿的天赋，居里夫人很早在女儿伊雷娜、伊芙牙牙学语时，就开始细致的观察、认真的琢磨。她在日记本上写道："伊雷娜在数学上聪颖，伊芙在音乐上早熟。"当伊雷娜、伊芙进入中学后，居里夫人更加坚定了自己的发现：大女儿伊雷娜具备了科学家的素质，小女儿伊芙则有音乐家的素质。正是这种发掘，居里夫人的大女儿成为了诺贝尔化学奖的得主，小女儿成为了优秀的音乐教育家和传记作家。

十九世纪著名的数学家和物理学家麦克斯韦的成长经历也值

得为人父母的深思。麦克斯韦五岁时，有一次，父亲叫他画一幅静物写生。对象是插满菊花的花瓶。麦克斯韦很快就画完了，满纸涂的是几何图形：花瓶是梯形，菊花则是大大小小的圆和各种各样的三角形。在这样一张图画上，做父亲的却发现了儿子的数学天赋。父亲立刻教儿子学习几何学，又教他代数。由于父亲熟谙培养教育之道，麦克斯韦在数学方面显示了惊人的才华。中学里举行数学比赛，他获得了最高奖项；十五岁时就在《爱丁堡皇家学会学报》上发表了数学论文。以后又在物理学上取得了卓越成就。不得不说，麦克斯韦的成才得力于他父亲慧眼识才。

其实，发现孩子天赋的途径很简单，就是父母要多观察，要与孩子多沟通、多倾听孩子的想法。父母竖起耳朵，认真聆听，孩子才愿意开口把自己内心的想法讲出来，父母才有更多的机会去发现孩子的过人之处。

多听少说，锻炼孩子的手和脑

父母课堂

知识和经验来源于丰富多彩的生活，而丰富多彩的生活又为孩子提供了运用知识和经验去解决实际问题的机会。因此，父母应该努力倾听孩子的想法，从而为孩子创设一个空间广阔、内容丰富的生活环境，使孩子拥有更多的动手实践、动脑思考的机会。

具有高度创造力的孩子和颇有创造成果的成年人的童年有一个相似之处，就是他们在家庭生活中都享有充分的独立和自由。

父母和孩子之间的交往强调平等，做父母的对子女很少摆出权威的架势，不过分约束孩子，鼓励孩子独立。他们在与孩子交流的时候，总是能做到多听少说，不是用口舌告诉孩子应该怎样做，而是用耳朵听孩子想要怎样做。

具有创造力的孩子，他们的父母豁达开朗，通情达理，他们不禁止子女发展自己的兴趣和爱好，启发不管制孩子，更不强求子女应有与他们同样的价值观念。相比之下，屈服在父母权威下的孩子，很容易接受权威性的主张。他们循规蹈矩，避免尝试新的实践，因此没有什么创造性的表现。

可见，独立性和自主性对于创造力的发展十分重要。但现实生活中，更多的父母却喜欢用自己的标准去要求孩子，使孩子丧失了独立性和主动性，对大人言听计从，缺乏独立思考的能力，也缺乏表达自己的意识。这些父母以自己的经验和权威束缚了孩子的创造性行为。他们要求孩子无条件地服从父母或老师，循规蹈矩，师长说的、书上讲的，如同"圣旨"，不可越雷池半步。久而久之，势必将孩子的自主意识、创新欲望在禁锢中被磨灭，更不用指望孩子会有一个自己的梦想了。

其实，孩子的天性与后天培养是相辅相成的。大多数父母在养育孩子时都会发现这样一个现象：婴幼儿会不自觉的重新发现和重复成人熟视无睹的一切，他们的生活是由一系列有待解决的有趣问题组成的。可以说，创造是他们的天性，问题在于父母对此如何反应。比如，父母可以通过为孩子提供令他们感到新鲜的原材料，帮助孩子增强创造力和处理问题的灵活性。原材料可以是各种各样的东西，例如钢琴，即使在孩子没有学习而且也不懂音乐的情况下，也要允许他们去弹奏钢琴。

　　培养孩子独立自主的意识，还应该让孩子养成自学的习惯。自学能出第一流的创造性人才，这在古今中外是不胜枚举的。

　　当然，这还涉及另外一个问题，就是怎样让孩子自主学习的问题。很多父母因为孩子还小，因此认为为他做好一切安排就是对他最好的培养，实际上，家长应该多站在孩子角度，听一听孩子的想法，不要忘了在帮孩子报课外辅导班的时候征求一下孩子的意见。当孩子遇到了自己十分感兴趣的一门课程，即使不用父母的督促，他也会付出极大的热情。

　　意大利文艺复兴时期的达·芬奇，14岁到画院学艺，勤奋自学，终于使他成为伟大的画家、雕塑家、建筑家、物理学家和生物学家，他的多才多艺在世界历史上也是罕见的。美国政治家、科学家本杰明·富兰克林只读过两年书，因家境贫寒而辍学，12岁做报童时就开始了自学生涯，为后来的发明创造打下了基础。

　　著名数学家华罗庚教授曾说过："在人的一生中，进学校靠别人传授知识的时间是短暂的，犹如妈妈扶着走，在一生中是极短的时间一样。绝大部分时间要靠自己坚持不懈的刻苦努力，才能不断地积累知识。一切发明创造，都不是靠别人教会的，而是靠自己设计，自己做出来的。"

　　创造性思维能力并非无源之水、无本之木，需要知识和经验的积累。一旦孩子将自己所掌握的知识运用于实践活动中去，就容易出现新思想，并在实践中增加创造力。父母不要把自己的主观经验应用于孩子身上，告诉他应该怎样做，而是要给予孩子极大的自由，让孩子按自己的兴趣、爱好和情感需要去探索。比如，孩子喜欢触摸、摆放或拆卸各种东西，父母不要阻止，而要诚心听一听孩子的想法，了解孩子的意图，这是开展创造活动的基础。

当然，这样做并不是默许孩子去做毁坏财物或伤害自己及他人的事情。

比起遵从父母、老师的教条，孩子更渴望发现新观念，经历新的事情，自由地表达自己的想法。而这些也是让孩子成长为一个创造性人才的基本前提。因此，父母在与孩子沟通时，应尽量做到多听少说，而不要让父母的口舌成为束缚孩子手和脑的罪魁祸首。

鼓励孩子走出一条属于自己的路

父母课堂

> 其实，孩子远不像父母想的那样脆弱，他们其实可以做很多事。父母应该对孩子大胆地放手，让他们去实践，给他们锻炼、积累经验的机会。经验长见识，实践出真知，孩子的自立能力只有在不断、长期的实践锻炼中才能逐步培养起来。

孩子长大以后要承载的压力和负担有许多，他们不仅要肩负家庭的重担，还要兼顾事业的重担，更要肩负社会和国家的重担。如果从小就缺乏独立性，缺乏主见，那么长大以后不仅很难担当大任，还可能面临被社会淘汰的危险。

然而，在家长"包办"式的教育和过度保护之下，孩子普遍表现得依赖性强，独立性差。独立性差的孩子做事就没有主见，对问题缺乏自己的判断，创新的勇气更是谈不上。这样的孩子，不但被父母束缚了口舌，想说的不敢说，更是被父母捆绑住了手脚，想做的无法做，让他们独自去迎接未来的风雨和挑战，又谈何容易。

歌德说过："不能主宰自己的人，永远是一个奴隶。"独立自主的能力不是天生的，而是在生活一点一滴中逐渐培养起来的。独立自主的好习惯，会让孩子受益一生。因此，家长要从小培养孩子独立自主的习惯，这样才能让他们将来有能力主宰自己的命运。

小路今年上小学五年级，然而因为父母对他疼爱有加，所有的事情都为他包办了，所以小路什么家务都不会做。不但如此，父母还非常担心他的安全，虽然学校距家很近，但父母每天再忙都会抽时间去接送他。甚至在小路与别的孩子玩耍时，父母也要陪伴在一旁，生怕小路与别的小朋友发生矛盾，打起架来吃亏。

父母几乎成了小路的影子，除了上学时间不跟着小路，剩下的所有时间父母都陪伴在身旁。小路因此没有一点自由的时间和空间，他感觉到憋闷、压抑、不开心。本应是快乐玩耍的童年，却变得很沉重。

小路不但心情不愉快，动手能力不强，还形成了懦弱的性格。不管做什么事情，他都向后退缩，没有自己的主见，没有独立的意识，也就没有了向上的勇气。

很多父母溺爱孩子，怕孩子受到任何伤害，因而剥夺了孩子自由发展的空间，事事替孩子包办，使孩子不但失去了动手的能力，还缺乏独立的精神，慢慢孩子就成了父母说什么就做什么，父母不说就不知道做的傀儡，这必将影响到孩子将来的发展。

教育家陈鹤琴曾经说过："凡是儿童自己能够做到的，应该让他自己做；凡是儿童能够自己想到的，应该让他自己想。一句话，给孩子创造自立的机会。"另外，在培养孩子独立性的同时，对孩子一些自主性的表现，家长应当给予保护和支持，使其得到早期开发。

父母应该多听听孩子的想法，鼓励孩子走出一条属于自己的道路。很多孩子的能力，就是在动手的过程中得到锻炼的；孩子的自信，也是自己做事的时候培养出来的；孩子自主的意识与独立精神，是在全身心投入的过程中及其劳动果实中确认的。所有这些优良的品质、能力，都是孩子将来成功的基石，缺一不可。而这些，都是在父母引导倾听，充分给孩子自由发展的空间中才可以获得的。

家长在日常生活中，可以通过多听少说，在鼓励孩子说的过程中，让孩子走出一条属于自己的道路。以下几点尤其需要家长注意。

1. 把说话的权利还给孩子

父母不要打着"爱孩子"的旗号，剥夺孩子说话的权利。父母即使事先知道孩子要说什么，或是明白了他们的意图，也不要先点破，而是要让他们自己说出来。表达自己的想法，是增强孩子独立性的有效办法。

2. 教孩子学会说"不"

有主见的孩子往往会成为孩子群中的核心人物。所以，平时就要慢慢培养他的独立和自主，让他遇事自己多拿主意，而父母只扮演协助的角色就可以了。当他们有不同意见的时候，一定要鼓励他们说出来。比如，"我不愿意学画画""我不想让爸爸送我上学"等等。允许孩子充分表达自己的思想，对他们独立性的养成相当关键。当然，如果孩子的意见没有道理，家长则需要耐心地给予教导，告诉他怎样才是正确的。事实证明，这样做更容易让孩子遇事有主见，不盲从。

3. 鼓励孩子自己做选择

父母只有从小给孩子多一些自由的空间，让孩子自己去思考，自己去选择与决定，有意识地培养孩子开阔的思路，才能全面提高孩子各方面的能力与素质。

小友是个很有主见的孩子。他思路开阔，有很多自己的想法与主意，所有带过小友课的老师都说他以后有发展前途，有创造天赋，将来肯定会成为一个人才。

其实，小友同别的孩子一样，并没有什么过人的天赋，只是因为从小时候起，他的父母不管做什么事情，都让他自己选择、决定，并让孩子说出这样决定的理由，引导孩子多从其他角度去考虑问题，让孩子自己去判断哪一种决定更正确。

这样坚持下来，小友养成了习惯，不管遇到什么事情和问题，他都会自己思考一番，自己去做决定，从各个角度去周密思考，所以他的思路比起同龄孩子，要更开阔，点子别人多，主意也比别人好。

引导倾听，培养孩子的兴趣

父母课堂

爱因斯坦有句名言："兴趣是最好的老师"。我国古代教育家孔子也曾说过："知之者不如好之者，好之者不如乐知者"。引导倾听，培养孩子的兴趣，对孩子将来成就学业、事业具有重要的推动作用。

事实证明，兴趣，使人不怕吃苦；兴趣，使人废寝忘食；兴趣，使人愿意付出努力。人一旦对某件事情产生了浓厚的兴趣，就会竭尽全力地投入到这件事情的活动中去。

试想，如果一个孩子把玩"捉迷藏"、打电子游戏的那种积极态度和热情用于学习中，那么，他的学习一定是很棒的，甚至是非常好的。因此，对孩子学习兴趣的培养是家长要做的，不可忽视的一项任务。对于孩子来说，兴趣是主动学习、积极思维、大胆质疑、勇于探索的强大动力。如果孩子对学习产生了极大的兴趣，那么，他在学习中所付出的精力和在学习方面产生的效益将是不可估量的。因此，在家庭教育过程中，父母应如何注重激发学生的学习兴趣，让孩子自始至终主动参与学习，全身心地投入到学习活动中，是一项十分重要的任务。

王羲之是我国杰出的书法家之一。东晋以后，历代书法家大多都会受到他的影响，故后人尊之为"书圣"。王献之与父亲王羲之一样，是我国东晋时期杰出的大书法家，很多人认为子承父业，王献之成长为一个杰出书法家是必然结果。其实不然，王献之七岁的时候，父亲王羲之从来没教过献之书法，为的就是避免把自己的兴趣强加到孩子身上。王羲之作为一个父亲首先想到的是，要尊重孩子的兴趣和爱好，练不练书法让他自己做选择。

没想到，经过王羲之的长期观察，发现王献之偷偷地练字，而且字已经写得很不错了。王羲之感到很欣慰，立刻问清了缘由，原来献之自从懂事以来，就一直看着父母在案上龙飞凤舞，耳濡目染，早就对书法产生了浓厚的兴趣，只是不明白为什么父亲从不教自己练书法，于是只会自己偷偷地练了起来。

后来，在父亲的精心教导下，王献之终于成长为一位大书法家。

当然了，对孩子兴趣的培养不仅仅只局限于学习方面，应拓宽至生活的方方面面。父母在培养孩子兴趣时，首先要学会倾听孩子的兴趣爱好，避免把自己的兴趣强加给孩子。父母只有在充分了解孩子的兴趣爱好后，才能对此加以正确地引导。同时，父母还应注意以下几点：

1. 为孩子的自然发展创设条件

父母要尊重孩子的自然发展规律，为孩子的充分发展提供条件，孩子的潜能如同种子，只要有适宜的外部条件，它就会生根、发芽、长大。环境是萌发兴趣的基地，因而父母要多制造机会，创设环境让孩子接触，培养他们的兴趣。说不定在给孩子一支蜡笔、一架琴的瞬间就造就了一位艺术家。

2. 早期教育重视孩子的主体地位

每一个正常人都具备多种潜能，只是发展的程度和组合的情况不同，如果在早期能发现其潜能的长处与不足，并适度的发展并弥补其能力，就能帮助他发展个人潜能，激发兴趣，培养能力。因而对孩子来说，早期教育非常重要，开发潜能、培养兴趣多是在幼儿时代。父母应注重引导，让孩子自己塑造自己，自己开发自己的潜能，体现孩子的主体地位和父母的引导作用，侧重培养孩子的真正兴趣爱好。

3. 欲速则不达，培养兴趣是一个长期的过程

育人如同种庄稼，不能急功近利，一味追求速度。培养孩子的兴趣应循序渐进，不能违背孩子成长的自然规律。在这个过程中，要看到孩子在进步，一点一滴地表扬他、鼓励他。同时还要让孩子感受到自己的进步，多采取一些方法，如把作品保存下来，让他自己看，听，自己比较，体验进步；让孩子给父母或别的小朋友当小老师，促进其兴趣发展；在适当的场合给孩子一个展示自我的机会；等等。同时，在学习的过程中，要注意保护孩子的自尊，增强孩子的信心。

4. 对品德的培养，同样不能疏忽

不论学什么，都必须经历一个长期过程，不应过分追求成才的速度。在培养孩子兴趣的过程中，同时还要注意孩子的其他方面如性格、品德等的养成，训练孩子的恒心和毅力，培养孩子虚心好学的品质及戒骄戒躁的品德。

5. 多听听孩子的想法

很多父母对孩子的期望很高，认为培养孩子的目的就是为了成名成家，父母应该走出这样的误区，多听一听孩子的想法，从

培养孩子的底蕴出发去培养兴趣。比如，音乐应是以音乐为手段，培养其心灵的美感，如对音乐的兴趣，欣赏的能力，陶冶其情感，激发智力和创造性，以发挥音乐活动对孩子身心两方面发展的特殊功能。

鼓励孩子畅谈自己的梦想

父母课堂

父母精心呵护孩子的梦想，他们的梦想种子才有希望长成参天大树——成功都是从梦想开始的。很多父母面对孩子的梦想，会说那是不切实际的"好高骛远"。其实，他们根本不明白，正是因为有了梦想，不切实际才有可能变为实际。

梦想是对未来的美好设计。在现实生活中，任何一个孩子都有属于自己的梦想，当孩子们谈到自己梦想的时候，常常会神采飞扬。一个人心中拥有了梦想，才会在希望中生活，不断创造出生命的奇迹。

多彩的梦想是人生宝贵的财富。人的一生能走多远，在很大程度上取决于梦想有多大。有梦想的人，天地就广阔。梦想一旦萌发，就梦牵魂萦，无论能实现，始终都是一种激励。梦想是对生活积极进取的态度，是对人生深深的企盼，一个人可以失败，可以遭受挫折，可以忍受孤独和不幸，但不可以失去梦想，没有梦想的人生就像鸟儿失去了双翼、船儿失去了双桨。

梦想就像孩子成长所需要的微量元素和氨基酸，必不可少，缺少它们，大脑的营养就会跟不上，思维就会变得迟钝，没有创造力和想象力。要知道，人类最可贵的本能就是对未来充满梦想，对明天充满激情。

父母要支持孩子的梦想。尽管有些梦想有很多不确定的因素，尽管有些梦想永远都不可能实现。但是，每一个孩子都在憧憬着未来，并会为或远或近的"未来"投入他们全部的努力。梦想有着无穷的魅力，具有巨大的牵引与激励作用；梦想能使人在学习、工作过程中具有创造精神，获得愉悦的情感体验。

父母要鼓励孩子追梦，让产生强劲的内驱力。在无数个梦想中，让孩子充分发挥想象力与创造力。在孩子追梦的过程中，父母应给予多方面的关注。比如，帮助孩子寻找梦想中的偶像，与孩子一起讨论偶像的成长史、奋斗史、成就史，明确成功必须付出辛劳与汗水，让偶像在孩子心里生根。给孩子的圆梦计划提供必要的建议和支持，经常提醒孩子实践承诺，在孩子怀疑自己的梦想的时候给予孩子鼓励。

梦想对于孩子的人生来说非常重要，孩子是一艘艘稚嫩的小船，刚刚驶出父母温暖的港湾，船上的水手都是初次出海。大风大浪也许不会让他们惊惧，因为风浪的磨炼能赋予他们铁黑的肌腱、坚强的性格。但若是没有理想，没有目标，那么，生命的小船只能在浩渺无边的瀚海上彷徨回旋，找不到出路，最终不免缺水断粮，甚至触礁沉没。

梦想的魅力是难以阻挡的，因为它能唤醒孩子心中沉睡的巨人，赋予他们伟大的力量，让怀揣梦想的孩子跃跃欲试。当然，不是所有的梦想之花，都能结出成功之果，因为的确有些梦想是妄想或空想。但是，父母仍然应该给孩子一片自由的天空，让他们放飞自己的梦想，生活是最伟大的老师，她会告诉孩子如何放弃妄想与空想，而去勇敢地实现内心真正的梦想。

莱特兄弟孩提时就对宇宙空间产生了浓厚的兴趣。他们经常爬上教堂的最高点，去追逐飞鸟和苍鹰，他们最大的梦想就是能像鸟儿一样在空中自由翱翔。他们常常踮起脚尖去尝试够月亮，结果好几次都被重重地摔了下来。他们的父亲知道后，非但没有责怪他们，相反还启发、鼓励他们。最后，在当时看来神话般的梦想和浓厚的兴趣引导着兄弟俩走上了研究航空的道路，1903年莱特兄弟真的驾驶着自己制造的飞机翱翔于万里碧空。

一个人如果没有目标，就像没有帆的船在茫茫大海上行驶，没有方向，什么时候也到达不了目的地，有时还会产生消极的心态。而一个人要想获得成功，必须先要确立一个明确的目标，确定一个清晰可见的目标，就是为了能使自己集中意志和力量朝着一个方向前进，因为目标是人不断奋勇向前的动力源泉。

梦想是成长的发动机。孩子的梦想或许是简单的，或许是荒唐的，或许是怪异的……但它是童心上长出的灵芝草。给它一份欣赏、一份呵护、一份引导，它可能会长成一棵大树。因此，父母应当鼓励孩子大声说出自己的梦想，支持孩子朝着梦想的方向展翅翱翔。

成功需要梦想。梦想是理想的自然形式。梦想是鸟儿飞翔的翅膀，是人生的太阳。只要心中拥有梦想，人就会在希望中生活，不断地创造生命的奇迹，是否拥有梦想是衡量一个人能否成功的标志之一。因此，父母不要害怕孩子会有梦想，应该放下姿态，仔细倾听孩子的梦想。成功者多出于梦想之家，父母要精心呵护孩子的梦想，让梦想的种子长成参天大树。

帮助孩子朝着梦想自由奔跑

父母课堂

很多父母自己做不到的事却要求孩子必须做到，这样对于孩子来说要身负两代人，甚至三代人的殷切期望，这沉重的负担像山一样重，压得孩子喘不上气来。尊重孩子的兴趣与选择，帮助孩子朝着梦想自由奔跑，才是父母理智、开明的做法。

在社会竞争日益激烈的今天，父母无不希望自己的孩子出人头地、功成名就。特别是随着少年成名的孩子越来越多，在名利的诱惑下，越来越多的父母不惜花精力、金钱培养"天才"——上各种培训班，学钢琴、学书法、学画画……这些都加重了孩子本来就很繁重的学习任务。于是，不但孩子正常的休息时间都被剥夺，就连孩子心底的一丝梦想也被洗刷干净了。

然而，在这一连串的培训攻击下，父母却全然不顾孩子的感受。如果这一切都是孩子自愿、兴趣使然的话，那无可厚非。但问题是，很多孩子都是被父母所逼。归根结底，是因为父母的虚荣心在作祟——自家孩子考了90分，别人的孩子考了100分，在亲朋好友面前，他们更自觉颜面尽失；别人的孩子这也行，那也行，自家孩子总是矮人一头，父母就会觉得矮人一截，在人前难以抬头，最后面子丢了，自尊心没了，火气就上来了。

　　虽然不能说所有的父母都是由于私心作祟，但来自社会各方面给予父母的压力，的确会致使不冷静的父母把火气、压力转给了孩子，还要美其名曰地扯上一面大旗："为孩子将来打算"，这对孩子来说太不公平了。更有些父母，自己文化水平不高，指望孩子出人头地，好扬眉吐气。所以他们就把满腔的希望、全部的赌注都押在了孩子身上，不容孩子出一点差错，不管其兴趣梦想为何，必须考上父母认为理想的大学。

　　俗话说："强扭的瓜不甜。"瓜熟蒂落，长熟了的瓜自然就会蒂落，而还不熟的瓜，瓜蒂很结实，不用力去扭断它，瓜是下不来的，这种还没熟透便被摆上货架的瓜，即便是大个儿的，也是索然无味，根本就不会甜。这和教育孩子也是一个道理。

　　据媒体报道，由于近年来作文大赛获奖者拥有被保送上大学的机会，很多父母在捷径诱惑之下，为使孩子"一文成名"，就铆足了劲为孩子的作文加班加点地辅导和投资。父母期盼孩子成才自然是出于一片真爱，但操之过急，恐怕会走向事物的反面。成名的孩子虽不乏"天才少年"，但毕竟属于个别现象。如果每一位父母都追风赶浪，推着孩子唯名以求，则有揠苗助长之嫌。最后揠苗不成，反倒牺牲了孩子原本天真烂漫幸福美好的梦想，其实父母不如给孩子一定自由发挥空间，让孩子释放自己的个性，让他在无忧无虑的游戏与玩耍中、在欢声笑语中朝着自己的梦想自由奔跑。

　　蔡志忠是台湾著名的漫画家。他小时候有一次和别的孩子一起玩，他父亲把孩子们叫来亲切地问："你们长大后想做什么呢？"一个孩子说："我长大了要做大总统！"，另一个说："我想当

警察！"而蔡志忠却对父亲说："我想画招牌。"蔡志忠的父亲听了蔡志忠的话，并没有因为他胸无大志而不高兴，只是淡淡一笑。父亲后来还对别人说，不管他要做什么事情，只要认真做就好。

蔡志忠四五岁时，趁父亲不在家，在房间的墙上画了一个个小人，面对自己的第一幅"漫画"，蔡志忠很高兴。但父亲回来后看墙成了这个样子很生气，也挥起巴掌就追蔡志忠，蔡志忠早一溜烟跑了，心里怕父亲饶不了他。可是令蔡志忠想不到的是，父亲后来只是骂了他几句就放过了他，而且居然给他买了一块小黑板和一些粉笔，蔡志忠又惊又喜。从此，小黑板成了他艺术想象力驰骋的天地。

蔡志忠进入彰化中学后也一直沉浸在漫画天地里，结果成绩一落千丈。如果是别的父亲，一定会禁止蔡志忠再画了，但蔡志忠的父亲没有这样做，他虽然对孩子的成绩也很失望，但觉得画画并不是什么坏事，认真做也会有出息。

不久台北的一家漫画出版社请蔡志忠去工作，蔡志忠不知道父亲是否会同意他放弃初中学业远去台北。于是，他对父亲轻声说："爸，我要去台北画漫画。"父亲平静地问："有工作了？""是的。""那就去吧。"一问一答，短短十几秒钟，这件影响蔡志忠终身前途的大事就这样决定了。蔡志忠辍学去了台北，很快成了台湾乃至东南亚一带最负盛名的漫画家。

"我让他自由。"这就是蔡志忠父亲的"家教之道"，蔡志忠的一生成就得益于此。

世上有很多种父母，有钱的父母会给孩子很多钱；没有钱的父母会给孩子一颗炽热的心；能说会道的父母给孩子谆谆教诲，少言寡语的父母用双手默默地奉献着自己的爱。父母爱孩子的方法也有很多，父母能给孩子的也很多，但其实父母最该给的，是一份自由，让孩子可以朝着自己梦想的地方奋力奔跑的自由。

鼓励孩子发挥他的想象力

父母课堂

在培养孩子想象力的过程中，父母应该鼓励孩子脑洞大开，自由驰骋自己的想象力，大胆畅想，敢于说出来。

小林的妈妈特别善于打开孩子的思路。在小林七八岁的时候，有一次，电视上正在播放一条公益广告，其中有一句广告词，"美丽森林自己会说话。"

妈妈顺嘴问正在一旁看电视的儿子说："儿子，森林怎么会说话呢？"

儿子瞅了瞅电视，说："如果把森林比作人，森林自然会说话啦。也许它们还会有自己的家庭、自己的生活呢！"

母亲说："是呀，有些树木本身就是药材，这药材就是森林里的医生，其他树木有了病都会去找它看。"

小林听了母亲的话，也有了更多的想法，"有的树木是化妆师，有的树木是歌唱家，还有的树木特别有学问，大家都称它是博士。"

母亲连连点头，并问，"这些树木都有自己响亮的名字，你叫它们什么呀？"

小林放下玩具，想了一会儿说，"家门前就有两棵树，一棵叫智慧树，是一个善良的女孩子，人们叫她艾丽丝，学生的作业她都会做，每次都能考一百分。她的哥哥、另一棵树叫凡卡，是远近闻名的医生，能治好很多人类治不了的病。"

父亲听小林这么一说，也插话替这两兄妹想象情节，说它们喜欢穿什么样的衣服，妹妹还扎着一对羊角辫……就这样，一家人热情高潮地说开了，好像生活中真有这样一对兄妹似的。

令父母意想不到的是，大概过了一周的时间，小林兴冲冲地从书包里拿出一叠稿子，说自己写了一篇童话，题目是《神奇的树木》。父母看后很是高兴，虽然当中还存在一些瑕疵。于是，父亲先是肯定小林的成绩，然后指出不足，"关于主人公言行举止的描写少了些，读者只闻其声，却没有身临其境的感觉。要让读者能体会到他们的喜怒哀乐才更好呢！"。小林还是有些不明白，父亲接着拿过一面镜子，放到小林面前，说，"你看看自己，你高兴时，你的眼睛是弯弯的，眉毛是上扬的，你如果把这些细节写出来，这叫惟妙惟肖。可你为什么这么高兴啊，再把你笑的心理活动写出来，就活灵活现了，人物形象和心理活动就有机地融为一体了"。小林听后很受鼓舞，马上就回房间润色。不多久，一篇全新的童话就展现在大家面前了。后来，这篇童话还被发表在了儿童刊物上。

爱因斯坦说："想象力比知识更重要，因为知识是有限的，而想象力概括着世界的一切，推动着科学发展、进步，并且是知识的源泉。"的确如此，孩子在学习各门课程中都要借助想象力，没有想象力，孩子将难以理解教材中的图形、概念。想象力还直接关系到孩子创造力的发展，现实生活中的许多发明创造都是从想象开始的。

因此，父母应该特别强调培养发展孩子的想象力，把它作为智力开发的重要任务之一来认真抓、重点抓。以下三点将对大家有很大帮助。

1. 指导孩子丰富头脑中表象的储存

表象是外界事物在人的头脑中留下的影像，是具体、形象的。因为表象是想象的基础材料，所以头脑中的表象积累得越多，就越有进行想象的丰富资源。一个没有接触过很多事物的人免不了因循守旧，缺乏独特的思维和见解。想让想象力在幼小的心田里驰骋，必须有广博的知识作基础。积累的经验越多，解决问题的思路就越广。

2. 要求独立思考

随着孩子的长大，父母要学会逐渐放手，引导孩子靠自己的智慧独立去做力所能及的事。要做到这点，需要家长与孩子真正实现人格上的平等，这对孩子尤其重要。陶行知说"发明千千万，关键是一问"。希望孩子想象力丰富且有效，就应培养他们好问的习惯，即首先尊重他们的提问：对他们的提问持认真倾听、回答的态度，不糊弄、不嘲笑、不指责，绝对不用"烦死了""走开"之类的词语。其次鼓励他们靠自己的力量去寻找问题的答案，别用父母的思考代替孩子的思考，更不应该把自己的答案强加给孩子。要求孩子独立思考，也并非父母甩手不管，而是应该花时间和精力，用可行的办法引导他们自己找到答案。

3. 鼓励实践

想象是人脑对已有表象进行加工改造而形成新形象的过程，它的特点是在记忆表象的基础上产生和超脱现实。所以，让孩子独立思考的同时，为他们提供亲历亲为的机会就弥足珍贵。

可以说，想象力是孩子的智慧财富。对于想象力丰富的人而言，即使生活陷于逆境也不会感到绝望。而世间最悲惨的人就是那些缺乏想象力的人，他们在残酷的社会竞争中往往很难找到立足之地。

别让恻隐之心折断孩子理想的翅膀

父母课堂

父母不要把凡是为孩子包办当成爱孩子，更不要把孩子培养成只知道听从父母安排的"小乖乖"。要知道，父母的这种爱很容易让自己的恻隐之心折断了孩子理想的翅膀。

理想意味着对未来的憧憬和向往，表达着对未来的渴望和追求，它犹如火炬照亮了人生的道路，指明了人们成长的方向。父母引导孩子树立人生的理想与追求，有着重要而特殊的意义。一位诗人说过："理想是石，敲出星星之火；理想是火，点燃希望之灯；理想是灯，照亮夜行之路；理想是路，引你走向光明。"

可见，理想是深藏在心灵里的一道迷人的风景，是挂在远方的一座炫目的灯塔。理想于人生，有非常重要的作用。对一个孩子来说，理想的种子一旦生根发芽，就不会止步于现状，有追求完美、追求最高境界的欲望。取得一定成绩后，有更上一层楼的决心和气魄。这样的人不成功与此，必成功于彼，而且成功的规模也往往比较大。

其实，人的理想从儿童阶段就开始萌生了，它是随着孩子学习与实践活动的发展，随着家庭和学校教育的不断深化，从无到有、从低水平到高水平逐步形成的。因此，父母千万不能错过孩子童年、少年阶段的立志。它比在此阶段其他所有教育和培养都更重要，也更不可弥补。一个人错过了其他东西或许可以补救，一旦错过了立志的最佳时期，则是永远无法补救的。

如今，大多数家庭只有一个孩子，父母都希望自己的孩子长大后成龙成凤，这种愿望无可厚非。可是，父母却把孩子宠成了掌中的宝贝，从孩子出生到成家立业，总想牵着孩子的手，不让其受一点苦、流半滴汗，品尝人生的苦辣酸甜，什么事都想替孩子扛。

很多父母时常把"再苦不能苦孩子"这句话挂嘴边，自从孩子出生以后，不管是腰缠万贯的富翁，还是一贫如洗的穷人，都对孩子呵护备至，从吃喝拉撒到大大小小的事务都是父母包办代替。所以，很多父母或许付出最多，但他们的孩子却未必是最成功和最幸福的孩子。因为他们的孩子缺乏理想，更缺乏为理想而努力奋斗的精神。

小超已经上初三了，但在家里，这个大小伙子依然是饭来张口，衣来伸手。作为独子，小超享受着父母全心全意地爱和呵护，一直以来，做饭是爸爸的拿手活儿，而妈妈，就是小超的贴身保姆，他至今还未洗过一件衣服，更别提做其他家务了。

小超一天的生活写真：早上 6 点，爸妈准时起床，为小超准备早餐，等到他们忙得差不多了，才把睡眼惺忪的儿子拖到盥洗室，把早已准备好的牙刷牙膏送到儿子手里。刷牙的时候，小超妈赶紧为他放好洗脸水。忙得差不多时，爸爸也已做好早餐等儿子来吃了。趁小超吃饭的时候，妈妈抓紧时间给他整理书包，然后穿鞋袜，吃完早餐的小超拿着书包走即可。每天放学回家，小超的妈妈也早已经为他准备好了换洗的衣服，放好洗澡水，等小超洗完澡穿戴好后全家人才开始吃饭。之后，小超开始自己唯一需要做的活儿——做作业。

小超的家境其实并不富裕，爸爸单位效益差，工资微薄，妈妈只是公司的普通会计，但是，无论吃喝还是穿戴，小超的爸妈总是尽一切所能来满足儿子的要求，就怕一个疏忽，委屈了儿子。在这样的"爱护"下，小超每天接受着父母的恩赐，却从来没有过什么梦想，更没有想过要想方设法实现自己的梦想了。

据说，在美洲辽阔的草原上，生活着一种雕鹰，它有着"飞行之王"的美誉。它飞行时间之长、速度之快、动作之灵敏，堪称鹰中之王。被它发现的小动物，都难逃它的捕捉。但谁能想到那壮丽的飞翔后面却蕴含着却是滴血的悲壮。

当一只幼鹰出生后，没享受几天舒服的日子，就要经受母亲近似残酷的训练。在母鹰的帮助下，幼鹰不需多久就能独自飞翔。但这只是第一步，因为这种飞翔只比爬行好一点。幼鹰需要成百上千次的训练，否则就不能获得母鹰口中的食物。第二步，母鹰把幼鹰带到高处或悬崖上，把它们摔下去，有的幼鹰因胆怯就会被母鹰活活摔死。但母鹰从不会因此而停止对它们的训练，母鹰深知，不经过这样的训练，幼鹰就不能翱翔蓝天，即使能，也会因为捕捉不到食物而饿死。第三步则充满着残酷和恐怖，那被母鹰推下悬崖而能展翅飞翔的幼鹰将面临最后也是最关键、最艰难的考验：因为它们那正在成长的翅膀会被母鹰残忍地折断大部分骨骼，然后被再次从高处推下。大多幼鹰就是在这时成为悲壮的祭品，但母鹰同样不会停止这血淋淋的训练。

有的猎人动了恻隐之心，偷偷地把一些还没来得及被母鹰折断翅膀的幼鹰带回家喂养。可后来猎人发现，被自己喂养长大的雕鹰至多能飞到房屋那么高便要落下，那两米多长的翅膀只能成了累赘。

原来，母鹰残忍地折断幼鹰翅膀中的大部分骨骼，是决定幼鹰未来能否在广袤的天空中自由翱翔的关键所在。雕鹰翅膀骨骼的再生能力很强，只要在被折断后仍能忍着剧痛不停地展翅飞翔，使翅膀不断地充血，不久便能痊愈，而痊愈后的翅膀则会似神话中的凤凰一样死后重生，将长得更加强健有力。如果不这样，雕鹰也就失去了这仅有的一个机会，永远与蓝天无缘。

第 **6** 章

洗耳恭听，让孩子说出自己的建议和要求

　　父母要想培养出一个有主见又富有创造力的孩子，就要尊重他们的想法和意见，洗耳恭听他们的大胆质疑。当然，对于孩子提出来的建议和要求，不应盲从也不应一律拒绝，要学会分辨，对于那些合理的，要予以鼓励，对于那些不合理的，要及时予以纠正。

鼓励孩子大胆说出自己的想法

孩子敢于大胆表述自己的看法，是一种自信的表现，更是一种能力的体现。父母鼓励孩子主动说出内心的想法，还是在培养孩子的创造性。

很多父母，在遇到孩子叛逆的表现时，都只会摇头叹气，不知道孩子到底在想什么，不知道孩子为什么不肯告诉父母内心的真实想法。

父母与子女的良好沟通，重要性毋庸置疑。而鼓励孩子主动说出内心的想法，是走向成功沟通的第一步。在成长的路上，孩子的很多想法都是很单纯和幼稚的，所以很多父母在看到孩子略显稚嫩的想法时，都没耐心去倾听，有时甚至打断孩子的想法。不认真倾听孩子讲话，不让孩子把话说完，是对孩子的不尊重。久而久之，孩子就不会将自己的想法告诉父母了。

随着与自我意识相联系的情绪情感和道德感的初步萌芽，孩子会因为受到别人嘲笑而感到不愉快，也会因为自己的行为符合了大人的要求而产生快乐的满足感。而父母对待孩子的不正确的态度和语言，会使孩子产生心理阴影：小时候不敢说出自己的心里话，长大后不敢面对他人、面对挫折，心灵易产生自卑等消极情绪，很难恢复。这种不良经验会跟随孩子一生，影响其今后对他人和对自己的看法，不利于孩子健康人格的形成。

一般而言，孩子敢把自己的感受、想法说出来，表示他与父母的关系是开明的，能自由交谈而无所顾忌。如果父母为了维护自己的权威，板起面孔强迫孩子按自己的指令做事，会损伤孩子的自尊心，引起孩子的不满，使他们关闭自己的心灵，不愿再与父母沟通。孩子本来是把妈妈作为朋友，乐于向妈妈倾诉内心的感受，结果却遭到冷淡与拒绝，他觉得自己不受重视，不受尊重。

著名心理学家皮亚杰认为，成人与孩子最本质的区别，就是孩子的思维与成人的思维存在质的不同。孩子有自己的思维习惯、方式、逻辑，当成人以自己的思维方法做出结论，以自己的标准来训斥孩子，这是不尊重孩子，扼杀孩子天性的愚蠢做法。

作为父母，应鼓励孩子说出内心的想法，这样可发展孩子独立自主的意识，有益于孩子的健康成长。无论孩子的意见如何幼稚，父母都应认真倾听，加以鼓励。父母还可故意提出不同意见与孩子进行讨论。当孩子反驳父母的意见时，父母应予以鼓励。如果孩子的想法不对，父母可以认真地倾听之后加以纠正。当然，在倾听的过程中，即使孩子的想法很幼稚，也不要轻视或嘲笑他，而是应该认真倾听，与孩子一起讨论解决问题的办法，让孩子体会到关爱和温馨。父母有了这种态度，孩子才会对父母更加信任和尊重，才会愿意将自己的想法告诉父母。同时，也有利于父母对他进行正确的引导，才能培养出具有创造性头脑的孩子。

一名初中一年级小男孩在语文期中考试时，写出自由命题作文《我和她的爱情》，这让阅卷老师大为震惊。在写作手法上，老师认为它主题鲜明，语句通顺，但是主题思想却存在严重问题。于是，老师叫来了男孩的家长。

父母读完男孩的作文，可以感觉到他对小女孩的真情流露。

他对这个青梅竹马的小女孩的确有着深厚的感情，因为从小一起长大，哪一天不在一起玩就会想念对方，这是深厚的友情，而不是男女之爱。但是，因为受到外界五花八门的信息刺激，这个小男孩才用"爱情"这个词来形容他和小女孩之间的纯洁友谊。

后来，父母与男孩做了深刻的沟通，在父母的真诚倾听下，小男孩一脸坦然地回答了老师的问题，压根儿不理解老师问话后面隐含的意思，证实老师的担忧只不过是虚惊一场。

孩子敢于向父母敞开心扉，说出胆怯，说出疑惑，说出建议，说出奇思妙想，才能最终说出光明的未来，说出健康的人格，说出灿烂的明天。

1. 对孩子说的话要表现出浓厚的兴趣

父母对孩子想说的话表示出很大的兴趣和十分入真的态度，这会使孩子对父母产生亲近感。父母可用体态语，即面部表情、身体姿态等亲近孩子，让孩子感觉到与父母之间的共通，这样，孩子一旦认为自己讲的话被父母接受了，就会对说话产生自信。

2. 多听少说，给孩子以说话权

对孩子的倾诉，父母不要急于判断，要怀着亲切、平和、耐心地心态去倾听他的内心想法。父母与孩子沟通不良的一个主要原因，就是由于父母过于主观，没能静下心来去倾听孩子的真实想法。父母应以宽容、鼓励的心态来倾听，让孩子感觉到父母对自己的平等与尊重。其间，不要经常指责、埋怨孩子，随意打断孩子的话语，从而使孩子关闭心灵之窗，不愿与父母交流。

3. 站在孩子的角度去理解孩子的内心

父母应站在孩子的角度，理解孩子的思维方式，引导他们正确地区分和表达。孩子的内心是纯洁无瑕的，他们也正以自己的方式体验成长。对此，父母应理解，而不要给他们当头棒喝，不要急着去责备。父母学着用孩子的思维方式去思考问题，才能走进孩子的心灵。

允许孩子提出不同的意见

父母课堂

作为父母，对孩子的意见多给予倾听，而不只是批评和压制。只有仔细聆听，才能给孩子正确的引导和鼓励，才能让孩子在以后的成长道路上发挥出他独特的优势。

宁宁的妈妈是个很开明的母亲。她对孩子具有宽容的心态，洒脱的教育，很少对孩子说"不准""不要"之类的词语。她尊重孩子的个性，欣赏孩子的"淘气"，鼓励孩子说出不同的意见。

宁宁小时候，她经常给宁宁出一些启发性的思考题："一棵树上站着三只小鸟，一个顽皮的孩子用弓打掉了一只，试问树上还有几只小鸟？"宁宁回答："三减一等于二，树上应该还有两只。"爸爸在旁边笑起来，说："宁宁，你再好好想想。"但宁宁却执着地说："就是两只嘛。"于是妈妈启发他说："宁宁有主见，敢于坚持自己的主张，是好样的。但是，你想一想，打掉的虽然只有一只，但弹弓一响，其他两只会不会被吓跑？所以，树上应该一只鸟也没有了。"

在这样的教育环境下，宁宁果然成长为一个十分优秀的少年。他在课堂上，从不只会照本宣科，敢于表达自己的意见和想法。课下与同学们讨论的时候，也充分发挥主观能动性，竭力争取自己的意见与思路。这与宁宁妈妈的教育分不开的。

父母应该鼓励孩子大胆提出自己看法以及不同的意见，给他们创造一个宽松的成长环境。培养孩子的求异思维、发散思维和逆向思维，鼓励孩子与众不同、标新立异、突发奇想。这样才能使孩子没有被压抑，敢于张扬自我。这样的孩子，在遇到挫折时，才能够平心静气地坦然接受失败和错误，并将其转化为成功的基石。这一切即将为孩子打造一个健康的心态，使他们成为一个"抬起头来走路"自尊、自信的人。

然而，在现实生活中，大多数父母和老师都喜欢听话的孩子，那些爱提出不同于别人意见的孩子往往不受欢迎。其实，这样的孩子才是最应该受到鼓励和赞扬的。因为他能不为多数人的意见所左右，有自己的主见；他能不怕被人耻笑，敢于坚持自己的主张。发现"万有引力"的牛顿少年时代很少和同龄的孩子一起玩耍，他爱独立摸索研究事物，在学校里他曾被讥嘲为"乡巴佬"。发明"相对论"的爱因斯坦的座右铭之一就是"从他人的意见中独立出来"。这两个科学家只所以出众，正是因为他们能独排众议。当然，这样做是不容易的。因为有时他们要顶住外界的冷嘲热讽和各种压力。现在的许多公司或企业里，一些年轻人之所以被选拔提升为经理，就是因为他们具有独特的见解，能开拓、推动公司业务的发展。

　　不过，事情尽管如此，大多数父母仍然喜欢自己的孩子在家听话，在外不标新立异。当自己的孩子和同学的意见不合时，他们就担心"这样自己的孩子会受大家的讨厌"。这实际上就是强迫孩子顺从大家的意见，十分不利于孩子的自我发展。

　　那些开明的父母对此就有不同的看法。他们轻视受他人意见左右的人，他们赞许孩子有不同的意见，他们喜欢孩子相互讨论和辩论，希望借此磨炼孩子的处事能力。因此，在孩子反对父母的意见时，他们不会轻易责备孩子不听话，即使孩子的意见是错误的，也会耐心地说明、解释。因为他们相信，在这样的环境下成长起来的孩子，才会有主见、创造性。

　　在大多数人的传统观念中，还保留了很多封建意识的残余。其中之一就是喜欢儿女听话，百依百顺，容不得儿女的反对意见，更容不得儿女的反驳。但现在时代已经变了，再要求儿女们百依百顺是很难做到的，而且也不正确。儿女们有时的反对或者有不同的意见并不一定就是什么了不起的错误，更不是对大人的不尊和不敬。因此，新时代的父母们应该允许并且鼓励孩子，大声说出自己的不同意见。

　　对此，很多父母都需要改变一下自己的观念，不要以为孩子越听话越好。那些敢于质疑、敢于提出自己意见的孩子虽然往往被家长和父母冠上"调皮"的头衔，但其实这些孩子是聪明、富于想象力和创造性的。他们敢于打破常规，敢于不走寻常路；他们思维活跃，有自己的想法；他们意志坚强，敢于冒险。对于这样的孩子，只要家长和老师善于引导，他们往往会成为将来十分有出息的人。

洗耳恭听孩子的大胆质疑

父母课堂

作为父母，应当端正自己的知识观，并帮助孩子树立开放的知识观，同时为孩子创设民主平等的氛围，鼓励孩子大胆质疑，洗耳恭听。

亚里士多德说："思维自疑问和惊奇开始。"的确，质疑是思维的导火线，是激发孩子求知欲的内驱力，它能使孩子的求知欲由潜在状态转入活跃状态。

而现实生活中，我们所遵循的教育传统往往却忽略了这一重要过程。我们看到更多的现象是，在学校，学生不敢质疑，懒得质疑，更不会提出各种各样的问题。这一现象形成的原因是多方面的，但是与我们传统的知识观有着直接的关系。传统教学把知识看成是稳定的、客观的和普遍性的。因此，在师生的眼里，教材上所写的东西理所当然地都有着不可质疑的正确性；在父母心中，他们固守的经验和教条也都有着不可动摇地威严性。于是，在教学中，老师只是准确无误地把课本上的知识传递给学生，学生的学习就是理解、接受和掌握知识；在生活中，父母凭借着自己的经验，为孩子妥善地安排着一切，孩子只是一味地接受、服从。这也就是为什么大多数的孩子很少提问的原因。

一堂语文课上，老师大声朗读道："松鼠眨眨眼睛，想起来了，如果光摘松果，不栽松树，总有一天，一棵松树也没有了！"教师的预想是要引导学生通过这句话体会出小松鼠植树造林、保护环境的意识。可这时，一个学生举起手来，说："老师，我觉得这课文写的有问题。"老师没有打消孩子的积极性而是亲切地说："是吗？你说说。"孩子说："老师，小松鼠摘了松果吃，明年松树上还会长出新的松果，这跟栽松树有什么关系呀？而且怎么会有一天，一棵松树也没有呢，他们又没有砍松树。"孩子的话如一石激起千层浪，同学们纷纷议论起来，坐在后面听课的家长似乎也有一种"顿悟"的感觉。

对于老师来说，这篇课文也许已经看过好多遍，可是自己从来没有考虑过这个问题，仔细想来，学生的质疑并没有错，摘松果和栽松树之间也根本不存在必然的关系。因为成人已经习惯了认为教科书上的内容是正确的，所以才从不思考和质疑。而刚刚走进校门的学生，他们的头脑中没有这样的条条框框，只要自己觉得有问题就提出来，这思考与质疑的意识远比他们学会一个生字，解答一道考题珍贵得多。

有人说"知识始终有待于再考察、再检验、再证实。"如果每个父母也能从孩子身上认识到这一点，从而为学生创设一种民主、平等、自由、宽松的氛围，鼓励学生发现、鼓励学生质疑。学生就能够采取批判性、反思性和探究性的方式进行思考，这种思考才会从根本上促进学生的发展，这也是一个人创新精神的源泉。

喜欢质疑，不相信唯一正确的解释，敢于挑战权威是创造者重要的人格特征。陶行知先生认为，孩子获得了言论自由，特别是得到问的自由，才充分发挥他的创造力，优化课堂教学，激活学生的主体意识，鼓励学生质疑问难，学生对知识的接受只能靠他的生活经验和信念作为背景，分析知识的合理性，教师不能把预先决定了的东西强加于学生，不能用科学家、教师、课本的权威来压服学生。

这一观念，对于家长来说，也普遍适用。孩子不懂就问，家长洗耳恭听，这正是培养一个创新性人才的关键。知大疑则大进，知小疑则小进，不知疑则不进，质疑的能力是学生自主学习的动力。孩子从出生开始就对这个世界充满了好奇，当他们开始去向你问问题的时候，说明孩子已经开始用自己的眼睛观察这个世界，在用自己的大脑思考问题了。这时，家长千万不能打消孩子的积极性，应该耐心去听孩子的质疑，并帮助孩子找到答案。从小在不断提问，不断摸索答案的环境下成长起来的孩子才会具备难得的质疑精神，才能走出一条创意之路。

父母应该注重鼓励孩子质疑的精神，不要为了防止孩子因为好奇心而犯一些愚蠢的错误，就对孩子采取灌输、压制的教育方针。每个孩子都渴望被尊重和赏识，父母应该抱着一种赏识、尊重的态度，去倾听他们扑朔迷离的真实想法，去察觉他们叛逆的背后，隐藏着的真正价值，去激发他们不断进取的内在动力。

带着兴趣倾听孩子的见解

父母课堂

聪明的父母在孩子面前，不会做一个高明的演说家，而是做一个忠实的倾听者。对于孩子提出的见解，父母应表现出浓厚的兴趣。

有的孩子善于思考，对于问题，总能有他自己独到的见解，而且懂得如何在实践中进行体验。对于这样的孩子，父母不但不要阻止孩子说他千奇百怪的见解，还应当表现出一种倾听的兴趣和姿态。

俗话说："眉头一皱，计上心来；灵机一动，难题解开。"意思就是说，如果一个人会思考，那么做事、学习就都容易获得成功。

孩子在很小的时候，就会对很多东西产生好奇感。事实上，好奇可以引人去探究，启发人的思考。当孩子问父母一些稀奇古怪的问题，或者说出自己一些违背常理的见解时，父母不要呵斥，而要给予理解，同时还要创造条件激发孩子的好奇心，促进思维力的发展。

在这方面，父母应当改变一下教育孩子的观念。很多家长不给孩子说出自己见解和想法的机会，只是一味地要求孩子走他们期望的道路，认为服从并努力达到父母要求的孩子才是好孩子，其实不然。

在美国，一个华人家庭里有两个儿子。老大从小本分老实，但天资平平，学习成绩一般，家长投资培养其才艺也不见气色。而小儿子却聪明过人，灵气十足，不仅在校成绩一贯优秀，才艺方面也颇具天赋，音乐、下棋、美术等，学什么就会什么。

可想而知，小儿子为父母争了光彩，也是亲友们夸奖羡慕的对象。家长便放弃了不争气的大儿子，投资时间金钱来重点栽培小儿子。为他选送好学校，课外也花重金带他到处拜师学艺。

小儿子还算听话，直到高中毕业一直都是各方面出色的好学生，又进入了人人向往的哈佛大学，家长更为之自豪无比。然而，从哈佛毕业之后，他却什么事都不想做了。他告诉父母："我已向你们交了差，你们有了个哈佛毕业的儿子，够有面子了。但我从小就在压力下生活，如今已经筋疲力尽，该是我放松一下，按自己的方式生活的时候了！"于是，这个哈佛学生多年无所事事，四处闲荡。

而那个不起眼的老大，家长以往没有为他施加过多压力，反而使他有空间时间参与轻松多元的课外活动。在他的成长过程中，也许是父母已经放弃了对他的培养，他总能够按照自己的见解和想法发展，父母多数情况下也都能听取他自己的见解，让孩子自由发展。于是，他有机会当了多年军，在主流少儿组织中接触更广泛的项目，获得综合知识技能，找到自己喜爱和擅长的领域，培养了自信自立自强的精神，懂得了要靠自己努力取得成绩。他读的虽是极普通的州立大学，却有机会展示和锻炼领袖能力。大学毕业后他不好高骛远，而是勤恳工作，从普通岗位做起，表现非常出色，在经过大公司的锻炼后，选择了自己创业，如今领导着一家员工上千人的跨国公司。

当父母成为一个非常好的倾听者之时，成为一个高明的说话者之时，此时，父母会发现，自己也已经成为了孩子心目中最好的朋友和老师，这个地位是任何人都无法取代的。父母对孩子表现出来的倾听兴趣，会让孩子学会以平等和尊重的姿态与他人建立关系，并会使他们认识到自己的价值以及学会独立思考。

父母表现出倾听的姿态，其实很简单。当父母想要表现出有兴趣的姿态时，兴趣就会自然而然地产生出来。如果父母总阴沉着脸，一言不发，表现出一副漫不经心的样子，就会令孩子十分失望，也便从此丧失了发表见解的兴趣。慢慢地，他就会养成对什么事情也不关心，只知道傻傻地听从父母的安排和教导的习惯。

好奇心是思维的前奏、成功的先导。对于孩子的见解，父母要有正确的态度。

首先，父母对孩子的提问要表示赞许，及时正确地回答他们的问题。父母对孩子的提问反应积极，可以使孩子的好奇心、求知欲得到满足，促使他们更爱提问题，对什么都感兴趣，这对启发思维有积极作用。高尔基曾经说过："对于孩子的问题，如果只回答说：'等着吧，长大了就会懂。'这等于打消了孩子的求知欲望。"

其次，父母在回答孩子问题时，要有启发性。要引导孩子注意事物之间的联系，鼓励孩子用自己已有的知识经验，进行思考找出答案。对一些提的问题古怪、钻了牛角尖的孩子，父母应该引导，而不要随便说"不知道"或"说了你也不懂"之类的话，只要引导得当就可以保护孩子的好奇心，又不使孩子胡思乱想。

最后，父母要认真倾听孩子的见解，并适时做出一些回应。这小小的举动会成为孩子勇敢讲下去的强大动力。父母甚至可以采取一些反问的方式来引导孩子的思路。"你说呢？"等这样的反问，会将孩子推到主角的位置，让孩子从他自己的角度重新思考问题，扩展他们的思考世界，使他们的头脑得到训练。

倾听孩子说话有技巧

父母课堂

> 许多父母以为，好孩子的标准就是一切听大人命令，按大人意图办事，说白了就是听话的孩子才是好孩子。因此，这些父母对孩子的教育模式便是不停地说，孩子看似一直在听，但其实并不走心。其实，正确的沟通方式，是用技巧倾听孩子说话。

"我的儿子怎么这么不听话？""我女儿好像从不和我说真话，我有什么办法？""不管我跟他说多少遍，孩子就是不照做。"……父母对孩子的抱怨越来越多。其实，让子女愿意主动和父母说话，才是亲子间沟通的良好状态，这需要父母掌握倾听孩子说话的技巧。

1. 将手头的工作和自己的思维停下来

任何人都不可能一边演算习题一边看电视，也不可能在与人聊天的同时写一份重要的文件，那么听孩子说话也是同样的道理。在这里"停下来"有两方面的含义。

第一个含义：最好停下手头分散你注意力的事情，全神贯注听孩子说话。

这本身是尊重孩子，同时也能为父母与孩子的沟通准备一个良好的环境。有些父母一边做着自己的事，一边有一句没一句地与孩子说话，因为心思不集中，交流自然很难畅通，甚至可能会造成某种误解，伤害孩子的感情，而父母自己也容易疲倦和烦躁。

父母应该坐下来，用眼睛注视着孩子，微笑着静静听孩子倾诉；父母作为倾听者给予孩子的关注、尊重和时间，是对孩子最有效的帮助。

第二个含义是：在心理上停下来。

有些父母听孩子说话前，存在一种心理定势：孩子说功课难，肯定是他不用心；孩子抱怨老师，那一定是在学校里犯了什么错……在这种心理定势的驱使下，父母与孩子的沟通效果是可想而知的。所以，父母在与孩子交流之前，把手头工作停下来的同时更要把自己心理上的种种成见、偏见抛开。

在父母从生理和心理上停下来的这一刻，父母的心里应该是变成一张白纸，对孩子所说的东西不妨全盘接受，而不是急着用自己的想法加以评判和批驳。用大人自己的想法去评判孩子是一件愚蠢的事，因为孩子最令人惊异也最让人羡慕的地方就是他们是年轻的，他们的头脑总是充满着新鲜的想法、观念和情感。因此，聪明的父母是仔细分辨孩子提出的意见和见解，而不是把他们全部抛开。

2. 等孩子把话说完

孩子毕竟只是孩子，有的时候他说出口的话并不真是他真正所想的，而只是一种情绪的发泄，所谓"口不择言"。这个时候，父母凭着孩子的一两句话是很难得出正确判断的。也有些时候，孩子说出口的话因为没有经过逻辑组织，在父母听起来可能有些莫名其妙、不知所云。

这个时候父母要千万不能急躁。不要听了孩子一两句的不满或抱怨，就大叫："什么，你舒舒服服呆着，爸妈挣钱养活你，你还过不下去了？"也不要指责孩子说话的方式："你究竟要说什么呀？要说就好好说，别有一句没一句的！"这样的批评足以让孩子在以后很长一段时间甚至永远失去自信。

这期间，父母可以什么也不用做，只需用关切的目光注视着孩子，等着他接着说下去。或者，父母可以在语言上采取更主动一点的方式等孩子把话说完。比如，父母可以重述并延伸孩子刚才说过的话，然后仔细揣测孩子的情感。父母这时的声音或语言，表达了对孩子所说内容的一种兴趣，让孩子产生认同感。这便足以鼓励孩子把话说下去。

3. 让孩子自己提出建议和指导

有些时候，父母听孩子诉说了事情经过和他的想法，事情也就完了。但有时，为了解决问题，或者为了让孩子"总结经验教训"，父母还需要再加一笔。这一笔加得到位，那就是画龙点睛；若加错了，那就是画蛇添足。

当孩子讲完自己的问题时，父母要尽量少用自己的话给孩子提出指导和意见，最好的办法是引导孩子自己进行分析和判断，依然做一个倾听者。父母说得再多，孩子未必听得进去；但经过他自己思考得出的结论，则会真正成为他自己的经验。

孩子："妈妈，我想调到其他班！"

妈妈："哦？"（虽然很吃惊，但是并没有多说什么）

孩子："我今天被叫到老师办公室去了。"

妈妈："哦！"

孩子："是的。我们新来的刘老师太啰唆。"

妈妈："太啰唆？"

孩子："我简直受不了他。他站在那里一直在说自己的事，还指望我们感兴趣。要多没意思有多没意思。"

孩子："上这样的课难免不做小动作，你说对不对？所以他在讲课时我和小英一直在说。真难以想象世界上竟有这么差劲的老师。"

妈妈：（沉默）

孩子："好的老师我就学得好，但是像刘老师这样的老师，我就什么也不想学了。我真不明白学校里为什么会让这样糟糕的老师来上课？"

妈妈：（耸耸肩）

孩子："妈妈，你说我是不是应该调班呢？可是调班之后，我就得适应新的老师、新的同学、新的环境……我又不想了"

妈妈：的确是！

孩子："要不，我还是选择适应刘老师吧！还是不调班比较方便，因为不可能所有的老师都那么好，好老师总是少数的。再说我要不好好学习最后考不上大学，倒霉的还是我自己。"

这个例子中，父母对于孩子突然提出的"调班"的无理要求吓坏了，但父母并没有立即反驳，而是选择倾听，让孩子把话说完。接下来，孩子首先从承认自己受罚以至于发泄对老师不满的情绪，接着又很仔细地考虑了一下"调班"的后果，最后否定了自己提出的无理要求。在这个过程中，父母发现，孩子并没有因为父母的不反抗而变得更加猖狂，而是在父母的倾听下逐渐成熟起来。这就是父母善于倾听的效果。

对于孩子的要求，学会分辨着听

父母课堂

> 对于孩子很多的甚至不合理的要求，父母都应该鼓励孩子
> 通过恰当的方式去争取，去达到自己的正确的目的。这才
> 是理智的父母应该做的。

"要星星不敢给月亮"，这句话经常被用来形容家长对孩子的要求不打折扣地兑现。但教育专家建议：满足孩子正当的需要，抑制不合理的要求。对于孩子提出的意见和要求，大人们要善于倾听，正当的需要，就给予适当的满足，反之，就应当和蔼地拒绝，坚决抑制，千万不要打着"爱孩子"的旗号盲目满足他们的无理要求。

现在的孩子应该说是幸福的，因为他们不但"资产"不菲——富足的压岁钱外加零用钱，一般情况下，只要他提出要求，家里的老人，甚至是包括他的爸爸妈妈都会尽可能地满足他。这种毫无节制地满足孩子要求的现象，在当今的家庭，可以说是司空见惯的一种情况。

其实，这种情况的形成是有很多原因的。现在隔代抚养现象逐渐普遍，对于老人来说，含饴弄孙是晚年幸福生活重要的一部分，疼爱孙辈的心，对他们来说是怎么做都不为过的，更何况，在他们年轻时，或因物质条件欠缺，或因经济条件所限，或因工作繁忙无暇全身心照顾孩子等诸多原因，导致子女在成长过程中物质生活相对贫乏，留下了这样那样诸多无法挽回的缺憾。所以，许多老人在对待孙辈的时候，就会想，当年孩子的父母没有享受

到的，一定要在孩子身上多加弥补。因此，对孩子溺爱娇惯，言听计从，百依百顺，在他们看来是理所当然的事。

而孩子的父母大多忙于自己的事业，无法把更多的时间和精力放在孩子身上，于是就尽量满足孩子提出的各种要求，以这种方式来对孩子补偿，减轻因自己对孩子缺乏照顾而对孩子造成的愧疚心理。也有的是因为小时候生活贫困自身吃了很多苦，因而在自己有了孩子后，就想方设法最大限度满足孩子的所有要求。

小栋的妈妈幼时家境贫寒，生活得很艰辛。现在生活条件好了，她认为不能再苦孩子了，所以对孩子关爱有加。平时小栋要什么，妈妈就会给他买什么，要多少零花钱就给他多少。上中学后，小栋胡乱花钱的不良习惯变本加厉，受不了学校的束缚。妈妈意识到该严格管教孩子了，于是开始控制他的零花钱，但是一向自由惯了的小栋根本控制不了，竟然偷拿了妈妈的 1000 元钱。

在现实社会中，像小栋一样的孩子有很多。一些父母认为自己所受过的苦，不该在孩子身上重演，努力为孩子创造富足宽裕的生活环境。父母的初衷是可以理解的，可这不是爱，是对孩子的一种伤害。因为孩子会在父母无限制地满足自己的过程中，偏离健康成长的轨道。

孩子在成长中有各种各样的需求，有物质上的，也有精神上的。孩子得不到想要的东西，对孩子的成长不利；孩子无条件地得到了自己想要的东西，对孩子的成长也不利。父母无条件听从孩子的任何要求，这对孩子是一种迁就、溺爱、纵容，会助长孩子的物质欲望，容易使孩子养成任性、自私、缺乏同情心、没有责任感的不良品格，这是任何父母都不愿看到的。

当然，很多父母认为，如果慷慨能给孩子带来真正的欢乐，固然是件好事，毕竟父母童年时生活条件和现在相比，有着天壤之别。在物质匮乏的年代，每个人拥有的东西都很少，甚至很多时候根本就无法满足对物质最起码的要求。但是，在物质极大丰富的今天，并不是一味满足孩子的要求，就能让孩子获得幸福的。虽然许多孩子的要求在第一时间就得到满足，但一件新东西令他们开心的时间却并不长，反而想要更多新东西的烦恼倒是越来越多。长此以往，在父母的一再退让下，孩子的坏习惯越来越多也越来越严重，譬如：看起动画片来毫无节制，说话不算数、挑食、发脾气，求知欲下降等行为。

因为这种毫无节制满足孩子要求的行为本身，也间接剥夺了孩子的满足感，因为真正的满足是经过长久的渴望、一段时间的不懈努力后，那种终于获得的成就感。虽然孩子总能拥有很多同伴没有的东西，这会让他们产生无比的优越感，但是，这样的孩子长大后，一旦要求达不到，心灵便会很容易受到伤害。

最后，无节制满足孩子要求，终将会压抑孩子的自然发展，导致孩子缺乏克制心理和控制欲望的能力，使孩子的适应性和独立性逐步衰退，变成麻木不仁的依赖性和蛮不讲理的骄纵性，严重妨碍孩子正常才智的发挥，削弱孩子自身发展过程中必要的责任感和成就感，从而成为教育的阻碍。

因此，在家庭教育中，父母要把握好孩子需要和给予之间的尺度，对于孩子的要求要会分辨着听，什么样的要求可以满足他，什么样的要求不可以满足他，凡事要为孩子今后的健康成长做仔细斟酌，长久打算。

要表现出极大的倾听兴趣

父母课堂

通常情况下，很多父母由于权威感作祟，导致孩子很难有机会表达自己的思想与情感。所以父母耐心倾听孩子说话，是增进亲子沟通的重要法宝。只有能够真正倾听孩子说话的父母，对孩子的话表示出极大的兴趣，孩子才会主动开口说话。

严格来说，家庭教育最重要是雕刻孩子心灵，如果父母希望从各个方面去培养自己的孩子，那么就必须从各个方面去了解自己的孩子。倾听就是了解孩子的一种最直接和有效的方法。因此，学会倾听应该成为父母的一种责任。

能成为孩子良师益友的父母，才能成为一个称职的父母，良师要有耐心倾听孩子，提出自己的意见及要求，要有耐心倾听孩子与众不同的构想；益友要有耐心倾听孩子的心声，抒发孩子内心的情绪和感受。当然，倾听并不是默不作声地任由孩子说，而是要讲方法讲技巧，还要表现出父母的倾听兴趣。

作为父母要了解倾听的五种境界。这五种境界包含了任何一个人在倾听过程中的状态。

第一种境界是心不在焉。这也是最低层次上的倾听，这种境界上的倾听，可以认为根本没有倾听。

第二种境界是虚应故事。别人在讲话的时候，作为倾听者，一个劲地说"对对对"，当别人突然停下的时候，反问他："对什么对？哪里对了？"却答不上来。显然，倾听者根本没有做到认真倾听，只是在一个劲地虚伪迎合。

第三种倾听是专注地听。专注地听，也未必听得懂，由于说话者和倾听者未必有相同的背景知识、思维定位、价值方法……就拿同一个班上的学生来说的话，一个学生能考 100 分，未必其他学生全考 100 分。

第四种境界是设身处地地听。一个人能做到设身处地地听，已经是件很不容易的事了。因为倾听者要抛开自己已有的观念和思维方式，时刻从对方的角度出发，在倾听的同时，以对方的思维方式进行思考和理解。

第五种是境界是创造性地倾听。一个沟通的场合，诉说者要把他的想法传达给接受者，一般需要借助三种手段：第一个是词汇，它一般能完成传达任务的 7%；第二个是声音，它能够完成传达任务的 38%；第三个是面部表情和动作，它一般能完成传达任务的 55%。所以，沟通过程中，信息传递依靠地并不单纯只是的词汇。

所以，父母在听孩子讲话的时候，要学会观察他的表情，借助辅助手段，把孩子的意思理解透彻，然后用嘴准确复述出来，"对，就是这个意思"，当孩子对父母的理解表示肯定的时候，父母就完成了一次创造性地倾听。

为了表现出倾听兴趣，父母还要为倾听做好充分的准备。

加强和孩子的沟通，倾听孩子的心声，是为人父母最重要的事情。所以，当孩子想要和父母沟通，诉说一些事情的时候，父母应该将此事认为是当前最重要的事情，不管是正在看喜爱的电视节目还是正在和别人聊天，也不管是在做家务还是正在工作。

当孩子要对父母诉说什么的时候，父母应该立刻放下手中的事情，和孩子一起坐下来，全神贯注地听。这不仅是对孩子的尊重，也为亲子沟通构建了良好的情境。除此之外，父母不要制造沟通的"墙壁"，如用手捂着嘴巴、两手抱着胳膊，或翻看书……这些不起眼的举动，对孩子来说，都是影响他说话的障碍。因此，父母最好在亲子沟通中在给孩子极大的关注时，赋予孩子充足的时间。

当然，除了以上的工作，父母最应该注意的，还是要表现出极大的倾听兴趣。父母只有表现出极大的兴趣，孩子才会有兴致说出心里话。以下注意介绍三种方法。

1. 可以通过眼睛来传达倾听兴趣

在孩子说自己的事情时，父母应该睁着眼睛非常好奇地。有兴致地看着他，并且很自然地传递着你想听的愿望和愉悦心情。父母切忌东张西望，或目光游离。

2. 可以通过语言来表达倾听的兴趣

在倾听的过程中，父母可以用"太好了！""真的吗？""我想的跟你一样！""你的想法太好了，请继续说下去！"等话语来表示你的兴趣。

除此之外，父母对孩子所谈话题的兴趣，还可以通过参与谈话的方式来传达，这种方法更容易引导孩子。其实，父母也不能全停留在单纯地倾听孩子诉说了一些事情的经过和想法上，还应该帮助孩子解决事情中的问题。

3. 可以用表情传达倾听的兴趣

　　父母可以通过声调变化、身体姿态的调整和面部肌肉的运动，这三种表情的整合活动来实现信息传递和达到成功的亲子互动。如果孩子谈论一些令人惊奇的事情，父母应该不断表现出惊奇，让孩子感知到父母的兴趣；如果孩子谈一些伤心的事情时，父母也应该在内心体验到孩子的伤感，用面部表情表露出来；如果孩子谈论一些非常愉快的事情，父母应该开心地倾听孩子的诉说，并用眉开眼笑的表情传达自己的情绪……

要善于倾听孩子的话外之音

父母课堂

　　由于种种原因，孩子在与父母沟通时，都不会明显地显示出他们内心的真实想法和需求。很多时候，他们都在悄悄地说，并且希望父母能够竖起耳朵，听见自己的悄悄话。作为父母，要注意这种不太明显的信号，听懂孩子说话的话外之音。

　　孩子在说话时，很多父母以为孩子只是在单纯地说话，并没有听出孩子说话的话外之音。其实，只要父母仔细观察，就一定会发现孩子的一些微妙变化，弄清孩子没有明说的想法。所需要的技巧是了解孩子隐藏在内心的思想感情的微小、微妙的线索，如果你的注意不够灵敏，就应该试着努力去注意孩子反常的、细微的信号。比如，父母应该敏锐地注意到孩子的声调、面部表情、动作、姿势的变化的不同。孩子讲话时，除了注意他的非语言信息外，还要揣摩他所讲的字里行间的意思，想一想，孩子希望让自己明白什么。同时，父母还可以提出一些问题，尝试去识别或弄清楚孩子的说话动机或想表达的情绪。

当父母仔细聆听孩子没有说出来的思想感情和内心活动时，既要注意孩子一方的线索，同时也要加强自己对孩子的内部情感的直觉，而这种直觉的建立，是在充分了解孩子的基础之上形成的，最重要的途径，便是倾听孩子的说话，促使孩子进行表达。因为，倾听是了解孩子语言所表达信息的全部活动。另外，父母可以参考以下建议，去更真切地了解孩子的言外之意。

1. 鼓励孩子做一个完整表达

很多孩子比较敏感内向，很多时候，会因为害羞或尴尬而隐藏某些真实想法和要求。这时，父母为了把谈话持续下去，需要说一些鼓励性的言语，或者直接向孩子提出明确要求，告诉他不要顾及任何情感，只管大胆地说。

2. 留给孩子一点时间

孩子在成长道路上，会产生很多困惑和不解，他们需要父母站在自己的身旁，听听自己的诉说。当孩子经历着内心的失败、创伤或失望时，他们特别需要温情的安慰。当然，孩子同样需要与父母分享他们的好心情，就像他们需要向父母倾诉烦恼一样。因此，父母要刻意给孩子留出一些倾诉的时间，不要让孩子觉得父母只顾忙自己的事，无暇倾听自己的诉说。

3. 充分利用有限的体态语言

体态语言也是父母向孩子传达信息的一种重要的方式。许多父母仍然不知道怎样利用自己的行为体态向孩子表示"我在听""我感兴趣"等内容。有几种主要信号可以很好地传达这种信息：面向孩子，与孩子紧挨着坐，身体竖直或向孩子倾斜，眼睛互相接触，用慈爱的目光注视孩子……此外，为了表示自己正在感兴趣，此时的面部表情和声调都应是温和的。

4. 帮助孩子顺利表达

倾听是父母帮助孩子对自己内心活动深入理解的过程。在倾听的过程中，通过父母对孩子的叙述加以解释说明，可以帮助他们弄清楚自己所表示的意思。解释时，要多运用丰富的词汇，尽可能帮助孩子把自己想说的话，准确、清楚地表达出来。

5. 引导孩子准确反映情感

父母要使自己成为孩子感情的一面镜子，应该帮助孩子反映他们的感受，特别是有的孩子还不愿吐露自己的真性情。当父母认为孩子的表达是正常的、合理的，就更应该引导帮助孩子勇敢地表达。如果孩子的感情是消极的，父母也应该帮助孩子把自己的感情准确反映出来，然后再为孩子提出更有建设性的解决方法，从而消除孩子的负面情感。

6. 设身处地地为孩子着想

一个高明的倾听者，要懂得摆脱自己的思维模式和主观经验，应时刻设身处地地想孩子正经历着什么，有过这样经历的孩子会产生怎样的问题。这样，父母才能通过这种感知，巧妙地了解孩子的思维状况以及感情背景，有助于分辨孩子的真实想法。

父母课堂

知对错明是非

懂事的孩子惹人爱

文祺〇编著

应急管理出版社
·北京·

图书在版编目（CIP）数据

知对错明是非,懂事的孩子惹人爱/文祺编著. --北
京：应急管理出版社，2019（2020.7 重印）
（父母课堂）
ISBN 978 - 7 - 5020 - 7739 - 6

Ⅰ.①知… Ⅱ.①文… Ⅲ.①家庭教育 Ⅳ.①G78

中国版本图书馆 CIP 数据核字(2019)第 252527 号

知对错明是非　懂事的孩子惹人爱（父母课堂）

编　　著	文　祺
责任编辑	高红勤
封面设计	小红帆童书

出版发行　应急管理出版社（北京市朝阳区芍药居 35 号　100029）
电　　话　010 - 84657898（总编室）　010 - 84657880（读者服务部）
网　　址　www. cciph. com. cn
印　　刷　山东大族文化传媒有限公司
经　　销　全国新华书店

开　　本　880mm×1230mm$^1/_{32}$　印张　40　字数　960 千字
版　　次　2020 年 1 月第 1 版　2020 年 7 月第 2 次印刷
社内编号　20192856　　　　　　定价　128.00 元（全八册）

　　我们知道，未来的社会是一个竞争更为激烈的社会，一个人如果没有足够的能力，就会被社会所淘汰。父母都希望孩子可以拥有更多的能力，这样孩子才能够立足于未来的社会。然而，很多父母在为孩子做各种准备的同时，却在无意中忽略了孩子的一些能力与一些美德的培养，如自立能力和感恩情怀等。

　　有的孩子已经五六岁了，却还要爸爸妈妈喂着吃饭；有的孩子已经上中学了，还得让父母帮着穿衣；有的孩子遇到问题只会找父母解决，根本没想到过自己解决问题；有的孩子犯了错就会找父母帮忙，根本没有想过要自己负责；只是下了一点小雨，有的孩子就会吵闹着让父母去接……孩子为什么会有这些依赖行为？究其原因，大多都是父母在无意中造成的。很多孩子不能够自立，不是因为孩子不想自立，而是因为父母的行为，或者说是因为父母的"爱"，孩子才会变得那么依赖别人。因此，父母要想让孩子学会自立，首先要从自己身上找原因。

　　"感恩"在词典里的解释是感谢别人给予的恩惠。当然，这只是一种泛泛的解释。感恩不是亏欠，不是老觉得欠别人什么。感恩是一种情怀，是所有美德的基础。很多现象和调查表明，多数的孩子记不住父母的生日，对来自父母的恩惠视为理所当然，攀比心理强，不懂得珍惜来之不易的幸福生活……现在的孩子普遍缺乏感恩情怀，这是父母们面临的一个迫在眉睫的教育问题。

　　无论是孩子不自立也好，还是孩子不懂得感恩也好，这都是孩子不懂事的表现。可以说，教育出一个懂事的孩子是家庭教育的重中之重。

　　父母们都深有体会：生一个孩子很难，养一个孩子更难，教出一个懂事的孩子难上加难。其实，要想让孩子有坚强、自信、乐观、快乐。感恩等优秀的品质，懂得与人和谐相处，能够明事理，懂是非，有健康的心理。父母先要读懂孩子的心。

本书分别从孩子懂事父母放心、培养孩子优秀的品质、教孩子学会与人交往、让孩子快乐起来、正确对待孩子的无理行为、关注孩子的心理健康等方面入手，为父母们讲解了孩子不懂事的原因，重点就怎样培养一个懂事的孩子提出了很多有效的方法，让父母们有章可循。

孩子懂事，是孩子的幸运，也是家庭教育最大的成功。孩子懂事，才会孝敬父母，尊敬他人；才会爱国爱家，遵纪守法；才会勤奋好学，聪明伶俐；才会宽容待人，谦卑有礼；才会心地善良，懂得分享；才会拥有朋友，懂得合作；才会拥有快乐，珍惜幸福；才会积极进取，获得成功。孩子懂事，父母安心。孩子越懂事，父母越省心。

目录
CONTENTS

第 *1* 章　知对错明是非，孩子懂事父母放心

孩子知对错明是非，就不会走错路，就会通情达理，这样孩子是懂事的孩子，是让父母放心的孩子。孩子知对错明是非，才会拥有正确、光明的未来。

第 *2* 章　培养孩子的优秀品质，孩子才会懂事

一个孩子要想变得优秀，就必须要有爱心、自信、勤奋、独立等优秀的品质，这些品质是相互联系、相互促进的。作为父母，应该从多方面培养孩子的优秀品质，这样才能让孩子变得懂事，才能帮助孩子创造一个美好的未来。

第3章 提高孩子的交际能力，孩子才会懂事

成功学家指出，人的交际能力决定着70%的成功。孩子虽小，但父母决不可忽视对其交际能力的培养。对于孩子来讲，他的交际面其实并不比成人少，教给孩子一些必要的交际常识是极其有必要的。会说话、懂得与人相处、懂文明、讲礼貌的孩子，才是一个懂事的好孩子。

第4章 给孩子一个快乐的童年，孩子才会懂事

孩子的童年应该是快乐的。作为父母，应该为孩子创造一个快乐的童年。快乐的孩子大都心胸宽广，乐于助人，人际关系比较好，比较懂事。这对于孩子的将来大有益处。

第5章 纠正孩子的无理行为，孩子才会懂事

　　孩子不听话怎么办？孩子无理取闹怎么办？孩子耍脾气怎么办？……有些问题的确让父母们感到头疼，甚至觉得孩子真不懂事。其实，孩子之所以闹情绪，之所以无理取闹，是有原因的。作为父母，切不可打骂孩子，要弄清楚原因，对症下药，这样不但能解决孩子的无理行为，还能让孩子变得越来越懂事。

第6章 培养孩子的健康心理，孩子才会懂事

　　教育专家指出，孩子的心理问题并不比我们成人少。孩子由于心智不成熟，所以会存在着各种心理问题，如果不及时予以纠正，将会不同程度地影响到孩子的成长与发展。所以，关注孩子的心理健康，培养孩子的健康心理，是父母的一项重要的任务。心理健康的孩子，才是一个懂事的好孩子。

第 1 章

知对错明是非，孩子懂事
父母放心

　　孩子知对错明是非，就不会走错路，就会通情达理，这样的孩子是懂事的孩子，是让父母放心的孩子。孩子知对错明是非，才会拥有正确、光明的未来。

教孩子学会自我保护

父母课堂

> 很多孩子平时说起来头头是道，但做起来却往往是一塌糊涂。他们的识别能力还很差，自我保护意识也不强，不让他们尽快养成自我保护的意识和学会自我保护的技巧是不行的。

中午，在学校门口附近吃完午饭，娟子和几个小伙伴在附近玩。

突然过来一名陌生的中年男子。男子推着一辆半旧的自行车，直接走到娟子近前，笑着说："小朋友，我是你妈妈的好友，这是你妈妈让我给你带的零食。"

说完，男子举起手里装零食的塑料袋，让娟子到对面的胡同去。

娟子早上没听爸爸妈妈说有朋友来接自己，而且妈妈平时也告诫自己："不要轻易相信陌生人的话，不要吃陌生人的东西。"

娟子动了动脑筋，说："我不认识你，你知道我妈妈叫什么名字吗？我叫什么名字吗？"男子没接话茬，只是说："我认识你妈妈，等到胡同你就知道了。"

娟子想了想说："小伙伴叫我呢，你等我一下。"说完，就跟几个伙伴跑回学校了。等她跑了很远再回头看时，陌生男子已不见了。

人们在未受外界犯罪分子侵害，没有面临生与死的威胁时，似乎感受不到生命与保护生命的重要性。而当你真正遇到危险，意识到需要自我保护的时候，往往已经来不及了。所以，培养孩子从小学会自我保护是非常必要的。

陌生人敲门开不开？如果你问一问，学生们都会说："决不开门！"但在实际生活中，这些孩子又是怎样的呢？有位老师随访了 3 个小学生，结果是敲一家，开一家。

生活是美好的，但生活中也处处存在着危险。研究人员有项调查发现，60% 的事故是发生在家里，或者在家的周围。家是人过日子、放松的地方，往往更容易出问题。

父母不仅应有自我保护及保护孩子的意识，更应教给孩子一些自我保护的常识。以下是一些教孩子自我保护的常识和建议：

1. 学会识别诱惑

平时，父母应告诉孩子，对于陌生人问路或请求协助寻找丢失的宠物之类的事，应保持警惕，因为这是犯罪分子诱拐儿童的两种普遍的策略。如，有的罪犯装作认识你，叫出你的名字；有的罪犯自称是消防人员，编造你家房子着火的紧急情况等。父母应告诉孩子，任何人甚至是警察和消防员，在未得到孩子监护人允许的情况下，都不能将他们带走。

2. 坏人不全是陌生人

父母经常叮嘱孩子"不要跟陌生人说话"。而事实上，伤害孩子的坏人不一定都是陌生人。有些戴着伪善面具的熟人也可能是坏人。所以，父母一定要帮助孩子"过滤"交往的对象，并教孩子注意识别。

3. 要学会大声呼救

孩子身单力薄很难打败罪犯，但是孩子却能做许多吸引周围人注意力的事情，比如大声呼喊："救命！他不是我的爷爷！"骑自行车的儿童可以利用自行车为掩护物，让罪犯难以将自己劫持走，同时大声呼救。这样会引起围观者的注意和警惕，争取到救助。

4. 要勇敢地说："不！"

每位父母都想培养一个有教养的孩子，但也应让孩子知道，什么时候可以打破常规。比如，有人威逼孩子做危险的事时，要勇敢地说"不！"

5. 让孩子尽情倾诉

在日常生活中，父母与孩子要经常交流。如果孩子对某人有所不满，父母不要简单地说，"不许说某人坏话"，而要和孩子一起分析，这样孩子才能畅所欲言。一旦他遇到不如意的事，或有人骚扰了他，孩子能够向他信赖的人尽情倾诉。孩子知道有人时刻在关心着他，就能减轻心理压力、减轻心理伤害，并能及时让坏人得到应有的惩治。

6. 明确身体不可被触摸的地方

孩子到了四五岁，父母就应向孩子说明泳衣遮盖的部位是个人隐私区，任何人都无权接触。即使是医生做检查，也应要求监护人在场监督，这是儿童的正当权利。

7. 路上小心

告诉孩子，上学放学、外出办事尽量走大路，少走僻静小路。若必须走僻静小路，最好结伴而行。如遇坏人打劫，尽快避开，跑向人多的地方，同时大声呼救。

8. 教育孩子严格遵守交通规则

不逆行，不抢行，不闯红灯，不骑快车，不与同学比赛，不拉手搭肩，经常检查车闸灵不灵，不骑车带人。要以实际事例说明不遵守交通规则的危害。

9. 教育孩子在体育活动中注意安全

要按老师要求，做好准备活动，进行体育运动，一定要有人保护，不能单独做有危险的动作。掷铅球、手榴弹躲开危险区域。游泳时量力而行，不要逞强，学会游泳再进深水。跳水要有人指导，不能盲目。

10. 教育孩子在劳动中注意安全

有些劳动中使用的工具，最易出事故。教育孩子听清指导者的说明，按操作要领干活儿，不可蛮干。有些化学制品会有毒性，不能乱动。许多劳动现场，安全要求十分严格，必须听从指挥，按要求去做。

11. 教孩子应付紧急情况

教育孩子如在外发现火灾、有人溺水等要大声喊人。不要自己去救火，不会游泳，不会救护，千万不能下水救人。

12. 教孩子学会求助

遇到麻烦找警察，是最基本的常识，但仅此还不够。假如警察不在附近，孩子就不会求助任何人。还应让孩子知道，公园、商场、电影院等地方的工作人员都可以求助，多一个机遇就多了一份生存的希望。

……

在日常生活中，人们不免会遇到一些紧急情况，当遇到危险时，及时正确地报警是首要环节，一旦报警出现失误，不仅会使公安机关失去战机，而且还会使受害者受到更大的损失。因此作为父母不但应该熟练掌握常用的报警、急救方法，还应该教会孩子正确使用这些方法和注意事项。这样才能保证孩子在遇到危险情况时实施自我保护，及时脱险。

父母要让孩子学会付出

父母课堂

> 在生活中，父母应以身作则教孩子付出他的爱，多鼓励孩子的良好行为，比如帮助别人、礼让等；多淡化孩子的不良行为，比如抢占别人的玩具、独享等。时间长了，孩子自然就学会付出了。

曾有一个组织发过一项问卷调查，向孩子提出"在你的印象里，爸爸妈妈有没有生过病？生病时你有照顾过他们吗？"面对这个问题，某小学三年级一个班 30 个学生中竟然有近 1/3 的人这样回答："爸爸妈妈从来没有生过病！"另外还有不少人干脆回答"不知道"。调查的结果令人心寒。

可以说，父母对孩子的付出从未停止过。即便如此，很多父母还唯恐为孩子做得不够多，想得不够细。所以，很多时候，哪怕再苦再累，也要想办法满足孩子的要求。也许父母爱孩子是一种天性，不用学习便人人都会，但父母也要意识到，我们也应该像教孩子学习一样，认真地教孩子学会去爱，学会去付出。

1. 给孩子做好表率

"其身正，不令而行。"父母要以身作则，从自身做起，对上一代的付出表达感激之情，给孩子做好示范。爱有许多表达方式，离父母近的多回家看看，多帮父母干点活儿；家远的多和父母通通电话，节假日尽量留给父母……自己尽心去做，尽力而为。有一些小事，我们不经意间做了，却会对孩子产生影响。正如一则电视广告，妈妈给奶奶洗脚，孩子也就给妈妈洗脚。反之，如果做父母的自己都不知道付出，让孩子对自己付出就显得很难了。

2. 不要拒绝孩子的爱

经常有父母在孩子关心他们的时候会拒绝，甚至训斥，伤了孩子的心，打消了孩子付出爱心的积极性。比如，孩子要帮父母做事时，有不少父母常会说："用不着你，你把学习搞好了就行。"甚至会不耐烦地说："去去去，别捣乱，一边儿待着去！"有的孩子送给父母精心制作或买来的礼物时，有许多父母或不当一回事笑话孩子，或斥责孩子没把心放到正地方，并警告孩子下不为例。久而久之，孩子就不愿再付出关心，因为他们觉得父母不需要。

3. 对孩子要有所求

父母为孩子做的一切似乎都出于本能，不对孩子说为什么要这样做，也不要求孩子的回报。殊不知，在这种环境下长大的孩子只会心安理得地接受，而不懂得付出。一旦父母"服务"不到位，甚至会遭到孩子的抱怨，因为他们已经把父母的付出当成了习惯，同时也使他们失去自己动手、为他人着想的习惯和本能。

所以，父母适当地提醒孩子来关心自己，偶尔向孩子寻求帮助是很有必要的。这可以让孩子在关爱别人的同时品味到付出的快乐。孩子只想着自己而忽略父母的时候，父母可以表现出生气的样子。让孩子知道不关心父母，父母也会不高兴的。工作太累的时候，可以让孩子帮忙洗洗袜子、收拾桌子、打洗脚水等，虽然父母心里清楚孩子不可能做得完美，但不让孩子做，孩子就永远也学不会。当然，孩子乐呵呵地做完时，父母一定要很正经的感谢并夸奖孩子。孩子习以为常了，就会以此为乐。

4. 让孩子学会关心和帮助他人

理解父母的付出和辛苦是孩子学会关心和帮助他人的起点。父母要经常与孩子交流，告诉孩子自己的辛劳、烦恼和不适（但不要唠叨和抱怨），让孩子认识和体会到父母同样需要关心和帮助。同时，让孩子分担力所能及的家务事，如洗手绢、擦桌子、倒垃圾等，让他亲身体验父母每天的操劳和辛苦。这样，孩子与他人交往时，就会主动关心和帮助别人。

当然，父母应向孩子讲述、示范哪些行为和表情是他人寻求帮助的信号，教孩子明确他人的需要，并教孩子如何正确表达关心及向别人提供帮助。这样孩子就能在别人需要的时候付出自己的爱心了。

要想使孩子获得他人的爱，首先要教孩子学会爱他人。父母都希望有一天能享受到孩子的那份回馈的爱，那么我们就不仅仅要爱孩子，还要教孩子懂得爱，付出爱。

教孩子学会与老师交往

父母课堂

> 孩子对老师有抵触情绪，父母切忌一棒子打死，让孩子无条件地服从老师，这样只会加剧孩子对老师的反抗。当然，父母更不能仅站在孩子的角度思考问题，甚至与孩子一起指责老师，甚至跑到学校里与老师大吵一番，这样只能更糟。

一个人从小学到高中甚至大学，十几年的学习生活，一刻也离不开老师的帮助和教诲。孩子能协调好与老师的关系，主动地与老师交往，对孩子的学习和成长都有重要的意义。那么，父母应怎样引导孩子与老师交往呢？

1. 教育孩子尊敬老师

教师甘做人梯，这种奉献精神是伟大的。所以，孩子应该尊敬老师，爱戴自己的老师。

父母应告诉孩子，尊敬教师应表现在日常生活中。比如，见到老师要主动打招呼，主动问好，要有礼貌；尊重老师的劳动，诚恳、谦虚地听取老师的教导，以优异的成绩来回报老师辛勤付出。

2. 教孩子主动与老师交流

老师要面对一个甚至多个班的孩子，他有时可能应接不暇，因此难免对孩子照顾不周，体察不到某个孩子想与老师沟通的需要。如果孩子主动与老师交流，把埋在心里头的事情袒露出来，有困难向老师求助，学习上遇到难题向老师请教，主动与老师探讨人生哲理……是能够得到老师的帮助、理解和信任的。父母要让孩子记住，一定要争取主动，别错过与老师交谈、探讨及向老师请教的机会！这样孩子才能更快地进步，迅速地成熟起来。

3. 教孩子正确看待"严"老师

现在，有些孩子对老师的批评很反感，甚至有抵触情绪。他们认为老师管得太严，态度苛刻，觉得在学校不自由。

父母应让孩子明白，没有哪位老师不爱自己的学生，不希望自己的学生成才的。严师出高徒。老师严格要求学生，才能培养学生一丝不苟的治学精神和实事求是的科学态度；才能培养学生良好的思想品德和文明的行为习惯。严格正是老师培育人才的需要，也是老师对孩子负责的表现。

父母应该教育孩子理解老师的苦心，正确对待老师的批评，诚恳接受老师的指导和严格要求，从而确立良好的师生关系。

4. 教孩子正确对待老师的错误

人人都怕被别人错怪或误解，孩子更怕老师错怪自己，因为这会影响自己的学习和进步。然而，任何人都会犯这样或那样的错误，老师也难免有错的时候。

那么，一旦老师错怪了孩子，父母应如何加以引导呢？

父母应让孩子明白，希望自己教的学生上进，有所作为，是所有老师的共同愿望和出发点。老师本身的愿望绝不会是把自己的学生推向反面。有时，可能因为老师对情况了解得不够全面，而对孩子做了不切实际的批评。

父母应告诉孩子，不能因老师错怪了自己就产生嫉恨心理，认为老师偏心眼，更不能采取消极的态度与老师对抗，甚至采取当场顶撞和抗拒的态度。要保持头脑冷静，努力克制自己，不冲动。应根据当时的环境和条件，能解释的就解释清楚，一时不便解释的暂时放一放，以后找适当的时机再解释，也可以请同学或班干部代替自己去解释。这样，通过和缓的方式解除相互间的误解，缩短心理的距离，扭转老师对孩子的印象，师生关系会更融洽。总之，在同老师交往时，父母应教育孩子持主动、诚恳的态度。

当然，与老师建立良好的交往关系，在于师生双方的共同努力。从父母的角度出发，应该正确教育孩子打开心灵之门，用尊重、热情、真诚、理解和爱去架设沟通师生心灵的桥梁。

让孩子与兄弟姐妹和谐相处

父母课堂

兄弟姐妹同根生，原本就有手足情。良好的手足关系可以成为孩子们生活的原动力。虽然大家的观点、品位、风格存在差异，但兄弟姐妹可以给孩子终生的帮助和鼓励。这一点，做父母的是不容忽视的。

枫枫是个调皮的孩子，一会儿都闲不住。姐姐在写作业，他在旁边一会儿揪揪姐姐的头发，一会儿用"宝剑"捅捅姐姐的背。搅得姐姐不能安心学习。

妈妈为使枫枫听话，不再捣蛋，就决定让枫枫和姐姐角色互换。

"姐姐"开始写作业了，"枫枫"拿着水枪走过来，趁"姐姐"不备，把"姐姐"的作业本和衣服都打湿了。"姐姐"哭了，向妈妈告状。

妈妈问"姐姐"："'枫枫'把你的作业打湿了，是他不对。那你希望妈妈怎么惩罚他？"

"姐姐"狠狠地说："罚他今晚不准看电视！"

妈妈说："定下了规矩就不能变卦！以后谁再扰乱姐姐写作业，就罚他晚上不准看电视！"

游戏结束了，但枫枫想起自己定下的"惩罚措施"就不再打扰姐姐学习了。

孩子们和兄弟姐妹待在一起的时间最长。朝夕相处在促进手足联系更紧密的同时，也大大增加了他们之间产生摩擦的机会。

冲突也许会让父母感到头痛不已，但是孩子们却有可能从中获益良多。

社会学家通过试验证实，在手足"斗争"中成长的孩子掌握更多解决冲突的技巧。美国伊利诺伊州大学心理学教授劳里·克莱默说："和朋友关系不同，手足关系是没办法选择的。因此在日复一日的冲突中，你学会了谈判和妥协。"

具体来说，父母该怎样做，才能让孩子与兄弟姐妹和谐相处呢？

1. 不应偏袒

父母要明白，孩子们吵架斗嘴的时候不能偏护其中任何一方。父母更没有责任查明谁对谁错，以法官的身份自居。另外，尽量不要拿弱势的孩子与其兄弟姐妹进行比较。这样的话，会使处于弱势的那个孩子感到自己与兄弟姐妹格格不入或者不受父母喜欢。

有的父母有重男轻女的思想。小敏与弟弟发生冲突，不管谁对谁错，父母总会让小敏让着弟弟。

一次，是弟弟不对，但妈妈仍说："你是姐姐，就不会让着弟弟！"

小敏很委屈地说："手心手背都是肉，你们为什么一碗凉水端不平！弟弟之所以这么蛮横，就是你们惯出来的！"

10 多岁的孩子能说出这样的话，足以让父母反思反思了。

2. 让孩子坦白自己生气的事实

如果你发觉孩子生气或不满，应该鼓励孩子说出来。让孩子告诉兄弟姐妹他心里的真实想法，即使"我讨厌你"这种话也要说出来。然后尽力想想办法来平息争吵。尽量不要让孩子出言伤害或攻击别人。因为孩子可能比任何人都更了解他的兄弟姐妹，所以孩子的恶语也可以对其兄弟姐妹造成最深的伤害。"你很胖""你很丑"这样的批评造成的伤害可能永远无法痊愈。

3. 不要让争吵恶化

一般来说，孩子们长大以后，大家不待在同一屋檐下，吵架的机会就会少很多。但是，如果在少年时期孩子与兄弟姐妹之间的关系就非常恶劣，这种不快很可能会在孩子成年离家后一直持续下去。所以，在孩子年少时，父母应尽量要求孩子不说过激的伤害其兄弟姐妹的话，以免激化他们之间的矛盾。

4. 引导孩子遇事相互商量

父母为孩子们提供的生活环境虽然大同小异，但孩子们在未来的成就却可能会有很大的不同。有的富贵，有的贫贱，总须互相帮助与扶持。兄弟姐妹能互相帮助，就能互相合作，俗话说："兄弟同心，其心断金。"

孩子们之间谁在学习、生活上出了纰漏，犯了什么错误，互相不要埋怨，不要坐视不管，更不要歧视对方。父母可引导孩子耐心细致地了解情况，做好帮助、教育工作，让孩子感受到自己帮助兄弟姐妹改正错误的快乐。

5. 经常组织孩子团聚交心

父母应多组织孩子团聚交心。因为孩子成年后，有的结婚单

独分出去过、互相走动、彼此联系的机会就会少很多，而父母在他们小时候对他们的教育则会一直影响着他们。这种聚会的习惯，会使孩子们一直保持一家人的感觉，互相支持、鼓励，互相帮助。这对孩子今后赡养、照顾父母也会起很大的作用。试想，逢年过节，孩子们都团聚在自己身边，对父母来说自然是享不尽的天伦之乐。

让孩子懂得感谢对手

父母课堂

如果孩子在学习等方面，有一两个强有力的对手，那么孩子就更能够发挥出自己的优势和潜力。对手是很重要的人，因为有对手，所以孩子不敢懈怠；因为有对手，所以孩子才会更有冲劲。因此，父母要让孩子知道，应该感谢对手带给我们的斗志。

朋友和对手，是人在生活中不可缺少的两类人。现代汉语词典上讲，朋友就是有交情的人，而对手就是敌对的人。朋友是在困难的时候给予帮助的人，感谢朋友是符合情理的；对手却是在竞赛或斗争中和自己争第一、抢成功的人，为什么要感谢对手呢？

记得曾看过这样一则故事。

在日本的北海道出产一种味道珍奇的鳗鱼，海边渔村的许多渔户都以捕捞鳗鱼为生。鳗鱼的生命非常脆弱，只要一离开深海区，要不了半天就会死亡。奇怪的是有一位老渔民每天出海捕捞到的鳗鱼，返回到岸上后，鳗鱼也总是鲜活的。而其他的渔户无论怎么处置捕捞的鳗鱼，回岸后全是死的。由于鲜活的鳗鱼价格比死的鳗鱼几乎贵出一倍以上，所以没几年工夫，老渔民一家便成了远近闻名的富翁。周围的渔民做着同样的营生，却一直只能维持温饱。老渔民在临终时把秘诀传给儿子，原来，老渔民使鳗鱼不死的秘诀，就是在整舱的鳗鱼中，放进几条叫狗鱼的杂鱼。鳗鱼和狗鱼非但不是同类，还是出名的"对头"，几条势单力薄的狗鱼遇到成舱的对手，便惊慌的在鳗鱼堆里四处乱窜，这样一来，反而到把满满一船舱死气沉沉的鳗鱼全给激活了。

还有这样一个故事，同样说明了对手存在的必要。

在秘鲁的国家森林公园，生活着一只世界上濒临灭绝的年轻的美洲虎。秘鲁人为了很好地保护这只虎，在公园里专门开辟出一块近20平方公里的森林作为虎园，精心设计和建造了豪华的虎房，好让它自由自在地生活。虎园里林木茂密，绿草芳菲，沟壑纵横，流水潺潺，并有成群人工饲养的牛、鹿、兔等供老虎尽情享用。凡是到过虎园参观的人都说，如此美妙的环境，真是美洲虎生活的天堂。然而，让人感到奇怪的是从没有人看见美洲虎去捕捉专门为其准备的"活食"，也从没有人看见过它的王者风范。它只是耷拉着脑袋，睡了吃，吃了睡，一副无精打采的"熊样"。于是，政府又通过外交途径，从哥伦比亚租来一只母虎与它做伴，结果还是依然如故。一天，一位动物学家来公园参观，看到美洲虎那副懒洋洋的样子，便对管理员说，老虎是森林之王，在它所生活的环境中，不能只放上一群整天只知道吃草、却不懂得猎杀的动物，要放一些猎性动物与其共存，否则美洲虎无论如何也提不起精神来。管理员听了动物学家的话，不久便引进了几只美洲豹投放虎园。这一招果然奏效，从美洲豹进园那天起，这只美洲虎再也躺不住了。它每天不是站在高高的山顶愤怒地咆哮，就是如飓风般俯冲下山冈，老虎那刚烈威猛、霸气十足的本性被重新唤醒。它又成了一只真正的老虎，成了这片广阔的虎园里真正意义上的森林之王。

对于一些人来说，对手永远都是和自己相对立的，对手就是自己前进的障碍，必须要剔除掉。有些人更是将自己的对手看成是眼中钉，肉中刺，用充满敌意的目光来看待对手。但是，要知道，正是因为有了对手，生活才有了滋味，才不会平淡乏味；正是因为有了对手所赋予的压力，才不会让自己放松警惕；正是因为有了对手，才知道自己所面临的挑战；正是因为有了对手，才有了超越自我的一切力量和勇气；正是因为有了对手，才使自己不得不奋发图强，不得不革故鼎新，不得不锐意进取。否则，等待自己的只有被吞并、被替代、被淘汰。因此，对对手说一声"谢谢"是绝对有必要的。

告诉孩子，应该感谢对手，因为没有对手，便没有比较；没有比较，便发现不了自己的缺点。对手是一个人获得成功的最好伙伴。因为，没有对手便没有英雄。

正确看待孩子之间的纠纷

父母课堂

孩子之间相互争吵、打架，然后又自己和好，就在这一来一去之中，孩子的交友能力便锻炼出来了。小纠纷能让孩子慢慢地明白，蛮横、不讲理、任性和霸道在社会上是行不通的，他也会渐渐地掌握一些与人相处和妥善处理问题的方法。

　　孩子在一起玩耍时，打打闹闹的事经常发生，这种摩擦、打闹的处理过程也是孩子学会与人相处的课程之一。孩子怎样处理自己与他人的关系，尤其是在与同龄人发生纠纷以后，父母应该怎么做，是我们经常遇到而又必须及时处理好的一个问题。

　　孩子的是非观念尚未形成。尤其是现在有些独生子女从小缺少伙伴，在家备受父辈、祖辈的宠爱，有的孩子性格暴躁，而且自私，在同伴中稍有不如意，便拳脚相加。另有一些孩子因受到父母过分的呵护，反而失去了自我保护能力，在粗暴、骄横的孩子面前不知所措。因此，作为父母，应当把教会孩子处理好与伙伴之间的纠纷看作培养孩子人际交往能力，形成健康的人格，提高分辨是非能力的重要时机。

　　孩子之间发生纠纷，是他们在群体交往中协调、解决矛盾的一种手段。孩子们就是通过这种不断解决矛盾的过程，学会怎样坚持独立的见解，学会怎样竞争、怎样协调，学会适度地表现自己，同时学会忍耐的。因此，如果孩子的纠纷发生在正常交往中而且并不十分厉害，父母就不应过多干涉，应让孩子自己去解决。这有利于提高孩子的协调性和社会交往能力。

　　如果孩子之间发生了严重的冲突，父母要先加以制止，以防不必要的身体伤害。对问题的解决应坚持：孩子自己能解决的问题，尽量让孩子自己解决；孩子自己解决不了，求助于父母，父母切莫简单处理，武断对待；更不能越俎代庖介入孩子之间的纠纷，不问青红皂白打骂自己的孩子或别人的孩子。

　　常言说"一个巴掌拍不响"，很多时候，父母应先管教自己的孩子，这不是什么吃亏的事，也不在于谦让，而在于让孩子认识自己身上存在的错误和不足，有利于他的成长进步。即便完全是对方的过错，也可以和对方家长坐下来协商解决，可以配合学校解决，学校解决不了的，还可通过法律途径解决。家长介入孩子之间的纠纷，无助于孩子之间的和解，反而会激化家长之间的矛盾，使原本孩子们之间的打打闹闹，变成了大人之间的恩恩怨怨，事情的性质变了，解决的难度也大了。

从另一个角度讲，家长过分介入孩子纠纷，时时充当孩子的"保护伞"，容易造成孩子的依赖心理，不利于培养他们直面纠纷的勇气和解决纠纷的能力，反而会让他们变得更加有恃无恐，肆无忌惮。家长能"保护"孩子一时，能"保护"他一世吗？所以，让孩子自己面对纠纷，解决纠纷，在与同伴的吵吵闹闹中学会如何与人为善，如何化干戈为玉帛，才更利于孩子性情的锤炼和能力的提高。

父母在了解到孩子与同学之间有了摩擦之后，应引导孩子自己想办法解决。家长可以先适当地给予抚慰，并帮助孩子分析事情发生的原因，让孩子有正确的是非观。分析原因后是自己孩子不对，父母应明确指出孩子的不对之处，并进行教育，还应该让孩子向对方道歉，指导孩子道歉时应注意的礼貌用语。假如分析原因后是对方的不对，父母也应指导孩子学会正确处理问题的方法。

属于在正常交往中发生的小冲突，可让孩子采取忍让、不予理睬的方法，这有利于培养谦让宽容的良好品质；如果是孩子的既得权益受到侵犯，可让孩子据理力争；对经常欺侮人的同学，可以采取回避的方法，或向教师、家长反映情况，这个时候成人才可介入。

孩子之间发生冲突，家长要以诚相待，宽以待人，从而给孩子树立一个很好的学习榜样。切莫因孩子在交往中的问题引起家长之间的不和睦，造成不良的影响。

引导孩子正确地与异性交往

父母课堂

"喜欢与人相处""渴望被人爱"是人的本性，再加上青少年对异性充满好奇心，所以孩子进入青春期后很乐意与异性交往。作为父母，虽不能过多干涉孩子交异性朋友，但也不可不闻不问。父母正确地加以引导，可以使孩子学到更多东西，避免走入误区，才是最重要的。

进入青春期，孩子的性意识开始觉醒。青春期性的需求，主要表现在与异性交往中满足自己对异性的好奇心，以及释放性心理能量。正常的男女间的交往有利于相互了解，消除男女之间的神秘感，还可以得到智力上互渗、情感上互慰、个性上互补和学习中互激的作用。善于与异性交往的青少年往往是开朗、活泼的，心理不受压抑。但一定要区分开友情和爱情，否则就会造成严重的后果。

友情以友爱为出发点，是有共同目标的朋友之间的深切感情；爱情以性爱为基础，是以结婚为目的的活动。爱情是两性之间所存在的一种特殊关系，需要通过理智、道德、意志来实现，需要负社会责任和法律责任。

青春期的异性关系是一个最容易被误解、又最容易出问题的问题。大多数父母、老师意识到自己的孩子或学生已经情窦初开时，或者只是在心里暗暗着急，或者旁敲侧击地去劝阻，或者不由分说地去制止，很少与青少年开诚布公地沟通，更不会为他们提供指导。但是在茫茫人海中，除了男人就是女人，异性交往不但不可避免，而且还是每个人一生中最基本最重要的交际形式之一。所以，如果父母真的关注孩子的生活幸福、事业成功，就必须让孩子具备与异性相处的本领，教会孩子正确把握与异性交往的尺度。

青少年的交往往往是凭直觉进行的，是纯洁和美好的，对这种友谊父母应当格外尊重和鼓励。让孩子与异性自然交往，告诉他不要把异性视为特殊对象而感到神秘和敏感，形成一种人为的紧张和过分激动的心态，也不必因对某个异性有好感，愿意与之交谈、接触，就认为自己爱上了对方，或以为对方对自己有情，错把友谊当爱情来追求。父母也不要把青春期的异性交往看作"早恋"，是一种"错误的要求"或"会闹出乱子的坏事"，而想办法去"制止""拆散"。

父母要教育处在青春期的孩子用平常心态对待异性朋友，控制性冲动，培养自己的健康人格，端正性观念和批判"性解放"思潮。有人认为只要女孩愿意，男孩不吃亏，男女之间的性交往是很正常的。其实不然，男孩一旦放纵自己，不仅会给女友带来灾难，也会使自己产生强烈的罪恶感。

其实，学会与异性交往是"青春期"最重要的社会目标之一。按照人类心理社会发展的自然进程，一个正常人从初中开始就需要学习建立异性友谊，因此与异性交往并非是"长大以后的事"。

相反，如果真的等到离开学校走上社会以后才开始学习与异性交往，很可能就会因为缺乏锻炼而成为这方面的"困难户"。但是与异性交往时，要掌握好尺度，否则会适得其反。

如果孩子是男孩，作为父母可以这样指导他：

1. 没必要过分拘谨

在和女生的交往中该说就说、该笑就笑，需要握手就握手，这都是很正常的，要是忸怩的话反而让人家讨厌。当然，要是过分随便的话，一定会把小女生吓跑。

2. 不要太严肃

太严肃让人不敢接近，望而生畏，可以不失时机地表现一下幽默感，这样比较容易受欢迎。

3. 要有绅士风度

很多时候女性被视作弱势群体，所以"男子汉"们要学会谦让、学会保护女士。比如，一起在马路上闲逛时，男孩子应该走在靠车行道的一边；进出门时，男孩子要给女士开门，让女士先进先出等。可以从"照顾"妈妈开始，训练男孩子的绅士风度。

如果是女孩的话，父母要务必让她们注意保持与男孩子交往的尺度，做到既能展现女孩子的魅力又能避免吞食苦果。

1. 不要过分热情

如果女孩子在交往中表现得过分热情，就会让对方觉得是轻佻之人，往往会产生非分之想，不利于正常交往。

2. 不要总是不理不睬

虽然在交往中一般都是男孩子采取主动，但是如果女孩子一直不理不睬的，保持着"冰山冷美人"的形象，不用多久就没有男孩子敢接近了。

除此之外，父母还要让孩子在与异性交往的过程中，保持广泛接触和群体形式，注意交往的分寸；少与异性单独接触，没有特殊需要不单独约会；注意把握和控制自己的性冲动，避免由于朦胧而产生的偏差，珍惜少男少女的纯洁感情；理智地、有分寸地对待出乎意料的感情越轨，尤其对待"性诱惑"要敢于说"不"。

第 2 章

培养孩子的优秀品质，孩子才会懂事

　　一个孩子要想变得优秀，就必须要有爱心、自信、勤奋、独立等优秀的品质，这些品质是相互联系、相互促进的。作为父母，应该从多方面培养孩子的优秀品质，这样才能让孩子变得懂事，才能帮助孩子创造一个美好的未来。

培养一个自信的孩子

父母课堂

> 一个人只要有成功的决心和信心，就能保持最佳状态，把全部精力集中到追求目标上。只有坚信自己成功的人，才会取得成功。在孩子努力拼搏时，父母要多给孩子一些鼓励和支持，这样孩子才能够变得自信。

自信心是一种积极的心理品质，是人们开拓进取、向上奋进的动力，是一个人取得成功的重要心理素质。自信心在每个人的成长中都具有重要作用，这种心理品质应该从小培养。

现在流行的"赏识教育"也好，"成功教育"也罢，其目的实际上都是为了提升孩子的自信。一个孩子如果缺乏自信，便会自卑、胆怯、缩手缩脚、惧怕困难、不敢尝试。这样的孩子，认知能力、动手能力、交往能力及运动能力等方面的发展都会比较缓慢；相反，如果一个孩子充满自信、独立性强、敢想敢干、大胆尝试、积极参与，各方面能力的发展必然较快。既然自信对于孩子来说这么重要，那么怎么培养孩子的自信心呢？

1. 父母要相信孩子

很多父母总是认为孩子年纪小，这也不行，那也不行，不相信孩子。父母的这种认识会直接影响到孩子的成长。所以，作为父母，要相信自己的孩子，这一点至关重要。父母要相信，孩子虽然小，但是却有着巨大的学习与发展的潜力，放心培养孩子。

孩子是以别人对自己的看法来认识自己的，只要父母认为孩子能行，孩子就会相信自己可以做到。

2. 父母要多鼓励孩子

在鼓励中生活的孩子一般都会很自信。不管孩子做什么事，只要他去干，父母就要给予一定的肯定与鼓励。同时，父母还要善于发现孩子的点滴进步和成功，给予适当赞赏，使他们有体验成功的机会。只要孩子付出了努力，父母就要给予肯定和支持，要以宽容的态度对待孩子的过失。孩子得到的鼓励越来越多，他就会变得越来越自信。父母千万不要总盯着孩子做得不好或不足的地方，去挑毛病。如果父母对孩子否定多、指责多，就会使他们产生自卑心理，越来越不自信。

3. 父母要善于发现孩子的优点

让孩子感受到自己在某一方面，或某些方面比别人强，对培养孩子的自信心非常重要。在生活中，父母要善于发现，并且放大孩子的优点，这样有利于增强孩子的自信心。每个孩子都有自己独特的地方，孩子在自己喜欢的领域里活动时是非常投入、非常自信的。父母应了解自己孩子的特点，帮助他在某些领域的竞争中获得成功，使孩子建立起自信心，从而促进孩子对其他方面的学习。

4. 鼓励孩子向困难挑战

孩子有时候会有一些奇怪的想法，想尝试不太容易完成的事情，这时候，父母要鼓励孩子。孩子一旦取得了成功，就会感到特别自豪。这样，孩子会逐渐形成向困难挑战的自信和勇气，提高自我评价能力。

5. 自信不等于骄傲

培养自信，说白了就是让孩子发现自己的好，发现自己的长处。但是，自信不同于骄傲自大。如果一直以来，孩子只懂得自己好，难免会自我膨胀。所以某些时候，还是要让孩子适当承受一下挫折，拿自己的短处去比一比别人的长处。

培养孩子勤奋刻苦的精神

父母课堂

一个孩子掌握知识的多与少，完全取决于他的勤奋程度。父母要让孩子知道，勤奋是一个人最大的资本，一个人只有用他的勤奋才有可能换取成功；如果一个人怕苦怕累，那么他会失去很多东西，而不可能获取成功。

"天将降大任于斯人也，必先苦其心志，劳其筋骨，饿其体肤，空乏其身……"这几句几乎每个人都知道。一个人想要成功就必须经过辛酸的磨炼，这永远是个真理。

我国古代有一个这样的故事，它说明了如果一个人勤奋刻苦地学习，那么最后他一定会成功。

西汉时候，有个农民的孩子，叫匡衡。他小时候很想读书，可是因为家里穷，没钱上学。后来，他跟一个亲戚学认字，才有了看书的能力。

由于家里穷，匡衡买不起书，只好借书来读。那个时候，书是非常贵重的，有书的人不肯轻易借给别人。匡衡就在农忙的时节，给有钱的人家打短工，不要工钱，只求人家借书给他看。

过了几年，匡衡长大了，成了家里的主要劳动力。他一天到晚在地里干活儿，只有中午歇晌的时候，才有工夫看一点书，所以一卷书常常要十天半月才能够读完。匡衡很着急，心里想：白天种庄稼，没有时间看书，我可以多利用一些晚上的时间来看书。可是匡衡家里很穷，买不起点灯的油，怎么办呢？

有一天晚上，匡衡躺在床上背白天读过的书。背着背着，突然看到东边的墙壁上透过来一线亮光。他一下子站起来，走到墙壁边一看，啊！原来从壁缝里透过来的是邻居的灯光。于是，匡衡想了一个办法：他拿了一把小刀，把墙缝挖大了一些。这样，透过来的光亮也大了，他就凑着透进来的灯光，读起书来。

匡衡就是这样刻苦学习的，后来成了一个很有学问的人。

房子不打扫就不会干净；花儿不浇水就会枯萎；田里不播种就不会长出庄稼；一个人不努力，当然也就不会有所成就。为人父母者都希望自己的孩子能够有所作为，成为一个对社会有益的人，这就需要培养孩子勤奋刻苦的精神。

1. 让孩子在劳动中学习勤奋

一个人勤奋与否并不只是说这个人是不是刻苦学习，其实，从其他方面也可以表现出一个人的勤奋，比如从劳动和工作中。毕竟，孩子早晚有一天会走上社会，参加工作的，因此，父母要通过别的方面来培养孩子的勤奋。

关于工作，孩子的首先任务还是学习，当然没有办法在工作培养孩子的勤奋。但是，父母可以为孩子作榜样，比如，当父母做一些艰辛的工作时，不要因此喊累或是埋怨工作辛苦，而是应该咬紧牙关认真地去做这些事情。孩子看在眼里，自然也就会学到父母的这种勤奋。

关于劳动，在这方面父母完全可以放手让孩子自己去做。父母可以让孩子做一些家务劳动，如果是一些有困难的劳动，父母可以适当地给孩子一些报酬。让孩子知道，只有靠自己的双手劳动才能够有所收获，而一个懒惰的人是不会得到任何东西的。这样孩子长大之后，就会把他的勤奋表现在工作中了。

2. 有责任感的孩子就会去勤奋刻苦地学习

一个真正知道负责任的人，不仅会对自己的所作所为负责任，还会对自己周围的人，那些关心自己和自己关心的人负责任。一个负责任的人会因为自己的责任而去勤奋刻苦地学习，会为了让父母能够生活得更好而努力。比如，如果一个孩子的家庭生活不是很富裕，当孩子知道了家里的一切都是父母辛辛苦苦挣来的时候，他就会产生一种责任感，并且会因为这种责任感而努力奋斗。因此，孩子的责任感也是他努力奋斗的一种原动力。

3. 不要让孩子一直劳动

什么事情做久了都会感到厌烦，如果父母让孩子一直劳动，一点都不给孩子喘息的空间，那么，孩子只会对劳动产生厌烦，根本不会让孩子养成勤奋的习惯。其实，这和学习的道理是一样的，如果父母只是让孩子一味地学习，不让孩子有休息的时候，那样是不会达到学习的目的的，相反，还会使孩子产生对学习的厌恶感。父母要做的是让孩子劳逸结合，这样才会让孩子产生兴趣和积极的态度。因此，不管是劳动还是学习，父母都要根据一些具体情况让孩子进行适当的休息。

4. 有步骤地引导孩子去学习

其实，孩子毕竟是孩子，各个方面都不如成人，为了能够让孩子养成勤奋的习惯，父母可以有步骤地引导孩子去学习。在引导孩子学习的时候，父母要注意孩子基本功的培养，只有有了最基础的东西，才可以一步一步朝前走；对孩子要做一些适时的教育，有时候，可能父母说了一大堆，然而孩子一点都没有听进去，如果是适当的时候，可能父母稍微一点，孩子就能够明白了；还有就是，父母要注意一下"量"的问题，孩子毕竟太小，如果内容太多、范围太大的话孩子可能会承受不了；最重要的一点是父母对待孩子的态度，如果父母急于求成的话，可能会适得其反，因此父母一定要平和地对待孩子的学习问题。

5. 多给孩子讲一些立志向上的故事

古往今来，有很多人都凭着一股刻苦勤奋的劲头取得了一番成就，父母可以多给孩子讲一些这样的故事或是事例，让孩子从中得到启发。让孩子知道，那些取得成功的人都是经过一番努力的，而一个人如果怕苦又怕累的话，他是永远都不会成功的。"付出才会有收获"这句话是绝对有道理的。要让孩子知道，一个人如果想成功就只有刻苦努力，这样他才会拥有更多。

培养孩子的耐心

父母课堂

> 有的孩子做事有头无尾，有始无终，这是缺乏耐心的表现。
> 孩子做事有没有耐心，是孩子自立能力的重要表现。在培
> 养孩子的耐心的时候，不要强制让孩子做下去，这样反而
> 会让孩子越来越没有耐心。父母要通过给孩子讲故事、和
> 孩子一起玩游戏等方式让孩子主动地把事情做完。

在心理学上，耐心属于意志品质的一个方面，即耐力。它与
意志品质的其他方面，如主动性、自制力、心理承受力等有一定
的关系。

莎莉去应聘一家外贸公司经理秘书。但是，公司却给她安排
了一个行政部文员的职位。莎莉想了一下，觉得只要自己耐心做
好文员的工作，一样很好。于是，她就答应了。

莎莉的工作是负责接待客人和复印、打印等琐事。同事们总
是把一些需要复印和打印的文件一股脑儿堆在莎莉的桌子上，然
后告诉她哪些需要复印，哪些需要打印，每种各需要多少份。莎
莉总是耐心地记录着各种要求，然后仔细地做。

有好几次，莎莉的认真检查避免了公司的损失。因此，莎莉
真的被提拔为经理秘书了。莎莉是这样对朋友说的："工作虽然
简单，但是只要有超凡的耐心和细心，就会取得成功。"

著名生物学家童第周的父亲为了让童第周从小就明白耐心的
重要性，让他能够执着地学习和做事，特意给他题了"滴水穿石"
的条幅，告诫童第周世界上没有穿不透的顽石，只有没耐心的人。

父亲去世后，大哥安排童第周到宁波师范预科学校读书。只读了一个学期，童第周就提出要考当时全省著名的效实中学。哥哥对他说："效实中学是用英语讲课的，你的英语根本不行，肯定考不上的。"童第周却认为"滴水能够穿石"，只要自己耐心学习，肯定能够考上。

为了准备考试，童第周坚持自学英语，每天除了吃饭外很少离开书房。终于，童第周考上了效实中学。在效实中学，童第周又用滴水穿石的精神，使自己的成绩从刚入学的倒数第一上升到了全班第一。这就是因为童第周对耐心学习有着深刻的理解。

耐心是孩子未来成功的关键因素之一。培养孩子的耐心不仅对他在学习上有帮助，而且对他今后的人生道路也有很大的影响。但是，许多孩子都不够有耐心，只要想到了或者听到了，他们便要求立刻兑现。否则便不停地纠缠、吵闹，直到父母满足他们的要求为止。

要想让孩子有耐心，家长可以从以下几方面着手：

第一，父母自己要以身作则，要有坚持性。如果今天要求孩子练琴半个小时，明天自己忘了，后天又有什么事给耽误了，那么，培养孩子的坚持性就会变成一句空话。

第二，父母要指导监督孩子做事。孩子做事的全过程中，父母在关键时刻要给予指导和提示，这不是代替而是帮助孩子想办法，以防孩子碰到解决不了的问题时灰心丧气。当孩子想不出办法又不愿去想，有偷懒或依赖父母的迹象时，父母不可给予帮助，而应注意说服鼓励。必要时给予批评并监督孩子独立地做完某件事。这样长期坚持下去，孩子的能力提高了，习惯养成了，做事也不再半途而废了。

第三，父母让孩子做事时，应注意适合孩子的实际水平。如果过难，孩子尽最大能力亦不能成功，他就会伤心失望。如果连续几件这样的事都如此，就很可能使孩子不再去想，不愿去做，而丧失自信心。

在生活中，父母还可以充分利用各种机会培养孩子的耐心。如果孩子喜欢花草，父母可以利用家中的阳台，买来花盆和花籽，让孩子在培育花草的过程中，观察植物生长的过程，如何时发芽、长叶、开花，体会一个生命的成长。在这个过程中，让孩子明白：无论你怎样着急，你今天撒下种子，它不会明天就长大。要想有收获，你必须耐心等待和经过一番努力。

培养孩子说真话的好习惯

父母课堂

> 说谎似乎是成长中的孩子们的通病。其实，孩子说谎往往是父母教育不当的结果。孩子往往怕父母生气而不敢承认自己的错误，就会撒谎。如果撒谎得不到应有的矫正，慢慢就会固定下来，长大后容易形成欺骗行为。因此，父母应根据孩子的年龄和理解力，从小让孩子养成说真话的习惯。

比尔回到家中，衣服上沾有血迹。母亲看到这一情况后吃了一惊，母性的本能使她迫切想知道发生了什么事儿，但看到比尔那双疲惫的眼睛和沉默的神态，她忍住了，只是把儿子喜欢吃的东西端上了餐桌。吃过晚饭后，比尔回到了自己的房间，母亲端着一杯热奶走了进来。

"亲爱的宝贝，我想知道到底发生了什么？"母亲把杯子放在比尔的手中，慈爱而诚恳地说道。比尔选择了沉默，在那一刻他考虑着到底怎样告诉母亲，是直言不讳还是撒谎。最后，母亲平常的教育在他身上发生了效用，他低着头，告诉母亲自己参加了群架，并请求母亲原谅。母亲柔声说道："宝贝，我知道年轻人血气方刚，偶尔冲动也是可以理解的。你这样做是不对的，希望这样的情况以后不要再发生。不过你对我说了真话，让我非常欣慰。"

人的一生都是在真与假的斗争中度过的，父母要认真引导孩子从小说真话，逐步培养孩子从小说真话的好习惯。这种习惯一旦养成，就会变成巨大的精神力量，变成一种做人的宗旨，这样的孩子才是最有希望的，将来才可能有出息。

在孩子的成长过程中，父母如果为孩子创造一个能保护和培养孩子说真话的环境，孩子自然而然地就会养成说真话的好习惯，长大后也会成为一个正派、诚实的人，受到人们的欢迎和尊敬。因为只有一个人说真话、相信别人、对生活有信心，才能问心无愧地面对各种事情，也才得到别人的信任和理解。

具体来说，父母可以从以下几个方面努力，培养孩子说真话的好习惯：

1. 为孩子树立说真话的榜样

父母自己首先一定要说真话，要说到做到，要让孩子看到父母是怎么做的，并让孩子懂得为什么不能撒谎。有些父母在孩子不高兴或是自己很高兴的时候，常常会"哄"孩子，给孩子开空头支票，许下很多并不准备兑现的诺言。父母也许认为这些都是玩笑话，其实这样很容易在孩子心目中留下"爸爸妈妈说话不算数"的坏印象，从而使家庭教育失去基础。

2. 心平气和地跟孩子讲道理

有些父母对孩子期望过高，孩子一旦达不到自己的要求就会对其严厉训斥甚至拳打脚踢。很多父母认为对孩子严厉是对他们的将来负责，殊不知这种方式很可能会把孩子"逼"上满口谎言的绝经。在遭到父母无理教训时，很多孩子为了躲避训斥，往往会把一些真实的东西隐瞒起来，而以假话、假情况、假消息应付父母，报喜不报忧。所以，父母对孩子的要求一定要适当，即使孩子确实出了这样那样的差错，比如学习成绩不好、与人打架、乱花钱、不守纪律等，父母也要心平气和地跟孩子讲道理，而不能粗暴地逼迫孩子，因为"高压"只会带来虚假。

3. 鼓励孩子说真话

父母是孩子最信得过的人，孩子听到什么或是想到什么都会统统告诉父母。在这个时候不管孩子说什么，父母都要认真、耐心地听完，即使孩子有些地方说错了甚至使我们不愉快，也不要发脾气，更不要应付、糊弄孩子，而要亲切地跟孩子交谈讨论，说出自己的心里话。如果孩子因为说真话在外面吃了亏，父母应想办法做孩子的思想工作，明确表示支持孩子讲真话，鼓励孩子做一个真诚的人。总之，要鼓励孩子说真话，这样才能让孩子成为一个诚实的人。

4. 不要惩罚讲真话的孩子

在现实生活中常有这样的事例，孩子说了真话，父母却劈头盖脸地一通批评，甚至体罚孩子。比如，有一个母亲请病假出去玩，结果孩子将真实情况告诉了来探访妈妈的同事，孩子母亲知道后、痛打了他一顿，还教他以后不要将这种事告诉别人。这样一来，孩子将逐渐体会到说真话会受到惩罚，不说真话倒能平安无事，甚至还可以赢得父母的赞赏。如果下次犯了错误时，孩子就会想尽办法隐瞒过去，以逃避惩罚。所以，父母正确的做法应是：孩子承认错误后，首先表扬他的诚实，然后再帮助孩子分析错误的原因。

让孩子学会独立解决问题

父母课堂

每个父母都希望自己的孩子可以成为一个有能力的人，希望孩子可以有一个美好的未来。为此，父母应该给孩子提供一些机会，让孩子学会自己解决问题。

一提起解决问题，我们很容易产生这样的想法：那是大人的事。其实，无论大人还是孩子，在生活中都会遇到这样或那样的问题，都会不可避免地与他人产生矛盾。因此，父母从小就应该帮助孩子树立自己解决问题的意识，培养孩子独立思考、解决问题的能力，这对孩子的长远发展有着重要影响。

当孩子遇到自己解决不了的问题时，父母很少能袖手旁观、

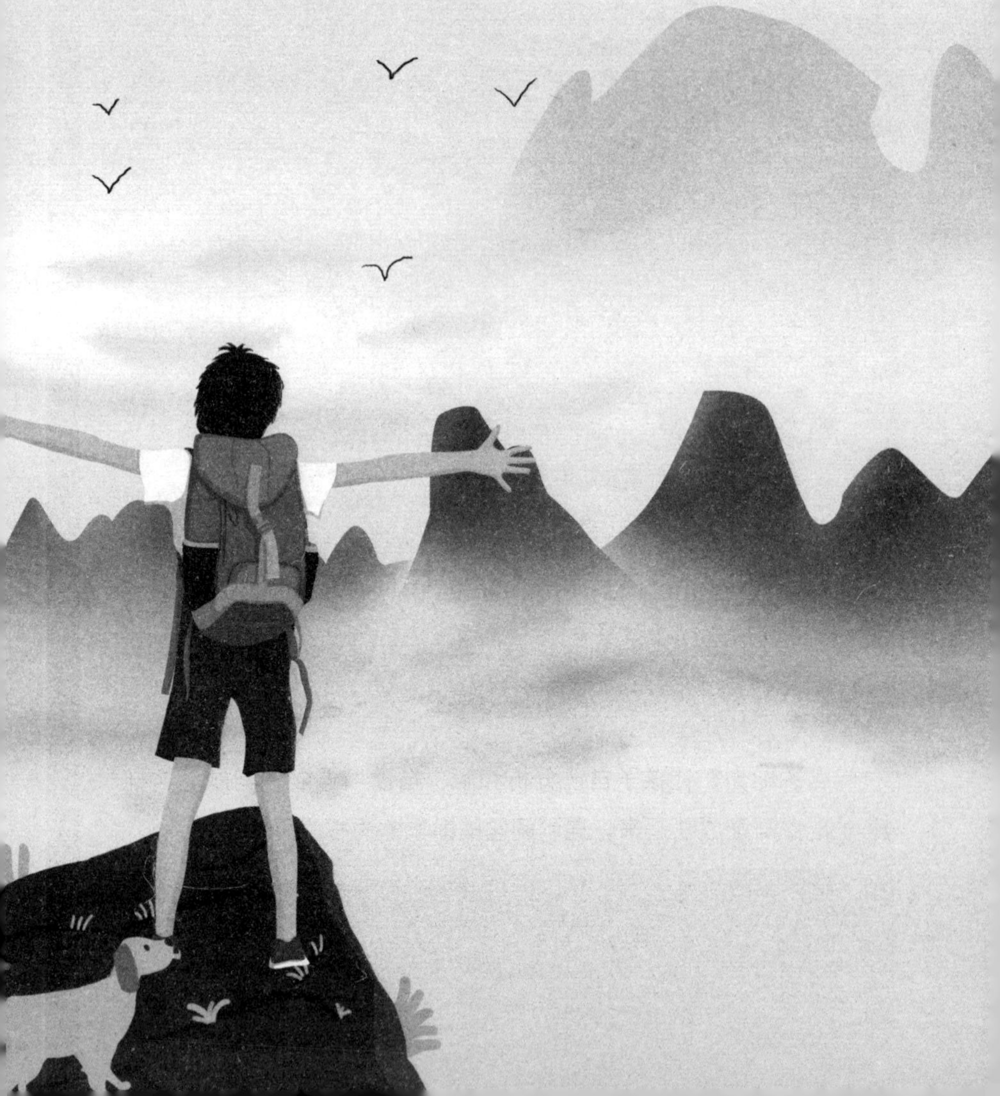

不闻不问。一般，父母们会采用两种方式帮助他们：一是给予忠告；二是干脆帮助他们解决问题。专家表示，给予忠告是强加于孩子身上的警告，帮助孩子解决问题则会使孩子养成对父母依赖的习惯。因此，父母应当让孩子自己找出解决问题的办法。

1. 放开手脚让孩子自己做

很多父母不放心让孩子自己去做事，总是觉得孩子还小，没有能力去解决问题。其实，父母们不知道，当孩子的身心发展到一定的水平时，他们就具备了自己解决问题的条件，不管是生理上的还是心理上的。如果父母不给孩子自己解决问题的机会，就会在无意中扼杀孩子独自解决问题的能力。因此，在生活中父母要学着放手，凡是孩子自己的事情都让孩子自己去做，孩子自己的问题也要让孩子自己去解决。要知道，孩子是在做事和解决问题的过程中成长的，虽然他们可能会遇到一些困难，也可能会出现一些错误，但孩子却得到了锻炼。慢慢的，孩子就能够独立解决问题了。

2. 让孩子拥有独立的意识和能力

我国的孩子大都缺乏独立的意识和能力。有些父母太过溺爱孩子，不舍得让孩子吃一些苦，什么事都会替孩子做。

如果父母总是替孩子解决问题，那么孩子永远都不会独立，他们只能够依附于父母。因此，父母需要做的是培养孩子独立解决问题的能力，让孩子自己分析和解决自己所遇到的问题。这样孩子就会渐渐成熟起来，遇到问题的时候也可以自己解决。

3. 正确对待孩子解决问题的方式

可能是因为年龄小，也可能是因为不成熟，所以孩子解决问题的方式会有一些幼稚，让父母不能够认同。但是，父母不可以直接阻止，而是应该带着欣赏的眼光去看待，并加以引导。有时候，父母一个欣赏的赞同的目光，或是一个鼓励的动作，都可以让孩子产生无穷的力量，让孩子更加积极地去解决问题。

孩子是未来的希望，总有一天他们需要独立，他们必须要独自去面对未来的社会，独自去面对未来的一切问题。因此，父母要做的就是培养孩子独自解决问题的能力。

培养孩子的责任心

父母课堂

　　孩子并不是天生具有责任心的，它是在适宜的条件和精心的培养下，随着年龄的增长和心理的发展而形成的。家庭是孩子责任心赖以滋长的土壤，父母对待孩子的态度、教育孩子的方法是孩子能否健康成长的重要条件。

父母都希望自己的孩子有责任心，因为责任心是一个人立足于社会的重要条件，也是孩子健全人格的基础。

有责任心的孩子能运用自己的智慧、信心和判断力去做出决定，独立行事，考虑他的行为后果，并且在不损害他人利益的情况下实现自己的需要。他们明白并主动履行义务，并愿意承担自己行为的后果。

家庭责任心主要是指能尊重其他家庭成员的权利，自愿承担家庭义务，为自己的行为承担责任。一个具有家庭责任心的青年，不仅能在现时的家庭生活中扮演好家庭成员的角色，在未来的生活中也有能力组织好属于自己的家庭。他的一生不仅能享受到家庭生活的充实、快乐，同时，也能创造出温馨、和睦的家庭气氛。

孩子作为家庭的一名成员，既应该享受其权利，当然也应承担一定的家庭责任，包括承担一定数量的家务劳动。父母可以通过鼓励、期望、奖惩等方式，督促孩子履行职责，培养其责任心。如果一个孩子在家庭中的责任心难以确立，将来一旦走上社会，就很难有社会责任心。

那么，父母应如何培养孩子的责任感呢？

1. 做好自己分内的事

在家中应该明确哪些事情是由爸爸妈妈来做的，哪些事情可以由爸爸妈妈帮孩子做，又有哪些事情是必须由孩子自己做的。对第三类事情必须给孩子一个明确的概念和范围，在不同的年龄给他不同难度的事情，父母不要包办代替。

2. 帮助家人和他人做一些力所能及的事

要让孩子明白，仅把自己的事做好是不够的，因为他还是家庭中的一员，他还有责任协助做一些家里的事，以此来为家庭、集体尽责，只有这样将来才能为社会尽责。在家庭环境中长出责任心的孩子，才能在更复杂的学校、社会环境中经受考验，得到修正和磨炼，最终成为一个自强、自立的人。

3. 要对自己的行为后果负责

就要善于抓住生活中的点滴小事，无论事情的结果好坏，只要是孩子的独立行为，就要鼓励他敢作敢当，不要逃避，要勇于承担后果。家长不应替他承担一切，以免淡漠孩子的责任感。

4. 要履行自己的诺言

从小教育孩子，自己答应了别人、许下了诺言就要尽全力增履行诺言，即使自己不情愿也要这样做，因为这样做是对别人负责，也是对自己负责。

让孩子懂得遵守规则

父母课堂

对于失败过多的孩子，父母可以故意让孩子获得成功，从而提高他对游戏的积极性，并对他遵守规则的行为给予充分的肯定和鼓励。

规则是社会公共生活中的基本准则。它以两种不同的形式存在，其一是没有明文规定，人们约定俗成、共同认可和遵守的行为规范。如主动排队，在影院、图书馆不大声喧哗，进入会场要放轻脚步等；其二是有明文规定的，社会公共生活中的公约、规则、规章、纪律等，如交通规则、学生守则、考试纪律等，通常带有一定的强制性，有的甚至与法律法规相衔接。

人们常说："国有国法，家有家规。""没有规矩不成方圆。"

的确，没有规则，任何社会活动都无法展开。就连和小朋友玩游戏，我们都必须遵守规则。对于父母来说，教孩子养成自觉遵守规则的习惯是很有必要的。

父母要教孩子遵守"大"的规则，先要在日常生活中教孩子遵守"小"的规则。一般来说，父母教孩子遵守规则，可从教孩子遵守游戏规则入手。

孩子不遵守游戏规则的原因很多，比如，孩子年龄过小，不知道遵守规则；游戏内容对孩子来说较难，孩子难以成功；游戏时孩子的失败过多，丧失了玩游戏的积极性；孩子的好胜心过强，总想比别人快，这主要表现在竞赛性游戏中；缺乏生活经验，主要表现在"角色游戏"中等。

找到了孩子不愿遵守规则的原因，父母就能对症下药，根治孩子的毛病。

1. 多讲规则的作用

孩子缺乏生活经验，家长应该丰富孩子的生活经验，鼓励和肯定孩子的正确行为。在家里，父母与孩子做游戏时要给孩子讲清游戏规则，以及大家为什么要遵守。要让孩子了解规则无处不在，一定的规则能保证人们更好地生活。例如，人们要遵守交通规则、游戏规则、竞赛规则。家长可以时常反问孩子，如果不遵守规则会怎样？让孩子设想违规的后果，引起他对执行规则的正视。家长也可参与孩子的游戏，并以角色的身份和游戏的口吻指导游戏，帮助孩子遵守游戏规则。

2. 养成遵守规则的习惯

有的孩子年龄过小，家长应对孩子遵守游戏规则的正确行为给予肯定，并告诉孩子怎样做才对。在家中，父母可以为孩子规定一些规则并让孩子执行，如物品用后要归回原处；离家出门要和家人打招呼；按一定的时间作息（定时进餐、睡眠、起床）等。

3. 让孩子知道如何执行规则

有时孩子具备了一定的规则意识，但仍会时常违规。比如，穿衣、洗漱等动作太慢，不得要领等。这很可能是因为孩子觉得游戏内容太复杂了。这时家长就应选择适合孩子年龄特点的游戏，教孩子做事的方法，培养孩子的自理能力。同时，寻找又快又好的做事方法和规律，提高孩子的生活技能。

4. 培养孩子的自律精神

他人制定的规则是强加的，属外力约束，而孩子自己制定的规则有内省成分，便于孩子自觉遵守。家长不妨和孩子一起制定家庭规则，以便共同遵守。例如，进别人房间前要先敲门；下棋、玩游戏要按规则决定胜负；说错话或做错事时要礼貌道歉；看电视时不要干扰别人等。

5. 让孩子懂得规则的严肃性

执行时尽量严格，不随意迁就孩子的喜乐。家长违规也要自觉受罚。如果孩子仅仅是为了取胜而多次破坏规则，家长应让孩子认识到要想取胜，就必须遵守游戏规则，否则再快也没用，千万不应迁就孩子。如果孩子多次因争强好胜而不遵守规则，父母完全可以停止游戏，避免滋长孩子的自我优越感。

一旦孩子养成了遵守游戏规则的好习惯，他在与别人外交往时，也就容易运用普遍的行为准则来约束自己。

让孩子学会做家务

父母课堂

有些父母可能是因为过于疼爱孩子，也有可能是觉得孩子在一旁碍事，因此，她们一般不会让孩子帮自己做家务。其实，孩子在做家务的过程中，不仅可掌握一些简单的家务技能，养成良好的劳动习惯，而且有利于责任心和义务感的培养。因此，父母应重视利用家务劳动对孩子进行教育。

可以说，让孩子做家务是父母给予孩子最好的教育之一。让孩子协助父母做家务，可以发展孩子身体和心理上的技能，还可以训练孩子的观察力、理解力、应变能力及体能。孩子每完成一项新的任务，他的能力和自信心便会向前迈进一步。通过做家务，孩子也会有参与感、成就感和荣誉感，更重要的是，可以让孩子对家庭有份责任心和归属感，可以让孩子更加独立自主。

在教孩子做家务的时候，父母一定要有耐心，并且要不厌其烦。要知道，虽然孩子有时候会热衷于做家务，但也有可能是越帮越忙，对于这些，父母一定要学会容忍，慢慢地告诉孩子应该怎么做。当孩子慢慢熟悉之后，父母就可以渐渐放手让其独立完成了。当然，孩子都是善变的，可能做一会儿就不想要再做了，为了避免这种情况的发生，就需要父母使用一些技巧了。

1. 给孩子分配力所能及的家务

父母要针对孩子的年龄特点和身体状况，给孩子分配一些力所能及的家务。一般来说，三四岁的孩子可以做一些如整理报纸、给下班的爸爸妈妈拿拖鞋等简单的劳动，但重点是让孩子观察成人的劳动和劳动成果，如妈妈做的可口的饭菜、爸爸拖的干净的地板等，以此来启发孩子干家务的欲望。四五岁的孩子可以做一些较为固定的家务，如打扫房间时让他抹桌椅、吃饭时让他收放餐具等，使孩子逐步意识到自己在做有益的事情。五六岁的孩子劳动技能有较大提高，可以让他们独立完成一些家务活，如洗碗筷、洗手绢等。在给孩子分配家务时，一定要注意安全，一些有危险的事，尤其是与电、煤气、开水等有关的劳动尽量不要让孩子做，以免给孩子带来不必要的伤害。

2. 陪孩子一起做

孩子是非常喜欢和家人一起做家务的，比如，和妈妈一起择菜洗菜、收叠衣物，和爸爸一起清扫房间、整理花木。如果孩子对书籍有兴趣，就可以让他帮忙收拾书房，或指导他将书分类放好，这样的工作比要求他去扫地来得有效多了。此外，还可以陪孩子一面干活一面聊天，甚至交换彼此的心得，以增加劳动情趣。

3. 要及时对孩子的劳动进行表扬

对于孩子来说，他们十分希望自己的劳动能得到父母的承认和肯定。因此，父母应当及时肯定孩子的劳动成果，保护孩子的劳动积极性。当然，可能由于孩子的能力有限，做的事情往往不能尽善尽美，有的时候甚至还会好心办了坏事，对此，父母一定不能嘲笑或呵斥，而是应在表扬优点的基础上提出改进的要求。

4. 让孩子学会巧干

不管是什么样的劳动都有一定的程序，这里面有一个技能技巧熟练的问题，也有一个动脑筋巧干的问题。为了做好一件家务活，父母事前可以教给孩子劳动方法，当然，具体还得通过实践才能体会。

让孩子有一颗同情心

父母课堂

父母要从点滴小事做起，注意纠正、指出孩子心中无意识流露出的那种不良倾向，利用各种机会培养孩子的同情心。当然，要想让孩子成为一个有同情心的人，父母首先要有一颗同情心。

《光明日报》曾经报道过一些幼教专家所做的一项心理测试。其中有一道题目："一个小妹妹发烧了，她冷得直哆嗦，你愿意借给她外套穿吗？"幼儿园的孩子们半天都没有回答。于是老师点名让每个孩子回答。第一个孩子说："病了要传染的，她穿了我的衣服，那我也该生病了，我妈妈还得花钱。"第二个孩子说："我妈妈不让，我妈妈会打我的。"第三个孩子则说："给我弄脏了怎么办？"还有一个孩子说："怕弄丢了。"问了半天，大多数孩子都找出种种理由，表示不愿意把衣服借给生病的小女孩穿。这时，幼儿园老师感到很不安，她把自己4岁的儿子叫到跟前，出了一个类似的题目："一个小朋友没吃早点，饿得直哭，你正在吃早点，你该怎么做呢？"发现儿子沉默不语，她又进一步引导说："你给他吃吗？""不给。"儿子很干脆地回答。妈妈又劝说道："可是，那个小朋友都饿哭了呀！"没想到她的儿子竟然脱口而出："他活该！"

根据这项测试的结果，我们不难看出，现在很多孩子缺乏同情心，缺乏爱心，甚至有些残酷。但是，孩子不是最纯洁、最具有同情心的吗？为什么孩子的心会变成这样呢？先来看一下这个故事吧。

地铁车厢里，一名衣衫褴褛的老汉在人群中慢慢穿梭，一边走，一边朝一旁的乘客伸手要钱，有时还要用手碰碰背着他站的乘客，以示"提醒"。有的乘客避转身去，偶尔有人掏出钱来，大部分人都不理不睬。一名跟爷爷奶奶乘地铁的小男孩坐在两位老人中间，好奇地看着老汉向他走来。当老汉伸出手，晃着手里的两元硬币来到小男孩面前时，小男孩站起来，从口袋里掏出几元硬币，准备给乞丐。

一旁的奶奶一把抓过孩子手里的钱："怎么能给他钱？"同时用力打了一下孩子的手。孩子一下子蒙了，"哇"的一声大哭起来，顿时成为车厢内的焦点。老乞丐赶紧说："不要了，不要了。"然后，朝前继续走。孩子还在用更大的力气哭泣，任凭爷爷奶奶如何哄也不停。旁边的乘客纷纷帮着劝孩子。爷爷看孙子哭得那么伤心，安慰他："他们不是真的没钱，是假的。"小男孩终于从号哭转为抽泣，眼睛里充满了疑惑和不安。一位坐在孩子对面的中年人感慨地说："现在假乞丐这么多，哪能跟孩子讲清楚呢？小孩子又不懂了，将来他都不敢同情人了。"一语说得旁人纷纷点头。另一位30多岁的女性则表示了不同意见："不要当众打孩子，给他一块好了，难得孩子知道可怜人。"

确实，乞丐可能是假的，但是，孩子的同情心却是真的，是值得大家肯定的。如果这时对孩子的同情心持否定态度，那么，孩子的同情心就会慢慢消失，大人们也没有理由再感慨孩子没有同情心了。

教孩子学会孝敬父母和老人

父母课堂

孝不仅是一种美德和责任，也是一种做人的态度。如果一个人连父母都不孝顺，那么他的人品是值得怀疑的，他的心态也将是不健全的，没有人愿意跟这样的人相处。百德孝为先，因此，父母应该教育孩子要尊敬父母和老人。

近年来，很多家庭患上了"四二一综合征"，即四个老人和一对父母共爱一根独苗，溺爱已成为严重的社会问题。

奶奶六十大寿，孩子非要先吃一块生日蛋糕，妈妈不允许，孩子犯了横："不让我先吃，你们也别想吃！"一巴掌把生日蛋糕打翻在地。奶奶哭着说："我爱你12年，你爱我一天也不行吗？"

付出12年的爱，得到的回报却是"爱我一天也不行"，令人寒心，发人深省。孩子为什么会这样冷酷无情、自私自利呢？很大程度上是因为父母过于溺爱孩子，没有使他们养成孝敬老人

的习惯。

事实已告诉了我们，今天强化孝敬父母教育的重要性。孝敬父母是孝敬长辈的起点，也是做人最基本的道德，假如孩子连孝敬父母都不懂，又谈什么尊敬其他长辈和关心他人？

那么，父母应该怎样教育孩子孝敬父母和老人呢？

1. 言传身教，为孩子树立榜样

父母要给孩子讲道理，举实例，让孩子明白长辈辛苦劳动换来了一家的幸福，理应受到孩子的尊敬。

俄国著名作家列夫·托尔斯泰曾写过一个《爷爷和孙儿的故事》。

爷爷老了，行动不便，吃饭时口水鼻涕一起流出来，儿子、媳妇嫌他脏，不让他同桌吃，把他赶到灶边独个吃。

有一次，爷爷不小心把吃饭的瓷碗打碎了，儿媳破口大骂："老不死的，以后给你一个木盆吃饭算了。"过了几天，夫妇俩发现儿子米沙拿着斧头像在做什么东西，爸爸问："米沙，我的宝贝，你在做什么？"米沙一本正经地回答："亲爱的爸爸，我在做木盆，等到你和妈妈老了用它吃饭，免得打碎碗。"

这时，这对夫妇猛然醒悟，感到十分惭愧，把自己的父亲请回来，并拿出家里最好吃的给老人吃。

父母是榜样，孩子耳濡目染，自然会学习父母、效仿父母。

2. 要从小事做起

让孩子多体验，如让孩子关心父母健康，参与家务劳动，父母生病时让孩子照顾，端水送药，等等。

经常让孩子做一些力所能及的事情是很必要的，因为只有在他们有了切身体验之后，他们才能领会父母照顾他们的辛苦，从而知道体谅父母，尽自己的力量帮父母做事，为父母分忧解愁。父母要使孩子懂得：在家庭中，他不仅有享受父母爱抚的权利，同时也有自己应尽的义务。比如，听从父母对于饮食起居、生活制度和用品购买的合理安排，乐于接受父母的正确要求，并参加一些力所能及的劳动等。在这种和睦的家庭气氛中，孩子自然会尊敬父母。

在独生子女家庭中，孩子在物质和精神方面都最大限度地享受爱。如果这种爱仅仅是父母向儿女的单向倾斜，而不能实现爱的双向交流，那么这种爱就是畸形的。只有把大家给予孩子的爱转化为孩子对大家的爱，才是理性的爱，更是爱的升华。

第 **3** 章

提高孩子的交际能力，孩子才会懂事

成功学家指出，人的交际能力决定着70%的成功。孩子虽小，但父母决不可忽视对其交际能力的培养。对孩子来讲，他的交际面其实并不比成人少，教给孩子一些必要的交际常识是极有必要的。会说话、懂得与人相处、懂文明、讲礼貌的孩子，才是一个懂事的好孩子。

帮孩子树立社交意识

父母课堂

我们不能整天把孩子关在一个封闭的角落里，而应该让他们多见见世面，不断增长见识，多与别人交往，锻炼交际能力。只有这样，孩子才能够健康地成长。

如今，很多家庭都只有一个孩子。由于怕孩子累着、绊着、被人欺负，一些父母几乎把所有的事都揽到自己身上。这样就大大限制了孩子与人接触的机会。长此以往，会让孩子逐渐脱离群体，不懂如何与人相处，无法开口说话。

一位母亲忧心忡忡地向心理医生倾诉：

"我家孩子上小学时就拥有了自己的房间，但随着年龄的增长，孩子越来越喜欢一回家就关上房门，而且还把门反锁上。开始我们认为孩子独自在房间里会安心看书，没想到她的成绩一天天下滑。我们一气之下，干脆把孩子房门上的锁给撬掉了。谁知孩子更绝，一回到家，照样关上门，然后再用凳子把房门堵上。我们家里买了电脑，我们说什么也不敢让孩子上网，但她干脆借了一大堆碟，关了房门独自欣赏，任凭我们在门外喊破喉咙也不开门。我们给了孩子独处的空间，但却使孩子和我们越来越疏远，这孩子到底怎么了？"

很多被长期关在家里的孩子，因缺少与人交往，特别是与小伙伴交往的机会，个性、语言、智力等方面的发展受到了严重的影响，甚至养成了刁钻、古怪、孤僻的性格。

孩子需要有机会与个性不同的孩子交往，互相影响，取长补短，以弥补自己的不足。例如，孤僻的孩子需要交开朗的朋友；过分受到保护的孩子需要自主性较强的伙伴；胆怯的孩子需要和较勇敢或富于冒险精神的孩子在一起；幼稚的孩子能从和比较成熟的伙伴们的交往中得到益处；霸道的孩子可以由强壮而不好战的玩伴来矫正等。从这个意义上说，父母应当鼓励孩子与人交往。

美国前总统肯尼迪的父亲约瑟夫，很注意制造条件让孩子得到多方面的交往机会，他让男孩子全部到非教会学校读书，使他们能与各种背景的人接触，扩大视野。后来，他的4个儿子全部进了哈佛大学，成为杰出人士。

摩托罗拉公司的创始人——美国大企业家高尔文，只有一个儿子叫鲍勃，他期望儿子能够继承自己的事业。于是，他频频让儿子参与各种社交活动，增长儿子的见识。高尔文公务外出时，总是尽量带上鲍勃，一方面用来弥补与儿子常不在一起的缺憾，更重要的是让儿子有与更多的人交往的机会。他亲切地对儿子说："坐飞机可以飞翔蓝天，穿云过雾；坐轮船，可以乘风破浪。干什么事都要继往开来，永远前进。不前进，便要落后，便要被淘汰。"

这两位父亲都很重视培养孩子与人交往的能力，因为他们明白：人们从小到大就一直处于社会互动之中，受到这些规则和习惯潜移默化的影响，从而逐步接受和掌握这些规则和习惯，最终融入整个社会群体之中，而交往的技能只有在与人交往中才能学会。父母应该尽可能地为孩子打开生活空间，鼓励孩子走出家门，广交朋友。比如，让孩子去找伙伴玩，邀请邻居家的小孩子、同班同学来家做客，等等。

　　心理学家指出，同伴对指导或训练儿童掌握社会交往技能，帮助孩子摆脱孤独，具有特殊的作用，因为这种技能，儿童是无法在成年人那里学到的。

　　有些父母只看成绩，认为学习是最重要的，反对孩子做一点社会工作。这种看法不全面，不利于发展孩子的社交能力。其实，做一点社会工作不一定就会影响学习，反而会加强孩子与人交往的能力。孩子的社交能力反映着一个孩子的修养与气质。很难想象一个只会做习题的孩子将来如何在社会上与人相处。

　　因此，父母要从点滴小事培养孩子的社交能力，主动地为孩子提供与他人交往的机会，让孩子从小就有"与人交往"的意识。教育孩子学会称呼人，学会礼貌，不粗俗、不霸道、不任性，待人和气、诚恳、热情。

　　父母要教给孩子一些必要的待人处事的办法，并提供机会让孩子去实践，如带孩子上车，让孩子买票；要问路，鼓励孩子自己去做；平时可以多带孩子外出，让孩子接触各种各样的人；主动与邻居、周围的人打招呼；欢迎孩子的朋友到家里来做客，让孩子做小主人自己招待来客；等等。

　　如果你的孩子有一定的社交能力，他一定能结识许多朋友，一定能得到更多的帮助，他的生活一定更加丰富，心理一定更加健康。

让孩子懂得尊重别人

父母课堂

> 尊重别人是孩子必须具备的一种品德，这种品德，并不是
> 天生获得的，它是良好的教育的结果。孩子只有学会了尊
> 重别人，才会获得别人的尊重。

衡量一个社会的文明程度及公民素质的高低，尊重他人是一个重要的尺度。在一个社会里，处处尊重他人的权益和人格，是每个人都应该做到的事情。父母教导孩子尊重别人，显得尤为重要。

有一个叫小强的男孩，在他小的时候，非常纯真可爱，也很聪明伶俐。在他6岁那一年，一场车祸让他的一条腿残废了，也从此毁了他的一生。当小强一瘸一拐、满怀希望地进入小学校门的时候，迎接他的却是不断的嘲笑和无尽的捉弄，伴随他的只有孤独和忧伤。面对着这样的情况，小强的心里流着血，眼里流着泪。一种强烈的愿望在他心中渐渐凝成：只要有人看得起我，对我好，让我干什么都行！

14岁那年，小强因治疗而失学在家，孤独和寂寞更加无情地包围着他，折磨着他。渴望交朋友、得到尊重的欲望时刻撞击着他受伤的心灵。小强几乎要发疯。正在这时，一个小偷向他走来，给他带来了"友情和温暖"。从此，这个在孤独中长大，从未赢得同龄人尊重，视友情重于一切的孩子走上了盗窃的生涯。

如果在学校的时候，小强得到的不是嘲笑和捉弄，而是友谊与尊敬，那么，可能就会是另外一种结果了。

孩子们往往容易把那些与自己兴趣爱好不同，在某些问题上与自己的看法不同的人视为异端，不信任他们，在背后议论他们的缺点，把他们排除在自己的小团体之外，这会使孩子的心胸变得越来越狭窄，也就很难协调好各种人际关系。家长要注意纠正这种认识上的偏激，指导孩子们从正确的角度看他人，善于看到别人的长处和优点，从而增进彼此间的交流，取长补短。

两千多年前，亚里士多德就曾教导他的门徒：你要别人怎么待你，就得先怎样待别人。中国的圣人孔子也曾这样教育弟子：己欲达而达人，己欲立而立人。尊重别人和获得尊重是一个问题的两个方面，最根本的方面是主动地奉献，主动地付出。尊人者，人尊之。把尊重、理解、爱献给别人，把自己最渴望的献给对方，这既是一种高尚的情感，也是一种高尚的道德。

让孩子学会宽容待人

父母课堂

孩子天生是宽容的，父母要做的就是维持孩子的宽容，让孩子学会理解别人。一个懂得宽容，能够理解别人的孩子，必然会拥有一颗感恩的心。不仅如此，宽容的孩子还会有一种生命的智慧——换位思考的能力。

很多孩子都以自我为中心，不管发生什么事情，很多人首先想到的是自己，而不是别人。如果别人做错了事，有的孩子更是一点宽容之心都没有，往往会逮住他人的缺点不放。

北京师范大学教育系与中国青少年研究中心，曾经对中小学生做了一次抽样问卷调查。其中，有一个问题是这样的："当你讨厌的同学需要你的帮助时，而且你能帮助他，你会帮他吗？"对于这个问题的回答，表示愿意的小学生、初中生和高中生分别是59.8%、41.7%和37%。由此可见，虽然不少孩子对于他人的主动求助表示愿意帮助，但是，从小学阶段到高中阶段，表示愿意帮助他人的人数是递减的。在调查中，还有一个问题是这样的："对于过去欺负过你或严重伤害过你的人，你会怎么办？"对于这个问题，只有29.9%的学生表示会原谅他，有近24%的学生表示很难原谅或绝不原谅，其余的学生则表示原谅但不忘记。从中我们也可以看出，能够主动宽容别人的孩子不是很多，而事实上，宽容是一种重要的美德。

想要孩子学会宽容，首先父母要学会宽容。父母是孩子的第一任老师，试问，如果父母不宽容，那么他们会给孩子幼小的心灵留下什么样的烙印呢？爱孩子就要为孩子的长远打算。父母不宽容的行为不仅会导致孩子不能处理好同学之间的关系，而且还会影响到孩子将来人际关系的处理，甚至会影响到孩子日后的各种关系。因此，教会孩子学会宽容，不光是为了孩子的今天，更是为了孩子将来的幸福。

一位幼儿园阿姨曾讲过这样一个故事。

刚来幼儿园的时候，有一天，我带着小朋友去学校体育馆玩，由于孩子特别多，我一时疏忽，在游玩结束后，少算了一个，将一个小孩留在了网球场。

等我发现人数不对时，就赶快跑回来，将那个孩子带回来。

那个孩子因为一个人在网球场，受到了惊吓，哭得十分伤心。

不久，小孩的妈妈（一个年轻教授）来了，看到了自己哭得可怜兮兮的孩子。

当时我特别害怕，生怕这个妈妈会痛骂我一顿，然后直接向幼儿园领导提出抗议将小孩带走，转到别的幼儿园。出乎我意料的是，这个妈妈并没有这样做！

她蹲下来，安慰自己的小孩，并且很理性地告诉他："已经没事了，那个姐姐因为找不到你而非常紧张，并且十分难过，她不是故意的，现在你必须亲一亲那个姐姐，安慰她一下。"

当时那个小孩踮起脚尖，亲了亲蹲在他边上的我，并且说："姐姐，不要害怕，我已经没事了。"

现在有很多父母都把自己的孩子教育成了尖刻、自私、倔强、以自我为中心的孩子，但是，父母们只有像这个年轻的女教授一样教育孩子，才有可能培养出宽容、体贴的孩子。做父母的，既可以将自己的孩子培养成胸怀广阔的人，同样也可以将孩子培养成心胸狭窄的人。为了孩子的幸福，为了孩子将来能有所作为，我们应当教孩子学会宽容。

教孩子学会应对"侵略"

父母课堂

孩子受了欺负，应找对方的父母进行沟通，让他们去严格教育自己的孩子。作为父母，孩子之间的纠纷不便直接介入，可以通过老师进行协商教育。对孩子来说，老师是权威，他们解决问题效果会比较好。

叶子班上有个叫壮壮的男孩，经常欺负弱小同学。有好几次，叶子伤心地告诉妈妈，壮壮揪她头发，还用小剪刀剪她的新裙子。

妈妈看着委屈的叶子很心疼，也很气愤，但还是尽量克制自己，然后平静地说："他再欺负你，你就大声呵斥："'你这样不对！'然后告诉老师。妈妈明天会跟老师说的。"

可是第二天，叶子却红着眼圈说："壮壮说我打他小报告，让我以后小心点！"

妈妈已经跟老师交涉过了，得知壮壮没妈妈，爸爸又不务正业，也挺可怜。叶子告诉妈妈，壮壮最怕、也最尊敬警察。于是，由爸爸的一个朋友穿着一身迷彩服去送叶子上学，妈妈告诉叶子这位叔叔是警察。

到学校时，看到了壮壮，叶子拉紧叔叔的手，用眼睛紧盯着壮壮说："我叔叔是警察，你再欺负我，我就告诉叔叔。"

叔叔摸着壮壮的头说："爱欺负女生的可不是男子汉呀！"

后来，叶子回家说，壮壮不再欺负她了。

孩子遭到同伴欺负，对父母来说，是件非常烦心的事。父母看着孩子委屈的样子，十分心疼，但还是得克制自己，要冷静。父母要想想自己的孩子为什么被欺负，再想想对方为什么爱打人，只有找到了事情的根源，才能从根本上解决问题。

如果孩子经常受欺负，那么父母就要考虑，看看孩子的交往方式是否有问题。孩子在同伴中总是处于弱势，对孩子的成长是极为不利的。父母应从自己孩子身上找到问题的症结并加以正确的引导，帮孩子调整与同伴交往的策略。对于处在交往弱势的孩子，决不能强行地要求他"打回去"。因为孩子本来可能就比对方弱小，万一孩子动了手也"打不回来"，孩子就更紧张了。而且，轻易教孩子以动手方式来解决问题，容易使孩子间的争斗升级，形成你不让我、我不让你的激烈局面，最终可能造成更大的伤害。

小孩子爱打人原因是多方面的。两岁多的孩子，正处在以自我为中心的时期，他们总认为这是我的、那是我的，不懂得分享、合作，争抢玩具更是常有的事。还有一些孩子的语言发展滞后，不能用语言正确处理和小朋友的问题，也易发生咬人、打人、抓人的现象。当然，也有一些孩子，打人根本就不是要攻击对方，而是向对方表示友好，只是他不懂得轻重，比如亲小朋友的时候像是在咬人，弄疼了被亲的小朋友，两个人就打起来了。

弄清了孩子被"侵略"，和一些孩子"侵略"别人的原因，父母就要正确地加以引导了。

1. 教孩子学会宽容对人

一般来说，孩子平时所受的欺负，无非就是被逗了一回，推了一把，如果没有很严重的伤害，父母完全没有必要大惊小怪。我们可以抓住这样的事例对孩子适时进行引导教育，让孩子体会到这种行为会对别人造成伤害，是大家都不喜欢的。要从培养孩子的爱心出发，尽可能地去淡化人与人之间的"敌意"，教孩子宽容待人，学会谅解别人。

2. 教孩子学会躲避危险

在家里，父母可以和孩子玩一玩游戏，比如妈妈和宝宝追打着玩，打宝宝身体时，看看他是否能迅速躲避，假装要打他的脸时，看看他是否会扭头避开。同时，允许孩子和要好的小伙伴之间打闹，这是孩子的一种学习方式。从游戏中，孩子也能逐渐学会躲避危险。

3. 教孩子学会大声求援

有的孩子生性软弱，当别人欺负他时，只知道向后退，一直退到墙角。孩子越是退缩，攻击他的孩子越是厉害。对这样的孩子，家长应当告诉他，不用害怕，要大声喊老师或大人，阻止攻击他的孩子。

4. 引导孩子在实践中积累经验

两个孩子打架，引来各自父母相帮，当父母之间吵得不可开交时，两个孩子却早已和好如初，又玩得很开心了。孩子间的打闹争斗是平常事，是他们交往过程中的必然经历。孩子就是在今天吵明天好的过程中积累生活经验，学会与人相处的。做父母的决不能以成人的标准去衡量孩子的行为。顺其自然，让孩子通过自己的方式去解决问题。相信孩子通过摸索实践，最终会找到与同伴交往的方法。

5. 教给孩子解决争执的方法

父母要允许孩子和小朋友一起玩。几个要好的小朋友，有时也会出现争执的场面，此时父母可以在一旁静静地观察孩子们如何处理。当孩子们无法正确处理时，再帮他们解决。经过这样的交往，随着年龄的增长，孩子是能逐渐学会处理问题和争执的。

教孩子掌握说话的技巧

父母课堂

一个懂说话技巧的孩子，说出来的话就能够得到大家的欢
迎，大家也都喜欢接近他；一个不懂说话技巧的孩子，说
出来的话就会得罪人，大家也都会疏远他。父母也应该让
孩子懂得一点察言观色，要多方考虑别人的立场，去设想
他人的处境，注意用礼貌用语，体贴别人。

会不会说话决定了一个人能不能成功，一个人智力的发展和
概念的形成在很大程度上也是取决于语言的。对于孩子来说，有
效的说话技巧是他们学会和人共处的一项法宝。然而，在我们的
生活中，有很多孩子都不爱说话，看到人也是羞涩地笑一笑，要
不然就是假装没有看见。这些都是孩子不爱交际，或者是不懂说
话技巧的表现。

曾经听过这样一个故事。

有个人宴请了五位客人聚会，说好五点半在某酒楼见面，六
点钟准时开宴。可是到了六点了，还有两位客人没来，主人觉得
吃也不是（因为对不起还没来的客人），等也不是（因为对不起已
经来了的客人），正在左右为难之际，说了一句话："该来的没来！"
其中已经来了的一位客人一听这话，说："你的意思是说，我是
不该来的了，我走！"拔腿走了。主人看到，唉了一声，说了句：
"不该走的又走了。"另外的一个客人说："他不该走，那你的
意思是我该走。行，那我也走了。"说完，这位客人也走了。主
人急得像热锅上的蚂蚁团团转，剩下的那位客人跟主人比较熟悉，

于是说道："不是我说你，有你这样说话的吗？"主人反驳道："我又没说他们。""好啊！你没说他们，那就是说我了。"剩下的唯一的一位客人也被气走了。

一个人懂不懂说话的技巧，能不能恰当地使用语言，是这个人做事成败的关键。就比如上面这个故事，主人原本是非常好客的，但是由于不懂说话技巧，不能够正确地用语言表达自己的意思，让客人产生误会。这个故事充分说明，有效的语言表达是成功交往的必要条件。

还有一个故事：

有个皇帝，梦见他所有的牙齿都掉光了。醒来后他立即召来了一个解梦家，问他这个梦代表什么意义。

"唉，真不幸啊！皇帝。"这解梦家说道，"每一个掉落的牙齿，都代表着您一个亲人的死亡！"

"什么？你这大胆的家伙。"皇帝愤怒地对着他大喊，"你竟敢对我说这种不吉利的话？快给我滚！"随后又下令："来人啊！打这个家伙五十大板。"

不久，另一个解梦家被带来了，听完了皇帝的梦，他说："您真幸运啊！您将活得比所有的亲人更长久！"

皇帝高兴地笑了，他说："谢谢你，你立刻随我的侍从去库房领取五十个金币！"

途中侍从对这个解梦者说："就我听来，你所解释的和第一个人所解的意思并没有什么不同啊！"

解梦家狡黠地答道："话有很多种说法，问题就在于你如何去说！"然后他高高兴兴地领了金币回去了。

同样的意思，不一样的表达方式，结果往往有很大的不同。如何智慧而得体地表达出心中的意思，需要用心，更需要操练。因此，父母需要从小培养孩子的说话技巧。

1. 训练孩子的语言表达能力

有的孩子说话没有逻辑，甚至有时候会语无伦次，就是说心里知道是什么意思，但是就不能从嘴里说出来。面对这样的孩子，父母主要应该训练孩子的语言表达能力，让孩子正确表达自己的意思。比如，父母可以经常给孩子讲故事，但是，不能只让孩子当听众，父母要让孩子把自己所听到的故事再复述一遍；还可以在孩子回家之后，让他讲一下自己的一天是怎么过的，慢慢的，让孩子把自己心里想说的话通过恰当的语言表达出来。

2. 不要只顾着自己说话

有些孩子一出口，别人就无法插嘴，因为他根本就无法停止，这样的孩子同样不会受到别人的欢迎。每个人都希望别人能够倾听自己说话，却很少有人喜欢一直倾听别人说话。如果把孩子训练成一个可以认真倾听别人说话的孩子，那么，孩子就会受到人的欢迎，然而前提是让孩子不要只顾着自己说话，要多给别人说话的机会。如果对方同样是抱着这样的想法，那么就可以找双方都感兴趣的话题，让大家都聊得很尽兴，大家的关系也就会慢慢熟悉起来。

3. 规劝别人要有技巧

忠告和规劝不仅是大人之间会发生的事情，这样的事情同样会在孩子们中间发生。但是，孩子通常不懂得怎么去规劝别人，只知道朋友不对就要告诉对方。有时候可能会因此伤害了对方的自尊。因此，父母要让孩子知道，指出别人的错误是需要在私下里进行的，需要在合适的氛围，适合的机会，再用上正确的方法的，这样才会有效，才会让朋友欣然接受。

4. 让孩子拥有幽默感

一个幽默的孩子通常会有很多朋友，因为这样的孩子在和别人的谈话中总会让对方感到特别的轻松；一个幽默的孩子，会在气氛有点尴尬的时候，用幽默的语言化解尴尬；一个幽默的孩子，会在气氛有点低落的时候，用幽默的动作让气氛高涨起来；一个幽默的孩子，会在气氛高涨的时候，用幽默的方式，让气氛更加自然，让参与的人觉得更加舒坦。幽默的孩子到哪里都会受人欢迎，都会交到朋友，因此，父母要让自己的孩子幽默起来。

5. 控制好自己的音量

有的孩子天生大嗓门，一说话能把人的耳朵震聋了。虽然这句话有点夸张，但是没有人喜欢和一个像和人吵架一样的人说话。当然，如果一个人说的话让人听不见，声音太小，这也不行，别人会因为和你说话太累而不再愿意和你交谈。因此，父母要让孩子学会控制自己的音量，既不要太大声，又要让人听见。

6. 说话要注意分寸

有些人说话比较夸张，动不动就会用"最大""最好""第一"等最高程度的词语。父母应该让孩子学会注意说话的分寸，不要总是把话说得太满，这样会让人觉得你是一个很自大的人。

教孩子学会倾听

父母课堂

孩子的特点是好动、表现欲强，绝大部分孩子都喜欢别人听自己说，而没有耐心去听别人说。他们往往会趁别人说话的时候去干别的事情，因为他们认为别人说话不关他的事。但父母一定要明白，倾听其实是孩子感知和理解语言的行为表现，所以有必要让孩子学会倾听。

善于倾听别人谈话的人，能从别人的谈话中发掘对自己有利的信息，并能为己所用。他们靠倾听别人的谈话，学习为人处事的技巧，学习生活方面的某些细节……从而使自己在倾听中学习，在学习中不断地成长。

在人际交往中，倾听是关心他人的一种表现，是一种无私的行动。而且，用心倾听别人谈话，还能使人学会很多东西。这对于家庭、事业乃至整个社会，都是不可缺少的。一个人只要注意倾听，就能够摆脱孤立片面的境地，进入友爱的人际圈。

倾听能力在现实生活中运用非常广泛，大到听报告，欣赏音乐，小到一句话及每个字的听和用等，日常生活中时时处处需倾听。倾听能力的强弱直接影响孩子知识技能的接受和掌握。

那么，怎样让孩子学会倾听呢？

1. 培养孩子良好的倾听习惯

　　良好的倾听习惯是发展孩子倾听能力的前提和基本条件。由于孩子在家庭中的特殊地位，孩子的表达能力增强了许多，可是有些习惯却不好，比如，大人说话时常插嘴，不能认真仔细地听等。要发展孩子的倾听能力，必须培养孩子良好的倾听习惯，这是提高孩子听懂语言的重要保证。应让孩子懂得在听故事或别人讲话时，可以自然地坐着或站着，眼睛看着说话的人，并且不随便插嘴，安静地听他人把话说完。这是一种倾听礼貌。

2. 让孩子按指令行事

　　好动是孩子的天性之一，也是身心发展的一个阶段，为此，可以用按指令行事的方法来发展孩子的倾听能力。比如，要求孩子听指令做相应动作；在日常生活中交给一些任务，让孩子完成，以锻炼孩子对语言的理解能力；结合培养注意力，让孩子根据某种音乐或节奏等，一边看着大人的手势，来完成某些动作或相应的行为；等等。

3. 对孩子进行听辨练习

　　要提高孩子倾听的水平，从根本上说，就必须提高孩子的听辨理解力。也许有些父母认为：只要耳不聋，哪个孩子不会听？这其实是一种肤浅的认识。要知道，"能听"绝不等于"善听"，这就好比一个人可以从地面上双脚起跳，并不等于他就是跳高、跳远的能手。同样是"能听"的人，由于倾听的水平不一样，倾听的效果、交际的效果必然大相径庭。

　　听辨理解力强的孩子不仅能在倾听中及时跟上大人的语速，迅速听出大人话语的思路要点，辨出真假，理解语意，而且能听

辨出对方话语中"弦外之音"，从而挖掘出对自己有利的信息，并加以利用。对于听辨理解力强的孩子来说，倾听别人说话的过程就是学习的过程，就是不断丰富自身知识的过程。

在现实生活中，我们经常发现，有的孩子听一件事时，只听到其中的一点儿就听不下去了，这就是倾听质量不高，听得不仔细、不专心、不认真的表现。对于这种情况，父母可以在日常生活中对孩子进行有目的的听辨练习，让孩子去判断语言的对错，并加以改正。比如，你说"玉米棒结在地下，葡萄结在树上"，让孩子听到后，挑出毛病并纠正。为了让孩子注意倾听，你的语速可以稍快一点，让孩子觉得你是在跟他做游戏。

4. 让孩子传话

只有让孩子把听到的内容说出来，我们才知道孩子是否仔细倾听了。你可以让孩子重复一遍你说过的话。这样，你马上就能弄清楚孩子到底有没有听见你所说的话，还是孩子确实不知道该如何去做。

你可以让孩子听一段话或一个故事，要求孩子认真、仔细听完后回答问题。比如，小蚂蚁想去哪里？汽车上坐着谁？等等。

传话法可训练孩子记忆力和倾听力，如让爸爸每天告诉孩子一句话，再请孩子告诉妈妈，这样就逐渐培养了孩子仔细倾听的能力。

5. 唤起孩子倾听的欲望

父母要让孩子知道，声音真是一种非常奇妙的东西。风声、雨声、流水声，笛声、歌声、人语声……是丰富多彩的声音，使大自然充满奇趣，使人与人得以沟通交往……如果没有声音，世界将会怎样？枯燥、死寂、可怕……难以想象。

父母要让孩子知道，在人与人的交往中，学会倾听，不但能给予他人自信，使自己取得信赖，赢得友谊，也是了解别人的最好方式。在别人的话语里，有鲜花、有荆棘、有废渣、有珍珠，有林林总总的一切。细心的倾听者，能从中听到财富。

6. 让倾听提升孩子的审美情趣

自然界中充满了语言，花有花言，鸟有鸟语，就连风吹过时也有"沙沙""呼呼"之别。大自然有生动、丰富而又无穷的听的资源，我们为什么不让孩子去利用呢？

父母应经常带孩子走进大自然，并引导他们听听四季之声，潮汐之声，乃至万物之声，让孩子们在色彩纷呈的自然之声中去感悟、辨析、理解、记忆、想象……从而陶冶孩子性情，提升孩子的审美情趣。

总之，培养孩子善于倾听的能力，使孩子养成善于倾听的习惯会对孩子的人生产生不可估量的作用，会对孩子全面素养的提高起到巨大的推动作用。因为，学会了倾听，也就学会了尊重别人，学会了真诚处世，也学会了与他人合作。

教孩子学会待人接物

父母课堂

生活在现代社会的孩子，必须学会待人接物的方法，善于与人合作。和谐的人际关系与较强的人际交往能力，已经越来越成为当今世界人才的重要素质之一。那些不善于与人交往，缺乏待人接物的经验，缺乏自主能力的孩子，将来很难成为栋梁之材。

鹏鹏是个好孩子，只是不懂得待人接物。

小朋友来家里玩，他不懂得主动热情地招待。小朋友起身告辞，他只说了声："拜拜！"就继续玩自己的，连送也不送一下。妈妈看到了说："鹏鹏，小朋友走了，你应该出去送送。"

鹏鹏应了声就真的出去送了。可是，小朋友一出他家的大门，鹏鹏"嘭"的一声就关上了门。

妈妈皱了皱眉头说："送客人时，你应等客人走远再转身关门。不然，客人一出门你就关门，客人会认为你不欢迎他。"

"哦，妈妈，我知道了"。

"宝贝，这不是客气，而是待人接物的基本礼貌。"

父母应该注意自己的表率作用，强调自己对他人的关心和兴趣，引导他人畅言自己的思想，和他人交换意见和看法。如果可能，应该让孩子和小朋友一起玩游戏，这样他才能有机会学习与同伴交流的技巧。

在孩子生长过程中，自主能力和社交能力是相辅相成的。在生活中我们会发现，凡是自主能力强的孩子，其社交能力就比较强。孩子的处事本领、交往能力，需要从小培养。

作为父母，应该创造机会，让孩子自己参加接待客人的活动，以培养其处事能力。

接待客人的活动有利于培养孩子的主人翁精神。在参与接待客人的过程中，体会到主人和客人地位的不同，自然会产生一种自豪感和责任感，会比平时小心十分，殷勤百倍。同时，也有利于培养孩子礼貌待人的好习惯。要接待好客人，让客人满意，就必须在语言、行为上讲究礼貌，实质上是给孩子提供礼貌待人的练习机会。

父母要注意的是，在孩子不愿接待客人的时候，千万不要强迫孩子。生活中，很多父母总会强迫孩子讲礼貌，比如有客人来家里，孩子躲在房间里不出来，不与人打招呼，家长非得把孩子拉出来跟客人问好，结果，孩子产生了逆反心理。

事实上，父母这种强迫的行为本身就是不礼貌的。孩子不愿意与人打招呼必然是有原因的，比如孩子从小就很害羞；孩子认为客人是父母的客人，与自己没关系；或者他正在做作业，一时忘记了打招呼……

这时候，父母需要的是引导孩子去跟客人打招呼，如果孩子实在不想打招呼，父母不应该强迫孩子，应该在事后告诉孩子："与人打招呼是最基本的礼貌，你去别人家里时也希望受到别人的热情欢迎呀！"这样，让孩子设身处地为他人想想，他才能礼貌地待人接物。

孩子只有懂得待人接物，才能对交际充满信心，在交际中得心应手，从容不迫。这对他将来走向社会、迈向成功都有着重要的意义。

培养一个有礼貌的孩子

父母课堂

> 一个没有礼貌、举止粗俗、不尊重他人的人，很难获得别人的尊重，也不易获得友谊，因此往往缺乏幸福感。要想使孩子成长为有所作为的人，父母就应让孩子从小懂礼貌，讲文明。

培养孩子讲文明、懂礼貌就是要让他们学会亲切、和气、文雅、谦逊地说话和做事；正确有礼貌地称呼人；热情地招呼客人；会确切地运用礼貌语言；能有礼貌地处理生活中的一些事，等等。

一个没有礼貌的人，不管是在工作中还是在生活中，都不会获得别人的尊重，这样的人往往不会感受到幸福。因此，如果想要让孩子成为一个让人尊重，并且受欢迎的人，父母就要让孩子从小懂礼貌。

让孩子懂礼貌可以从同人"打招呼"开始，要知道，一句问候语虽然简单，但要让孩子养成习惯并且主动说出，这可不是一件容易的事情。因此，当孩子主动向人打招呼的时候，父母一定要及时给予表扬，并且让孩子知道，人人都喜欢懂礼貌的孩子。

在我们的生活中，父母要让孩子学会尊重长辈。对于这一点，父母要为孩子做榜样。试想一下，如果父母本身对长辈就不尊敬，还怎么让孩子去尊敬长辈？因此，父母要以身作则，尊敬自己的长辈，这样孩子才会有样学样，学会尊敬长辈。

当父母带孩子去别人家里做客的时候，要告诉孩子不要在别人家里大声嚷嚷。要知道，在别人家里大声嚷嚷是一种非常不礼貌的行为。当主人递给零食的时候，要礼貌地接过，并且要对主人说声"谢谢"。在吃饭的时候，要注意尽量不要给主人添麻烦，也不要弄出什么声音，更不要随便挑食。在别人家里做客的时候，不要随便翻别人家里的东西，也不要在客厅里追来追去，更不要和主人家里的小朋友闹矛盾。

当父母带孩子去一些公共场合的时候，父母要教孩子遵守社会秩序，说话要文明，不要大声喧哗。在乘公共汽车的时候，要让孩子给老人让座，如果有人给孩子让座，一定要让孩子对让座人说声"谢谢"。

父母对他人的态度和所作所为，常常影响孩子以后对人的态度和行为举止。此外，父母对孩子的态度，也会影响孩子日后的为人。比如，父母粗鲁，孩子就往往不会文静；父母不尊重孩子，孩子也往往不会尊重他人。所以，父母一定要以身作则，为孩子树立一个好的榜样。

让孩子养成遵守公共礼仪的习惯

父母课堂

父母应该教给孩子一些在公共场合的基本礼仪知识，如保持安静，不制造噪声等。慢慢地，孩子就会养成遵守公共礼仪的习惯，这将使孩子终生受益。

在公共场合，我们就要遵守公共道德，遵守公共礼仪。孩子还小，父母一定要及时教给孩子在公共场合应注意的礼仪。孩子显得有教养，父母脸上自然光彩。

1. 走路的礼仪

走路的时候，如果道路比较窄，应该"眼观四路，耳听八方"，及时给各种车辆让路。不要不自觉地走到路中间，给其他想超越的行人和车辆造成不便。几个人一起走的时候，千万不要为了"保持团结"而并排走，迫使后面的人只能乖乖地跟你们后面慢慢走。

在人多的地方，不可以横冲直撞。如果碰了别人、踩了别人的脚，应该诚恳道歉。同样，如果别人不小心碰了你或踩了你的脚也应该谅解别人。

如果穿着长大衣或风衣，上下车或楼梯的时候，一定要把衣服提起来，以免走在你身后的人不小心踩到衣角，而使你摔倒。

2. 交谈的礼仪

路上遇到熟人，应主动打招呼。如果需要简短交谈，应站在不碍事的路边。如果两个人相距较远，又需要打招呼，可以挥手示意，或者紧走几步到他附近再喊，不要隔着很远就大喊大叫。

3. 洗手间的礼仪

我们都希望使用干干净净的洗手间，所以必须从我做起。每次用完后，无论是公共洗手间还是私人洗手间，都要放水冲洗干净再走，不要添脏添乱。洗完手后最好用纸巾把手和弄湿的洗手池台面擦干净。有的洗手间还专门提供了烘手机、毛巾或纸巾等，洗手后千万要注意把手擦开再走，不要一边走路一边甩动双手，弄得到处是水，甚至甩到其他人身上。有些人习惯在自己身上一抹，这些都是失礼的表现。

4. 不制造噪声扰乱别人

在公共场合，保持安静是文明的表现。

居民小区里，人们出出进进，关门时往往漫不经心地将门随手一拽就会发出"咣啷咣啷"的响声，扰得四邻不安；在公交车上，有的乘客的手机响了，便拔高嗓门开始回话，更有甚者，还夹杂着一些不堪入耳的"国骂"；在医院的候诊室里，在参观展览的大厅里，在大大小小的会议室里，以及其他公共场所中，有些人总是拉开嗓门大声喧哗、取闹。

这种人旁若无人的制造噪声，搅得大家烦不胜烦、心神不宁。孩子如果在这种环境下成长，又没有人加以引导的话，他们在公共场所就会也不懂得安静，因为周围司空见惯的嘈杂现象，没有让他们觉得"不懂得安静"是一种不好的行为。所以，父母切勿忽略这个小细节。

此外还要教孩子注意公共卫生，养成把果皮、果核、烟蒂以及其他垃圾扔进垃圾箱的习惯，需要处理痰、涕的时候，应该用纸先包起来，再扔进垃圾箱。乘车的候，要注意保持车内的整洁。如果制造了垃圾，要自觉地用袋子装起来，准备扔到垃圾箱里，而不要扔到车窗外。在车上，不要乱蹬、乱踏。

第4章

给孩子一个快乐的童年，
孩子才会懂事

孩子的童年应该是快乐的。作为父母，应该为孩子创造一个快乐的童年。快乐的孩子大都心胸宽广，乐于助人，人际关系比较好，比较懂事。这对于孩子的将来大有益处。

培养孩子乐观的性格

父母课堂

> 也许有些孩子天生就比较乐观，有些孩子则相反。但心理学家发现，乐观的性格是可以培养的，即使孩子天生不具备乐观的性格，也可以通过后天的努力来形成。

生活中经常发现，有的孩子年纪虽然只有五六岁，但神情很忧郁，怕生人，怕说话，怕做错事。在学校，热闹的地方找不到他们的身影；在家里，很少与父母家人说话，喜欢缩在自己的小房间里。这类小孩子长大之后极有可能成为悲观主义者，甚至引发精神疾病。相反，乐观的孩子活泼可爱，思维活跃，他们将来往往会成为事业上的成功者，幸福家庭的组织者。

乐观是一种基本的情绪，人的本性中就有乐观的成分。孩子在出生后的两个月左右，就有了社会性的微笑。乐观的性格，对于孩子的一生很重要。

那么，怎样培养孩子乐观的性格呢？以下是有关教育专家的合理化建议：

1. 鼓励孩子多交朋友

不善交际的孩子大多性格抑郁，因为享受不到友情的温暖而孤独痛苦。性格内向、抑郁的孩子更应多交一些性格开朗、乐观的朋友。这样在与他们相处时孩子会渐渐变得开朗、活泼，并从其中体会到快乐。

2. 教导孩子关怀别人

父母应教导孩子关心爱护他人，并了解这样做的意义。父母可以和孩子一起整理一些旧玩具，和他一起捐给慈善团体，帮助无家可归的孩子。也可以鼓励孩子在学校参与一些义工活动。专家指出，即使在孩子很小的时候，孩子都能够从帮助他人的过程中，获得快乐，并养成喜欢助人的习惯。

3. 给孩子提供决策的权力

对于孩子的想法、兴趣爱好，做父母的不要过分限制，压抑孩子的天性，而是要尽量给孩子一个自由自在的活动空间。如果孩子对任何事情都无权做出决策，他们会觉得自己完全是在受别人的摆布，由此容易养成悲观的个性；如果在适宜的条件下给孩子以决策的权力，让孩子意识到自己存在的价值，由此容易养成乐观的个性。父母要让孩子在不同的年龄段拥有不同的选择权。如，2岁的孩子允许选择午餐吃什么，3岁的孩子允许选择上街时穿什么衣服，4岁的孩子允许选择假日去什么地方玩，5岁的孩子允许其买什么玩具，6岁的孩子则允许选择看什么电视节目……只有从小就享有选择"民主"的孩子，才会感到快乐自立。

4. 让孩子保持一颗平常心

乐观的人可以坦然地面对，成功和失败、痛苦与幸福。现在的孩子多是在温室中长大的，经历的风雨不多，意识不到艰难的存在，更别说怎么去面对了。父母应该让孩子接触各类事物，接触的事情多了，心胸自然就开阔，悲观思想便不容易产生了。用平和的心态去对待而不是消极地面对世界。要让孩子积极参加各种活动。开始时，可以暗示孩子主动提问，主动要求、主动学习。当孩子主动行动了，父母要用表扬、奖励等方法强化孩子的自主观念。孩子主动去做了，不一定成功。父母要激励孩子，告诉孩子："人生不如意事十有八九。"失败了一次不要紧，要知道，失败是成功之母。

5. 教孩子调整心理状态

即使天性乐观的人也不可能事事称心如意，但他们大多能很快从失意中重新奋起，并把一时的沮丧丢在脑后。当孩子遇到挫折与失败而沮丧时，父母不要批评指责以加重他们的心理压力。而应给予支持与帮助，使孩子明白：要获得成功，往往必须经过挫折与失败的考验；当遇到挫折与失败时，千万不要气馁，只要不懈努力，就会一步步走向成功。

6. 培养孩子广泛的兴趣

开朗乐观的孩子心中的快乐源自各个方面，一个孩子如果仅有一种爱好，他就很难保持长久快乐。试想，只爱看电视的孩子如果当晚没有合适的电视节目看，他就会郁郁寡欢。有个孩子是个书迷，但如果他还能热衷体育活动，或饲养小动物，或参加演剧，那么他的生活将变得更为丰富多彩，由此他也必然更为快乐。

7. 限制孩子的物质占有量

实践证明，适当地限制孩子对物质的占有数量，对乐观性格的发展能起到推动作用。因为给孩子过多的物质，会让孩子渐渐将一切快乐都建立在物质的获得之上。而一旦发现自己所获得的物质不及别人多，或是自己拥有的物质有所减损时，就容易产生愤懑心理。

8. 保持家庭生活的美满和谐

家庭的气氛、家庭成员之间的关系在很大程度上会影响孩子性格的形成。一个充满了敌意甚至暴力的家庭，是绝对不可能培养出快乐的孩子的。夫妻间相亲相爱，一家人其乐融融，成长在此家庭环境中的孩子容易养成乐观的个性。

让孩子享受自由

父母课堂

每个人都渴望自由，孩子更如此。妈妈尊重孩子，给孩子行动的自由，孩子就会发展出独立的人格，从而发展出自由的思维，做自己行为的主人，拥有自信心和责任感，从而在内心深处形成自律的品质。真正的自律不是来源于严加控制和惩罚，而是来源于尊重和自由。

现在的孩子什么都不缺，要什么有什么，对于孩子的要求，父母向来是有求必应的。可是，就算父母答应了孩子所有的要求，还是会让孩子感到有所不满，为什么呢？因为有一样东西是孩子特别想要而父母不想给的，那就是自由。

孩子天生是喜欢自由的，他们喜欢自由自在地玩耍，喜欢不受束缚地和小伙伴们一起做游戏，更喜欢做一些自己喜欢的事而不被父母管束。然而，父母对于孩子这样的天性却不以为然，他们认为只要把孩子的学习抓好，只要孩子的学习成绩好，那就好了。如果让孩子自由自在地去玩，那么，孩子什么时候学习，如果不学习，怎么可能会有好成绩？因此，父母们就对孩子实行"紧盯"策略，只要孩子一回家，就会催促着孩子学习，一吃完饭就让孩子回房写作业，一点喘息的时间都不给孩子。

面对父母的紧迫盯人，为了能够争取一些自由，孩子开始和父母玩起了策略。既然一回到家就让学习，孩子慢慢地就会晚一点回家，延长在外面逗留的时间，让父母着急；如果一吃完饭就让学习，孩子就会在吃饭的时候磨磨蹭蹭，慢慢的就会养成爱磨蹭的坏习惯。不仅如此，如果父母长期这样下去，孩子的抵触情绪就会越来越强烈，让父母的教育适得其反，孩子的学习成绩也不会因此提高。

当然，这里所说的给孩子自由是让孩子在父母的关注下自己安排活动，当孩子需要帮助的时候，父母要给予一定的帮助；当孩子有不明白的事情的时候，父母加以解释；当孩子有什么做不好的事情时，父母要伸出援手。

如果父母对孩子的一切都不闻不问，让孩子自己解决所有的事情，这样不是在给孩子自由，而是放任孩子，是对孩子的一种不负责。有些父母就是这样放任孩子的，可能这些父母的初衷并不是要给孩子自由，而是由于工作或是其他一些原因没有时间教育孩子。比如，小兵的父母是做生意的，由于生意忙，他们没有时间照顾孩子，于是就对孩子不管不问，只是给小兵足够的零钱。小兵在没有父母管束的情况下，不好好学习，也不好好读书，整天就只知道跟同学一起玩，甚至还经常出入游戏厅。慢慢的，小兵经常旷课，还经常和校外的人打架。这些情况，小兵的父母一点都不知道。直至有一天，老师联系到他们，他们才知道自己的孩子已经不是那个乖乖听话的孩子了。这就是父母放任的结果。

那么，父母应该怎么做才能让孩子享受自由而又不会放任孩子呢？

1. 给孩子自由支配的时间

父母不要总是把孩子的时间排得满满当当的，要给孩子一些时间让他自己决定要干什么。如果父母把孩子的时间排得毫无空隙，慢慢的，孩子就会养成一些不好的习惯。比如，有的父母把孩子的周末就排得很满，星期六下午要把作业做完，星期天上午要去学画画，下午又要弹钢琴，一点时间都不留给孩子。有的父母在孩子每天放学之后只是一味地给孩子安排任务。父母要知道，孩子毕竟还小，他的承受能力是有限的，如果父母不让孩子休息，孩子就会在完成任务的过程中实行拖延政策。孩子认为，如果他不把一件事情做完，父母是不会再给他安排其他事情的。于是，孩子为了避免父母给自己安排一大堆任务，他的速度就会慢下来。久而久之，孩子就会养成做事拖拉的习惯。有的父母反映，孩子写作业的速度非常慢，有的时候还发现孩子是一边写作业一边玩。如果孩子有这样的情形，父母是不是应该反省一下自己了呢？所以说，父母应该给孩子一些可以自由支配的时间，让孩子去做他自己喜欢的事情。

2. 让孩子学会为自己负责

　　当父母决定要给孩子一些自由的时候，父母首先要做的是让孩子学会为自己负责。父母要让孩子知道，一个人不管做什么事情，说什么话都要为自己负责。当孩子有了这样一个认知之后，父母才可以给孩子一定的自由，这样父母就不担心孩子用滥用自己的自由，也不用担心孩子会做一些没有准则的事情了。一个知道为自己的行为负责任的孩子，他不管在做什么事情之前都会审视一下自己，问自己这件事情可不可以做，做了会对自己和别人产生什么样的影响。负责任的孩子还知道，对自己来说什么样的事情是最重要的，自己想要的目标是什么，自己怎么做才能让事情的结果发展成自己想要的，但是又不会伤害到别人的利益。然而，如果父母没有让孩子有一个"要为自己的行为负责"的认知，他在做事情的时候就只会按自己的意愿去做，丝毫不理会这件事情会给别人带来什么样的伤害。到最后，不仅会伤害到别人，还会让孩子受到伤害。为了能够不让孩子受到一些不必要的伤害，父母在给孩子自由之前必须让孩子学会为自己负责。当孩子学会了为自己负责之后，自然而然地就学会了为别人负责。

3. 让孩子学会遵守一些基本规则

　　这里所说的遵守并不是特别针对某些东西，只是单纯地让孩子学会去遵守。比如，当孩子在学校的时候，要让孩子学会遵守校规；当孩子在家里的时候，要让孩子学会遵守家里的一些规矩；当孩子到了一个新的地方，要让孩子学会遵守那里的风俗。总之，就是让孩子学会去遵守。因为，一个懂得遵守规则的人会有条理地去完成自己的事情，一个懂得遵守规则的人会在自己的制度里愉悦地享受自己的自由。

和孩子一起玩游戏

父母课堂

没有不喜欢玩游戏的孩子。对于孩子的游戏，父母应予以支持并应和孩子一起玩。父母和孩子一起玩游戏，可以建立亲子感情，享受天伦之乐；可以使孩子和自己快乐；可以促进孩子情商的发展。

先来看一个关于父母和孩子一起玩开商店的游戏。

游戏开始时先分配角色：一个是顾客，一个是售货员。角色的分配要采取民主的方法，让孩子自由选择，给孩子自己做出决定的机会。

接下来把所有的旧玩具都摆出来，同孩子一起整理货架。整理货架是训练孩子从分类中发展数理思维能力的好机会。要引导孩子把所有的玩具分门别类地放置在设好的货架上：交通工具类（自行车、小汽车、公共汽车、飞机、轮船等）、兵器类（手枪、坦克等）、娃娃类、炊具类，等等。

货架整理好以后，就开始"买卖"了。买东西是需要钱的，当然钱可用代用品，一些小玩具如小画片、小纸板等，只要孩子能想得出，都可以当钱用。不过，最好使用真的钱，这样可使孩子对钱币有直观的认识，并从中学习数数、计算和理财。

在"买卖"的过程中，父母还可不断引导孩子认识颜色、大小，学习归类等。最后，父母可以与孩子交换角色重复游戏。游戏结束后，和孩子一起把玩具收拾好。

像这样的角色游戏，孩子参与的热情很高，游戏中既使旧玩具得到了最大程度的利用，又培养了孩子的注意力、想象力等思维能力，还加强了亲子沟通。

游戏作为一种特殊的学习方式，是孩子表现生活、表达情感的开端。通常游戏时，孩子的认知、记忆、思维、注意力等状况都远比在课堂中的效果好。这是因为孩子在松弛、欢快的游戏情景下，更容易激发出想象力和创造欲望。

可是很多的父母常对爱对孩子重复一句这样的话："都那么大了，还像个小孩子似的玩！"这是对游戏的误解造成的。著名教育学家斯宾塞却不这样认为，他认为："重要的不是玩什么，而是怎样玩，玩的时候有些什么想法和感受。"

著名建筑师伯努瓦在他的回忆录曾写道：父亲曾送给他一大盒做工精致的玩具小兵，幼时的他常常几个小时地玩这些精巧的玩意。他总在和小兵的交战中战胜它们，然后"照料"伤员，把损坏的小兵粘起来，再重新上色。数年之后，这些儿时游戏里的想象跃然于他气势磅礴的剧院设计草图上。"彻底、真实而由衷的自由，这就是游戏。"这种对游戏的感受影响了这位建筑师的一生。童年时养成的扮演胜者角色的习惯，给了他自信和鼓舞，并把这种习惯作为一个起点，直至鬓发斑白。

游戏本身固然对身心有益，但更重要的是，它使全家有机会一起开心地玩几小时。

一位有三个子女的母亲说："孩子们小的时候，我们周末常去野外露营。在下雨天我们就在带小帐篷的拖车上，找出那副商品期货纸牌游戏来，假装自己是谷类期货交易所的经纪人。我们会大声呼喝，弄得公园管理员误以为我们是在打架。"

父母的爱是孩子成长过程中的"营养催化剂"。一个感受不到父母关爱的孩子，其情感发展也不可能正常，而情感的发展对于孩子的整体发展来说又是至关重要的。很多父母整日忙于工作，无形中父母与孩子之间少了一份情感交流与沟通，这是造成一些孩子冷漠、孤僻的最重要的原因。

玩游戏是孩子锻炼大脑最好的方法之一。只要父母在孩子娱乐的时候，稍微动脑想办法，做一些努力，把理论基础知识融于娱乐之中，单纯的玩耍也会马上变成使大脑变聪明的工具。

游戏可以促进孩子的身体生长发育，孩子在游戏中，身体的各器官和组织处于积极的活动状态。各种不同的游戏，大小不同的运动量，活动着身体的不同部位，从而促进着身体各系统的生长发育，特别是对孩子的运动系统和神经系统有利。孩子在进行游戏时，总是非常积极的、欢乐的，总是伴随着愉快的情绪。

这种愉快的心，又保证着孩子身体的健康，保证着机体的正常发育。

游戏可以巩固和丰富孩子的知识，促进其智力和语言的发展。游戏是孩子对现实生活的特殊反映。在游戏中，孩子广泛使用着各种玩具，反映社会生活中的各种关系，运用着自己的知识和经验。游戏的同时也是运用智慧的活动。在孩子玩各种游戏时，需要观察力、记忆力、创造力、注意力、思维力和想象力等六种智力要素的积极参与，并在游戏进行过程中不断地解决不同游戏情景中产生的不同问题，从而有力地促进了孩子智力的发展。

特别值得注意的是，游戏对孩子创造力的发展有着不可估量的作用。孩子的所有游戏都离不开想象，而想象和创造关系密切，不可分割。没有大胆的"异想天开"的想象，也就无所谓创造。

不要把游戏的时间都交给幼儿园或者学校的老师，父母的作用不可替代。一般地说，现在的年轻父母的儿童时期，父母都工作得很辛苦，承受着太多的压力，不能用这种方式与我们玩，所以很少遇到抛开自己烦恼的、大孩子式的父母。因此，对我们大多数人来说，投入地与孩子一起做游戏而又只能做输家并不是件容易的事。作为父母，假如你感到这种方式对你来说过于困难，你可以试着找个人谈谈你的困难所在。花些时间谈谈妨碍你做这种游戏的烦躁不安和忧虑，这样你即使感到不舒服，也还是能坚持做下去的。

有些父母担心自己扮演无能的角色会失去孩子的尊重，这种担心是完全没有根据的。当然，孩子会因为有机会对你说明自己的问题并能以愉快的方式与你打斗一番而感到很兴奋，有可能会缠着大人没完没了，让你无法抽身，但那是值得的。共享一段游戏时间后，孩子会明显地对你更有感情，更亲近，有时他们还会让更深层的感情自由地流露出来。游戏和笑声已经让孩子对你们的关系有了完全的信心。

有些父母把和孩子一起游戏看成"陪孩子玩"，孩子是发起者，父母是跟随者，父母要被动地跟着孩子走，自然是一件不太轻松和有趣的事情。但如果把和孩子一起游戏看成"和孩子一起玩"，父母和孩子同在一个游戏的氛围中，一起笑，一起探究游戏中碰到的问题，一起动脑筋想出更多更好的玩法，共同享受和交流其中的乐趣，孩子、父母都乐意。

让孩子敞开心扉

父母课堂

青春期是孩子人生中必然要经历的，也是一个人从孩提时代逐步向成人转变的过渡期。怎样对待处于青春期的孩子，怎样才能让青春期的孩子向自己敞开他们的心扉，是父母必须要重视的问题。

一位叫孙洁的母亲曾讲过这样一件事。

我女儿14岁，性格开朗，活泼好动，就是喜欢和我们顶嘴。我可以强迫她安静，不许顶嘴，但是我想，如果这样，即使孩子嘴上不说了，心里到底在想些什么不告诉我们，那就更麻烦。其实，孩子大了，他们非常清楚自己要什么，不要什么。我觉得总把女儿看成不懂事的小孩，也不符合实际情况啊！于是，我主动和女儿讲些单位里的事，还有家里的一些事，能和她商量的，我都征求她的意见。我想给女儿一个印象：我们已经把她当成一个成年人来看待了。我在语气上把她当成一个大人对待。女儿明显感觉到了我们对她的重视，除了感受到父母对她的爱之外，我们从她的脸上看得出来，她有了以前从未有过的自豪感。不知不觉中，女儿也渐渐把她在学校里的事情告诉我们了。最让我高兴的是：有一次，她告诉我有一个男生给她写了纸条要和她约会，还问我该怎么办。要是在以前，她绝对不可能告诉我这么秘密的事。我真的很高兴。

　　家庭既是家长也是孩子安全、可靠的港湾，孩子回到家中，有权利在这个港湾中获得心理上的调整与生理上的恢复，以便更好地投入学习与生活中去。由此可见，孩子在家中向家长敞开心扉，家长理应高兴，并格外予以关注。

　　孩子喜欢对家长说话是对家长的信任，这很可贵。只要可能，家长千万不要打断孩子的话，或者表示厌烦，因为，这么一来，孩子比较脆弱的自尊心就会受到伤害，弄不好，还会从此向你关闭心门，自我封闭，这样下去，后果将不堪设想。

　　也许，孩子在校内外遇到不愉快的事情，一时又找不到可以信任的人诉说，只好独自闷在肚子里，待回到家再向家长倾诉。孩子这么做，无非有两个目的：一是孩子在倾诉过程中，不满的情绪获得充分的宣泄，从而使身心恢复到常态；二是孩子的一番倾诉是为了寻求解决问题的良策。对于前者，家长自然不必多话，只需坐下来热情关注即可。对于后者，家长就得认真思索一番，以便用自己比较丰富的人生经验去指导孩子如何解决问题。

　　另外，也可能是孩子在学习或其他校园活动中获得了优秀的成绩。这时，孩子向家长诉说的目的无非是想让家长与他一同分享成功的喜悦。对于这类诉说，家长更应该认真对待，并且向孩子祝贺：昔日的汗水没有白流。可能的话，家长还可搞个家庭活动，以表庆祝，与孩子一同分享成功的喜悦。

　　具体说来，父母怎样才能让孩子对自己敞开心扉呢？

1. 创造合适的机会

　　"孩子，让我们来谈谈！"如果你们的谈话是这样开始的，结果往往是说话的只有你一个人。然而，在你们一起打完篮球、开车回家的路上，或周末一起散步时，往往是孩子滔滔不绝、喋喋不休的时候。要想多了解孩子的生活，就要多创造这些对他们没有压力，和你一起活动的机会。

2. 对其主动错误表示肯定

当你的孩子承认他开了你的车去看电影，并且不小心在车的侧面划了一道时，你必须首先对他的诚实表示肯定。孩子会担心因为他们的错误行为而失去父母的爱，所以你要特别注意鼓励他们养成主动承认错误的好习惯。

3. 控制你的反应

和孩子谈话中，可能会有很多令你不高兴或失望的事情，你必须很好地控制自己的情绪。比如，当儿子告诉你他没有被校足球队选中时，尽管你和他一样很失望，也不能让这种情绪表现出来。孩子都不喜欢让家长失望，如果你过分表现出失望，会让他以后只报喜不报忧。

4. 慎用批评

不要过早地跳出来下结论，等待他把事情全部说完，边听边用"嗯！""我知道这很伤你的感情"，以这种方式来鼓励他们把事情叙述完。听完了他的故事，更重要的是诱使他们自己发现问题的答案或者解决办法。随着孩子的不断成熟，我们越来越应该走到幕后，让他们通过深刻的思考自己解决问题。通过这种方式不但能增强孩子的自信心，而且他会逐渐把你当成一个可靠又对他有帮助的朋友，而不是高高在上的"大人"，会更愿意和你交流。

5. 尊重孩子的隐私

即使孩子和父母关系再好，他们也有自己的秘密。特别是青少年时期，他们开始学着和父母分离，越来越多地依靠朋友。这时的我们也应该降低期望值，不要像他们小时候一样要求他们把什么都告诉你。我们应该做的，只是让他们知道，"如果你需要，我们永远在你身边"。在轻松、民主的家庭环境里，他们反倒更能表现出他们的童心，不必装出大人的样子。

不要侵犯孩子的隐私权

父母课堂

孩子有了隐私，许多做父母的总是千方百计地去侦察，如翻抽屉看日记、拆信件，甚至打骂训斥。殊不知这种做法会伤害孩子的自尊心，给他们造成沉重的精神压力，甚至会让他们产生敌意和反抗，采取全方位的信息封锁和防备措施，最终导致亲子关系的恶化。

有这样一幅四格漫画，配有这样四句话："你翻看了孩子的书包""你偷看了孩子的日记""你拉开了孩子的抽屉""你也锁住了孩子的心，请尊重孩子的隐私权！"

人人都有不愿告诉别人私事，这便是隐私。个人隐私应得到尊重，法律也规定保护个人隐私不受侵犯，这便是隐私权。孩子的隐私权受侵犯是常见的事，侵犯者常是父母。

　　父母侵犯孩子的隐私权，会伤害孩子的自尊心。隐私常常包含个人的缺陷（包括生理、行为等方面）、错误、失算，是孩子自尊心遭到打击的记录。如果把自尊心比喻为花瓶，隐私就是瓶上的细小裂纹，所以做父母的更应细心保护好这个花瓶。随便暴露孩子的隐私，甚至当众宣扬，这无异于敲打这个有裂纹的花瓶，让孩子无地自容，把孩子的自尊心敲碎。

　　父母侵犯孩子的隐私权，会削弱孩子的自省力。写日记是一种自省方式，偷看孩子的日记，又把日记的内容宣扬出去，是不可取的。向父母吐露心事也是一种自省方式，父母听了却又透露给外人，这也是很不可取的。不尊重孩子这方面的隐私，孩子就会不再重视这些自省方式，就会大大削弱自省的欲望和能力，会妨碍孩子健康成长。

　　父母侵犯孩子的隐私权，会破坏孩子的人际关系。孩子的一些隐私会涉及他的同学、朋友，比如与朋友一起进行并非不正当，但又不愿别人知道的活动，并约定保密。父母知情后，不分青红皂白将事情公之于众，这便会招致朋友和同学的怨恨，破坏了孩子与别人的友谊。

　　父母偷看孩子的日记的目的，往往是想了解孩子的一些真实的行为和想法。堂而皇之的理由，往往是为了孩子好，怕孩子走上邪路，怕孩子出事。但是你的目的达到了吗？恰恰相反，你与孩子的距离更远了！

　　虽然父母出发点都是"为了孩子好"。他们的担心也不是没有道理，孩子毕竟尚未成熟，处理一些事情难免幼稚、失误。但要引导孩子走正道，正确的方法是：通过沟通来达到了解孩子的目的。

　　当然，孩子正在成长，还未成熟，如果结交一些不三不四的朋友，养成抽烟、喝酒、赌博等不良习惯，再去纠正就难了。要防止这些现象发生，父母应当从各方面了解孩子，注意孩子的言行，及时给孩子以正确的引导，如果粗暴干预，孩子可能会越走越远。

　　那么，父母应该怎样对待孩子的隐私呢？

　　随着年龄的增长，孩子的独立人格逐渐形成，父母不应随便翻看他们的日记或私拆他们的信件。当孩子有了自己的爱好、理想、异性朋友，应该加以爱护，循循善诱。

　　成长中的孩子在处理学业、情感、人际关系等问题时，难免把握不好尺度，父母平时只要细心观察孩子的动态，就可以看出孩子的思想变化，然后根据孩子的性格、爱好和特长，采取相应的措施，引导孩子明辨是非。

　　对于孩子的隐私，应该允许他们有所保留，不能采取"间谍式"的手段去了解。

　　要知道，孩子心中秘密的存在是很正常和普遍的事，没有什么值得大惊小怪的。父母应以理解和宽容来对待他们。父母对孩子要适当控制自己，不要苛求孩子把什么都告诉你，允许他们有自己的"自留地"。

让孩子学会调节自己的情绪

父母课堂

如果一个孩子不会控制自己的情绪，那么在他的人生道路上，往往就会伤害朋友，破坏感情，甚至更糟。父母可以教孩子一些消除压力和怒气的办法。例如，到操场去打篮球、扔东西和小狗小猫玩，或者画一幅孩子生气时的画给他看，转移他的注意力。

每个人都会有情绪高涨和低落的时候，当情绪高涨、兴致盎然的时候，不管做什么事情都会自然而然地显出一份自信；当情绪低落、兴趣缺乏的时候，就算面对最有意思的事情也提不起精神。虽然说这是一件非常自然的事情，但是，一个人，尤其是一个负责任的人是不可以由着自己的情绪做事的，必要的时候一定要压下情绪做事。因此，父母要从小教会孩子调节自己的情绪。

1. 对于一些小事不要过于看重

父母要教会孩子该放的放。因为，生活中有很多事情可以做，不需要把所有的事情都放在心上。父母要教会孩子客观地看待事物，让孩子把自己的视野放得更远一些，这样孩子的情绪就会稳定一些。比如，当孩子没有考好的时候，父母要告诉孩子只要以后努力就行了；如果孩子对自己的前途很担心，父母可以开导孩子，"三百六十行，行行出状元，干什么不行呢"；如果孩子因为得不到老师的重视而烦恼，父母可以劝解孩子，"那有什么，只要自己努力就会改变老师对自己的看法"……

2. 不要把烦恼放在心里

有些孩子一旦有了烦恼就只会把它放在心里。对于这个问题，父母要让孩子知道，烦恼的时候要找一个人谈谈，或是把烦恼和朋友说说，这绝对是对自己有帮助的。比如，孩子可以向父母、老师或者同学说一下自己的烦恼。毕竟，父母或是老师都是有经验、有阅历的人，他们看问题深刻、全面，有时父母和老师的一席话就可以解决自己的烦恼。至于同学，因为大家都是同龄人，或许你的烦恼也曾经是他的烦恼，如果你把自己的烦恼说出来，或许他就可以帮助你。总之，不要总是把自己圈在一个小圈子里，要学会把自己解脱出来。

3. 听听音乐，锻炼一下身体

人在心烦的时候，听上一段美妙的音乐，就可以心情舒畅。要知道，音乐可以净化人的心灵，让浮躁的心理安静下来。因此，多听一些音乐，可以让人心胸开阔，忘掉烦恼。锻炼身体也可以振奋精神，调节情绪。烦躁时出去打打球、跑跑步是很有必要的。骑车、划船、野游是改变心境的好方法。那美丽动人的自然风光，那沁人心脾的空气，都可以使人心情豁然开朗，将一切烦恼抛在脑后。

4. 转移注意力

如果心烦意乱就不要再想烦恼的人或事，要尽量转移注意力。比如，考试没有考好就不要再想有关考试的事情，可以让孩子想一下高兴的事情，像自己的生日要怎么过之类的；当自己陷入苦闷、烦恼中的时候，可以听听音乐、看看报纸、翻翻画册，看看电影和电视，回忆一下自己最幸福、最高兴的时刻，把消极情绪转移、冲淡以至忘却烦恼，使情绪逐步好转起来；有什么难以解决的事情，也可以先将其放下，让自己的思维长上翅膀，到幻想中的世界去遨游，也可以与人漫无边际地畅谈，这样免得自己为难解的事儿去钻牛角尖，给自己带来无端的烦恼。如果孩子学会了将自己的注意力转移，那么，烦恼就会减轻很多。

5. 让孩子学会换位思考

当孩子和别人发生了矛盾，产生了不满、敌对、嫉妒等强烈情绪时，如果能换位思考，想一想假如自己是对方该怎么办，这样就容易理解对方的做法，从而改变一些自己的原有看法，减轻消极情绪。父母要让孩子知道，对别人不能要求太高，要学会谅解、谦让。这样在遇到问题时就能正确对待，就不会生一些不该生的气，在非原则问题上就能在心中大事化小，小事化了。

6. 让孩子学会冷静地对待问题

其实，感情表露是人修养的外在表现。有修养的人遇到问题，不会火冒三丈、大发雷霆，而是沉着、冷静、心平气和，即使自己有理也能让三分。因为他们心有全局，有他人。而那些修养差的人，患得患失的人、领袖欲强的人、好为人师的人、狂妄自大的人、固执偏见的、自以为是的人，往往会因为妨碍满足个人利益的事而动气。所以，提高修养，提高认识水平，是克服爱生气毛病的根本所在。

7. 找出烦恼的根源

当然，从根本上解除烦恼还需要对症下药，找到引起烦恼的根源，从思想上或实际上加以解决。比如，如果是因为学习不好而烦恼就要改进学习方法，努力学习，成绩提高了就不烦恼了；如果是因为自己的期望太高而烦恼，就要降低期望，能满足就不烦恼了；如果是因为和父母争吵而烦恼，就可以主动和谈，解除矛盾之后就不会烦恼。总之，如果把引起烦恼的根源消除了，烦恼也就不复存在了。

8. 从各个方面提醒自己

要生气的时候，要立即采取一些节制措施。比如，当自己觉得要发脾气时，就要赶快提醒自己，现在应该控制一下自己的情绪了；当遭遇到让人生气情景时，不妨试试延缓10秒钟再爆发，可以慎重考虑一下，如果现在生气会带来什么后果，要避免冲动行事。不强迫自己去喜欢，如果遇到一些自己不以为然的事，可以不喜欢它，但没必要非生气不可。要随时提醒自己，别人有权选择他自己的事，就像你有权坚持自己的选择一样。

5

纠正孩子的无理行为，孩子才会懂事

孩子不听话怎么办？孩子无理取闹怎么办？孩子耍脾气怎么办？……有些问题的确让父母们感到头疼，甚至觉得孩子真不懂事。其实，孩子之所以闹情绪，之所以无理取闹，是有原因的。作为父母，切不可打骂孩子，要弄清楚原因，对症下药，这样不但能纠正孩子的无理行为，还能让孩子变得越来越懂事。

从容应对孩子的无理要求

父母课堂

对父母来说是无理的要求，对孩子而言则非如此，父母切忌用强硬手段或欺骗手段暂时平息事态。当孩子说出了他的理由后，父母要认真倾听并分析深层次原因，然后合理应对。

现在的孩子大多是独生子女，在家中的地位如同"众星拱月"一般。父母的纵容和溺爱往往造成了孩子的任性和以自我为中心。面对孩子越来越多的要求和日渐叛逆的性格，父母到了拿出威信来拒绝孩子的时候了。

那么，面对孩子的无理要求时，父母怎样从容应对呢？

1. 年龄不同方法不同

面对不同年龄的孩子，有不同的教育方法，当然也有不同的应对招式。

（1）0~2岁：直截了当

这个年龄段的孩子语言功能还不完善，如果父母对他讲比较复杂的道理的话，孩子可能会听不明白。所以对这个阶段的孩子应采取的拒绝方式是直截了当。如直接对孩子说"不可以"或是对他摇头。当孩子有危险举动，例如去拿打火机玩的时候，父母就要马上制止，甚至可以让孩子一点小苦头吃，如取消孩子下午的甜点心等。

（2）2~4 岁：冷处理

2~4 岁的孩子正处于人生第一个 "反抗期"。这个时期，孩子不再像以前那样听话，经常和大人 "闹独立"，叛逆性十足。对这个时期孩子的不合理要求，父母要采用适当方式加以引导，尽量避免采用强硬的手段。"冷处理" 是对付这阶段孩子不错的办法。当孩子大吵大闹的时候，你可以不去理睬他，等事后双方都冷静下来了，再同他讲道理。如果孩子是在公众场合撒泼的话，父母可以先把孩子抱回去，再进行冷处理。这样做对孩子的自尊心起到了保护作用。

（3）4~6 岁：讲道理

这个时期的孩子在心理特征上处于一个过渡期，正从 "自我中心" 发展到认识周围的环境事物。同时，孩子在语言上的智能也有了相当的提高。父母这时就可以采取 "讲道理" 的方式来同孩子沟通了。坦白而简单地向孩子说明为什么不能这么做，这么做会有什么后果，来帮助他提高分辨是非的能力。注意别对孩子说谎或说得模棱两可。"冷处理" 的方式也同样适用于这个年龄段的孩子，在冷处理之后再晓之以理，最后别忘了给孩子一个爱的表达来抚慰他。

2. 要舍得管孩子

当孩子的无理要求遭到拒绝时，不断哭闹，各种方法均不能奏效时，父母不可就此止步，再次迁就孩子的无理要求。可暂时不予理睬，使孩子意识到父母坚持的原则和做法是不可违背的，这时，孩子也会渐渐地冷静下来。随着年龄的增长和理解能力的增强，应结合他们的行为表现，耐心地对他们进行教育，使他们明白一些简单的道理，鼓励他们做个懂事的好孩子。当孩子有了进步，父母要予以肯定，评价他们好的表现，在父母的精心教育下，孩子会不断地进步。

3. 拒绝的标准要一致

父母对孩子的拒绝一定要前后一致。不能因为今天心情好，便纵容孩子一些；明天心情不好，便对孩子严格一些。这样会让孩子无所适从，也会影响到孩子的安全感。拒绝不是因为金钱缺乏、心情不好而采取的行动，它是一个让孩子对周围环境、对行为规则进行认识的教育机会。

4. 大人之间对孩子必须要求一致

凡属无理要求，应当做到在任何人面前都通不过，否则不但收不到教育效果，还会造成孩子的两面性格。当然，每个人的做法不一定相同，但目的应该是一致的。独生子女家庭常常是两极世界，孩子为一极，大人为一极。孩子提要求，是向整个大人提出的。所以对待孩子的无理要求时，大人应行动一致，互相配合。

5. 因势利导，及时教育

待孩子有悔改表现，态度"软"下来的时候，要因势利导，陈之以理，动之以情，第一时间指出其无理要求的错误所在，告诉他什么是对的，什么是不对的，引导他向好的方向发展。这样做，若能一再坚持下去，一定会收到效果。

6. 不同性情的孩子，用不同的应对招式

　　孩子有不同的性格脾气，父母也可以针对自己孩子独特的气质，摸索出一套属于自己的拒绝方式。

　　（1）容易兴奋的孩子：强制休息片刻法

　　对过于兴奋、听不进劝的孩子，可以把孩子带到另一个场所，让他脱离使他兴奋的环境，冷静地看着他，强制他休息片刻。

　　（2）好奇心强的孩子：转移注意力法

　　小孩注意力不集中，容易被新鲜事物所吸引。要善于把孩子的注意力从他坚持的事情上转移到其他新奇、有趣的地方。这样，孩子很快会忘记刚才的要求和不愉快。

　　（3）胆小而又依赖的孩子：轻柔的暗示法

　　如果孩子不愿意睡觉，缠着妈妈，你不妨问他："妈妈明天还要上班，你觉得妈妈累不累？""你该怎么做呢？"

　　（4）好胜心强的孩子：激将法

　　充分利用孩子的好胜心理，让拒绝变成鼓励。如，孩子不愿打针，父母可以说："奥特曼连怪兽都不怕，一定也不怕打针。你呢？"

惩罚孩子有学问

父母课堂

　　很多时候，惩罚孩子是有必要的，但惩罚要讲究方式方法。慎重而巧妙地运用惩罚，既能达到教育的目的，又有利于孩子的健康发展；在批评孩子时又要发现孩子的潜力和优点，这样的惩罚才是最有效的。

英国的皮特丹博物馆收藏了两幅画：一幅是人的骨髓图；另一幅是人的血液循环图。能够摆在这家博物馆里的画，人们都以为是什么大画家的作品，其实不然。两幅画都是一个小学生的作品。这个小学生对什么都好奇，有一天他看见校长有一只很漂亮的小狗，于是偷偷地打死了这只小狗，目的只是想看一下小狗的心脏是什么样子。校长发现自己心爱的小狗被小学生打死了，非常伤心，也非常恼火，想要惩罚打狗者。怎样惩罚他呢？校长了解到他打死狗的原因后，做出了这样的惩罚决定：要他画两幅画，一幅是人的骨髓图，另一幅是人的血液循环图，后来皮特丹博物馆收藏了这两幅画。事后这名小学生发奋研究解剖学，终于成为著名的解剖学家。校长的惩罚，收到了意想不到的效果。

每个孩子都会犯错，都有受家长惩罚的时候，如何使孩子在惩罚中进步、提高，不致因惩罚而使孩子心头积聚孤僻怨恨情绪，进而造成双方对立，这其中很有些学问。

教育心理学家认为，惩罚的方式多种多样，打骂只是其中的一种，是惩罚的极端性行为。错用、滥用惩罚以致不负责任地对孩子的肉体和心灵施暴，会加重孩子的逆反心理，长此以往就会使惩罚失效，导致最终"管不住孩子"。而适当、适时的科学的惩罚却能对孩子起警戒作用，促使孩子改正错误，从而收到以罚助教、以罚代教的效果。

所以说，惩罚是一门家教艺术，惩罚能否达到预期的效果，关键是看父母能否使用得当。

1. 要考虑孩子的动机

惩罚前要考虑孩子的动机，不能光看结果，孩子常"好心"

办"坏事"，因此，父母在惩罚孩子时，一定要考虑孩子是在什么情况下产生不良行为的，不分青红皂白地进行惩罚极有可能挫伤孩子的积极性。例如，孩子想"自己的事自己干"，自己倒水喝，水倒多了溢了出来。这时父母一顿批评，孩子也许就不敢尝试自己做事了。如果父母冷静下来说："你想自己做事很好，但水可以少倒一些，倒大半杯!"孩子的心情就放松了，不仅喜欢自己的事自己做，还会非常乐意帮你去干其他家务。因此只要孩子是"好心"就要表扬，再帮他分析造成"坏事"的原因，告诉他如何改进，这样会收到较好的效果。

2. 惩罚要及时

父母应尽可能在孩子发生不良行为时就加以惩罚，因为在孩子心目中，事情的因果关系是紧密相连的，如果事情过去几天或几周再进行惩罚，孩子会搞不清为什么受罚，即使知道也不会有强烈感受。

3. 惩罚要明理

惩罚孩子的目的在于矫正、减少其不良行为，养成好的行为习惯。因此，在对孩子进行惩罚的同时，要讲明道理，让孩子知道自己具体错在哪里，对事不对人。认识上清楚了，行为上也易改正，让孩子体会到自己是某件具体的事或行为不好，但仍是好孩子。

4. 惩罚要与积极的帮助建议相结合

惩罚的最终目的是让孩子改正错误，因此惩罚后，父母要对孩子今后的行为提出积极的建议、帮助。例如，在告诉孩子"不要在墙上乱涂乱抹"的同时，要告诉他"你可以在纸上画"。有条件的话，还可以在墙上挂块小黑板或白板供孩子涂抹。

国外有本名为《父亲手册》的书中列出了7条惩罚的准则，对我们很有借鉴意义。

★犯错就要处罚。如果孩子生气时把一片玻璃打碎，虽非故意，你也要教育他这是他的过错。他虽然没有料想到自己行为的后果，但他仍要负赔偿之责。

★要把你的要求对孩子讲清楚。假如你要求孩子做完家庭作业才准看电视，你就要对他讲得清清楚楚，让他记在心上。如果你发现孩子不做功课而先看电视，你就罚他几天之内不准看电视。你先要定下你的要求，他犯了再惩罚，不可不教而罚。

★在惩罚之前，先对孩子警告。一两次警告就会让孩子警惕，他必须改正自己的行为，否则就会受到惩罚。

★惩罚的开始与结果要明确，不要让家中一整天都充满了怨愤气息。惩罚完毕，一切便算过去。

★犯错之后，立即惩罚。妈妈常对孩子叫的那句"爸爸回家后就有你瞧的啦！"的口头禅，并不适合实际情形。尤其是对孩子来说，这就更坏。因为小孩子没什么时间观念，等到他被惩罚时，他早忘了大人惩罚的原因了大一点的孩子如犯了重大错误也需要立刻处罚。母亲如果能立刻把父亲叫回家来，父亲当场惩罚要比等他下班回家来再惩罚有效。

★在惩罚前，一定要向孩子解释一遍惩罚的原因，否则孩子不懂他为什么受罚。

★要言出必行。假如你警告过孩子当他犯某一种过错时要惩罚他，那么在他犯错后你就一定要实行你惩罚的诺言。假如你不处罚，你以后便难以下达命令，你的惩罚也失去了作用。

让孩子学会接受批评

父母课堂

> 每个人都希望得到别人的表扬和认同，孩子更是如此。但是，每个孩子都难免因做错事或被人误解而受到批评，然而，要让孩子真正地接受批评却不是一件容易的事情。父母要让孩子知道，在成长过程中，人人都会因犯了错误而受到批评。

和许多成年人一样，孩子往往也喜欢听表扬而反感批评。面对这样的情况，法国的一些家长和教师普遍认为，那些在孩提时代难以接受批评的孩子，长大后，也大多会对批评持"敬而远之"，或干脆"拒之门外"等消极态度。由此他们认定，让孩子从小就学会接受批评，无论对孩子完整人格的塑造，还是对促成其事业的成功，都具有积极的意义。

其实，孩子之所以不愿意接受批评，主要是自尊心在作怪。即使是幼小的孩子，也有较强的自尊心，因此，父母在批评孩子的时候，应注意不要伤害孩子的自尊心。比如，父母不应当着外人的面揭孩子的短。对绝大多数孩子来说，老师的表扬或批评就是他们高兴或烦恼的指挥棒，能得到老师的表扬是小学生最高兴的事，而一旦受到老师批评，就会伤心难过，情绪低落。面对批评，有的孩子会进行争辩、对抗或是死不认账；有的会满肚子不高兴，生好几天闷气；有的则可能毫不在乎，不把批评当回事。实际上，这三种态度都是没有真正接受批评的表现。

那么，父母们该如何让孩子学会接受批评呢？有关专家提出了以下建议：

1. 让孩子学会认真倾听

不论别人的批评有多尖锐、多不中听，父母都应该要求孩子认真倾听。因为只有认真倾听，才会发现其中也许确实有几分道理，最后才能虚心地予以接受。要让孩子渐渐明白：对他人的批评认真倾听，不仅是一种文明的表现，而且也是一种完善自我的必要方法。

2. 冷处理但不要默不作声

冷静处理并不意味着对批评默默无语。父母应教育孩子对批评的合理成分虚心接受，甚至列出改进的办法或措施。当然，对批评者的感谢更能体现出接受批评的诚意。父母应要求孩子掌握的"冷处理"技巧包括：不要对批评者反唇相讥，不要"自卫还击"，不要夸张等。相反，父母应该让孩子在认真倾听的基础上冷静地分析出尽可能多的合理成分。

3. 允许孩子做出解释

当批评不符合事实的时候，也应允许孩子做出解释，因为让孩子虚假地表示接受批评，却在心里大感委屈，这种做法不仅于事无补，还可能引发种种弊端。与此同时，也要让孩子明白：解

释的目的并不是推卸本来应负的责任。同时，在解释的时候父母
应要求孩子保持心平气和、实事求是的态度。

父母除了要让孩子试着接受批评之外，也要掌握批评孩子的
技巧。

1. 出发点要端正

父母应从爱护和关心孩子的角度出发，让孩子明白父母的批
评是为了他的健康成长。作为父母，千万不要带着厌恶、嫌弃的
态度去批评孩子。批评孩子时应心平气和，而不是粗声粗气，以
免孩子产生逆反心理。父母在批评孩子时，最好采取一对一谈心
的形式，绝对不要在人多的场合进行，以免伤害孩子的自尊心。

2. 给孩子留出自我反省的空间

有些很明显的错误，孩子自己也会意识到。这时父母可采取
冷处理的办法，保持沉默，暂时将此事搁置不提。因为，此时孩
子大多已经做好挨批评的心理准备，如果父母正好批评了他，他
反而可能会如释重负，转眼就把事情忘掉了。如果父母不批评，
他反而会忐忑不安，猜测父母的心理，进行自我反省。适度、适
时的沉默可造就紧张的气氛，此时无声胜有声，迫使孩子自我检
讨。之后再与孩子交换意见，可能会达到事半功倍的效果。

孩子赖床怎么办

父母课堂

很多妈妈用最传统的办法解决孩子赖床的问题：每天早上叫孩子起床；午饭后让孩子休息，自己不休息，而是等到时间了叫孩子起床。其实这种方法也不能解决根本问题，而且孩子会养成一种依赖心理，做妈妈的往往还要落下埋怨。最好的方法是让孩子自己去解决。

看到孩子睡得又香又甜，每个父母脸上都会洋溢着灿烂的笑容……可是如果孩子赖床不起，上学就要迟到了，相信没有一个家长会笑得出来。

导致孩子赖床的主要原因有三点：睡眠不足、午睡过久、噩梦干扰。

晚上太晚睡，会造成睡眠的时数不足。从小就应该让孩子在固定时间上床睡觉，养成规律的作息习惯。而且只要就寝时间一到，父母即使还有事要忙，也应该先停下手边的工作，在床边陪着孩子，趁着入睡前的时间和孩子聊聊天、讲讲故事，一方面可以增进亲子互动的机会，另一方面也可以放松孩子睡前的心情。

如果孩子的午睡时间太久，或是睡午觉的时间太接近傍晚，都会让孩子在晚间精力旺盛，到了就寝时间还睡不着，于是间接造成晚睡、睡不饱的状况。孩子睡午觉的时间不宜过长，也不要在接近傍晚的时候才让孩子睡午觉。以幼儿园来说，午休时间通常是1点到2点，如果让孩子在下午睡得太久或太晚午睡，孩子很容易在晚上变成精力旺盛的小魔鬼，等他筋疲力尽入睡后，隔天早上势必又得花一番工夫才能把他叫起来，所以家长别以为孩子午觉睡得越久越好。

孩子难免都会做噩梦，除了单纯做噩梦，有很大原因是担心害怕、心理压力或身体不适造成的。孩子做噩梦最常见的原因有"怕黑"跟"怕魔鬼"几种。"怕黑"是出自人类对未知的恐惧，如果孩子因为怕黑而不敢睡觉，甚至还因此做噩梦，不妨在孩子的房里添置一盏小夜灯。市面上贩售的夜灯有许多可爱的造型，如果情况允许，让孩子挑一个他喜欢的卡通造型夜灯，在睡觉时有可爱的夜灯散发着微弱光芒陪伴他，会让孩子感到安心不少。此外，家长也可以在就寝前熄灯时，和孩子玩光影游戏。让孩子知道原来"暗暗的时候"，透过光线和手势的变化，以有效降低孩子怕黑的心理。

为了改善孩子赖床的习惯，不但孩子必须做改变，家长的心态和处理方式也要正确。当孩子有赖床习惯时，以下建议可供家长参考：

1. 让孩子决定作息时间

和孩子讨论就寝、起床时间，也问问孩子喜欢父母用什么方式叫他起床。让孩子自己决定作息时间，可以让孩子知道该对自己的承诺负责。用孩子能接受的方式叫他起床，可以降低彼此的不愉快。

2. 给孩子买一个小闹钟

给孩子买一个小闹钟，让孩子按自己的时间起床，这样孩子会根据自己的实际情况，不断合理调整时间，在这个过程中家长可以给孩子一些经验，但最好不要强制，要引导孩子分析什么样的时间更合理。作为家长可以把自己起床的时间交由孩子来制定，孩子们会有一些掌握大权的劲头，他们会很有积极性，作为家长可以创造这样的机会给孩子们，既省了自己的精力又锻炼了孩子的能力，何乐而不为呢？

3. 营造起床气氛

叫孩子起床的时候，随手播放一些轻松的音乐，或者放些孩子喜欢听的故事，让孩子在轻松的气氛中醒来，缓解被吵醒的不快。

4. 睡前准备就绪

睡前要求孩子整理自己的书包，把明天该带的东西都准备好。如果天气寒冷，可以先把隔天要穿的内衣当成睡衣穿，起床后只要帮孩子套上毛衣、外套即可。这么做不但可以避免孩子在穿脱之间受凉，也可以减少起床后的准备时间。

5. 厘清优先顺序

家长起床后，先把自己的问题都处理好，再叫孩子起床。这样家长就不用一边急着处理孩子上学前的准备，一边还要忙着整理自己上班前的琐事。在时间有限的情况下，只要家长一急躁，亲子之间很容易会产生摩擦。所以先准备好自己的事，或是以孩子为优先，都可以减少时间。

6. 提早起床发泄

如果孩子有严重的表现——只要一被吵醒就会大哭大闹，而别方法都不管用时，家长只好提早叫孩子起床，先让他发泄一顿再说。在他哭闹的时候，家长不用去责骂他，试着让他一个人宣泄情绪，等他闹够了，先安抚他，再去做出门前的准备工作。

7. 采用奖惩的手段

如果孩子能在一星期或一段时间按时起床，家长就可以给孩子物质或精神上的奖励，这样孩子就会更加努力地去做好这件事。而如果孩子不能按时起床，或起床时哭闹，家长可以事先和学校的老师讲好，双方配合。家长在条件允许的情况下，或者干脆请假晚一点上班，故意让孩子迟到，迟到后老师就可以配合家长给孩子一点小小的惩罚，这样就会促使他去好好表现。

8. 给孩子放松的空间并树立原则观念

平常，无论孩子怎样哭闹，该起床时必须起床，并且要告诉孩子，现在我们必须起床了，否则上班就迟到了。但到了星期天，你就可以陪着孩子睡个懒觉，并且要告诉他，因为今天是星期天，所以我们可以不起床。时间一长，孩子就知道，原来只有星期天，才可以睡懒觉，而其他时间必须按时起床。

孩子不好好吃饭怎么办

父母课堂

孩子不肯乖乖地吃饭，与父母本身的态度密不可分。"肚子饿了，便想吃饭"这是每个人与生俱来的本能，如果孩子的肚子真的很饿了，就不会有不肯吃饭的问题。因此，孩子拒绝吃饭的理由多数来自想以此来要挟父母达到目的。

孩子不好好吃饭怎么办？许多父母常会发现，一顿饭下来孩子没吃几口，吃饭时不专心，尽管爸妈们用尽了所有的方法，甚至是威胁利诱，孩子还是一口饭也不肯吞进嘴里，父母除了生气之外，更多了一些怜惜。

许多父母在孩子面前往往忽略了自己行为的重要性，这不仅仅是你怎样吃饭以及如何把食物拿给孩子，还有你的面部表情、你的行为等，孩子都会将其吸收。

父母怎样做，才能让孩子好好吃饭呢？

1. 注意所吃的食物

要让孩子得到均衡营养，自己平时不愿吃的食物在孩子面前不要表现出来，让你的食物吸引孩子，不妨制定"试一口"的办法，这使得新食物的摄入变得更加容易。如果孩子喜欢吃，那就好极了；如果不喜欢吃，也不必强求。有关研究表明，孩子尝试新食物，要经过好几次才能决定是否真的喜欢它，所以家长不要放弃努力。母亲吃食物应当着孩子面，把食物放到嘴里，且要表现出津津有味的样子。母亲是孩子模仿的对象，父母都应坚信这一点，这也是一种让孩子好好吃饭的办法。

2. 合理安排进餐时间

父母应教育孩子认真地对待吃饭。通常孩子吃完饭后就做游戏了，而你却在吃饭，此时孩子会缠着你跟他玩，如做游戏或讲故事。你不要急于陪他，好好吃完一顿饭，让孩子尊重你吃饭的时间，这对孩子们非常有帮助。你可对孩子说："我愿意和你一起玩，但现在是吃饭时间，不可做其他事情，几分钟以后再玩，好吗？"如果家长十分重视吃饭，孩子也就会重视吃饭，孩子会知道吃饭不单是为了填饱肚子，而是一种健康行为，对健康有利。

3. 吃饭不是件随便的事

每餐前，放好餐桌，摆好餐具，增强进餐气氛。这就告诉孩子吃饭不是件随便的事。孩子玩心重，在美食面前不是坐着吃，而是上蹿下跳，久而久之养成边玩边吃饭的习惯，这意味着孩子将无法得到食欲的满足。为此家长应不断强调吃饭要精力集中，吃饭时不可玩，不要看电视，不可看画报。要让家中的"好奇鬼"养成良好的习惯，你就应自己除掉一些习惯，当你以身示范不断努力的时候，孩子就餐的好习惯就养成了，他就会和你一起坐下来吃完一顿饭。

4. 不可干扰孩子吃饭

父母要对孩子吃什么以及怎样吃负责任，而孩子则要决定"吃多少"和"是否吃"的问题。注意不可强迫孩子吃得太快或太多，应由孩子自己决定其饥饿感。家长应注意,不可在吃饭时间去干别的事,如果你不坐下来吃饭,孩子有种不稳定感,不把精力集中在饭菜上。如母亲不坐下来吃饭,孩子会认为母亲不是重要人物,只是个厨师。也不要禁止孩子吃某种食物,这样会在孩子心目中变得更加神秘和诱人。应采取这样的态度,所有食物每隔一段时间都能吃到,使孩子的饮食上能得到均衡营养,以利幼儿身心健康发展。家长应顺应孩子的胃口,对他们接受不了的菜肴,如洋葱、韭菜等有些怪味,且易引起肠胃过敏的食物,就不一定强迫孩子吃。如果父母总是干涉孩子吃这吃那,孩子就会失去内部调节的能力,对食物失去选择的兴趣,进而对进餐失去耐心,也就不能享受美味的食物。

5. 选购孩子喜爱的餐具

孩子都喜欢拥有属于自己独有的东西,替孩子买一些图案可爱的餐具,可提高孩子用餐的欲望,如能与孩子一起选购更能达到好效果。

6. 多花心思在菜色上做变化

在饮食均衡的条件下,父母可以多种类的食物取代平日所吃单纯的米饭、面条。例如:有时以马铃薯当成主菜,再配上一些蔬菜,也能拥有一顿既营养又丰盛的餐点。

7. 让孩子参与做饭的过程

例如,上市场买菜、帮忙提回家、一起清洗水果……甚至可询问孩子的意见,请孩子协助自己一起做饭,孩子不但能有参与感，同时也能因而了解做一道菜之前的步骤，进而更喜爱吃饭。

8. 巧妙地让孩子吃蔬菜

有一个比较常见的问题，就是孩子不爱吃蔬菜。蔬菜含有丰富的维生素和矿物质，是人类不可缺少的食物种类。但是我们常常看到有的孩子不爱吃蔬菜，或者不爱吃某些种类的蔬菜。孩子不爱吃蔬菜有的是不喜欢某种蔬菜的特殊味道；有的是由于蔬菜中含有较多的粗纤维，孩子的咀嚼能力差，不容易嚼烂，难以下咽；还有的是由于孩子有挑食的习惯。

在孩子小的时候早一点给孩子吃蔬菜可以避免日后厌食蔬菜。从婴儿期开始，就应该适时地给孩子添加一些蔬菜的辅助食物，刚开始可以给孩子喂一些用蔬菜挤出的汁或用蔬菜煮的水，如西红柿汁、黄瓜汁、胡萝卜汁、绿叶青菜水等，然后可以给孩子喂些蔬菜泥。到了孩子快一岁的时候就可以给他们吃碎菜了，可以把各种各样的蔬菜剁碎后放入粥、面条中喂孩子吃。

饺子、包子等食品大多以菜、肉、蛋等做馅，这些带馅食品便于儿童咀嚼吞咽和消化吸收，且味道鲜美、营养也比较全面。对于那些不爱吃蔬菜的孩子，不妨经常给他们吃些带馅食品。

有的孩子不喜欢吃炒菜、炖菜等做熟的蔬菜，而喜欢吃一些生的蔬菜，如西红柿、水萝卜、黄瓜等，它们有的可以生吃，有的可以做成凉拌菜吃。如果孩子不喜欢吃熟菜，可以让他适当吃一些生蔬菜。

一些有辣味、苦味的蔬菜，不必强求孩子去吃。一些味道有点怪的蔬菜，如茴香、韭菜等，有孩子不爱吃，可以尽量变些花样，比如做带馅食品时加入一些，使孩子慢慢适应。

教孩子学会"心理换位"

父母课堂

很多孩子在处理问题时，考虑得更多的往往是自己的利益和需要，却很少从对方的立场来看问题。所以他们常会觉得别人做得不对，不理解他。倘若能教孩子换位思考，推己及人，以别人期待的方式来对待别人，那么，孩子就掌握了一个高明的人际交往原则。

所谓"心理换位"，就是指当双方产生矛盾时，能够站在对方的角度思考问题，思考对方何以会如此行事、如此说话。一个人如果能够做到这一点的话，就能够理解对方，就能够减少很多不必要的矛盾。

许多孩子只习惯于从自己的角度思考问题，而从不替别人考虑。要消除这种现象，父母就要教孩子学会"心理换位"。

站在父母的角度上考虑，就会理解父母的良苦用心；站在老师的角度上思考，就会理解老师的艰辛；站在同学的角度上思考，就会觉得大多数同学是可爱可亲可交的。所以，教孩子学会心理换位是非常必要的。

父母教孩子懂得换位思考，不妨把球踢给孩子。具体来说，可分以下步骤：

1. 先问孩子发生了什么事

孩子与别人发生了矛盾，父母不妨让孩子自己讲述事情的经过。开始孩子往往带着自己的感情色彩，且情绪都较激动，但通过倾诉和父母耐心的倾听，他们的激动情绪已得到了相对缓解。

2. 问孩子觉得对方错在哪里

孩子讲明了事情的经过，接着要问孩子觉得对方错在什么地方。这时孩子往往会把责任推给对方，这是一个可以理解的必然程序，也是为下一步做必要的铺垫。

3. 让孩子站在不同的角度看问题

紧接着问孩子"如果你是他，你觉得应该怎样处理这件事"。这时就看孩子如何进行换位思考了。当孩子站在对方角度时，往往开始意识到对方行为的合理性和自己的偏颇，对自己的行为已不那么理直气壮了。

再问孩子"如果他是你，他该怎么办"。当把对方换成自己后，经过进一步的换位思考，这时孩子已经能较全面地考虑双方的需要，理解或谅解对方的行为。

接着再问孩子"如果你是妈妈，你会怎么解决这件事"。这时孩子往往已经不生气了，大都能意识到自己的错误，纠纷已经不了了之。这时父母可以再趁热打铁，教孩子宽以待人、严于律己，妥善处理日常纠纷和矛盾。

父母的理解和倾听，不仅能化解孩子的不良情绪，帮孩子厘清与伙伴之间的纠纷，且可以让孩子学会辩证地分析问题，面对生活中的各种纠纷。

这种换位思考实际上就是人对人的一种心理体验过程。将心比心，设身处地，是达成理解不可缺少的心理机制。它客观上要求我们将自己的内心世界，如情感体验、思维方式等与对方联系起来，站在对方的立场上体验和思考问题，从而与对方在情感上得到沟通，为增进理解奠定基础。换位思考既是一种理解，也是一种关爱。

第6章

培养孩子的健康心理，孩子才会懂事

教育专家指出，孩子的心理问题并不比我们成人少。孩子由于心智不成熟，所以会存在着各种心理问题，如果不及时予以纠正，将会不同程度地影响到孩子的成长与发展。所以，关注孩子的心理健康，培养孩子的健康心理，是父母的一项重要的任务。心理健康的孩子，才是一个懂事的好孩子。

培养孩子健康的心理

父母课堂

> 很多孩子的心理健康确实存在着各种问题。如果孩子的心理出现了问题，就会阻碍孩子学业的进步和孩子正常的人际交往。心理健康是孩子健康成长中的重要因素，父母作为孩子最直接的启蒙老师，有责任和义务关注孩子的心理健康。

相对来说，心理健康的人一般少有挫折感，偶遇挫折也能比较妥善地处理，并能在挫折中学习，把挫折变为动力，或是从挫折中取得补偿。相反，心理不健康者，就会没病找病、自寻烦恼，就算是遇到一点点的小挫折，他也可能认为是不可逾越的深渊。这种人在重大挫折面前没有不出乱子的。

当然，没有人永远处于健康的心理状态，就像一个身体健康的人偶尔也会感冒或头疼一样，一个心理健康的人有时也会出现情绪不佳、交往不顺或自我评价不恰当等不健康的心理状态。如果父母对于孩子的不健康心理不管不问，也和身体健康一样会恶化。比如，如果一个人得了感冒，父母对其不管不问，那么，感冒就会恶化，甚至会让人付出生命。因此，对于心理不健康的孩子，父母一定要想办法，让孩子重新拥有健康心理。

那么，怎样才能培养孩子健康的心理呢？

1. 让孩子正视自我

父母要让孩子知道，一个人不仅需要对自己的一切进行充分的了解，而且需要欣然接受真实的自己。因为在一个人所具有的条件中，有很多是不能改变的。比如容貌、生理缺陷、家庭环境等。如果孩子只是了解了自己而不能够接受自己，那么，只会增加自己的不安与痛苦。有些人狂妄自大，总觉得自己怀才不遇而愤世嫉俗，这些人就是因为缺乏自知之明；另有一些人过分自卑，总觉得自己在社会中毫无价值，这些人是因为憎恨、拒绝自己。一个人只有欣然接受自己，才能避免心理冲突，忍受挫折；唯有正视自我，才能根据社会和时代的需要创造出一个理想中的自我。

2. 让孩子确定合适自己的理想

每个人都会有自己的理想，尤其是孩子。当然，人应该要有超越现实的理想，但是人不能总在梦幻之中度过，更不能不顾现实去蛮干，否则就会碰得头破血流。如果一个人能够眼睛望着理想，并且脚踏实地地去为实现自己的理想而努力，那么，他才会立于不败之地。因此，父母要让孩子确立一个适合自己的理想，这就需要孩子了解自己的能力，然后再去为实现自己的理想而努力。

3. 让孩子多参加集体活动，主动与人交往

其实，心理不健康的人大多都是在情绪上有很大的困扰，而情绪的困扰多半是表现在人际关系上的，轻则是自己有孤独、恐惧、焦虑的感觉，重则是对人有怀疑、敌对、攻击的举动。每个人都有交际的需要，因为与亲属、朋友、同学、同事交往时能使人在心理上得到安全感。并且，如果一个人有什么烦恼，还可以对这些人倾诉，使自己不容易积存郁结。一个性格孤僻的人，与

他人老死不相往来，如果遇到挫折，他就会感到有苦而无处说。如果经常参加一些团体活动，不但能密切与他人的关系，还可以获得学习与发展的机会，当然挫折感就会少了。

4. 父母要为孩子做出榜样

培养孩子健康的心理，父母应当身体力行，因为父母是孩子心理健康的重要保证。

父母与孩子建立良好的亲子关系是孩子心理健康的重要保证。如果父母能够和孩子进行经常的、有效的沟通，这样有利于父母改进教育方式，为孩子提供情感上的支持，有利于消除、缓解孩子的焦虑、紧张、苦恼及孤独压抑的心理。父母与孩子之间的相互理解和相互尊重，有助于避免孩子形成胆怯、缺乏自信、情绪暴躁等不良心理特征。

父母对孩子的合理要求与适度期望有利于孩子心理的健康发展。如果对孩子提出一些略高于孩子现有水平，但又可以让孩子通过努力能够达到的期望，就可以使孩子的心理处于积极向上的健康状态；如果父母对孩子的要求和期望过高，使他们总不能达到目标，那么，就很容易使孩子形成自卑、怯懦、退缩、焦虑、压抑等消极心理；如果对孩子的要求、期望过低，就会使孩子缺乏上进心和自信，阻碍他们正确认识和发挥自己的潜能。

和谐的家庭关系对孩子的心理健康有积极的影响。如果父母可以营造一种愉快轻松的氛围，对缓解孩子的紧张和不安情绪非常有益；如果父母之间有着良好婚姻关系，就可以为孩子提供平稳的生活环境。父母之间的管教方式一定要一致，这样才会使孩子有正确的行为规则；家庭成员之间要彼此尊重和信任，相互关心和支持，这样有利于孩子摆脱消极情绪的影响，保持愉快、乐观、积极的心境。

5. 让孩子学会自我调控，排除不良情绪

在生活中，孩子难免会遇到一些不良刺激而出现情绪反应，而不良情绪的长期压抑或不合理的爆发都会影响到孩子的身心健康。对情绪的调控，可以采取以下两种方法：

★合理宣泄。比如，可以找机会向同学、好朋友、亲人或心理医生倾诉自己苦闷的心情，使郁积在心中的不良情绪得以发泄，压抑的心情得到缓解；或采取痛哭的方式，以释放积聚的能量，排出体内毒素，调整机体平衡；或以日记、书信等方式，排遣不良情绪。

★适当控制。理智克制、冷静思考、检讨反省等都是有效的解决办法。

帮助孩子摆脱自卑心理

父母课堂

父母要了解孩子，多帮助孩子分析，多开导孩子，而不要打击孩子。父母要引导和教育孩子对自己进行积极、正确、客观的评价，并且认识到任何人都有自己的长处，也都会有短处或不足。要让孩子相信并发扬自己的长处，弥补自己的短处。

自卑是一种性格缺陷，一个人的自卑性格的形成往往源于儿

童时代。毫无疑问，自卑对孩子的心理健康将会产生负面影响，更会对他的成长起到消极作用。

自卑的孩子往往会有以下的表现：

1. 情绪低落

如果父母发现孩子经常无缘无故地郁郁寡欢，那很可能就是孩子的自卑心理使然。特别是女孩略有怕羞纯属正常，如果过度怕羞，比如从来不敢在小朋友的面前做表演；做什么事情都不愿意抛头露面；或是不敢和陌生人说话，孩子的这些表现都有可能是因为其内心深处有着深深的自卑感。

2. 拒绝交朋友

一般来说，孩子都喜欢和同龄的人玩耍，并且对彼此的友谊十分看重。如果说孩子拒绝交朋友，并且从来不和其他的小朋友一块玩，只能说明孩子是自卑的，他们因为自卑而拒绝交朋友。不仅如此，他们还可能会因为自卑感强烈而把朋友当作"洪水猛兽"。

3. 疑神疑鬼

有着较强自卑的孩子不管是在学习还是在做游戏的时候，往往难以集中注意力，或是只能短时间地集中注意力。这是因为他们的心中有着"挥之不去"的自卑心理。对于父母、老师，甚至是伙伴的评价，自卑的孩子都十分敏感，甚至会耿耿于怀。长期下去，这样的孩子就有可能发展到"疑神疑鬼"的地步，总无中生有地怀疑他人不喜欢或者责怪自己。

4. 贬低他人

自卑孩子的另一反应是常常贬低、妒忌他人。比如，他可能会因为同桌受到老师表扬而咬牙切齿；又或是因为别的同学挨了老师的批评而窃喜不已（哪怕是没有表扬他）。在和父母说起学校里的事情时，他往往会把别的同学贬低一文不值，借此来掩饰自己的自卑，却不知，这些正是他自卑的表现。

5. 自暴自弃

大多数内心自卑的孩子往往会有自暴自弃的表现，这些孩子还会不求上进，认为反正自己不行，再努力也是枉然。甚至有的孩子还可能会有自虐的行为，比如，深夜不回家；生病不去看医生，还拒绝吃药和打针，似乎刻意让自己处在险境或困境之中。要是遭到父母指责，便会以"反正我低人一等"作辩解。

6. 回避竞争

有些孩子虽然自卑，但是他们也希望有出人头地的一天。但是，自卑的孩子往往是没有自信的，就算他们好不容易鼓起勇气，想要参加一些比赛，却往往会在最后一刻放弃。不仅如此，当自卑的孩子遇到挫折的时候，他们也不会像正常孩子那样能够承受挫折。只要经历失败，哪怕是一次小小的失败，也会让他们的自卑感更加强烈。因此，当他们面对一些竞争的时候，就会想都不想的拒绝，根本不会挑战。

严重的自卑感对孩子的学习、生活都有很大的危害。想要让孩子，摆脱自卑的阴影，树立自尊和自信，父母可以尝试采取以下几种措施：

1. 让孩子正确而全面地看待自己

有些孩子自卑是因为他们总是只看到自己的缺点，而没有看到自己的优点。也就是说，这些孩子主要是没有能够全面地看待自己，没有能够正确地认识和评价自己。父母应该让孩子知道，看一个人要看他的全部而不是局部。不仅要看到自己不足的一面，当然也不能够忽略自己擅长的一面，更不可以因为自己某些地方不如别人就看不到自己的过人之处。如果孩子能够正确地看待自己，在发现自己缺点的同时也可以看到自己的优点，那么，孩子自卑的心理就会自然而然地消除。

2. 让孩子正视失败

如果孩子经历一次失败，就认为是自己没有能力，或是觉得正是由于自己的无能才导致了这次的失败，那么，这样的结果只能是让孩子感到自卑。这个时候，父母应该让孩子彻底地分析一下失败的原因。要知道，一件事情的失败可能是多方面的，而不只是孩子没有能力。如果孩子能够找出事情失败的原因，在很大程度上可以缓解孩子的自卑。

3. 提高孩子的自信心

自信是自卑最大的敌人，如果孩子有了自信，自卑就会逃得无影无踪。父母要适时地告诉孩子，在做一件事情之前，最重要的是要有勇气，坚信自己能够把这件事情做好。当然，在做这件事情的时候，也必须要考虑到将要面临的困难。这样的话，即使这件事情失败了，也会由于在事前做了心理准备而不致自卑。

4. 让孩子体验成功

成功会让孩子拥有自信，一个经常成功的人产生自卑心理的机会是很小的。因此，如果孩子出现了自卑的心理，父母可以引导孩子想一些以前成功的事情，以激发孩子的自信。父母还可以让孩子先做一些简单的事情，让孩子体验一下成功，让孩子感到成功的喜悦，这样孩子慢慢就会摆脱自卑。

5. 让孩子学会自我激励

自卑的孩子一般都比较敏感脆弱，这样的孩子是经不起一些挫折的打击的。因此，父母应该让孩子注意满足自我，让孩子学会知足常乐。在学习上，不要让孩子把目标定得太高。因为，太高的目标只会让孩子重重地跌下来，一次又一次地尝到挫败。如果孩子定的是一个适宜的目标，那么，孩子就容易获得成功。这对孩子来说也是一种很好的激励，有利于提高孩子的自信心。当孩子能够达到自己所定的目标之后，可以尝试着调整自己的目标，一步一步地朝前走，在成功的不断激励中，孩子的自信心也会不断地增强。

帮助孩子消除虚荣心

父母课堂

> 虚荣心是每个人都会有的，然而，如果虚荣心超出了一定限度，就百害而无一利了。孩子过强的虚荣心会在平时的生活中时时流露出来，如果父母能够及时捕捉到这方面的苗头，那么一定要立刻采取相应的对策对他们进行教育和开导。

山鸡天生美丽，浑身都披着五颜六色的羽毛，在阳光的照耀下熠熠生辉，鲜艳夺目，叫人赞叹不已。山鸡也很为这身华羽而自豪，非常怜惜自己。它在山间散步的时候，只要来到水边，瞧见水中自己的影子，它就会翩翩起舞，一边跳舞一边骄傲地欣赏水中的倒影。

魏武帝曹操当政的时候，有人从南方献给他一只山鸡。曹操十分高兴，召来了有名的乐工，为它奏起动听的曲子，好让山鸡跳舞歌唱。乐工卖力地又吹又打，可是山鸡却一点都不买账，充耳不闻，既不唱也不跳。曹操手下的人拿来美味的食物放在山鸡面前，山鸡连看都不看，无精打采地耷拉着脑袋走来走去。就这样，任凭大家想尽了办法，使尽了手段，始终都没办法逗得山鸡起舞。

曹操非常扫兴，气恼不已，斥责手下人说："你们这么多人，连一只山鸡都对付不了，还怎么做大事！"

曹操有一位十分钟爱的小儿子，名字叫曹冲。曹冲自幼聪明伶俐，又博览群书、见识渊博。这时候，他动了动脑子，于是就走上前对曹操说："父王，儿臣听说山鸡一向为自己的羽毛感到骄傲，所以一见到水中有自己的倒影，就会跳起舞来欣赏。何不叫人搬一面大镜子来放在山鸡面前，这样山鸡顾影自怜，就会自动跳起舞来。"

曹操听了拍手称妙，马上叫人将宫中最大的镜子抬过来，放在山鸡面前。

山鸡慢悠悠地踱到镜子跟前，一眼看到了自己无与伦比的身影，比在水中看到的还要清晰得多。它先是拍打着翅膀冲着镜子里的自己激动地鸣叫了半天，然后就扭动身体，舒展步伐，翩翩起舞了。

山鸡迷人的舞姿让曹操看呆了，连连击掌，赞叹不已，也忘了叫人把镜子抬走。

可怜的山鸡，对影自赏，不知疲倦，无休无止地在镜子前拼命地又唱又跳。最后，它终于耗尽了最后一点力气，倒在地上死去了。

这个故事告诉我们，爱美之心人皆有之，但是如果让虚荣心战胜了理智，就会付出惨重的代价。

现在有些孩子的虚荣心很严重。孩子的虚荣心，就是追求表面的荣耀。当然，适当的穿着打扮是必要的，整齐、清洁、仪表端庄，本来就是人的美德之一。但是，如果过分地打扮、讲究外表，那就是一种浮华的炫耀，是一种虚荣的表现。

孩子虚荣心形成的原因主要来自家庭。由于现代的家庭孩子少，父母总是害怕孩子受到委屈，于是对孩子总是有求必应。自己孩子穿的、戴的都不能比别的孩子差，别人的孩子买什么咱家的孩子也得买，决不能让人家比下去。于是在父母无意识的纵容下，孩子的欲望无限地膨胀。另外，独生子女的父母从溺爱孩子出发，总是爱讲孩子的优点，掩盖他们的缺点，甚至在亲朋好友面前经常夸耀自己的孩子，孩子听到的都是赞美的声音，很少有人指出他的缺点。由于孩子对自己客观评价的能力还很差，家长具有绝对权威性，慢慢的，孩子就从家长心中的"十全十美"变成自己心中的"十全十美"，再也容忍不了别人超越自己。

孩子过强的虚荣心往往表现在以下这些方面：

★对自己的能力、水平估计过高，常常在别人面前炫耀自己的特长和成绩。听到表扬就得意非凡，而对于批评则不以为然、拒不接受。

★常在同学和伙伴面前夸耀自己父母的地位或者家境的富足，以凸显自己的优越感。

★不懂装懂，喜欢班门弄斧，自以为是，如果别人指出了他的错误，就恼羞成怒，拼命要把方的说成圆的。

★讲阔气、赶时髦，特别注重穿着打扮，不关心衣服是否适合自己的体貌，只关心衣服是不是名牌。

★对别人的才能从不称赞，反而鸡蛋里挑骨头，说长道短，搬弄是非。

当父母发现孩子有过强的虚荣心时，千万不要急躁，空口说教或者以命令的形式禁止都是无法从根本上解决问题的。父母应采取必要的方法加以纠正。应当以身作则，不要同别人攀比，以免孩子模仿。父母是孩子的第一任老师，一言一行都会影响孩子，因此，父母应以身作则，为孩子树立榜样。

父母要知道，想要消除孩子过强的虚荣心不是一朝一夕就可

以完成的，只有以自己的言行在生活中一点一滴地给孩子做出正确的示范，并且通过恰当的机会让他感受到虚荣心过强所带来的烦恼和痛苦，孩子才会慢慢走出虚荣的旋涡。

孩子爱攀比怎么办

父母课堂

孩子攀比现象的出现是正常的。其实，孩子也有自尊心，希望自己可以比别人好，这种心理是普遍存在的。事实上，孩子提出每一个"我也要……"都是经过缜密思考的，这时父母就要注意正确引导。利用好了孩子的攀比心理，也是对孩子的一种激励。

方小姐有一个漂亮可爱的女儿雯雯，如今满5岁的雯雯正在上幼儿园，天天对自己的形象非常重视：为了梳小辫宁可早早起床不睡懒觉，皮筋、发卡必须自己来选；不鲜艳的衣服坚决不穿，在幼儿园演出完回家后不肯洗脸。方小姐每天去接女儿放学，和女儿谈论今天发生的事情。渐渐地，方小姐发现女儿雯雯老是注意研究和谈论其他小朋友的衣着打扮和饰物，甚至缠着妈妈买这买那，方小姐让孩子不要太注意其他小朋友的穿戴，可是发现效果都不大。

李小姐是一家广告公司的职员，一次听见8岁的宝贝儿子轩轩与其他小朋友讲自家房子如何大、自己的爸爸妈妈是多高的职位。李小姐一听就紧张了，她想孩子这么小就开始学会和其他小朋友攀比房子大小，以后该怎么办呢？

……

小孩中出现攀比现象是很正常的事情，孩子们也有自尊心，希望自己可以比别人好，这种心理是普遍存在的，孩子们也不例外。随着年龄的增长，孩子势必会接触到各种各样的思想，好的、不好的，而这个时候的孩子辨别能力还不强，他们会无一例外地接受、复制。这个时候，如果事业成功的父母在孩子面前较多谈论换车换房等事情，就势必给孩子形成一种潜在的影响，造成他们同其他同学攀比的现象。同时，由于孩子不可能体会到家里条件的变化是因为父母辛苦工作得来的，他们往往会认为所有的一切都是轻松得来的，长此以往孩子们容易形成一种"不劳而获"的思想，助长他们对物质方面的过分追求。

条件优越的家长应该有一种平常心，在孩子面前尽量淡化家庭的优越条件，尊重别人，不炫耀自己，这样孩子才能更好地融入社会生活中。而大多数普通家庭的家长，也应用积极的生活态度引导孩子，面对孩子的一些比较，家长应告诉孩子，人们对生活的要求不一样，对快乐的感受也不一样。家长还可以让孩子参与到家务活动中，力所能及地完成部分劳动，比如自己叠被子、洗红领巾等，培养他们"一分劳动、一分收获"的思想。

孩子的攀比心理通常是以"自我"和"虚荣"为基础的，追求的是"别人有的我要有，别人没有的我也要有"，以显示我和你有"公平"的待遇，甚至我好过你，以此来获得心理满足。当然，孩子的攀比心理也隐含着孩子的竞争意识，因此要正确加以对待。

1. 不要有求必应

家长有求必应会助长孩子奢侈的消费观念和攀比心态，还可能将孩子引入深渊。作为奖励可以偶尔为孩子购买一两件学习用品，这有助于增强孩子学习的积极性，不致养成不良习惯。

2. 对孩子的消费观念进行引导

由于孩子不太了解人的需求是要受一定条件制约的，往往借助对比对象提出各种不合理要求。实际上，要满足孩子的各种要求是不可能的。家长要以身作则，让孩子懂得艰苦朴素。

3. 干扰孩子的攀比心理

用反攀比或改变攀比兴奋点的方法让孩子明白不能样样与人攀比。例如，孩子看到别的孩子有电动火车时，他也想要，不妨根据孩子现有的心爱玩具，问他是不是每个朋友也都有。暗示孩子不是每个人都可以拥有别人同样的东西，每个人的条件不同，他所获取的东西也是不同的。

4. 发掘榜样作用

通过历史名人的竞争故事，有意识地把孩子现有的条件与榜样作对比，找出他们之间的相同点（千万不要提不同点），相同点越多，孩子越会向他们看齐，促进攀比向积极的方向发展。

5. 将攀比转为动力

其实，孩子与别人攀比，说明孩子当时的心理有竞争倾向，想达到别人同样的水平或超越别人，如果能抓住这种心理，让孩子在学习、才能、意志力、良好行为等方面进行攀比，正确引导孩子发奋努力，将攀比化为动力，让孩子设法实现自己的需要，以培养孩子的独立性、自主性等良好的心理品质。

此外，家长可以引导孩子了解认识更多东西，培养孩子对文学、历史、自然、地理等多方面知识的兴趣，可以有意识地让孩子更多地接触钢琴、舞蹈、绘画等方面的知识，和孩子一同选择其真正喜爱的项目，增强其在这方面的造诣。孩子的关注点转移了，就不会太局限于与其他伙伴攀比了。

怎样纠正孩子的攻击行为

父母课堂

从小有暴力倾向、攻击性强的孩子，如果不注意克服和制止，长大后容易走上违法犯罪道路。因此，如果孩子经常出现攻击性较强的行为时，父母切不可掉以轻心，必须及早予以矫治。

有一个叫毛毛的男孩，在幼儿园被称为"小霸王"。"哇——"有一个小朋友哭起来了，一边哭，一边用手使劲指着毛毛。唉，不用说，一定又是毛毛干的"好事"！毛毛的父母和幼儿园的老师都为毛毛操碎了心。原来，毛毛是一个爱打人的孩子。他一会儿打哭了真真，一会儿又推倒了鹏鹏……真是闯祸不断！毛毛的爸爸妈妈经常要面对上门来告状的父母："你们家毛毛是怎么搞的？平白无故地就把我们家的孩子打哭了！"

毛毛并不比别的小朋友高大、强壮，但是他就是爱打人。当与别的孩子意见不统一的情况下，他不是争辩，而是不管三七二十一，先打了再说；别的小朋友不愿跟他交换玩具，他不是继续央求或者找老师反映，而是伸手便打；他甚至会无缘无故地打人，老师说：就算是为了表示对某人的好感，他也会采用这种手段。

毛毛的"战术"很多，他有时用手打，有时用脚踢，有时用牙咬，还用指甲掐、脑袋撞……全班所有的小朋友身上，都有他留下的"记号"，差不多每天都会有一个小朋友带着伤痕回家去。

幼儿园里所有的孩子都怕他，因为大家时刻都在担心：不知道什么时候又会遭毛毛打。

毛毛的行为确实给别的孩子带来了很大伤害，这种无缘无故打人的坏习惯，说明孩子有"暴力"倾向，这种现象的发生反映了我们家庭教育的失误。

现在的"孩子由于家长的溺爱，有"小霸王"作风的并不是个别现象，这是应该引起全社会足够重视一个问题。有的"小霸王"到哪儿都欺负别人。对此，父母可告诫自己的孩子不要与他玩：同时警告"小霸王"——不许欺负人。

有些父母惯于用暴力惩罚的方式来教育孩子，结果孩子也以同样的方式来对待其他孩子，表现出攻击行为。有的父母只要孩子做错事，就不分青红皂白地打他一顿。孩子挨打以后，容易产生抵触情绪。这种情绪一旦"转嫁"到别人身上，就易找别人出气，逐渐形成暴力倾向。有的父母对自己的孩子说："如果有人欺侮你，你要狠狠地揍他。"在父母的纵容下，孩子容易形成暴力倾向。

美国心理学家班杜拉通过一系列实验证明，攻击是观察学习的结果。由于儿童模仿性强，是非辨别能力差，因此，孩子很容易模仿其周围的人或是影视镜头里人物的攻击行为。有资料表明，经常看暴力影视的孩子，容易出现攻击行为。如果孩子经常看暴力影视片、武打片，玩暴力电子游戏，会使孩子的攻击性心理得到加强。

值得指出的是，如果一个孩子在偶然几次的攻击行为后，得到了"便宜"，尝到了"好处"，其攻击行为的欲望会有所增强。若再受到其他孩子的赞许，其攻击行为就会日益加重。

对于纠正孩子的攻击行为，有关专家给出以下建议：

1. 教孩子懂得宣泄情感

烦恼、挫折、愤怒是容易引起攻击行为的情感，因此要教会孩子懂得宣泄自己的感情，把自己的烦恼、愤怒宣泄出来。

2. 引导孩子进行移情换位

心理学的研究表明，攻击者在看到受害者明显痛苦时，往往会停止攻击。然而，攻击性很强的人则不然，他们会继续攻击受害者。这是因为他们缺乏移情技能，不会同情受害者。父母应从小培养孩子的移情能力，告诉孩子，攻击行为会给别人带来痛苦，导致严重后果。再让孩子想想，如果你是受害者，那么，你将会有怎样的感觉和心情呢？让孩子从本质上消除攻击行为，这是一种很好的方法。

3. 对孩子的攻击行为"冷处理"

所谓"冷处理"，就是在一段时间里不理他，用这种方法来"惩罚"他的攻击行为，如把孩子关在房间里，让他思过、反省，这种方法的好处在于不会向孩子提供呵斥、打骂的攻击原型。如果把这种方法与鼓励亲善行为的方法配合使用，效果会更好。

4. 培养孩子丰富的情感

有些孩子见到小动物，会去虐待它，以发泄内心的愤怒。父母可以让孩子通过饲养小动物来培养其爱怜之心。这种鼓励亲善行为的方法，是纠正孩子攻击行为的一条行之有效的途径。

5. 及时制止

如果孩子打了人父母不制止，打人就成为攻击行为的"奖励物"，使孩子觉得打人并没有什么不对，以后还可以去打别人。所以，当孩子出现攻击行为时，父母要及时处理，使孩子认识到什么行为是错的，应该怎样做才对。

6. 创造不利于攻击行为的环境

实践证明，生活在一个有良好家庭气氛、有充裕玩耍时间以及有多种多样玩具环境中的孩子，攻击行为会明显减少。父母应为孩子提供足够的玩耍时间和玩具，不让孩子看有暴力镜头的电影、电视，不让孩子玩有攻击性倾向的玩具，不在孩子面前讲有攻击色彩的语言。

7. 父母要以身作则

父母要给孩子树立一个好榜样，与邻里相处不要动辄诉诸武力，营造团结和睦气氛。要教会孩子从小宽厚待人，在人际交往中做到克己、宽人，真诚、友爱。要让孩子懂得，保持和谐的人际关系和积极向上的人生态度，是一种文明的表现；有宽以待人之量，才能成为一个懂道理、识大体的孩子。

正确应对孩子的逆反心理

父母课堂

孩子出现逆反心理是一种必然，可能有的孩子的叛逆不是很明显，让人感觉不出他正处于叛逆期，但几乎每个孩子都会出现逆反心理，只不过是逆反的程度不同而已。如果父母能够尊重孩子，对于孩子所提出的问题认真对待，那么，就可以让孩子不那么叛逆。

不知道从什么时候开始孩子有了一丝变化，父母首先注意到的是孩子长高了，并且不再天天跟在父母后面做"小尾巴"。也就是在这个时候，父母发现孩子变得不听话了，甚至有时候还会和父母"杠"起来。孩子的这种现象，被心理学上称为"逆反心理"。

当孩子出现逆反心理时，代表着孩子认为自己已经是一个大人了，这个时候的他们有着越来越强烈的独立愿望，他们既想要摆脱父母，自己做主，又必须要依赖家庭。由于各种原因，这时的孩子强烈要求别人把他们看作大人，尤其是要求父母改变对自己的看法，不要总是拿自己当小孩看。如果这个时候父母无视他们的要求，仍然将他们当成小孩，那么他们就会感到厌烦，觉得父母伤害了他们的自尊心，同时就会产生"逆反心理"。

孩子一天天在长大，随着年龄的增长，他们所接触的范围也跟着扩大了起来。当然，他们的知识面也会有所增加，慢慢的，他们就有了自己的价值观。当孩子有了属于自己的价值观，并且发现父母和自己的价值观不同，甚至自己的价值观会遭到父母的反对，就会在同龄的孩子中寻找和自己有共同看法的人，也就不会那么亲近父母了。这个时候，如果父母不能够理解孩子的这种心理变化，还是把其当成孩子一样说教，就会促使他们产生反抗情绪，进而就有了反抗行为。

不错，孩子是慢慢的长大了，并且也有了自己的思想和意识，但是，这个时候的孩子自我控制能力还是比较差的，他们经常会在无意间违反纪律。这时的孩子喜欢和人论个高下，却又偏偏没有足够的论据；对什么事情都抱着怀疑的态度，却没找不到科学依据去反驳；经常会有一些发现，却又不能准确判断；喜欢对别人评头论足，观点却又十分片面。

有些父母或许知道孩子正处于叛逆时期，却又不知道孩子为什么会有逆反心理。那么，究竟是什么原因会让孩子出现逆反心理呢？

1. 父母与孩子相处的相互作用

人与人的相处，是相互作用的，比如你尊重我，我就会尊重

你，你对我好，我也对你好。父母与孩子的相处模式也是这样。大部分的时候，孩子不一定是叛逆，可能只不过是他说了一句话，而父母觉得不满意，于是就大声骂他，孩子受到了刺激，也变得大声对抗，或以沉默抗议，或以反叛行为抗议。久而久之，孩子便会产生一种习惯，这是与父母之间一种相处的相互作用。

2. 孩子养成习惯

父母教育孩子一定要趁早，千万不要因为孩子还小，不懂事，而不纠正他的错误。比如，孩子在小的时候不懂得尊重长辈，得不到想要的东西就哭、不吃饭，要挟父母答应。如果父母让步的话，孩子就会有这样一个认知：用这方法对待父母，父母就会让步。等到孩子长大后，习惯已经养成了，想要改也就不容易了。

3. 家庭出现问题

当家庭出现问题，比如父母感情不和，两人时常争执时，孩子心里讨厌，但又觉得无助时，便会以逃避，或以叛逆的行为表示自己的不满。

4. 孩子受朋友影响

处于青春期的孩子由于身心发展不够成熟，很容易受到朋友的怂恿，做出一些不该做的事。例如，当孩子反驳老师，和老师顶嘴的时候，本来是一种不好的行为，却得到来自同学的称赞；当孩子勇于反抗父母定下的重重规矩时，也会有可能得到某些朋友的认可。这样一来，孩子的内心就会产生一种错觉：如果我扮

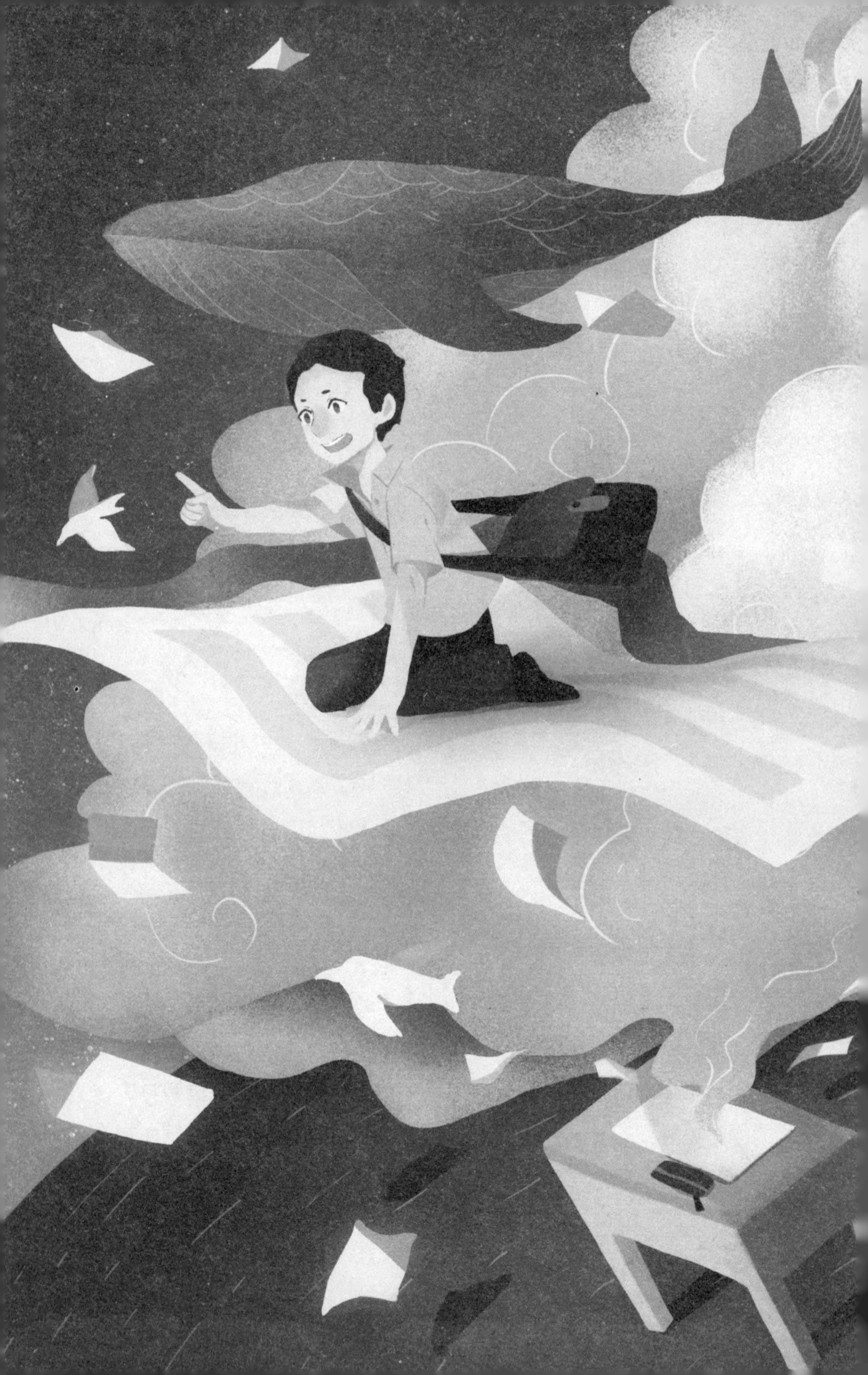

演这样的角色，便会被别人称赞。

知道了孩子为什么会产生逆反心理，父母可以从下面两个方面入手。

1. 了解孩子逆反心理的实质

当孩子产生逆反心理时，代表孩子已经从幼稚走向成熟，这个时期就是转折期。总体来说，孩子在这个时期的各种心理变化都反映了其在心理方面的进步。在心理上，从依附于父母到出现独立意向，这是非常重大的变化。父母要对孩子的这一时期郑重对待，并且采取欢迎的态度。对于孩子逆反心理消极的一面，父母则应当根据孩子的心理特点，进行针对性的教育。当然，孩子出现逆反心理不只有消极的一面，还有积极的一面，那就是孩子的好奇心更加强烈了，让孩子充满了强烈的求知欲望。

2. 要理解孩子

父母看到孩子慢慢的成长，就必须懂得尊重孩子，和孩子建立一种近乎朋友的平等关系，对于孩子对家庭中一些事情所发表的意见，要郑重考虑。父母要相信孩子有独自处理事情的能力，当孩子在独自做某件事情时，父母要给予支持。如果孩子在期间遇到困难或遭遇失败时，父母应当给予安慰和鼓励，如果成功则一定要表扬。当父母和孩子之间有一些争论，并且最后父母发现是自己错了的时候，父母要有勇气承认自己的错误，以得到孩子的原谅。

　　当然，对于孩子来说，也应当理解父母，毕竟父母的忠告都是他们的生活经验，有一定的参考价值。当自己的选择和父母的愿望不相同时，孩子可以通过和父母商量来解决，不需要意气用事。只要能够用事实证明自己的选择是正确的，相信父母还是可以尊重自己的选择的。

孩子早恋怎么办

父母课堂

　　如果发现孩子早恋，父母不能用讥讽、责骂，甚至惩罚的方式来对待孩子，不能偷看孩子的信件，不能跟踪监视孩子，更不能冲向学校或对方家中，弄得满城风雨。

　　曾有一位妈妈打电话向媒体求助："我发现儿子早恋了，这该怎么办啊，希望大家能帮我出出主意。"

　　这位妈妈说："儿子今年才 12 岁，上六年级。过去，儿子的学习成绩总是班里的前 10 名，可是自从和这个女孩在一起之后，他开始喜欢穿漂亮衣服，甚至经常抹香水。现在儿子总是跟我们说和这个女孩在一起的事情，他的学习成绩也下滑到二十多名。我曾经多次试图说服他，但是孩子居然在笔记本上写着，'我要离家出走，我恨这个家。'并在这句话后边画了 3 个大大的惊叹号，让我这个做妈妈的看了触目惊心。"

　　孩子出现早恋是令父母头疼的一个问题。据调查表明：早恋有年龄下移的趋势。不闻不问吧，总觉得会耽误孩子的学业；过问吧，又怕逼急了，孩子离家出走、自杀。

男女孩子进入青春期，生理上有许多变化，对异性产生爱慕，这是人体发育的一种本能，是孩子告别少年时代经历的特定时期。个别孩子陷入早恋，确实给学校和家庭带来一丝阴影，轻则影响学业，重则导致孩子陷入误区。家长必须了解青春期特点，加强教育，预防为主，未雨绸缪。

不同的孩子早恋表现不一样，需要家长细心观察，下面提供一些常见的早恋倾向，供家长参考，请家长注意根据自己孩子的特点认真分析，否则，会伤害孩子的自尊心。

★孩子突然变得爱打扮，常对着镜子照来照去。

★学习成绩突然下降，上课注意力不集中。

★活泼爱动的孩子突然变得沉默，不愿和父母交谈。

★在家坐不住，经常找借口甚至撒谎外出去公园、歌厅等场所。

★放学喜欢一个人躲在家里或待在一边想心事，时常走神发呆。

★情绪起伏大，有时兴奋，有时忧郁，有时烦躁。

★对描写爱情或性的电影、电视、小说感兴趣。

★突然喜欢谈论男女之间的事情。

★背着家长偷偷写信，写日记，看到别人赶忙掩饰。

★常有异性打来电话，经常收到发信人地址"内详"的信。

值得提醒父母的是，不要把男女青少年的正常交往，如互相聊天、结伴游玩、一起看书、做作业等误以为是早恋，从而加以指责。本来孩子还不懂什么叫恋爱，被父母一说，反而恍然大悟，开始谈恋爱。

如何把好青春激情的大门，如何使孩子形成稳定的心理定势，保持心理平衡，这是很重要的问题。如果发现孩子与某一孩子交往过密，应巧妙地加以引导，让孩子懂得，异性交往不要太集中在某一个人或一个小范围内，否则会失去与多数同学、朋友接触的机会。现代人多交朋友或多交几个性格志趣各异的朋友，能更深切地体会人与人之间纯洁的友谊，取长补短，共同进步。

在对待青春期少男少女早恋的问题上，父母应采取什么具体措施呢？

1. 坦然面对早恋问题

当孩子进入青春期，父母在对孩子进行性教育的同时，可以进行一些适当的性、恋爱、婚姻教育，先打打早恋的预防针。当发现孩子有早恋的苗头时，父母不要惊慌失措，如临大敌，要对孩子进行热情的帮助，给孩子讲道理，可以告诉孩子：德国伟大诗人歌德曾经说过，"英俊少年哪个不善钟情，妙龄少女谁个不善怀春"，喜欢心目中特定的异性是这个阶段的孩子都会发生的事，但这种喜欢只能保持在友谊的层面，不能成为"恋爱"。并告诉孩子不能早恋的原因，要教孩子自尊自爱，区分友谊与爱情的关系，适当地向孩子讲讲爱情的社会道德性和爱情的权利责任，使孩子对恋爱、婚姻有更进一步的认识。

2. 运用"冷处理"的办法

父母对待孩子的早恋问题切忌态度粗暴、方法简单。最好的办法是理解孩子，体贴孩子，运用"冷处理"的办法，采取"跳""冻""隔"的方法。因为当孩子产生恋爱情感时，随着憧憬与激动，也会为伤感、社会环境压力，甚至性欲的纠缠而苦恼。父母不但要洞察孩子这种内心情感，而且还要从旁加以引导，要耐心地倾听孩子的诉说，并给孩子以热情、严肃的忠告，让孩子"跳"出来，将感情"冻"起来，要告诉孩子初、高中生谈恋爱最后"终成眷属"的还不到 3%，成功的可能性非常小，早恋对中学生学业有影响。尽量把两个孩子"隔"起来，少接触。父母的教育要和风细雨，又要有一定严肃态度，不能埋怨、责备，帮助孩子走出早恋的困惑是需要一定的时间的。

3. 转移其注意力

父母应鼓励孩子积极参加对身心健康有益的活动，以转移其注意力，发泄其充沛的精力。校内丰富多彩的集体活动，校外的旅游、交友、公益劳动等既可锻炼身体，又可益智、养性。同时，鼓励孩子根据个人兴趣，发展个人爱好，如进行集邮、读世界名著、练习写作投稿，使课余的时间充满情趣，充满快乐，也许，早恋的情感会适当减弱和转移。

明智的父母应该首先理解和尊重孩子的感情，承认它是美好而纯洁的。同时，父母要以一个朋友和父母的身份告诉他们：青春期是一个人学习的最佳时期，错过了这个时期对今后的成才是个很大的障碍。

父母课堂

洞悉孩子的内心世界

把话说到孩子心里去

文祺◎编著

应急管理出版社

·北京·

图书在版编目（CIP）数据

洞悉孩子的内心世界，把话说到孩子心里去/文祺
编著．－－北京：应急管理出版社，2019（2020.7 重印）
（父母课堂）
ISBN 978－7－5020－7739－6

Ⅰ.①洞…　Ⅱ.①文…　Ⅲ.①家庭教育　Ⅳ.①G78

中国版本图书馆 CIP 数据核字(2019)第 252522 号

洞悉孩子的内心世界　把话说到孩子心里去（父母课堂）

编　著	文　祺	
责任编辑	高红勤	
封面设计	小红帆童书	

出版发行　应急管理出版社（北京市朝阳区芍药居 35 号　100029）
电　话　010－84657898（总编室）　010－84657880（读者服务部）
网　址　www.cciph.com.cn
印　刷　山东大族文化传媒有限公司
经　销　全国新华书店

开　本　880mm×1230mm^1/$_{32}$　印张　40　字数　960 千字
版　次　2020 年 1 月第 1 版　2020 年 7 月第 2 次印刷
社内编号　20192856　　　定价　128.00 元（全八册）

天下的父母都是爱孩子的，所做的一切也都是为了孩子，他们用自己的爱，用自己认为最好的方式教育并培养着孩子，希望孩子能够成才，能有一个美好的未来。

然而，很多父母在教育子女的过程中都有这样的经历：把自己认为最好的都给了孩子，尽自己所能地满足孩子的需要，费劲口舌、精力，苦口婆心地说了多少次，孩子却依然我行我素。有的孩子甚至觉得父母太专制，总是顶着"爱"的名义，限制自己的自由，一点也不考虑自己的内心感受。孩子这样的态度和反应让父母伤心沮丧的同时，更增加了父母的无奈和茫然，让他们始终不明白问题出在了哪里。

其实，家庭教育中出现这样的问题在所难免，因为父母生活在成人的世界，有着自己的评判标准和行事方法；孩子生活在自己的世界，也有自己的想法和坚持。这两者之间时不时会出现冲突和矛盾，需要我们去调整。

著名教育家苏霍姆林斯基说："每个孩子都有与生俱来的个性，而且每种个性都有着成功的可能性，关键在于父母如何发掘和引导孩子的个性，使孩子发挥出最大的潜能。"每一个孩子都是独一无二的，都有属于自己的、独特的、不可替代的个性。真正成功的家庭教育，应该用孩子喜欢的方式，对孩子进行引导和教育。

用孩子喜欢的方式对孩子进行引导和教育，前提是父母要了解孩子的独特个性，了解并遵循孩子的成长规律。当父母的教育理念受到孩子的质疑或是反对时，不应该用家长的权威来迫使孩子接受，也不必感到怅然若失，不知所措。父母应该先控制好自己的情绪，和孩子谈一谈，看看问题出在了哪里。一般而言，孩子不愿听从父母的教导，往往是因为父母用错了方法，所以孩子才会不吃父母这一套。

我们常说："方法对了，事情就成功了一半。"在教育孩子的时候，也是这样。如果父母能清楚地知道"孩子吃哪一套"，就能轻轻松松地做到"投其所好""因势利导"，让孩子真切地感受到父母的关爱，心悦诚服地接受父母的教育和引导，开开心心地学习和成长。当然，这需要父母能洞悉孩子的内心世界，把话说到孩子心里去。

本书结合现代孩子的心理特点，针对父母们最关心的问题，用生动形象的语言，教会父母们怎样和孩子成为朋友，怎样陪孩子玩耍，如何赞美孩子，如何改正孩子的缺点等，让孩子从中感受到父母的爱，并乐于接受父母的教育。

用孩子喜欢的方式方法对孩子进行引导和教育，及时发现孩子的闪光点，因势利导，因材施教，才能最大限度地挖掘孩子的潜能，实现孩子的全面发展。

目录
CONTENTS

第1章 孩子就吃"父母和自己是朋友"这一套

孩子愿意和自己的父母做朋友。父母应该和孩子成为好朋友，以朋友的姿态来尊重孩子，平等地对待孩子。和孩子成为朋友，才能赢得孩子的信任，更好地了解孩子、满足孩子的需要，与孩子一起健康快乐地成长。

第2章 孩子就吃"父母陪自己玩耍"这一套

玩是孩子的天性，每一个孩子都希望父母能多点时间陪自己玩耍。父母陪孩子一起玩耍，能让孩子获得更多的快乐，拉近与孩子之间的距离，同时还能有助于发现孩子的闪光点，挖掘孩子的潜能。

第3章 孩子就吃"父母顺着自己的兴趣和爱好"这一套

"兴趣是最好的老师",每个孩子都会有自己喜欢和感兴趣的东西,每个孩子也都希望父母能尊重自己的兴趣和爱好。父母不应该随意剥夺孩子的兴趣爱好,应该鼓励孩子去做喜欢做的事,并培养和挖掘孩子的兴趣和特长。

第4章 孩子就吃"父母鼓励和赞美自己"这一套

卡尔·威特曾说过:"不是聪明的孩子被夸奖,而是夸奖使孩子更聪明。"每一个孩子都希望得到别人的认可,更喜欢父母对他的赞美。父母及时而适当的赞美,能让孩子体会到成就感,树立起自信心,从而能坚强地去面对成长中的困难和挑战。

第5章 孩子就吃"父母让他做自己喜欢的事"这一套

> 每个孩子都有自己的天性，他们总是希望父母能让他们做自己喜欢做的事。顺应孩子的天性，尊重孩子的成长规律，才能做到因材施教、因势利导，培养出真正优秀的孩子。父母要学会"该放手时就放手"，鼓励孩子去做自己喜欢的事，培养孩子独立自主的性格。

第6章 孩子就吃"父母温和地改正自己"这一套

> 孩子在成长的过程中，难免会犯错，很多时候，孩子不是知错不改，只是希望父母能"温和地改正自己"。"棍棒教育"是不可取的。在家庭教育中，父母应该多给孩子一些耐心、关爱和机会，以身作则、潜移默化地改正孩子的不良习性。

第<i>1</i>章

孩子就吃"父母和自己是朋友"这一套

孩子愿意和自己的父母做朋友。父母应该和孩子成为好朋友，以朋友的姿态来尊重孩子，平等地对待孩子。和孩子成为朋友，才能赢得孩子的信任，更好地了解孩子、满足孩子的需要，与孩子一起健康快乐地成长。

和孩子成为好朋友

父母课堂

> 孩子愿意和自己的父母成为朋友。要想和孩子成为好朋友，就要承认孩子的独立人格，尊重他的想法，以平等的姿态和他进行交流和沟通，理解他、认可他。只有这样，才能赢得孩子的信任和友谊。

孩子在成长的每一个阶段都需要朋友，只有这样才能发展健全的人格。年龄相仿的朋友陪伴他一起成长，年龄稍长的朋友给他引导、帮助他走向成熟。

从血缘关系来看，父母与孩子是最亲近的人，照理说，父母也应该是孩子最亲密的大朋友，可现实中往往不是这样。一项针对中小学生倾诉的调查显示，只有 26.73% 的孩子表示，有了心里话最想告诉的人是父母。

一位教育专家曾经说过："如果孩子不愿意把自己的欢乐和痛苦告诉父母，不愿意与父母坦诚相见，那么谈论任何教育总归都是可笑的。"确实是这样，孩子不愿意说，父母就不可能真正了解孩子，就不可能对其进行正确的引导和教育，甚至可能会适得其反。

一天，妈妈下班回到家，发现房间被翻得乱糟糟的，儿子手里拿着家里的户口本冲她笑："妈，你回来了啊！"说完有些不好意思地挠着头："那个，我就是找个东西。"边说边朝门口跑去。

看着混乱的房间，妈妈的火气一下就上来了："你找什么东西？自己的东西从来不知道好好收拾，我整天要上班，还要整理房间，累得要命。你倒好，一会儿工夫就把我的劳动成果糟蹋成这样！"儿子被她的喊声吓到了，呆呆地看了她一会儿，一句话没说就回了房间，晚饭也没吃。

妈妈也觉得自己有些过分了，端了一碗鸡蛋面，敲开儿子的房门。儿子躺在床上不愿意看她，她心里有些难过。她对儿子说："儿子，今天是妈不好，妈不该不问青红皂白就对你发火。妈向你道歉，你原谅妈好不好？"儿子一听这话，坐了起来，有些别扭地说："妈，我也有错，你别怪我！"一听这话，妈妈的心里暖暖的："儿子，你能不能告诉妈，你想找什么东西？"儿子不说话，妈妈再接再厉："妈也想和你做朋友，知道你都在想什么。我相信我儿子这么做一定有理由，对吗？"她的信任和尊重让儿子放下戒心："今天老师说，我们应该记住父母的年龄，可我连你们的生日都不知道，所以……"原来，儿子找户口本是想记住爸妈的生日，她差点错过了孩子给的关心和感动。

从那以后，凡事她都会先放下自己的情绪，和儿子进行交流沟通，了解儿子的想法。儿子也越来越愿意和她说自己的想法和心里话，两人的关系也越来越亲密融洽了。

和孩子成为朋友，让孩子感受到父母的理解和信任，才能让孩子感受到父母的关心。这样，孩子才愿意敞开心扉，给父母进入他的世界的通行证。那么，父母要怎样做，才能和孩子成为好朋友呢？

1. 用真诚的爱来面对孩子

孩子的内心很纯洁，也很敏感，他们甚至能从父母的一个表情、一句赞美、一个叹息中察觉出父母对自己的看法。正因为这样，父母一定要记住，用真诚的爱来面对孩子。这要求父母能客观地意识到自己在想什么、感受什么及做什么。另外，真诚还意味着父母学会向孩子敞开自己的思想和感受。比如，当你的工作没有做好时，你可以告诉孩子你很灰心；当你涨工资的时候，你可以让孩子和你一起来分享喜悦。哪怕只是简单的一两句话，却能让孩子感到父母的真诚和信赖，更愿意亲近父母。

2. 多和孩子进行沟通

沟通是构建人际关系的基础。父母要了解孩子，才能把握孩子的心理，更好地和孩子做朋友。父母要学会根据孩子的性格特点，创造独特的沟通渠道。比如，不爱说话的孩子，可以在家设立一个"意见箱"，鼓励孩子把想法和愿望都写进去，父母也把自己的关心和建议以同样的方式传递给孩子；对于喜欢直接沟通的孩子，父母应该及时地观察孩子的情绪变化，感受到孩子的内心需求，及时正面地和孩子进行沟通。

3. 树立榜样，始终如一

始终如一就是指每当某事或某种情况发生时，都用同一种方式处理。对待孩子的一致性，是孩子对父母信任的基础。当孩子预先知道父母的意图，以及父母会怎样反应时，他们就会感到比较安全。这种安全也是构成孩子对父母信任的重要原因。

在生活中关心孩子

父母课堂

给孩子创造良好的物质条件，是远远不够的，孩子的健康快乐离不开父母的爱和家庭的温暖。孩子喜欢父母的关注，渴望得到父母的安慰。所以作为父母，不管工作有多忙、压力有多大，也要抽出身来，给孩子一点时间，关心他们的身体，照顾他们的情绪，帮孩子实现身心的健康与和谐。

现在的彤彤成绩很不好，变得越来越孤僻，与同学的关系也不太好。以前的彤彤在乡下和爷爷奶奶一起生活，尽管她也会想念爸爸妈妈，但是爷爷奶奶很疼她，她每天放学后还能和很多朋友一起玩。那时候的彤彤开朗活泼，爱说爱笑，成绩也很好。后来爸爸妈妈把她接到了城里，她终于和爸爸妈妈生活在了一起。爸爸给了她很多零花钱，妈妈给她买了很多新衣服，可是彤彤却一天比一天沉默，一点都开心不起来。她觉得爸爸妈妈都太忙了，根本没有时间关心她，她觉得自己是个没有人爱的可怜虫。

现实生活中，有许多父母因为工作比较多、社交比较广，在家待的时间越来越短，对孩子的关注越来越少，无形中就与孩子缺少了沟通，减少了关爱。还有许多父母认为，能给孩子充裕的物质条件，就是对孩子尽到了义务。

确实，给孩子提供良好的生存条件是每个父母都想努力做的，但是对孩子的关心，仅仅体现在物质上，是远远不够的。

孩子需要父母的关爱，需要家庭的温暖。在自己生病时他们需要父母的照顾，在苦恼时需要父母帮忙分担。只有在被爱的环境下长大的孩子，才会形成良好的性格，才会对他人产生信任，才可能有美好的未来。

那些只知道挣钱和认为只要养大孩子就完成了任务的父母，需要改变观念。父母要清楚地认识到，孩子需要的不仅仅是身体的营养，更希望得到精神的满足。父母应该从生活的一点一滴上去关心孩子，设身处地地为孩子考虑，既关心孩子的身体健康，又关注孩子的心理健康，让孩子在温馨的氛围中成长。

1. 给孩子一个温馨和睦的家庭

家，对于每一个人来说都很重要，对于孩子来说，家的意义更是重大。家是他出生、成长的地方，是他可以寻求支持和依靠的地方。家对于孩子来说，应该是安全、充满爱的地方。

父母要努力为孩子营造一个温馨和睦的家庭，家庭成员之间要互相关心，永远不要在孩子的面前争吵，不随便对孩子发脾气。家庭的温暖能给孩子足够的安全感和归属感，可以提升孩子对幸福的感受能力。

2. 关注孩子的身体健康

孩子的身体健康是未来成功的基础，因此父母平时要注意多观察孩子，时刻关注孩子的身体状况。发现异常情况应该及时妥当处理，以免拖延病情，耽误了治病的良机，造成不可弥补的遗憾。

3. 和孩子一起吃饭

和孩子一起吃饭，不仅能增进家人之间的感情，还会让孩子变得更聪明。饭桌上的交谈会让孩子得到不少的信息，学到不少的知识；孩子在饭桌上与父母沟通，还能锻炼他的表达能力；全家一起吃饭，还能让孩子学会分享。另外，和孩子一起吃饭，能更好地帮助孩子平衡饮食结构，让孩子会吃得更健康。

父母要注意构建和谐的"饭桌"文化，不要在吃饭的时候谈论孩子不愿意谈论的话题，不要在吃饭的时候斥责孩子，应该让孩子在轻松愉快的氛围中进餐。

4. 与孩子一起亲近大自然

大自然是最奇妙的世界，总能给人不一样的感受和领悟。渴望亲近大自然是每一个孩子的天性，父母不妨从繁忙的工作中抽些时间，带孩子逛逛公园、爬山或是野炊。让孩子投入大自然的怀抱，同时也给自己一个放松的机会。

让孩子亲近自然，不仅能启发孩子的想象力，还能培养孩子的胸怀。多抽出时间陪孩子出去感受自然界的美好，相信你和孩子都会得到意想不到的收获。

5. 关注孩子的情感需求

父母要及时体察孩子情绪的变化，了解孩子情绪背后的真正需要，只有这样才能及时正确地满足孩子的情感需求。孩子被负面情绪笼罩时，父母的理解、安慰和鼓励会给他很大的支持和勇气，帮助他很快地走出来。

错了就应该向孩子道歉

父母课堂

> 古语云"人非圣贤，孰能无过"，父母也是人，也会有犯错的时候。犯错并不可耻，可怕的是犯错后不道歉、不悔改，一犯再犯。当孩子因为父母的过失或错误受到伤害时，他们往往希望父母能放下家长的架子，坦率真诚地向自己道歉。父母在犯错时，应该和孩子平等地交谈，直接及时地表达自己的歉意，从而得到孩子的宽容和谅解。

在教育孩子的过程中，父母难免会出现一些过失和错误。传统的家庭观念认为向孩子道歉，会有损父母的威严，不利于孩子今后的教育。所以，不少父母为了维护自己的面子，明知道自己做错了，也不愿意低头向孩子认错。

真的是这样吗？事实上，情况刚好相反。有研究显示，父母向孩子认错，不仅不会丧失威信，反而会赢得孩子的尊敬，也有利于构建和谐融洽的家庭关系。

程程陪妈妈一起去医院看望他的同事。妈妈在走廊里点燃了一支女士烟，程程马上劝妈妈别抽，又指了指墙上的标语，对妈妈说："妈妈，这儿不让吸烟！"妈妈推了他一下说："又没有医生过来，你怕什么。"程程望着妈妈，问："妈妈，那这个标语还有什么用？还是医院有专门监督的医生？"妈妈一听暗自想："看来我是犯错误了，误导儿子了。"她赶紧灭了烟。然后郑重地向儿子道歉："你说得对！儿子，妈妈不应该这么不自觉。"程程一听"扑哧"一声笑了，说："这才是我心目中的好妈妈，我刚才是逗你玩的。"妈妈也拍拍程程的肩，母子俩看上去亲密无间，让旁人很是羡慕。

家长和孩子之间是平等的，当父母犯错时，若能放下家长的架子，坦率诚恳地承认自己的错误，会带来意想不到的结果和收获。

1.让孩子知道谁都会犯错

从某种意义上来说，孩子是通过父母的价值观和表现来认识这个世界的。父母犯错后，主动承认错误，会让孩子知道，谁都会犯错，连父母也不例外。这样的认知从某种程度上来说，可以有效地降低孩子的心理压力，不再那么担心自己犯错，会更有勇气去尝试。

2.给孩子树立知错能改的榜样

家长主动承认错误，向孩子道歉，用自己的实际行动教会孩子要知错能改。家长向孩子道歉能帮助孩子形成正确的是非观，帮助孩子正确认识自己的错误，鼓励孩子主动勇敢地承认错误并及时予以补救和改正，对培养孩子的责任心有很大帮助。

3.会得到孩子的原谅和尊敬

孩子指出家长的错误，而家长积极承认错误，实际上是赏识和尊重孩子，更能让孩子体会到父母对自己的爱和重视，让孩子更愿意亲近父母。孩子比成人更具宽容心，只要父母真心认错，就会得到孩子的宽容和谅解。

向孩子道歉，家长还要注意以下几个问题：

1. 道歉要及时

孩子的内心很敏感，受到伤害时需要得到及时的关注和抚慰。父母是孩子最亲的人，当孩子受到来父母的伤害时，内心的痛苦会更强烈。所以，当父母因为自己有意或无意的语言、行为伤害到孩子时，一定要及时地向孩子道歉，只有这样，才能把对孩子的伤害降到最小。

2. 要直接、当面向孩子认错

父母道歉时要直接当着孩子的面说，不能拐弯抹角地向孩子示意。父母知道错了却不明说，孩子就得不到心理安慰，父母也不会对自己的错误留下深刻的印象，时间一长就会旧错重犯，再度伤害孩子。

彬彬以前拿过一次爸爸的钱。今天妈妈发现自己钱包里的钱少了50块，马上就想到了儿子。妈妈很生气，觉得儿子是越来越大胆了，以前拿的也就是10块，现在都敢拿大数额的钱了。她二话没说就打了儿子一顿，儿子这次死命不承认，妈妈见他"抵赖"更生气了。

晚上爸爸回家后对妈妈说："今天早上走得太匆忙忘了告诉你，拿了你钱包里的50块钱。"妈妈一听脸就红了，但却不想向孩子道歉，觉得太没面子了，于是通过爸爸转达了自己的歉意。彬彬却不买账，甚至对妈妈产生了敌意。

家长犯错后，直接当面认错才能产生好的效果。如果家长碍于面子，躲躲闪闪、拐弯抹角，孩子心里会很不舒服，就算认错也达不到预期的效果。

3. 对不同年龄的孩子要用不同的道歉方式

如果孩子年龄较小，父母给孩子道歉的时候，只需要用一些行动，例如表情、手势、做法等，就能让孩子知道父母在道歉，没有必要讲太多深奥的道理。但是如果孩子大了，父母在道歉的时候就应该解释犯错的原因，并描述自己犯错后的心理感受，让孩子知道父母因为犯错而内疚难过，这样便于孩子更好地原谅父母。

4. 要感激孩子的宽容

父母道歉得到孩子的宽容和理解，应该真诚地对孩子表示感谢。这一方面是对孩子的肯定和赞赏，另一方面也能让父母更好地记住所犯的错误，更好地加以改正。同时，这也是父母对孩子言传身教的"感恩教育"，教会孩子常怀一颗感恩的心。

多和孩子说说心里话

父母课堂

孩子喜欢朋友一样的父母，真正的朋友是可以分享彼此内心最为私密的想法和愿望的。父母要想知道孩子的感受，就应该主动把自己的感受告诉孩子。父母主动敞开心扉，多和孩子说心里话，就是在用自己的真诚和信任叩开孩子的心门。

英国教育家斯宾塞说过："家长一般很少向孩子透露自己的内心世界，只习惯于做道貌岸然的训导者，但反过来却要求孩子向自己暴露一切，这种不平等的要求，当然不可能取得好的效果。"与孩子进行沟通，一定应该是双向的。

日本福泽谕吉说："夫妇或父母与子女之间没有秘密的事，不论任何事情没有不能公开讲的。"遗憾的是生活中，我们常常会听到这样的对话：

"妈妈，你怎么了？为什么生气？"

"大人的事小孩不懂，你乖乖去做你的事情！"

家长这样的回答其实很容易伤害孩子敏感的心灵，这样的回答会让孩子觉得自己被家长排除在他们的世界之外，会想是不是自己做错事惹家长不高兴了，孩子甚至会有这样的担心："爸爸妈妈会不会不要我？"家长这样的回答也会给孩子一种错误的认识——我只要做好自己的事情就行了，他们的事情与我无关。一旦这样的想法产生了，家长和孩子之间的沟通就有了障碍，会影响和谐亲子关系的构建。

多和孩子说心里话，不仅能让孩子感受到父母的关爱，还能提升孩子的归属感和自我价值感，让孩子觉得足够的安全。

那么，父母应该和孩子说哪些心里话呢？

1. 把你的担心告诉孩子

最近晓红每天都很晚才回来，说是在学校和同学一起做功课。女儿这么爱学习，让妈妈感到很欣慰。可是，这天妈妈帮晓红整理书包的时候，竟然发现里面有一个化妆包，化妆包里面是全套的化妆品。这个发现让妈妈很生气，她没想到女儿竟然会撒谎，又担心女儿交上了坏朋友，才那么晚回家。

晚上，晓红又是很晚才回来，看到她那张浓妆艳抹的脸，妈妈扬起手就给了她一巴掌:"小小年纪不知道学好,你看看你,什么鬼样子!"晓红捂着脸哭着跑进了房间。

之后好几天,晓红都不愿意理睬妈妈。妈妈决定和她好好谈一谈。

"晓红,妈妈想和你谈谈。"她看着女儿,放软语气。

"我和你没什么好谈的!"很显然,女儿并不买账。

"那天是妈妈不对,妈妈不该打你,妈妈向你道歉。"女儿"哼"了一声,但是表情已经不那么难看了。

妈妈接着说道:"妈妈看到你化那么浓的妆,包里还有化妆品,每天又那么晚回来,担心你交上坏朋友了。担心你受骗上当、受欺负,也担心你的学习。是妈妈着急了,我应该先问清楚的,你原谅妈妈好不好?"

晓红听妈妈这么说,眼睛里噙满了泪水:"妈妈,我也有错,我不该撒谎。"原来她们班上转来了一个留级生,年龄比晓红大,很会打扮,晓红很羡慕,才跟她学习化妆。

听女儿这么说,妈妈笑了:"爱美是好事,可是你现在还小,身体正在发育,那些劣质化妆品会对你的皮肤造成伤害。妈妈知道很多既健康又能让你变漂亮的方法,你要想知道,妈妈可以教你!"

"真的吗?妈妈,你真是太好了!"女儿高兴地搂着她说道。

这以后,晓红每天都准时回家,那套劣质化妆品也被她扔进了垃圾桶……

每个家长都希望自己的孩子能健康成长,能成为一个优秀的人,所以家长所做的一切,都是出于对孩子的爱和殷切希望。可是成长中的孩子也会有自己的想法，两代人之间不可避免地会出现矛盾和冲突。当父母的教育理念受到孩子的质疑和反对时，父母可以心平气和地坐下来，和孩子好好沟通，把自己对孩子成长的担心如实地告诉他，相信你会有意想不到的收获。

2. 把真实感受告诉孩子

美国教育家斯特娜夫人在教育女儿维妮夫雷特的时候，就非常注重把自己的真实感受告诉女儿，她认为这是对女儿的尊重，也是增进亲子关系的重要方法。如果女儿很调皮，让她觉得烦恼了，她会把自己的感受告诉女儿，让她知道自己的做法让母亲烦恼和不开心了，女儿就会很体贴地变得乖巧。每当这时，她还会不失时机地教育女儿要学会尊重和理解他人。

斯特娜夫人认为，作为父母，应该让孩子知道自己的烦恼，这无论对孩子还是对自己，都是明智之举。直接客观地向孩子表达你的真实感受，更能帮助孩子了解自己的行为，也能让孩子更好地去理解父母。当然，父母在表达自己感受的时候，应该采取合理的方式和语气，否则会适得其反。

（1）用陈述的语气，而不是指责的语气

试着这样表达"你这样说，妈妈心里难受了""你的做法，我觉得有些为难"，只需要告知孩子你的感受，孩子自然会去思考或体谅。千万不要用"你怎么能这么想""你怎么可以这么任性""你烦死我了"，这样的表达听在孩子耳朵里就是一种尖刻的批评。

（2）用商量的口吻

试着这样说"妈妈现在有点忙，一会儿再陪你玩，好不好""妈妈有些累了，我们一会儿再玩，好吗""妈妈现在有些难受，一会儿再和你说，好不好"。用商量的口吻，是对孩子的尊重，更能得到孩子的理解和体谅。

3. 把你的烦恼告诉孩子

"妈妈，你怎么唉声叹气的。"小刚问妈妈。

"今天早上，不知道怎么回事，闹钟没响，起晚了。结果我上班迟到了，被老板狠狠地批评了一顿不说，好不容易快要到手的全勤奖也泡汤了。"妈妈愁眉苦脸地说。

"妈妈，别难过了，不就是被老板骂了吗？你不是总和我说做人要想开点吗？"儿子"小大人"一样地拍拍妈妈的肩膀，"全勤奖拿不到算了，大不了我们少吃两顿肉！"

一听儿子这么说，妈妈"扑哧"一下笑了，心情也好起来。之后儿子还帮着她一起研究闹钟为什么没响，母子合力修好了闹钟。

孩子很敏感，能感受到家长的心情变化。他们也希望能帮助家长。把你的烦恼告诉孩子，不仅能得到孩子的安慰，还能启发孩子的思维，因为孩子在安慰你的同时会开动脑筋想办法，帮助你解决烦恼，进而提高孩子解决问题的能力。

4. 把你的快乐传递给孩子

一位哲人说得好：快乐让别人来分享，就多一份快乐。父母和孩子之间是世界上最亲密的关系，也是应该一起分享喜怒哀乐的。当你遇到开心的事时，把你内心的感受告诉孩子，让孩子和你一起分享快乐。

对孩子说话要算数

父母课堂

适当的许诺会给孩子一定的动力，会激励孩子上进。但是父母不能把对孩子的许诺当作哄孩子的一种手段，对孩子要说话算话，否则会逐渐失去孩子的信任。当然，无原则的许诺也是百害而无一利的，生活中，父母对孩子说话、许诺应该持谨慎的态度，只有这样，才能使孩子从小就在一种良好的环境中成长。

中国有句古话叫"言必信，行必果"，就是说人要讲信用，说过的话要记得，许下的承诺就一定要兑现。"守信用"是一种美德，是一种素养。

很多父母在教育孩子的时候，总会对孩子说"言而有信""说话要算话"，父母在生活和工作中，也秉承着"守信"的原则来和他人合作相处。可是，当父母面对孩子的时候，这一原则却往往变成了一句空话。

莹莹很喜欢溜冰，每天放学后都到溜冰场去玩。妈妈工作忙，没太多时间陪她，又担心孩子独自在溜冰场会不安全，就对莹莹说："莹莹，我们知道你喜欢溜冰。但溜冰场里的人太多，你又没学过，一个人去我们不放心，可我们又没时间陪你。你看这样好吗，等过年的时候，我们有时间了就给你买一双溜冰鞋，到时候再带你来溜冰，行吗？"莹莹高兴地答应了。

为了感谢妈妈，莹莹好长时间都没去溜冰场，只是在家乖乖地学习。终于等到过年，莹莹看妈妈还没有给自己买溜冰鞋的意思，就去问妈妈，没想到妈妈说那是哄她的，是为她的安全着想，又说家里条件不好，不会去给她买溜冰鞋的。莹莹听到妈妈这样说，伤心地哭了起来。

很多父母和莹莹的妈妈一样，觉得孩子还小，有些事情做不到无所谓，把对孩子的承诺当成哄孩子的一种手段，并且还认为孩子不会放在心上。其实，在父母眼里是一件无关紧要的小事情，在孩子眼里却很重要。孩子很敏感，也很聪明，他会把这一点一滴的事情都积累起来，慢慢地，他就会认为父母是不守信用的，而且父母一次次地"说话不算话"，会让孩子跟着学，也变得不讲信用。

一项针对中小学生学习和生活现状与期望的调查结果显示，43.8%的小学生和43.6%的中学生最渴望得到家长的信任，最不满家长说话不算数。家长的"言而无信"会让孩子不愿意再相信家长，甚至讨厌自己的父母，不愿意听从他们的教导。

但有的时候，并不是父母不想兑现承诺，而是父母一时忘记了，或是没有了兑现承诺的条件。可是孩子往往不会这么想，因此在家庭教育中，父母一定要注意自己的言行，不要随便给孩子许诺，对孩子说话一定要算数。

1. 随口答应孩子的事情也要做到

这天，培培想出去找伙伴玩，妈妈答应他说："先写完语文作业再出去玩。"培培听从了妈妈的安排，开始专心写语文作业。

语文作业写完了，培培刚要站起来，妈妈又说："把数学作业也写完吧，都写完了再出去玩。"培培生气了，他本来没写作业时就想出去玩，听从了妈妈的话才把语文作业写完。但没想到写完后妈妈不仅不让自己去玩，还给自己安排了新的任务。

他不能接受妈妈的要求，冲着妈妈嚷道："我现在就是要出去玩！你说了做完语文作业就让我出去玩的，怎么能说话不算话呢？我以后再也不听你的了！"培培的妈妈一听，也觉得自己理亏，就让儿子出去玩了。

以后，培培的妈妈不再随口答应孩子什么，如果答应了，就会按承诺去做。

很多父母在要求孩子怎么做时，都会随口给孩子一些承诺，答应孩子一些要求，但却没有把自己说的话放在心上，但孩子却不会忘记。如果父母这样随口答应得很多，却经常做不到，就会给孩子留下说话不算话的印象，失去孩子的信任，以后说什么孩子都不会再相信了。

2. 一些没有太大把握的事情，父母要采取弹性的承诺

如果父母觉得对孩子做出的一些承诺没有太大把握兑现，可以把话说得灵活一些，使之有伸缩的余地。面对孩子的请求，父母可以使用"尽力而为""尽最大努力""尽可能"等有较大灵活性的字眼。这种承诺不仅能给自己留下一定的回旋余地，同时也能满足孩子的心理需要。

3. 不能给孩子兑现的要求坚决不答应

明明看见薇薇去北京玩拍回来的照片，羡慕得不得了。他一回家就央求妈妈带他去北京玩。可是明明家条件不好，平时日子都过得紧巴巴的，根本没有多余的钱带他去北京旅游的。

　　为了鼓励明明用心学习，妈妈对他说："行，你什么时候成绩考到班里前三名，我就带你去。"听到妈妈的承诺，明明开心极了，更加努力地学习。一个学期之后，他考了班里的第一名。当明明把这个好消息高兴地告诉妈妈时，妈妈却为了难。无奈之下，她给明明讲了家里的经济状况，希望儿子能够理解自己的苦衷。对于妈妈的解释，明明什么也没说，但是这之后，他就不再那么相信妈妈了。

　　生活中，有些父母为了让孩子达到一定目标，轻易向孩子许下了自己以后根本不可能兑现的承诺，因为父母的承诺满足了孩子的需求，孩子就会向着父母既定的目标前进。可是，当孩子通过努力实现目标时，父母却没办法兑现自己的承诺。纵然父母有千般无奈，在孩子眼里，父母所有的解释和说辞都是在为自己的"言而无信"辩解，伤心的同时渐渐失去对父母的信任。

4. 答应孩子的事尽量不要拖延

　　儿子和妈妈要钱买玩具，妈妈提出条件，只要儿子同意去理发，一结束就立马带他去买玩具。儿子一听高兴地点头同意了。

　　理完头发后，儿子便朝玩具店走去，可是妈妈却一把拉住他："儿子，妈妈今天还有点事情，过两天再给你买，今天咱们先回去。"儿子瞪着妈妈不说话。"妈妈肯定给你买，妈妈发誓！"妈妈信誓旦旦地对儿子说。

　　"我再也不相信你了！是你说理完头发就立马带我买玩具的，你骗人！"儿子大叫着甩开她的手跑了。

　　孩子达到父母的要求后，父母就应该放下手中的事情，尽快去兑现自己的承诺，尽量不要向后拖延。父母提的要求越难，孩子付出的辛苦越多，时间花费得越长，如果父母拖延兑现，孩子因此受到的伤害也就越大。

多从孩子的角度看问题

父母课堂

站在不同的位置会看到不同的风景，处于不同的立场会产生不同的观念。孩子喜欢从自己角度看问题、理解自己、体谅自己的父母。因此，生活中，父母要学会换位思考，多从孩子的角度来看待问题、分析问题，只有这样才能有效地解决问题。

在人际交往中，要实现良好的沟通，学会站在对方的角度思考很重要。要站在对方的角度考虑问题，站在对方的角度去理解他的内心感受，站在对方的角度去说好每一句话。

《庄子》中有"子非鱼，安知鱼之乐"的故事，如果不从对方的角度看问题，看在我们眼里的或许和事情的真相有着本质的区别。

对孩子的教育也是一样的。对同一个问题，家长和孩子的看法很可能不一致。在孩子那儿正常的一句话、一个动作、一个行为，到了父母眼里很可能就完全变了样。现实生活中，往往是这样，父母有父母的苦心和坚持，孩子有孩子的委屈和想法，父母和孩子之间实现有效沟通变得越来越困难。

一天上学路上，女儿坐在车里，突然略带得意地朝妈妈说道："妈妈，前面那辆是江苏的车。"妈妈一看，是"苏 B"开头的：

"这有什么值得骄傲的？一看那牌照就知道它是江苏的车。"

刚说完，女儿脸上的兴奋劲儿就没了，头低了下来，很明显是不高兴了。小声嘀咕道："我又看不懂车牌的含义！我只是看到上面的'苏'字，想起老师教过，'苏'是'江苏'的简称，所以才猜那辆车是江苏的。跟你说是想确定一下，我有没有记错……"

其实很多时候，父母与孩子之间的问题，并不是对与错的问题，只是因为他们分别站在了不同的角度，所以看到了不一样的风景。父母要想真正了解孩子，就要学会多从孩子的角度看问题。

1. 控制好自己的情绪

沈悦带着儿子参加一个夏令营，想借助这个机会，增进母子关系。可是她没想到的是，孩子在第一个活动环节就开始捣乱。为了让孩子们互相熟悉，老师让孩子们玩"开火车"的游戏。沈悦注意到，儿子小脸红红的，当起了"火车头"，玩得很开心。可是没多久，儿子突然不动了，后面的小伙伴也跟着停了下来，可是不管大家怎么催促，儿子就是笑眯眯地站着不动。

沈悦的脾气一下就上来了，走动孩子身边，批评道："你怎么不听老师的话？大家都催你呢，怎么一点反应也没有？"因为在气头上，沈悦的语气很不好，儿子脸上的笑容一下子没了，沈悦有些后悔，觉得不该在这么多孩子面前说他不好。

这时候，老师过来了，笑眯眯地摸摸儿子的头，安慰了两句，儿子这才重新笑了起来。

"现在可以告诉老师为什么停下来吗？"老师问。"报告老师，我没油了！"儿子大声地回答。

"嗯，老师现在给你加油！"老师做了一个加油的动作，"现在可以开动了吗？""报告老师，马上出发！"就这样，儿子带着小朋友们重新开心地奔跑起来。

没有什么车可以不用加能量一直跑下去，这是每一个成人都懂得的道理。可是，为什么当扮演火车的儿子做出这么合情合理的动作时，反而受到了父母严厉地批评呢？答案很简单，父母先入为主，用自己的评判标准对孩子做出了错误的评判。

与孩子相处的时候，当他的一些语言和行为让我们觉得奇怪的时候，不要急着发脾气。要时刻提醒自己，孩子是一个独立的个体，他有自己看问题的角度和方法。控制好自己的情绪，静下心来，听听孩子的想法。

2. 从孩子的高度看问题

李娜和大多数女性一样，热衷于逛商场。儿子没人带，所以她每逢周末都领着儿子一起到商场购物。可是，她发觉孩子刚进商场就哭着闹着要出去，而且每次都是这样。商场有那么多琳琅满目的商品，还有很多可爱的毛绒玩具，为什么儿子不愿意去商场呢？李娜纳闷儿不已，有时候儿子一哭她就特别生气。

直到有一次，她在商场里蹲下身来给儿子系鞋带，才终于弄清楚孩子为什么不愿意逛商场：原来站在孩子的高度，看到的不是琳琅满目的商品，而是满商场来回晃动的人的大腿。谁又愿意在这样的环境中待上几个小时呢？从那以后，她每次逛商场都把儿子抱在怀里，儿子也不再哭喊着要离开了。

父母要学会从孩子的高度看问题，这里说的"高度"，不仅仅是身高，还包括思想的高度。父母是成年人，学习了不少知识，加上丰富的人生阅历和经验，对很多现象、问题都有自己独到看法。但是，孩子不是，他们的人生才刚刚开始，很多事情在父母眼里根本不值一提，对孩子来说却可能是个难题。

所以我们说，父母不仅要蹲下身来和孩子说话，还要保持童心，多从孩子的高度去看问题。

3. 相信孩子不简单

在很多家长眼里，孩子是简单的，于是他们在处理孩子问题的时候，往往会简单化。其实，小孩子可不简单，在他们的小脑袋里，藏着很多的奇思妙想。

上海市 10 岁的小学生张琦在大街上想洗手，于是突发奇想："如果大街上有个水龙头该多好呀！"可水龙头安在大街上，会造成水源的浪费。综合两方面的因素，这个孩子发明了既方便又能保证不浪费的投币水龙头。

所以说，大人在对待孩子的问题上一定要三思而后行，要支持孩子的奇思妙想，鼓励孩子进行探索。

4. 多从孩子的角度看问题

"妈妈，我们今天考数学了。""是吗，这回得了多少分？""82分，比上次高 10 分呢。"婷婷有几分骄傲地说。"哦，这回是比上次进步了。对啦，你知道隔壁的扬扬考了多少分吗？""好像是 90 分吧。"婷婷有点不高兴地回答道。

母亲似乎并没有察觉，接着说："怎么又比她考得差？你努点力行吗？""你凭什么说我没努力？比上次提高了 10 分，老师还表扬我进步了呢，就你总是不满意。"婷婷生气了，她提高嗓门喊了起来。"你怎么这么不懂事，我这不是为你好吗？你看看你，就算进步10分也比扬扬差，一点也不争气！""我怎么不争气啦？你嫌我丢你的脸是不是？人家扬扬好，那就让她做你的女儿好啦。"说完婷婷气冲冲地走进自己的房间，"砰"的一声把门关上了。

本来是一件值得开心的事情，却因为母亲不懂得从女儿的角度去看问题，闹得不欢而散。对于孩子来说，每一次进步都是值得骄傲的，都是她努力的回报。妈妈要是懂得站在孩子的角度去看问题，给的应该是赞美和鼓励，而不是比较和批评。

允许孩子发脾气

父母课堂

　　孩子也有发泄情绪的需要，家长要给孩子发脾气的权利，了解孩子脾气背后的情感诉求，有的放矢地引导孩子，慢慢教会孩子控制和管理情绪。只有这样才不会压抑孩子的情绪，也不会孩子一发脾气就无原则地满足他的无理要求，进而培养孩子良好的性格。

我们都知道，任何事物都有两面性。人的情绪也是这样，会有正面的情绪，也会有负面的情绪。

想想被负面情绪所包围的时候，我们是什么样的精神状态？沮丧、没精打采、做什么事情都提不起劲，又或者看什么都不顺眼。再来看看，我们是怎样让自己好起来的：向好朋友倾诉、痛哭流涕、大吼大叫……反正就是利用一切可以利用的渠道，把负面情绪通通发泄出来，然后就雨过天晴了。

这么一想，是不是觉得其实让孩子发发小脾气也不是什么坏事？

孩子在成长过程中也会遇到各种各样的烦恼和困惑，他也会伤心、失望、生气、愤怒。而且孩子的心智还不成熟，并不能很好地分辨和控制自己的情绪。作为父母，更应该清楚地认识到这一点。孩子的心理承受能力有限，如果不能及时充分地把自己的负面情绪发泄出来，得不到很好的关注和引导，对于孩子的健康成长来说，会是一个不小的"灾难"。

1. 给孩子发脾气的权利

在现实生活中父母发脾气似乎是再正常不过的事了，但如果一个孩子发脾气却常常被大人指责为"不懂事""不听话""任性"，甚至还要对孩子的行为进行压制，甚至打骂斥责。

父母这样做是不对的。作为一个成年人什么事该做，什么事不该做都有明确的概念，而孩子还小，没有这么明确的概念，所以容易冲动，自制力差，对挫折的容忍程度是有限的。一旦自己的要求得不到满足或者遇到不顺心的事情，就会发脾气。

父母应该明白："发脾气"对孩子来说，是一种最直接和再正常不过的发泄方式。给孩子发脾气的权利，有助于孩子宣泄心中的不良情绪，也是对孩子关爱的表达。

2. 关注正在发脾气的孩子

很多时候，对正在发脾气的孩子进行"冷处理"往往是不够的。

孩子在发脾气的时候也是需要有人关注的，就像我们发牢骚的时候需要有人倾听一样。

假如孩子正为某事在气头上，父母不妨先坐下，安静地等待，不去打断他的怒气，全神贯注地关注着孩子。这样不仅可以让孩子感受到父母的关心，还能消除孩子的担心，更好地宣泄自己的情绪。

如果孩子正在为一件伤心的事情哭泣，不要阻止，静静地陪着他。如果孩子想倾诉，要让他看到你的耐心；如果孩子不愿意开口，请不要询问。痛哭之后，即使事情没有解决，孩子的心里也会舒服很多。

第 2 章

孩子就吃"父母陪自己玩耍"这一套

　　玩是孩子的天性，每个孩子都希望父母能多点时间陪自己玩耍。父母陪孩子一起玩耍，能让孩子获得更多的快乐，拉近与孩子之间的距离，同时还有助于发现孩子的闪光点，挖掘孩子的潜能。

多一点和孩子玩耍的时间

父母课堂

孩子的成长不可能重来一次，每一个孩子在成长的过程中，都希望能多一些和父母在一起的时间和回忆。作为父母，应该时刻提醒自己，无论多么忙碌，都应该抽出时间来，陪孩子一起玩耍。

宜家曾通过网络在线采访了 282 位 0~12 岁孩子的家长，调查显示，九成家长认同陪孩子玩耍的重要性，90% 的家长同意"陪孩子玩耍能促进孩子的想象力和创造力"这一观点。此次调查还对 108 个 7~12 岁的孩子进行了采访，有七成的孩子渴望有更多时间和父母一起玩耍。

这次调查虽然有一定的局限性，但也反映出家庭教育中的一些问题。现在，随着各类家教知识的普及，越来越多的家长认识到陪孩子玩耍对其成长的重要性。但现代社会，双薪家庭很多，父母常常要忙于工作，分不出更多的时间来陪孩子玩耍。

玩是孩子的天性，在孩子的成长过程中，玩就像维生素一样必不可少。孩子在玩耍的过程中，会全身心地投入，会获得快乐和满足。家长多一点和孩子玩耍的时间，能更好地帮助孩子健康成长。

1. 家长陪孩子玩会让孩子更快乐

叶秋女士平时工作很忙，没有时间照顾儿子，儿子平时上幼儿园，周末常常由姥姥姥爷照顾。这两天，叶秋因为身体不舒服，请假在家休息，儿子告诉她，感恩节快到了，想亲手给老师做一张贺卡，想请父母帮忙。叶秋想反正也不费事，就愉快地陪儿子做起了手工。

贺卡做好了，其实很简单，也不怎么精致。可是儿子却很开心，紧紧拿着贺卡，连晚上睡觉的时候都没撒手。第二天一早，儿子连蹦带跳地捧着他们的"作品"去了学校。叶秋看到儿子开心的样子，自己也觉得开心满足。

很多时候，孩子的要求都很简单，只是希望父母能多点和自己玩耍的时间，至于玩什么并不重要。父母的陪伴会让孩子在玩耍的时候更投入，获得更多的快乐和满足。

发表在美国《发育与精神病理学》期刊上的一项最新研究进一步显示：父母多与孩子一起玩耍、交流，有利于其青少年时期、甚至成年后的心理健康，减少他们出现人格障碍的风险。

这项研究的负责人、美国宾翰顿大学神经科学及认知心理学特聘教授马克·伦岑韦格尔解释说："在与父母每天进行积极互动的过程中，孩子会模仿大人的社交技巧与处世方法，学会从容处理自己面临的问题，从而提高心理承受力，性格会更加开朗、阳光。"

2. 多点时间陪孩子玩能让父母更了解孩子

玩耍对于孩子，就像是工作对于家长。家长对待工作的态度、为人处世的风格，很大程度上反映了家长的性格特点，是周围人了解评价自己的一个重要途径。同样的，孩子在玩耍中的表现，也能传递出不少与孩子有关的信息。

孩子对玩耍方式的选择，能反映出孩子的兴趣爱好；孩子是喜欢自己玩耍还是喜欢和朋友一起玩耍，很大程度上反映了孩子的性格；玩耍中，孩子如何与朋友相处，往往体现出孩子的交际能力。用心的父母，不仅能抽出时间陪孩子玩耍，还能从中发现孩子的很多"秘密"，更了解孩子。

3. 多点时间陪孩子玩能启发孩子的思维

孩子的好奇心总是很强，脑子里会有各种各样稀奇古怪的问题。多点时间陪孩子玩，在玩耍的过程中，父母可以及时地帮助孩子解答疑问。这不仅满足了孩子的好奇心，也让孩子增长了知识。在孩子看来，父母耐心回答他的问题，是对他动脑筋思考的一种赞美和奖励，会逐渐养成遇事动脑筋思考的习惯，不断地锻炼他的思维能力。

另外，在陪孩子玩耍的过程中，家长还可以通过问一些开放式的问题，引导孩子积极主动地思考，打破孩子的定式思维，帮助孩子多角度看问题。

4. 多点时间陪孩子玩耍帮助培养孩子的好性格

孩子的模仿能力很强，父母看待问题和处理问题的角度和方法也会在不知不觉中被孩子学习和效仿。多点时间陪孩子玩耍，父母的微笑会让孩子学会积极乐观；在玩耍中多给孩子鼓励和赞美，让孩子变得自信坚强；以身作则，让孩子学会宽容和与他人合作。玩耍中塑造孩子的性格，会让父母的教育更轻松自然。

和孩子一起做游戏

父母课堂

"游戏"是孩子的好伙伴，每一个孩子都在它的陪伴下长大。如果父母能抽出时间，参与到孩子的游戏中，走进孩子的世界，就能带给孩子更多的快乐体验。在做游戏的时候，父母还能用孩子喜欢的方式给孩子引导，寓教于乐，帮助孩子轻松快乐地成长和进步。

高尔基说："游戏是孩子认识世界的手段。"在做游戏的过程中，能反映出孩子对生活和周围事物的一些看法和态度。譬如，孩子喜欢在玩"过家家"的时候，模仿成年人的语言、语气和动作，游戏的内容与他们所熟悉的家庭生活情况以及感兴趣的事物相联系。游戏是孩子认识家庭生活，认识周围人与人之间的关系以及他们对待事物态度的一种独特方式。

随着年龄的增长，孩子的视野逐渐扩大，他们还常常爱分成若干角色，模仿电影、戏剧中的人物，从中获得乐趣。他们在模仿过程中的表现反映了孩子对有关事物的认知能力。

很多父母容易以成人的眼光评价孩子热衷的游戏，觉得简单幼稚，没什么意义。这样的想法是不对的。游戏是孩子了解社会、学习生活、发展智力、增进健康的不可缺少的一种活动，做家长的，不仅要在学习之余，给孩子留出做游戏的时间，还应该找回自己的童心，进入孩子的世界，加入孩子的游戏中去。

1. 让孩子来制定游戏规则

孩子做游戏，本来就是为了放松和快乐。父母应该给孩子营造一个良好的环境和轻松自由的氛围，这样才能有效地激发孩子游戏的兴趣。

让孩子选择游戏的方式，当然家长可以给孩子提供建议，让孩子自由选择。这样不仅能让孩子开心，还能锻炼孩子的自主性。

让孩子来制定游戏规则。游戏是孩子的天下，孩子在这方面比家长要有天赋得多，他知道怎么玩才会更开心。所以，放手让孩子做游戏的导演，不要限制孩子的想法，更不要干预孩子的玩法，甚至改变孩子的游戏规则。如果这样，就改变了游戏本身自由、愉快、自然及探索的特性。这样做，可以鼓励孩子积极地思考，锻炼孩子的逻辑思维能力和全局观念，增强孩子的表现能力和自信心。

2. 多和孩子玩互动游戏

一天下午，李丽带着女儿去公园散步。女儿看见草坪上有人在玩"二人三足"的游戏，越看越觉得有趣，吵着要和父母一起玩。李丽一看，参加活动的大都是年轻的情侣，有些不好意思。可看到女儿一脸的期盼，李丽还是咬咬牙，拉着女儿报了名。

比赛开始了，李丽的右脚和女儿的左脚绑在一起，女儿紧紧握着她的手，嘴里喊着"一二一二"，慢慢朝前走去。开始的时候，李丽总是控制不好自己的步伐，有好几次差点把女儿带摔倒。后来她仔细观察了女儿的步子，在脑子里大概计算了一下，一点点调整步伐，两个人走得越来越顺。

终于走到终点的时候，她和女儿竟然拿了第二名，奖品是一个钥匙扣。女儿高兴地抱着她大叫，周围的人都给她们鼓掌。在她们的带动下，有更多的家庭参与到了活动中。

那以后好长时间，女儿总是拿着奖品到处炫耀："这是我和妈妈一起赢回来的哦！妈妈真棒！"每次女儿这么说，李丽心里都会觉得很温暖。

多和孩子玩互动游戏，能很好地拉近父母与孩子之间的距离，增加孩子与父母之间的信任和默契，还能培养孩子与人合作的意识和能力。

亲子互动的游戏有很多，如捉迷藏、过家家、打乒乓球、你画我猜等。互动游戏，并没有固定的形式或规则，唯一重要的是"互动"。就是说，家长和孩子必须同时参与到游戏中来，通过两人的语言和肢体上的交流，通过两人的合作和共同努力才能实现。

家长可以结合孩子的性格特点和兴趣爱好，设计适合孩子的互动游戏。譬如，帮助孩子提高表达能力，可以和孩子玩"你说我猜"，让孩子用语言来描述一个给定的事物，家长来猜。孩子容易害羞，可以带孩子参加一些集体性的亲子互动，在互动中增强孩子的自信。要提高孩子的想象力，可以选择"涂鸦""猜谜""编故事"等游戏。要提高孩子的快速思索的能力，可以选择"接龙"等。

只要留心，就能想出很多新奇的互动游戏。和孩子玩互动，能更好地了解孩子，也能让孩子更了解你，了解这个世界。

3. 多和孩子玩"角色扮演"的游戏

"角色扮演"是很多孩子都喜欢的游戏，这个游戏能充分地表达孩子对所扮演角色的感情和评价。多和孩子玩"角色扮演"

的游戏，能拓宽孩子的视野，帮助孩子更好地认识他人和世界。另外，"角色扮演"能让孩子学会换位思考，站在别人的角度看问题，这对孩子将来的人际关系和个人发展有很大的好处。

4. 在游戏中帮助孩子改掉坏毛病

家长要学会"寓教于乐"，在游戏中正确引导孩子，有效地帮助孩子改掉坏毛病。比如，让好强的孩子知道，游戏有输也有赢，让自私的孩子体会到分享的快乐；让懒惰的孩子知道要付出才会有收获；让孤僻的孩子感受到朋友的温暖……通过游戏来呈现这些人生道理，比起家长的说教更有效，孩子也更容易理解和接受。

经常带孩子到户外活动

父母课堂

经常和孩子到户外活动活动筋骨，抖擞抖擞精神，尽情地欣赏绿色景物，呼吸清新的空气，让孩子亲近自然，给孩子一个开阔的视野。这样做不仅能激发孩子的活力，还能培养孩子的观察力和想象力，激发孩子的探索欲望，让孩子的思维变得更加活跃。

大自然总有一种神奇的力量，让人不自觉地放松、成长。亲近自然，是孩子们最向往和渴望的事情。但由于父母工作忙、社会压力大、太过焦虑等原因，很多家庭很少进行户外活动。即使有机会带着孩子外出，也只是完成任务似地和孩子到某个公园，将每个游乐设施让孩子玩一遍就算结束了。

其实，户外活动是一种很好的增进父母与孩子情感的方式，经常带孩子进行户外活动对孩子的健康成长有很大帮助。

1. 可以让孩子亲近自然

户外活动是以阳光和新鲜空气为伴，以个体或群体活动的形式，动用全身感官共同参与的活动方式。一位每日在户外散步的老人说："大自然不像我们从车窗中看见的那样不可捉摸，我能看见事物是如何一天天改变的。每年在花儿开放时，我都会去看它们。"

经常带孩子在户外活动，让孩子在阳光中沐浴，在蓝天下奔跑，和孩子一起观看自然风光，一起欣赏花儿绽放，看青山绿树，听鸟叫虫鸣。能让孩子更亲近自然，感受大自然的勃勃生机，忘记烦恼，快乐成长。

2. 可以提高孩子的免疫力

（1）经常进行户外活动，让孩子享受"空气大餐"，不但可以促进新陈代谢，还能增强呼吸系统抗病的能力。户外阳光充足，阳光中的红外线可以让人感到温暖，促进血液循环，促进新陈代谢；紫外线有杀菌消毒的作用；经常晒太阳还有利于人体对钙的吸收。

（2）经常参加户外动能加速血液循环，促进新陈代谢，使头脑更灵活，从而促进智力的发展。

（3）经常参加户外活动的孩子，往往身体结实，抵抗力强。

3. 能满足孩子好动与探索的本性

好玩好动是大多数孩子的天性，在户外活动中，孩子所受到的制约大大减少，会更加放得开。在这样的情况下，孩子很容易成为活动的主导者，会激发孩子的想象力、动手能力和创造力。

强烈的好奇心驱动着孩子不断地探索和思考，他们的小脑袋里装了很多稀奇古怪的想法。多带孩子进行户外活动，能满足孩子探索的本性，给他们认真细致观察的环境和条件，让他们积极主动地去发现自己想要的答案。

4. 有助于提高孩子的交往能力

户外活动往往是需要与其他孩子一起开展的，即使是简单的游戏活动，也有不少规则。例如，几个小朋友在一起滑滑梯，就有一个先后次序问题；一起踢球就有合作问题。可以说，户外活动为孩子解决日常生活问题、积累为人处世规范提供了广阔的空间。孩子们往往会从游戏中积累经验并应用到日常生活中去。

经常带孩子在户外活动有利于孩子的身心健康发展。那么，家长应该怎样更好地带孩子进行户外活动呢？

1. 要为孩子创造户外活动的机会和条件

女儿向妈妈诉苦："妈妈，老师让写《公园的早晨》，可是我都好久没逛过公园了，怎么办啊？"女儿这么一说，妈妈才发现，确实已经很久没带孩子出去过了。

妈妈想起邻居说小区附近有个公园，走路二十分钟能到，便带着女儿逛公园去了。她和女儿沿着湖边的人行道一路闲逛，欣赏湖里的水及湖边的花草，看着清晨慢跑的人们，帮女儿寻找写作的灵感。

在湖边，她们看到练舞蹈的大爷大妈，女儿禁不住跟着大家一起跳起舞来。那些大爷大妈都乐呵呵地教她。湖边的凉风吹在脸上，带来清爽的气息，让人一阵舒服。

看着女儿开心的笑容，妈妈暗暗对自己说："以后一定要少睡会儿懒觉，少看会儿电视，多陪女儿来公园逛逛！"

家长要为孩子提供充分的户外活动机会与条件并培养其活动兴趣与能力，不应该总是把孩子的活动范围局限在小小的房间里。

要充分利用院子里及家附近的、可供孩子玩耍的场地。家长可以在周末的早晨或是傍晚，带着孩子到附近公园感受大自然的气息；也可以在休假的时候，带孩子外出郊游；可以带孩子在小区里散散步，到广场上放放风筝；又或者在小区空地上打打羽毛球等。不一定非要有宽大的空间，带孩子走出家门，走到阳光下，就能给孩子带来快乐。

2. 户外活动内容要丰富

经常带孩子到户外活动，家长要注意丰富活动的内容，不能总是千篇一律，这样孩子才不会厌倦。家长应该结合孩子的年龄和身体状况及性格特点来安排户外活动。

（1）散步，是一种很好的放松方式。家长可以选择在假日早晨或是每天晚饭后带孩子散步。散步不仅对孩子的身体有好处，还能很好地锻炼孩子的观察能力。另外，散步过程中，家长能和孩子放松自在的交谈，增进彼此之间的感情。

（2）跳绳能健脑。跳绳是一项全身性的活动，孩子手脚协调配合，可促进身体的协调性。跳绳可以促进血液循环，使人精神舒畅，行走有力，更主要的是可以起到通经活络、健脑的作用。

（3）骑自行车可提高反应的灵敏度。经常骑自行车，可以发展孩子腿部和足部肌肉的力量，提高孩子运动的速度、反应的灵敏度和平衡能力等。

（4）游泳、爬山也是很好的体育项目。游泳可以增加肺活量，提高身体对外界环境的适应能力，增进对疾病的抵抗力；爬山可以锻炼孩子的毅力，开阔孩子的视野，使孩子形成心胸开阔，乐观向上的性格。

（5）带孩子去野炊，让孩子亲近自然的同时，还能锻炼孩子的动手能力。

3. 不同的季节有不同的选择

春天是万物复苏的季节，家长可带孩子去踏青；夏天可经常带孩子参加游泳活动；秋天，秋高气爽，可带孩子去瓜果飘香的果园，或者去看金色的田野、丰收的庄稼，还有辛苦劳作的农民；冬天，可带孩子欣赏皑皑的白雪、美丽的冰雕、漂亮的雾凇。

每个季节都有不同的自然景色，不同的动植物，不同的人物活动，家长应该多带孩子出去走走，让孩子贴近大自然，了解大自然。

4. 安排好活动量，注意孩子的安全

家长带孩子进行户外活动要恰当安排孩子的活动量，运动量不宜过大，否则会让孩子产生疲劳感。还要为孩子准备合适的衣服、鞋子，以软底鞋为宜，以免妨碍活动。在一些活动开始之前，

要帮助孩子做一些准备活动，先把身体活动开来。

要注意安全，一切活动都应该在保证孩子安全的前提下进行。孩子生活经验不足，又好奇、好动，往往会做出一些冒险的运动，有的时候需要家长进行正确的示范和指导。

给孩子表演的空间

父母课堂

孩子是天生的表演者，在其成长过程中，父母应该给孩子足够的表演空间，让孩子自由发挥，尽情表现自我。尊重孩子的想象和创造，相信孩子的能力，把玩耍的权利还给孩子，让孩子在尽兴玩耍的同时，自主提高自己各方面的能力，一点点健康成长。

得到父母的关注，是每个孩子共同的渴望。每个孩子都希望自己的想法能够得到父母的认可和夸奖，因此，家长应该多给孩子表达想法、表现自我的空间，让孩子在自由快乐中成长。

1. 给孩子自由玩耍的权利

法国儿童心理学专家阿涅丝·桑托·费德尔说："仔细观察孩子玩耍的过程就会发现，即使是一岁多的孩子也有连贯的思维和逻辑，他们的逻辑中包含相对复杂的思考、想象甚至研究。这对孩子的成长非常重要，因此家长应该从小就给孩子提供自己动手的空间和时间。"给孩子自由玩耍的空间，可以锻炼孩子的自主选择能力。

遗憾的是，父母往往会想当然地替孩子"做主"，干涉孩子的选择。还有的家长，总是担心这担心那，放不开手让孩子去玩耍，不停地给孩子提出自己的意见，往往扫了孩子玩耍的兴致。

一对夫妻周末的时候带孩子去海边玩，孩子很高兴。一下车，孩子看到一望无边的大海，就开心地脱了鞋，光脚踩上柔软的沙滩上，高兴地叫着朝海边跑去。父母转头看见孩子和几个半大的孩子堆起了"长城"，一会儿的工夫就玩得满身的沙子。于是很生气，一把拉起孩子，不让他和大家一起玩沙子，理由是会把衣服弄湿。后来孩子去捡贝壳，父母也寸步不离地跟着，怕孩子会有危险。父母过分的小心让孩子的兴奋一点点丧失殆尽，只留下一脸的羡慕和疲惫。

桑托·费德尔指出：家长过多的"指导"会让孩子逐渐丧失自主判断能力，对别人产生很强的依赖性。家长要学会放手，在保证孩子安全的前提下，让孩子自由地玩耍，不要动不动就干涉孩子。"自由"始终应该是玩耍最重要的一个条件，也只有给孩子自由，孩子才能投入和尽兴，玩耍也才有价值。

2. 给孩子表演的空间

孩子其实有很多了不起的想法，家长在陪孩子玩耍的过程中，应该多给孩子表达的机会及足够的表演空间。

让孩子自主地选择游戏方式，可以简单询问孩子选择的原因，了解孩子的想法。玩耍中，让孩子自由地发挥，游戏场景的假设、人物的设定、规则的制定都交给孩子负责，让他成为玩耍的主人。让孩子控制玩耍的节奏，父母应主动配合孩子，而不应该随意更改孩子设定的规则。

孩子的每一个设想,每一个创作都是他用心观察、用心思考,自己动手完成的,都是他努力的结果,在他眼里都有很重要的意义和价值。父母要充分尊重孩子的想象力,认真倾听孩子编出的故事,认真欣赏孩子的每一幅图画、每一件创作,认真参与孩子设计的每一个游戏。用自己的参与和欣赏鼓励孩子积极主动思考、并把自己的想法付诸实践。

父母这样做,可以很好地激发孩子的想象力和创造力,提高孩子思维的灵活性,以及对陌生环境的适应能力。

3. 把解决问题的权利还给孩子

给孩子表演的空间还要求父母把解决问题的权利还给孩子。

孩子在玩耍中也会遇到各种各样的问题,比如,玩"过家家"的时候,设定了人物角色,最后却发现人多了一个,怎么来安排这个多出来的人?玩拼图游戏的时候,最后发现拼图少了一块,不完整怎么办?在和其他孩子一起玩耍的过程中,意见不同,发生分歧怎么解决?这些都是很常见的问题。

当问题发生时,家长应该放手让孩子自己去解决。要相信孩子有一套自己的看问题、解决问题的方法,相信他可以很好地处理这些"不和谐"。孩子有孩子的规则,父母不要轻易就用成人的解决方法解决孩子的问题,应该由孩子自己说了算。

把解决问题的权利还给孩子,是对孩子的信任,会给孩子带来自信。这样做还能鼓励孩子勇敢地面对问题,培养孩子面对挫折的勇气,锻炼孩子自主解决问题的能力,这对孩子以后很有帮助。

学会给孩子讲故事

父母课堂

> 孩子喜欢听故事，小时候的"故事时光"会成为每个孩子的温暖回忆。一个好的故事很可能影响孩子的一生。父母应该学会讲故事，多给孩子讲故事，让孩子从故事中得到快乐，学到生活和做人的道理。同时，父母也要鼓励孩子编故事，并用心倾听孩子的故事。

应该没有孩子不喜欢听故事，孩子在听故事时，想象力会特别活跃，他们的头脑中会不断出现故事中的人物、情景。听故事能锻炼孩子的专注力、培养孩子的阅读兴趣、拓宽孩子的知识面。

世界著名作家歌德小时候，他母亲经常给他讲故事。她讲故事的方法很独特，总在精彩的地方停下来，让小歌德自由地去想象，继续说下去。这样的方式，极大地发掘和培养了他的想象力，为歌德后来的创作带来了不少美妙的灵感，使他写出了很多不朽的佳作。

尽管很多家长都知道给孩子讲故事对孩子的成长有很大帮助，但却并不是所有的家长都喜欢给孩子讲故事。对于许多家长来说，讲故事比读故事书要困难得多。离开现成的情节和词汇，他们很容易语无伦次，思路也会受到局限。

给孩子讲故事真的有那么难吗？父母怎样才能提高自己讲故事的能力呢？

1. 要讲好故事先要选好故事

好的故事或给人以感动或能启发人的思维，父母在学会讲故事之前，首先要学会选好故事。那么，什么样的故事才是好故事呢？其实针对不同年龄段的孩子应该有不同的标准，不过总的来说，一个好故事应该具备以下 4 个特征：

（1）主线清晰，主旨明确

好的故事应该主旨明确、主线清晰、情节紧密，这样的故事家长讲起来也会更容易，不会讲到最后连自己都不知所云。另外，一个故事最好只有一个主角，这样孩子比较容易抓住重点，听起来才不会那么费劲。

（2）出人意料的情节

好的故事一般都会有出人意料的情节，这样的情节能更好地吸引孩子的注意，激发孩子的想象。只有当听众全神贯注地倾听故事时，故事的效果才有可能产生。

（3）要有一定的合理性

尽管很多故事都是虚构的，但是父母在选择故事的时候，也要注意其合理性。不要让孩子一听就觉得"这故事是假的""骗人的，我才不信"，如果这样，给孩子讲故事的意义也就不大了。

（4）积极的结局

有一个好结局的故事会对听众产生积极的效果。对于孩子来说，正面的鼓励往往更有力量，一个积极的结局能给孩子更多的希望，激励孩子去努力。

2. 熟悉要讲的故事

父母在给孩子讲故事之前，应该充分了解故事的人物、情节以及所要表达的主题，最好把故事背下来。这样在讲故事的时候不致出现磕磕巴巴或是突然忘记情节的尴尬。

3. 讲故事之前对孩子提出要求

在讲故事前，父母应向孩子提出适当的要求，例如："要记住故事里讲了些什么，过几天我要你讲给我听""故事里面你最喜欢谁""这个故事告诉我们什么道理"等。让孩子带着问题去听故事，孩子就会全神贯注地听，会有意识地记住故事里的一些情节，孩子的记忆力、注意力及语言表达能力也就在此过程中得到了有效的培养和锻炼。

4. 讲故事的时候，要掌握一些技巧

做任何事情都是有技巧的，给孩子讲故事也一样。借助这些技巧，就很容易讲出故事。

（1）用孩子能听懂的语言讲故事

这就像是演说家进行演讲，不同的观众就要有不同的论调。给孩子讲故事，一定要根据孩子的年龄，充分考虑孩子的接受能力，尽量用孩子能听懂的语言。比如，年龄偏小的孩子，易用孩童化的语言，不要过多地使用成语或是孩子没听过的词汇，这样孩子才能听懂，也才会有兴趣。

（2）要有激情，绘声绘色

生动地表现故事比完整的再现故事更重要，因此给孩子讲故事时，父母有时候要把"尊严"和"个人形象"抛到脑后。表现故事的时候要有激情，必要时还要辅以一定的肢体语言。比如，想方设法给故事里的每个角色安排不同的音色，有时实在没法区别，可以捏着鼻子、故意压低嗓子以产生需要的效果。讲到开心处，

和孩子一起尽情地笑；讲到紧张的地方，也要握紧拳头，怵怵发抖，这样才能和孩子取得共鸣。

讲故事时还要注意声调的变化，要绘声绘色，但也不宜过分夸张。这是因为绘声绘色的表演一方面更能表现故事的思想感情，帮助孩子领会；另一方面，可以影响孩子的语言表情，他会模仿着成人的样子，提高语言的表现力。

（3）给孩子留下发挥的空间

父母给孩子讲故事不一定要从头讲到尾，可留点余地，让孩子去想象、去发挥。如有时不讲结尾，让孩子自己去编结局；或者给出几种结局，让孩子去选择他所希望的结局。这样能让孩子也参与到讲故事的行列，不仅能锻炼孩子的想象力，还能提高孩子的语言表达能力以及构架故事的能力。在讲完一个场景后，还可以鼓励孩子进行角色扮演，这样可以强化孩子的记忆。

（4）注意讲故事的时间

父母要掌握好讲故事的时间，不要过短，也不可以过长。时间太短无益于孩子注意力的培养；时间过长，孩子则容易疲劳。一些家长总认为给孩子讲故事的最佳时间是在临睡前，其实不一定，可以在早餐后，也可以在晚饭前，只要时间场合合适就能让孩子感到放松和愉快。

5. 父母要学会一些讲故事的方法

（1）复述法

每给孩子讲一个故事，隔一定的时间要求孩子复述这个故事。孩子起初可能仅仅说几句，对故事的情节也描述不完整。家长这时不要着急，可以先给孩子讲一小段，让孩子一点点回忆。这样

做有利于培养孩子持久的注意力和记忆力，锻炼孩子的语言表达能力。

（2）提问法

在讲述完故事后，针对故事中的情节提出相应的问题。例如《白雪公主》，可以问："皇后为什么不喜欢白雪公主呢？她都做了哪些伤害白雪公主的事情？"孩子在思考问题的过程中，会对故事领会得更深刻，有助于孩子思维水平的提高。

（3）故事接龙

这个活动父母和孩子一起做最好，由一个人开头，三个人轮流着讲述，不可雷同。孩子会很开心，有和父母竞赛的感觉，实现父母与孩子之间的良性互动。鼓励孩子编故事，孩子的想象力、逻辑思维和语言组织能力都会得到极好的锻炼。

多陪孩子玩益智游戏

父母课堂

优秀的益智游戏很好地将游戏的娱乐性和益智性结合起来，在游戏过程中能有效地开发孩子的智力，发散孩子的思维，锻炼孩子的动手能力。父母应根据孩子的年龄和性格，为孩子挑选益智游戏，让孩子在获得快乐的同时，轻松地长知识，很好地开发潜能。

益智游戏是指那些通过一定的逻辑或是数学、物理、化学、甚至是自己设定的原理来完成一定任务的小游戏。益智游戏通常以游戏的形式锻炼游戏者的脑、眼、手等，使人们获得身心健康，增强自身的逻辑分析能力和思维敏捷性。值得一提的是，优秀的益智游戏娱乐性也十分强，既好玩又耐玩。

据英国皇家科学院研究发现，经常玩益智游戏的人，比不玩的人平均智商高出 11 分左右，大脑开放性思维能力较高。美国医学专家也发现，50 岁以前开始玩成人益智游戏的人老年痴呆的发病率只有普通人群的 32%，而从小就玩益智游戏的人发病率不到普通人群的 1%。由此可见，多陪孩子玩益智游戏，能很好地开发孩子的智力，也能降低父母患病的概率。

1. 根据孩子的年龄选择不同的益智游戏

益智游戏没有固定的形式和规则，但是不同的游戏有不同的侧重。父母应该根据孩子的年龄选择适合的益智游戏，在游戏的同时，有针对性地提高孩子的各项能力。

年龄小一些的孩子，父母应该重点培养孩子的观察力和辨别能力。因为年龄小的孩子，对事物的认识很大程度上依赖于感官的刺激。这个阶段，父母可以选择"分类""找茬""连连看""对对碰"等游戏，帮助孩子在充分观察的前提下，找出相同的物品，对物品进行分类或是找出所给图画的不同之处。

随着孩子的成长，逻辑思维能力、记忆力显得越来越重要。这个时候，父母可以选择"猜谜游戏""脑筋急转弯""逻辑推理""数字推理""记忆力"等游戏，让孩子在游戏中，锻炼自己的逻辑思维能力，提高自己的记忆力。

2. 根据孩子的性格选择不同的益智游戏

游戏之于孩子，就像是工作对于成年人。不同的工作对人才的要求也不同，同样的，不同性格的孩子，也应该选择不同的益智游戏。

益智游戏虽然能很好地开发孩子的智力，但是父母不应该忽视它本身的"游戏性"。在为孩子选择益智游戏的时候，一定要充分考虑他的兴趣爱好及性格特点。只有这样，才能对症下药，让孩子更好地在游戏中成长。

专注力差的孩子，家长可以教孩子玩棋类游戏，如跳棋、围棋、象棋等，这些游戏不仅有趣，还能很好地锻炼孩子的逻辑思维能力和全局观念，同时培养孩子的耐性和专注力。

思维比较局限的孩子，家长可以选择"猜谜游戏""脑筋急转弯""数字推理""侦探游戏"等，在充满趣味的游戏中，引导孩子多角度思考，发散孩子的思维。

性格霸道的孩子，家长可以选择"纸牌""角色扮演"等游戏，让孩子在游戏中体会与人合作的重要性，学会更好地与人相处。

家长在和孩子一起玩益智游戏的时候，一定要清楚游戏对孩子最大的锻炼是哪一方面，这样才能有意识地对孩子进行引导，不会只是把游戏当作游戏。

3. 玩益智游戏要尊重孩子的想法

益智游戏本身鼓励孩子积极思考、积极动手做，父母在和孩子一起玩益智游戏的过程中，要充分尊重孩子的想法，给孩子充分表达意愿的机会。孩子能否得出正确答案、有没有成功完成任务，都比不上孩子主动思考有意义。在玩游戏的过程中，父母应重在鼓励孩子多角度看问题，想出不同的解决方案，发散孩子的思维，开阔孩子的视野，而不应一味地强调游戏结果。

跟孩子一起回忆童年

父母课堂

孩子对自己的每一个成长阶段都充满了好奇。每个人的童年都只有一次，和孩子一起回忆他的童年，和他一起重温成长的每一次进步和感动。让孩子在自己的成长经历中，了解自己，了解父母，学会感恩。让孩子懂得珍视生命，用积极的心态去对待生活。

"妈，今天班上有个同学说他九个月的时候就会走路了，我什么时候会走路的？"儿子一回家就缠着妈妈问。

妈妈让儿子等一等，不一会儿从房间里拿出一个笔记本。翻了翻回答儿子："你啊，你是十个月零二十天的时候学会走路的。"儿子凑过来一看，原来妈妈手上拿的记事本，详细地记录了他成长过程中的点点滴滴：哪天学会爬，什么时候站立，第一次叫爸妈，什么时候长出第一颗牙……都记录得清清楚楚，每一件事情旁边还留了父母当时的心情。儿子一看可激动了，干脆坐到妈妈旁边，一件一件细细询问，妈妈也一一回答，看到有趣的地方，母子俩还会一起开心大笑。儿子抱着妈妈的脖子说："妈，你和我爸对我真好！"妈妈也觉得很幸福。

童年是人生最单纯、最美好的时段，每一个人都会怀念起那段无忧无虑时光。每一个孩子其实都对自己的成长过程充满了好奇，包括"我是怎么来到这个世界上的""我小时候乖不乖""我小时候聪不聪明"等。对于孩子有记忆之后的成长经历，孩子也会时不时地怀念，希望能有人一起来分享。

父母和孩子一起回忆他的童年，能给家庭教育带来很多好处。

1. 拉近与孩子之间的距离

父母和孩子一起回忆童年，说起那些孩子不曾记起或是印象深刻的童年趣事，能让孩子感受到父母的关爱，体察父母的辛苦和不容易，学会心疼父母。而父母在回忆的过程中，也可以重温孩子小时候的温情和初为人父母时的快乐。和孩子一起回忆童年，能在温馨的回忆中拉近与孩子之间的距离，让孩子感受爱的感动和成长的喜悦。

2. 加深孩子的自我认知

自我认知是对自己的洞察和理解，包括自我观察和自我评价。自我观察是指对自己的感知、思维和意向等方面的觉察；自我评价是指对自己的想法、期望、行为及人格特征的判断与评估，这是自我调节的重要条件。

在每个人的成长过程中，正确的自我认知有着很重要的作用。如果一个人不能正确地认识自我，看不到自我的不足，觉得处处不如别人，就会产生自卑，丧失信心，做事畏缩不前；相反，如果一个人过高地估计自己，也会骄傲自大、盲目乐观，导致工作失误。因此，恰当地认识自我，实事求是地评价自己，是自我调节和人格完善的重要前提。

个体对自我的觉察，或者说意识的形成来源于个体对外界环境刺激经由记忆和思想的反应。在形成记忆之前的个体是不会有自我意识的，记忆是一切思想的基础，自我认识是个人在思想之上的对环境的反应。因此，让孩子拥有正确的自我认知能力是重要而且必要的。

童年是一生的基点，父母应该多跟孩子一起回忆他的童年，和他一起梳理他的成长过程，回忆他成长中一些有意义的事件。和孩子一起回忆他的童年，可以加深孩子对自身情况的了解，加深孩子对成长环境的认识及社会的了解。父母和孩子一起回忆他的童年，能帮助孩子更加清晰地认识自我，对完善孩子的心灵和精神世界大有裨益。

3. 让孩子学会感恩

和孩子一起回忆他的童年，不仅满足了孩子的好奇心，还会让孩子学会感恩。他会感激父母的养育和辛苦，会想念那些童年的玩伴，会感谢老师的每一句表扬。有一颗感恩的心，孩子就有了感受幸福和创造幸福的能力。懂得感恩的孩子，必定会珍视生命，用心去生活。

4. 增强孩子的自信

和孩子一起回忆他童年时候那些具有进步意义的事件，能间接给予其激励。孩子的每一次进步都是值得夸奖和骄傲的，和孩子一起回忆他的童年，回忆他的每一次成长进步，让他也看到那个一点点长大的了不起的自己。这样做可以很好地增强孩子的自信，让其更好地面对学习和生活的挑战。

第 3 章

孩子就吃"父母顺着自己的兴趣和爱好"这一套

"兴趣是最好的老师",每个孩子都会有自己喜欢和感兴趣的东西,每个孩子也都希望父母能尊重自己的兴趣和爱好。父母不应该随意剥夺孩子的兴趣爱好,应该鼓励孩子去做喜欢做的事,并培养和挖掘孩子的兴趣和特长。

兴趣是孩子最好的老师

父母课堂

兴趣是孩子学习的动力之源，它既是学习的原因，又是学习的结果，一旦孩子对某种事物产生了兴趣，强烈的求知欲就会进一步促进孩子主动地学习，从而取得事半功倍的效果。所以，家长要尊重孩子的兴趣，让孩子在兴趣的引导下快乐地学习、成长。

一百多年前出了一位震惊世界的神童——卡尔·威特。威特七八岁时，已经能够自由地运用德语、法语、拉丁语等6国语言，9岁考入了莱比锡大学，未满14岁就被授予哲学博士学位。

也许有人认为小威特的生活应该就是除了坐在书桌前面学习，便再没有别的内容。但威特父亲却说："威特坐在书桌前的时间比任何一个少年都少，他把大量的时间尽情地花费在他感兴趣的玩耍和运动上。"

世界经济的著名"调音师"——格林斯潘说，他对数学的精通，全来自对棒球的兴趣。格林斯潘很小的时候就开始迷恋上了棒球，可棒球的计分规则对于这样一个小不点来说，实在是有些复杂。为了看棒球比赛，格林斯潘努力地动脑筋，琢磨棒球里的数学问题，他后来回忆说，他对统计学的敏锐，全得益于此。

爱因斯坦曾说："兴趣是最好的老师。"我国古代著名教育家孔子也曾说过："知之者不如好知者，好知者不如乐知者。"古往今来，很多成功人士，他们的成功，很大程度上得益于他们广泛而持久的兴趣爱好。

1. 兴趣可以激发孩子的想象力和创造力

爱因斯坦 4 岁时第一次见到指南针，那时候他非常惊奇，他后来回忆说："这种经验给我一个深刻而持久的印象，我想一定有什么东西深深地隐藏在事情的后面。""上高中的时候，想象了人以光速运动会产生什么现象？"直到 1905 年，儿时的这一连串的问题终于在"广义相对论"得出答案。接着他又将"相对论"带到了"统一场"中进行"刨根问底"。然而，直至 1955 年去世都未找到答案。有什么力量让他能够对一个问题不顾成败地"刨根问底"一辈子直至生命结束？除了强烈的兴趣爱好，没有任何力量能够做到如此程度。

兴趣的天性是好奇心。当孩子对一个事物产生了兴趣，他就会用心去关注，就会发现很多有趣的问题。这些问题将驱使着孩子充分运用自己的想象力、调动自己所有的知识和认知，去思考、去探索、去求助、去解答。

在这个过程中，孩子会乐此不疲地进行假设猜想，不断地进行尝试和试验，以求得问题的真正答案，因此，孩子的想象力和创造性灵感将会不断闪现。兴趣鼓动着孩子大胆地去猜测、实践，让孩子去打破陈规，打破书上的条条框框，用自己的方法去探求事物的本质。所有在兴趣的引导下走上人生职业道路的人，无不体现出开拓型、创新型人才和个人天赋特长的特征。

2. 兴趣的力量远远大于功利意志

生活中，我们常常强调意志的重要，凡成大事者，必须先有坚强的意志。没有坚强的意志，在面对失败时，就会一蹶不振。意志能给人强大的力量，给人支持下去的勇气和信念。然而，很多时候，兴趣的力量往往比功利意志大得多。因为功利者的决心和意志力量主要来自外界的压力和内心的期望值，而兴趣的力量从来都是来自内心最单纯的好奇和渴望，这种最原始的驱动往往能给人更强烈地推动和力量。大数学家丘成桐说："兴趣是至关重要的，我做一个研究项目往往要5~10年的时间，如果没有兴趣，是很难坚持下来的。"

兴趣不只是对事物的表面的关心，任何一种兴趣都是由于获得这方面的知识或参与这种活动而使人体验到情绪上的满足而产生的。正因为如此，兴趣可使孩子的智能得到最大限度、最持久的发挥。当孩子做自己感兴趣的事情时，他往往能够全力以赴。因为来自内心的渴望和驱动，会让孩子在一次次尝试甚至失败中，更加激起强烈的学习兴趣，成为孩子前进的动力，而不是沮丧、停滞不前的理由。

3. 兴趣激励孩子不断地自主学习

丘成桐说："搞学问如果没有激情，就永远达不到做大学问的地步。"孩子的学习也是这样，孩子只有对学习有兴趣，才会自主地学习、快乐地学习。

当孩子对一门课程感兴趣，会促使他刻苦钻研，进行创造性地思维，而且孩子的学习和探索往往都是自发的，是积极主动的。这样的自主学习让孩子不再把学习当作父母老师交给的任务，不再把考试看作学习的唯一目的，他注重的是知识，是问题本身。这样的学习态度才是正确的，是值得赞赏和鼓励的，这样的态度会让孩子更纯粹地体会到学习的快乐。

如果孩子没有兴趣，却要在各种压力下，去做自己不喜欢的事情，孩子往往会不快乐，学习的效果也不会高。很多家长所谓地帮助孩子"赢在起跑线上"的做法，违背了孩子的兴趣，往往适得其反，收不到应有的效果不算，还激起了孩子和父母之间的矛盾，以致影响家庭的和谐和孩子的健康成长。

尊重孩子的兴趣爱好

父母课堂

没有兴趣爱好的人，只能为了生存而复制这个世界，不会去创造出神话。每一个孩子都是与众不同的，都有权拥有自己的兴趣爱好，并在其引导下学习和进步。父母应该尊重孩子的兴趣爱好，不应该横加干涉，甚至无理剥夺。

在日常生活中，人们不会责怪牡丹为什么不香，梅花为什么不如牡丹大，葡萄藤上为什么不挂西瓜，荷花为什么不能长在陆地上。大自然的万物，总是各尽其天性，发展它们的长处，于是才有这万紫千红的世界，百花争妍，精彩纷呈。

对于孩子的教育也应该这样。每个孩子都有自己的特点，都是与众不同、独一无二的，他们有自己的想法，有自己喜欢的东西，有自己的习惯和爱好。父母应该尊重每一个孩子的特点，尊重孩子的兴趣爱好，让孩子以本应有的姿态来成长。

可是现实生活中，孩子面临的状况往往不是这样的。中国有句古话"没有规矩不能成方圆"，在孩子的世界里，总会有父母为他们定下的诸多规则。孩子在做自己想做的事情的同时，还要完成父母为他们设定的大大小小的目标，有的孩子甚至不被允许坚持自己的兴趣爱好。很多成年人习惯用自己的标准去衡量孩子的兴趣和爱好，这样往往不能真正理解孩子的内心世界，甚至一不小心就扼杀了孩子的天赋。

一堂课上，老师问孩子们最崇拜的人是谁，孩子们的回答五花八门，但几乎无一例外的都是在历史上或现实中有重要影响力的名人伟人。这样的回答让老师很满意——孩子们都有远大而崇高的理想。就在这时候，最后一个孩子站起来，大声地回答："我最崇拜的人是迪迦·奥特曼！"孩子很喜欢奥特曼，经常看动画片不算，衣服、鞋子、书包，甚至文具盒上都有奥特曼图案。他的回答让班里的孩子哄然大笑，孩子还想说什么，却被老师生气地打断了。

课后，老师请来了孩子的家长，建议家长要多对孩子进行教育，从小培养孩子崇高的理想。回到家以后，孩子很伤心。在妈妈的安慰和耐心询问下，孩子说出了这样的理由："奥特曼好厉害，我长大了也要像他一样，去打败怪兽。"多么单纯的想法！有什么不可以呢？这明明就是一个勇敢善良的孩子，他的崇拜比那些崇拜名人伟人的孩子来得更直接，却被老师和孩子笑话。

其实，孩子的兴趣往往都带着浓厚的个人色彩，他们的兴趣很单纯，也很直接。也只有这样的兴趣爱好才更贴近孩子的生活和内心，让孩子感到愉悦。作为父母，首先要学会尊重孩子的兴趣，才可能进一步地引导和帮助孩子成长。每个孩子都有自己的兴趣和爱好，而任何一个方面的兴趣和爱好如果引导得当，都可以带来良好的效果。

毕加索不喜欢上课，课堂上老师讲的东西让他觉得枯燥乏味。每堂课他的眼睛总是盯着老师头顶的挂钟，盼望那指针能走快一些。

"老师，我要上厕所。"毕加索请示道。

"不是刚上课吗？"被打断讲课的老师很不耐烦，"去吧！去吧！"

毕加索走出教室，东瞅瞅西看看，实在无处可去，便又走回了教室。但没过一会儿，他又坐不住了："老师，我能为你画像吗？"他脱口而出。

"什么？你给我画像！"老师气坏了，瞪着他说："去吧，去吧，上厕所去吧。"

毕加索在课堂上捣乱的事被父亲知道了，父亲并没有批评他，"孩子，你真的想画像？"

毕加索说："是的，我讨厌上课，只想画像！"

父亲说："好吧，我送你去学画像，但是，你要答应我除了学画像，其他的科学文化知识也不要拒绝学习。"就这样，父亲把毕加索送到了当地有名的美术学校。对于美术，毕加索所表现出的耐力是惊人的，他可以一连画几个小时不放画笔，与在小学课堂上的表现判若两人。看到孩子对美术所表现出来的热爱，父亲便决定让毕加索一直在美术学校学下去，不再把他送到那个他只想旷课的学校。

父亲的尊重和自己的努力，让毕加索成为了当代西方最具创造性和影响最深远的艺术家之一，他一生创作的作品近 37000 件，包括油画 1885 幅，素描 7089 幅，版画 20000 幅，平版画 6121 幅，他和他的画作在世界艺术史上占据了不朽的地位。

兴趣是最好的老师，孩子对某种事物产生了浓厚的兴趣和热爱，这是一种天性，说明孩子在某方面有着别人所没有的潜力和优势。

尊重孩子的兴趣爱好，要求父母首先尊重个体的差异性。对于孩子，不应该有严格统一的标准。"世界上没有完全相同的两片树叶"，父母只有承认这一点，才能更好地去了解自己的孩子，发现孩子的闪光点，发现孩子的兴趣爱好，并以正确的心态和方法进行引导。

作为父母，应该支持孩子对他感兴趣的东西进行学习、探索和研究，而不是粗暴地干涉。孩子喜欢画画，家长却偏要让孩子去学习钢琴，怎么可能收到好的效果呢？成功并没有明确的定义，也不应该有千篇一律的答案。真正的成功是一种精神上的愉悦和满足，成功应该来自每一个人内心的判定，家长不应该把自己理解的成功强加给孩子，并以此为目标为孩子创造条件。不尊重孩子自己的选择，不善待孩子的兴趣，不仅会让孩子没心情去学好那些不感兴趣的东西，还会激起孩子的叛逆心理，甚至埋没孩子本身的潜力和希望。

尊重孩子的兴趣爱好还要求父母了解孩子的成长规律和成长特点。孩子每一个成长阶段兴趣爱好的侧重点和方向是有差别的。例如，幼小的孩子，表现更多的是物质和生理方面的直接兴趣，如喜欢看鲜艳的颜色，喜欢玩好玩的玩具等。父母只有有所了解，才能正确引导。

父母应该尊重孩子与众不同的兴趣爱好，了解孩子真正的想法，鼓励孩子坚持自己的兴趣爱好，并引导孩子在兴趣爱好的指引下积极思考、探索，帮助孩子快乐地学习、成长。

培养孩子的兴趣爱好

父母课堂

孩子的兴趣爱好是可以培养的，只要父母尊重孩子的成长规律和自身特点，善于发现机会，及时进行引导。兴趣爱好的培养应该是一个循序渐进的过程，不能一蹴而就，家长在进行引导的过程中，不应该急功近利，否则往往会适得其反。

有调查显示，我国目前竟然有 43% 的中小学生无兴趣爱好，有爱好的 57% 中小学生中，只有 6.3% 的孩子有 3 项以上爱好，16.6% 有 2 项爱好，大部分中小学生只有 1 项爱好。

虽然兴趣爱好和孩子的性格特点分不开，有天生的成分，但孩子的兴趣爱好也可以在老师和家长的诱导下挖掘和培养出来。兴趣爱好可以让孩子在享受快乐的同时，提高自己各方面的能力。因此，家长应该多关注孩子，引导和帮助孩子培养广泛的兴趣爱好，实现孩子的全面发展。

1. 关注孩子的提问，发展孩子的兴趣和爱好

总会听见一些家长抱怨："孩子总没完没了地问问题，有时

候都不知道该怎么办才好，烦死了！"孩子在成长过程中，总是对周围的一切充满了好奇。孩子爱提问，说明他在思考，是一件好事。孩子爱提问，是受好奇心的驱使，是兴趣爱好的标志，也是其智力活跃的行为特征。大发明家爱迪生小的时候就喜欢问"为什么"，他的母亲充分肯定了他的敢于问个"为什么"的发问精神，并加以培养，使他成为举世闻名的大发明家。

生活中，家长应该关注孩子的发问，并耐心启发、解答、保护孩子的这种求知和探索精神。家长不仅要帮助孩子解决"为什么"，认识"是什么"，还要学会从孩子的发问中，仔细揣摩其兴趣方向，发现孩子的爱好，并加以发掘和引导。

比如，如果孩子经常问一些有关大自然方面的问题，说明孩子对自然科学很感兴趣。家长可以有意识地创造条件，让孩子更多地接触这方面的知识，可以带孩子去植物园、动物园近距离观察，也可以给孩子买这方面的书籍，或是带孩子去科技馆、博物馆学习。

再或者，孩子会对故事中的情节发展和合理性产生疑问或进行质疑，很可能表明孩子的逻辑思维能力很强，在语言创造方面也有一定的潜力。父母可以引导孩子自己编故事，进一步激发孩子的创造欲。

2. 培养孩子的兴趣爱好要因材施教

现代父母都非常希望自己的孩子能够掌握多种技能，能够有一个美好的前途。于是，很多父母都给孩子报了名目繁多的"兴趣班""特长班"，但是很多时候父母并没有真正考虑孩子的性格特点和实际情况，只是根据自己的看法，甚至是盲目跟风，看到现在流行什么就让孩子学习什么。父母这样的做法是不对的，每个孩子都有自己的性格特点和成长需求，家长应充分考虑孩子的实际情况，征求孩子的意见，因材施教地帮助孩子培养兴趣爱好。

3. 让孩子永远保持好奇心

兴趣爱好的动机不是天生固有的，而是通过外界事物的新颖性、独特性来满足孩子心理的需要引起的，简单来说就是孩子的兴趣爱好很大程度上源于孩子强烈的好奇心。家长要帮助孩子培养兴趣爱好，首先应该尊重孩子的好奇心。

一个小女孩，偶然发现蚯蚓断成两截后都在蠕动，觉得很好奇。于是，她把断了的蚯蚓分别放进两个有土的花盆里，想观察一下蚯蚓还能不能活。妈妈看见后非常生气，说："一个女孩子，摆弄什么泥巴，没出息！"说完把有蚯蚓的两块泥巴扔出门去。妈妈的一句话、一个举动，会大大降低孩子的好奇心，因为孩子不仅没有从妈妈那得到想要的答案，还受到了妈妈狠狠的批评，内心必然会受到伤害。

再来看另一个案例。第四届全国十佳少先队员车亮，是拥有许多专利的小发明家。车亮很小的时候就有个"毛病"，什么东西拿到手里都想拆开来看看。对于他的行为，爸爸并没有责怪，只是说："你怎么拆的，就怎么装上。"车亮听了爸爸的话，在拆玩具的时候就特别小心，每拆下一个零件都按顺序摆好，拆完琢磨明白后，再一一装上。就这样拆了装，装了拆，车亮成了个小发明家，才上小学，他已经获得了三项国家专利。爸爸的尊重和引导，让一个"破坏王"成了"小小发明家"，多么神奇！

孩子强烈好奇心的背后往往蕴藏着强大的求知欲和行动力，对于孩子怪异的行为或执着的追问，家长不应该一味压制或置之不理，应该认真对待，用心保护。

要让孩子永远保持好奇心，父母还应该多为孩子创造条件。比如，家长应该鼓励孩子接触不同的人，参加各种各样的活动，多阅读书籍，多带孩子亲近大自然等。另外，家长还真可以适时引导孩子观察、发问和思考。

4. 要善于抓住机会培养孩子的兴趣

富兰克林小的时候，不喜欢学习，父母给他买了很多书，他却很少翻看。一天，小富兰克林跑进来，对母亲说："妈妈，你能告诉我埃及金字塔是怎么回事吗？我的一个伙伴在考我。"母亲放下手里的活儿，耐心地把自己知道的有关金字塔的知识仔仔细细地讲给他听。小富兰克林听得很入神："哇，原来世界上还有这么有趣的东西啊！我以前怎么不知道呢？妈妈懂得可真多！我也希望像妈妈一样聪明！"母亲听了很高兴，对他说："妈妈并没有去过埃及，这些都是从书上看来的。只要你多多地看书，汲取知识，一定会比妈妈厉害。"小富兰克林听了很高兴，从此对书籍产生了浓厚的兴趣，这个良好的兴趣爱好为他的成功打下了坚实的基础。

孩子的兴趣爱好可以培养，父母要善于抓住机会，循循善诱。只要父母能让孩子充分认识到某一事物的魅力，孩子自然而然就会被吸引。

生活中，父母要善于从孩子的语言、行为和创作中寻找机会，还应该不断学习新知识，拓宽自己的知识面，培养自己广泛的兴趣爱好,父母的"言传身教"是帮助孩子培养兴趣爱好的最好方法。

善于发现孩子的闪光点

父母课堂

> 每个孩子都有自己的长处,孩子在这方面比别人差,可能在另一方面要强过别人,这就是孩子身上的闪光点。父母要善于发现孩子身上的每一个闪光点,积极鼓励和引导,让孩子把小小闪光点发展成为浓厚的兴趣,激励孩子不断地学习和进步。

既然兴趣是孩子最好的老师,兴趣在孩子的成长过程中具有重要作用,那么家长作为孩子的第一任老师,一个重要责任就是发现并发展孩子的兴趣爱好。父母要善于发现孩子的闪光点,闪光点往往就是成长点,发现闪光点就是促进孩子的成长。

每个孩子的兴趣和潜能都不相同,但总会有所表现。家长要善于发现孩子的闪光点,因势利导,培养成材,切不可视而不见,听之任之,让闪光点自行熄灭。

这天安爸爸又被儿子的班主任叫到学校,原因是儿子在学校的墙壁上乱涂乱画。安爸爸知道儿子一直有这个坏习惯,总爱在雪白的墙壁或是干净的桌上画画,平时还随身带着素描本,走到哪儿画到哪儿。他之前一直没引起重视,只当是儿子贪玩。

回到家,他走进儿子的房间,认真欣赏了儿子在墙壁上留下的画作,发现儿子画的花朵、树木、蝴蝶、小鸟都栩栩如生。儿子素描本里的画更是如此。安爸爸赞叹不已,同时也庆幸,没有因为自己的粗心埋没了孩子这个"闪光点"。

从那以后，安爸爸给孩子买来不少画纸和颜料，在家里为儿子开辟了一个"画廊"，专门展览儿子的画作。他和妻子还经常带儿子出去写生，向少年活动站投稿。父母的重视和支持，极大地鼓励了儿子画画的积极性。上小学以后，孩子主动报名参加了业余图画小组。父母每星期日带儿子去学习，风雨无阻，就这样一直坚持了五六年。小学毕业，儿子考上了北京美术学校附属中学，这个孩子将来很可能成为出色的美术人才。就是因为父亲及时发现了儿子的闪光点，并给予了大力的鼓励和支持，让孩子把自己的闪光点和兴趣爱好进一步发展，养成一种习惯，不断地坚持、学习和成长。

任何一个人，都有自己的闪光点，也都有自己的长处。正如黄山上的松树，千姿百态，但都是有观赏价值的。所以，做父母的一定要发现自己孩子的长处，发现自己孩子的闪光点，让其充分发挥和利用。

儿子不爱学习，不但对课本失去兴趣，而且产生了逆反心理，父亲想了种种办法全部无效。他控制住自己的脾气，冷静地分析了儿子的情况，得出结论：儿子学习不好，并非智力因素，而是失去兴趣，没有动力。人生没有实验室，儿子只有这一个，放弃是不应该的，只要有百分之一的希望，就该用百分之百的努力。可是，从哪儿下手呢？

一天，太阳从"西方"出来了——他发现儿子竟然坐下看书了，而且一看就是两个小时。这个发现让他激动不已，他走到儿子身后一看，有些失望——儿子手里拿的不是外语，也不是代数，而是自己书架上的一本关于古钱币的小读本！

"爸，这书真有意思，真没想到啊，古钱竟然这么有意思！"

儿子的话让他心一动："既然儿子对这个有兴趣，就侧面进攻，从这里下手吧。"于是，父亲给儿子讲了几个关于古钱的趣事。在和儿子对话的过程中，父亲惊讶地发现，短短两个小时，儿子竟然把那本小书看出了大概，弄懂了不少知识点，他想："看来兴趣这东西，还真不容小觑！"

儿子过生日，父亲说："爸爸送你点礼物。"

"钢笔？"

"不是。"

"反正是笔记本、作文选什么的。"儿子竟不怎么理他。

他把拳头一展，"啊，古币！"儿子一把抢去，往桌子上一抛，三枚黑中有黄的"孔方兄"愉快地旋转着。可能是心情好的缘故，儿子在月考时，成绩竟上升了一点。

以后，他有意给儿子一点零用钱。儿子攒着、算着，买回一枚枚铜钱，也买了几本书。儿子对古钱已经痴迷了。

渐渐地，父亲发现儿子开始看有关学习方面的书了。虽然慢，但能看出来，儿子成绩在上升，甚至有几次还埋怨父亲不会给他讲题。

一天，儿子突然问他："爸爸，你说，我这样考上大学吗？"他自然是讲了一番道理和一些名人的学习故事。儿子托着脸蛋，使劲地说："我要考大学！我要学古钱！"

这样一步一步往前走，这个开始学习最差的学生，到高三时竟然成为班级的头名，考入了重点大学历史系。

　　这位父亲发掘了孩子身上的"闪光点"，并创造了有利于他发展的适宜环境。孩子在对古钱的痴迷之中，重新获得了信心、乐趣，重新回到课本中，并主动说要考大学，最后真的考上大学。如果父亲在一开始的时候，就反对孩子的兴趣，认为孩子看古钱书是浪费时间，一味地要求孩子用功学习，那么就会是完全不一样的结局。

　　家长要善于发现孩子的闪光点，不要先入为主地对孩子的行为和想法进行评价和判断，一定要听听孩子的想法。发现孩子的闪光点以后，要多表扬孩子，为孩子创造有利于他发展的条件。孩子得到家长的关注和表扬，会很开心，会更加努力地去做事、学习，把小小的闪光点发展成为浓厚的兴趣，然后全身心地投入，去实现自己的目标和理想。

　　有的家长或许会担心，中小学是各门功课打基础的时候，如果把孩子的兴趣引向某一方面，会不会影响孩子的全面发展？其实这个顾虑是多余的，因为各门知识都是融会贯通的，孩子对某方面知识发生了兴趣，有了成绩，就会推动其他课程的学习。

　　也许有人会说，闪光点在聪明的孩子身上，很容易发现，在缺点较多的"后进"孩子身上，就很难发现了。这样的观点也是不对的，对于这类孩子，更需要我们去发现他们的闪光点，慢慢加以引导，而不能只看到他们的缺点。比如，有的学习差的孩子，回家不愿做作业却喜欢帮家里干活儿。有的家长批评孩子不用功，不是读书的材料，使孩子灰心丧气。而有的家长则能发现孩子爱劳动的优点，对孩子这一闪光点加以表扬、鼓励和引导，渐渐地就能帮助孩子把这些优点发扬到学习上，一点点进步。

马克思曾经说过："家长的行业，就是教育子女。"精心教育子女可以说是父母最大的事业。父母应该细心观察和发现孩子的闪光点，然后及时地把闪光点变成孩子的成长点。

让孩子品味成功的乐趣

父母课堂

> 让孩子品味成功，能给孩子带来内心的愉悦和满足，是激发孩子兴趣的有效方法。当孩子体会到成功的乐趣，就会有动力坚持下去，在兴趣的指引下，取得更大的进步和成功。所以，父母值得花心思为孩子创造条件，引导孩子体验成功的乐趣，从而激发孩子的学习兴趣。

2005 年 8 月，复旦附中高二理科班学生沈诞琦从年级组里最优秀的 10 名学生中脱颖而出，被美国著名中学 TAFT 寄宿制高中选中，作为复旦附中参加国际交流的学生，去该校完成高中学业。美国的学校向来重视多元文化的建设，因此，吸引 TAFT 的不仅仅是沈诞琦每门学科优异成绩，还有她各方面的综合能力。在复旦附中，沈诞琦曾多次组织大型论坛、演讲比赛，并获得好评；而作为上海市青年环保协会的副理事长，她还利用课余时间参与了多项课题研究。

在美国名牌高中 TAFT 担任交流生时，她通过层层选拔，以全美女生第一名的成绩入选美国数学奥林、获得美国数学才能测试二等奖的好成绩，甚至被 TAFT 数学教师誉为"所教过最适合学习数学的学生"。

沈诞琦在交流一年中，物理全部满分，通过自学成功免修大学一年级化学。此外，她在 TAFT 时，关于丰年虾检测环境电池污染的课题获得康涅狄格州科学博览会二等奖和 Audubon 环境特别奖。

正是这些傲人的成绩和学术研究能力帮她叩开了耶鲁、普林斯顿、斯坦福、哥伦比亚等 8 所美国名牌大学的大门，与此同时，国内的大学诸如清华、北大、港科大等名校也都纷纷伸出邀请之手，给她保送名额。

很多人不由得要问：沈诞琦为什么会如此幸运？她的父母又是如何教育出这样一个优秀女儿的呢？

沈诞琦上幼儿园的时候，妈妈很忙，每天下班以后还要忙家务，收拾完毕以后才有时间帮她检查作业。两个月后，妈妈从沈诞琦每天答题的"程序"中欣喜地发现，女儿总是喜欢利用妈妈做家务的时间迅速完成作业，甚至还把不断缩短答题时间视为一种乐趣和对自己的挑战。妈妈对于这一想法和行为，给予了充分的表扬和鼓励，让沈诞琦很小的时候就养成了自主学习的习惯。

沈诞琦能取得那么多优异的成绩，还与她良好的阅读习惯分不开。

沈诞琦小的时候，总是缠着妈妈讲故事。二年级的一天，晚饭后她又缠着妈妈，可是妈妈已经没有故事可讲了。情急之下，妈妈记起先前看过的那份《新民晚报》上"蔷薇花下"讲过一个很有意思的故事，于是便绘声绘色地给女儿讲起来。

"这个阿姨的行为很不好。"沈诞琦听完之后，歪着小脑袋沉思起来，"妈妈，这个故事是真的还是假的啊？""这都是发生在我们生活中的一些不和谐的现象。"妈妈拿起报纸,指着"蔷薇花下"的这篇文章对女儿说:"虽然妈妈没有亲眼看到,但是妈妈可以通过阅读报纸来了解啊。你现在是小学生了,与其听妈妈讲故事,不如自己看故事。"

"可是报纸上面有好多字我都不认识,怎么办?"

"你可以查字典。"

打那以后,沈诞琦每天晚饭后必做的一件事就是展开报纸,仔细阅读"蔷薇花下"的文章。遇到不认识的字,就搬出字典来查。

以后,她贪婪地从各类书中汲取养料,不断丰富着自己的知识构架,他的思维和理解能力也在博览群书的过程中不断得到提高和完善。

小时候,她学画画的时候,妈妈还把她的所有画集中起来,镶在镜框里,像模像样地挂满了一屋子,还要请亲戚和邻居来观摩"画展",听到大人们称赞她画得好时,沈诞琦心里别提有多高兴,还一个劲地摇着妈妈的手说:"我以后还要开画展,我一定会画得比现在更好。"类似的画展后来又在沈诞琦家陆续开过几次,每一次的进步都见证着她的成长。

其实,沈诞琦之所以能够取得优异的成绩,最重要的原因是她始终对学习怀有浓厚的兴趣。正因为如此,学习对她来说并不是一件苦差事、一个任务,而是一种乐趣。而沈诞琦的学习兴趣正是在一次次品味成功的乐趣之后,一点点培养出来的。正如她妈妈说的:"很多孩子对读书缺乏兴趣,其实是因为没有体会到成功的乐趣,这好比沈诞琦学画。家长需要多花心思来激发孩子的兴趣,让他体验到成功的乐趣。"

　　每一个孩子都是需要赞美和激励的，对于沈诞琦的各种要求和行为，不管多忙多困难，妈妈不是第一时间就批评、拒绝，而是进行鼓励和引导，教给她正确的方向，用自己的语言和行动给她前行的力量。

　　父母应该多鼓励和赞美孩子，帮助孩子从自己的成长经历中体会到成功的快乐，让他看到自己的价值所在。品味成功，能很好地帮助孩子树立自信，更有勇气去面对生活和学习上的困难。

　　让孩子体会成功的快乐，其实再简单不过。一句"画得真好""这篇文章写得不错"或是一个简单的微笑，都能让孩子体会到成功的快乐。比如，对于一个爱唱歌的孩子来说，父母只要能记住儿子创作的一段歌曲，不需要更多的言语，孩子就会很开心，会更加努力地进行创作。再比如，对于一个成绩总是不太好的孩子，如果父母总能从孩子错漏百出的试卷中看到孩子做对的题目，发现孩子点滴的进步并指出来，那么孩子就会一点点自信，一点点进步。

　　父母始终要记住，引导、鼓励、赞美永远是引发孩子学习兴趣的好方法，我们应该尽自己所能，为孩子创造条件，让孩子体会到成功的快乐，用这份快乐不断激励孩子前进。

允许孩子在兴趣上不专一

父母课堂

对待孩子兴趣爱好不专一的现象，父母应该宽容对待，正
确引导，给孩子选择的自由，但也要关注孩子，引导孩子
正确认识和评价自己，避免孩子盲目地选择或放弃，更要
避免孩子执着于完全不适合、不可能做到的事情上。

我们常常听到很多家长责怪孩子："这孩子，太不像话了，
今天想学这个，明天想学那个，到头来什么都学不好。"其实，
年幼的孩子由于缺乏阅历和判断能力，对事物的选择往往受具体
事物的影响，缺少理性分析，难以一步到位。再加上孩子天性活
跃多变，容易受外界影响，容易出现兴趣爱好转移的现象，这是
孩子成长的必然规律。

父母应该允许孩子的兴趣爱好不专一，是尊重孩子成长规律
的一种表现，也是正确引导孩子兴趣爱好的前提条件。

1. 对各种事物好奇是孩子的天性

孩子从小就对各种事物充满了好奇，而孩子的成长很大一部
分时间就是用来弄清楚他所好奇的人、事、物。这是每个孩子生
下来就应该享有的、不可剥夺的权利。家长应给孩子选择自己爱
好和人生的权利，尽力满足孩子的兴趣，让孩子充分地去体验和
实践，从而使孩子那充满创造性的智慧得到充分的发展。

作为家长，不应该只按照世俗的或功利的眼光来决定孩子今
后的发展方向，而应该顺应孩子的天性，让孩子拥有坚持、改变
或者放弃某种兴趣爱好的权利。

2. 给孩子更多的机会去寻找真正的兴趣

每一个个体都是有差异的，加上成长环境的不同，每个孩子的兴趣发展水平也不相同。不同孩子对同一事物未必都会感到有趣，也未必都会从中获得快乐的情绪体验，更未必都能由此变成一种执着的追求。

真正的兴趣爱好应该是可以持久的，因为它能不断给孩子带来惊喜，激励着孩子不断去尝试、探索和求证，孩子在这个过程中也将会获得持续的满足和愉悦。好奇心是孩子兴趣的基础，但决不能把孩子的兴趣简单地等同于好奇心。当孩子接触到一个新事物时，总会掩不住地好奇，想要去"揭秘"——如果在这个过程中，孩子得到的愉悦体验越来越多，孩子就会把好奇心发展成为浓厚的兴趣；而如果渐渐地连原本的好奇也没有了，甚至觉得枯燥乏味，孩子自然而然就会产生放弃的想法。对于孩子这样的行为，家长应该宽容对待，让孩子有更多的机会去接触"有趣"的事物，让他们去寻找和发掘真正的兴趣，更好地成长。

3. 家长要学会辨别孩子的"真假"兴趣爱好

对于孩子兴趣爱好不专一的现象，家长要宽容对待，却也不能听之任之。家长要学会辨别孩子的"真假"兴趣爱好，帮助孩子培养真正的兴趣爱好。这是因为，有的孩子在学习和成长的过程中，不能很好地认识自己，不知道自己喜欢什么，也不知道要怎样去选择，所以做什么事情都是"三分钟热度"。有的时候，甚至会因为一时冲动或是别人的意见，就轻易放弃了自己真正喜欢的事物。

比如，一个孩子其实很喜欢钢琴，父母给他报了培训班，可是没学两天孩子就要放弃了，说自己一点儿也不喜欢钢琴。后来，父母从老师那了解到，是因为孩子学得比别的孩子要慢一些，可能是孩子产生了自卑心理，才会想放弃。对于这样的孩子，父母不应该听任其放弃，而应该积极地引导，帮助孩子正确认识自己兴趣爱好的所在。鼓励孩子，赞赏孩子的进步，帮助孩子一点点建立自信，让孩子真正体会到兴趣带来的成功和快乐。

也会有这样的孩子，因为错误的竞争意识，始终坚持并不适合自己的兴趣爱好。

小磊的心脏不好，一般的体育锻炼还可以，但是不能参加剧烈运动。小磊很小的时候父母就告诉过他，锻炼的时候一定要注意，小磊也一直都很听话。可是最近，父母发现小磊每天回到家都气喘吁吁的，精神状态明显不如从前了。在父母的追问下，小磊才说是因为自己最近喜欢上了足球，每天放学都要和同学一起踢上 40 多分钟的足球。父母一听就急了，苦口婆心地劝说，小磊总算答应不再踢了。可是过了没两天，小磊就因为运动过度晕倒被送进了医院。后来父母才了解到，小磊之所以会固执地把踢足球当作自己的兴趣爱好，是因为同班几个男同学说的一句玩笑话："连足球都不会踢，你还是不是男生？"就为了这样一句话，小磊差点毁掉了自己的身体。

所以，父母一定要多关注孩子，要引导孩子正确评价自己，引导孩子做力所能及的事情，而不应该放任孩子盲目地选择完全不适合自己的兴趣爱好。

不要把自己的兴趣强加给孩子

父母课堂

> 著名的心理学家皮亚杰曾经说过："强迫工作是违反心理学原则的，而且一切有成效的活动，都必须以某种兴趣为先决条件。"父母不应该剥夺孩子发展兴趣爱好的权利和时间，更不应该把自己的兴趣强加在孩子身上。教育的成功之道就是要找到孩子的优势，充分地、淋漓尽致地发挥他们的优势，如此才可能成功。

联合国儿童基金会和中国少年儿童新闻出版总社共同展开了一次以"倾听儿童心声——中国小学生兴趣爱好"为主题的调查，历时两个月，足迹遍布北京、天津、内蒙古、贵州等城区小学，吸引了近万名 7 ～ 13 岁的小学生和学生家长参与。

调查显示,72.9%的孩子表示自己要"挤时间"来发展兴趣爱好，75.4%的父母认为孩子"时间不多，但因为他喜欢，仍可以挤出时间来"。"挤时间"，是许多忙碌的成年人常用的词，如今却成了孩子们争取发展兴趣爱好的唯一方法，甚至还有 9.5% 的父母表示孩子"没有一点时间"发展自己的兴趣爱好。这不得不引起家长们的反思。

孩子们的时间都去哪里了呢？社会上越来越多的"兴趣班"明明有那么多的孩子在上，为什么孩子们还需要"挤时间"来发展兴趣爱好呢？

1. 家长太过关心孩子的学习成绩

小璐学习成绩不太好，总是在中下游徘徊。父母很着急，为她报了很多的"学习兴趣班"，她几乎每天都要去接受课外辅导。小璐很喜欢做手工，每当学习压力大或是伤心难过的时候，她都会偷偷躲在房里做各种各样的手工。这天，期中考成绩单发下来了，小璐的数学还是不及格，她心里很难受，一放学就回屋剪贴纸。正在这时，妈妈推门进来了，看见她手中快要完成的小猴子，生气地夺过来撕烂了："成天就知道玩，给你报了那么多兴趣班，学习成绩一点都没有提高。还不赶紧看书写作业。"看着撕成碎片的小猴子，小璐伤心地哭了起来。

有很多的家长，对孩子的评价越来越多地集中到了孩子的学习成绩上，别说对孩子的兴趣爱好加以支持和关注，不去反对已经算是相当开明的家长了。很多的家长，为孩子报了名目繁多的培训班，目的是培养孩子的学习兴趣，让孩子赢在起跑线上。孩子的生活中除了学习就是学习，成绩好就是聪明的孩子、听话的孩子，就是父母的骄傲；成绩不好就会指责为"没出息""不听话""不孝顺"。

孩子在学校要面对老师给的压力，回家要面对父母给的压力，到了培训班还要面对培训老师的压力，重压之下的孩子能快乐吗？父母恨不得见缝插针地安排孩子的学习，孩子怎么可能还有时间去坚持和发展自己除学习以外的兴趣爱好呢？

学习成绩不应该成为评判孩子的唯一标准，家长不应该以"为了孩子的学习"为理由，剥夺孩子发展兴趣爱好的权利和时间。有专家指出，学习压力越大，兴趣爱好的存在对孩子来说就越宝贵，它能够为孩子注入新的力量，调节孩子的学习情绪。父母应该关注孩子的内心需要，结合孩子的具体情况，帮助孩子合理安排时间，把学习和孩子的兴趣结合起来，促进孩子的全面发展。

2. 家长不应该把自己的兴趣强加给孩子

调查显示，当问到"你觉得现在上的兴趣班或者特长班是你的兴趣吗"时，61.5%的 7 ～ 10 岁学生给出了肯定回答，而在 11 ～ 13 岁年龄组中，该比例却下降了 13 个百分点。相应的，11 ～ 13 岁的学生对父母安排兴趣班的不满意度也比 7 ～ 10 岁年龄组提高了 7 个百分点，由 12.5% 上升到 19.3%。

不论是哪个年龄段的孩子，都有三成左右的孩子对兴趣班表达了"不喜欢也不讨厌，反正学这些对将来有用"的理智态度。"对将来有用"变成了孩子们坚持上兴趣班的最大理由，兴趣班开始变得跟个人"兴趣"无关。

随着年级的升高，父母对孩子兴趣爱好的支持率也在降低。调查显示，7 ～ 10 岁的学生中，51.9% 的孩子认为父母非常支持自己的兴趣爱好，而在 11 ～ 13 岁的学生眼中支持率则降至 43.2%。

调查还显示，当问到"您会试图改变孩子的爱好吗"时，45.1% 的家长表示"不会，那是孩子自己的事"。而 24.7% 的父母承认自己会试图改变孩子的爱好，他们认为应该发展一些对孩子今后有意义、有帮助的爱好。30.2% 的家长持这样一种态度：如果影响到学习，就要改变兴趣；如果不耽误学习，就随他们去。

每个父母心中可能都已经为孩子设定好了一个未来，总是希望孩子能够顺着自己设定的路线走下去，认为这都是"为了孩子好""为孩子的将来做打算"。如果家长在心中给孩子铺好了一条路，那么不妨请家长仔细想想，这条路上有多少是自己曾经的理想，有多少是自己的喜好，有多少是自己未曾实现的愿望。

　　"兴趣班"不再是孩子的兴趣，有相当一部分原因是家长根本没有考虑到孩子的主观意愿，一味地把自己的兴趣强加到孩子的身上，更有甚者，是把别人的兴趣硬塞给了孩子。比如，邻居一个孩子因为钢琴弹得好，拿了奖，大家都说那孩子有出息，于是父母很快为自己的孩子报了钢琴班，逼着孩子每天练习自己不喜欢的钢琴。

　　"爸爸妈妈总让我做我不喜欢的事，还说是为了我好""我妈不可能支持我报航模的，她说这对将来没有帮助""我觉得他们根本不在乎我的兴趣""家长只要我按着他们的人生计划去做就好了"……总把"为孩子好"挂在嘴边，试图安排孩子生活学习的父母，真应该听听孩子的心声。

　　如果家长真的爱自己的孩子，希望他能走上一条康庄大道，那么就不要逼迫孩子将你的兴趣作为发展的方向，他的兴趣本来就应该由他自己说了算。

　　研究者认为，父母的关怀和鼓励是让兴趣走得更远的催化剂，也是促进孩子认真对待自己的兴趣爱好、合理利用时间的有力保证，这样的态度肯定比"放任自流，随孩子发展"对他们更有帮助。

第 4 章

孩子就吃"父母鼓励和赞美自己"这一套

　　卡尔·威特曾说："不是聪明的孩子被夸奖,而是夸奖使孩子更聪明。"每一个孩子都希望得到别人的认可,更喜欢父母对他的赞美。父母及时而适当的赞美,能让孩子体会到成就感,树立起自信心,从而能坚强地去面对成长中的困难和挑战。

孩子最喜欢对他的赞美

父母课堂

> 好孩子不是"教"出来的，而是"夸"出来的。没有孩子
> 会不喜欢别人对他的赞美，尤其当这样的赞美是来自父母
> 时，就更能让孩子体会到成就感，充分认识到自己的价值。
> 每个孩子都是需要夸奖和赞美的，父母不要总是用成人的
> 眼光，用自己的行为标准去苛责孩子。要关注孩子的进步，
> 及时给孩子赞美和鼓励，让孩子在自信中进步和成长。

美国著名的儿童教育家西阿·洛克认为，孩子有一个重要的心理特征，就是喜欢得到称赞、嘉许，而不喜欢被禁止、抑阻和消极的刺激。

他说："无论是什么人，受激励而改过，是很容易的，受责骂而改过，比较而言是不大容易的。而孩子尤其喜欢听好话，而不喜欢听恶言。如果家长总是用消极的办法来对待孩子，其结果是孩子改过的少，怨恨父母的多。"

然而，很多家长都没有充分认识到赞美孩子的必要性和重要性，总是有意无意地把"笨""傻""差劲""不争气"这样的字眼挂在嘴边，严重伤害了孩子的自尊心，也打击了孩子的积极性和自信心。

一个周末，6岁的冉冉起床后发现父母不在家，看到客厅里有些乱，冉冉决定帮父母打扫卫生。她学着父母的样子，把散落在沙发上的报纸整齐地放在茶几上，把烟灰缸里的烟灰倒进垃圾桶里，再拿来抹布把茶几擦干净。冉冉边做边开心地想："爸妈

回来看到一定会夸我能干的！"这么想着，冉冉干得更起劲了。正在这时，开门声响起来，冉冉吓了一跳，一失手，把一瓶喝了一半的牛奶打翻在了茶几上。父母开门看到茶几上的牛奶，生气地质问冉冉："你怎么这么捣乱呢？就一会儿的工夫，家里就被你搞成这样？"听了父母的话，冉冉委屈地哭了起来。

家长爱用成人的标准来评判孩子的行为，先入为主地给孩子定罪，往往不给孩子解释的机会。中国有句古话"慈母多败儿"，很多家长认为孩子最需要的是教育，而教育更多的就是训导与惩罚。在他们看来，赞美孩子，只会让孩子不思进取、骄傲不前。其实，这样的想法是完全错误的，孩子的进步离不开父母的表扬和赞美。

一位父亲正在教孩子投篮，孩子学了半天，投最后一个球时，篮球在篮筐上转了一圈，最终还是没有投进去。孩子沮丧到了几点，失望地说："我太笨了，这半天，一个球都没进。"

这时，父亲却微笑着对孩子说："这次比以前进步多了，最后一个球都在篮筐里打圈了，只要再努把力，就一定能投进去。"孩子听后，沮丧情绪消失了很多，更加认真地练习，没一会儿，终于投进了一个球，孩子高兴得跳了起来。

卡尔·威特说："不是聪明的孩子被夸奖，而是夸奖使孩子更聪明。在适当的时机、适当的场合，可以无中生有，小题大做，给予夸张，以唤起孩子的自信心。"

孩子最喜别人对他的赞美，年龄越小的孩子渴望被老师和家长表扬的愿望就越高。表扬就如土壤中的肥料，食物中的维生素。心理学表明：经常表扬赞美孩子，对培养他们的良好品德和行为，树立自信心具有很重要的作用。

不管孩子表面上多么骄傲，内心都是脆弱的。孩子的心智尚未成熟，尚不能形成对自己稳定的评价，他们对自己的认识和评价大多很大程度上都来自他人对自己的评价和看法。正因为如此，他们常常担心自己不行，担心自己得不到别人的认可和接纳。外界的批评或表扬，在很大程度上影响着孩子的情绪和行为，来自父母的评价更是比任何人都重要，因为父母是孩子最亲切的人，所以一言一语都会产生很大的作用。

作为父母，应该清楚地认识到这一点——孩子最喜欢对他的赞美，最需要来自父母的鼓励和表扬。没有谁是十全十美的，每个人都会有自己的缺点和不足。在教育孩子的过程中，家长应该全面地看待孩子，既要看到孩子的缺点和不足，更要看到孩子的优势和长处。对于孩子的缺点和不足，家长应该学会用发展的眼光来看问题，要相信孩子会一天天长大，会变得越来越好，不能操之过急，一味打击。

家长要多关注孩子，用心发现孩子的每一个闪光点及每一次进步，然后给予充分及时的赞美和鼓励。家长的赞赏或鼓励，哪怕再简单，都能给孩子一种满足感、幸福感，从而增强孩子的自信心，激励孩子不断进步。

赞美让孩子更自信

父母课堂

每个孩子都希望自己是被喜欢和接纳的，家长适时、适当的赞美总有神奇的力量，它可以让孩子变得自信。爱与赞美，总能生长出一些小奇迹。无数的小奇迹汇集在一起，或许，我们真的可以创造出大奇迹。

流浪街头的吉卜赛修补匠索拉利奥，每天早上起床的第一件事，就是大声地对自己说："你一定能成为一个像安东尼奥那样伟大的画家。"说了这句话后，他就感到自己真的有了这样的能力和智慧，他就满怀激情和信心地投入到一天的工作和学习之中。十年后，他成为了一个超过安东尼奥的著名画家。

美国教育家戴尔·卡耐尔在调查了很多名人的经历后得出这样的结论："一个人事业上成功的因素，其中学识和专业技术只占 15%，而良好的心理素质要占 85%。"自信是成功的保证，是相信自己有力量克服困难，实现一定愿望的一种情感。拿破仑·希尔指出："有很多思路敏锐、天资高的人，却无法发挥他们的长处参与讨论，这并不是他们不想参与，而只是因为他们缺少信心。"自信心对一个人一生的发展都起着基石性的支持作用。一个缺乏自信心的人，便缺乏在各种能力发展上的主动性，而主动性对刺激人的各项感官与功能及其综合能力的发挥起着决定性的作用。

索拉利奥的自我暗示和自我鼓励，让他拥有了获得成功的自信和力量，最终帮助他实现了自己的梦想。而孩子由于年龄和阅历的限制，还不能对自己形成一个正确全面的认识，他们对自己的评价往往来自父母和周围人对他们的看法，要让孩子进行正确有效的自我暗示和自我表扬，对孩子来说并不是一件容易的事情。自信心的培养需要建立在认识自己的优点、长处的基础上，只有认识到了自己的优势，才会相信自己能行，才敢于去尝试。而帮助孩子认识到他拥有的长处、优势的最有效方法就是真诚适当地赞美孩子。

在美国的一家幼儿园有一个传统：在春天来临的时候，老师会发给每个孩子几粒南瓜种子，让孩子们带回家去种。到了秋天收获的季节，幼儿园会举办一个南瓜节，让孩子们把自己种的南瓜带到学校来，参加评比。孩子们的家长也会各显神通，带来自己用南瓜制成的各种食品与大家分享。

小鑫刚到美国不久，是第一次参加这样的比赛。他很认真地种，按时浇水、松土、施肥，他希望自己能获奖。可是当南瓜成熟的时候，小鑫伤心地哭了。因为他种出来的两个南瓜，一个太小，一个长得歪歪的，一点都不好看。"这么丑的南瓜，一定会被小朋友们笑话的。"小鑫想。到了南瓜节那天，他磨磨蹭蹭，怎么也不愿去学校。

父母问清楚原因后，微笑着对他说："小鑫，你看，你这两个南瓜多有特点啊！这个这么小，却很健康，你看它的颜色多漂亮啊！还有这个，它的形状是这么的与众不同，看一眼就再也不会忘记它。它们多棒啊！它们都是你亲手种出来的，你应该为自己感到骄傲。我相信老师也会为你感到高兴的！"听了父母的话，小鑫破涕为笑，开开心心地抱着两个南瓜去学校参加评比。

那天晚上，小鑫开心地告诉妈妈："妈妈，我的南瓜真的得奖了，老师给它们都系上了红色的绸缎，可漂亮了！""嗯，真是件值得高兴的事！"妈妈说道，"那小鑫的南瓜都得了什么奖呢？"妈妈很好奇。

"哦，一个是'最小南瓜奖'，另一个是'最歪南瓜奖'。可惜我们的南瓜都留在学校的展览馆了，哪天妈妈去学校，我带你去看！"小鑫有些遗憾地说。

后来，妈妈才从老师那儿了解到，南瓜节上每一个南瓜都会得奖，奖项繁多，诸如"最小南瓜奖""最大南瓜奖""最完美体型南瓜奖""最歪南瓜奖""最黄南瓜奖"，还有"最丑南瓜奖""最可笑南瓜奖"等。老师说，因为每一个南瓜都有自己的特点，都是每一个孩子用心种出来的，所以每一个南瓜都应该得奖。

南瓜大赛结束后，小鑫便爱上了种植，在院里种了很多的花花草草，通过种植学到了许多科学知识。更重要的是，父母发现，南瓜比赛大大增强了小鑫的自尊心和自信心，他相信自己是值得被夸奖的、值得被爱的，他不再像刚开始那样不敢和小朋友交往，开始变得开朗大方，上课也更积极主动地回答问题，进步特别快。

孩子们的自信心在很大程度上受周围环境，特别是周围人群对自己评价的影响，而孩子的自信心又会转而影响他其他方面的发展。研究显示，那些经常得到表扬和鼓励的孩子，他们性格开朗、好奇心强，愿意探究、尝试新的东西；他们有毅力，遇到困难不会轻易放弃；他们喜欢交朋友，社会交往能力强，有领导才能。把这些性格因素加在一起，我们就可以预见这样的孩子未来发展的空间要比那些缺乏自尊和自信的孩子大得多。

然而，很多父母对待自己的孩子，缺的从来就不是爱，而是赞美。当孩子犯错误、遭遇困难和挫折的时候，父母往往因为着急、担心、焦虑控制不住自己的情绪，对孩子进行批评、斥责和打击，甚至希望通过这样的方式激起孩子的斗志。但是家长这样做，常常适得其反，不仅起不到激励孩子的作用，甚至会换来孩子的反抗和叛逆。美国心理学家托马斯·亚内尔博士分析指出："此时孩子已经容易因受挫而变得自卑，因此，家长和老师就更应该给孩子些鼓励和赞美，如夸奖孩子擅长的一方面，帮助孩子更好地应对困难。尤其是对青春期孩子来说，肯定式教育对于他们树立自信更有效。"

要从小培养孩子的自信心，家长就要注意多看孩子的优点和进步，多表扬、鼓励孩子，切忌打击、讽刺、忽视孩子，更不要在公众场合羞辱、打骂孩子，打击孩子本来就脆弱的自信心。赞美可以培养孩子成就感，是他们人生成功的催化剂。孩子有了成就感，就能找到自信，就能够快快乐乐地迈向成功。

不要拿孩子与别人作比较

父母课堂

每位家长都不会真的觉得自己的孩子一无是处，父母之所以会拿孩子作比较，追根究底还是为了孩子。然而，每个孩子都希望自己能以本来的面目被关爱。父母不应该拿别人与孩子随意作比较，而是要了解孩子，学会欣赏孩子，多看到孩子的优势和长处，关注孩子的进步，多鼓励孩子，这样做才对孩子最有利。

　　小明和小亮是表兄弟，两人经常在一起玩。学校刚一放假，小亮就到姨妈家玩。这天姨妈和小亮聊起了考试成绩，小亮骄傲地告诉姨妈，他的各科成绩都在 95 分以上。"你真是好孩子，学习总是那么好。咦，我还没有看见小明的成绩单，小明，把你成绩单拿来妈妈看看。"其实，小明早已在楼梯上听到了下面的对话，踌躇着不愿出来。听到妈妈叫他，不情愿地拿了成绩单走过来。妈妈一看，没有一科上 90 分的，忍不住大声训斥起来："你怎么这么丢人，小明？你看人家小亮考得多好，你为什么不能像他一样？你的学习环境哪一点比他差？你就是太懒，总是注意力不集中，不专心听讲……"虽然已经不是第一次在小亮面前受训了，小明还是感到下不来台，心里难受极了。

　　从此，小明就觉得自己像一只丑小鸭，情绪总是不高，成绩更是大幅度下滑，任凭父母、老师怎么教育，就是不爱学习，上完初中，便辍学在家了。

　　生活中，许多父母都有这么一个习惯，喜欢拿自己的孩子与他人比较，不知不觉地会用其他孩子的优点来比自己孩子的缺点，嫌自己的孩子不够优秀。"你看人家丽丽多好，回回都考第一名""你瞧安安多听话，从来不让父母操心"……

　　诚然，没有父母会不爱自己的孩子，经常拿自己的孩子与他人相比，也是希望孩子能以他人为榜样，学习别人的优点、超越别人。然而，有句老话说："人比人，得死；货比货，得扔。"这话虽然说得直白，却很有道理。父母这样的好心到了孩子的耳中却变成了另外一种意思，那就是：自己没有别人做得好，父母嫌弃自己。有的孩子或许为了能够让父母不再嫌弃自己而努力学习，父母也达到了自己的目的，可孩子内心的伤痛却永远都没办法抹去；有的孩子则干脆破罐子破摔，产生一种消极的心理，你

说我不行我就不行了，甚至对父母表扬过的孩子产生憎恨。这样，父母原来的目的完全达不到不算，反而把孩子推向了毁灭的边缘。

印度的一位思想大师说："玫瑰就是玫瑰，莲花就是莲花，只用去看，不要比较。"作为父母，我们必须明白一个事实：每个孩子都是不一样的，都是独一无二的；每个孩子都有属于自己的特质，会有自己的优点和不足。很多家长总是只看到孩子的缺点和不足，拿别人的长处和孩子的不足作比较，希望孩子能弥补所有的缺陷和不足。"金无足赤，人无完人"，父母自己身上尚且有诸多不足，又怎么能要求孩子方方面面都比别人强呢？"天外有天，人外有人"，家长如果抱着这样的心态，就会无休止地比较下去，不停地对孩子施加压力，造成孩子的反感和恐惧。

美国学者戴维·刘易斯在他的《教育孩子四十条》中，有这样一条："从来不对孩子说，他比别的孩子差。"在孩子成长过程中，父母应该多注意孩子的进步，不应该用挖苦讽刺的语气指出孩子的缺点和不足。然而，生活中还有这样的家长：为了鼓励孩子努力，会刻意夸大孩子的优点，拿别人的缺点和孩子的长处进行比较，希望以这样的方式让孩子拥有自信心，让孩子觉得自己比别人强。

比如，有的父母会这样教育孩子："你以后少和小江玩，你成绩好，老师都喜欢你。他不一样，不好好学习，还老打架。连他爸爸妈妈都不喜欢他，他会把你带坏的！"成绩不好的孩子不一定就是坏孩子，父母这样的教育方式也是有问题的。

父母夸大孩子的优点，忽视孩子的缺点，很可能会让孩子养成自傲的个性，总认为自己比别人好，总会关注别人的缺点，看不到别人的长处。孩子养成这样的性格，必然会影响到他的人际交往，影响其健康发展。

要帮助孩子正确认识自己，树立应有的自信心，最好的办法不是拿孩子与别人作比较，而是根据孩子的特点进行引导和教育。例如，自己的孩子反应迟钝一些，教育孩子笨鸟先飞，多卖些力。要关注自己孩子每一个微小的进步，孩子有了进步就应该及时鼓励。只要孩子付出了努力，已经尽其所能，父母就不应该提出过高的要求。

带着赞美鼓励孩子

父母课堂

对于自己的努力和成绩，每一个孩子都希望父母能多描述一些细节和过程。因此，对孩子的鼓励不应该只是一些空洞的表述，家长应该带着赞美去鼓励孩子，真诚地赞美孩子每一次的进步，告诉他你为他的每一次进步感到高兴和惊讶。这样孩子才会开心，才会有自信，也才有足够的力量去实现自己的目标和理想。

美国心理学家罗森塔尔到一所学校进行考察，他从每班随意抽了 3 名学生。然后，他把这 18 个人的名字写在一张表格上，交给校长，极为认真地对校长说："经过科学测定，这 18 名学生全都是智商型人才。"半年后，罗森再一次来到该校，发现这 18 名学的成绩有了显著进步，超过了一般的学生，而且性格更为开朗，求知欲强，敢于发表自己的意见和见解，与老师的关系也特别融洽。再后来，这 18 名学生全都在不同的岗位上取得了非凡的成绩。

实际上，他提供的名单纯粹是随便抽取的，他通过"权威性谎言"暗示教师，坚定教师对名单上学生的信心，虽然教师始终把这些名单藏在内心深处，但掩饰不住的热情仍然通过眼神、笑貌、音调滋润着这些学生的心田。学生潜移默化地受到影响，因此变得更加自信、奋发向上，结果就有了飞速的进步。这个令人赞叹不已的实验，后来被誉为"期待效应"或"罗森塔尔效应"。

这个效应后来被人们总结为这样两句话："说你行，你就行，不行也行；说不行，就不行，行也不行。"这是一个很经典的理论，它留给我们这样一个启示：赞美、信任和期待具有一种能量，它能改变人的行为。因为当一个人获得另一个人的信任、赞美时，他便感觉获得了社会支持，从而增强了自我价值，变得自信、自尊，获得一种积极向上的动力，并尽力达到对方的期待，以避免对方失望，从而维持这种社会支持的连续性。

这样的效应，在孩子的身上更容易体现，因此家长在教育孩子的过程中，应该多鼓励孩子，特别是在孩子遇到困难、遭遇挫折的时候，家长应该相信孩子，支持孩子，帮助孩子渡过难关。

妞妞打算用积木搭一座漂亮的小房子，可是试了好几次都没有成功。妈妈在一旁看着妞妞，心里着急，但还是不停地鼓励孩子："妞妞最棒了，妈妈相信你！"因为妈妈从书上了解到，孩子在失败的时候更需要家长的支持和鼓励，所以每次妞妞失败的时候，她都这么鼓励妞妞。可是当妞妞又一次失败的时候，她生气地把积木扔得到处都是，哭着说："妈妈最讨厌了，妞妞一点儿也不棒，妈妈说假话！"妞妞的"控诉"让妈妈不知所措，不明白为什么不但没有达到书上说的效果，反而让孩子讨厌妈妈。

　　常常鼓励孩子没有错，很多家长也常常把这样的话挂在嘴边：
"儿子最聪明了，一定能考好""你最棒了，这次一定能成功""妈
妈相信你"。可是，也有很多家长反映，这样的话对孩子起不到
应有的作用，就像上面这位妈妈一样。那让我们再来看看另一位
家长是怎么来鼓励孩子的吧。

　　小雨是一个农村的孩子，平时很调皮，老闯祸，也不爱学习，
每次考试都不及格。小雨最讨厌写作文，每次老师布置的作文他
都是应付了事，或者干脆不做。这天放学的路上，小雨看见有两
头牛在打架，放牛的孩子都战战兢兢地站在旁边，不敢上前。小
雨见状，勇敢地走上前去，把两头牛拉开，并帮助两个孩子拉回
了家。

　　晚上回到家，小雨突然想起老师布置的作文题目刚好就是《放
学路上》，于是小雨就拿出作文本写起来，他想把路上遇到的事
情都下来。因为是自己的亲身经历，小雨写得很顺手。写完后他
高兴地拿给妈妈看，妈妈认真地看过后，高兴地对他说："写得
真好，特别是两头牛打架时候的样子，简直就像发生在我眼前一
样，说明你当时观察得很仔细。还有啊，你看，你以前一提写作
文就头疼，今天竟然是一口气写完的，真是了不起！妈妈为你感
到骄傲！妈妈相信你一定会一点点进步的！"听了妈妈的话，小
雨乐得合不拢嘴。之后，他又把作文读了好几遍，认真修改了一
些错别字。第二天，小雨的作文被老师当作范文读给同学们听，
当着全班的面表扬了他。从那以后，小雨就慢慢地养成了写日记
的习惯，把每天发生的、看到的、想到的都记下来，渐渐地，写
作文对他来说不再是一件困难的事，反而成了一种享受。语文成
绩的进步，也带动了他其他科目成绩的进步。而妈妈总能看到他
每一次的进步，然后开心地指出来，鼓励他继续努力。

为什么这位妈妈的鼓励就能产生这么大的影响，收到这么好的效果呢？其实原因很简单，那就是他懂得带着赞美鼓励孩子。心理学家吉姆·泰勒说："孩子由自身追寻行动的结果，而不是从被告知他们行动结果如何如何，来发展出能力感。"也就是说，孩子前进的动力并不是来自家长对孩子行动结果或是期望的简单描述，这是远远不够的。

正因为如此，如果家长试图通过"你真棒""你一定能成功""你进步多大啊""坚持一下就可以了""我们相信你"这样一些简单空洞的词汇、语句来鼓励孩子，势必达不到激励和支持孩子的作用。可以这么说，这样的鼓励对于孩子来说没有任何作用，既不能让孩子体会到妈妈的真诚，也不能为孩子的行动指明方向，孩子依旧是一头雾水，无比沮丧。家长这样的鼓励还可能给孩子增加行动的压力，挫伤孩子的积极性。

有一位妈妈，经常辅导孩子学习。一天晚上，孩子把妈妈出的几道数学题都做对了，妈妈高兴地说："你太棒了，够得上一个数学家了。"夸奖之后，妈妈又出了几道数学题，鼓励孩子说："那几道题你都做对了，妈妈相信你动动脑筋，也一定能把这些题做出来。"她满以为孩子会更努力地去做，可不料孩子只看了两眼就喊道："我不做了。"这是为什么呢？因为他看到妈妈这次留下的作业题颇有难度，害怕自己做不出来，题做不出来，还算什么数学家呢？就因为这样，孩子不愿意再做下去，怕破坏了妈妈心目中刚刚形成的"数学家"形象。

所以我们说，家长要学会带着赞美鼓励孩子。家长要关注孩子，看到孩子一点一滴的进步，然后当着孩子的面，把孩子的进步一点点详细地罗列出来，并表达自己的喜悦和骄傲，在这样的基础上鼓励孩子再接再厉。这样的鼓励才会让孩子觉得踏实，让他看到自己的进步，从内心深处相信，只要一点点努力、坚持，就一定能达到自己设定的目标。这样孩子才会有成就感，家长的鼓励也才能起到应有的作用和效果。

当着别人的面赞美孩子

父母课堂

当着别人的面说孩子的不好，是家庭教育的大忌。因为这样会伤害孩子的自尊心和自信心，不利于孩子的成长和进步。家长应该当众赞美孩子，赞美孩子的进步和优点，以更好地激励孩子去努力。

妈妈到学校去接小星，小星正在跳绳，满头大汗，冲她兴奋地喊："妈，祝贺我吧！我终于能连跳了，能连跳十多个呢！"以前小星总不能连跳，现在能跳这么多下，妈妈也为他高兴，赶紧祝贺。

这时老师走过来说："你这儿子，真有那股子劲头，说是无论如何今天也要把跳绳学会，然后就一刻不停地坚持反复尝试，终于会了！说话干脆利索，将来一定能有出息！"妈妈一听心里很高兴，也为自己的儿子感到骄傲，但是嘴上却连连说："哪里，他就是爱说而已！"小星一听这话小脸一变，转身到里面去了，不理妈妈了。

这时候，另一个小朋友小声地对来接他的妈妈说："妈妈，今天老师布置了好多作业，我要赶紧回家写作业去。"妈妈一听这话，微笑着对小朋友说："真是个学习型的孩子，我们家孩子就只惦记着玩,这孩子真让人省心。"那位妈妈也忙摇头,然后连连称赞正在跳绳的小星:"哪里,还是你们家孩子好啊,活泼开朗,我们家孩子就是太腼腆了,不爱说话……"

回到家,小星就冲妈妈发脾气:"你就会当众表扬别的小朋友,从不当众表扬我,连我们老师都说我跳得好,说我将来会有出息,就你说我不好。我再也不理你了!"

妈妈有一瞬间的茫然,想跟孩子解释,却又不知道从何说起。难道要告诉孩子,那只是大人之间的客套,不是真心的?

其实,生活中我们常常会碰到这样的局面——两个熟人偶遇,其中一方或双方都带着孩子,于是出于礼貌或客套,便互相询问一下孩子的学习、生活情况。可能是受中国传统文化的影响,家长们普遍认为做人要谦虚,为人处世要低调,对待孩子也应该这样。所以,双方家长的偶遇就会逐渐发展成为"你说我孩子一个优点,我就一定要举出孩子两个以上的不足",家长这样的做法往往会让孩子无所适从:一方面,听到别人赞美自己,孩子心里会觉得很开心;另一方面,自己的父母在别人面前数落自己的不是,孩子的心里又不是滋味。

有些父母自尊心很强,往往容不得别人说自己半句不好。可也正是这样的父母,常常会忘了孩子也是有自尊心的。孩子的内心往往很敏感,很容易受到伤害,因此孩子的自尊心更应该受到尊重和保护。尤其在别人面前,孩子的自尊心更加强烈,当着别人的面批评和训斥孩子,将会大大伤害孩子的自尊心。父母应该学会当众赞美自己的孩子。

一次,小雪的父母请几位朋友来家里吃饭,几个人开始谈论各家的儿女，可是他们都是在夸奖别人的孩子，却没有一个夸奖自己的孩子。

这时，小雪的父亲非常兴奋地说道："你们都别互相吹捧了，我还就觉得我们家小雪好，我这女儿既聪明又听话，学习上不用我们操心不说，还特别会关心人。前两天，我感冒了，女儿跑去药店给我买了退烧药，还亲手给我炒了一碗蛋炒饭。吃着女儿亲手做的饭，我这心里别提有多舒服了，连病都好得快些了呢！"

说这话的时候，小雪父亲的几个朋友都用羡慕的眼神看着他，其中有一个朋友说："小雪真是个好孩子，我们真羡慕你！""其实你们的孩子也都很好，只是你们光挑他们的毛病，却忽略了孩子的优点。"小雪的父亲对朋友们说。

小雪在自己的房间里听到了父亲和朋友们的谈话，心里高兴极了，她决心以后更加努力学习，成为父母的骄傲。

听到家长当着别人的面表扬自己，对孩子来说会是一件十分幸福的事。当众赞美孩子，不仅能帮助孩子从小就树立自信，也保护了孩子的自尊心。

这天，妈妈去接小静放学，路上碰上了小鹏的妈妈。小鹏的妈妈问起了小静的期中考试成绩，一听这话，小静就把头低了下去。妈妈刚看过小静的成绩单，成绩不理想，好几科都在及格的边缘徘徊。尽管这样的结果让妈妈很沮丧，但是妈妈却没有当着小鹏父母的面批评她，而是微笑着对小鹏妈妈说："这孩子最近挺努力的，老师也说了，孩子的成绩有进步，我也挺高兴的。"听到妈妈这么说，小静抬起头来，感激地看着妈妈。

家长不当众说孩子的不好，就是保护了孩子的小秘密，孩子会很感激家长，就会听从家长的教育。很多时候，尽管孩子的表现不那么让人满意，家长也不应该当众指责孩子，而应换一种表达，在人前应该尽量表扬孩子的进步，帮助孩子树立自信心。

当众表扬孩子，是对孩子极大的认可，能使孩子产生成功感和荣誉感，从而增强他们学习和做事的信心。当然赞美孩子时，家长还应该注意以下几个方面，否则可能会适得其反。

一是态度必须认真和真诚，不能因为想炫耀自己或是敷衍别人就故意吹嘘，夸大孩子的优点。如果家长这样做，对于年龄小的孩子来说，会造成一种误导，他们容易盲目自大，认不清自我；而对年龄大些的孩子来说，会让他们觉得父母并不关心自己，觉得父母的赞美都是有目的的，是虚伪的，会引起孩子的反感。

二是有根有据，不能凭空捏造。家长对孩子的赞美一定应该是孩子身上真实存在的，哪怕是再小的进步或闪光点。这样才能起到激励孩子的作用，否则会让孩子觉得你在作假。

三是要适可而止。家长当众赞美孩子切忌说起来没完没了，或是重复赞美某件事情，这样会让孩子感觉不自在，反而达不到想要的效果。

另外，家长还应考虑到孩子的性格，有的孩子腼腆，容易害羞，这样的孩子一般不喜欢家长当众赞美他，他会觉得不自在。对于这样的孩子，家长应该用孩子喜欢的方式对其进行赞美和鼓励。

该赞美时，要及时赞美

父母课堂

对孩子的赞美一定要及时，尽量在孩子最需要的时候给予，这样才能更好地把父母的关爱传递给孩子，更大限度地激发孩子的潜能，更好地鼓励孩子去努力。父母应该多关注孩子，当孩子告诉你他取得的成绩时，应该放下手里的工作，及时适度地对孩子进行赞美和鼓励。

小北放学回家兴高采烈地对妈妈说："妈妈，今天跑步我得了第一名！""哦，和谁跑步啊？为什么跑步啊？"妈妈头也没回，淡淡地问了两句。"今天上体育课，老师让我们百米赛跑，我跑了第一名，老师夸我有运动天赋呢，建议我去考体育特长生。"小北的脸上满是得意的笑容。"哦，知道了，先回房做会儿作业吧，饭还没好。"妈妈边炒菜边对小北说道。

妈妈说完这话，小北马上垂下头来，闷闷不乐地回了自己的房间。正当小北自己生闷气的时候，爸爸下班回来了。爸爸看到小北闷闷不乐的样子，就问他："怎么了儿子，有什么不开心的事情吗？"小北委屈地说："爸爸，我今天跑步得了第一名，老师同学都夸奖我了，可妈妈却一点儿都不高兴。""第一名啊，这么厉害！和爸爸说说，都是和谁跑的？"爸爸兴致勃勃地问。"我们男生一组，女生一组。男生里我跑得最快，他们都被我落下好大一截呢！""真是好样的，等会儿吃饭的时候一定要多吃点肉，这样才能让身体更强壮，以后咱们还要得第一！""嗯，我要努力，下次还得第一！"说完，小北高兴地去吃饭了。

每个孩子都希望得到大人的赞美，因为这是对他最大的认可和接纳。因此，当孩子取得进步或是达到某个既定目标时，父母应该把握机会，及时由衷地赞美孩子。

上个案例中，小北的妈妈没有及时地赞美孩子，孩子的情绪没有得到很好的关注，妈妈的忽视打击了孩子的积极性。而小北的爸爸却不是，在知道事情之后，他首先做的是对儿子进行赞美和表扬，然后才问细节性的问题。爸爸的做法，很好地照顾到了孩子的感受，让孩子更好地感觉到了爸爸的关心。字里行间爸爸还向孩子表露出了自己的高兴和骄傲，让孩子更有成就感，决心更加努力，这样就很好地达到激励孩子的目的。

有时候，孩子需要的不仅仅是父母一句赞扬的话，他们也需要得到父母的重视和关心。如果父母没有对孩子的成绩表示出及时的关注，会让孩子感到失望，而这种失望很可能会让他们失去继续努力的动力。

一个小学的校长曾经做过这样一个实验：期末考试结束之后，他分别在不同的时间对两个班级考试成绩不错的两组孩子做出评价。对第一组孩子，校长在考试成绩出来的当天就表扬了他们："你们的成绩真不错，我真为你们感到高兴！继续努力吧，我相信你们一定能学得更好。"而对第二组孩子，校长没有任何表示，一直等到下个学期开始之后，才对让他们说："你们上学期考试成绩不错。"

一个学期以后，第一组孩子因为受到了校长及时的赞扬和鼓励，学习成绩有了明显的提高。他们一致认为是校长的赞扬让自己对学习充满了信心，学习劲头也更足了。而第二组孩子的学习成绩却没有明显进步，虽然校长赞扬了他们，但时间已经相隔太久，他们根本没有察觉到这种表扬，所以他们的学习积极性也没有太大的提高。

赏识孩子，不仅仅表现在毫不吝惜地把自己的赞扬送给孩子，更要在第一时间把这种赞扬和肯定传递给孩子，让孩子感觉到父母发自内心的赏识和期望，从而满怀自信地面对学习和生活。比如，当孩子帮你打扫了房间，你应该在孩子完成打扫的第一时间就表达你的感谢和赞美，让孩子觉得自己的行为是对的，是让父母开心的，让孩子体会到成就感，这样有助于帮助孩子把这个好习惯更好地坚持下去。

生活和学习中，家长不要给孩子设立周期太长的目标，让孩子长期等待父母的赏识和赞扬。因为孩子的意志力和耐力都是有限的，他们很可能会因为等待时间过长而放弃努力。可以多给孩子设立一些短期的表扬目标，一旦孩子达到目标或取得进步，就及时赞扬他，更好地激发孩子的兴趣和自信心。

及时赞赏孩子的成绩，表现出家长对孩子的真心赏识和热切期望，还能传递给孩子一种强大的精神力量。这种力量不仅可以让孩子更加努力和自信，而且会促进孩子智力发展和身心健康，大大增强孩子对学习及生活的信心和勇气，从而激励孩子奋发向上，让孩子健康快乐地成长。

赞美孩子也要把握好度

父母课堂

孩子喜欢父母对他的赞美，适当地赞美能激励孩子前进，但过度地、不当地赞美则可能给孩子带来压力或让孩子骄傲自满、停滞不前。所以，父母在赞美孩子的时候，应该把握好赞美的度，用孩子喜欢的方式真诚地赞美孩子。

一天，楠楠有一道数学题，怎么也想不出来，就拿着作业去问妈妈。妈妈看了看题目，皱眉想了很久，发现自己也做不出来，但碍于面子，妈妈没有告诉女儿，而是启发女儿说："这道题嘛，你再仔细想想，这一节课中学的哪些定理、公式可以用上？"

楠楠歪着头又想了一会儿，说："妈妈，我想不出来。"

"你很聪明、很优秀的，一定能想得出来。我女儿是谁啊？是一个天才啊！你瞧你物理、英语学得那么棒，唱歌也很好，数学就更不在话下了，什么题目都难不住你的。"妈妈夸奖道。妈妈的夸奖，让楠楠感觉有些不自在，因为她虽然觉得自己的数学成绩还可以，但也不是最好的，而且她觉得自己也绝不是什么天才。

"你再给我提示一下。"楠楠请求妈妈。

"我就不给你提示了。你这么聪明，在数学上又这么有天赋，妈妈相信你只要动脑筋好好想想，就能很容易解出来的。"妈妈继续一边点头，一边赞美楠楠。

妈妈的赞美让楠楠更加别扭了，她生气地伸手夺过了书："你不帮我解题就算了，真虚伪！"然后转身就进了自己的房间。

妈妈被楠楠的话弄得一头雾水，难道赞美孩子、夸奖孩子有什么不对吗？怎么到了女儿眼里，就成了"虚伪"了呢？

俗话说："数子十过不如奖子一功。"表扬犹如一剂良药，但并非多多益善，既有时间和剂量的规定，也有服用的禁忌，切不可随意乱用。

对孩子来说，赞美就像糖，适度地吃，孩子会觉得甜，会留给他美好的回味，但是吃多了，孩子就会觉得腻。赞美并非花言巧语，这样往往会让孩子觉得父母不真诚，认为父母虚伪，从而使孩子对父母产生反感甚至厌恶，自然也就难以接受父母的教育了。所以，父母对孩子的赞美要适度。

1. 要赞美也要有批评

夸奖和赞美在教育孩子的过程中起着非常重要的作用。父母的赞美能抚慰孩子的心灵，增强孩子战胜困难的勇气和信心、充分调动孩子的主观能动性，激励孩子努力和前进。所以，在孩子的成长过程中，父母不应该吝啬自己的表扬和赞美，应该多给孩子以鼓励。

但是，有的家长只看到孩子身上的优点和长处，大肆进行赞美和表扬，而忽视或故意遮盖孩子身上的毛病，这样过度的表扬对孩子的成长是极为不利的。一味的夸奖孩子，势必让孩子认为自己所有的言行举止都是正确的，这显然是不可能的，这样往往会导致孩子是非不分、善恶不辨、盲目自满、停滞不前。孩子经常获得"廉价"的、唾手可得的、无原则的赞美，久而久之，便对赞美习以为常、无动于衷，从而丧失了为获得赞美而去完成各种任务的兴趣，也就丧失了赞美原本的意义和作用。

2. 把握好赞美内容的度

（1）赞美应该对事，不对人

当孩子完成一件事时，家长的赞美应该针对孩子付出的努力、表现的态度和取得的效果，而不是孩子的性格。比如，孩子将玩具全部整理好，家长可以这样来赞美孩子："你已经能自己收拾玩具了，又快又整齐，我真高兴。"而不是这样来赞美："呀，你真聪明，真是听话的好孩子！"家长只需要把孩子所做的事情如实地描述出来，对孩子来说就是一种最好的赞美了。因为这样会让孩子觉得自己受到了关注，自己的努力和劳动得到了认可。这种赞扬更能帮助孩子养成良好的行为习惯。

（2）赞美要从点滴入手，由小见大

孩子的进步都是从点滴小事开始的，要善于捕捉生活中的闪光点，让孩子看到努力的方向。

有个孩子和小朋友玩的时候，总爱动手打人，父亲每天放学去接他的时候，都会有三四个家长来告状。这天，父亲去接他的时候，只有两位家长来告状。父母很高兴，他抱着儿子表扬道："你今天碰疼的小朋友比昨天少了两位，说明你能管住自己了，有进步。"儿子听了父亲的话，心里美滋滋的，决定明天要比今天再少一个告状的。就这样，没多久，小孩不仅不再打人，还成了小朋友们眼中的"小可爱"。

因此，父母要看到孩子的点滴进步，及时适度地进行表扬，才能帮助孩子实现更大的进步。

（3）赞美孩子时一定要具体

良好行为习惯的养成是从具体、细小的行为开始的，家长在赞美孩子的时候应该言之有物，越具体越好。一些家长赞美孩子时常常只说"你是一个听话的孩子""你是个有礼貌的孩子""你真棒"，这样的赞美往往会让孩子一头雾水，不知道自己做了什么事情赢得了父母的夸奖。父母可以把这样的夸奖换成对孩子行为的描述，比如，"你主动把玩具让给小朋友玩""你把被子叠得整整齐齐""你看到老师主动问好"等等。这么一说，孩子豁然开朗，对自己行为的认识也就更清楚了。

每次赞美孩子的时候，家长一定要尽量说出他值得你赞美的细节，也要尽可能多地描述自己因为他的这些优点而感受到的快乐和骄傲，这样能更好地让孩子感受到你的真诚，增加孩子幸福的体验，增强孩子的自信。

3. 赞美时"虚实"要适度

对孩子的评价应该是公正、准确的。但是，赞美作为教育孩子的一种手段，在具体运用中可以有一定的灵活性，即在坚持实事求是的前提下，允许有一点"虚"内容。家长在表扬孩子时，可以对事实进行适度的夸张。例如，孩子纯粹是因为好玩，挥着扫帚在院中"扫地"。家长明知如此也不必道破，应及时表扬他爱劳动的行为，这种夸张有利无害，因为它既是对孩子正确行为的肯定，又可以让孩子知道，劳动是一种美德。

但是，对孩子的表扬不应该脱离实际，要给孩子指明前进的方向，太言过其实，往往会适得其反。

第 5 章

孩子就吃"父母让他做自己喜欢的事"这一套

每个孩子都有自己的天性，他们总是希望父母能让他们做自己喜欢做的事。顺应孩子的天性，尊重孩子的成长规律，才能做到因材施教、因势利导，培养出真正优秀的孩子。父母要学会"该放手时就放手"，鼓励孩子去做自己喜欢的事，培养孩子独立自主的性格。

鼓励孩子当领导

父母课堂

让孩子成为领导者，是遵循孩子的成长规律。有意识地培养孩子的领导才能，最终目的不是让孩子长大后能身居要职成为"大领导"，而是帮助孩子培养自信和勇气，提高思考问题和解决问题的能力，为孩子将来的发展创造条件。

一群女孩在美国华盛顿卡斯德山脉郊游时迷了路。寒冷、潮湿和饥饿使她们绝望。度过一个惊恐之夜后，一个女孩哭着说："大人们不会找到我们了，我们都会死去的。"

这时，11岁的埃文托里上前一步，坚定地说："我们不会死。我听大人说，顺着小河走，就会走到大河，然后就可找到城镇。我们沿着前面的那条小河向前走，愿意跟着我走的，请跟上。"埃文托里说着就沿着森林深处的一个小河向前走，其他孩子紧随其后。她们沿着河边灌木丛艰难跋涉，终于听见有人说话的声音，孩子们齐声呼救，被人救出。埃文托里这位充满勇气的孩子使这群孩子脱离了险境。

传统的观点认为，像埃文托里这样的孩子天生就是当领导的料，而其他人命中注定受人指挥。然而，美国权威教育专家约翰·安德逊对运动员、学生、飞行员、公司经理、政府官员等各行各业的人士进行研究后得出这样的结论："世上没有天生的领导者，只有后天造就的领导者。一些组织的头头、社团的负责人、体育代表团的领队，他们的父母往往培养他们坚韧不拔的心理素质和独立思考的能力。这些人在孩提时代就不屈于外来的压力，而坚定自己的信念。"中国也有句古话叫："人人皆可以为尧舜。"善于观察的家长会发现，其实每个孩子在成长的过程中，都很喜欢当"领导"，渴望成为"孩子王"。领导不是天生的，每一个孩子的内心都有"领导力"的因子，只要家长能鼓励并帮助孩子激活这些因子，每一个孩子都能成为一个成功的领导者。

1. 父母要多鼓励

要让孩子在别的孩子面前勇敢地站出来，并有条不紊地给其他孩子安排任务、组织活动，最重要的一点就是要培养孩子的自信。生活中的那些"孩子王"，几乎都是些活泼好动的孩子，他们对什么事情都充满了好奇，敢于去探索，在探索的过程中"积累"了不少经验和知识，他们对自己的勇气和能力很有信心，也正因为他们的这份神气，让其他的孩子愿意亲近，心甘情愿接受他的"领导"。

因此，父母一定要多鼓励孩子，多让孩子去尝试，去做他喜欢做的事情。孩子取得进步时，不论大小，都应该及时进行表扬，提升孩子的成就感。

2. 让孩子用心考虑如何取得成功

曾经有一位很有前途的体操运动员向美国权威的心理学家约翰·罗斯蒙多求助。她自己已经掌握了在奥运会上夺得奖牌的所有技能，然而，她却一直未能在奥运会上发挥出应有的水平，奥运会的奖牌自然与她无缘。约翰·罗斯蒙多递给她四只飞镖，让她射到她所在办公桌后面的塑料盘上。她紧张不安地看着约翰·罗斯蒙多，问："如果我没把飞镖扎上去，怎么办？"这位心理学家从她的这句话，总结出了她一直失利的原因——她不是把全部精力放在如何取得成功上，而是在如何避免失败上忧心忡忡。

乐观积极的心态是感受幸福、创造幸福、取得成功的重要条件。父母应该引导孩子多想想如何去取得成功，而不要过多地担忧成功路上可能会遇到的坎坷。一个优秀的领导一定是善于激励别人的人，而只有那些相信自己能够取得成功、在逆境中游刃有余的人才能做到。

3. 给孩子一个机会

孩子需要机会来展现自我，家长应该多给孩子机会，鼓励孩子当领导，在这个过程中，能很好地锻炼孩子的做计划、统筹安排和分工协调的能力，同时也进一步增强孩子的自信心。

家长可以多鼓励孩子参加集体活动，鼓励孩子在集体活动中担任领导的角色，比如让好动的孩子当个小组长，给小朋友们发画纸、画笔；动作协调能力好的孩子，让他当个领操员，带领小朋友练做操；口语表达能力好的孩子，请他当个小老师，教小朋友念儿歌讲故事等。鼓励孩子结合自身优势，在自己擅长的领域，勇敢地站出来，这是增强孩子信心和勇气的最佳途径。

鼓励孩子多问："这件事，如果我去做会怎么样？"让孩子多想，并创造条件帮助孩子把想法付诸实践。这样能够很好地激发孩子的想象力，鼓励孩子积极思考，提高孩子的思维能力和独立解决问题的能力。

孩子喜欢"搞破坏"

父母课堂

> 孩子喜欢"搞破坏",是天生的"破坏王"。妈妈要了解孩子"搞破坏"时的心理活动,以期对孩子进行正确的鼓励、引导和纠正,从而更好地保护孩子的好奇心、求知欲,培养孩子的自尊心和自信心,提高孩子的动手能力。

刚给孩子买了个电动小汽车,可没两天却发现已经被孩子拆成一堆零件了;洋娃娃本来穿着漂亮的裙子,宝宝却把她的裙子给脱了,胳膊也扭了;甚至你会看见孩子把镜子打破了,却努力地用胶水粘,想"破镜重圆";本来一个漂亮的风筝,却被孩子用剪刀剪成一堆碎片,撒的满屋都是……

家有"小小破坏王",真是让家长们头疼不已。"搞破坏"是孩子的天性,就像孩子爱冒险一样,大多数情况下,都是由于好奇心的驱使。我国著名的儿童教育家陈鹤琴说:"小孩爱搞破坏,失去的只是可估量的价值,而得到的却是小孩一生受之不尽的无穷财富——思考、创造和智慧。"因此,面对孩子的"破坏",家长要学会控制自己的情绪,分析孩子"搞破坏"的心理,然后再有意识地进行引导或是纠正。

1. 好奇心的驱使

很多时候,孩子的破坏行为,就是出于好奇,想知道"这是什么",所以孩子才会把玩具、收音机拆开,想看看为什么会那么神奇。如果孩子是出于这样的心理,家长不仅不应该阻止,还应该进行鼓励，并积极参与进来。因为孩子"破坏"的过程，是一个手、眼都在活动的过程，能够促进他们思维的发展。鼓励孩子适当地"破坏"，就是在鼓励孩子的创造力，以及对更多事物探索的兴趣。所以，当家长看见孩子把机器人拆了，可以蹲下来参与到孩子的活动中，"机器人里面是什么啊，怎么会动的啦？"引导、帮助他们一起寻找结果，然后再跟孩子一起把拆开的玩具恢复原样。这样才能让孩子在"破坏"——探究——重建中获得心理的满足，并学到知识、增长能力。

2. 好心办了坏事

"妈妈，我帮你擦了地。""是吗？宝贝真乖，你拿什么擦的？""就是这个。"孩子得意地指着地上的道具，你刚看一眼，就不由自主地拍了下自己的脑袋大叫："我的天！那是刷马桶的刷子。"

有时候，孩子并不是真的想"搞破坏"，而是因为经验不足、方法不对、技巧不成熟，才会"好心办了坏事"。这种时候，父母不要忙着抓狂、训斥孩子，让孩子知道自己做得多么糟糕。而是控制好自己的情绪，先肯定孩子的动机，真诚地向孩子表示感谢。然后再向他说明做错了的地方、错的原因。最后找个机会，带孩子一起再做一次，教会孩子正确的方法。

3. 发泄不满的情绪

"爸爸，你看我的这个机器人不会动了，怎么回事？""爸爸现在很忙，一会儿再帮你看，你先玩别的。"于是，孩子拿着玩具去求助妈妈，结果妈妈忙着看电视，对孩子说："你不是还有那么多机器人吗？这个坏了就算了。"于是，孩子生气了，伤心了，发狠地把机器人摔在地上。

对于孩子来说，父母的关注是非常重要的，如果不能得到父母足够的重视，孩子就会用自己的方式来吸引父母的注意。而孩子发现，似乎只有自己在"搞破坏"的时候，父母才会关注自己，这个方法也屡试不爽。

父母应该多关注孩子，从孩子角度看他需要什么，及时地满足孩子。当然，对孩子这种故意破坏的行为一定要批评，告诉他错在哪里，应该怎么做。让他们明白，可以用更好的方法得到父母的关心，而不是这样乱摔东西搞破坏。让孩子对他自己的行为负责，如摔坏了东西，要负责收拾，而且也不能再得到相同的东西，让孩子明白这样的破坏带来的不良后果，他下次就会避免了。

4. 不懂得爱惜

有的孩子之所以"搞破坏"，把刚买没多久的玩具摔坏，或是把父母刚打扫好的房间弄得一团乱，是因为孩子不懂得爱惜。对于这样的孩子，家长应该及时进行批评教育，必要时可以孩子采取一定的"小惩罚"，比如，不给孩子买新玩具，让孩子和你一起收拾房间等，让孩子为自己的破坏行为承担一定的后果，让他意识到自己的行为是不对的。

该放手时就放手

父母课堂

孩子在很小的时候，就有本能的自我服务能力。因此，在教育孩子的过程中，家长要该放手时就放手，让孩子自己处理一些力所能及的事情，不要过度保护和溺爱。因为，过分的关怀只会使孩子遇到困难和挫折就退缩，不能独立自主地解决问题，不能很好地在社会上生活。

曾经看到过这样一个真实的故事：一个28岁女博士哭着跪求父亲，让母亲到学校进行陪读。女博士说："有妈妈照顾着我的生活，无论在物质上还是精神上都给予了我很大的支持，这对我顺利完成学业也有帮助。读博期间，我肯定还是要妈妈继续陪读的。"

家长陪孩子读书，一般都是因为孩子年龄比较小，独立能力不强，还不能很好地照顾自己。家长留在他们身边照顾，这无可厚非。但是，28岁，早已是成年人了，社会上一些这个年龄段的人早已结婚生子，身为人母，肩负着打理家务、照顾家人的责任了。而这位女博士居然还有如此表现，真是让人啼笑皆非。

在大学生历次求职招聘会上，时常可以看到年逾花甲的老人，他们不是给自己求职，而是帮助孩子求职。倘若仅仅是壮壮胆子、出出主意倒也无可厚非，可现在居然角色转换，孩子"退居二线"，家长却"冲锋在前""越俎代庖"，让用人单位瞠目结舌。

俗话说："冰冻三尺，非一日之寒。"28岁生活还不能自理的女博士、招聘会场上的"扶职族"，这些现象应该引起家长们的反思。

生活中，为了防止孩子遭遇危险和意外，家长习惯将孩子置于自己的庇护之下。有些家长为了保护孩子不惜牺牲自己的工作时间，到学校代替孩子大扫除；怕孩子自己吃饭弄脏衣服，就一口一口地喂；更有甚者，为了孩子之间的争吵，竟和对方家长大打出手。正是因为家长的过分溺爱，凡事包办代替，让孩子从小依赖父母"上了瘾"，生活中碰到一点小事、一点挫折都希望父母出面解决，独立能力越来越差。

专家指出，孩子最终要走上社会，在激烈的社会竞争中"最好的保镖是自己"。家长的关爱是孩子成长的营养品，但是，家长们应该把握好分寸，该放手时就放手，千万不能让关爱变成了溺爱。

1. 创造机会鼓励孩子独立做事

其实，孩子几个月大时，就有本能的自我服务能力。但是，父母的一个表情就可能成为孩子的心理依赖。比如，孩子摔倒了，这时家长若表现得惊慌，会给孩子一种心理暗示，孩子慢慢就矫情了，会对家长产生依赖；相反，家长给一个鼓励，孩子会更有勇气自己站起来。

为了避免孩子的孤独依赖，父母就要根据孩子的年龄，把生活中的事情慢慢教给孩子自己做。比如，让 2～3 岁的孩子自己吃饭、在家长帮助下穿脱衣服、收拾玩具；让 4～6 岁自己整理书包、收拾房间、打扫卫生；让 7 岁以后的孩子自己上下学、自己去超市……刚开始的时候，孩子肯定会做不好，这时候，父母一定要有耐心。不能因为孩子做得慢就抢过来自己做，要给孩子时间去学习和锻炼，孩子做不好要多鼓励、多指导，让孩子独立地解决问题而不应该代替。

放手并不意味着"拔苗助长",家长交给孩子的任务一定要符合孩子的年龄和实际情况,不应该让孩子去尝试力所不及的事,这样只会让孩子产生挫败感,打击孩子的自信心和积极性。

2. 让孩子自己做决定

有人说过,人生最重要的是做选择。每一个人的成长过程中,总是面临着各种各样的选择。有的人面对选择时,很清楚自己想要的是什么,就能果断地进行抉择,并享受自己的选择;而有的人则优柔寡断、犹豫不决,好不容易做了决定,却又充满了后悔和自责。这两种人,往往拥有两种截然相反的人生。

学会做决定,是孩子成长过程中一个重要的环节,父母应该从小就有意识地进行教育和培养。父母要从生活中的每一件小事做起,放手让孩子自己去选择、做决定。比如,让孩子自己选择穿什么颜色的衣服、怎么来搭配;让孩子选择玩什么游戏、和谁一起玩、怎么玩;让孩子自己决定听什么故事;等等。让孩子自己做决定,自己来管理自己的生活,是培养孩子自立的重要一步。

3. 适当让孩子"受点伤"

没有谁的人生会一帆风顺,或多或少都会遇到这样那样的麻烦和挫折。不管家长把孩子保护得多好,总有照顾不到的时候。所以从小让孩子"受点伤",并不是一件坏事。比如,孩子学走路的时候摔跤,孩子在玩游戏的时候弄伤了自己,孩子在学校受到了老师的批评等。家长不要大惊小怪,要明白,这是孩子成长过程中必须经历的痛苦和蜕变。

就像蛹虫只有通过自己的力量冲破茧的束缚，变成蝴蝶以后，翅膀才有足够的力量，才能自由自在地飞翔。孩子也只有"受点伤"，自己经历一些挫折和痛苦，才能变得坚强。

孩子喜欢自己选择朋友

父母课堂

孩子需要朋友，孩子也喜欢自己选择朋友，家长不应该随意干涉。放手让孩子自己去选择喜欢的朋友，让他自己解决与朋友之间的矛盾，让他自己构建朋友圈子和人际关系网，让孩子在友谊中快乐地学习和成长。

王晓龙学习成绩非常好，曾拿了全国中学生化学奥林匹克竞赛第一名，因而被保送到北大化学系。在他读大学二年级的时候，因犯故意杀人罪被判处有期徒刑10年。从天之骄子到杀人犯，到底是什么样的原因，让王晓龙犯下了这样的罪过呢？

原来，王晓龙从小就只知道学习，不会交往，也没有朋友。到大学后，他发现没有朋友很难生活，后来他主动和另一个男生示好，和他成为了朋友，两人整天形影不离。可后来由于学业繁忙等原因，两个人在一起的时间渐渐少了。这让王晓龙很生气，决心报复那个男生，于是他弄了一种剧毒的化学物品——铊，投放到那个男生的牛奶杯中……

有一位教育专家提出："让孩子拥有自己的朋友比拥有好的学习成绩更重要。"每一个孩子在成长的过程中，都是需要朋友的，都应该拥有自己的朋友圈。孩子只有有了自己的朋友，才会有更多的生活体验；才能学会如何与人相处、如何关心和帮助他人、如何解决与他人的矛盾；才能在获得交际快乐的同时，学会为人处世的道理，拥有健康的人格。

"近朱者赤，近墨者黑"，被大多数家长视为金科玉律。再加上现在，社会上小团伙、黑社会及青少年问题日益严重，很多家长更是关心孩子的交友问题，深怕他们交上了坏朋友，影响孩子的健康发展。家长的关心和担忧是可以理解的，也是必需的，然而有的父母因为自己的惶恐和担心便盲目限制子女交朋友，甚至剥夺了子女选择朋友的权利、自作主张地为孩子选择朋友。家长这样的做法是不明智的，更不能从根本上解决问题。聪明的父母会把选择权交到孩子手里，让孩子自己选择朋友，然后根据孩子的实际情况，适时进行引导和教育，帮助孩子构建良好的人际关系网，为孩子积累人生的重要财富。

1. 让孩子自己去辨别

这个世界本来就有好有坏，有我们喜欢的人，也有我们讨厌的人。教育孩子重在品格的塑造，要放手让孩子学会识别"好坏"，认识成长过程中可能出现的问题，懂得如何把握自己、帮助别人，才是面对未来社会的重要前提。

孩子虽小，但他也会有自己看问题的一套方法。他对朋友的理解和判断很可能和父母之间是有差异的。每个孩子都有自己的优点和缺点，这个世界上，没有绝对的"坏孩子"，很多时候，家长用成人的眼光去评判一个孩子，对孩子来说是不公平的。

父母应该让孩子去用自己的眼光辨别，自己去选择朋友。这样能帮助孩子很好地认识自己，因为孩子只有认识到自己的需要以后，才会找到相处融洽的朋友。如果家长为孩子选择朋友，那么孩子就不必发挥他的辨别力，也不必努力适应环境，而只需要被动顺从环境就可以了，这对孩子将来的发展是极为不利的。

2. 让孩子自己解决问题

人与人的相处，总会遇到很多矛盾和问题，通过处理这些矛盾和问题，一个人的能力会越来越强，也会变得越来越成熟。

学会正确处理朋友之间发生的问题，是孩子拥有良好人际关系的重要一步。当孩子与朋友发生矛盾时，家长不应该随便进行干涉，甚至认为这是因为"志趣不相投"引起的，并因此出面把孩子的那位朋友轰出局。家长这样做，只会让孩子失去积极解决问题的机会。

孩子有自己的思想和原则，当问题发生时，他也会积极思考，想出一套自己的解决方案。家长应该尊重孩子，孩子没有求助之前，尽量给孩子时间，让他用自己的方法解决问题。

3. 为孩子创造交友条件

父母可以把孩子的朋友请到家中来玩，还可以参与到孩子的活动中去。孩子缺乏朋友的时候，可以带孩子一起外出旅行或者一起参加某项活动来扩大孩子的交友范围。父母不应该总是盯着孩子的学习，不要总让孩子待在家里，应该多带孩子走出家门，让孩子有更多的机会去结交朋友。

4. 适当引导孩子交朋友

让孩子自己选择朋友，并不是让父母放手不管，任孩子自由发展。孩子还小，辨别是非的能力还很差，家长在孩子交友的过程中，要教给孩子一些是非观念，让孩子明白哪些行为是不好的，哪些事情是不应该做的，这样孩子就能很好地判断朋友身上的那些习惯是否应该学习，以避免孩子染上不良的习惯。

家长应该鼓励孩子正常交往，多交朋友，包括异性朋友。父母可以鼓励孩子交一些与自己个性不同的朋友，比如，胆大的就可以找胆小的，内向的就可以找外向的，形成优势互补。

家长要重视孩子的交际困难，孩子与朋友发生矛盾，无法解决向你求助时，应该对孩子表示关爱，并和孩子一起讨论，分析问题产生的原因，一起找出解决问题的方法。家长应该引导孩子辩证地评价朋友，真诚地对待朋友，并交给孩子一些处理矛盾的技巧和方法。

生活中，家长还应该以身作则。因为家长的人际交往模式、为人处世的态度和原则，都有可能被孩子所模仿和沿袭。

不要侵犯孩子的隐私

父母课堂

每个人的隐私都应该受到尊重，孩子信任尊重自己秘密的父母。父母不应该顶着"爱"的名义随意侵犯孩子的隐私，而应该多关怀孩子，用自己的尊重和理解赢得孩子的信任，让孩子真正敞开心扉，和父母一起分享自己成长中的秘密。

这天，小博走在上学路上，忽然想起前一天晚上预习完后忘记把数学课本放进书包了，于是急忙往家跑。是妈妈给他开的门，小博发现妈妈脸上的表情有些不自然，心里有些纳闷儿。等他推开自己房间的门时，马上明白是怎么回事了。他看到自己书桌的三个抽屉都敞开着，自己的笔记本、同学送的生日礼物、贺卡乱七八糟地堆在桌子上。

小博非常生气，冲妈妈喊道："你为什么翻我抽屉？还看我写的日记？你这是侵犯我的隐私！"

妈妈本来有些不好意思，但一听这话，火气上来了："什么隐私？你是我儿子，我看你的东西还犯法了？"

"你不经过我的同意就翻看我的日记，本来就不对！"小博据理力争。

"小孩子家有什么隐私？除非你那日记本里有见不得人的东西！"妈妈有些口不择言。

听了妈妈的话，小博生气地出了家门。从那以后，小博把书桌上的抽屉都上了锁，连日记本都换成了带锁的。

每个人都有不愿意告诉别人的秘密，这便是隐私。个人的隐私是应该得到别人尊重的，法律也规定保护个人隐私不受侵犯，这便是隐私权。孩子也会有不愿意让别人知道的秘密，也会有自己的隐私。

常常有父母抱怨："孩子越大越不听话，不像从前那样，有什么事都和父母讲。"还有的父母发现孩子有些事背着自己，有些东西藏起来不让自己看见，同学之间的书信和他自己的日记总要放到安了锁的抽屉里，他们对孩子的这种行为感到不安，生怕孩子染上坏毛病。

其实，孩子有了自己的秘密和隐私，是独立意识和自尊意识觉醒的体现，是孩子成长的标志，父母应该为孩子感到高兴。

家长们应该尊重孩子的隐私，不要等事情脱离掌控之后，才追悔莫及。不要随意侵犯孩子的隐私，家长应该注意以下几个问题：

1. 承认孩子的独立性

承认孩子的独立性，是尊重孩子隐私的一个重要前提。很多父母在侵犯孩子隐私的时候总是顶着"爱"的名义，说得最多的话就是"你是我生的，我怎么就不能知道"。孩子是父母生的没错，但是孩子从出生的那一刻起，就是一个独立的个体，也是一个权利主体。孩子不是父母的附属物，他们拥有自己的人格和尊严。随着年龄的增长和独立人格的形成，孩子的"保密性"越来越强，不愿再主动地向父母披露。孩子这种成熟的表现应该得到父母的尊重。只有我们尊重孩子的权利，孩子才懂得珍惜自己的权利，孩子只有在得到尊重的同时，才能学会去尊重别人。

2. 不把孩子的秘密告诉别人

孩子最忌讳的是被当众揭穿隐私和秘密，孩子把他的秘密告诉家长，是对家长的信任，家长应该为孩子保守秘密。

小源偷偷拿了妈妈10块钱，被妈妈发现了，小源觉得很羞愧，给妈妈保证不再犯了，希望妈妈能为他保密，妈妈答应了，小源很感激妈妈，下定决心以后再也不拿钱了。可是这一天，家里来了很多客人，妈妈竟把他拿钱的事情告诉了所有人。小源一听妈妈说这件事，脸马上就红了，伤心地跑进了自己的屋子。从那以后，小源再也不相信妈妈了，再也不愿和妈妈谈心、讲秘密了。

孩子的自尊心很脆弱，妈妈一定要帮助孩子保护好。当众揭发孩子的秘密，或是把孩子的秘密当作笑话一样讲给别人听，都会伤害孩子的自尊。

3. 不用非正常手段获取孩子的隐私

父母不应该在未经允许的情况下，查看孩子的信件、日记、手机短信、电子邮件、网上聊天记录及其他个人信息，通过非正常手段获取孩子的隐私，会严重损害孩子和父母之间的关系。

父母要了解孩子，其实有很多方法。可以和孩子的老师保持联系，让孩子把朋友带到家里来，通过老师和孩子的朋友，从侧面了解和观察孩子的情况。但最有效的方式是，多关心孩子，用自己的信任和尊重赢得孩子的信任。这样孩子也会自觉地和父母谈心，分享他的秘密。

第**6**章

孩子就吃"父母温和地改正自己"这一套

孩子在成长过程中，难免会犯错，很多时候，孩子不是知错不改，只是希望父母能"温和地改正自己"。"棍棒教育"是不可取的。在家庭教育中，父母应该多给孩子一些耐心、关爱和机会，以身作则、潜移默化地改正孩子的不良习性。

帮助孩子改掉说谎的毛病

父母课堂

说谎是一种不诚实的行为，这种事情如果发生在自己的孩子身上，确实令家长伤脑筋。但是，孩子说谎，不管是有意还是无意，肯定是为了满足内心的某种合理需求，家长千万不要轻易下断言，"判决"孩子的人格有问题。家长应该结合孩子的实际情况，分析孩子说谎的原因，然后对症下药加以引导和教育，改正孩子爱撒谎的坏毛病。

有位妈妈对女儿的管教一向很严格，如果女儿做错事，一般都会以打骂收场，女儿也一向乖巧，让大人很省心。两个月前的一天，女儿回家后告诉她，今后家校联系本不用家长签字了。妈妈听后信以为真，此后就没在意这事。可是前几天，女儿的老师主动来电话，反映女儿近来学习退步了，还说女儿的家校联系本已经两个月没有签字了。妈妈这才知道女儿向她撒了谎。她问女儿为什么撒谎，女儿不说话，她一气之下把女儿打了一顿。可女儿的撒谎的问题，还是没能得到解决。

说谎，似乎是成长中的孩子们的通病。儿童心理学研究发现，几乎所有的儿童都会"说谎"。但孩子说谎并不一定都是不诚实的表现，原因有很多。家长应该根据孩子的实际情况，分析孩子说谎的原因，然后对症下药，加以引导和教育，帮助孩子改掉爱说谎的坏毛病。

1. 想象型说谎

孩子说谎，有时是一种幻想和想象的表现。孩子的好奇心强，脑子里会冒出各种各样的想象，把想象的东西当成事实，来满足自己的心理需要。当他把这种夸大的并不现实的想象当作真实的东西说出来时，小朋友会听得入了迷，大人听来就成了说谎。

对于这样的孩子，家长首先需要把孩子善意的想象和恶意的谎言区分开来，并帮助孩子认识到想象和现实的关系，让孩子把二者区别开来。家长切忌一来就给孩子扣上"撒谎"的帽子，应该看到孩子丰富的想象力，正确地引导和鼓励。

2. 取乐型说谎

有些孩子用说谎来捉弄别人，并因此自鸣得意。《狼来了》故事中那个小孩就属于此类。

对这样的孩子，家长应以说服教育为主。可以给孩子将《狼来了》这一类的故事，让孩子明白这样一个道理：欺骗别人最后会自食其果。还可以给孩子讲一些诚实守信然后得到好的回报和结果的故事，两类故事对比鲜明，孩子一听就能明白：诚实是好的，说谎是不好的。只要帮助孩子认识到行为的后果，孩子自然而然就会改正了。

3. 虚荣型说谎

有的孩子说谎，是为了避免丢脸或得到赞许的目光，炫耀自己。比如，故意编出一些好人好事；回家向家长吹嘘自己得到了老师的表扬；把自己的成绩涂改成高分；等等。

这些出于功利目的的说谎，是孩子希望得到家长的认同，有时候则是被家长"利诱"出来的。有些家长望子成龙，特别在意孩子在学校的表现，每天都要追问孩子的成绩，追问是不是受到表扬了。如果答案是肯定的，家长就兴高采烈，许以各种物质奖励；如果得到否定的回答，家长的脸色就晴转多云。

家长需要孩子表现出色以获得心理满足，孩子也需要从家长的肯定中获得心理满足，孩子发现撒谎能带来好处，从而学会了察言观色。

对这样的说谎，父母应该首先学会自我反省，是不是自己在有意或无意中，给了孩子错误的印象和判断，如果是，就应该及时予以改正。对于孩子害怕丢脸、想要得到赞许的想法，家长应该表示理解。渴望把自己最好的一面展现给大家，得到别人的表扬，这是每一个人都希望和喜欢的事情。同时，家长应该抓住孩子好强的心理，鼓励孩子积极地去尝试，让孩子懂得只有付出努力，才会有回报；只要努力了，就是好孩子，大家都会喜欢和赞美他。

4. 模仿型说谎

有的孩子说谎的毛病，是从父母那模仿而来的。生活中，有些家长自己本身就常常说谎，常常对孩子说话不算话，有的家长甚至让孩子帮着自己对别人说谎。比如，周末家长不愿意出去玩，但却有朋友打电话相约，于是家长就让孩子去接电话，通过孩子的口告诉朋友自己有事不在家。

"身教胜于言传"，父母行为举止中表现出来的人格特征、道德品质对孩子的影响远远超过说教。因此，当孩子说谎时，父母应该反省是不是自己也常常对孩子说谎，或者当着孩子的面对别人说谎，给孩子当了反面教材。如果是，家长应该诚恳地向孩子道歉，并检讨自己的错误。然后以身作则，改掉自己的坏毛病，为孩子树立良好榜样。家长这样做，不仅能让孩子认识到说谎是不好的、不对的，做人应该诚实。还能让孩子认识到，只要知错能改，就是好孩子；让孩子在以后的成长中，勇于承认错误，不断进步。

5. 侠义型说谎

有的孩子说谎，是出于"侠义精神"。有些孩子为庇护小朋友的错误，或为他们的不良后果承担责任而说谎。比如，小强的表弟不小心把妈妈的茶杯摔碎了，小强就谎称是自己干的。

对于这种侠义型说谎，家长首先应该肯定孩子的动机。孩子之所以说谎，是出于一种帮助别人、关心别人和保护别人的目的，这样的精神是值得肯定和赞赏的。但是，家长也要让孩子认识到，每个人都应该主动承担自己犯的错，只有这样，才能更好地改正和进步；如果孩子帮别人承担了，那么别人就失去了改正的机会。从而引导孩子学会实事求是，帮助孩子树立正确的助人意识。

6. 被迫型说谎

哲学家罗素曾经说："孩子不诚实几乎总是恐惧的结果。"孩子撒谎有时候是一种心理防御，为了保护自己不遭受惩罚。比如，孩子每次考试不及格都会受到父母的责骂，这次考试，孩子又不及格，为了免受皮肉之苦，孩子便偷偷修改了考试成绩。

孩子这样的情况，往往和家庭环境和家长的教育方式不当有关。家长应该先从自己身上找原因，反省自己对待孩子失误和犯错时的态度以及相应的处理方法。家长应该尊重孩子、信任孩子。

当孩子犯错时，不要粗暴地责骂，而应该先给孩子解释的机会。对于孩子主动承认错误的行为，应该给予充分的肯定和表扬，而不应该只注重对孩子所犯错误的惩罚。孩子对犯错的后果不再那么恐惧，就不会再费尽心思撒谎骗人了。

改正孩子骂人的坏习惯

父母课堂

对于孩子骂人的现象，父母应该引起重视，分析孩子骂人的原因，然后及时予以纠正和引导。父母应该为孩子树立榜样，教会孩子宽厚待人，正确表达自己的情绪和要求，帮助他成为一个懂文明、讲礼貌的好孩子。

孩子到了2岁以后，自我意识开始增强，开始逆反，也会有打人、骂人等行为出现。很多家长都反映，孩子小小年纪就学会骂人，有的孩子甚至动不动就说脏话，有些孩子甚至到了"出口成脏"的地步。一个懂礼貌、有教养的孩子，应该是懂得恰当表达自我、文明用语。对于孩子爱骂人的行为，父母不应该放任不管、听之任之，也不应该一味责骂甚至动手打孩子，而是应该引起足够的重视，仔细分析孩子骂人的原因，正确引导和教育，培养出讲礼貌、懂文明的孩子。

1. 要为孩子树立榜样

孩子的礼貌行为来自对父母的学习和模仿，同样孩子爱骂人的习惯也有可能是从父母身上模仿而来的。要改正孩子骂人的毛病，家长就应该注意提高自身的修养，使用文明的语言。在家的时候，父母不要讲粗话、脏话，家人之间说话要和气。

家长在与外人相处时，也应该注意自己的言行举止。要有礼貌，要注意自己的语气，不要随便谈论他人的是非，不在孩子面前和别人起冲突，不在孩子面前骂人。

如果家长自己本身就喜欢骂人，那么孩子只会跟着学样儿，再怎么讲道理也没用，还会让孩子觉得父母用不同的标准来要求别人，从而影响孩子的是非观念。

2. 净化孩子的语言环境

父母发现小辉最近总爱骂人，一不顺心张口就骂，有时候还骂脏话，这让父母很头疼。后来，父母发现，常来家里玩的一个孩子特别爱说脏话，脾气也很不好，动不动就骂人。小磊应该就是和那个孩子学的。

孩子不文明的语言一般都来源于周围的环境，要想让孩子成为一个文明礼貌的人，首先要净化孩子周围的语言环境。当父母发现孩子说脏话骂人时，应该先找出孩子说脏话的"根源"，尽量让孩子远离或少接触那种不良的语言环境。比如，父母可以有意识地限制孩子与经常说脏话的孩子来往；也可以和老师取得联系，借助老师的力量促进其他孩子养成文明有礼的习惯；还可以和孩子同学的父母取得联系，一起帮助孩子养成文明有礼的好习惯。

另外，父母在带孩子逛公园或到其他公共场所活动时，应该尽量避开不健康的语言环境，特别是吵架、打架甚至斗殴的场景。

3. 要及时予以教育和纠正

有些父母听到孩子，特别是幼儿说几句脏话，觉得挺好玩，不但不制止，反而进行鼓励，这是极不可取的。父母切忌觉得孩子说脏话、骂人好玩而故意引逗他或哄然大笑，这样会强化他的这种行为。

父母应该告诉孩子，骂人是不对的，应该改正。有的孩子，由于年龄小，很多时候，并不知道自己是在骂人，也不知道自己讲的话是脏话，不好听，是不对的，他只是一种单纯的模仿，甚至是出于一种好玩的心理。这时候就需要家长及时地给孩子指出来，帮助他及时地改正。

当孩子骂人后，父母要严肃批评。批评时可以向孩子提出下列问题：为什么要骂人？不用骂人的方式而以善"还击"行不行？骂人能解决什么问题？被骂者会产生怎样的态度和采取什么手段报复？问的目的在于使孩子最终认识到骂人的结果是有害无益的，从而促使孩子主动向被骂者认错道歉。这样，父母坚持数次，孩子就会改掉骂人的不良习惯。当然，父母在询问和引导的过程中，要注意自己的语气和方式，要循循善诱，而不要咄咄逼人，引起孩子的反感和恐惧。

4. 让孩子学会正确宣泄自己的情绪

在很多情况下，孩子骂人是对自己受到伤害的一种宣泄，例如，孩子心爱的玩具被小朋友抢走、走路不小心被他人撞倒、受到了别人的冤枉或错误的指责等，当这样的事情发生时，孩子往往就会骂人。

这种时候，尽管孩子的行为和方式是不对的，但是父母应该先接纳孩子的情感，对孩子的感受表示理解，然后才可能进行引导和教育。父母应让孩子明白生活中难免会发生不愉快的事情，让孩子学会宽容他人的过失，不要为这些小事而生气骂人。

通常孩子骂人，都有一个固定的模式，或者是因为他在生气，或者是想要引起家长的注意，等等。家长要善于观察和总结，发现孩子骂人的目的，然后进行有效的引导。比如，如果发现孩子骂人是为了得到更多的关注，那么父母就需要反省，是不是自己给孩子的关注不够。对这样的孩子，父母最好进行"冷处理"，尽量在当时视而不见或轻描淡写，不给他一种错觉——错误的手段反而可以引起家长更大的注意。等孩子情绪稳定以后，再和孩子好好沟通，了解孩子的真实想法，加以引导。

孩子打人更需要纠正

父母课堂

孩子打人的行为需要及时得到纠正。"以暴制暴"是不可取的，这样只会激起孩子的逆反心理，强化孩子的行为。家长应该在注意自身行为习惯的同时，关注孩子，观察分析孩子打人的原因和动机，正确引导孩子。家长还应该交给孩子一些正确处理矛盾的方法和技巧，让孩子更好地与他人相处。

一位幼儿园家长反映：儿子刚上幼儿园不久的时候，回家时经常说在班里被其他小朋友打了。父母觉得孩子总是这么被别人欺负也不是办法，就只能告诉他"别人打你，你就打他"。三番五次之后，儿子居然成了班里的"小霸王"。现在，常常听老师或家长向他"告状"，儿子总打别人，即使其他小朋友没打他，他也动手；或者小朋友不小心碰了他，他也要打人。现在这位家长觉得左右为难。作为家长，到底应该如何对待孩子之间的矛盾呢？又应该怎样对待孩子的打人行为呢？

1. 要了解孩子打人的原因

一般来说，孩子不会无缘无故地打人，家长应该了解孩子打人的原因，总结孩子打人的情形，找到孩子的问题所在，再对孩子进行正确地引导和教育。

一般来说，孩子爱打架的原因有以下几点：

（1）为了引起别人的注意

有时候孩子打人并非讨厌对方，只是想要别人注意他，而攻击行为往往是最有效的方法，即使换来的是父母的一顿责骂，也无关紧要，被注意了才是他心中需要的感觉。

（2）为了试探别人的反应

有时候，孩子打人只是怀有一种玩的心态去试探自己的行为能力，或者试探大人的反应。他打完后就等着看下面将发生什么。对他来说，打人是正在进行的一项重大试验。

（3）语言表达能力不强

孩子的语言表达能力有限、语言能力还没有发育完全，很多时候，孩子不能很准确地表达自己的需要和感受，于是只好用肢体语言与攻击行为来表达。

（4）模仿

有的孩子打架是因为受了大人的影响，或是电视节目的影响，无意识地进行模仿，在和其他孩子发生矛盾的时候，就会动手打人。

2. 及时制止孩子打人的行为

当孩子早期出现打人的苗头时，父母要以坚决的态度制止，而不能向着他微笑或是表扬他，以免误导孩子。比如，家长可以紧紧抓住孩子的手，用平静而坚定的语气告诉他，打人不好，会把人打疼；如果他想要得到某个东西，告诉他可以跟人商量，征得别人的同意；如果他想要别人去做什么事情，可以好好跟别人说，但是不能打人等。

同时，家长还可以给孩子示范如何用正常的方式表示友好，例如用轻轻的触摸以表示对他人的好感。也可以给他讲授一些正面的小故事，如小朋友们是好朋友、打人是不对的，从认知的角度强化孩子该怎样做，不该怎样做。

若是哪次孩子被别人打疼了，要抓住机会边安慰边教育，让孩子从自己的疼痛中亲身体会到打人不好。这样，他以后就会注意不再去打人了。

3. 家长要反思自己的行为和教育

孩子爱打人，很可能是从大人身上习得的，因此家长应该进行反思。生活中，家长应该为孩子营造温馨和谐的家庭环境，家庭成员之间应该相亲相爱，不要在孩子的面前吵架，更不能出现打架的情形。家长在与人交往的过程中，也应该注意处理问题的态度和方法，不要当着孩子的面随便动手，给孩子做出不好的示范。

对于孩子打人的行为，家长应该晓之以理，动之以情，而不应该"以暴制暴"。有的家长，当孩子劝说不行时，就会打骂孩子，对孩子施以"教训"。家长这样做会让孩子更加迷茫，因为家长一方面告诉孩子打人是不对的，另一方面自己却动手打孩子，这样不仅达不到效果，反而会更加激起孩子的逆反心理，强化孩子的行为。

4. 为孩子挑选节目

孩子的一些攻击行为来自对影视节目中英雄人物的崇拜。受音响效果、人物形象及自身兴趣的影响，大部分孩子非常喜爱电视中"非常厉害"的人物，并积极地去模仿他们，以他们自居。在自居的时候，孩子只在意自己的言行和影视中的一样"厉害"，而不会考虑这种"厉害"对他人的影响，结果就在无意之间对自己和他人造成伤害。

家长应该多关注孩子，对于孩子观看的电视节目应该进行一定的把关和筛选，既要考虑到孩子的兴趣爱好，也要考虑到电视节目对孩子的导向作用，让孩子远离暴力节目。

另外，家长对孩子的"英雄主义情结"也应该进行正确的引导和教育。父母要帮助孩子培养正确的是非观念，利用孩子心中的偶像对孩子进行"榜样教育"，同时还应该帮助孩子排除盲目崇拜所带来的不利影响。

5. 教会孩子正确处理矛盾的方法

儿童心理学认为："孩子间的冲突、纠纷有利于培养孩子的自我意识，孩子在纠纷中可以提高与人交往、适应社会的能力，同时也能锻炼坚强的意志。"因此，家长不应该片面地认为打人的孩子就不是好孩子，而应理智地看待孩子之间的矛盾，积极引导，帮助孩子正确处理。

当孩子被人"欺负"后，家长首先要镇定自己的情绪，并想办法稳定孩子的情绪，心平气和地引导孩子讲出真相，和孩子一起分析事情的前因后果，确定相关责任。

接下来家长应鼓励孩子自己提出解决问题的办法，以培养孩子独立处理事情的能力。如果孩子的方法很合理，家长应及时肯定鼓励；如果孩子的方法不妥，家长应帮助孩子分析不妥之处，并和孩子共同商量解决问题的方法。如果错在孩子，应该鼓励孩子向对方道歉；如果是对方的错，家长要明确告诉孩子这是一种错误的行为，以防孩子模仿；如果是涉及孩子根本利益的原则性问题，则要教育孩子学会用适当的方法争取自己的利益。家长还可以教孩子一些应急措施，比如向老师或小伙伴求援等。

总而言之，孩子们之间发生了冲突，父母应该视情况而采取不同的措施。尤为重要的是，在日常生活中就教给孩子处理矛盾的方法，这样孩子才能在遇到问题时采取积极的措施。

改掉孩子挑食的毛病

父母课堂

> 只有保持均衡的膳食，才能保证营养摄入的全面与平衡，才能帮助孩子健康成长。孩子挑食，家长应该分析行为背后的原因。帮助孩子培养健康的饮食习惯，需要家长在饭菜的口味、烹饪方法上多下功夫，并鼓励孩子参与到做饭的过程中来，一点点纠正孩子的挑食的毛病。

因不喜欢食物的味道或不良的饮食习惯而拒绝进食或极少进食某一类食物的行为就称为挑食。很多孩子都有挑食的毛病，有的孩子不爱吃蔬菜，有的孩子不愿意吃肉，有些孩子甚至只愿意吃很少的几种食物，这样对孩子的健康成长是很不利的。

因为，人体健康成长需要六种营养素：蛋白质、脂肪、碳水化合物、维生素、矿物质和水。这些营养素存在于某一类或几类食物中，只有保持均衡的膳食，才能保证营养摄入的全面与平衡。孩子挑食容易导致某些营养素摄入不足，从而导致营养不良、体质虚弱、抵抗力差，容易患病，严重的甚至会影响孩子正常的生长发育。所以，孩子挑食应该引起父母足够的重视，父母应该帮助孩子改掉挑食的毛病，培养均衡健康的饮食习惯。

在纠正孩子挑食的毛病之前，家长有必要先弄清楚造成孩子的挑食的主要原因。

1. 受大人饮食习惯的影响

经常见到的现象是小孩随着父母不吃这个而爱吃那个，父母有挑食毛病，子女就跟着学，久而久之孩子就养成了挑食的坏习惯。

2. 不良的饮食习惯

孩子不能按时定量进餐，吃零食太多，就会影响食欲。俗话说"饿时甜如蜜，饱时蜜不甜"，孩子的胃本来就不大，胃内食物排空需要 3 ~ 4 小时，到了吃饭时间有饥饿感觉，吃饭就香。如果不是定时吃饭，而是点心、锅巴、饼干、各种饮料，乱吃乱喝，胃内总有食物，胃就得不到休息，这样到吃饭时间孩子就没了食欲，再好的东西他也没胃口，自然就挑三拣四。

3. 孩子的口味与成人不同

孩子需要清淡、甜味的食物，而大人的食物大都味浓、调料繁杂。这些饮食问题没有引起父母的重视。

4. 疾病及药物的影响

各种急慢性传染疾病、寄生虫病、消化道疾病、某些元素缺乏特别是微量元素如锌和铁缺乏是常见的引起食欲不振的主要原因。另外，患病期间服用各种药物，其副作用的影响也是一个因素。

了解了孩子挑食的原因后，父母就可以有针对性地帮助孩子改正挑食的毛病，培养健康的饮食习惯了。

1. 父母要做好榜样

"榜样的力量是无穷的"，这句名言在餐桌上同样适用。孩子们的饮食习惯很大程度上受父母口味的影响。生活中，父母千万不要随意对某种食物进行评论，更不应该在孩子面前挑挑拣拣，给孩子做出不好的样子。遇到孩子不喜欢吃的事物，家长更应该在孩子面前津津有味地品尝，激发孩子进食的兴趣和愿望。同时，父母要向孩子灌输"挑食不好"的思想，多给孩子讲讲挑食带来的不良影响，可以给孩子举一些典型的例子，让孩子更直观地了解，帮助孩子更好地认识挑食的坏处。

只有父母先做出表率，孩子才会在父母的言传身教下，逐步改正挑食的毛病，健康地成长。

2. 帮助孩子养成良好的饮食习惯

家长应该尽量保证孩子的进餐时间，帮助孩子养成规律的进餐习惯。这就要求家长要考虑到孩子的实际情况，尽量能让孩子在身体需要的时候进餐，孩子饥饿的时候，食欲自然就会好。而且让孩子养成规律的进餐习惯，可以有效地控制孩子吃零食的数量。很多孩子之所以要吃零食，常常是因为在饿的时候却不能吃到可口的饭菜。

良好的饮食习惯还包括就餐时的习惯。中国有句古话"食不言，寝不语"，家长要注意提醒孩子，吃饭的时候要专心，不要让孩子一边玩一边吃，或是边看电视边吃饭，这样会分散孩子的注意力，影响孩子的消化，降低孩子的食欲。

3. 营造良好的餐桌文化

父母应尽量和孩子一起吃饭，这样对孩子的健康成长很有好处。在吃饭的时候，父母一定要注意餐桌文化的构建。有的父母总是喜欢在吃饭的时候，对孩子进行批评教育，甚至责骂孩子，这样必然会直接影响到孩子的心情，进而影响到孩子的饮食。

父母应该为孩子营造良好的就餐氛围，不要把自己的工作和情绪带到饭桌上来，可以和孩子聊一些轻松的话题，特别是孩子感兴趣的事情。这样不仅可以让孩子在愉快的心情下进餐，还能有效地增进与孩子之间的亲密关系。

4. 变换花样给孩子做可口的饭菜

孩子挑食，父母就过花点心思，每天的食物尽量多样化，谷类、肉类、豆类和蔬菜应合理搭配，营养全面、丰富。同时，注意烹调方法，尽量把食物做得色、香、味、形俱全。比如，孩子不喜欢吃胡萝卜，家长可以试着把胡萝卜和孩子最爱吃的花生炒在一起，做得味美香甜，相信孩子会慢慢爱上这道菜。

5. 带孩子一起做饭

家长可以让孩子也参与到做饭的活动中来，让孩子帮一些力所能及的忙。比如，可以让孩子帮忙择菜、洗菜，看着电磁炉上煮的粥，帮忙翻炒一下锅里的菜等。还可以鼓励孩子大胆尝试，做自己喜欢吃的菜式，让孩子给每一道菜取上一个好听的名字。孩子兴致盎然地做着，闻着饭菜的香味，食欲一定会大增。如果是孩子亲手做的饭菜，孩子会更有成就感，吃得也就更香了。

6. 要考虑到孩子的口味

家长在做菜的时候，不能一味地按照自己的口味和喜好来安排食谱和烹饪风格，应该充分考虑孩子的口味。特别是在孩子患病期间，饮食一定要清淡，多做流食，要适宜于孩子的口味。

7. 给孩子适当的奖励

可将纠正孩子偏食的过程以书面的形式记录下来，让孩子看见自己的进步。父母应该对孩子的进步提出表扬，并给予孩子适当的奖励，鼓励孩子更好地坚持下去。

孩子偷拿东西要不得

父母课堂

> 孩子偷拿别人东西的行为无疑是不对的，不管孩子是出于什么样的原因，也不管孩子处于哪个年龄段，家长都应该予以足够的重视。"勿以恶小而为之"，只要家长及时发现，冷静分析，找到孩子的问题所在，耐心引导和教育，让孩子认识到自己行为的错误和危害，就能帮助孩子改正不良行为。

莎莎今年5岁了，经常和邻居家的小朋友在一起玩，每当看到别人的漂亮玩具时，总忍不住要占为己有，想方设法偷拿回家。妈妈意识到莎莎有这个"坏习惯"，三番五次进行教育却收效甚微。今天，妈妈又发现家里多了一只小熊玩具，是莎莎顺手牵羊拿回来的，于是脑子里轰地一响：这孩子太不像话了，小小年纪养成这等恶习，长大了可怎么得了！于是，怒气冲冲的妈妈决定严厉惩罚她，抓住莎莎便是一阵狠打。

陈女士的儿子今年11岁，是一名六年级的学生。陈女士说，儿子从二年级开始就偷拿同学和老师的东西。儿子的行为让陈女士觉得非常丢人，每次都狠狠地教育儿子，有一次甚至把一根指头粗的木棍都打断了。儿子也承认自己错了,表示今后一定要改,但用不了多长时间老毛病就又犯了。为此,陈女士曾让他多次转学,可是每到新的学校,他就又控制不住了。陈女士说现在她已经快对儿子失去信心了。

事实上,现实生活中,不只是案例中的家长会有这样的困惑,许多孩子家长都会有这样的困惑。据有关资料显示,在幼儿期有偷拿别人物品现象的孩子竟然高达 90% 以上。许多父母会发现,带孩子逛超市回家后,孩子口袋里多了块糖果;有时候,孩子将幼儿园里其他小朋友的玩具偷偷带回了家……

小偷小摸行为在儿童早期颇为普遍,并于 5 ~ 8 岁时达到高峰,然后逐渐消失。偷窃最使孩子的父母担忧,因为从小偷窃,发展下去是非常危险的。但由于孩子幼小,往往认识不到其严重后果,这就需要家长严格要求,及早发现,坚决制止。但是如果孩子的这种行为持续到 10 岁后,家长就应该引起足够的重视,因为 10 岁以后,孩子已经有了足够的行为认知能力,已经可以明确认识到"偷窃"是不道德的。这时候,家长应该及时与孩子进行沟通,找出背后的原因,帮助孩子进行纠正,必要时还应求助心理医生。

孩子偷拿东西的原因很多,家长要多关注孩子,结合孩子的年龄和具体情况进行分析,找出症结所在。

1. 物权观不成熟

很多年幼的孩子偷拿别人的东西,很大程度上是因为孩子的物权观念不成熟,暂时还弄不清楚什么是你的,什么是我的,在他的观念里,"只要我喜欢的就是我的"。因为早在他还没具备动手能力和沟通能力时，就已经习惯了以这种方式占有物品：手一指，父母就把小球拿来；眼一扫，爸爸就把饭碗端来……目之所及的所有物品都能够供他所取。所以，当看到喜欢的东西时，孩子就会顺手牵羊，据为己有。

2. 尚未形成正确的道德观念

年龄小的孩子尚未形成正确的道德观念。他们倾向于利己主义，以自我为中心，希望自己的任何要求都应立刻得到满足。他们做事没有计划，不顾后果，不懂得私有权，也弄不清借与偷的区别，甚至拿了别人的东西也认识不到自己的错误，这在独生子女中尤为突出。

3. 家长的不当教育

很多的家长把孩子的要求视若圣旨，不论孩子要什么都予以满足，导致孩子心中没有是非标准，想得到什么就会毫无顾忌地拿。这类家长往往会默许孩子把公共财物拿回家，比如幼儿园的玩具、公园的花花草草等，甚至认为这是一种"有出息"的表现。也有的家长认为这是无足挂齿的小事。但长此以往却会让孩子养成随便拿别人东西的不良习惯，渐渐发展成有意识的偷窃行为。

还有的家长本身就有爱贪小便宜、顺手牵羊的坏毛病，比如，有的家长会把公司、工厂的东西拿回家，还在孩子面前大肆炫耀。家长这样的做法，必然会导致孩子学样。

4. 引起他人的关注

还有的孩子私拿东西并不是因为自己真正需要或喜欢，而是想通过这种行为得到他人尤其是父母的关注。家庭不完整、父母酗酒、赌博或对子女照管不周，在这种环境下的孩子，为了引起父母与他人注意，往往采取偷窃的形式。

5. 不良心态

有的孩子偷拿东西，是出于一种冒险心理，寻求一种心理上的刺激，试图以这样的方式显示自己的能干。还有些孩子对父母过于严厉的教育方式不满，产生报复心态，故意做一些让父母难过的事情，这是一种叛逆的反抗。

6. 经济原因

有的孩子之所以偷东西，是因为没有足够的钱来支付。比如，看到很喜欢的钢笔，一摸口袋，发现钱不够，于是就偷偷藏进口袋里带走。

对于孩子偷拿东西的行为，父母要及早发现，寻找原因，并帮助孩子进行改正。在教育的过程中，父母还应该注意以下这些问题。

1. 及时正确地进行教育

正视错误，是改掉偷窃行为的前提。父母发现孩子偷拿东西时，一定要坚决制止、及时进行教育。父母要向孩子解释清楚"所有权"的概念，让孩子明确哪些东西是自己的，哪些东西是别人的，别人的东西不应该随便拿，偷拿别人的东西是不对的。只有这样，孩子才能明白自己错在哪里，也才能有效地改正。家长还应该让孩子及时将物品归还物主，同时要求孩子向对方致歉，不应该让孩子将错就错或存在侥幸心理。

当孩子真的有偷窃行为时，家长也不应过于愤怒、失望和吃惊，也不应该夸大事实和乱扣帽子。比如，千万不要骂孩子是"贼"，恐吓他"将要坐牢"等。把孩子贬斥为贼，把孩子偷东西看作借东西而视若无睹，这两种做法同样有害。孩子有偷拿东西的行为时，家长要注意克制自己的情绪和态度，具体分析偷窃的原因，对事不对人地对孩子进行教育。

2. 生活中多关心孩子

要多关心孩子的生活，当孩子偷拿别人东西时，应该和孩子进行沟通，如果孩子确实需要，应该及时为孩子购买。还要多抽时间陪孩子，满足孩子的心理需要，关心孩子，让孩子在充满爱的环境中成长。

3. 不要抓住问题不放

在经过教育后，孩子已经改正了，父母就不应该再提这件事，否则会伤害孩子的自尊心。父母不抓住问题不放，是对孩子的一种信任和肯定，能更好地帮助孩子认识并彻底改正坏毛病。

让孩子不再任性

父母课堂

孩子一般都会有任性的毛病，如果妈妈听之任之的话，久而久之就会助长孩子的固执、霸道、蛮不讲理等不良性格。因此，妈妈要在孩子小的时候，就巧妙地引导孩子，改掉任性的毛病，让孩子健康地成长。

妈妈带着儿子去逛街，当他们来到玩具商城时，儿子的注意力很快被一种可以发射子弹的玩具枪吸引了，于是儿子便缠着要妈妈买，妈妈没答应，儿子顿时大哭起来，还说再不给买，就要回家告诉爷爷奶奶。妈妈怎么哄劝都不听，最后儿子索性赖在地上不走了，售货员和许多顾客都围了过来，妈妈觉得很为难，不知道要怎么办才好。

这样的场景对于很多家长来说应该再熟悉不过了——许多孩子为了满足自己的某种需要，往往通过任性来要挟大人。任性的孩子通常脾气都很大，不仅不听父母的劝说和教育，而且还会坐在地上，大声嚷叫，甚至对父母拳打脚踢，不达目的誓不罢休。孩子任性，的确是父母所面临的一道棘手的难题。

孩子养成这种坏习惯的原因主要有两方面：一方面是当孩子向父母提出一些过分的要求时，父母的教育方法不恰当——不是通过耐心说服教育，而是横蛮地加以拒绝，孩子没有明白为什么自己的心愿不能实现，理所当然会任性。另一方面是家庭中的成员对待孩子的任性处理方法不一致。比如，当孩子表现得很任性的时候，奶奶和妈妈可能会出于溺爱孩子而尽量护着孩子，而爷爷、爸爸则想纠正孩子这种坏习惯而严厉拒绝，最后的结果往往是不了了之，孩子毫发无伤。于是，孩子因为有了靠山，往往会变本加厉地任性。

如果家长放任孩子的任性，将会影响孩子的人际交往。因为任性的孩子很难与同伴友好合作、分享、协商，他们往往随心所欲。任性的孩子通常借助在地上打滚、不停地哭闹、乱扔东西等行为来表现他们的情绪和要求。如果这些消极行为经常发生，就会强化孩子的不良个性品质。同时，孩子任性时通常会伴随着烦躁、愤怒的情绪，经常性的情绪失控就会对健康产生较为不利的影响。因此，妈妈要从小教育孩子，让孩子不再任性。

1. 妈妈不要强化孩子的错误动机

有的时候，孩子的任性更多的是为了吸引妈妈的注意。这时候，孩子不会考虑自己的要求或行为是不是合适，更多的只是一种试探。所以，当孩子采用一些不合理的方式来吸引妈妈注意力的时候，妈妈可以不予理睬，及时地撤离"战场"。如果妈妈和孩子进行正面冲突，刚好就满足孩子的动机和需要，从而鼓励孩子的错误动机持续发展，对于解决问题并不能起到丝毫作用。

2. 妈妈不要轻易向孩子妥协

妈妈在带孩子出去的时候，最怕的就是孩子在公共场所吵闹、任性。在这样的情况下，妈妈通常都会很快迁就孩子，满足孩子一些无理的要求。生活中也是，很多妈妈觉得孩子哭闹起来实在让人头疼，最好的解决方法就是满足孩子的要求。妈妈这样不分青红皂白地退让和迁就，只会让孩子把这种"抗议"举动变成对妈妈施加压力的武器，得寸进尺，变得更加无法无天。

当孩子由于要求没有得到满足而发脾气或打滚撒泼时，妈妈可以先不要去理睬他，不要在孩子面前表露出心疼或迁就，更不能和他讨价还价。可以采取躲避的方法，暂时离开他，当无人理睬时，孩子自己会感到无趣而做出让步。事后，家长再对孩子简单而认真地说明这件事不能做的原因，并对他说"相信你以后不会这样了"之类的话来鼓励他。

3. 明确要求，和孩子"约法三章"

家长平时对孩子的行为要有明确的要求，如制定一些简单、明确的规则，规则一旦制定，就要坚决执行，以此来规范孩子的行为，如待人接物的礼貌要求、作息时间的安排等。这些规则可以使孩子明白自己的行为并不是随心所欲的，而应该受到一定的约束。

孩子任性发作一般都是有规律可循的。妈妈在了解孩子的脾气性格之后，预计到孩子可能因某种情况任性时，要提前打好预防针。比如，带孩子到商场之前，估计到孩子会要求买玩具，一旦得不到满足会耍赖。家长在从家里出发前就要和孩子讲好条件，看到喜欢的玩具只许看一会儿，不能买，不听话就不带他去商场了。如果孩子表现好，家长可以表扬鼓励他，甚至可以给他买个小礼物以示对"不任性"的奖励。

4. 让孩子多与人交往

当今社会，多数孩子都是独生子女，在家里受到溺爱，又缺少与同龄人交往的机会，容易形成孤僻、执拗的性格。形成这种性格后，在外面和小朋友、同学相处困难，一不顺心，回家更要耍脾气，恶性循环。

因此，家长要多为孩子创造条件，让孩子多和同龄人交往。在和小伙伴交往的过程中，孩子没道理要求别人事事顺着自己，对别人任性耍脾气的结果可能就是"没人理了"。孩子慢慢会因此意识到任性的坏处，并且在和同龄人交往中改变任性的坏毛病。

5. 家长教育孩子时观点应保持一致

孩子任性时，家长应该保持观点一致。如果一个严，一个宠，就不能很好地让孩子认识到任性是不对的，那么孩子的任性会愈演愈烈，很难得到改正。

6. 培养自我管理的意识

任性的最根本原因之一是孩子缺乏自我控制、自我管理的能力。要改正孩子任性的毛病，帮助培养孩子自我管理的意识，是一个行之有效的方法。例如，让孩子把玩完的玩具放进柜里，睡觉起床后把小枕巾盖在枕头上，等等。久而久之，孩子就会学会约束控制自己的情绪，进而养成好习惯。

父母课堂

正面管教

逆商成就孩子的未来

文祺○编著

应急管理出版社

·北京·

图书在版编目（CIP）数据

正面管教,逆商成就孩子的未来/文祺编著. --北京：
应急管理出版社，2019（2020.7 重印）
（父母课堂）
ISBN 978-7-5020-7739-6

Ⅰ.①正…　Ⅱ.①文…　Ⅲ.①家庭教育　Ⅳ.①G78

中国版本图书馆 CIP 数据核字(2019)第 252526 号

正面管教　逆商成就孩子的未来（父母课堂）

编　　著	文　祺	
责任编辑	高红勤	
封面设计	小红帆童书	

出版发行　应急管理出版社（北京市朝阳区芍药居 35 号　100029）
电　　话　010-84657898（总编室）　010-84657880（读者服务部）
网　　址　www.cciph.com.cn
印　　刷　山东大族文化传媒有限公司
经　　销　全国新华书店

开　　本　880mm×1230mm^1/$_{32}$　印张　40　字数　960 千字
版　　次　2020 年 1 月第 1 版　2020 年 7 月第 2 次印刷
社内编号　20192856　　　　　　定价　128.00 元（全八册）

在非洲大草原的奥兰治河两岸，生活着许多羚羊。动物学家们在观察过程中，发现了一个奇怪的现象：东岸的羚羊不仅奔跑速度比西岸的羚羊快，而且繁殖能力也比西岸的羚羊强。

为了研究两岸羚羊的不同之处，动物学家们在两岸各捕捉了10只羚羊，然后把它们分别送到对岸。

一年后，由东岸送到西岸的羚羊繁殖到了14只，而由西岸送到东岸的羚羊则只剩下3只。为什么在相同的生存环境下，却会有如此大的不同呢？动物学家们百思不得其解，经过一系列的观察，终于找到了答案。

原来，河流东岸不仅生活着羚羊，还生活着一群狼。为了不被狼吃掉，东岸的羚羊不得不每天练习奔跑，使自己强健起来。而西岸的羚羊因为没有狼群的威胁，过着安逸的生活，结果奔跑能力不断降低，体质也不断下降，当遇到狼群时，当然也就难以脱离危险了。

这个故事告诉我们，生活在安逸环境中的人往往过于脆弱，只有不断经受困难和挫折的人，才能磨炼出坚强的意志力，也才能拥有强大的生存能力。

孩子的成长道路不可能一帆风顺，总会遇到这样那样的挫折。父母再爱孩子，也不可能代替孩子去成长，有很多的挫折和困难始终要孩子独立去面对。缺乏生活磨炼，缺少挫折体验的孩子，是脆弱的，就像逐渐失去奔跑能力的西岸羚羊一样。只有经历各种挫折和磨难，孩子才会变得勇敢和坚强，才能成为未来的强者。

在智商、情商被人们重视之后，逆商（AQ）越来越受到人们的重视了。

逆商是指人们面对逆境时的反应方式，即面对挫折、摆脱困境和超越困难的能力，是一种不败于任何逆境的生活态度和思考方式。逆商应用于家庭教育，即是我们常说的"挫折教育"。现在孩子缺少的不是智商教育和情商教育，而是挫折教育。研究表明，逆商比情商、智商更能决定孩子的命运。一般而言，孩子之间的智商和情商的高低差别不大，而逆商的差别却很大，这直接决定了孩子将来的成败。所以，教育专家认为，家庭教育的重点应该是挫折教育。

芭贝拉·罗斯曾说："父母必须让孩子知道，在成长的道路上，不可能是一帆风顺的。成功往往是与艰难困苦、坎坷挫折相伴而来的。"既然遭遇挫折是孩子人生必经的坎儿，与其把孩子密不透风地保护起来，倒不如尽早对孩子进行挫折教育，让孩子学会接受并积极地应对挫折，这样他才能更好地把握自己将来的命运。

父母只有充分认识到挫折教育的价值，并在日常生活中注意培养孩子的抗挫折能力，孩子在遇到挫折时，才会表现出坚强、勇敢、自信的精神，并能用自己的力量和智慧去克服人生中一个又一个困难和挫折，从而一步步地走向成熟，走向成功。

本书从挫折教育的重要性、让孩子吃点苦、让孩子自己做事、让孩子变得坚强、与孩子共渡难关、让孩子体验成功等方面入手，为父母们构建了一个立体化的挫折教育模式，以提高孩子的逆商。

决定孩子将来命运的，首要的是逆商，其次才是智商与情商。现在的孩子比的不是谁聪明，而是谁的抗挫折能力强。谁的抗挫折能力强，谁就能赢在起跑线上。爱孩子，就不要让孩子生活在温室里，就要对孩子狠一点。正面管教是父母最有效的教育方式，挫折教育是父母给孩子最好的爱。

目录
CONTENTS

第*1*章 加强挫折教育，让孩子受益一生

人的一生，充满了挫折和磨难，平庸者和成功者最大的区别，不在于情商和智商，而在于逆商，在于他们面对挫折和逆境时的态度。父母从小对孩子进行挫折教育，不断提高孩子的逆商，才是对孩子真正的爱——这会让孩子受益一生。

第*2*章 让孩子吃点苦，也是一种爱

作家屠格涅夫曾说："你想成为幸福的人吗？那么，首先要学会吃苦。能吃苦的人，一切的不幸都可以忍受，天下没有跳不出的困境。"为了让孩子健康成长，父母应该舍得放手，让孩子吃点苦，培养孩子自立、坚强的品性，不断提高孩子对挫折的承受能力和应对能力。

第3章 孩子自己的事，就让他自己去做

孩子需要一定的空间去成长，去提升自己的能力，去学会如何应对突发事件。如果父母凡事包办替代，就会剥夺了孩子发展自己能力的机会，孩子就会变得不自立，就不能很好地应对成长路上的挫折和挑战。不轻易为孩子做他自己能做的事，教会孩子他应该做的事，才是父母爱孩子的最好方式。

第4章 在挫折面前，让孩子变得坚强

人的一生从来不会一帆风顺，漫漫人生路，苦乐相掺，悲喜相伴，往往挫折坎坷比平坦之路更多。挫折会伴随每个孩子的一生，成为他们人生的一部分。在挫折面前，只有让孩子变得坚强，才能不断地提高孩子的逆商。让挫折成为孩子成长的基石，孩子才会成为未来的强者。

第5章 给孩子关爱，与孩子共渡难关

约翰·贝曼说过："当孩子遇到挫折的时候，我们要陪伴他们并帮助他们渡过难关。"孩子在成长的过程中，并不是每次挫折都能靠自己的力量战胜的。当他们遇到了超出能力的难题时，父母就应该及时地给孩子关爱，鼓励他们振作起来，并帮助他们走出困境。

第6章 摆脱挫折，让孩子体验成功

成功体验能增强孩子的自信心，激起孩子的斗志，让孩子更好地去战胜困难和挫折，更大限度地激发孩子的潜能。父母要多给孩子一些鼓励和赞赏，多给孩子创造一些机会，让孩子多一些成功的体验，从而帮助孩子实现战胜困难、超越自我的良性循环。

第1章

加强挫折教育，让孩子受益一生

人的一生，充满了挫折和磨难，平庸者和成功者最大的区别，不在于情商和智商，而在于逆商，在于他们面对挫折和逆境时的态度。父母从小对孩子进行挫折教育，不断提高孩子的逆商，才是对孩子真正的爱——这会让孩子受益一生。

逆商比情商智商更重要

父母课堂

孩子在成长的过程中，不可避免地要遭遇挫折，陷入逆境。
逆商比情商、智商更重要，逆商直接决定着孩子将来的成
败。只有不断提高孩子的耐挫力，培养孩子坚强的毅力，
孩子在身陷逆境时，才能保持乐观和清醒，才能充分激发
自己的信心和潜能，勇敢地战胜一个又一个困难，最终走
向成功。

传统的观点认为，一个人的成功主要是由他的智商来决定的，
智商越高的人，越容易取得成功。然而，生活中不乏这样的例子：
有的人生来就比其他人有天分，他们一出生或是有超常的智力，
或是有特别的技能，可是最终，他们却没能发挥自己的优势和潜
能，成为了毫不出众的平庸者。

对此，美国著名情商专家丹尼尔·戈尔曼提出这样一个观点：
人们除了智商之外，还有情商，也就是情感商数。一个人的情商
反映了他延迟满足，抑制冲动，保持头脑清醒，有效地同他人交
往等方面的能力。戈尔曼还通过几个例子有力地说明了在人的一
生中，情商比智商重要得多，只是因为人们还没有充分利用情商，
所以它才没能充分发挥应有的作用。

戈尔曼的观点引起了人们的广泛关注，但是他却忽视了一个
现象——有些人智商高，也具备很不错的情商，然而却仍然不能
发挥自己的潜能，取得成功。这是为什么呢？其实，情商和智商

对人们的成功都有着重要的推动作用，但是在智商和情商相差不多的前提下，真正对一个人的成功起决定作用的，是逆商（AQ）。

逆商也叫"逆境商数"，是人们面对逆境，在逆境中成长能力的商数，逆商可以用来测量每个人面对逆境时的应变和适应能力的大小。逆商高的人，在面对困难时，往往表现出非凡的勇气和毅力，锲而不舍地追求自己的目标和理想；相反，那些逆商低的人，则常常畏畏缩缩、犹豫不决，做事也容易半途而废，最终只能是一事无成甚至一败涂地。

尼克松就是一个拥有高逆商的人，正是他的高逆商，激励着他不断地向前，勇敢地战胜困难，最终走向了成功。

尼克松小的时候，常常要在家里的店铺帮忙干活。他每天早上四点就起床，赶着马车来回走两个小时的路程，买回新鲜的蔬菜水果，并把它们洗净、分开，然后才能去上学。假期的时候，除了帮家里干活，他还要到游泳馆当看门员，到鸡鸭店拔鸡鸭毛。尼克松就是在这样的磨炼中一天天地成长的。

1934年，尼克松进入杜克大学继续深造。学校的条件很艰苦，宿舍是一间小木屋，四人合睡两张铁架床，冬天天冷的时候就靠烧废纸取暖。为了省钱，尼克松每天早上都舍不得吃早饭，只是吃一块糖应付。为了改善自己的生活状况，他不得不在学校找了些事情做。

毕业后紧接而来的就是找工作，成绩名列前茅的他此时并未得到命运之神的眷顾。在纽约，他四处碰壁，只好回到了惠蒂尔，在老家当律师。为了获得州律师资格，他花了六个星期准备，学习那些他从未学过的东西。几经波折，他终于获得了录取通知书。

可是，尼克松的日子并没有就此一帆风顺，反而充满了更多的挫折。1960年，他参加了总统竞选，却遭到了令他遗憾终生的惨败，因为竞选双方的选票是有史以来最接近的一次。两年后，他参加了加州州长的竞选，又一次遭受了惨败。

尼克松并未因此而气馁，他挂牌开张当律师，加强对金融界和企业界的了解；几次亲赴越南了解局势，撰文发表自己对内对外政策的看法……就这样，8年后，尼克松又走上了总统的竞选台。这一次，经过充分准备的尼克松终于获得了成功，他充满信心地登上了总统的宝座。

尼克松之所以能成功，就在于他即使身处绝境，依然拥有不轻易放弃的品质，最终他仍然能穿过重重乌云，看到阳光，看见希望，找准方向，不断地努力和奋斗。

人的一生，会遇到诸多挫折和磨难，有的人之所以成功，有的人之所以失败，关键不在于情商和智商的高低，而在于逆商的高低。具有高逆商的人，在任何情况下都能秉承自己的信念，坚持不懈，直到成功；而低逆商的人则没有这种坚持到底的勇气与毅力，自然也就不能充分激发内心的潜能，充分发挥自己的才能和优势了。

正如卡尔文·吉利所说："什么东西也不能代替毅力。才能不能，有才能而不成功的人随处可见；天才不能，没有成就的天才比比皆是；教育也不能，这世上到处都是受过教育而无所事事的人。缺乏逆境生存能力，即使你是天才，即使你具备再高的情商，也一样不会成功。"

孩子最缺乏的是挫折教育

父母课堂

现在不少孩子都表现出独立性差、害怕困难、承受挫折的心理能力差等特点，这些性格特点对孩子的成长是极为不利的。因此，父母一定要及早对孩子进行挫折教育，放手让孩子独立面对生活的各个方面，从小培养孩子顽强的意志力、忍耐力，以及坚忍不拔、不屈不挠的精神。只有这样，孩子才能成长为生活的强者。

在一所中学里，有位记者采访了一个叫明明的学生。记者问他："你平常洗袜子吗？"明明回答："不洗。""那平时都是谁给你洗的？"记者问道。"妈妈给我洗。"明明满不在乎地回答。"如果妈妈不在家呢？"记者追问道。"那只有请爸爸来洗了。"明明说。

记者于是接着问道："如果爸妈都很忙，没有时间给你洗呢？"明明有些不耐烦地回答："那就放着，等他们有时间再洗。"

记者问了最后一个问题："那以后你长大了，谁给你洗呢？"明明很坦然地回答说："长大了请保姆呀！"

吃苦耐劳一直都是我们中华民族的传统美德，可如今，不少孩子根本不愿意吃苦，也吃不了苦。不少父母太心疼孩子，在孩子的成长过程中，宁可自己吃千般苦，也不让孩子受一丁点儿累。生活上，父母事事包办代替，于是孩子从小便养成"衣来伸手、饭来张口"的不良习惯，缺少生活自理能力，还形成了事事以自我为中心的不良性格。

儿童心理学研究指出，让孩子长期处于安全环境下，孩子的独立性及智力的发展会日渐迟缓。例如，当孩子初学走路时，对周围环境中所有的东西都充满极大的兴趣，经常不知深浅地去接触种种可能对他造成伤害的东西，如火炉、暖壶、刀具等。父母怕孩子受伤，根本不让孩子接触这类东西，结果孩子长到了五六岁也不知道如何回避这些东西，动辄便被火炉或开水烫伤，或被刀割伤。

专家指出，如果在孩子最初探索周围环境时，在保证安全的前提下，让孩子对各种东西的属性和功能有一定的了解，如，了解火或开水会把人烧痛或烫伤；刀很锋利，易把人割伤等，那么，孩子有了一定的经验，就会自觉地回避那些可能造成伤害的东西了。

可见，要提高孩子的生活能力，让孩子学会自我保护，最好的方法就是让孩子去接触生活，去经受磨炼。孩子只有学会了独立，才能更好地照顾自己。

除了生活上的过度保护，家长对孩子的溺爱还表现在，许多家长都愿意帮助孩子取得成功，害怕孩子失败，一看到孩子遇到挫折和困难就沉不住气，急于伸手帮忙。时间长了，孩子就会养成严重的依赖心理，遇到挫折和困难就退缩，不会自主地解决问题。

瑞瑞是家里的独生女，平时，父母无微不至地关心她，爷爷奶奶更是视她为掌上明珠。只要是瑞瑞想要的东西，父母都会尽量地满足。瑞瑞也很争气，整个小学阶段，每次考试都是年级前三名，亲戚朋友都夸瑞瑞是个好孩子。小学毕业后，她顺利考入了一所重点中学。

可是入学以后，瑞瑞却觉得越来越失落，自己原来的优越感一下子全没了。身边的同学都那样优秀，课堂上，瑞瑞回答不出来的问题，总有那么多的同学似乎不假思索就能说出答案，老师的目光在瑞瑞身上停留的时间也越来越少了；开学不到一个月要确定班干部，结果名单里也没有了瑞瑞；语文课上，好不容易争取到了回答问题的机会，结果竟然答错了……这一切给瑞瑞带来了巨大的心理压力，她开始怀疑自己，整天沉浸在自卑和痛苦中，根本没办法集中注意力学习，甚至开始失眠，学习成绩也因此一落千丈。

因为长期生活在顺境之中，没有经历过什么挫折，所以，随便一点儿小事都会让瑞瑞无法承受。

某高校曾经在开学后的 9 天里，发生了 4 起跳楼自杀事件：开学第一天，该校统计学院一名大一学生，由于学习成绩不理想，想退学打工供两个弟弟读书，遭到家里反对后，不堪压力选择轻生；第二天，一名 30 余岁的单身女职工，因为工作、婚姻不顺利而跳楼自杀；四天后的凌晨，一名研三的女学生从 9 楼坠楼身亡，自杀的原因是面临毕业，所学专业就业前景不好，没办法面对现实；没过几天，另一位研三的女学生也从 9 楼坠楼身亡。

我们在扼腕叹息的同时，不得不思考这样一个问题：这些象牙塔里的学子，为何如此“弱不禁风”呢？除去个人心理脆弱、性格偏激外，挫折教育的缺乏是他们心理承受力差的主要原因。缺乏挫折体验，孩子们的心理承受能力越来越差，受不了一点批评和指责，甚至一点儿小事都能让他们走到崩溃的边缘。

要想让孩子在充满竞争的社会上立足，父母就必须重视对孩子的挫折教育。因为，孩子要最终实现自己的理想，除了天赋和勤奋，还需要有一种经受得住挫折和磨难的韧性。父母要教会孩子敢于直面挫折，不怕失败，跌倒了自己爬起来，敢于接受艰难困苦的磨炼。只有这样，才能不断提高孩子的心理承受能力，让孩子自信乐观地成长。

挫折教育是孩子成功的基石

父母课堂

孩子只有经历各种各样的逆境或挫折，才能一步步走向成功。挫折教育是孩子成功的基石，只有从小对孩子进行挫折教育，让孩子认识到挫折是人生的常态，孩子才能乐观地面对挫折，勇敢地迎接挑战，积极地寻求解决问题的途径和方法，才能战胜挫折，走进顺境。

有一个种西瓜的高手，他种出来的西瓜不仅个大味甜，而且瓜地里每棵秧上的西瓜数量、大小和生长的位置都基本相同，远远看去排列整齐，就像他领导的一支军队在时刻等待听候他的命令似的。人们问他："为什么你种的西瓜这么好？"他平静地说："也没什么，就是管理要跟上去，把握住一个最重要的环节：'打叉掐尖'。不打叉不掐尖，瓜秧就会疯长，营养都被瓜秧吸收了，满地都是瓜秧就是不长西瓜。"

"打叉掐尖"对瓜秧来说是痛苦的，可只有完成这次痛苦的修整，它才可能有丰收的可能。这就像人生，总要经历痛苦和磨难，才可能获得成功和幸福。

美国阿拉斯加国家动物园的鹿苑里，鹿群因不必为觅食而发愁，也不必为逃避敌害而穷于奔跑，因而很快地繁殖起来。然而在一度兴旺之后，病弱残疾者与日俱增，最后竟出现了濒临绝种的危机。当地政府曾不惜斥巨资予以挽救，可惜一概无效。后来一位聪明的管理人员建议，把几只凶残的恶狼引进鹿苑，许多病弱的鹿被捕杀了。几年后，鹿的数量不但没有减少，反而大大增加了。狼捕食了病弱者，又迫使鹿群为逃避狼害而重新拼命奔跑，从而使得留下来的鹿群体质日益健壮。人们把这种特殊的保护称为"逆关怀"。

美国一位著名的儿童心理卫生专家说过："有着幸福童年的人，往往就会有不幸的成年。"太顺利的幼年成长经历和舒适的生活环境，容易让孩子养成骄纵懒惰的性格，不利于孩子的健康成长和成才，长大后孩子更会因不适应复杂多变的社会而痛苦不堪。

孩子在成长的过程中，总会遇到各种各样的困难和挑战，而父母不可能永远陪在孩子身边，孩子才是自己最好的保护神。父母与其把孩子保护起来，不如放手让孩子去体验，去经受生活的磨炼。孩子在不断地尝试中，才能炼就面对挫折的勇气，积累解决问题的智慧，才能取得成功。

有一个打鱼能手，远近闻名。他有一个儿子，他一直希望儿子能继承自己的事业，所以从儿子懂事开始，他就不厌其烦地把自己积累的经验都传授给儿子。可是儿子一直长到 20 岁，仍然对打鱼的事一知半解。万般无奈下，他找到一个智者。智者问他："你是不是把所有的经验都教给了他？"他回答说："是的。"智者说："你只把经验教给了他，没有失败的体验，他当然不会知道这些经验的宝贵。"打鱼能手豁然开朗。这回他改变了方法，让孩子自己打鱼，不再告诉他怎么操作，只是当他遇到难题来询问时才告诉他解决的技巧。这之后孩子的打鱼技能有了很大的进步，后来的成就甚至超过了他的父亲。

著名心理学家马斯洛说："挫折对孩子来说未必是件坏事，关键在于他对待挫折的态度。"今天我们倡导对孩子实施挫折教育，其实就是让孩子能够亲自体验生活的酸甜苦辣，使他不仅能在生活中得到快乐，而且也能在挫折中勇敢地站起来，战胜困难，努力实现自己的目标。这样，孩子在挫折面前才能泰然自若，始终保持一种积极乐观的心态。心态决定命运，积极乐观的心态，是孩子取得成功的重要条件。

挫折教育是触及心灵的体验过程，是对事物内部规律的再认识。经受挫折的过程，就是孩子学习的过程、形成能力的过程、成长的过程。挫折教育是人生的必修课，是孩子成功的基石，涉及的程度越深，孩子将来的心理品质就越稳定，孩子也就越容易取得成功。

挫折教育有益于孩子的健康成长

父母课堂

在孩子的成长过程中，不经历挫折和失败是不可能的。所以，越是备受父母呵护的孩子，长大后的生活应变能力就会越差，从小无微不至的呵护，反倒可能成为孩子未来发展的隐患。对此，专家指出，适当的挫折教育有益于孩子的健康成长。父母在对孩子进行挫折教育的过程中，要着重培养孩子积极的心态以及坚强的意志，这些都是孩子将来取得成功的重要条件。

有人说："一个孩子从小承受挫折的能力有多强，他日后成功的机会就有多大。"这句话很有道理。孩子逆商的高低，很大程度上决定着孩子能否健康成长，能否一步步实现自己的目标，能否最终实现自己的理想。

要提高孩子的逆商，就要对孩子进行挫折教育。对孩子进行挫折教育，不仅是放手让孩子经历挫折，还要教给孩子一些应对挫折的方法，适时给逆境中的孩子一些鼓励、支持和引导，让他们变得勇敢和坚强。从孩子健康成长的角度看，挫折教育是一种需要。挫折教育能促进孩子的健康成长，具体来说，表现在以下几个方面：

1. 挫折教育能增强孩子的自立能力

孩子们喜欢独立的感觉，小的时候，他们希望自己拿奶瓶，拿勺子和小碗，再大一些时，他们想自己穿鞋，自己夹菜，就像爸爸妈妈那样。由于年龄和经验的限制，孩子刚开始做这些事情的时候，肯定不会那么顺利，这对孩子来说，就是挫折。这时候对孩子进行挫折教育，就是要求父母允许孩子去尝试这些事情，多鼓励孩子，教给孩子做事的方法，而不是举手代劳。比如，孩子的纽扣系错了，毛衣穿反了，父母不要立刻就说"我来帮你"，父母可以让孩子去照照镜子，让孩子自己去发现。

父母也不要轻易拒绝孩子的请求，不要随便对孩子说"这你还做不了"，更不应该总给孩子这样一种暗示——"你做什么事情都笨手笨脚的"，父母要多给孩子一些成长的机会，让他们去发现自己的能力，去尝试新的东西。逐渐地，孩子就能学会很多事情，就能慢慢自立，很好地照顾自己。

2. 挫折教育能增强孩子的意志

挫折如同一把双刃剑，它既可以激发一个人的无限潜能，也可以扼杀一个人的所有激情，关键是看我们握住的是刀刃还是刀柄。对孩子进行挫折教育，就是要教会孩子勇敢地面对各种困难，在逆境中不断磨砺自己的意志，坚持不懈地朝着目标迈进。

心理学家把轻度的挫折比作孩子的"精神补品"，因为孩子每战胜一次挫折，都会强化他自身的力量，增强他的意志，为他下一次应对挫折提供"精神力量"。

3. 挫折教育能让孩子体会到荣誉感

如果孩子学会了把挫折看成挑战，而不是当作放弃的借口，他们就会慢慢形成战胜困难的品质。这也是对孩子进行挫折教育的一个重要目的。换句话说，当挫折出现的时候，如果父母能成功地让孩子充满自信地说"来吧，困难，我一定把你搞定"，那么，挫折对孩子来说，也就变成一份不可多得的礼物了。

当孩子以这样的心态去面对挫折时，成功地解决一个问题后，他就能体会到一种荣誉感。

4. 挫折教育能帮助孩子认识和发现错误

如果不对孩子进行挫折教育，当孩子遭遇挫折时，他就会感到迷茫、恐慌和无助。挫折教育的一个重要内容，是帮助孩子分析挫折产生的主、客观原因，并引导孩子从挫折中总结经验和教训。只有通过思考和分析，孩子才能认识和发现错误，也才能采取行动加以改正和解决。

因材施教地对孩子进行挫折教育

父母课堂

不同的孩子面对挫折时的反应是不同的，所以，同一套处理模式，不见得适用于每个孩子。要想成功地对孩子进行挫折教育，"因材施教"才是关键。父母在对孩子进行挫折教育时，一定要用心地观察孩子，针对孩子的不同个性，及时、适当地给予帮助和引导。

一位教育家曾做过这样的类比："栽花的人，先要懂得栽花的方法，花才能栽得好；养蜂的人，先要懂得养蜂的方法，蜂才能养得好；育蚕的人，先要懂得育蚕的方法，蚕才能养得好……养孩子的人，也应该如此。"对孩子进行挫折教育，也要有正确的教育方法。

由于性格和成长环境的不同，当遇到挫折时，孩子的心态和行为反应也会有很大的差异。因此，要想成功地对孩子进行挫折教育，父母就要充分了解孩子，因材施教地来教育孩子。

1. 争强好胜型孩子

争强好胜型孩子，有着较强的竞争意识，对于胜负比较执着。他们会比一般的孩子更积极地去争取自己想要的，但如果现实与预期的结果有差距，他们往往比其他的孩子更难接受失败。

秀秀今年 7 岁了，是同学们推选出来的班长。在班里，秀秀不仅学习成绩好，在各种游戏和活动中，她也常常能够领先。六一儿童节的时候，秀秀决定参加诗歌朗诵比赛，爸爸妈妈都很支持她。比赛前，秀秀很用心地准备，她想："我一定要拿第一名！"比赛那天，秀秀的表现确实很出色，甚至一点儿也不逊于高年级的同学，她的分数也因此一直遥遥领先，所有人都觉得她一定能拿第一了。没想到，最后一位叫马超的小朋友，表现得更出色，一下子吸引了所有人的目光。最终，秀秀以 4 分之差没能拿到第一，她伤心极了。领完奖后，秀秀就当着同学的面把奖状撕了，并且在以后的很长一段时间，她都不愿意和马超说话。

通常，争强好胜型孩子，在集体中会有非常出色的表现，对掌声也有着特殊的渴望，并且乐于尝试不同的事物。这对孩子来说，是一件好事。但是，如果父母不能及时地对孩子加以引导，孩子就不能以正确的心态来看待竞争，一旦失败了，他的挫折感就会很强烈，从而影响到其健康成长。

对于这样的孩子，父母就应该在他的成长过程中，适度地给他一些小挫折，不要让他们认为生活就该永远一帆风顺。例如，和孩子下棋时，不要故意输给孩子，并以此教育他，输了也要轻松面对，输赢只是一时的，胜利并不是唯一的结果。另外，对这样的孩子，父母一定不要在生活中流露出对孩子过高的期望，否则会给孩子带来巨大的心理压力，甚至使孩子惧怕失败，不敢接受失败。

2. 闷不吭声型孩子

妈妈发现，点点最近的情绪有些不正常。以前，每天回家点点都会开心地讲学校发生的事，可是现在，放学回到家，他总是打声招呼就闷头回房间了。妈妈问起学校的事，他也只是随便敷衍两句，不愿意多说。妈妈和点点的班主任联系后，才知道是怎么回事。原来，新学期开学后，点点的数学成绩呈现下降的趋势，尽管老师跟他说这是正常的，可是他的情绪还是受到了影响。班主任说，点点觉得自己这样的表现很对不起父母，他觉得父母一定很失望，他甚至害怕见到父母。

遭遇挫折打击后，闷不吭声的孩子，习惯把挫折和失败的原因都归结到自己身上，并常常因此而内疚、自责。

对于这样的孩子，家长要多给孩子一些关注，及时地察觉到孩子情绪的变化。当孩子遇到挫折时，父母应该在一旁给予支持和适度地引导，帮助他们正确分析挫折产生的原因，并找到改善和解决的方法，帮助他们重新建立自信。

3. 害羞胆怯型孩子

害羞胆怯型孩子，对挫折的承受能力相对较弱。他们在遇到一连串的挫折时，往往会选择逃避，甚至在还没有尝试前，就开始打退堂鼓。他们往往认为，自己的表现一定会很糟，没有人会喜欢他的胆小，等等。

观察这类孩子后，我们会发现，他们之所以会养成这样的性格，多是因为父母的过度保护。由于父母的过度关心，使他们每当要尝试新事物的时候，总是过早地被切断了探索的通道。结果，孩子再遇到困难时，便会封闭自己，以保护自己免受外界的伤害。

其实，对于这些孩子而言，他们的挫折并非来自失败，而是来自陌生。所以，为了赋予孩子信心，父母就要多给孩子一些温柔的鼓励。父母可以通过生活中的小事，来增加孩子的成功经验，或是鼓励孩子多和大家一起做游戏，在游戏的过程中，使他了解到自己与别的小朋友并没有不同，进而打开心扉，融入快乐的集体生活中。

4. 争相推过型孩子

争相推过型孩子失败时，他们喜欢把责任推到别人身上，以免于受到老师或家长的责怪，而不去努力寻求解决问题的方法，他们普遍缺乏正面思考能力和责任心。

这种类型的孩子，都有着为自己辩解的坏习惯，总会为自己的行为找出种种借口和理由，所以对他们，光是"言教"是不够的。家长面对这类孩子时，可按照他们的解释，去除他们所说的一些干扰因素，重新演练一次，以证明他们是错误的。

对于此类孩子，父母应该重视培养他们的责任感，让孩子自己承担做错事情的责任和后果。这样一来，孩子就会明白自己做错了事情，受苦的只能是自己，从而学会认真地做事。

重视并提高孩子的挫折容忍力

父母课堂

爱因斯坦曾说："智力上的成就很大程度上依赖性格的伟大，这一点往往超出了人们通常的认识。"顽强的挫折容忍力，是"伟大的性格"的一个重要组成部分。孩子经受的挫折越多，得到的经验自然就越多，累积的成功资本也就越丰厚，当然就更容易取得成功了。

在人生的道路上，每个人都免不了会遭遇挫折。然而，在挫折面前，有的人坚忍不拔，百折不挠；有的人却心灰意懒，一蹶不振。其主要原因之一，是每个人的挫折容忍力不同。

所谓"挫折容忍力"，是指一个人在遭遇挫折时，能摆脱困扰而免于心理与行为失常的能力。简单来说，就是一个人经受打击和挫折的能力。一般来说，挫折容忍力强的人，面对逆境时，就不会或很少产生挫败感，就能更理智乐观地应对挫折。

然而，现实生活中，很多父母的溺爱和过度保护，让孩子失去了很多自我磨炼的机会，孩子对挫折的容忍力往往不尽如人意。具体来说，主要表现在以下几个方面：

1. 受不了被拒绝

小灰和小强是好朋友。这天，小灰到小强家做客，两个人一起在小强的房间里玩游戏。中途的时候，小强去客厅端水果，小灰便停下来等他。小灰无意中看到小强的枕头下放着一本很精致的笔记本，一时好奇便拿在手里准备翻看。

正巧这时候，小强回来了，看到小灰手里的笔记本，放下果盘便急急地抢了过去。小灰笑着问："什么东西这么神秘？"小强解释说："这是我写的日记，谁都不许看！"小灰更是好奇了，央求了半天，各种理由都用上了，可是小强还是拒绝把日记本给他。

小灰又是生气，又是伤心，觉得小强根本没把自己当朋友，一句话没说就摔门离开了。之后，不管小强怎么解释，小灰就是不原谅他。

孩子在未来的人生路上，一定会遇到各种各样的拒绝，包括熟悉的和不熟悉的人的拒绝，以及来自友情和爱情的拒绝。孩子如果无法忍受被人拒绝，一被拒绝就产生挫败感，垂头丧气，甚至生出自卑、嫉恨等不良情绪，那么，大家都会觉得和他相处是一种负担，他就很难结交到真正的朋友。

2. 受不了被误解

一个 14 岁的女孩，因为被母亲误解为早恋，割腕自杀；一个 17 岁的女孩陪同学看病，被父亲误解为逃学，喝药自杀；一个 15 岁的男孩，因为被老师误解为考试作弊，跳楼自杀……近年来，孩子因为受不了被误解而做出极端行为的例子不断见诸报端，引起了社会的广泛关注。

孩子在成长过程中，不可避免地要和他人打交道。在与人交往的过程中，必然会产生这样那样的矛盾和冲突。如果孩子受到误解就无法接受，进而产生很强的挫败感的话，孩子就很难处理好与他人之间的关系，甚至会产生过激的行为。

3. 受不了批评和指责

小华很要强，各方面表现都很优秀。不过，让父母越来越担心的是，小华只爱听好听的话，根本忍受不了批评和指责。那天，妈妈就说了她一句："你最近越来越贪玩了啊！"她就一整天没吃饭，一个星期没理妈妈，脾气也变得很不好。

长期在顺境中长大的孩子，往往喜欢听好听话，只要别人对他稍加批评和指责，就会产生强烈的情绪反应。这样的孩子在面对挫折时，往往会选择逃避，或者自暴自弃。

4. 受不了一点儿不完美

小蕾年纪虽小，却是个不折不扣的"完美主义者"。这天，妈妈带着 5 岁的小蕾去为一个小朋友庆祝生日。刚开始，小蕾和其他小朋友一样，玩得很开心，但当她拿到小朋友递来的蛋糕时，小嘴就嘟了起来。她不高兴地拒绝道："我不要吃破了一个洞的蛋糕！"大家仔细一看，才发现蛋糕上缺了一个小角。"只缺一个小角啊！蛋糕还是很好吃的！"大家纷纷劝说小蕾，可是任凭大家怎么劝，小蕾都不愿意接受那块缺了一个角的蛋糕，最后甚至还发起了脾气，把蛋糕狠狠地摔在了地上。

生活中，像小蕾这样为了一点缺角而拒绝吃蛋糕的孩子，并不在少数。这样的孩子，常常会因为一点儿不如意就大受打击，大发脾气。可是，未来本来就充满了不确定性，孩子不可能每次都能如愿换到一块完美无缺的"蛋糕"，孩子这样的心态，对他的成长是极为不利的。

通过以上几点我们会发现，培养孩子挫折容忍力的重要性。挫折容忍力标志着一个人适应环境的能力，从很大程度上讲，这种能力是后天学习和锻炼的结果。为了孩子能健康成长，父母应该有意识地让孩子接受生活中的各种磨炼，从而不断增强孩子的挫折容忍力，让孩子更有信心和勇气地去迎接未来的挑战。

挫折教育要从小抓起

父母课堂

习惯的养成、心态的培养、性格的塑造等都需要一个过程，而有些不好的习惯一旦形成再改变就很困难。因此，对孩子的挫折教育一定要从小抓起，从小就让孩子经受一定的挫折，孩子才能正确对待挫折，也才能在一次次战胜挫折的过程中，磨炼出坚强的意志。

这天，妈妈起了个大早，决定自己送小熊去上学，顺便向老师了解一下小熊平时在幼儿园的表现。

和老师聊天的过程中，老师对小熊妈妈说："刚开学的时候，小熊上课时有点散漫，不积极，可能也是因为经过一个寒假的原因。不过，后来和小熊的外公反映之后，你们回去纠正得不错，最近表现很好。"妈妈听了老师的话，心里很高兴。

但是，老师突然话锋一转，给小熊妈妈反映了一个情况："不过，小熊在面对挫折方面还要加强啊！现在我们班的大多数孩子动不动就爱哭鼻子，有时什么事情做不好，就哭了。这种情况目前在班上很突出，小熊在这方面的表现也比较明显。"

原来，这学期，幼儿园里增加了手工课，老师想让孩子们通过做手工锻炼一下他们手部的灵活度和观察力。可是好多小朋友在刚跟老师做了几步之后就说不会做，要放弃，有的小朋友还因为这个哭了起来。这其中就有小熊。

老师对小熊妈妈说："小熊其他方面的表现都很好，最突出的问题就是面对挫折时表现得爱哭。这个一定要注意，不然以后会给他带来很不好的影响。"老师建议小熊妈妈，要多给孩子一些挫折教育，让小熊学着自己去做更多的事，还要引导他正确地面对挫折。

其实，小熊妈妈平时也发现了小熊面对困难容易退缩和爱哭的毛病，她一直以为这与年龄有关，等小熊长大了就好了，没想到其中还有这么大的学问呢！

不少家长也都和小熊妈妈一样，认为孩子性格脆弱主要是因为年龄小，长大了自然会坚强起来。其实，这种想法是不对的。专家指出，对孩子的挫折教育应该从小抓起。只有从小培养孩子良好的挫折耐受力，孩子才能坚强、乐观地面对生活和学习中的各种困难和挫折。

儿童心理学家指出，在0~6岁，儿童的心理呈现阶段性的连续变化，每一阶段儿童都会获得突破性的发展，父母应该抓住这些突出的特征，对孩子进行有针对性的挫折教育。

1. 0~1岁，无须挫折教育

这个阶段，是孩子最需要家长悉心呵护的时候，是孩子对父母形成信赖感和依赖感的阶段，也是培养亲子关系的重要时期。此时孩子的许多行为都是无意识的，他们需要父母给予更多的爱与安全感，并在自己认为安全的范围内进行探索。当他们感到挫败的时候，他们也会哭闹，但是由于大脑发育尚未完整，孩子的这种探索对他们自身而言就没有成功与失败之说。因此，在这个阶段，暂时不需要对孩子进行挫折教育。

2. 1~3岁，适当放手和鼓励

这一阶段是儿童心理发展的一个重要转折期，因为出现了许多对人的发展有重要影响的事件：语言形成、思维萌芽、自我意识的萌芽等。其中，最重要的就是孩子"自我意识的萌芽"。因为一旦孩子开始意识到"我"的存在，就开始"闹独立"，在行动上什么都要"自己来"，而对成人的话很少听从。这一阶段，对孩子进行挫折教育就显得十分重要。

面对这一时期的孩子，父母常常会感到很头疼。比如，吃饭的时候，孩子要不就是一边玩一边吃，甚至要家长追着到处跑才能把饭吃下去；要不就是一定要自己拿着饭勺吃，最后的结果就是满桌满地都是饭，而孩子却没吃到多少。又比如，刚开始学走路的时候，孩子为了证明自己的能力，常常喜欢走一些难走的凹凸不平的路。

这个阶段，家长必须有足够的耐心，等待孩子遇到困难时，再进行鼓励。在这一阶段，家长要善于利用孩子的失败，并把失败作为教育的契机，引导孩子重新鼓起勇气大胆自信地再次尝试。不过，要注意的是，这一阶段，家长切不可对孩子滥用鼓励，过多的鼓励，反而会事倍功半。

3. 3～6岁，在游戏与故事中融入挫折教育

3～6岁的孩子理解能力有了很大的提升，此时可以将挫折教育融入游戏以及故事中去。

孩子之所以喜欢玩游戏，是因为在游戏当中孩子可以自我支配的更多，因此，在游戏当中，孩子更容易显现出自己的真实心理。和孩子一起玩游戏，家长常常可以发现一些平时忽视了的问题。这时家长就可以用"角色语言"来鼓励孩子，也会发现这比平时的劝解更加有效。

　　小然是个很内向的孩子，平时无论干什么都显得很没信心，大家的鼓励对她来说完全没效果，父母费了很大力气也找不出原因。小然最喜欢小鸭子，在一次游戏中，妈妈和她玩角色扮演的游戏，妈妈扮演小鸭子和她对话，这才知道，原来以前有小朋友说她笨。找到症结后，妈妈就有意识地让小然做一些她可以胜任的事情，渐渐地，小然的自信心增强了，性格也开朗了很多。

　　父母可以和孩子玩一些需要多次尝试才能成功的游戏，还可以和孩子玩一些有输有赢的游戏，让孩子在享受到快乐的同时，逐渐明白：生活不是一帆风顺的，总会遇到挫折和失败，只要勇敢地去面对，努力去做，就能战胜挫折。

　　此外，家长还可以适时地给孩子讲一些名人勇敢战胜挫折的故事，在故事中向他们灌输积极面对挫折的思想。

进行挫折教育，不能太过火

父母课堂

　　挫折教育是孩子成长和进步的阶梯，但是，父母在对孩子进行挫折教育的过程中，一定要充分考虑到孩子的情况，把握好挫折教育的度，不能太过火。只有符合孩子实际的、适度适量的挫折教育，才能达到不断增强孩子心理承受能力、提高孩子逆商的目的。

　　挫折感作为受挫折者的负面情绪反应，对人的心理影响是很大的。连续的挫折会击垮一个人的自信心，严重的还会使人产生悲观厌世的不良情绪，甚至形成仇视他人、敌对社会的偏执性格。

每一个人都会面临困难、风险、挫折与失败，教育学专家为家长们开出的处方就是对孩子进行挫折教育。对孩子进行挫折教育的目的在于培养孩子内在的自信与乐观，重点在于让孩子发现自己的问题和不足，让孩子不断地调整自己，完善自己。

然而，凡事都有度，对孩子进行挫折教育也是如此。良好的挫折教育必须建立在恰当的教育程度之上。每个年龄阶段的儿童发展水平都不一样，另外，每个孩子由于性格、所处环境的不同，对挫折的心理承受能力也是不一样的。如果家长忽略孩子的年龄和实际情况，就有可能打击孩子的自信心和积极性，严重的还会给孩子带来身体和心灵上的伤害。

那么，家长怎样才能把握好这个"度"呢？

1. 让孩子有一个心理建设的过程

在日常生活中，家长要让孩子间接地接触和感知挫折，让孩子对挫折有一个形象具体的认识。比如，父母可以陪孩子一起看看《狮子王》，还可以给孩子讲讲《汤姆历险记》这样的小故事，父母在讲故事的同时，要让孩子了解到，每个人在成长过程中，都会面临许多的困难和挑战。同时，父母要激励孩子向故事中的主人公学习，勇敢面对挫折，努力战胜挫折。这样一来，孩子不仅对挫折有了一个具体的认识，也有了一个心理建设的过程。当他真的遭遇挫折时，就能更快地冷静下来，并积极地采取有效的行动了。

2. 给孩子合理的期望

每个孩子都有自己的长处与不足，家长对此应有客观的评价，并据此对孩子的成长提出合理的期望，从而激励孩子向适合的发展目标努力。

如果家长只看到孩子的优点而无视他的缺点，孩子就会因对自身的不足缺乏认识而骄傲自满，不能接受失败；如果家长对孩子抱有不切实际的期望，就会增加孩子的心理压力，使孩子不敢面对失败。当然，家长如果总是挑孩子的毛病，贬低孩子，对孩子不抱期望，也同样会伤孩子的自尊。

总之，家长对孩子不合理的期望，无论是过高还是过低，都会阻碍孩子对自我进行客观的评价，使原本不应引发挫折感的事件都可能对孩子造成挫折。只有对孩子提出合理的期望，孩子才能对自己做出正确的评价，并在此基础上，对自己可能遇到的困难、挫折有适当的预期。

3. 考虑孩子的实际情况

为了提高孩子的逆商，有时候，家长需要人为地为孩子设置一些挫折情境。在此过程中，家长一定要充分考虑孩子的年龄、性格、心理承受能力等实际情况，不要为孩子设定不可能完成的任务。

因为，如果孩子经常遭受这样的挫折，就会让其产生"无能"的感觉，进而丧失信心。孩子在遇到困难和失败时，就会产生消极情绪，表现出畏缩、退却、逃避等行为。父母给孩子设定的应该是有一定难度，孩子需要跳一跳才能够得着的目标，孩子通过自己的努力战胜了挫折，有了成功的体验，自信心也会不断增强。

4. 在孩子遇到挫折想退缩时要及时鼓励孩子

孩子在遇到挫折想退缩时，父母要及时鼓励孩子。父母要让他认识到，人的一生会遇到很多挫折，关键在于我们如何正确地认识和对待它，要帮他们树立只要勇往直前，就一定能战胜挫折的信心。另外，在孩子做出很大努力取得一定成绩时，要及时肯定，让孩子看到自己的能力，从而使他更有信心地去面对新的困难。

5. 帮助孩子疏导不良情绪

孩子在遭遇挫折时，往往会产生一些不良情绪，对此，父母应该及时地帮助孩子疏导，而不应该不管不问。比如，帮助孩子分析遭受挫折的主、客观原因，找出失败的症结所在；帮助孩子分解目标，制订计划等。父母在平时要多观察孩子的活动，如果孩子在克服困难时几经尝试均告失败，就应及时给予帮助。

6. 挫折教育要循序渐进

对孩子进行挫折教育，要遵循循序渐进的原则。给孩子提出的要求要由易到难，由简单到复杂，要给孩子适应的时间和成长的空间，而不能有"一口就能吃成胖子"的想法。

第2章

让孩子吃点苦，也是一种爱

作家屠格涅夫说："你想成为幸福的人吗？那么，首先要学会吃苦。能吃苦的人，一切的不幸都可以忍受，天下没有跳不出的困境。"为了让孩子健康成长，父母应该舍得放手，让孩子吃点苦，培养孩子自立、坚强的品性，不断提高孩子对挫折的承受能力和应对能力。

让孩子吃点苦是有必要的

父母课堂

"自古英雄多磨难，从来纨绔少伟男。"孩子的成长不可能一帆风顺，只有从小让孩子吃点苦，让孩子经受生活的磨炼，才能培养出其顽强的意志，锻炼其不怕困难，敢于面对失败的心理品格，才能不断提高孩子的逆商。

"再苦不能苦孩子，再穷不能穷教育"，这句话本来是倡议社会各界都要关心孩子的健康，支持教育事业的发展。然而，现在却被不少家长一分为二，只强调前者，把"再苦不能苦孩子"当成溺爱孩子的借口。

许多家长把大量的精力和金钱都花在了孩子身上，想方设法让孩子穿名牌，吃营养品，玩时尚，读重点；孩子上学有人送，放学有人接，书包有人提，衣服有人洗，被子有人叠；有的家长甚至到学校帮孩子打扫卫生，擦黑板，学校组织的课余劳动课，已经成为了众多家长的劳动课；孩子要什么买什么，要怎样就怎样，孩子俨然成了大人们心中的"太上皇"。

诚然，父母把希望寄托在孩子身上，关心爱护无可厚非，但是，如果过分溺爱，则只会害了孩子。父母事事包办替代，只会让孩子养成"衣来伸手，饭来张口"、好逸恶劳的坏习惯，孩子对大人过分依赖，自理能力差，一旦他们离开大人后，很难独立生活。

在优越环境里长大的孩子，要什么有什么，想怎样就怎样，久而久之，孩子就会处处与人攀比，缺乏同情心，以自我为中心，当他们的要求遭到拒绝或是愿望得不到满足时，他们就会发脾气，摔东西。

在"蜜罐"中长大的孩子，没吃过一点苦，没遭受过挫折的打击，一旦他们在生活上、学习上遭受困境和挫折，他们就会不知所措，就会丧失勇气和信心，选择逃避，严重的甚至还会产生厌世的念头。

有些父母想当然地认为，孩子长大后自然就会具备自立能力和自强精神，现在学习成绩好比什么都强。这种想法是极不可取的。请父母们想象一下：有的上了小学甚至初中的孩子不会洗自己的袜子，有的孩子尚未成年就已想好将来由保姆服侍自己，这样的孩子长大后怎么可能独立地面对困难，承担责任呢？

有这样一篇报道：一对夫妻把儿子辛辛苦苦养大，儿子大学毕业后上了班，有了收入，父母就不再给他零花钱。可是进入社会的儿子不但要吃好的、用好的，还要赶时髦，钱根本不够花。他对父母说："如果你们不能给我提供一辈子的优裕生活，为什么让我从小就养成这种习惯？"

父母对儿子的爱，让儿子在生活中养尊处优，习以为常，意识不到生活的艰辛，直到自己走进社会时，才发现自己的收入根本养不起自己，从此生活在痛苦之中。父母不可能供养孩子一辈子，孩子的成长也只有一次，而且不可逆转。父母只有从小对孩子进行吃苦教育，才能逐渐培养起孩子独立自主的能力，才能让他们懂得感恩，并逐步形成良好的品质。

很多发达国家，都很重视对孩子进行吃苦教育，他们的一些观念和做法，值得我们学习和借鉴。

在美国，南部一些州立学校特别规定：学生不带一分钱，必须独立谋生一星期才能予以毕业。学校试图通过这种吃苦训练来培养孩子独立生存的能力。尽管条件有些苛刻，家长们却全力支持这项活动，而事实证明，这项活动确实让孩子们受益匪浅。

在德国，父母从不包办或代替孩子做任何事情，相关法律还规定：孩子到 14 岁就要在家里承担一些家务劳动，比如要替全家人擦皮鞋等。这样做不仅培养了孩子的劳动能力，还培养了孩子的吃苦精神和社会责任感。

日本教育孩子有句名言：除了阳光和空气是大自然的赐予，其他一切都要通过劳动获得。许多日本学生在课余时间，都要去外边参加劳动挣钱，大学生中勤工俭学的非常普遍，就连有钱人家的子弟也不例外。

在瑞士，父母从小就非常重视对孩子进行吃苦教育，让孩子学习自食其力，以免将来成为无能之辈。如瑞士有德语区和法语区，瑞士的父母会让成年的孩子到不同语言的家庭去做工，既锻炼劳动能力，又有利于学习语言。

加拿大为了培养孩子在未来社会中生存的本领，人们从很早就开始训练孩子独立生活的能力。在加拿大一个记者家中，两个上小学的孩子每天早上要去给各家各户送报纸，无论刮风下雨从来没有耽误过。

孩子不愿吃苦，拒绝吃苦，并不是孩子的过错，而是父母没有从小培养孩子自立能力和吃苦精神的结果。为了让孩子以后能够幸福，父母现在就要舍得让孩子吃苦。父母只有舍得让孩子吃苦，孩子才能受到挫折教育。只有这样，面对挫折的时候，孩子才能够应对自如。

给孩子设置一些挫折和障碍

> 如果孩子走惯了平坦路，听惯了顺耳话，做惯了顺心事，那么，一旦他们遇到困难，他就会不习惯，甚至会束手无策，这样就会产生挫败感。所以，在平时的生活和学习中，有意识地设置一些挫折和障碍，以此来提高孩子的耐挫能力，是个不错的方法。

长期在顺境中长大的孩子，自我评价相对较高，容易在受挫后因为自尊心受到冲击而产生两种极端反应：一种是可能会从高度自信的状态，进入自我否定的状态，把失败的原因归结到自己身上，我们称为"内归因"，在情绪上可能表现焦虑、抑郁、悲伤、委屈等反应；另一种是孩子因为一直在鲜花与掌声中长大，自我感觉良好，当出现挫折与失败时，往往归结到外部环境，我们称为"外归因"，这时他们可能无法接受他人的指责，产生不满、愤怒、怨恨的情绪，甚至产生一些极端的行为，例如攻击老师、家长或同学。

在日常生活中，适当地给孩子设置如下一些挫折和障碍，把挫折教育渗透到一点一滴的小事中，提高孩子承受挫折的勇气和能力。

1. 帮助孩子消除自满情绪

刘涛是个十分讨人喜欢的孩子，对人有礼貌，学习成绩也很好，而且他的绘画作品多次作为对外交流的儿童画出国展览，周围的人都对他赞不绝口。为了不让刘涛养成自傲的心理，父母决定给他制造一些挫折。

一天，妈妈特意带刘涛去同事家里玩。这位同事的儿子斌斌比刘涛更优秀，妈妈希望刘涛知道人外有人，不要太骄傲。两个孩子见面后，玩得很投缘。但不一会儿，刘涛就有些不高兴了。原来，刘涛和斌斌玩智力游戏的时候，总是输。尽管斌斌热情邀请刘涛再玩，但是，刘涛却坚决要求妈妈带他回家。

在回家的路上，妈妈对垂头丧气的刘涛说："涛涛，妈妈知道你不高兴，是不是因为玩游戏总是输？"刘涛瞥了妈妈一眼，没说话。"你知道吗？斌斌也是一个聪明的孩子，他比你小一岁，但是，已经跳级了。"妈妈说。刘涛觉得有点好奇："是吗？挺厉害的。""是呀，斌斌是个优秀的孩子，但他从来不炫耀这些，总是努力地学习。"妈妈微笑着对刘涛说："你也是个优秀的孩子，但学无止境，不要骄傲哦！"刘涛领会地点了点头。

总是得到赞美和表扬的孩子，难免会有骄傲自满的情绪，如果家长不能适时进行引导，一旦挫折来临，孩子很可能就会备受打击，不知所措，甚至一蹶不振。因此，家长要关注孩子的情绪，找到适当的时机和方法，消除孩子的自满情绪，帮助孩子客观全面地认识自己。

2. 给孩子设定一些任务

父母要克服传统的教育模式，变"封闭式"为"开放式"，变"顺从型"为"开拓型"，锻炼孩子在自由、宽松环境中的独立性。在生活中，家长可以根据孩子的年龄和能力，给他设定一些适当的任务，鼓励他通过自己的努力去完成。家长应让孩子明白，自己能做的事自己做，让"我自己来"成为孩子的座右铭。

3. 为孩子创设困难情景

没有困难，可以制造困难。在孩子生活和学习过程中，家长可以随时随地利用现实情景"制造"一些难题，然后让孩子开动脑筋，根据自己以往的生活经验，去克服这些困难。家长可以让孩子独立参加夏令营、磨难营，或学校及其他机构组织的探险、下乡活动，让孩子去体验和感受。家长还可以鼓励孩子参加各种社会实践，比如让孩子利用节假日打工赚钱等。

4. 设置障碍要科学适度

父母在设置障碍的时候，应该充分考虑孩子的年龄和实际情况，对于年龄较小的孩子，设置障碍应该较少，障碍发生的频率应该较抵。对于受挫较多的孩子，设置障碍应少，甚至可以不设障碍。障碍的设置应该具有渐进性，应该由小到大，由少逐渐增多，切不可一开始就给孩子一个下马威。当孩子排除障碍、战胜了挫折时，父母要及时地给予表扬和鼓励，强化孩子积极的行为，增强孩子的自信心和战胜困难的勇气。

把挫折和难题还给孩子

父母课堂

　　要培养孩子独立思考的能力，增强孩子对挫折的心理承受能力，提高孩子解决问题的能力，父母就应该把挫折和难题还给孩子，让孩子独立面对。也只有在困难和挫折的磨炼下，孩子才能不断地提高自己的逆商。

　　爱因斯坦曾说："独立思考和独立判断的能力，始终是一个人首先要具备的，并且凌驾于他的专业知识之上。如果一个人掌握了所学学科的基础理论，并且学会了独立思考和工作，他必定会找到他自己的道路。而且，比起那些主要以获得知识为主的人，他一定能更好地适应进步和变化。思考、思考，我就是用这个学习方法来迎接所有的挫折，并成为科学家的。"

　　爱因斯坦的这段话，深刻地诠释了独立思考的重要性。独立思考的能力不仅能帮助孩子更好地掌握科学文化知识，还能让孩子在面对挫折和难题时，具备独立分析和处理问题的能力，能够理智而积极地去应对困境。因此要提高孩子的逆商，父母就要注意培养孩子独立思考的习惯。

　　在日本，孩子很小的时候，大人就灌输给他一种思想："不给别人添麻烦。"全家人外出旅行的时候，不论多么小的孩子，都要无一例外地背一个小背包。对此，父母的解释是："这是他们自己的东西，应该由自己来背，背不动的话就要自己想办法。"于是，孩子们或是减少行囊，或是互相扶助，靠自己思考想办法，最终总能和父母一起顺利达到目的地。

日本父母的这种教育理念值得我们借鉴，要培养孩子独立思考的能力，最简单的做法就是把挫折和难题还给孩子，让孩子独自应对。尽管孩子的想法和处理方法可能是幼稚、天真，甚至是可笑的，但只要父母按捺住想要帮孩子解决的想法，抓住孩子言谈举止中的闪光点，鼓励他深入思考，让他尝到思考的乐趣，就能不断增强孩子面对挫折时的信心，不断提高孩子独立思考问题和解决问题的能力。

培养孩子独立思考的能力，父母完全可以从生活中的一些小事入手，下面是几个行之有效的建议：

1. 只给一半的答案

世界著名作家歌德小时候，母亲经常给他讲故事。母亲讲故事的方法很特别，她总会在最精彩的地方停下来，然后让小歌德自由地去想象，鼓励他继续说下去。母亲这样的方式，极大地发掘和培养了歌德的想象力，为他后来的创作带来了不少美妙的灵感，他也因此写出了很多不朽的佳作。

当孩子向父母提问或是寻求帮助时，父母可以给孩子一个不完整的答案，为孩子指引一个大概的方向，鼓励孩子自己开动脑筋去思考，找到问题的答案。这样，孩子就会慢慢地养成主动思考的习惯了。

2. 把结果藏起来

刚放暑假的时候，小优天天和小伙伴们跑出去玩，几乎没怎么看书。眼看快开学了，小优也着急了，这才收了心专心在家做作业。这天，妈妈在家收拾房间，小优在一旁写作业。细心的妈妈发现，小优几乎是刚看完题目，就去翻看书本背后的提示和答案。

妈妈想了想，便走上前去，对小优说道："咱们把书本后面的答案撕下来，由妈妈先替你保管，等你都做完了，妈妈再给你，你再对照着检查，好不好？"小优起初很不高兴，后来在妈妈的劝说下，还是同意了。

没有了答案，小优只好仔细地读题，认真地思考，不会的就翻看书本和笔记。等她终于把整本暑假作业都做完的时候，她惊喜地发现，自己不仅复习了旧知识，还学到了不少新知识，通过自己的思考，她还想到了好几种新的解题思路。

当孩子在做一件事情或是完成一件任务时，父母可以先把结果藏起来，给孩子一个独立发挥的机会。孩子第一次面对这样的挫折时，可能解决起来会有些困难，但是当他通过自己的思考找到答案后，就会体会到成就感，下次再遇到类似的情况，他就会自己寻找解决办法了。

3. 引导孩子的好奇心

小宝对爷爷养的那盆浑身长着小刺的仙人球充满了好奇，他缠着妈妈问："妈妈，仙人球为什么是圆的？它是怎么开花的？它为什么浑身都是小刺呢？"对小宝提出的问题，妈妈并没有直接回答，而是抽空带小宝去了一次植物园，让他认识到了更多有趣的植物。然后，妈妈还带小宝去了一趟书店，给他挑了一些有关植物的书籍。小宝高兴极了，回到家后就迫不及待地捧着书读了起来。晚上的时候，小宝兴奋地跑到妈妈身边，对妈妈说道："妈妈，我知道仙人球为什么会长成那样了，我也知道它开花的时候是什么样子了……"原来，小宝在一本书里找到了答案。

孩子往往有着强烈的好奇心，他们脑子里总是会有很多稀奇古怪的问题。这时候，父母千万不要觉得不耐烦，而"顺手"帮孩子迅速解决，因为，这样孩子就失去了探知事物的机会，也少了与挫折做斗争的好时机。父母应该在保证孩子安全的前提下，在好奇心的引导下，鼓励孩子勇敢地去探索并寻求问题的答案和解决方法。

拒绝孩子不合理的要求

父母课堂

一个不曾被拒绝的孩子长大后是经不住挫折考验的，为了孩子的幸福，父母对孩子应施以理智的爱。当孩子提出不合理的要求时，应该予以巧妙、坚决地拒绝，从而帮助孩子建立正确的价值观念和是非观念，同时增强孩子的自我控制能力，为孩子的健康发展创造有利的条件。

妈妈带5岁的儿子安安到商场购物，走到三层的玩具商城时，各式各样的玩具让安安挪不开眼。安安拉着妈妈的手臂，说道："妈妈，我想去看看！"经不住他的纠缠，在他再三保证不买玩具的前提下，妈妈带着他走进了玩具城。

明明说得好好的，可是当安安看到一款新出的机器人时，就要妈妈帮忙买下来，妈妈不答应，他就赖在柜台前不走。妈妈对他说："你已经有好几个机器人了，这个先不买了。再说，妈妈今天的钱也没带够，咱们改天再来买！"听了妈妈的话，安安不仅不答应，还大嚷大叫，妈妈呵斥了他两句，他就大声地哭了起来。安安的哭声吸引了不少人的注意，妈妈没办法，最后只好妥协，给他买了那个机器人。

这样的情况相信每一位家长都遇到过。每一位家长都希望自己的孩子能健康快乐地成长，所以，他们总会尽自己所能满足孩子的愿望和要求。然而，如果一味满足，孩子的欲求就会越来越多，今天要这个，明天要那个，只要是看着顺眼的，他们都想占为己有，而不管这个东西对自己有没有用，父母能不能买得起。总有一天，孩子的要求会让父母完全无法招架。

有的父母也曾尝试着拒绝孩子，但是，一旦孩子开始撒娇、哭闹，他们又开始心软，违心地满足了孩子的要求。父母这样做，只会让孩子形成"只要我一哭，父母就都听我的"的印象，让孩子养成任性的坏毛病。正如教育家苏霍姆林斯基所说："如果孩子在实际生活中确认，他的任性要求都能得到满足，他的不听话并未遭致任何不愉快的后果，那么他就会渐渐习惯于顽皮、任性、捣乱、不听话，之后就慢慢认为这是理所当然的。"

孩子年龄小，经验少，往往无法分清是非，无法判断行为是否合理性，加上孩子的自我控制能力较差，有时候明知是错的，却很难控制自己。为了帮助孩子更好地成长，父母就要学会巧妙地拒绝孩子不合理的要求。专家指出，任性的孩子往往缺乏心理承受能力。因此，拒绝孩子的不合理要求，对于培养孩子的自制力，提高孩子的逆商有重要意义。

那么，父母应该怎样拒绝孩子的不合理要求，让孩子在不满足当中逐渐提高自制能力和抗挫折的能力呢？

1. 倾听孩子的理由

家长不能为了拒绝而拒绝，当孩子提出要求时，父母应该亲切、耐心地询问孩子为什么要提出这样的要求，耐心地倾听孩子的理由，有助于父母做出正确的判断。

2. 拒绝孩子时态度一定要坚决

在确定孩子的要求不合理时，必须予以拒绝，不论孩子如何哭闹都要坚持原则，不能因心疼孩子而妥协。否则，孩子一旦有通过哭闹的方式达到目的的经验，就会养成习惯，拿哭闹当作要挟家长的手段。最好在孩子第一次这样做时就坚持不妥协，使孩子明白哭闹也无济于事。

3. 拒绝时理由一定要充分

父母拒绝孩子后，一定要向孩子说明原因，而且理由一定要充分。父母要让孩子明白，之所以拒绝他，是因为他的要求是不合理的，而不是父母不愿意满足他。比如，孩子感冒了，却还嚷着要吃雪糕时，父母就应该坚决对孩子说："你现在不可以吃雪糕，因为你感冒了，再吃雪糕，你一会儿又要难受了。"

4. 要控制好自己的情绪

当孩子宣泄负面情绪时，他的哭闹很容易使家长失去理性，导致情绪失控。在这样的情形下，家长往往会对孩子进行语言和行为上的攻击。事实上，这样做除了令孩子感觉恐惧之外，不会有任何意义。因为，这样会导致孩子关注家长的情绪变化，他或许会被父母过激的行为震慑而不敢哭闹，进而忽视了对事情本身的分析和判断。这样做除了给孩子带来心理伤害，影响亲子之间的关系外，也违背了以拒绝的方式帮助孩子健康成长的目的。

5. 大人的态度要一致

很多家长在教育孩子时，喜欢一人唱红脸，一人唱白脸，其实这样的做对孩子的成长是极为不利的。为了保持对孩子教育的一致性，家庭成员之间平日要加强沟通，针对孩子的一些问题进行讨论，在出现问题时要保持一致的态度。这样做才能帮助孩子建立明确的是非观，才有助于孩子学会遵守规则。

6. 提出一些合理建议

拒绝孩子的要求之后，家长可以根据实际情况，再给孩子提出些合理的建议，不能只单纯拒绝后，便不管不问。拒绝孩子是使孩子得到一次成长的机会，使孩子学会判断哪些事适合自己做，哪些事不能去做，决不能对孩子进行全盘否定。

7. 孩子听从后一定要及时表扬

如果孩子听从了父母的规劝，没有坚持不合理的要求，父母就应该及时给予表扬，从而强化孩子的良好行为。

孩子错了要给点"惩罚"

父母课堂

赏识教育只有与惩罚配合着运用，才能显现出它的力量。孩子犯了错，父母就应该给予相应的惩罚，帮助孩子认识到自己的错误，并及时帮助孩子改正错误，使其养成良好的行为习惯。对犯错的孩子进行惩罚教育，还能培养孩子的责任心，让孩子成长为一个有担当的人，从而使其能更好地去面对成长中的困难和挫折。

尽管我们一直提倡要对孩子进行赏识教育，但是，家长也不应该将赏识教育泛滥化。如果父母事事都赏识，时间久了，孩子就听不得一点批评，受不得一点委屈，就会给孩子的成长产生不利影响。

有专家认为，没有惩罚的教育是不完整的教育，赏识教育只有与惩罚配合着运用，才能显现出教育的力量。因此，尽管孩子犯错在所难免，但是当孩子闯下大大小小的祸事时，家长就应该对孩子进行适当的惩罚教育，目的是让孩子吸取教训，从而改正错误，完善自己。

暑假的时候，月月的小姑带着儿子到月月家做客。看着比自己小两岁的弟弟，月月兴奋得大呼小叫，整天和弟弟疯着玩。

这天中午，月月带着弟弟在爸爸妈妈的床上玩。没一会儿，月月便光着脚下床去了卫生间，上完厕所后，又返身跳到了床上，洁白的床单立即留下了两个黑乎乎的脚印。妈妈刚好看到这一幕，很生气，甚至想狠狠地打她两下。

但是，妈妈最终没有这么做，而是把床单换下来拿到卫生间。然后，妈妈把月月叫到身边对她说："月月，你又犯错误了，知道吗？"月月瞄了一眼脏兮兮的床单，小声地说："妈妈，我错了！"妈妈听后点点头，接着说道："嗯，承认错误就是好孩子。但是，你犯了错，就要接受惩罚，床单是你弄脏的，你必须自己把它洗干净。"听了妈妈的话后，月月只好蹲下身，噙着眼泪用小手搓洗着床单。

妈妈在一旁默默地看着，趁机问她："累不累？""累。"女儿小声地回答。"妈妈每天都要洗好多衣服，你觉得妈妈累不累呢？"女儿听后"哇"的一声哭了起来："妈妈，我真的知道错了，我以后再也不这么做了！"从那以后，月月变得爱干净了。

惩罚是一种教育手段，也是一种微妙的家教艺术。只有拥有了惩罚孩子的智慧，才能真正达到教育孩子的目的。那么，家长在对孩子进行惩罚教育的过程中，应该注意哪些问题呢？

1. 犯错误就要被惩罚

孩子犯了错误，就应该接受惩罚，哪怕孩子是无意的，也应该让他对自己的行为负责。比如，孩子不小心把杯子摔碎了，虽然他不是故意的，家长也应该告诉他，这是他的过错，他虽没有料想到自己行为的后果，但仍要为此道歉。家长不应该把错误归结到杯子身上，这样只会让孩子逃避责任，不利于孩子的成长。

2. 惩罚要及时

心理学家指出："惩罚的效果部分来自条件反射，而有条件刺激和无条件刺激的间隔时间越短则条件反射的效果越好。"所以，家长一旦发现孩子犯错，只要情况允许，就应立即予以相应的惩罚。如果当时的情境不允许立即做出惩罚，事后也应尽可能让孩子回到与原来相似的情境中去，和孩子一起回顾，使他意识到当时的错误行为，并改正。

3. "量刑"要适当

惩罚孩子的目的是为了孩子向良性转化，因此惩罚的"量刑"必须合乎孩子的行为。惩罚过重容易引起孩子的对抗情绪，轻了又不足以使孩子引以为戒。因此，惩罚孩子要以达到目的为原则，既不能轻描淡写，又不能小题大做。

4. 指明"出路"不含糊

惩罚孩子不能半途而废，应要求受罚的孩子做出具体的改错行为才能停止。家长要态度明确，跟孩子讲清楚他应该怎么做，达到什么要求或标准，否则会有什么样的后果。家长千万不能含糊其词，甚至让孩子"自己去想"。家长不给"出路"，孩子改错就没有目标，效果就不明显。

5. 应该就事论事

从受罚者的角度来讲，孩子最反感家长"倒咸菜梗"，一事既出又将陈年老账翻出来。很多家长不懂得这个道理，训教孩子时总忘不了东拉西扯，将孩子说得一无是处，直至忘记了本次训教的主题。时间长了，孩子就会认为，反正自己没有一处是对的，对改错也渐渐失去了信心，甚至干脆破罐子破摔，这样的教育效果可想而知。因此，家长在对孩子进行惩罚教育时，务必要一事一议，就事论事，切忌搞牵连，翻旧账。

另外，家长在对孩子进行惩罚的过程中，应该注意自己的言行，不要对孩子进行挖苦讽刺，更不能随意用恶毒的语言指责、谩骂孩子。家长这样做，不仅会严重伤害孩子的自尊心，也会影响到亲子关系。

6. 事后说理不可无

家长和孩子之间存在着教与被教的关系，但教育孩子仍当以理服人。惩罚只是手段而不是目的，因此，惩罚之后必须要及时与孩子说理，让孩子明白为什么会受罚，这样才能根除错误，因此，说理是惩罚孩子之后不可或缺的一个重要步骤。

延缓满足孩子的需求

父母课堂

能控制住自己的冲动，朝着既定的目标前进，是取得成功的很重要的一个因素，而延缓满足则是锻炼孩子自制力的一个好方法。延缓满足孩子的需求，让孩子学会等待，对培养孩子的耐性，提高孩子自我控制能力，增强孩子对挫折的心理承受能力，有着重要作用。

现在的孩子大都是家里的宝贝，孩子有什么要求，家长只要办得到，大都会忙不迭地满足孩子。有的孩子一想到要吃什么，就迫不及待地让父母去准备，如果父母的行动稍微慢了点，孩子就会在一边大声叫嚷，甚至哭闹不止。

立即满足孩子的需求，可能会让孩子暂时很开心，也能暂时阻止孩子的哭闹，但是如果长期如此，对孩子的成长和发展是极为不利的，它会让孩子养成下面这些不好的习惯：

1. 做事没有耐心，挫折忍受力差

如果孩子提出的需求，每次都能马上得到满足，孩子就会没有等待的意识，会产生"我说什么，你就要马上做到"的观念。长此以往，孩子就会缺乏耐心，做事就容易急躁。自我控制能力差，遇到困难没办法独立解决时，就会焦躁不安，产生很多不良的情绪反应，没办法忍受挫折。

2. 习惯依赖他人，缺乏独立精神

父母的迁就会让孩子养成依赖成人的习惯，一遇到困难，首先想到的便是寻求大人的帮助，不能独立判断，更不会勇敢地战胜困难。

3. 以自我为中心，缺乏团体活动的能力

立即满足孩子的要求，会让孩子养成事事以自我为中心的性格。这样的孩子，往往不能很好地和同伴相处，不能与团队合作，一旦自己的需求和同伴或是团队的要求相冲突时，孩子就很难进行协调，就很难适应群体活动。

4. 注意力不集中，学习不专心

因为常常能得到预期中的帮助与满足，孩子就会认为凡事叫

大人帮忙就可以了，所以学习的时候也会比较被动，等着别人告诉他答案，学习的动机不强，很难集中注意力。

可见，立即满足孩子的需求，对培养孩子的耐心，提高孩子对挫折的心理承受力是很不利的。为了让孩子学会等待，培养孩子的耐性，让孩子学会自我克制，父母就要学会延缓满足孩子的需求。

延缓满足就是当孩子提出要求时，先不要立即满足孩子的需求，而是以渐进的方式或有条件地让孩子学习等待与接受的一种教养方法。父母在对孩子进行延缓满足的时候，要注意以下几个方面：

1. 帮助孩子分清是"需要"还是"想要"

对于孩子的需求，父母应该首先引导孩子说出理由，帮助孩子分析其所要求的东西是需要的还是想要的。比如，孩子说他饿了，但父母给他牛奶时，孩子却提出要吃冰激凌，这就是"想要"而不是"需要"。如果是孩子需要的，父母应该尽力给予满足，而如果是孩子想要的，父母就不用及时满足孩子的欲望，对于不合理的要求，父母还应该予以拒绝。

2. 让孩子等一等

孩子的有些要求即使是合理的，也可以等一会儿再满足他。如，孩子有点口渴想喝水，这个要求当然是可以马上满足的，但有时父母可以告诉孩子说："水有点烫，我们等一下好吗？"再比如，孩子想要出去玩耍的时候，父母可以对孩子说："你先玩一会儿玩具，等我做完这些事情就带你出去。"让孩子试着等待几分钟，这并不会给孩子带来伤害，但却能让孩子知道，什么是等待。让孩子心里抱有希望，延缓满足他的要求，既不会伤害孩子，也锻炼了他的耐心。

3. 根据年龄延缓满足

不同年龄的孩子，欲求的目标也不一样，可根据孩子的年龄和需求，考虑延缓的时间，逐渐提升孩子的耐心和自控能力。要想让延缓满足训练达到良好的效果，对孩子提出的要求应该是孩子能做到的，难度要合适。符合孩子的年龄，孩子才能经受住考验，才能达到想要的效果。如果不符合孩子的年龄，孩子可能根本不能顺从父母的要求，变得脾气暴躁。适当延缓满足孩子的要求，能让孩子的耐心、自律性都得到很好的锻炼，但是做得过火了，或过于强迫孩子，就会压抑他的性格，剥夺他该有的乐趣。

4. 要坚持原则，也要注意态度

对孩子进行延缓满足训练时，父母一定要坚持原则，前后的态度一定要一致。比如，说好等孩子写完作业再吃苹果，可是没等孩子要求，父母又主动给孩子吃苹果。父母前后态度不一致，会让孩子感到无所适从。

另外，家长在对孩子进行延缓满足时，态度一定要温和，要向孩子说明这么做的理由。良好的习惯都是在生活中一点一滴慢慢养成的，刚开始的时候，孩子都会不适应，难免会有一些情绪，对此，父母应表示理解，而不应该随意呵斥孩子。

让孩子经历生活的磨难

父母课堂

> 生活并不都是美好的，正如天气不可能永远风和日丽一样，父母也不可能陪伴孩子一辈子。因此，父母最明智的选择，应该是尽早让孩子了解到生活的辛苦及社会的复杂，并让孩子去接受生活的磨炼，不断提高孩子对挫折的承受能力和应对能力。

有句古话说得好："自古英雄多磨难，从来纨绔少伟男。"纵观古今中外，成功人士大多是经过逆境的种种磨难才取得成功的。面对逆境，他们不是怨天尤人、自怜自叹，而是咬紧牙关，奋力抗争，以不屈不挠的精神，战胜逆境，最终成为生活的强者。

巴尔扎克小的时候，几乎没有享受过家庭的温暖，母亲对他冷漠无情，他成为家里多余的人。巴尔扎克后来回忆童年生活时，曾愤愤地说："我从来不知道什么叫'母爱'，我经历了最可怕的童年。"

长大后，巴尔扎克立志要从事清苦的文学创作，当一个"文坛国王"。从1819年夏天开始，他就整天在一间阁楼里伏案写作。阁楼咫尺见方，简陋寒酸。巴尔扎克就是在这样艰苦的条件下，没日没夜地创作。在与书商打交道的过程中，巴尔扎克不断地受骗，以致负债累累。为了躲债，他曾6次迁居。他对朋友说："我经常为一点面包、蜡烛和纸张发愁。债主迫害我像迫害兔子一样，我常常像兔子一样四处奔跑。"

正如雨果在他的葬礼上所致的祷告词描述的那样："在伟大的人物中间，巴尔扎克是最伟大的一个；在优秀的人物中间，巴尔扎克是最优秀的一个……可叹啊！这个坚强的、永远不停止奋斗的哲学家、思想家、诗人、天才作家，在我们中间，却过着风风雨雨的生活，遭逢了任何时代一切伟人都遭逢过的恶斗和不幸。如今，他走了。他走出了纷扰和痛苦。"巴尔扎克的一生，充满了磨难和痛苦，可是，他却始终不曾放弃，生活的磨难反而给他带来了丰富的灵感，让他创作出了一部又一部的传世经典。

北宋文学家欧阳修曾说："轮曲糅而就，木直在中绳。坚金砺所利，玉琢器乃成。"这里，欧阳修借比喻说明，只有经过生活的磨砺，才能成才立业。

许多父母总是习惯把生活中不幸的事情向孩子隐瞒，希望孩子生活在幸福的生活中。实际上，一个人幸福感的来源，并不是物质生活，而是精神生活，孩子也是一样。许多物质生活丰厚的孩子，并不能真正体会到幸福，因为他们没有自我成就的体验，没有真正获得幸福，因此意志薄弱，抗挫力也很差。

为了培养孩子克服困难的能力，父母就应该让孩子经常经历生活的磨炼，养成坚韧的品格。孩子能忍受艰难困苦，能忍受屈辱、挫折，才能培养坚忍不拔的意志，才能健康成长，才能将来有所作为。

于超的爸爸因为车祸，下肢瘫痪了，只能靠单位的工伤抚恤金过日子。妈妈为了增加收入，就去做扛液化气钢瓶的工作。每天，妈妈都要扛着 30 多公斤的液化气罐走十几趟。

于超在 6 岁的时候，就得了哮喘病，在服药治疗的过程中，他的肠胃受到刺激，几乎所有的肠胃病他都得上了。最严重的是肠系膜淋巴结肿大，这病既不能多吃药，也不能通过做手术来治愈。疼起来的时候，小于超会疼得打滚；如果碰到在上课，小于超就会用铅笔盒顶住肚子，只要疼痛不超过 10 分钟，小于超就能够坚持住。

生活的磨难、身体的病痛，不仅没有击垮于超，反而让他比其他孩子更懂事，更坚强。他不仅会帮着照顾爸爸，帮着妈妈做些力所能及的家务，学习成绩也一直名列前茅。

一位母亲经常把孩子放到艰苦的环境中去接受锻炼，她曾说："正确教育子女的方法，我以为最主要的是爱与严相结合。在生活上既要给子女适当的爱，又要严格要求他们，特别要舍得让他们到艰苦的地方去锻炼，在风雨中成长。这才是真正的爱。"

一位 15 岁的独生女喝下农药，过早地辞别了人世。在她最后几天的日记里写了这样一段话："我绝望了。老师和爸爸告诉我这个世界是美好的，但是这个世界并不是那么美好。可为什么又无人来告诉我这世界还有丑，还有恶，还有这难让人理解的一切。谁来告诉我呀？谁来告诉我？"父母费劲心思为孩子挡住了外部的风雨，用自己的心智为孩子撑托起外界的压力，希望孩子能幸福快乐的生活。殊不知，父母提供的这种生活环境，除了家庭以外，其他地方根本不会存在。所以，当孩子们不得不面对现实生活时，当他们遇到未曾料到的打击和挫折时，就会缺乏足够的心理承受力和应付能力。

生活的磨难对孩子来说，其实是一种财富，是孩子获得成长的很好的机会。因此，当家里发生一些变故时，父母不要向孩子隐瞒，一定要让孩子知道。如果父母向孩子隐瞒实际情况，孩子就会失去战胜困难的机会，失去这种生活实践的机会。这对孩子来说，是一种很大的损失。

给孩子设定一些必要的限制

父母课堂

自觉性好的孩子，做事情往往条理分明，积极主动，所以在面对挫折时，他们也更能冷静理智地思考，勇敢地迎接挑战。孩子的自觉性不是天生就有的，是需要后天逐步培养的。因此，在孩子的成长过程中，父母要有意识地为孩子设定一些限制，提高孩子的自觉性，帮助孩子养成良好的行为习惯。

大教育家陶行知指出："生活、工作、学习倘使都能自动，则教育的收效定能事半功倍。所以，我们要特别注意自动力的培养，使它关注于全部的生活工作学习之中。自动是自觉的行动，而不是自发的行动。自觉的行动，需要适当的培养而后才可以实现。"

自觉性好的孩子，能把自己的生活和学习安排得妥妥帖帖，他们可以自己完成作业，自觉地复习功课，自己收拾屋子，自己洗衣服甚至做饭，就算离开父母，也能很好地照顾自己。自觉性好的孩子，遇到挫折时的表现明显要比那些自觉性差的孩子好，他们往往更能很快地冷静下来，认真分析原因，并及时地做出行动和调整。从这个角度来说，培养孩子的自觉性，也是对孩子进行挫折教育的一个重要内容。

在教育孩子的过程中，适当地给孩子设定一些必要的约束和限制，为孩子提供一些行为的准则，对孩子自觉性的培养是很有帮助的。为孩子设定合理的限制，也是父母对孩子表达关心和爱护的一种方式。当然，为孩子设立限制也不是任意的，父母应该注意以下几个方面：

1. 对重要的事情设立限制

由于年龄和经验的限制，孩子对很多事物的评价和认识并不完整，特别是在孩子尚未形成明确的是非观念时，因此，有些限制对孩子来说，是很有必要的。例如：不能说脏话，不能故意弄坏同伴的玩具，不能从父母的钱包里随便拿钱，不能打人，不能撒谎，要尊重别人，要孝顺父母；等等。

但是，父母也要注意，给孩子设定限制的目的，是帮助孩子形成正确的是非观念，帮助孩子培养良好的生活习惯和行为习惯，而不是随意限制孩子的思想和行为。因此，父母不应该事事限制。父母如果对琐碎的事情也设立诸多的规则，就会给孩子造成压力和负担。

2. 设立限制时要符合孩子的实际

父母给孩子设立限制时，应该问问自己，这些限制是否符合孩子的年龄特征和身心发展的规律，是否在孩子的能力范围之内，孩子通过努力是否能达到自己的期望等。比如，禁止 2 岁的孩子在吃饭时完全不说话就是不合理的，坚持让一个刚刚学会走路的孩子保持房间的整洁，或是在椅子上安安静静地坐上一个小时，也是不合理的要求。

3. 修改限制以适应孩子年龄的变化

父母给孩子设立的限定，有些是不用改变的，对任何年龄段的孩子都适用。比如，要求孩子尊重他人，与他人友好相处，不能浪费粮食等。反之，有一些限制，却需要随着孩子年龄的增长，能力的增强而做出相应的修改和调整。比如，孩子 3 岁的时候，你要求他要待在院子里玩耍，不能单独跑到马路边去，不能到水边去玩耍等，这些要求对这个年龄段的孩子是很合理的，但是如果孩子已经长到了 12 岁，你还这么要求，就显得不合时宜了。

4. 帮助孩子理解为什么要设立限制

如果孩子能够理解设立限制的原因，他就更可能与父母合作。父母千万不能粗鲁地告诉孩子："因为你是我生的，所以我说了算！"而应该花点时间，用孩子能够理解的方式，向孩子解释清楚，为什么这条限制是必要的。

比如，你可以指着电源插座告诉孩子："不要去碰墙上的插座，否则，你会受到伤害！"你甚至可以通过带孩子做简单的光电实验，让孩子直观地了解不合理用电的危险，这样，孩子就更能执行父母给他制定的规则了。你还可以通过询问的方式，引导和鼓励孩子自己去思考自己行为的后果，帮助孩子更好地理解限制的必要性，从而更好地去接受这些限制，并很好地约束自己的行为。

5. 让孩子参与设立某些限制

小夜不喜欢学习，很贪玩，学习成绩很不好。放暑假了，妈妈决定帮助他养成良好的学习习惯。妈妈对他说："假期到了，你除了玩，是不是也该抽点时间复习功课呢？"小夜一听就不高兴了："在学校的时候，天天学，现在放假了，我想好好休息。"妈妈说："休息可以，但是也不能把时间都花在玩上呀。这样吧，你说说，如果要你每天都看会儿书，你能看多长时间？"小夜歪着脑袋想了想，说道："最多40分钟，多一分钟都不行！"妈妈听后点点头，说道："那咱们就这么说定了，每天睡觉前你得认认真真看40分钟的书，书本或是课外读物都可以。其他的时间，我也不管你！"小夜高兴地答应了。

整整一个暑假，小夜都遵守和妈妈一起制定的规则。40分钟的学习时间，对他来说并不算长，所以他能很好地投入进去，而妈妈督促他学习的目的也达到了。暑假结束后，小夜发现，自己竟然把上学期的所有功课都复习了一遍，还看了好几本课外书。新学期开始后，小夜觉得学习比以前轻松多了，学习兴趣也比以前更浓了，成绩也提高得很快。

可见，让孩子针对他的限制提出自己的观点和意见，有利于推进其自信心和自控能力的培养。

第 3 章
孩子自己的事，就让他自己去做

　　孩子需要一定的空间去成长，去提升自己的能力，去学会如何应对突发事件。如果父母凡事包办替代，就会剥夺了孩子发展自己能力的机会，孩子就会变得不自立，就不能很好地应对成长路上的挫折和挑战。不轻易为孩子做他自己能做的事，教会孩子他应该做的事，才是父母爱孩子的最好方式。

父母不该事事包办替代

父母课堂

著名教育家陈鹤琴先生曾提出："凡是孩子自己能做的，应该让他自己去做；凡是孩子自己能够想的，应该让他自己想。"事事包办替代，只会让孩子养成依赖的习惯，只有放手让孩子去做，孩子才会变得独立、坚强，才能激发出他的潜能，孩子才能勇敢地面对困难和挫折。

在日常生活中，有的父母太过溺爱孩子，凡事包办替代，生怕孩子受到一点伤害。著名教育家蒙台梭利认为，家长采取包办替代的教育方式，看起来是为孩子营造了舒适的环境，实际上却剥夺了孩子独立成长的机会。生活中，不少孩子缺少自主能力，缺乏独立精神，性格懦弱，完全没有能力应对生活学习中的各种问题，这些都是家长凡事包办替代造成的。

刘洋的父亲是一所名牌中学的校长，因为"老来得子"，父母从小就很宠刘洋，除了学习，他几乎什么都不用做。小学毕业后，刘洋以优异的成绩考上了父亲任职的名牌中学。这个学校上体育课时，都会要求学生们换上运动鞋。这么一件简单的事情，对刘洋来说却成了不可能完成的任务，因为他从来没有自己系过鞋带。父亲在不远处看着不知所措的儿子，急得团团转，可是身为校长，他不可能再出面替儿子系鞋带。最后，父亲私下找到了儿子班上的一位班干部，请他每次上体育课前，都帮儿子系鞋带。

不可否认，这位中学校长是爱孩子的，可是他爱孩子的方式过于盲目。事事照顾周全，孩子没有了成长的空间，连鞋带都不能自己系，将来进入社会又怎能独立生存呢？

国内某高校的一位大学生，在考取出国留学的奖学金后，却因焦虑过度而精神失常了。原来，家里就她一个孩子，从小备受宠爱，衣来伸手，饭来张口。上了大学后，父母还要每周到学校去为她料理生活。一想到自己将要独自一人出国求学，无人照顾，她便忧心忡忡，焦虑不已，最后到了精神失常的地步。后来，这位学生的家长对记者说了一句令人深思的话："我们一心一意地爱她，凡事为她着想，谁知却害了她！"

父母凡事包办替代，就会让孩子养成依赖的习惯。过分依赖父母的孩子，没有独立能力，一旦需要离开父母，他们就会感到手足无措，无所适从。父母凡事包办替代，还会剥夺孩子自主选择的权利，孩子缺乏主见，就会倾向于消极的等待，而不会积极地行动和进取。另外，父母凡事包办替代，也不能让孩子清楚地认识到自己的责任，凡事推卸责任，孩子就容易形成懦弱的性格。所有这些，都会变成孩子将来获取成功的障碍，对孩子的健康成长和人际交往也是极为不利的。

父母总会有老去的一天，孩子最终都要离开父母的怀抱，独立走向社会，去面对各种各样的问题和挑战。只有教会他们生存的技能，培养他们独立生活的能力，他们才能打理好自己的生活，逐步成长为社会所需要的人才。

美国心理学家戴尔认为："孩子需要一定的空间去成长，去验证自己的能力，去学会如何对付危险的局势。不要为孩子做任何他自己能做的事。如果我们过多地做了，就剥夺了孩子发展自己的能力的机会，也剥夺了他的自立及信心。"可见，放手让孩子去做自己能做的事，教会孩子去做他应该做的事，才是父母爱孩子的最好方式。

心理学研究表明，孩子其实是喜欢自己做事情的。"请让我自己做"是每一个孩子成长的心声，父母应该顺应孩子的天性，鼓励孩子大胆地去做。放手让孩子自己做，给孩子创造动手实践的条件，遇到问题先让孩子自己动手解决，对孩子一些耐心和鼓励，孩子就能在一次次的尝试中得到锻炼，并从一次次的成功体验中增强自信心。这样一来，孩子在掌握生存技能的同时，还会变得独立、勇敢和坚强，也就有了面对困难和挫折的勇气。

父母要始终记住一点，没有什么比父母的帮助更有效果，也没有什么比孩子本身更有力量。孩子的人生之路，最终总要靠他自己去走，让孩子独立，教会孩子生活的本领，比什么都重要。

让孩子学会打理自己的生活

父母课堂

孩子只有自理才能自立，从小培养他们的独立意识和自理能力，是做父母的应尽的职责，也是对孩子真正的爱护。孩子只有先学会照顾自己，打理和安排好自己的生活，才能有勇气和能力去应对成长中的各种困难和挫折，也才能不断地提高自己的生活能力。

让孩子自己打理生活，就是要让孩子为自己服务，学会自己照顾自己。学会生活自理，是对孩子的一项基本要求。然而，现实生活中，不少中小学生，甚至不少大学生，缺乏生活自理能力已经是一个不争的事实。

魏永康曾被人们称赞为"东方神童"。这位神童13岁时就完成了小学至高中的全部课程，以优异的成绩考入湘潭大学；4年后又以总分第二的成绩考入中科院高能物理所，硕、博连读。然而，让所有人都没想到的是，中科院竟以魏永康不能适应研究生学习为由，劝其退学。

事实上，学校之所以做出这样的决定，不仅是因为魏永康不能适应研究生的学习，更为重要的是他缺乏生活自理能力，不能很好地打理自己的生活。魏永康从出生到去中科院念书之前，一切与生活自理有关的"活"全都让母亲包揽了。20多岁的魏永康，吃饭、穿衣、洗脸、洗澡甚至连端碗都仍需要母亲的帮助。

连自己的生活都不能打理的人，将来又怎么能立足社会，有所作为呢？孩子迟早要离开父母独立生活，从小培养他们的独立意识和自理能力，才是对孩子真正的爱护。

那么，家长应该怎样培养和提高孩子的自理能力呢？

1. 让孩子学会为自己服务

父母可以根据孩子的生理发展特点，逐步提出要求，从易到难，从简到繁，让孩子一步步地学会打理自己的生活，为自己服务。比如，3岁的孩子，可以让他自己洗手、洗脸、刷牙、吃饭等；4岁的孩子则可以开始学习折叠被子、整理床铺以及打扫房间等；五六岁的孩子应该能迅速穿好衣服。此外，还要逐步教会孩子做一些简单的家务。

为了让孩子有自理的意识，父母要有意识地为孩子创造条件。

比如，最好让孩子有自己的小床、小被子；衣服要放置在低矮的橱里，便于孩子取放；洗脸盆要小而轻便，洗脸巾要短且薄等。

2. 让孩子保管好自己的东西

孩子或多或少都有一些自己的物品，如玩具、书本等。让孩子自己把它们收拾好，放在他觉得合适的地方，不要让孩子把这些物品到处乱扔。如果孩子找不到某样东西，别急着去帮孩子寻找，让他回忆一下放在什么地方了。孩子可能会因一时找不到而哭泣，但是他会慢慢吸取教训，下次就会注意把东西放在一个固定的地方。

3. 让孩子做你的助手

父母在做家务时，可以让孩子做自己的助手。比如，打扫房间时，可以让孩子帮忙扔垃圾；修理水龙头时，可以让孩子帮忙拿工具；做菜时，可以让孩子帮忙择菜、洗菜等。这样不仅会让孩子有劳动的意识，还能让他意识到自己也是家里的一员，应该帮助家里做一些事情，以增强孩子的参与意识和自豪感。

孩子在帮父母做事的过程中，还可以观察父母做事的具体步骤和具体方法，父母也可以在此过程中，教会孩子一些基本的技巧。孩子自己动手时，就会容易很多，积极性自然也就提高了。

4. 让孩子自己检查作业

当孩子进入小学后，家长要注意，不要替孩子写作业或者检查作业，因为孩子应该自己去完成这些事情。一旦家长帮助孩子检查作业，孩子就会养成依赖，甚至不认真完成作业，不动脑筋思考，一心等着父母的指导和纠正，这对培养孩子的学习能力是很不利的。

5. 要多鼓励和表扬孩子

由于孩子年龄小，认知水平还不高，考虑问题不周全，能力不足，在做事的过程中，难免会出现一些失误。父母不应因此就指责笑话孩子，更不能惩罚孩子，而应首先鼓励孩子做得对的地方。对于孩子有失误的地方，要帮助他分析原因，找到问题所在，以提高操作技能和水平。这样的教育方法，不仅可以锻炼孩子的自理能力，而且还能极大地增强孩子的自信心，对孩子将来独立面对困难，正确认识挫折，也有积极的作用。

另外，父母还应该做好表率，言传身教，孩子就能在父母的帮助和鼓励下，一步步走向独立，认真打理好自己的生活。

提高孩子的自主选择能力

父母课堂

一位名人说过："命运不是机遇，而是选择。"只有学会自主选择，才能真正把握自己的命运。作为父母，要从小给孩子灌输自主选择的意识，引导并鼓励孩子自己做决定，并让其为自己的决定负责。只有这样，在遭遇挫折和失败时，孩子才能勇敢、及时地做出正确的选择。

有一位心理学工作者，曾到一所中学调查学生的自主性状况。在被调查的学生中，当被问到在学习和生活中遇到难题时，一时解决不了，该怎么办时，所有被调查的学生几乎异口同声地回答："有困难当然是找父母解决了！"几乎没有一名学生的答案是：自己先想办法解决，实在解决不了，再找父母帮助。当被问到今后准备从事什么职业时，竟有 70% 的学生说，要等回家问过父母后才能回答。

这位心理学工作者在总结他的调查结果时，不无忧虑地认为，缺乏自主性，对自我意识在选择中重要性的麻木，已是一些青少年综合素质的一个不容忽视的弱项。

人这一生，几乎无时无刻不在面临选择，一个不会自主选择的人，就不可能拥有面对困难和挫折的勇气和智慧。选择和责任是一对孪生兄弟，人的责任感是在自我选择中形成的，一个人没有选择的权利，只有被选择权，也就没有承担责任的意识。因此，自主选择，是孩子成长过程中的一项很重要的能力。

有的父母认为，孩子长大懂事后，自然而然就知道自主选择了。这样的想法是错误的，孩子的自主选择能力需要从小开始培养，只有这样，孩子才会养成遇事自己思考，自己拿主意的好习惯。

那么，怎样才能提高孩子的自主选择能力呢？

1. 相信孩子能处理好自己的事

很多父母不放权给孩子自由选择，就是因为对孩子没信心，害怕他们会做错事。父母这样的态度，往往导致孩子对自己也没信心，做事畏手畏脚，甚至为了避免犯错误干脆就不去做。其实，对孩子来说，最好的关心和鼓励莫过于父母的支持和信任。父母要相信孩子可以处理好自己的事情，放手让孩子自己去选择，做决定，这样一来，孩子才会在父母的期待和信任中，一点点成长起来。

2. 给孩子创造选择的机会

选择的意识不是天生的，是需要后天引导和培养的。父母在孩子小的时候，要有意识地多给孩子创造选择的机会，培养孩子自主选择的意识。比如，做饭前，告诉孩子你可以准备的菜品，让孩子来选择吃什么；出门前，让孩子自己选择要穿的衣服；睡觉前，让孩子自己选择想听的故事等。生活中，总会有这样那样的选择，只要父母留心，就能随时随处为孩子创造选择的机会。

3. 对孩子的选择"袖手旁观"

一个妈妈带着儿子到超市买饼干，妈妈说："儿子，你自己挑吧！"儿子一听高兴极了，直接拿起了最爱吃的巧克力饼干。可是，还没等儿子把饼干放进购物筐，就被妈妈制止了："不行，巧克力的太甜了。"于是儿子退而求其次，拿起夹心饼干，妈妈依旧拒绝："不行，夹心的会弄得衣服上到处都是。"最后，儿子干脆拿起了最简单的一种，心想：这下妈妈应该没话说了吧。结果妈妈却说："这个不好吃吧……"儿子觉得委屈极了："妈妈，你说过要我自己选的……"

孩子年纪小的时候，由于知识和经验的局限，在某些事情上，可能会出现错误的判断，在做选择的时候，难免会出现偏差。但是，父母不能因此就随意参与到孩子做选择的过程，去干涉孩子的决定。因为，这种错误对孩子来说是可以理解的，也是必要的，他们需要从这些错误中吸取教训。如果孩子没有足够自由的发展空间，没有足够的时间，那么，将来他们在需要做出选择的时候，就很可能束手无策。所以，当孩子进入选择程序后，父母就应该"袖手旁观"，放手让孩子自己做决定。

4. 适时地为孩子提供必要的帮助

自主选择并不是让孩子进行盲目的选择，在孩子进行重大决定时，父母可以帮助孩子收集资料，了解和熟悉各个选项，这有助于孩子进行科学的筛选。父母的引导和帮助，也为孩子将来独立做出重大决定提供了借鉴，让孩子懂得在面临重大选择时，要三思而后行，不可冲动行事。

5. 尊重孩子的决定

"你来选择""你来做决定"，这样的话会让每一个孩子感动，因为自己选择，做出自己的决定，这是孩子们引以为傲的事情。然而，有的父母嘴上这么说，而孩子的选择与自己的不一致时，却又总是试图改变孩子的决定。父母把选择权交到孩子手里，却又不尊重孩子的决定，这不仅会打击孩子的积极性，也会失去孩子的信任。

既然让孩子自己选择，就要给孩子足够的自由和尊重。父母可以通过给孩子分析各方面的情况，给孩子一些中肯的建议，但是不要取代孩子。即使孩子做了最糟糕的选择，也不要急着批评教导，先问问他的想法，可能的话让他为自己的决定负责。因为，孩子从自己的错误中学到的东西，永远比从父母的正确指导中学到的多得多。

提高孩子的动手能力

📝 父母课堂

在孩子成长的过程中，不仅要让孩子学习书本上的知识，还要培养孩子的动手能力。动手能力能很好地促进孩子的大脑发育，提高孩子的智力。动手能力强的孩子，对环境的适应能力也更强，更能应对成长中的各种困难，更容易成功。

动手做事是孩子成长的基础，也是开发孩子智力的前提条件。美国哈佛大学的一些社会学家、行为学家和儿童教育专家，曾经对波士顿地区 400 多名少年儿童进行了长达 20 年的跟踪调查。调查结果表明，动手能力强的孩子与不爱动手的孩子相比，长大后的失业率为 1:15，犯罪率为 1:10，平均收入要高出 20% 左右。这个调查虽然有一定的局限性，但是也从某些方面证明了，孩子的动手能力与孩子的成才有着密切的关系。

心理学研究表明，动手操作能力对人的大脑机能和智力发展有着重要的促进作用。父母可以通过以下方式培养孩子的动手能力。

1. 改变爱的方式

幼儿园开家长会，老师特意向孩子的父母布置了一项家庭作业——教会孩子剥鸡蛋皮。一位妈妈听完后，在下面小声地说："这多为难孩子啊！我家儿子还不知道鸡蛋长什么样呢！"老师觉得很奇怪，孩子都这么大了，怎么会不知道鸡蛋什么样子呢？那位妈妈继续说道："我总怕蛋黄会噎着孩子，到现在还一直只给他吃鸡蛋羹。"听了她的话，在场的老师和父母都吃惊不已。

这位妈妈这样细致入微的疼爱和照顾，最终只会害了孩子。要培养孩子的动手能力，家长就要更新爱的观念，改变爱的方式，把学习的机会交给孩子，培养孩子的自理能力以及对外界的适应能力，这才是对孩子理智的爱、真正的爱。

2. 为孩子提供动手的材料

父母可以为孩子购买一些操作性强的玩具，比如，橡皮泥、拼图、继母、拼装玩具、沙石等。这些玩具，使孩子在动手时还能学会和掌握一些技巧，能很好地激发孩子的兴趣。另外，在这个过程中，还能很好地提升孩子专心去解决问题的能力，能有效延长孩子的专注时间，这些对孩子将来的学习和工作都是极为有利的。

3. 有意识地训练孩子使用简单的工具

人类比其他动物聪明，是因为会制造和使用工具。父母不应该因为害怕孩子在使用工具的过程中可能会伤害到自己，就阻止孩子接触和使用工具，而应该有意识地训练孩子使用一些简单的工具。可以给孩子准备一个工具箱，里面放上尺子、小剪刀、小螺丝刀、针线等工具，鼓励孩子用这些工具进行创造，比如，让孩子用剪刀剪纸，用针线给布娃娃制作一件衣服，用小螺丝刀修好旧玩具等。这样一来，不仅能提高孩子的动手能力，还能让孩子掌握一定的技能。

当然，使用工具需要有一个过程，开始的时候，父母应在一旁进行指导。另外，父母还要告诉孩子怎样防止工具伤害自己，比如，在使用小刀、针、剪子时，一定要坐在指定的位置上，不能拿着工具乱跑，更不能直接对着别人，使用完了以后，一定要放回工具箱等。

4. 多带孩子到大自然中去

农村的孩子动手能力一般比城市的孩子强，这很大程度上是因为，农村的孩子接近大自然，大自然给他们提供了许多丰富的动手材料。因此，父母可以选择在周末或节假日，多带孩子到大自然中去，不仅让其可以享受阳光和新鲜的空气外，还能让孩子动手参与更多的活动。比如，可以和孩子一起玩沙、堆城堡、盖房子；还可以让孩子自己动手采集一些植物的叶子，捕捉一些小昆虫，告诉孩子这些动植物的名称和特性；回到家后，鼓励孩子把捕捉到的昆虫做成标本，把采集的树叶夹在书中做书签等。

大自然为孩子提供了丰富的材料，是激发孩子想象力和创造力，提高孩子动手能力的最佳场所。另外，多带孩子亲近自然，还能很好地增进亲子关系。

不要做陪读父母

父母课堂

孩子才是学习的主角，因此，不要做陪读父母，而应该把
学习的主动权还给孩子。父母应该及时转变自己的角色，
要相信孩子有独自面对困难、战胜挫折的能力，把自己从
一个监督者转变成一个欣赏者、喝彩者，多给孩子一些鼓
励和表扬，引导孩子自觉主动地学习。

在很多家庭，有一种生活正在快速传播，这种生活叫"陪读"。
家长每天除了上班，还要陪孩子写作业，检查作业并签字，给孩
子听写生字，陪着预习课文；周末带孩子上辅导班，家长要"候"
上大半天；还有的家长甚至不惜放弃工作，专职陪读；有的甚至
举家搬迁，另谋生计，只为孩子求学……这样的"家长陪读潮"
范围也越来越广，不仅小学生读书要陪，初中生要陪，就连高中、
大学阶段的陪读现象也已不是个案。

孩子小的时候，自觉性差，好的学习习惯尚未养成，这时候，
家长的督促和帮助是必要的。但是，学习始终是孩子自己的事，
孩子只有通过自己的思考和努力，才能真正掌握知识，才能不断
提高自己的学习能力。教育专家指出："过度陪读的结果往往是，
既苦了家长自己，更害了孩子。"家长如果不能适时抽身，把学
习的主动权还给孩子，必然会给孩子的学习和成长带来极为不利
的影响。

1. 过度陪读容易造成"能力缺失症"

有的家长之所以选择陪读，是因为孩子的自理能力差，不放心孩子的生活。然而，人的社会能力，几乎都是后天形成的，而逐级的学校教育，都是让孩子形成和完善这种能力的有利契机。如果家长总是不放心，要一路相伴，只会让孩子的能力日益弱化，甚至根本不具备独立生活的能力。

2. 陪读不利于培养孩子坚强的意志

坚强的意志是孩子在克服困难的过程中逐渐形成的。学习本身就是一个不断克服困难的过程，因此可以说，学习的过程也是孩子意志锻炼的过程。如果学习时父母陪读的话，孩子就容易养成依赖心理，稍有困难就求助于父母。有的父母为减轻孩子负担，缩短孩子的作业时间，不仅会把答案和盘托出，甚至还会做孩子的"枪手"，替孩子完成学习任务。这样不仅孩子自主学习的能力得不到提高，也难以培养出其坚强的意志。

3. 陪读会分散孩子的注意力

沫沫上初三的时候，妈妈担心她贪玩管不住自己，便不顾她的反对，在学校附近租了房子陪女儿读书。半年过去了，沫沫的学习成绩不仅没有上升，还呈现出下滑的趋势。更严重的是，沫沫还出现了失眠、头痛等症状，她不敢和妈妈说，怕妈妈担心。巨大的心理压力严重影响到了沫沫的学习，最终，沫沫没能像妈妈希望的那样，考上重点高中。

不少父母认为，自己陪在孩子身边，孩子肯定能集中注意力学习。其实不然，父母在一旁陪读，常常会给孩子带来心理压力，孩子可能会因为担心无法达到父母的要求或是无法实现父母的期望而苦恼，无法全心全意地投入学习中去。

4. 陪读不利于良好学习习惯的养成

一般来说，从孩子入学时起，学校都会根据孩子的情况，制定作息时间表，包括起床、吃饭、上学、玩耍、完成作业等。只要孩子自觉按作息时间去做，就能逐渐养成良好的生活、学习和行为习惯。反之，处在父母督促之下，一切听从父母安排，孩子就会形成依赖心理，缺少自律，一旦无人督促便会无所适从。

对部分孩子来说，家长的陪读是必须和应该的。比如，一些年龄偏小的孩子，在习惯养成的初期阶段，家长的陪伴能让孩子的学习更加顺畅；有的孩子自控能力差，沉溺于网络或游戏，放松学习，这时候家长选择陪读，监督孩子认真学习，也会取得良好的效果。但是，家长要始终认识到一点，陪读的最终目的是为了不陪，是让孩子能独立、自信地学习。因此，家长陪伴孩子的过程中，应该把重点放在以下三个方面：

1. 培养孩子的学习兴趣

兴趣是最好的老师，要想让孩子积极主动地学习，家长就要帮助孩子培养对学习的兴趣，调动孩子的积极性和主动性。要多鼓励和表扬孩子，允许孩子犯错，不要动不动就指责、打骂孩子。

2. 提高孩子的学习能力

家长在陪伴孩子的过程中，要指导孩子逐步学会独立地完成学习任务，不断提高孩子独立学习的能力。家长要重在引导，鼓励孩子积极主动地思考，教给孩子一些学习的方法，帮助孩子分解学习任务，制定合理的学习目标等，而不应该越俎代庖，做孩子的"枪手"。

3. 是督促而非监管

孩子在学习过程中出了错，比如，精力不集中、作业没做对等，家长应态度和蔼地加以提醒或批评，对孩子进行耐心细致的启发和引导。假如有必要陪读的话，那么在陪读过程中，家长千万不要急于求成，指望孩子什么都会。要给孩子成长的时间和空间，不要变督促为监管，让孩子感到厌烦、压抑和焦虑。孩子有一个轻松积极的心境，才能充分发挥出学习的潜能。

不要代替孩子道歉

父母课堂

孩子只有从小学会道歉，为自己的错误承担责任，才能成为一个有责任心、勇于担当的人；在面对挫折时，才不会选择逃避，而是会勇敢地面对，并积极地寻求解决的方法。因此，孩子做错事时，父母不应该一味地袒护，更不应该替孩子道歉，而要帮助孩子分析事情的前因后果，让他知道自己错在哪里，应该怎样去道歉，怎样去改正自己的错误。

当孩子闯了祸，或给别人带来麻烦时，有些家长认为，孩子还小，没有承担责任的能力，家长便把代替孩子道歉看成一件理所当然的事。这样的想法是不对的，这样的教育方式对孩子的成长也是没有帮助的。

星期天，龙龙的爸爸妈妈带他到小轩家做客。大人们坐在客厅里聊天，龙龙和小轩则在一起玩玩具。没一会儿，小轩突然伤心地哭了起来。家长们过去一看，原来是龙龙不小心把小轩最喜欢的玩具手枪弄坏了。龙龙的妈妈对小轩说道："小轩不要哭了啊，龙龙太不乖了，他怎么能弄坏你的玩具呢？阿姨代他向你道歉，下次阿姨买个新的玩具赔给你，好不好？"小轩的爸爸妈妈一听，连连摆手说："龙龙不要怕啊，不就是个玩具嘛，不用陪！"

孩子犯了错，或伤害了别人，理应道歉。由家长替孩子认错，对孩子来说，有害无利。家长这样做，实际上是在袒护孩子，孩子没能从错误中得到应有的教训，就不能对自己的言行有一个正确的认识，也就难以对自己的言行负责。另外，家长的做法还会让孩子形成"犯了错误反正有父母担着"的错误认识，孩子就可能有恃无恐，反复犯错误，不知道悔改。

因此，家长应该记住，只要孩子开始明白事理了，就应该培养他对自己行为负责的习惯。孩子伤害了别人，就应该自己去道歉，去承担后果。这不仅是为了得到别人的原谅，也是为了从小就帮助孩子建立起责任意识，增强孩子的自律精神，为孩子将来顺利融入社会生活创造良好的条件。

那么，当孩子做错事后，家长应该如何做呢？

1. 告诉孩子错在哪里

秋秋吵着要吃雪糕，奶奶对她说："你感冒了不能吃。"秋秋一听很不高兴，趁奶奶不注意时，狠狠地咬了奶奶一口。妈妈拉住企图逃跑的秋秋，对她说道："你必须给奶奶道歉！"秋秋低着头不说话，妈妈蹲下身，继续说道："咬人是不对的，别人会痛，就像别人咬秋秋，秋秋也会痛一样。如果你觉得自己错了，就给奶奶道歉，你仍然是个好孩子。"秋秋想了想，拉着奶奶的手说："奶奶，对不起！秋秋给你揉揉！"

孩子没有学会道歉，可能是因为不懂得是非概念；不知道生活中什么是对的，什么是错的，为什么是错的；更不知道自己应该怎样改正错误。因此，家长不应该动不动就责怪孩子，而应该先了解事情的经过，然后耐心地告诉孩子为什么错了，错在哪里。

2. 教孩子如何道歉

如果孩子不小心伤害了其他人或者打碎了什么东西，他也许自己已经意识到那是不好的，但是不一定知道应该怎么做。这种情况下，家长就应该教会孩子如何道歉，让他知道下次再出现类似情况时该如何处理。

3. 给孩子认错的勇气

认错是需要一定勇气的。孩子不敢认错，可能是害怕承担后果。家长应该给孩子以安全感，让孩子知道每个人都有犯错误的时候，只要改正了就是好孩子，这样可以避免孩子产生畏惧心理。

4. 孩子犯错要及时纠正

当孩子做错事时，家长应及时给予教育并纠正，让孩子知道错误不是不可挽救的，只要改正了，就可以得到原谅。家长千万不要在孩子做错事后，一味地批评、指责孩子，这样容易使孩子产生逆反心理，以后犯错时就会找借口推脱。

对懂得道歉但又频繁犯错的孩子，家长不仅要注意他的言语道歉，更要关注孩子改正错误的行为。因为如何纠正孩子的错误和行为，比孩子所犯错误本身更值得家长思考。

5. 要求孩子道歉时，要顾及他的自尊

在楼下小花园里散步的时候，星星不知道什么原因，和一个小朋友打了起来。星星一气之下，把小朋友的脸抓破了。妈妈生气地抓住星星，板着脸教训道："快给小朋友道歉！三天两头给我惹麻烦，一点出息都没有！"星星知道自己做错了，本来想道歉的，可是听了妈妈的话后，便倔强地抿着嘴唇，一言不发，不管妈妈怎么说都不愿意开口道歉。

家长在要求孩子道歉的时候，不应该忽视孩子的自尊心，否则不仅不能让孩子认识到自己的错误，还会伤害到孩子。当孩子犯错时，家长应该问清原委，就事论事。强迫是最令人反感的，孩子往往也难以接受。因此，如果孩子情绪激动，不愿意道歉，家长可以先安抚孩子的情绪，寻找合适的机会心平气和地对孩子进行事后教育，娓娓地分析与引导比死板的要求更能让孩子认识并改正自己的错误。

第 **4** 章

在挫折面前，让孩子变得坚强

　　人的一生从来不会一帆风顺，漫漫人生路，苦乐相掺，悲喜相伴，往往挫折坎坷比平坦之路更多。挫折会伴随每个孩子的一生，成为他们人生的一部分。在挫折面前，只有让孩子变得坚强，才能不断地提高孩子的逆商。让挫折成为孩子成长的基石，孩子才会成为未来的强者。

从小培养孩子坚强的意志

父母课堂

培养孩子的坚强意志，是提高孩子逆商的一项重要内容。孩子只有拥有了坚强的意志，才能勇敢地迎接困难，持之以恒地朝着既定的目标努力。

一个人要想取得成功，必须要有坚强的意志。正如苏东坡所说："古之立大事者，不唯有超世之才，亦有坚忍不拔之志。"只有有了坚忍不拔的意志，我们才能克服各种困难，不怕挫折，奋力拼搏，才能在逆境中创造奇迹。

生活中，常听到父母这样抱怨："我的孩子干什么事都没有长性，总是半途而废，要能坚持就好了。""孩子做事犹犹豫豫，优柔寡断""孩子总想学好，可是总控制不住自己，自制能力太差。"……

其实，孩子自制力差，做事容易半途而废，都是因为缺乏坚强的意志。坚强的意志不是天生的，主要靠后天的教育和培养。因此，父母应该尽早把培养孩子坚强的意志纳入挫折教育中来，为孩子的健康成长和长远发展打下坚实的基础。具体可以从以下几方面着手：

1. 摸清孩子意志薄弱的方面，分析原因

每个孩子都有一定的意志力，只是强弱不同。因此，培养孩子坚强的意志，就要从孩子的实际出发，摸清孩子意志薄弱的方

面和环节，找准弱点，并分析原因，有针对性地采取措施，进行引导和教育。

比如，那些做事虎头蛇尾的孩子，确实很让人头疼。可是，只要我们仔细分析，就会发现，这些孩子往往能够很快确定目标并采取行动，他们的弱点在于坚持性和自制力上。对待这样的孩子，在确定目标之后，父母就要给他打预防针，提醒他一旦行动起来，就要克服困难坚持下去。在行动过程中，父母要引导孩子正视困难，鼓励孩子克服困难，不断提高孩子的自我管理能力，不断地激励他。在接近目标时，更是不能放松，要让孩子懂得"行百里者半九十"的道理。通过父母有意识地引导和督促，孩子的薄弱环节就会得到扭转。

再比如，有的孩子采取行动前，总是犹犹豫豫，很难下定决心，而一旦行动起来之后，就能很好地坚持。对这样的孩子，父母就应该加强其决断性的训练。在行动的起始阶段，父母要引导孩子积极地分析利弊因素，结合实际情况，尽快确立行动目标，逐步培养孩子的果断性。

2. 指导孩子制定合理的目标

目标对行为有着很强的导向和激励作用，孩子有了明确的目标，他就会为实现目标去努力，表现出坚毅、顽强和勇敢的性格。因此，父母应根据孩子的年龄、智力、兴趣爱好等特点，指导孩子制定合理的目标。目标应为短期和长期两种，短期目标要具体明确，具有很强的可执行性，要让他明白只要自己努力，就一定会达到；而长期目标要定得高远，具有长远的指导性，最好为孩子找一个榜样，这样孩子更易理解和接受，也更容易看到希望。

3. 从小事做起，磨炼孩子的意志

"千里之行，始于足下。"从小事做起，持之以恒，是磨炼孩子意志的一个好方法。父母可以从生活、学习中的小事入手，督促孩子养成持之以恒的习惯。比如，让孩子坚持每天按时跑步、预习、认真完成作业等，这些虽然都是小事，但是如果孩子能坚持做到，从不间断，那么孩子的意志就能得到很好的磨炼。

当然，从小事做起，只是起点。培养坚强的意志，要随着孩子的成长和进步，从小到大、从易到难、从低到高地磨炼孩子。只有这样，孩子才能一点点变得坚强，才能迎接更多的困难和挑战，不断提高自己的逆商。

4. 为孩子设置必要的障碍

坚强的意志不是天生的，而是在困难中磨炼出来的。父母要让孩子从小就认识到挫折是不可避免的，更要让孩子学会凭借坚强的意志去战胜它。父母可以在平时的生活和学习中，为孩子设置一些必要的障碍，给他创造一些"逆境"，以磨炼孩子意志。

5. 让孩子学会"跟自己作对"

"金无足赤，人无完人"。因此，家长要注重帮助孩子认识自己，发现自己的不足。但是，有的时候，家长也要让孩子学会"跟自己作对"，鼓励孩子勇敢地挑战自我，超越自我。有志气的孩子，应该充满自信地对自己说："我就不信不能改正自己的缺点，别人能做到的，我也能做到！别人做不到的，我也要争取做到！"要教育孩子：明确行动的目标，选择适合的方法，一旦行动，就要有"不达目的不罢休"的勇气。当然，学会"跟自己作对"，

也要避免盲目性，不能冒险，更不能脱离实际。

6. 适时激励表扬孩子

赞扬可以提高孩子的自信心，有利于孩子意志的锻炼。父母多关注孩子，注意到他们在活动中通过努力表现出来的点滴进步，并适时、适度地给予肯定和赞赏。赞赏的微笑、亲切的抚摸、友好的合作，对孩子来说都是很好的鼓励。

从小培养孩子的自信心很重要

父母课堂

孩子的自信心不是与生俱来的，它需要父母正确的引导和帮助。自信心是人生成功的力量之源，也是一个孩子成长的关键。因此，从小培养孩子的自信心，让孩子"抬起头来走路"，是父母对孩子进行挫折教育的重要内容。

在一个公园里，几个白人小孩正玩得高兴。这时，一位卖气球的老人推着小车走进了公园。白人小孩一窝蜂地跑了上去，每人买了一个气球，兴高采烈地追逐着放飞在天空中的、色彩艳丽的气球。

在公园的一个角落，蹲着一个黑人小孩。他羡慕地看着打闹嬉笑的白人小孩，他很想走上前去和他们一起玩，但是他不敢，因为他是黑人，白人小孩一定都看不起他。没一会儿，白人小孩们就跑得不见了踪影，黑人小孩这才站起身来，怯生生地走到老人的车旁，用略带恳求的语气问道："您可以卖一个气球给我吗？"

老人用慈祥的目光看着他，温和地说："当然可以！你要什么颜色呢？"黑人小孩其实很想要一个色彩鲜艳的气球，可是他觉得老人一定会笑话他。于是他鼓起勇气说："我要一个黑色的。"老人有一瞬间的惊诧，然后给了他一个黑色的氢气球。

黑人小孩开心地拿过气球，小手一松，黑气球在微风中冉冉升起，在蓝天白云的映衬下，黑色的气球反倒成了一道别样的风景。老人一边眯着眼睛看着气球升起，一边用手轻轻地拍了拍小孩的头说："孩子，你要记住，气球能升起，不是因为它的颜色和形状，而是因为气球内充满了氢气。一个人的成败不是因为种族、出身，关键是你的心中有没有自信！"

老人的话给了黑人小孩很大启发和鼓舞，从那以后，他开始慢慢改变自己怯懦的性格，把自信一点点植入自己的内心，不断地努力和拼搏。最终，他成了一名著名的心理医生，帮助不少人走出了心灵的困境，受到了人们的尊敬和喜爱。

爱默生曾说："自信是成功的第一秘诀。"对每个人来说，自信都是一种非常重要的心理品质。在自信心的驱使下，人们才敢于对自己提出更高的要求，并在失败中看到成功的希望，鼓励自己不断努力，最终实现自己的目标。

自信是孩子成长过程中的精神核心，是促使孩子充满信心去面对困难，战胜挫折，努力完成自己愿望的不竭动力。如果孩子充满了自信，那么他就会拥有乐观的心态，做事积极主动，勇于尝试，努力进取，乐于接受挑战，不断超越自我。相反，如果孩子缺乏自信，那么他就会表现出懦弱、害羞、恐惧等不良心理，不敢面对新的事物，不敢主动与人交往，做事犹豫不决，从而失去很多学习和锻炼的机会，最终影响到自身的发展。长期缺乏自信还会让孩子产生"无能"的感觉，甚至可能自暴自弃、破罐子破摔，这样的心态对孩子的成长是极为不利的。

可见，从小培养孩子的自信心，对孩子的健康成长和未来的发展十分重要。从小培养孩子的自信心，也是挫折教育的重要内容，因为，孩子只有拥有了强大的自信，才能拥有面对困难，战胜挫折的勇气。因此，家长一定要正确引导孩子，帮助孩子认识到自信心的重要性，让孩子"抬起头来走路"，鼓励孩子进行积极正面的自我评价，帮助孩子看到他自己的优势和长处，鼓励他们勇敢地去尝试，去追求自己的理想和目标。这样，孩子就能在一次次的尝试中，成长为一个充满自信、有坚强毅力的人。

责任会让孩子变得坚强

父母课堂

> 强烈的责任感，会让孩子变得勇敢，变得坚强，因此，培养孩子的责任心，对提高孩子的逆商有着重要意义。父母要让孩子懂得责任心的重要性，要求并鼓励孩子对自己的生活和学习负责，尽全力做好每一件他应该和可以做到的事情。父母还应该以身作则，为孩子树立好的榜样，让孩子成长为一个勇于担当、有恒心、有毅力的人。

小磊今年 10 岁了，可是一点也没有"小男子汉"的气概，做事总喜欢挑着简单的做，随便遇到一点困难就会逃避退缩，如果非做不可，也得要父母在一旁监督提醒，否则，他就会半途而废。

小磊的表现让父母很担心，于是，父母商量后决定送小磊去参加暑期夏令营。

夏令营的活动都是户外的，而且要求孩子独自参加。尽管很不放心，但考虑到孩子将来的发展，父母还是狠下心把他送到了队伍里。一个星期后，父母再次见到小磊的时候，感觉他像是变了个人似的——不再一脸的不耐烦，他脸上总是带着自信、坚毅的微笑；不仅能很好地打理自己的生活，还会主动帮助父母做家务；做事也不用要父母督促，能很好地坚持到底……父母感到很吃惊，细细询问起夏令营活动的细节，这才找到了答案。

原来，夏令营的所有活动都是以小组为单位，而小磊因为个子高的缘故，被同组的同学推选为小组长。这样一来，小磊不仅要照管好自己，还要照顾其他的组员，之前什么也不懂的他，不得不一点点学习生活的技能。最让小磊难忘的一个活动环节叫"百里夜行军"，孩子们要背着自己的背包，在夜里行走近百里路，各小组之间还要进行比赛，表现不好的小组，活动结束后，组长就要代小组的其他成员接受惩罚。

听到这，父母忍不住问小磊："那么远的路，你怎么能坚持下来呢？"要知道小磊平时可是连多动一下都不愿意。小磊回答说："因为我是组长，我有责任带领我的组员完成任务，我一定不能先放弃。这么一想，我就浑身充满了力量，一点也不觉得累，我还不停地给组员加油打气。最后，我们小组一个同学都没落下，最先到达了目的地！"说到这，小磊骄傲地笑了起来。父母也为他感到高兴，同时他们也认识到这样一个道理：责任可以让孩子变得坚强。

确实如此，责任往往可以让人忘记害怕，战胜怯懦，坚持到底，创造出奇迹。对孩子来说，也是如此。要提高孩子的逆商，让其变得勇敢坚强，父母就要学会把责任的接力棒交到孩子手上，从小培养孩子的责任心，鼓励孩子勇敢地承担责任，并积极地去履行自己的责任。

那么，家长在日常生活中应该如何培养孩子的责任心呢？

1. 让孩子学会自我服务

培养孩子的责任心首先就要求家长放弃对孩子的溺爱，让孩子去做一些力所能及的事情，让孩子学会自我服务，多承担一些责任。比如，玩完的玩具要自己收拾好，自己的房间要自己打扫，穿脏的袜子自己洗干净，起床后自己整理床铺，家庭作业自己独立完成等。

2. 让孩子品尝一下缺少责任心的苦果

孩子尚处于成长之中，他对一些事情表现出没有责任感也是正常的，因为他许多时候的确不太清楚这样会有对他有什么不好的影响，所以，为了培养孩子的责任感，家长可以适当地让孩子品尝一下办事情不负责任的苦果，孩子一旦尝到了苦果，自然就会提高警惕，下次做事情的时候自然就不会再马马虎虎、草率了事了。

比如孩子上体育课忘了穿运动鞋，他打电话央求父母给他送去，这时父母就可以拒绝孩子的要求，尽管让他去挨老师的批评好了，孩子尝到了苦头之后就会多长点记性；孩子平时东西喜欢乱拿乱放，提醒他多次也不起作用，某天他的作业特别多，而且又急需一本参考书，可是找了半天也没有找到，家长这时也不要因为顾忌影响孩子的作业而帮他找，尽管让他费时费力地去找好了，反正作业总归是要完成的，他耽误的时间越长休息得越晚，给他留的印象也就会越深刻。

3. 让孩子参与家庭生活

家长要把孩子看作与自己地位平等的独立的个体，让孩子参与到家庭生活中来，增强孩子的主体意识，提升孩子在家庭里的主体地位。父母可以分配给孩子一些家务，家里的一些事情，尤其是与孩子相关的事情，都可以让孩子参与进来，征求孩子的意见，让孩子帮着出谋划策，对孩子提出的好建议、好想法要积极采纳并加以表扬和鼓励等。当孩子体会到了他在整个家庭里并不是可有可无的，确实是被整个家庭所需要的时候，他对家庭的责任感便会油然而生，就会尽力把该做的、能做的事情做到最好。

4. 不要让孩子逃避推卸责任

里根小的时候，一次踢球时不小心弄碎了邻居家的玻璃，邻居向他索赔12.50美元。小里根没钱，只好跟父亲要。父亲说："这钱我可以借你，一年后你要还给我。"从那以后，里根每逢周末或假日便外出打工，经过半年的努力，他终于把钱如数还给了父亲。他后来回忆起这件事情时说："通过自己的劳动来承担过失，使我懂得了什么叫责任。"

要想培养孩子的责任感，家长应当要求孩子勇于对自己的言行负责，不论孩子有什么样的过失，只要他具备承担责任的能力，就要让他去勇敢地面对，不能让他逃避和推卸。

培养孩子的毅力，让孩子学会坚持

父母课堂

在孩子成长的过程中，无论是在生活中还是在学习上，都会遇到很多难以预料的困难。父母要让孩子明白，认准了一件事后，就要尽全力去做，只要有毅力，只要能坚持到底，一切难题都将迎刃而解。培养孩子的毅力，让孩子学会坚持，也是提高孩子逆商的重要手段。

笑笑上幼儿园的时候，很喜欢画画，于是妈妈帮她报了辅导班。可刚学了半年，笑笑看到班上有同学会拉小提琴，于是又吵着要学拉小提琴。妈妈觉得学小提琴也不错，于是又给她报了小提琴班。可是刚拉了半年，笑笑又开始叫苦了。

上小学后，笑笑对妈妈说："舞蹈队里的小天鹅多好看啊！妈妈，你给我报舞蹈班吧，我也要做小天鹅！"妈妈给笑笑分析道："你现在既学画画又学琴，课余时间都排得满满的，哪有时间学跳舞啊！咱们就先坚持一下，把画画和小提琴学好，你说呢？"笑笑却不依了，缠着妈妈说："妈妈，这个多简单啊！我不想学画画和小提琴了，我只想学跳舞。"

生活中，很多家长都会遇到这样的情况，孩子总是想学这学那，每次都是孩子自己主动提出来的，也再三保证"这次一定会坚持"，可是，没过多久，孩子就会故伎重演，不肯去学了。

所谓"不积跬步，无以至千里；不积小流，无以成江海"，说的就是缺乏毅力的人是无法不断进步，进而取得成功的。

美国著名心理学家威蒙曾对 150 名有成就的人做过研究，发现他们的成功主要与三种性格品质有关：一是毅力，二是善于为实现目标不断积累，三是自信。由此可见，持之以恒的毅力对一个人的成功是多么重要。

生活中，我们不难发现，有毅力的孩子在学习时，往往会认真对待每一节课，认真完成每一次作业，做事总能坚持到底，长时间的坚持和积累也会给孩子带来优秀的成绩。而那些缺乏毅力的孩子则往往表现出没有耐心，容易放弃，无法坚持做完一件事情，这些都会给孩子的学习和生活带来不少的麻烦和困难。

毅力是一个人心理素质优劣、心理健康与否的衡量标准之一，也是孩子未来成功的关键因素之一。培养孩子的毅力，让孩子学会坚持，对孩子今后的发展有很大的影响。因此，家长一定要对孩子进行毅力训练。

那么，家长应该如何培养孩子的毅力呢？

1. 让孩子养成有始有终的好习惯

培养孩子的毅力要从大处着眼，小处着手。要从生活学习中的小事入手，让孩子养成做事有始有终的好习惯。比如，孩子看小人书时，要求他从头至尾看完后再换另一本；孩子画一幅图时，务必让他有始有终；孩子自己学洗衣服的时候，不要因为孩子喊累就半途而废……

2. 孩子提无理要求时家长不要做出让步

在孩子做事没行耐心，不能坚持下去时，家长一定要坚持自己的原则，不能因为孩子哭闹或是发脾气就做出让步。如果每次孩子一有要求，家长就做出让步，那么孩子就会形成这样的认识："爸爸妈妈总听我的，我想怎样就怎样。"这样，孩子做事就会越来越没有耐心，遇到一点儿困难就无法坚持下去。

3. 让孩子从小目标开始做起

父母要善于从小目标上培养孩子的毅力，如在学习上，不能泛泛地督促和考察孩子"坚持学习"，而要将目标具体化、数量化。比如，让孩子坚持每天写一篇日记，每天背 20 个单词，每天睡觉前看 20 分钟的书等。积少成多，一段时间后，孩子就可以从中看到毅力和坚持的重要作用，孩子的信心也会增强，从而不再恐惧较高一些的目标。在不断实现目标的同时，孩子的毅力也会不断增强，并逐渐养成持之以恒的习惯。

4. 提高孩子完成任务的信心

父母在交给孩子任务时，要把任务交代具体，并提醒他在完成任务中可能会遇到的困难，让孩子有充分的思想准备。父母还应该教给孩子一些克服困难的方法，让孩子做到心中有数。这样，就能很好地提高孩子完成任务的信心，让孩子有坚持到底的勇气。

5. 孩子遇到困难时家长要多鼓励

对尚未经历风雨、见过世面的孩子，在接受意志力考验的过程中，遇到困难或挫折时，意志消沉往往是难免的。此时，外界的鼓励就显得尤为重要，一旦孩子在他人的帮助和支持下鼓起勇气渡过了难关，他的意志力就会得到有效地锤炼，他的心理素质也会得到明显的提高。

6. 家长要指导、监督孩子做事

在孩子做事的过程中，家长在关键时刻要给予指导和提示。这不是让父母代替孩子做事，而是对孩子进行引导，帮助孩子想办法，以防他遇到解决不了的问题时灰心丧气。当孩子想不出办法又不愿去想，有偷懒或依赖家长的迹象时，家长不可轻易给予帮助，而应注意引导和鼓励，必要时应对孩子进行批评教育，并监督孩子独立完成任务。这样长期坚持下去，孩子的能力提高了，习惯养成了，做事也就不会再半途而废了。

改变孩子输不起的心态

父母课堂

虽然说好强是孩子正常的心理，但是，如果孩子的得失心过重，每一次输赢都让他耿耿于怀的话，必然会影响到他的人际交往和自身的长远发展。面对"输不起"的孩子，父母需要多费点心思，引导孩子正确对待输赢，不断提高孩子承受挫折的能力，提高孩子的心理成熟度，帮助他跨越这种心理障碍。

小天是一个很好胜的孩子，每次考试哪怕只比同学少考一分都会让他难过很久。平时和小伙伴玩游戏，他也只能赢不能输，要是输了，他就会缠着小伙伴们继续玩，一直玩到他赢为止。渐渐地，小伙伴们就不怎么愿意跟他玩了。

这天，小天又被小伙伴们拒绝了，闷闷不乐地回到家。他看见妈妈正在摆弄跳棋，就缠着妈妈陪他下。因为妈妈故意让着他，所以前两盘都是小天赢，他高兴极了。可是到第三盘的时候，妈妈稍微尽了点力，小天就输了。这下小天不高兴了，非说妈妈耍赖，一定要再赢回来。又下了两盘，小天因为浮躁，走错了好几步棋，都输了。

小天一气之下把棋盘都摔了，对妈妈大喊道："我不玩了！每次都是你赢，一点意思都没有！"喊完就气冲冲地回房间了。

其实，胜败乃兵家常事。可是现实生活中，像小天这样的孩子还真不少。孩子"输不起"通常会有两种表现：一些孩子面对挫折、失败，会采取回避的方式，逃避困难。比如，妈妈批评小强学钢琴不认真，不如隔壁的玲玲弹得好，听到这话小强索性就放弃了；另外一些性格急躁的孩子一旦在游戏中输了，就会大发脾气、哭闹以示宣泄。

这种"输不起"的心态对孩子来说是很危险的，如果得不到及时纠正，孩子将来走上社会后，往往不能正确地面对各种挫折和失败，他往往会沮丧、恼怒甚至完全丧失信心，一蹶不振。因此，父母应该从小让孩子体验失败的滋味，改变孩子"输不起"的心态，让孩子学会从失败中总结经验教训，从而不断增强孩子抗挫折的能力，使他在将来能经得起大风大浪的考验。

那么，家长面对这些"输不起"的孩子应如何做呢？

1. 要认识到，孩子"输不起"是一种正常现象

从儿童心理学的角度来讲，孩子"输不起"是一种正常现象。无论什么事情，孩子总是希望自己能做到更好，比别人强，获得周围人的认可。可是因为孩子年龄小，各方面都不成熟，他并不了解自己的强项和弱项，在人前或是在集体活动中，一旦输于人

时，他就会表现出不满情绪。对此，家长应该给予孩子充分的理解。

2. 家长要端正自己的心态

在平时的生活中，一些父母往往喜欢将孩子的成功当作自己的"门面"。赢了，就夸孩子聪明、能干；输了，就指责孩子笨、不争气。这种教育方式是最不可取的。这样做，很容易让孩子走向两个极端：要么失败了就爬不起来；要么就争强好胜，非赢不可。父母在孩子个性形成的过程中起着非常重要的作用。面对"输不起"的孩子，父母首先就应该端正自己的心态，正确看待孩子的失败。

3. 增加孩子受挫折时的承受力

家长虽然要尽可能地协助孩子成功，但在平时的生活中也不要过分刻意地为孩子排除一些在正常环境中可能遭遇到的困难。当孩子遇到挫折时，家长不要立刻插手，不妨留给孩子独自面对失利的空间和机会。比如，孩子用积木搭一座高楼，可不巧，快成功时，"楼"塌了。看着孩子沮丧的表情，家长尽量不要直接替他解决问题，可以和他一起讨论，引导孩子去思考，然后让他自己去找解决的办法。孩子克服挫折的能力和动机，常来自遭遇过的挫折，当他的经验足够丰富时，就可以获得更多的成就感和自信心。

4. 在集体活动中提高孩子的耐挫力

在集体活动中，孩子会经历一些挫折和失败。这些失败的痛苦经历，可以让他更好地认识自己，发现自己的缺点和别人的长处。在集体活动中，一方面要让孩子学会如何欣赏别人，和同伴友好相处，共同合作；另一方面，他还能够在同伴之间的相互交流，学会克服困难、解决问题的方法。在集体活动中的这些磨炼，对提高孩子的耐挫力是很有帮助的。

5. 在游戏中平衡孩子输赢的心态

父母在与孩子玩游戏时，不要经常故意输给孩子。适当的时候，可以和孩子玩一些输了也有奖励的游戏，通过这种办法，平衡孩子"输不起"的心态。当然，奖励的前提是说出输的原因。父母可以通过这样的方式，告诉孩子，这是每个人成长过程中都必须经历的，"输"并不丢人，也不奇怪，只要能找到自己失败的原因，就是一种成功。

遭遇挫折后，让孩子"再试一次"

父母课堂

勇于再试一次是一种过人的胆识，也是对自己能力和潜力的高度自信，更是一种智慧的展示。孩子遭受挫折后，父母要鼓励孩子勇敢地"再试一次"，给他信任和支持。只有这样，孩子才能直面挫折和失败，不轻言放弃；才能获得经验，不断走向成熟。

一位演说者到了瓦伦斯堡的集会上演讲，他那雄辩的技巧、扣人心弦的故事深深打动了一个男孩。从那一刻起，男孩立下志愿，长大后一定要当一名演说家。为此，他很努力地去做，抓住一切机会勇敢地去尝试。然而，笨拙的外表、破烂的衣服和少了一根食指的左手，让他常常遭到周围人的嘲笑和挖苦。

有一次，已经是一名师范院校学生的他穿着那件破夹克刚走到台上，就有人冲他大喊了一声："我爱你，瑞德·杰克！"紧接着，大家便笑做一团。原来在英语里瑞德·杰克与破夹克是谐音词。还有一次，他讲着讲着竟忘了词，在人们的口哨声中，他汗流满面地站在那里，尴尬至极。

就这样，他不停地尝试，又不断地失败，当第 12 次的失败向他袭来时，他终于心灰意冷了。比赛结束后，他拖着疲惫的身子往家走，路过一座桥时，他停了下来，久久地望着下面的河水。

"孩子，为什么不再试一次呢？"不知何时，父亲已经站在他身后，正微笑地看着他，眼里充满了信任与鼓励。父亲的话给了他莫大的支持和鼓舞，他决定重新振作起来，勇敢地坚持下去。

30 年后，男孩成了美国历史上最著名的心理学家和人际关系学家，他的著作和演讲影响了世界上的很多人。他就是被誉为"20 世纪最伟大的人生导师和成人教育大师"的戴尔·卡耐基。

一位伟大的思想家曾经说过："世上没有所谓的失败，除非你不再尝试。"当孩子遭遇挫折和失败时，父母应该鼓励孩子勇敢地面对，让孩子"再试一次"。"再试一次"，既是对孩子所做过的"这一次"的肯定，更是对孩子将要做的"下一次"的积极鼓励。这句话能让孩子感觉到父母的信任和鼓励，让他对自己的下一步行动产生一种跃跃欲试的冲动，给孩子一种继续努力的动力，从而帮助孩子战胜挫折，不断走向成功。

小伟的爸爸是个跳高运动员，在爸爸的影响下，小伟也喜欢上了跳高。爸爸每天晚上，都会在自家门前的空地上搭一根横杆，练习跳高。小伟看了几次以后，便也跟着跳。爸爸看着小伟有兴趣，便认真辅导他练习，不时地帮他指出一些错误并教给他一些技巧。

刚开始的时候，每次调整完高度，小伟都一定会把横杆碰掉，有时候连跳几次都不成功，小伟就开始灰心了，垂头丧气地等着被爸爸批评。但是，爸爸却从来没有批评过他，而是每次都拍拍他的肩膀说："不要紧，每个人都是这样，没有谁一次就能成功的，爸爸刚开始练的时候，还不如你呢！来，咱们再试一次！"在爸爸的鼓励和帮助下，小伟调整了自己的心态，一次次地尝试，越跳越有感觉，越跳越有信心了。12 岁那年，小伟跳过的高度已提高到了他的肩膀上了。

奥格·曼狄诺在《羊皮卷——世界上最伟大的推销员》一书中，说过这么一段话："每一次的失败和奋斗，都能使你的技艺更精湛，思想更成熟，磨炼你的本领和耐力，增加你的勇气和信心。这样，困难就成了你的伙伴，发人自省，迫人向上。只要永不放弃，持之以恒，每次挫折，都是你进步的机会。如果你逃避退缩，那就等于自毁前途。"每一次挫折和失败，对孩子来说，都是成长和锻炼的机会。但是，孩子由于年龄、阅历等方面条件的限制，承受挫折的能力有限，一次次的失败后，如果得不到外界的鼓励和帮助，他们很可能就此丧失信心，一蹶不振。因此，当孩子遭遇挫折时，父母一定要多关心孩子，多给孩子鼓励，大声地对孩子说"再试一次"。

父母要让孩子知道，成功从来都不是一条风和日丽的坦途，挫折和失败是人生的常态，而无论失败多少次，只要有"再试一次"

的勇气和行动，就一定会有柳暗花明的一天。鼓励孩子"再试一次"，一次次的尝试之后，孩子得到的不仅仅是成功，还有更为宝贵的自信。

自我激励，帮助孩子树立信心

父母课堂

当挫折来临时，孩子常常会被消极的情绪所笼罩。这个时候，父母除了给予孩子鼓励和支持外，还应该让孩子认识到自我激励的作用和重要性，教给孩子正确的方法，让孩子通过自我激励找到努力的动力。当孩子学会了自我激励，积极的自我暗示成了一种习惯，就会融进孩子的血液里，那么他就会成为一个永不绝望、充满自信的人，成为一个真正的强者。

在心理学上，自我暗示指通过主观想象某种特殊的人与事物的存在来进行自我刺激，达到改变行为和主观经验的目的。积极的自我暗示是一种自我激励，它对自己的生理和心理活动都能产生积极的作用。人需要不断地自我激励才能最大限度地发挥潜能。心理学家研究发现，一个没有受激励的人，仅能发挥其能力的 20%～30%，而一旦他受到激励，其能力可以发挥到 80%～90%，相当于激励前的 3～4 倍。

在 1972 年墨西哥奥运会马拉松比赛中，一位黑人选手在左膝盖受伤的情况下，凭着自己坚强的意志跑完了全程。当他到达终点时，其他选手早已回去休息了。对他来说，跑不跑到终点，都已经没有名次了，但是他还是坚持跑完了全程。当他跑到终点时，一位记者问他："是什么力量让你坚持跑完全程的？"他回答："我只是不断地告诫自己，一定要跑完！"

1991 年，一个名叫坎贝尔的女子徒步穿越非洲，不但战胜了森林和沙漠，而且通过了 400 公里的旷地。当有人问她为什么能完成这令人难以想象的壮举时，她回答说："因为我说过'我能'。"当问她对谁说过这句话时，她的回答是："对自己说过。"

自我激励往往能产生强大的力量，把"不可能"变成"可能"，把"绝境"变成"希望"。一个人能否为自己喝彩，会不会自我激励，直接影响着他未来的发展高度。懂得为自己喝彩的人，在面对挫折时，就能拥有永不低头的勇气，就能把困难当成晋升的阶梯，这样的人，即便天赋平平，也能一步步走向成功。不会为自己喝彩的人，即便天赋超群，但因认识不到自己的能力，看不清自己的优势，也会表现出懦弱的特点，这样的人遇到挫折往往选择逃避，缺乏自信，将来可能会一事无成。

德国人力资源开发专家斯普林格在其所著的《激励的神话》一书中写道："强烈的自我激励是成功的先决条件。"父母可以从早到晚告诉孩子，自己是多么为他骄傲，但是，孩子不能总是依赖父母和老师的赞许，更要依靠自己内心的动力前进。因此，父母应该积极鼓励并引导孩子，让孩子学会自我暗示和自我激励，从而激发其内心的潜能，帮助孩子取得更大的成功。

一个人是否懂得自我激励，与父母从小对孩子的态度有很大关系。父母是否尊重孩子；是否教会孩子在遭到打击后应坚强面对；是否培养了孩子的自信心；是否教给孩子自我暗示的方法，让孩子认为"我能行"……这些都影响着孩子自我激励体系的形成。

因此，父母在教育孩子时，一定要注意自己的言谈举止，不要说伤孩子自尊的话，不要做无助于孩子建立自信的事。父母要关注孩子，在孩子消极自卑时，要及时给予鼓励，帮助孩子看到他身上的优点，找到他自身的优势，从而增强他的自信心。当孩子取得进步时，父母应该为孩子感到高兴，并及时恰当地给予认可和赞赏。

父母要教给孩子一些自我激励的方法，并鼓励孩子每天都对自己进行成功的暗示。比如，让孩子多对自己说"我能行""我可以""我相信"，少说"真糟糕""我不行""也许会出现意外"；鼓励孩子记录自己的成就，用事实让孩子看到自己的潜能，帮助孩子树立信心。

有意识地训练孩子进行积极的自我暗示，让孩子学会给自己喝彩，能有效地提高孩子的耐挫能力，增强孩子的自信心，让孩子在挫折中变得更加勇敢和坚强。

第 5 章

给孩子关爱，与孩子共渡难关

约翰·贝曼说过："当孩子遇到挫折的时候，我们要陪伴他们并帮助他们渡过难关。"孩子在成长的过程中，并不是每次挫折都能靠自己的力量战胜的。当他们遇到了超出能力的难题时，父母就应该及时地给孩子关爱，鼓励他们振作起来，帮助他们走出困境。

让脆弱的孩子坚强起来

父母课堂

> 没有谁的人生是一帆风顺的，尤其是脆弱的人在挫折面前往往会止步不前。只有让脆弱的孩子变得坚强，不断提高他的逆商，他才会成为一个在人生路上不断前行的勇者，实现自己的人生目标。

一名8岁的小学生，因害怕上学跳楼自杀；一名12岁的少年因拒绝学拉小提琴而悬梁自尽；广州一名中专生因为找工作受挫，毕业前吊死在教室的门框上；顺德一名初三男生半夜在家中上吊，只因为爸爸藏起了他借来的游戏机……

近年来，这样的悲剧不断发生，中小学生心理素质呈降低趋势，面对困难和挫折的抗挫力缺乏等状况引起社会各界的关注。专家指出："现在不少家庭的孩子都是独生子女，特定的环境使孩子在家庭中长期受到过多的宠爱，听的多是表扬、赞赏。孩子平时有了错误，家长也较少批评，从而使孩子的自尊心过于膨胀，受不了一点委屈。一旦遭遇挫折就不知所措，甚至采取极端的行为。"有调查显示，有46%的孩子在家庭和学校生活中表现出脆弱的倾向。当今社会，竞争日趋激烈，孩子如果不能正确地认识挫折，不能勇敢地面对和战胜挫折，那他也就难以在社会上立足，难以实现自身的发展。因此，家长一定要重视对孩子进行挫折教育，让孩子走出温室，接受困难和挫折的洗礼，让脆弱的孩子坚强起来。

要让孩子变得坚强，家长首先应该帮助孩子学会"解决问题"，将孩子性格中的软弱成分降至最低。如果家长只是在口头上一味要求或强迫孩子"不要软弱"，或喋喋不休地强调软弱的害处，只会"放大"孩子性格的弱点，对于改变孩子的现状起不到一点作用。

那么，家长怎样才能帮助孩子克服沮丧，让孩子走出心理脆弱的怪圈，变得坚强起来呢？

1. 耐心沟通，了解脆弱的根源

性格脆弱的孩子，很容易出现消极的情绪，更需要父母的耐心引导和帮助。父母要用平等、亲切的态度接近孩子，和孩子沟通，引导孩子说出自己的担忧，了解并分析让孩子产生这种情绪的原因。

2. 对症下药，寻找有效的解决办法

造成孩子性格脆弱的原因可能是多方面的，父母只有了解了其中的原因，才可能对症下药，寻找到有效的解决方法。比如，如果是父母过高的期望把孩子的腰压弯了，父母就应该调整自己的期望值，适当降低对孩子的要求，帮助孩子树立起自信心；如果是父母的过度保护让孩子失去了独自面对挫折的勇气，父母就应该逐渐放手让孩子去做他该做的事，让孩子学会独立；如果孩子是因为一些特殊的事件才变得脆弱，父母就要帮助孩子疏导不良的情绪，让其卸下内心的负担等。

3. 增强孩子的自信心

自信，既是承受挫折的基础，又是抗击挫折的结果。所以，家长要及时表扬，多鼓励孩子，给孩子打气。哪怕孩子取得的进步在大人看来微不足道，父母也要及时表扬和鼓励，从中培养孩子战胜挫折的积极心态。孩子一旦拥有了自信，对挫折的承受能力也会大大增强。

4. 培养孩子乐观积极的生活态度

父母要告诉孩子，任何问题都有两面性，失败或挫折会带来痛苦，也会带来成长的机会。父母要让孩子认识到，挫折本身并不可怕，可怕的是遭遇挫折后，选择逃避或是一蹶不振。要时刻灌输给孩子一种乐观的生活态度，引导孩子多看事物好的一面。渐渐地，孩子就会知道，遇到挫折不能一味悲伤和苦恼，而应积极寻找解决问题的方法。微笑着面对生活，生活才会回报我们灿烂的笑容。

5. 通过阅读和实践培养孩子的耐挫能力

任何人的成长都要经历挫折和磨难。如果孩子总是一帆风顺，一旦遇到困难，他就会束手无策。父母可以找一些名人传记给孩子阅读，引导孩子明白这样一个道理：成功是需要战胜各种各样的挫折和磨难才能取得的。要让脆弱的孩子变得坚强，父母就应该放手让孩子去体验生活，给孩子创造经受挫折和磨炼的机会，比如，鼓励孩子利用节假日去打工或去做一些有挑战性的事情等。孩子面对挫折时，父母要多给孩子一些鼓励，教给孩子一些应对困难的方法，当孩子通过自身的努力战胜挫折后，他就会更有勇气和自信，变得坚强起来。

平时多和孩子进行沟通

父母课堂

一位教育专家曾经说过："如果孩子不愿意把自己的欢乐和痛苦告诉父母，不愿意与父母坦诚相见，那么谈论任何教育总归都是可笑的。"的确如此，父母只有与孩子进行有效的沟通，才能了解孩子的想法，才能给逆境中的孩子以安慰和引导，不断提高孩子的逆商，实现孩子的全面发展。

一位母亲在说起自己的儿子时，发出这样的感叹："儿子小时候，我和丈夫因为忙于事业，没有时间照顾他，只好把他送回老家。我们给儿子提供了很好的物质条件，却忽视了他的情感需求。现在儿子长大了，我们也有时间了，但我们却痛苦地发现，儿子根本不愿意跟我们沟通。每次想和儿子说点什么，他都是一脸的不耐烦，随便敷衍几句，我们心里很难过，也很后悔。"

生活中，像这位母亲一样的家长不在少数。他们总是以忙为借口，把孩子推给保姆、老人，总认为给孩子提供优越的物质条件很重要，常常因此而忽视了孩子的感情需求，忽视了与孩子沟通的重要性。

有调查显示，87%的家庭中，家长与孩子都存在沟通困难的问题，很大一部分家长并不能经常、有效地与孩子进行沟通。父母不能与孩子进行积极有效的交流和沟通，这将会给孩子的心理健康带来很大的负面影响。孩子的成长离不开父母的陪伴和关心，尤其是遭受挫折打击的孩子，更需要父母的引导和帮助，才能更好地走出困境，健康快乐地成长。因此，不管父母有多忙，都应该多抽时间和孩子进行交流和沟通，给孩子关心、慰藉和足够的安全感，让孩子有勇气和信心去面对成长中的挫折和挑战。

那么，家长怎样才能实现与孩子有效沟通呢？

1. 在平等和尊重的前提下与孩子进行沟通

只有在最自然的状态下进行沟通，沟通的双方才有可能对彼此流露真实的情感，也才能真正达到心与心之间的碰撞。因此，要实现与孩子的有效沟通，家长首先应以平等的身份与孩子进行轻松的交谈。父母应放下家长的架子，认真倾听孩子的心声，鼓励孩子发表自己的观点和看法，允许孩子进行必要的申辩，尊重孩子的自主权和隐私权。父母只有把孩子看成一个独立的且与自己平等的个体，才能让孩子感受到被尊重、被信任、被认可，孩子才可能愿意对家长敞开心扉。

此外，良好和谐的家庭氛围是家长与孩子顺利沟通的重要条件，父母在与孩子进行沟通时，也要考虑到谈话的时间和场合，尽量安排在比较轻松、自然的环境中进行。比如，可以在饭桌上，也可以在散步的时候。

2. 用心倾听孩子的心声

在沟通中，许多时候听比说更重要。然而，不少家长在与孩子沟通中，却常常忽略了听的重要性，特别是当听到孩子谈论一些自己认为错误的观点和行为时，便迫不及待地立即加以限制和制止。父母这样的姿态是很难实现沟通的效果的。

在与孩子进行沟通的过程中，父母要学会去倾听孩子的谈话，不仅要用耳朵去聆听，更要用心去倾听孩子的心声，要站在孩子的角度去思考问题，设身处地地去感受。孩子在遇到困难和挫折时，难免会出现消极的情绪，这时候，父母不应该以成人的眼光去分析孩子的处境，更不应该指责和批评孩子，而应该引导孩子说出内心的感受，理解并帮助孩子疏导不良的情绪。只有这样，孩子才能感受到父母的关爱，也才能找到自身的价值和前行的动力。

3. 要学会主动与孩子进行沟通

父母要学会主动与孩子进行沟通，而不应等着孩子主动。家长可以举行定期的家庭会议，或是每天抽出固定的时间与孩子谈心等。主动与孩子沟通，还要求父母掌握一些开启谈话的技巧。父母不要开口闭口都是学习，应该多关心孩子的生活。比如，孩子放学回家，不要开口就问"今天上课怎么样"或是"今天的作业多不多"这类的问题，可以问问孩子"今天心情怎么样""最近的美工课你们都做哪些东西了""今天放学和谁一起回家的"等，这些问题一方面能让孩子感觉到你的关心，另一方面也能更好地打开谈话的局面。

另外，在谈话的过程中，父母应该多问一些启发性的问题，给孩子更多自由发挥的空间，而不要把谈话变成单方面的说教。

4. 要紧跟时代潮流，更新自己的思想

如果父母能经常主动地与孩子讨论当前流行的一些事物，并主动学习一些孩子感兴趣的东西的话，两代人之间就会有更多的共同语言，孩子也会更愿意和父母进行交流和沟通。

5. 沟通的方式可以多样化

与孩子进行沟通，不应该局限于对话交流，还可以采用其他的方式，比如写信、发送电子邮件、想写交流日记等。有些孩子觉得难以启齿的事，或是父母觉得当面询问不合适的问题，采用这些方式则更能取得沟通的效果。

做孩子的知心朋友

父母课堂

做孩子的知心朋友，能够激发孩子内心的动力，会让他们在父母的信任和鼓励中，体会到友情的温暖，变得自信起来。面对挫折时，他们也会因为有了父母的支持而更加勇敢和积极，从而能以更加昂扬的姿态来面对人生。

美国教育专家在家庭调查中发现，子女对父母有特殊的信任，他们往往把父母看成自己学习上的蒙师，德行上的榜样，生活上的参谋，感情上的挚友。他们也特别希望能得到父母的信任，像朋友一样和父母平等地交流。

做孩子的知心朋友，让孩子感受到父母的理解和信任，孩子就会对父母充满感激和敬爱，从而更加亲近父母，更愿意把生活和学习上的困难，以及自己内心的想法告诉父母。这样，父母就能更了解孩子，当孩子遭受挫折时，父母也就能更及时地帮助孩子。

那么，父母怎样才能成为孩子的知心朋友呢？

1. 尊重孩子

做孩子的知心朋友有一个很重要的前提，那就是要把孩子看作一个独立的个体，给孩子足够的尊重。孩子虽然年龄小，内心却很敏感，因此，父母一定要用心去呵护孩子那脆弱的自尊心。父母不仅不应该动不动就责骂孩子，还应该多给孩子发言的机会，多倾听孩子的心声。

周末下午，妈妈陪刚上一年级的妞妞在家写作业。妞妞写了一会儿，拿着她的算术本来到妈妈面前，说："妈妈，这道题我不会做，你教教我吧！"妈妈接过本子一看，是一道很简单的算术题，便耐心地鼓励妞妞说："你再仔细想一想，凭你聪明的小脑袋瓜，一定能想出来的！"没想到，妈妈的话刚说完，妞妞就大哭起来，而且哭得很伤心，像是受了天大的委屈一样。

妈妈有些莫名其妙，但是她并没有打断孩子，而是静静地注视着孩子。等妞妞的哭声渐渐小了，妈妈才抱起她温柔地问道："告诉妈妈，是不是哪里不舒服？还是有什么委屈？说出来，看看妈妈能不能帮你！"在妈妈的鼓励下，妞妞才断断续续地说了一大堆的委屈："你们以为读书好玩吗？在幼儿园里，口渴了自己可以起来倒水喝，现在上课的时候，口渴了老师也不让喝水，下课了又找不到水喝；在幼儿园里，不高兴了，老师会来问我哪里不舒服，还可以打电话给妈妈，现在上课的时候，老师老板着脸，还不准动；在幼儿园里，小朋友们有东西吃，可以做游戏，在学校上课就没有东西吃，也没有游戏做……"

　　妈妈这才知道，原来妞妞的心态一直都没有调整过来。从那以后，妈妈不再强迫妞妞学习，每天都会抽时间陪妞妞，经常给她讲一些自己上学时候的事。一段时间后，妞妞再也没说过学习辛苦，每天放学回家都会兴奋地和妈妈说学校里发生的趣事。

　　只有尊重孩子，多给孩子发言的机会，多倾听孩子的心声，孩子才能感受到父母的关心和重视，才会感觉到安全，孩子也才会愿意和父母合作，和父母成为朋友。

2. 宽容地对待孩子的错误

　　这天，儿子在客厅玩时，不小心把一个刚买不久的花瓶打碎了。妈妈看到后很生气，但看到儿子那吓坏的样子，妈妈便消了气，不仅没有骂儿子，还安慰儿子："没关系，妈妈小时候也有不小心打碎东西的时候，下次小心一点就行了。"儿子听完妈妈的话，表情由惊恐变为惊奇，最后竟然哭着扑到妈妈怀里。

　　过了几天，妈妈带着儿子出去玩，出门后，妈妈问儿子："你想吃什么零食，妈妈去给你买！"没想到，儿子坚定地摇摇头，对妈妈说："妈妈，我什么零食也不吃，你把买零食的钱攒着买个新花瓶吧！"妈妈听后，心里感动不已。

　　孩子做错事时，批评和惩罚不仅达不到让孩子真心改过的目的，还会对孩子的心理造成伤害。面对犯错误的孩子，家长应该控制住自己的脾气，用宽容的态度来对待孩子。孩子犯错误后，很可能已经知道自己错了，这时候，父母若能理解孩子，循循善诱地教导孩子，耐心地帮助孩子指出错误并改正，孩子就会对父母充满感激，学会自我反省，从而改正自己的错误。

3. 把握好对孩子的宽严尺度

在日常生活中，对孩子的一切，切忌热心包办和冷淡蔑视。凡是孩子能做的事，只要是有益的，父母都应支持他们去做。孩子缺乏经验和技术，有时失败了，或者有什么失误，这是正常现象。当孩子遇到挫折和失败时，父母应多进行安慰和鼓励，帮助他们找出原因。父母一定要把握好宽严的尺度，只有这样才能更好地帮助孩子成长。

4. 适时向孩子"求救"

在生活中，大多数的家长都会以一副高高在上姿态教孩子学知识，培养孩子的好习惯、好性格。然而，却很少有家长知道，适时向孩子"求救"，向孩子示弱，更能拉近与孩子之间的距离。确切地来说，父母向孩子示弱，是欣赏孩子的一种表现。当父母向孩子"求救"时，孩子就会得到一股无形的力量，就更容易放下对父母的戒备心理，从而愿意真心地接纳父母，与父母成为好朋友。

孩子受挫时，要鼓励他振作起来

父母课堂

身处逆境中的孩子，更需要得到父母的鼓励和支持。父母应该用积极的态度去影响孩子，帮助孩子调整心态，让他对挫折有一个正确、客观的评价。然后鼓励他在逆境中看到希望，振作起来，并以积极的态度和行动战胜挫折。

孩子在成长过程中，会遇到一些挫折，有些挫折靠孩子自己的力量是不能战胜的，这时，父母应该鼓励孩子振作起来，并伸出援助之手，帮助孩子走出困境。

1. 给孩子有力的情感支持

父母的信任和支持，能给孩子带来巨大的勇气和力量。父母在生活中，应该给予孩子有力的情感支持，让孩子知道，不论发生什么事，父母始终和他同在，只要他需要，父母一定会在第一时间给予他有力的支持和帮助。

汶川大地震发生后，一位父亲赶到儿子的学校，看着倒塌的校舍，忍不住跪在地上失声痛哭。哭了一阵之后，他猛然想起自己常对儿子说的一句话："不论发生什么，我总会跟你在一起！"于是，他坚定地站起身，向废墟走去。几个小时后，在人们的帮助下，他救出了自己的儿子，还有另外几名孩子。儿子见到父亲后说："我告诉同学们不要害怕，只要我爸爸活着就一定会来救我，也就能救出大家。因为你说过，不论发生什么，你总会和我在一起！"正是父亲的这句话，坚定了孩子活下去的信心，使孩子战胜了恐惧。

2. 鼓励逆境中的孩子

在逆境中，很多孩子都容易产生消极情绪，他们往往会垂头丧气，甚至采取退避的方式回应逆境。这是做家长的最不愿意看到的现象。在这时，家长最需要做的就是鼓励并帮助孩子树立信心，引导孩子走出逆境。

巴雷尼小时候因病成了残疾，母亲强忍住内心的悲痛，对他进行鼓励和帮助。她拉着巴雷尼的手说："孩子，妈妈相信你是个有志气的人，希望你能用自己的双腿，在人生的道路上勇敢地走下去！好巴雷尼，你能够答应妈妈吗？"母亲的话，像铁锤一样敲击着巴雷尼的心扉。从那以后，母亲只要一有空，就陪巴雷尼练习走路、做体操，母子两个常常累得满头大汗。体育锻炼弥补了残疾给巴雷尼带来的不便，在母亲的影响下，他终于经受住了命运给他的残酷打击。通过刻苦学习，巴雷尼以优异的成绩考进了维也纳大学医学院，大学毕业后，他致力于耳科神经学的研究。最后，他终于登上了诺贝尔生理学和医学奖的领奖台。

3. "3C"原则帮助孩子走出困境

美国的儿童心理学家还教给家长们一个叫作"3C"的办法，来帮助孩子们走出困境。这个"3C"是指 Control（调整），Challenge（挑战）和 Commitment（承诺）。

"调整"指的是一种心理上、情绪上的调整，目的是帮助孩子认识到"困难并不等于绝境"。例如，孩子在数学考试中失败了，做父母的可以这样"调整"孩子的心态："我知道考得不好你心里很难受，但你的其他课程考得非常不错呀！"这样让孩子能对挫折有一个客观的评价，不会过分放大数学的影响，导致放弃希望。

"挑战"指的是给孩子一种心理挑战，让他学会在不高兴的事情中看到快乐的一面。例如，家长可以继续这样安慰伤心的孩子："一次考试不好，心里确实不好受。但妈妈知道你是一个上进的人，不管在什么考试中，你都会试图考得更好。妈妈相信你在下次的数学考试中一定能取得好成绩。"给孩子一个新的希望，他就会有努力的目标和前进的动力。

"承诺"指的是用承诺的方式帮助孩子看到生活更为广大的目的和意义。例如，同样这个事例，家长可以这样说："你觉得考得不好让妈妈很失望，但其实，妈妈一直是以你为荣的。不管你考得怎样，只要你认真去考了，妈妈都为你感到骄傲。"这其实就是对孩子的一种信任和支持，能有效地鼓励孩子更好地振作起来。

事实上，家长鼓励孩子克服困难和挫折的关键，就是对孩子的努力行为做出正确的评价，然后更好地找到合适的目标和前进的动力。

引导孩子从挫折中总结经验教训

父母课堂

引导孩子用积极的态度，客观冷静地分析遭受挫折的原因，及时找出失败的症结所在，孩子才能从中吸取教训，总结经验，也才能用切实的行动去促使挫折情境发生改变。只有不断地总结和积累，孩子才能不断地提高自己的逆商，增强自己对挫折的承受能力和应对能力。

小文一直都是一个听话的孩子，每次考试都名列前茅，学习从来不用父母操心。这天，妈妈回到家，发现小文闷闷不乐地坐在沙发上看电视。妈妈走过去问他："什么事让小文这么不开心啊？"小文看了一眼妈妈，脸"唰"地变红了，低下头不说话。

在妈妈的耐心询问下，他才说出了原因。原来这次月考小文

最擅长的数学没考好，这让他心里很难受，觉得对不起父母。妈妈听完后耐心地开导他："没有谁会永远得第一，这次考不好，对你来说是件好事。你要学会分析没考好的原因，并向同学请教学习方法，这样才能不断地提高自己。妈妈相信你一定可以做得很好！"在妈妈的帮助下，小文拿出试卷认真分析了原因，找到了自己的薄弱环节，并进行了强化学习，数学成绩有了很大的提高。

挫折并不可怕，真正可怕的是在挫折打击下变得自卑、麻木。当孩子遭遇挫败甚至是失败时，家长要及时地鼓励和支持孩子，同时还要引导孩子分析挫折产生的原因，让孩子学会从挫折和失败中总结经验教训，这也是提高孩子逆商的一个重要内容。

那么，父母应该怎样引导孩子从挫折中总结经验教训呢？

1. 动机是否正确

有一个实验研究了不同动机对儿童行为的影响：学前儿童活泼好动，要他们长时间地站着不动是很困难的。但实验者安排了一种游戏的情景，儿童所扮演的角色要求他长时间地保持不动的站立姿势。这时情形就明显不同，和成人单纯地提出要求相比，游戏情境中保持站立的时间要长 3 ~ 4 倍。这除了游戏带来的情绪方面的有利因素外，儿童的活动动机显然起着重要的作用。

动机是推动人从事某种活动，并朝一个方向前进的内部动力，是为实现一定目的而行动的原因。不同性质的动机，可以对人具有不同的意义，具有不同强度的推动力量。人们行动的方式、行动的坚持性和行动效果，在很大程度上受动机性质的制约。错误的动机往往达不到应有的激励作用，分析和确定这点对孩子来说很重要。

2. 目标是否恰当

挫折指的就是人们在实现目标的过程中，遇到无法克服或自以为无法克服的障碍或干扰，使其需要或动机不能得到满足而产的障碍。因此，当孩子遭遇挫折或失败时，家长应该帮助孩子分析目标，要结合孩子的智力、体力、年龄等实际情况，全面地进行分析。如果目标过高，就应该适当降低或更换目标，否则将起不到应有的导向和激励作用。

3. 方法是否得当

方法对了，才能起到事半功倍的效果。如果通过分析和评估，目标确属可能达到的，就要检查孩子采取的达到目标的途径和方法是否得当了。如发现"此路不通"，就要改弦易辙，而不应该停留在十字路口观望、徘徊，坐失良机。

增强孩子受挫后的恢复能力

父母课堂

要增强孩子受挫后的恢复能力，父母就应该把自己积极的人生态度传递给孩子，并教给孩子一些对抗挫折的经验和方法。同时，父母应该多站在孩子的角度引导孩子释放自己的情绪，更快地恢复情绪。

在对孩子进行挫折教育时，父母还需要注意挫折教育中的重要一环，那就是增强孩子受挫后的恢复能力。父母要引导孩子学会正确地面对挫折，培养孩子受挫后的恢复能力和自信心。这样，孩子独自面对挫折时，才能泰然处之。

那么，家长应该如何增强孩子受挫后的恢复能力呢？

1. 把积极的态度传递给孩子

一位父亲分享自己的经验时说："不论家里遇到什么困难，我从来都不会向孩子隐瞒，除了积极地引导他思考解决这些难题和困难的方法之外，我还让他参与到解决这些难题和困难的过程中来。"

前段时间，家里又要交房贷了，但这位父亲和妻子的工资却迟迟不发。父亲把这一情况告诉了儿子，儿子也很着急，不停地帮着想办法、出主意："找爷爷借点，找姥爷借点……"儿子的这些注意都被父亲否决了。

父亲没有找任何人借钱，而是当着儿子的面给单位领导打电话，礼貌地询问工资不发的原因，又把自己面临的情况向领导讲述了一遍。在整个过程中，父亲既没有表现出急躁，也没有故作可怜。最终，单位领导终于把压下的工资发了下来。

这位父亲说："不管遇到什么样的难题，我都会让儿子在一旁观察我的解决方式。就这样，时间长了，儿子不管经历了什么样的失败，遇到了什么样的挫折，他都不会产生'天要塌下来'的感觉。"

对于年龄尚小的孩子来说，在很多时候，也许他们还不具备解决难题的能力，但他们常常会借鉴家长应对挫折的经验。也就是说，他们每时每刻都在学习家长对待挫折的态度和应对的方法。

因此，家长应该积极地面对挫折，并有意识地让孩子参与到解决问题的过程中来，让孩子观察自己与挫折作斗争的全过程。另外，家长还可以针对不同的情况，适当教授孩子一些抗挫折的方法。

2. 站在孩子的角度思考

被誉为"全球第一CEO""最受尊敬的CEO""美国当代最成功、最伟大的企业家"通用电气原CEO——杰克·韦尔奇，谈到自己的成功时，总是会讲起自己的母亲。他说，由于自己在上大学之前从来没有真正离开过家，甚至都没有参加过一次过夜的野营活动。因此，到马萨诸塞大学的第一个星期，他过得很不好，身边那些优秀的同学让他的内心感到孤独和焦虑，他非常想家。

对韦尔奇的这些负面情绪，母亲并没有进行批评或斥责，而是花了三个小时驾车到了他的学校。母亲表示了对韦尔奇的同情和理解，并对他进行了这样的鼓励："看看周围的这些孩子，他们从来没有想过回家。你和他们一样优秀，而且还要出色。"母亲的理解和激励，让韦尔奇重新调整了自己，不到一星期，他便又和从前一样信心十足了，并在大学的第一年里取得了不错的成绩。

当孩子面对挫折时，家长应该学会站在孩子的角度思考，同情并理解孩子，用孩子的思想谨慎地接触他们的心灵，了解他的需要，积极鼓励他。

3. 引导孩子合理释放情绪

发现孩子受挫后，家长要采用适当的方式，引导孩子宣泄受挫的苦闷心情，不要让孩子把苦闷压在心里。

　　家长也可以通过交谈或书信方式提醒孩子，向亲人、老师、同学或朋友倾吐内心的压抑之情，取得他们的理解和帮助，以缓解心理压力。也可以鼓励孩子通过写日记的方式，把心中的不快宣泄出来，从而厘清思路，稳定情绪。

　　家长还可以引导孩子转移注意力，消解他们的紧张心理。比如，通过陪孩子外出散步游玩，一起听音乐，或谈论他们喜欢的明星，来分散他的注意力，稳定他的情绪，减轻并消除他的挫败感。

让孩子在错误中学习和不断提高

父母课堂

　　成长过程中，孩子犯错误在所难免，父母应该多给孩子一些理解和鼓励。心理学家莱顿曾说："如果孩子拥有一个充满爱的家，那么，他们几乎可以从所有的过失中学到益处。"父母的爱和信任，能激起孩子从错误中改过的动力，这也是提高孩子逆商的有效方法。

　　一位著名教育家曾说："犯错误是最好的学习方式。"但是，现实生活中，有不少父母的教育观念却是鼓励孩子少犯错误，不犯错误的才是好孩子。父母这样的教育理念可能会导致孩子害怕犯错误，害怕变通，最终渐渐失去了尝试的勇气和兴趣，从而错过许多学习和成长的机会。

　　在成长过程中，孩子犯错误，有些时候是因为知识的缺乏、经验的不足，有时候是因为疏忽所致，还有时候则与能力有关。父母应该允许孩子犯错误，鼓励孩子勇敢地去尝试，因为，孩子只有在不断地尝试中，才会减少挫败感。允许孩子犯错误，并让孩子在错误中学习和不断提高，是家长对孩子进行挫折教育的一个重要内容。

面对犯错误的孩子，家长应该注意以下几个方面：

1. 以温和的态度对待孩子的错误

孩子犯错误时，确实需要父母的指导和管教，但是父母一定要掌握正确的教育方法。如果父母总是不分青红皂白，开口就骂，抬手就打，那么，不仅于事无补，还会给孩子的生理和心理造成压力，影响孩子的健康成长。父母应该以温和的态度对待孩子的错误，给孩子解释的机会，弄清事情的来龙去脉，再对孩子进行引导和教育。

2. 让孩子自己判断对与错

孩子做错事是难免的，但有的孩子，同样的错反复多次，而有的孩子错一次，下次就知道怎么做了。为什么会有这么大的不同呢？其实，这与父母的态度有很大的关系。

有一位电脑工程师说，他小时候很贪玩，刚入小学那个学期，他的成绩非常糟糕。当他把成绩单拿给妈妈看时，妈妈什么也没说，只是仔细地看着成绩单，不时抬头看看他的脸。妈妈什么话也没说，可是她的目光却让他感到羞愧，从那以后，他不再那么贪玩了，成绩也再没差过。

丘吉尔小的时候，母亲经常让他帮忙买些简单的日用品。开始的时候，他很粗心，常常买错。母亲从来不曾责备他，只是对他说："明天你再去一次。"

这两位妈妈的共同点是，都没对孩子的错误一味责备，而是给孩子时间和空间，让孩子自己体会，是否错了，为什么错了，怎样改正。

如果父母对孩子一味责备，动不动就对孩子说："我不是早就跟你说了吗？你应该这样……"那么，孩子不但会逐渐丧失自信，还会对大人的判断产生依赖心理，失去自我反省和解决问题的积极性；责备得多了，甚至还会让孩子产生强烈的逆反心理，就会反复地犯错。

父母可以帮助孩子分析事情的经过，然后给孩子一定的时间，让孩子进行自我反省，让孩子自己说出自己的错误所在，这样对孩子改正错误更有帮助。

3. 让孩子在错误中学习和提高

唯恐犯错的心理往往会使人们不敢去尝试新事物或承担风险。对孩子进行挫折教育，最重要的不是要阻止孩子犯错误，而是要让孩子在错误中学到东西，不断提高。

父母要告诉孩子，大胆地去尝试，出现失误不要紧，每个人第一次做某件事情的时候，都不会像期望中那么完美。父母这样的引导，会给孩子安全感，同时也能增强孩子对挫折的承受能力，就算没有达到预期的效果，孩子也不会有那么强的挫败感。

有时候，孩子之所以会犯错，是因为缺乏知识和经验。这时候，父母可以采用角色扮演的方法，模拟和再现问题情境，教导孩子哪些事可以做，哪些事不可以做，应该怎样去做等。比如，孩子在幼儿园与小朋友吵架了，你要了解一下真实情况，最好的方法就是与孩子各扮一个角色，将已发生的事重演一遍。这样的方法，生动形象，更能让孩子认识到自己的错误，并从中学到处理问题的方法和经验，下次再遇到这样的场景时，孩子就能清楚地知道应该怎么去处理了。

要让孩子从错误中学习，父母就要引导孩子进行自我调整，理解孩子，多鼓励孩子，帮助孩子建立起战胜挫折的信心。父母可以让孩子把他最近的成果与以前的成果相比较，还可以向孩子讲述自己曾经犯错的错误，鼓励孩子只要勇敢地承认错误，并积极地去改正，就可以不断地提高自己。

总之，在对孩子进行挫折教育的过程中，父母不应该总是盯着孩子的错误不放，而要赞扬孩子尝试活动的勇气和努力，引导和鼓励孩子从犯错误的痛苦中走出来，在错误中学习和不断提高自己。

第6章

摆脱挫折，让孩子体验成功

　　成功体验能增强孩子的自信心，激起孩子的斗志，让孩子更好地去战胜困难和挫折，更大限度地激发孩子的潜能。父母要多给孩子一些鼓励和赞赏，多给孩子创造一些机会，让孩子多一些成功的体验，从而帮助孩子实现战胜困难、超越自我的良性循环。

增强孩子的成功体验

父母课堂

缺乏成功的体验，孩子就容易形成被动、自卑等不良行为习惯和心理，对生活和学习就会缺乏主动性和挑战性。父母要多赞赏孩子，多给孩子创造一些成功的机会，增强孩子的成功体验。因为，成功体验能增强孩子的自信心，能让孩子更好地去战胜困难和挫折，更大限度地激发孩子自身的潜能。

社会心理学中有一个著名的"马太效应"，说的是，任何个人、群体或地区，一旦在某一方面（如金钱、名誉、地位等）获得成功和进步，就会产生一种积累优势，就会有更多的机会取得更大的成功和进步。成功体验是一个人的心理财富，具备这种财富的人往往会变得自信而坚毅，因此也更容易取得成功。

对孩子来说，成功的快乐是一种巨大的鼓励，成功的积极体验会增强孩子的学习动机，激发孩子再尝试的欲望。许多孩子在出现一个明显的转折点后，常常是各方面突飞猛进，一发而不可收。就是因为成功体验的正性强化作用，使他们走上了战胜困难，超越自我的良性循环。

小杰以前不喜欢画画，一次和妈妈出去游玩回来后，一时兴起，画了满纸的绿色。画完后，他越看越觉得好看，就高兴地拿给妈妈看，妈妈问他："你画的是什么呀？"小杰认真地回答说："是我们春游的公园呀！"妈妈不解地问："公园怎么会是这样的呢？""公园里有许多树，还有小草，到处都是绿绿的，所以我把它们都涂成了绿色。"妈妈想了想，觉得孩子说得很有道理，她又仔细看了看孩子的画，发现涂色方面比以前均匀多了。于是妈妈开口夸奖道："小杰观察得很仔细，这张画画得很好，明天你拿给老师看看吧！别忘了把你的想法也告诉她！"小杰听了高兴极了，小心翼翼地把画放进了书包。

第二天放学回家后，小杰兴奋地对妈妈说："妈妈，老师今天表扬我了，说我画得真棒！"从那以后，小杰渐渐喜欢上了绘画，每天都要动手画上几笔。一段时间后，妈妈发现小杰进步了不少，有好几次，老师还当着全班同学的面表扬了他，并把他的画贴在了班级的宣传栏里。

是妈妈和老师的表扬，让小杰有了改变。准确地说，是受到表扬后那份成功的体验给了他信心，成了他前进的动力。

一位心理学家曾说："孩子在学习过程中是否体验过成功的喜悦，直接影响孩子学习的动力和一生的情感发展。"孩子的成长时期正是各种能力发展的时期，自信与成功相伴，自卑与失败相依。成功，是孩子成长过程中不可缺少的体验。因此，父母要努力为孩子们创设"成功"的机会，让孩子积极地争取成功，体验成功。

1. 营造充满赏识的家庭氛围

赏识在教育中意义重大，因为，赏识紧紧抓住了情感因素，使人产生愉快的感觉，由外到内的正向激励能满足孩子内心的积极因素，形成肯定自我的意识。这种肯定自我的多次沉淀，就会积累孩子的成功感，打下自信的基础，促使其不断走向成功。父母可以通过丰富家庭生活的方式，创设多种赏识情境，帮助孩子树立信心，让孩子在赏识中进步。

比如，利用周末，在家组织联欢会，由孩子来策划和主持，可以是唱歌跳舞，也可以是诗歌朗诵，还可以是知识抢答等，形式不重要，重要的是要给孩子提供一个展现自我的舞台，给孩子表现的空间，也给孩子创造体验成功的机会。

2. 换位思考，让孩子量力而行

量力而行是家长给孩子制定发展目标的一条最重要的原则，因为只有这样才能使孩子更容易体验到成功感。而有的家长的往往忽视这一点，喜欢用家长的眼光去评价孩子的表现，给孩子提过高的要求，不考虑孩子的接受和承受能力。这样只会让孩子整天处在"高压"的状态下，进而引发孩子的厌烦情绪，最终很可能让孩子失去学习的兴趣，甚至让孩子彻底丧失上进心。

父母要学会换位思考，多站在孩子的发展水平上去帮助他制定发展的目标，去评价他所付出的努力和取得的成绩。

3. 帮助孩子建立成功档案

每当孩子有所进步或取得成绩时，父母要善于替孩子"保管"这些好的记录，这是他们成长的见证，在关键的时刻还会起到激励孩子的作用。当孩子在生活和学习中遇到困难，灰心丧气时，父母就可以拿出孩子的成功档案，唤起孩子的成功意识，增强孩子战胜挫折的勇气和信心。

初二的时候，小敏开始接触物理。一直以来，小敏的成绩都很好，可是不知道为什么，小敏的物理成绩总是提不上去，每次考试都因为物理拉分。这次期中考试，小敏的物理又不及格，她很难过，有些灰心了。看到她垂头丧气的样子，爸爸妈妈从屋子里拿出一个小箱子。小敏打开一看，里面装着的全是她以前所获得的各种奖状、荣誉证书及每次取得成绩时爸爸妈妈给她的奖励。箱子里还有一个笔记本，那上面都是她每一次成功后记下的取得成绩的过程以及成功后的心得体会。小敏看着自己曾经取得的成绩，心里又充满了斗志，又有了争取成功的信心。在爸爸妈妈的帮助下，她认真分析了自己的问题，并制定了学习目标和相应的学习计划。一段时间后，小敏的物理成绩有了很大的提高。

父母要帮助孩子建立成功档案，因为，每一份成功记录都是孩子付出努力的见证，它对孩子的激励作用远远胜过一些空泛的赞美。当然，父母也要注意不能让孩子因为这些过去的成功而盲目自信，以免孩子产生骄傲自满的情绪。

帮助孩子提高学习成绩

父母课堂

父母要帮助孩子转变学习观念，鼓励孩子正视学习中的困难和挫折，帮助孩子培养学习兴趣，让孩子变被动为主动。家长要多给孩子一些赞赏和鼓励，少给孩子一些批评和斥责，多创造机会让孩子体验到学习的成就感，增强孩子的成功体验，从而树立孩子的自信心，更有效地提高孩子的学习成绩。

对不少孩子来说，成长中的很大一部分挫折都来自学习，有的孩子甚至因此而产生厌学情绪。家长们为了提高孩子的学习成绩，用了很多办法，诸如延长学习时间、亲自陪读，请家教、增加营养、钱物诱惑等。可是，家长的这些做法，往往收效甚微。时间长了，家长因为着急有了埋怨，而孩子因为家长的埋怨更加受挫，对学习的兴趣和信心越来越差，就此陷入一种恶性循环。

对孩子来说，学习始终是一件很重要的事，是孩子成长中的一个主要任务。孩子能否正确对待学习中遇到的困难和挫折，直接决定着孩子的学习态度和学习效果。因此，提高孩子的逆商，增强孩子对挫折的承受能力和应对能力，对提高孩子的学习成绩尤为重要。

要提高孩子的学习成绩，家长就要首先认清一个事实：学习始终是孩子的事，任何一种漠视孩子意愿的主观上的包办代替或强迫性做法都是不理智的。只有帮助孩子转变学习观念，把"要我学"转变成"我要学"，变被动为主动，变消极为积极，才能让孩子进行创造性的学习，从而提高孩子的学习效率，增强孩子的自信心。

1. 因势利导，培养孩子的学习兴趣

爱因斯坦曾说："兴趣是最好的老师。"要提高孩子的学习成绩，首先需要激发孩子的学习兴趣。培养孩子的学习兴趣要因势利导，因材施教，而不能不顾孩子的意愿，强迫孩子去上各种兴趣班，让他去学习自己不感兴趣的东西。

儿子不爱学习，这让父亲很头疼。这天，父亲竟然看到儿子在书房看书，而且一看就是两个多小时，这个发现让父亲激动不已。可是当他按捺不住好奇走上前去查看时，才发现儿子手里的不是课本，而是从他书架拿下来的一本研究古币的书。看到儿子

对古币这么感兴趣，父亲便给儿子讲了不少相关的知识，还在儿子生日的时候，给他送了一套古币。没多久，父亲发现儿子竟把越来越多的精力花在了学习上，学习成绩有了很大的提高，儿子还告诉他要考大学，去研究古币。一年后，儿子以优异的成绩考上了一所重点大学的历史系。

每个孩子都会有自己感兴趣的事物，父母要善于发现孩子的兴趣，找到与学习的联结点，从而引导孩子将兴趣转移到学习上来。父母还可以鼓励孩子给家长当老师，主动向孩子请教，这对提高孩子的学习兴趣，增强孩子的成功体验，也是很有帮助的。

2. 培养孩子的专注力及良好的学习习惯

俗话说："播种一种行为，收获一种习惯；播种一种习惯，收获一种性格；播种一种性格，收获一种命运。"孩子成绩的好坏取决于孩子的学习习惯，而良好学习习惯的养成在很大程度上取决于家长的教育和引导。

在平时的生活中，家长就应该注意培养孩子的独立性，让孩子自己动手去做他可以和应该做的事。在孩子完成任务的过程中，家长也应该给孩子时间和空间，而不要随意地进行干涉。这样，孩子就能逐渐养成独立的性格，在做事情的时候，也才能专心投入。这些良好的习惯能帮助孩子有效地提高学习成绩。

3. 多赞赏和鼓励孩子

日本有句格言："如果给猪戴高帽，猪也会爬树。"这句话听起来似乎有些不雅，但却说明了一个道理，当一个人得到他人认可、赞赏和鼓励的时候，他就会产生一种发挥更大才能的欲望和力量。

父母要多赞赏和鼓励孩子，因为赞赏能给孩子一个愉悦的心情，鼓励则能增加孩子挑战困难的信心和勇气。专家指出："愉悦的心情能大大提高孩子的学习效率，因为孩子在心情愉悦时，最容易接受外界的信息；而强烈的自信则最容易萌发创造的激情，孩子生活和学习上的困难也最容易在这时被克服。"

当孩子在学习上遇到困难时，父母要耐心地进行引导和帮助，而不能动不动就训斥孩子："你怎么这么笨？""你看人家学得多好！""我小时候比你强多了！"这样的话不仅会挫伤孩子学习的积极性，还会严重损害孩子的自尊心。

家长要多和孩子沟通，了解孩子在学习上遇到的困难，安抚孩子的情绪，然后帮助孩子寻找挫折产生的原因，并一起制订计划，一步步解决问题。当孩子取得进步时，父母要及时地进行表扬，加强孩子的成功体验，从而增强孩子的自信心。

4. 用孩子的成功经历来激励他

每个孩子都一定有自己的一些成功经历，孩子的亲身经历最能证明，他有足够的潜力可以挖掘，只要他愿意努力，就一定能取得更大的成功。父母可以帮助孩子建立一个成功档案，在孩子遭遇挫折时，拿出来激励孩子，从而激发孩子的斗志和信心。

让孩子集中精力做好一件事

父母课堂

尼采曾经说过这样一句话："始终全神专一的人，可免于一切的困窘。"培养孩子的专注力，对提高孩子的逆商有很大的帮助。父母要教给孩子一些集中注意力的方法，培养孩子做事专注的习惯。让孩子集中精力做好一件事，能提高孩子做事的效率，更容易让孩子体验到成功。

儿童教育专家认为，孩子只有先形成一种专心的习惯，才有可能在今后的事业全身心投入，不被其他事情所干扰。然而，现实生活中，孩子们的表现却往往不尽如人意。很多父母都遇到过这样一个问题：自己家孩子很聪明，就是做起事来没有耐性——刚玩积木不到几分钟，又去玩电子游戏；画画才学两天，就扔下画笔闹着要学钢琴；钢琴买了，老师也请了，他却说弹吉他的哥哥很酷，想学吉他……

孩子这样整天漫不经心，做事全凭一时兴致，总是有头无尾，三天打鱼，两天晒网，对他的学习和成长是极为不利的。孩子一旦养成了三心二意的坏习惯，就没办法集中精力做事，遇到困难就想放弃，将来只能一事无成。

那么，家长应该怎样来培养孩子的专注力呢？

1. 要求孩子在规定的时间内完成作业

一般来说，老师要求孩子完成的作业，只要孩子集中精力，他就可以在规定的时间内完成。因此，家长不妨用"作业"来培养孩子的专注精神，如家长做孩子的"家庭老师"，为孩子完成作业规定一个时间。

研究表明，不同年龄段孩子的注意力集中时间是不一样的，5～10岁的孩子能集中注意力达20分钟；10～12岁的孩子能集中25分钟；12岁以上的孩子可以集中半小时以上。父母要根据孩子的年龄特点，要求他在相应的时间内集中注意力，力争保质保量地完成作业。

如果孩子的作业比较多，完成作业所需的时间超过了他注意力稳定的时间，父母就要帮助孩子把作业分成小块，让孩子一部分一部分地来完成。这样不仅有利于集中孩子的注意力，而且能够使孩子的学习有张有弛，提高学习效率。

研究还表明，开始学习的几分钟，一般效率较低，随后上升，15分钟后达到顶点。根据这一规律，家长可建议孩子先做一些较为容易的作业，在注意力最集中的时间做较复杂的作业。

2. 营造一个有利于集中注意力的家庭环境

家长要为孩子营造一个有利于集中注意力的家庭环境，特别是孩子在专心做一件事情的时候。比如，孩子在学习时，书桌上就只能放书本等相应的学习用品，不可摆放玩具、食品；给孩子准备的文具要简洁，功能单一，避免孩子把文具当玩具来玩；孩子学习的时候，应尽量不开电视，或是把音量调低，父母也尽可能不在孩子学习时进进出出，对其产生干扰。此外，室内的光线柔和适度有助于孩子集中注意力。

3. 要求孩子每次只做好一件事情

孩子学习、做事情最大的"敌人"就是注意力涣散，如果孩子做着语文作业还想着那道解不开的数学题、画着画还想着他的手工小制作……那么，孩子不但什么事情也做不好，而且还会养成三心二意的坏毛病。因此，家长要告诉孩子，不管面临多么多的任务，要想做得最好，最聪明的做法就是：每次只想、只做一件事情。

为了让孩子养成专注的好习惯，家长可以故意给孩子很多任务，让他去完成，然后在他做得一塌糊涂的情况下，再告诉他，每次专注做好一件事情才是捷径。这样，孩子就能深刻体会到专注的重要性了。

4. 不干扰孩子做好他喜欢做的事情

当孩子专注地做一件事时，父母要学会耐心地等待，让孩子专心地把事情做完，而不应随意干扰孩子。因为，让孩子在兴趣的指引下专注地做他自己喜欢做的事情，也是培养孩子注意力的一个好方法。

5. 减少唠叨，让孩子成为时间的主人

父母要尽量减少对孩子唠叨，教给孩子分配时间的方法，让孩子自己安排和管理时间。当孩子自己可以合理安排时间，既能完成任务，又能留出玩耍的时间时，他就会比较有成就感，做事也会更加自信，更加专注。

6. 不要剥夺孩子玩耍的时间

爱玩是孩子的天性，当他的天性没有得到满足时，他就很难专注地去做其他事情。父母不应该剥夺孩子玩耍的时间，否则孩子就会慢慢学会有意拖延时间，明明半小时就能完成的任务，非要花上一个半小时甚至两个小时。这对孩子的学习及习惯的培养都是很不利的。

7. 大声读书有利于训练注意力

大声读书有利于训练孩子的注意力。父母可以每天安排一个时间，10～20分钟，让孩子选择他喜欢的小文章大声为父母朗读，这是一个使孩子口、眼、脑相互协调的过程。孩子在读书的过程中，要做到尽量不读错，不读丢，不读断，这就需要他的注意力高度集中。这种训练若能长期坚持下去，对培养孩子的专注力是很有帮助的。

鼓励孩子发表自己的看法

父母课堂

父母应该给孩子创造一个宽松的成长环境，鼓励孩子大胆发表自己的看法，培养孩子独立思考的习惯。这样才能使孩子没有压抑，敢于张扬自我，同时也能让孩子学会坦然接受错误和失败，并将其转化为成功的基石，让孩子成为一个"抬起头来走路"的自尊、自信的人。

随着与自我意识相联系的情感的初步萌芽，孩子会因为受到别人的嘲笑而感到不愉快，也会因为自己的行为符合大人的要求而产生快乐的满足感。这个阶段，父母不正确的态度和语言，更容易让孩子产生心理阴影。

有的父母喜欢打断孩子的谈话，常常否定孩子的看法和意见；还有的父母甚至不允许孩子表达与自己不同的观点和看法。在这样的家庭环境中成长起来的孩子，往往不敢主动表达自己的看法，不敢面对他人、面对挫折，容易产生自卑、胆怯等消极情绪，而且很难恢复。这种不良的经验会伴随孩子一生，影响其今后对他人和自己的看法，不利于孩子健康人格的形成。

法国教育家洛克曾说："在让孩子大声说出自己想法的过程中，他们的个性得以张扬，心灵得到了放飞，思想得到了解放，自主意识得到了加强。只要给孩子大声说话的机会，就会还他们以自尊与自信。"可见，鼓励孩子大声说出自己的看法是非常重要的。

孩子敢于大胆表达自己的看法，是自信的表现，也是能力的体现。父母鼓励孩子主动说出内心的想法，可以培养孩子的创造性。另外，鼓励孩子主动说出内心的想法，对培养孩子的独立自主意识也很有帮助。

为了鼓励孩子大胆发表自己的观点和看法，父母可以从以下几个方面着手。

1. 对孩子的话要表示浓厚兴趣

父母要对孩子想说的话表示出很大的兴趣和十分认真的态度，这样会让孩子感觉到父母的关注，与父母产生亲近感，从而更好地开口表达自己的思想。

这天，满满放学回来，一脸难过。妈妈拉着她坐下来，关切地问道："怎么啦？什么事情这么不开心？"满满看着妈妈，委屈地说道："今天放学，跟小雪约好一起回家，可她一转眼就不见了，我等了她好长时间，最后，学校都没人了，我才一个人回来。""那你一定很难过！"妈妈摸摸她的头说道。"嗯，她不该忘记我们的约定，让我等了这么长时间，我真伤心！"满满点点头说道。"小雪没和你说就走了，确实有错。不过，她也可能是临时有事。你明天到学校再问问她，说清楚了就好了。"妈妈耐心地安慰满满。满满点点头，抱着妈妈说："妈妈，你真好！我现在心里舒服多了！"

在倾听孩子谈话的过程中，父母可以多用体态语言来表现自己的兴趣，比如，面带微笑，靠近孩子，拥抱孩子等。父母还要善于运用与孩子产生"共振"口头语言，如，一边听着孩子讲话，一边深深地点头说"是吗""真了不起""你一定很难受"等话语，借以表达对孩子的关注。一旦孩子体会到自己讲的话被父母接受了，他就会产生自信，就会有成就感。

2. 鼓励和引导孩子发表自己的看法

青青的爸爸是个很民主的人，在家里，他总是鼓励青青大胆说出自己的想法，即使她说得没有道理，爸爸也不会批评她。

周末，爸爸带青青去参观一个书画展，事先爸爸没有告诉青青里面的画全部是一个人的作品。青青在仔细地看完每幅画后，对爸爸说："爸爸，这个画家画得真好！"

爸爸一听很高兴，便问青青："是吗？你怎么觉得它们都是一个画家画的呢？"周围的人一听也看着青青，青青有些迟疑，不过在爸爸鼓励的目光下，青青还是说出了自己的看法："我觉得这些画的风格和作画的技巧都很像。"爸爸点点头，接着问道："那你觉得这些画都好在哪里呢？"青青回答道："这些画的颜色搭配很好看，笔法大胆，意境也很好。"爸爸听后满意地点点头："青青说得很好！观察得很仔细！"青青听了爸爸的夸奖，高兴极了。

有时候，孩子不敢大胆说出自己的想法，怕说得不恰当，会受到别人的嘲笑和责备。这时候，就需要父母及时地引导和鼓励。在平时的生活中，父母就要多鼓励孩子，哪怕孩子的看法不成熟甚至是错误的，也应该对孩子积思考的行为进行表扬。这样就能给孩子足够的安全感，让孩子敢于开口表达。

3. 多听少说，给孩子话语权

著名心理学家皮亚杰认为，成人与孩子最本质的区别，就是孩子的思维与成人的思维存在质的不同。孩子有自己的思维习惯、方式、逻辑，当成人以自己的思维方式做出结论，并以自己的标准来训斥孩子，这是不尊重孩子，扼杀孩子天性的愚蠢做法。

一天，爸爸妈妈带着久久到小区院里玩。因为小朋友多，大家决定玩开火车的游戏，久久自告奋勇当了火车头。刚开始的时候，大家都玩得很开心，可是没一会儿，久久突然停下来了，不管大家怎么催促，他都不动。

妈妈走上前去，有些生气地对他说："怎么不动呢？大家都玩得好好的，就你爱捣乱！"久久觉得委屈，眼眶悄悄地红了，但他依旧固执地站着不愿意动。这时候，爸爸走上前来，摸着他的头问："久久，告诉爸爸，为什么不开了？"久久大声地回答："爸爸，火车没油了！"爸爸听后先是一怔，接着笑了起来，对着久久做了一个加油的动作，然后问他："现在油满了吗？"久久高兴地回答："满了！""那可以开动了吗？"爸爸又问。"可以了！"久久说完又"呜呜"地带着小朋友们跑起来。

当孩子说出的话，做出的举动让父母感到不解时，父母要亲切、平和、耐心地倾听孩子内心的想法，而不要急于判断。只有让孩子感觉到父母对自己的尊重，孩子才能完整地表达自己的想法，父母也才能真正了解孩子。

让孩子大胆地展现自我

父母课堂

敢于展现自我的孩子，在面对挫折和困难时，往往会表现得更勇敢。每一个孩子都一定有他值得称赞的特质，父母只要用心去观察，就一定能发现。对孩子多一些耐心，多给孩子一些展现自我的平台和空间，多给孩子一些掌声，孩子就一定能变得更加自信和勇敢。

在妈妈的影响下，小蕊很小就学会了拉小提琴，10岁的时候，小蕊的小提琴已经拉得很棒了。本以为，有一技之长会给小蕊带来更多的机会，可是小蕊在学校的表现却很让家人担心。

班上同学都知道小蕊会拉小提琴，可是在同学的眼里，小蕊的表现并不好，她很少有勇气主动拿出自己的"绝活"为大家表演，更别说是代表班级在学校演出了。每次老师和班委找到她时，她都会找各种理由推辞，时间一长，老师和同学便不再找她了。每当看到同学们在勇敢地表现自己的才能时，小蕊都有一种跃跃欲试的冲动，可一站起来，她就觉得紧张，怕自己表现不好，根本没办法静下心来去表演。

生活中，孩子这样的表现让不少家长都感到担心。确实，社会竞争越来越激烈，孩子如果不能正确认识自我，不能很好地展现自我，他就会错过很多的机会。为了让孩子更好地融入集体，为孩子将来走入社会打下良好的基础，家长就应该认识到孩子展现自我的重要性，积极引导和鼓励孩子大胆地展现自己。展现自我是一种社会交往或社会互动的行为，让孩子大胆地展现自己，不仅可以提高孩子的技艺和能力，还能让孩子更加自信。

为了让孩子敢于大胆地展现自我，家长就应该建立多元的评价体系，多给孩子一些鼓励和赞赏。

1. 肯定孩子的优势和独特之处

霍林姆斯基说："世界上没有才能的人是没有的，问题在于教育者要去发现每一位学生的禀赋、兴趣、爱好和特长，为他们的表现和发展提供充分的条件和正确的引导。"每个孩子都有自己的优势和独特之处，父母要用发现和欣赏的眼光去看待孩子。学习是孩子的首要任务，但不是孩子生活的全部，父母除了关心孩子的学习成绩外，还应该关注孩子其他方面的表现，帮助孩子找到他的强项，并引导孩子将其发扬光大。

小惠上幼儿园了，可是她做事情的时候，总是要比别的小朋友慢，吃饭、穿衣、识字等都需要更长的时间。为此，小惠总是喜欢一个人呆呆地坐在教室里，不敢和小朋友们一起玩。老师和家长都很担心她。

一个周末，妈妈在打扫房间，小惠坐在沙发上看电视。看完后，小惠眼圈红红地走到妈妈跟前，对妈妈说："妈妈，那只小白兔好可怜啊！"妈妈听后随口问了两句："小白兔怎么了？小惠为什么会觉得它可怜呢？"没想到小惠竟然绘声绘色地给妈妈讲起了刚刚看的动画片，不仅逻辑清楚，情节完整，还加上了不少生动的表情和动作。原来小惠的表达能力这么好，可以把故事讲得这么好听。这个发现让妈妈惊喜不已，她决定从这方面入手，一点点培养小惠的自信心。

那天以后，妈妈给小惠买来好多的故事书，小惠识字慢，爸爸妈妈就一遍遍耐心地教她。等小惠熟悉了故事后，就让她给爸爸妈妈讲。小惠不仅能很快记住故事情节，还能根据故事书上的插图自编故事。渐渐地，小惠开始主动要求给爸爸妈妈表演节目了，于是妈妈联系到了幼儿园的老师，希望她能多给小惠一些表演的空间。

在老师的鼓励和帮助下，小惠终于勇敢地站上了讲台。刚开始的几次，她有些紧张，可是她在同学们的掌声中逐渐找到了自信，讲得越来越好了。同学们也越来越喜欢她，一下课就缠着她讲故事。在建立自信的同时，小惠读了很多的书，原本的识字困难对她来说已经不再是问题了。

2. 多给孩子展现自我的机会

家是孩子成长的重要场所，要让孩子大胆地展现自己，父母就要为孩子创造展现的机会与舞台，多给孩子一些锻炼的机会。

小薇的理想就是要做一名出色的主持人，为了鼓励她积极努力实现自己的理想，父母决定给她创造机会和条件。每周末，父母都会带小薇回姥姥家，姥姥家人多，父母就鼓励小薇组织策划一个集体活动，从主题、人选到节目以及策划都由她一手负责。小薇高兴极了，每周五都会公布一个活动方案，或者是诗歌朗诵，或者是歌舞大赛，甚至是吃水果比赛等，然后就去鼓励家人踊跃报名参加。大家也都积极配合，因此，每周六的晚上，小薇都能过足当主持人的瘾。家人的支持和鼓励，给了小薇很大的信心，她参加了学校的话剧社，经常和别的学校联谊，主持了很多有意思的活动，还获得过校园"十佳主持人"的称号。

其实，爱表演也是孩子的天性，只是他们还需要一点外力的推动和帮助。因此，父母要多给孩子提供机会，给孩子表演的舞台，引导并帮助孩子不断地练习、提高，让孩子可以大胆地展现自己。

3. 创造多元评价机制与舞台

除了学习这个展现自我的舞台以外，父母还应该积极地为孩子创造更多的展现自己才能与潜力的舞台。比如，鼓励内向的孩子在文艺方面多展现自我，鼓励活泼好动的孩子在运动场上多多表现等。父母不应该以单一的标准来评价孩子，而要用全面和发展的眼光来看待孩子，多鼓励孩子，多给孩子一些耐心。只有这样，才能更好地挖掘孩子的潜力，才能让孩子更好地展现自我。孩子有了成功的体验，自然就变得自信和勇敢了。

适当给孩子犯错误的机会

父母课堂

法国作家罗曼·罗兰说："人生应当做点错事。做错事，就是长见识。"任何尝试都有可能犯错，不允许孩子犯错，就是不允许孩子成长。孩子只有在不断地尝试中，才能不断地积累知识和经验，不断体验到成功的喜悦。只有让孩子去尝试，去犯错，孩子才能减少挫败感，才能更勇敢、更理智地去面对挫折。

犯错是孩子成长中必经的体验，对于成长中的孩子，父母应该给予他们犯错误的机会。因为，只有不怕犯错，孩子才能勇敢地去尝试，也才会减少孩子的挫败感。

正如发展心理学上所说的那样："孩子小的时候，就像一盘录像带，需要预演与体验所有的情绪（快乐、痛苦、悲伤、骄傲、自满、受挫、爱恨等）与行为，留下适当的印痕，在今后成长的道路上，这些印痕都是可利用的资源。孩子小时候犯一些错误，通过错误来认知与外界或他人的关系，也可以获得对错误的部分免疫。"孩子在不断犯错误、改正错误的过程中，能学到更多的东西，积累更多的经验，这些都能促使孩子不断地走向成熟，迈向成功。

当孩子犯错时，父母不要着急、气恼，更不要斥责孩子或体罚孩子，而应该及时帮助孩子减压，趁机对孩子进行正面教育，不要让一次错误成为孩子永远的阴影。

乔治·华盛顿小时候住在弗吉尼亚的一个农场上。他的父亲有一个果园，种了各种各样的果树。有一次，父亲从大洋对岸买回一棵品种上佳的樱桃树。他把樱桃树种在果园边上，并告诉农场上的所有人要严加看护，不能让任何人碰它。樱桃树的长势很好，春天到来时开满了白花。父亲想到用不了多久就可以吃到樱桃了，心里非常高兴。

正好，有人送给乔治一把明亮的斧头，他常常拿着它砍树枝，砍篱笆，见什么砍什么。一天，他来到果园边上，他想试试斧头是否锋利，于是举起斧头砍向那棵樱桃树。树皮很软，乔治没费多大力气就把树砍倒了。他并没有意识到自己的错误，而是拿着斧头高高兴兴地到别的地方玩去了。

父亲回到果园看到被砍倒的樱桃树，生气极了。乔治回来听说这件事后，来到父亲身边，鼓起勇气对父亲说道："爸爸，是我用斧头砍的。"父亲不可思议地看着自己的儿子，问道："你为什么要这么做呢？现在树就要死了，我们永远也不会吃它的樱桃了。但比这更糟的是，我嘱咐你要看护好这棵树，你却没有做到。"乔治羞愧难当，脸一红，低下头，结结巴巴地说道："当时我正玩，没想到……对不起，爸爸！"

他知道自己犯了大错，忐忑不安地等待着父亲的批评和责罚。没想到，父亲不仅没有责罚他，还对他说了这样一番话："失去樱桃树，我当然很难过，但我同时也很高兴，因为你鼓足勇气向我说了实话。比起一棵枝繁叶茂的樱桃树，我更愿意要一个勇敢诚实的孩子。一定要记住这一点，儿子！"

父亲的宽容让乔治很感动，父亲的表扬和鼓励更让他牢牢记住了父亲的教诲，他一直像小时候那样勇敢、诚实，也因此赢得了人们的尊敬和爱戴。

这个故事很多人都听过，父亲的教育方式值得每一位家长学习和借鉴。当孩子认识到自己犯错后，孩子的心里也会内疚和自责，这时候，如果父母过于严厉地批评和指责孩子，势必会造成负面的影响，甚至会激起孩子的逆反心理，让事情朝着相反的方向发展。父母的正确做法应该是：

1. 倾听孩子的想法，找到犯错的原因

孩子犯了错，父母要先控制好自己的情绪，冷静地听听孩子的想法，了解事情的经过。然后父母可以引导孩子进行思考，帮助孩子找到犯错的原因。

2. 给孩子改正错误的机会

如果孩子是在尝试新事物的过程中犯了错，父母在帮助孩子找到原因后，应该鼓励孩子再次尝试，让孩子的自信心在不断的尝试中得到保护和增强。如孩子主动帮忙做家务，可是因为不小心而摔破了碗。这时，父母不要指责孩子，而应指导孩子如何才能把碗洗干净又不会摔破，鼓励孩子继续尝试。

当孩子主动承认错误时，父母要给予鼓励，并指出错误的危害性，让孩子在鼓励中改正错误。

3. 安抚孩子的情绪

对犯错的孩子，特别是在尝试过程中犯错的孩子，父母一定要及时安抚孩子的情绪，否则可能会给孩子的心灵留下失败的阴影，影响孩子今后的成长和发展。父母可以名人犯错的故事，或是借用自己犯错时的情形，让孩子知道谁都会犯错，并教会孩子改正错误的方法，帮助孩子从失败和错误中走出来，帮助他们找到解决问题的方法和战胜困难的信心。

教导孩子用理智代替冲动

父母课堂

孩子容易冲动，就有可能常常使自己陷入麻烦和困境。冲动的孩子，在成长过程中，也更容易遭受挫折，体会到更多的挫败感。为了帮助孩子摆脱挫折，家长就要教导孩子凡事多想想，帮助孩子找到有效控制情绪的方法，让他及时地克制自己的不良情绪。

在非洲草原上，吸血蝙蝠在攻击野马时，常会附在马腿上，用锋利的牙齿极敏捷地刺破野马的腿，然后用尖尖的嘴吸血。无论野马怎么蹦跳、狂奔，都无法驱逐这种蝙蝠。蝙蝠始终可以从容地吸附在野马身上，直到吸饱吸足，才满意地离开。而野马常常在暴怒、狂奔、流血中无可奈何地死去。动物学家经过研究发现，吸血蝙蝠所吸的血量是微不足道的，根本不会让野马死去，让野马死亡的真正原因是它暴怒狂奔的性格。

我们常说："冲动是魔鬼。"如果孩子也像野马一样冲动，他就不能很好地控制自己的情绪，自然也就不能冷静、理智地面对一切，并做出正确的判断。

小飞是个容易冲动的孩子，一件很小的事情都能引起他强烈的情绪反应。小飞冲动的毛病给他带来了不少的麻烦。在学校里，与同学相处时，一句话不对，小飞就会大声地和对方争吵，甚至还动手打人。时间长了，大家都不愿意跟他玩了，小飞每天都一个人独来独往，变得更加情绪化了。

　　"急则有失，怒则无智。"容易冲动的孩子，常常会因控制不住自己的情绪而做出错误的判断和决定，使自己陷入麻烦和困境。正因为如此，这样的孩子更容易因为自己的言行，让自己经历更多的挫折，体会到更多的挫败感。

　　为了帮助孩子摆脱挫折，家长就要教导孩子，遇事千万别冲动，要用平和的心态、大度的胸怀，理智地去对待各种事情，以便更理智地进行判断，更正确地进行决策。

1. 教孩子凡事想一想，再去做

　　爱冲动的人在行动前常常不假思索，很少考虑行为的结果。为了提高孩子的自我控制能力，父母应教导孩子，在行动前，多想一想，自己这么做会有什么样的结果，会给自己和他人带来什么样的影响等，让孩子先权衡一下利弊。

　　在遇到较强的情绪刺激时，应教孩子强迫自己冷静下来，迅速分析一下事情的前因后果，再采取表达情绪或消除冲动的"缓兵之计"，尽量不要让自己陷入冲动鲁莽、简单轻率的被动局面。比如，当孩子被别人无聊地讽刺、嘲笑时，可以让孩子先离开现场，而不要暴跳如雷，反唇相讥；当孩子觉得无法克制自己的某种冲动时，可以让孩子在纸上写下"冷静""制怒""理智"等词语，对自己进行心理暗示，平复自己激动的情绪等。

　　父母可以引导孩子多做几次，帮助孩子找到最适合自己的方法。这样，孩子尝到了冷静思考的"甜头"，就会有意识地克制自己的脾气了。

2. 让孩子生气时努力转移自己的注意力

人的情绪往往只需要几秒钟、几分钟就可以平息下来。但如果不良情绪不能及时转移，就会更加强烈。现代生理学的研究表明，人在遇到不满、恼怒、伤心的事情时，会将不愉快的信息传入大脑，逐渐形成神经系统的暂时性联系，形成一个优势中心，而且越想越巩固，日益加重；如果马上转移，想高兴的事，向大脑传送愉快的信息，争取建立愉快的兴奋中心，就会有效地抵御、避免不良情绪。

因此，父母要教会孩子，当他察觉到自己的情绪非常激动，眼看就无法控制时，可以采取暗示、转移注意力等方法来实现自我放松，克制冲动。比如，不断地对自己说诸如"不要做冲动的牺牲品""过一会儿再来应付这件事，没什么大不了的"等话语进行暗示，或转而去做一些简单的事情，或去一个安静平和的环境，这些都是很有效的方法。

3. 让孩子学会换位思考

心理学研究表明，冲动型性格的人往往自我中心化倾向较强，他们只根据自己的意愿行动，而很少考虑他人。因此，为了帮助孩子克服这种弱点，父母就应该有意识地培养和提高孩子的移情能力，提高孩子对他人情绪、情感的敏感性。孩子只有学会换位思考，学会站在他人的角度，感受和理解自身行为对他人所造成的影响，才能有意识地控制和调整自己的行为，从而提高自我控制能力。

4. 冷静后，引导孩子思考更好的解决问题的办法

在遇到问题、冲突、矛盾和不顺心的事时，不能一味地逃避，

还必须让孩子学会处理矛盾的方法，以便再遇到类似情况时，孩子可以更快更好地加以解决。如果孩子一时冲动犯下了错，父母就应该在孩子冷静后，及时引导孩子找查冲突的原因是什么，双方分歧的关键在哪里，解决问题的方式可以有哪些，哪些解决方式是双方都能接受的。然后，让孩子找出最佳的解决方式，并采取行动。

努力培养孩子的交际能力

父母课堂

从小注重培养孩子的交际能力，鼓励孩子积极主动地与他人交往，对提高孩子的逆商很有帮助。因为，孩子在与人交往的过程中，不仅能获得友谊，各方面的能力也会得到锻炼和提高，承受和应对挫折的能力也会不断增强。

成功学大师卡耐基，通过调查研究指出："一个人的成功，专业知识所起的作用是 15%，而交际能力却占 85%。"可见，交际能力是每一个人在自身发展过程中不可缺少的一种重要能力。然而，在我们的身边却有不少的孩子不善交际、不会交际，甚至害怕交际。有的到了成年，还视交际如险滩。

人际交往对孩子的性格形成有着重要作用。专家指出：人际交往在孩子们的成长中占据着重要的地位，尤其是"关键期"——孩子的少年时代，亲子关系、师生关系、同学关系的紧张与疏离，都会直接影响到孩子性格的发展和品质的形成。心理学家通过广泛调查发现，良好的人际关系还能提升人们对幸福的感受能力，增强人们的幸福感。

交往能力强，对孩子来说有百利而无一害。善于与他人交往的孩子，不仅能够从容地与同龄人交往，而且能够从容地与老师、长辈等成人交往。这样的孩子，一般都开朗乐观，遇到困难和挫折时，也会显得更加积极主动，对挫折的承受能力也比一般的孩子要强。

孩子的交际能力是可以培养的，而且应该从小培养。具体来说，家长可以从以下几个方面来培养孩子的交际能力。

1. 为孩子创设开放的交往环境

为了激起孩子的交往兴趣和欲望，父母就要为孩子创设开放的交往环境。比如，父母可以鼓励孩子去和同龄人聊天、做游戏、出游，而不要总是把孩子锁在"学习"的空间中；父母还可以让孩子多和同学交流，让孩子带同伴到家里玩，不要对孩子的活动做过多的限制；或带孩子去邻居或亲戚家串门，让孩子学习做客人应有的礼貌，获得良好的社交经验等。

2. 让孩子单独去买东西

父母不要总是让孩子待在家里，而是要有意识地让孩子走出家门。比如，让孩子单独去买一些油盐酱醋，这样孩子就会和外界有所接触，慢慢也会懂得如何和别人打交道。让孩子单独去买东西，也有利于丰富孩子的交际对象，可以加深孩子对他人的了解和认识，从而提高自己的交际能力。由于缺乏经验，孩子在刚开始时可能会出现一些差错，对此，父母不要过多指责，以免影响他的交际信心。

3. 有意识地让孩子独自做客或接待客人

父母可以有意识地让孩子独自到同学或邻居家去串门，到亲戚家去做客，这都是锻炼孩子交际能力的机会。串门做客，需要寒暄和问候，也需要交谈和有关礼物的收送。与父母一起去，孩子是附带的，不用应付，没有压力，应酬的主角是父母。让孩子一个人去，孩子成了主角，与对方的一切接触都得由自己来应酬，这无疑把孩子推到了前线，促使其考虑如何交际。如果家里来了客人，有时不妨让孩子去接待，特别是与孩子年龄相仿的客人或朋友，家长千万不要包办替代。

4. 经常与孩子一道外出旅游

父母可以利用节假日与孩子一起走出家门，走向社会，走向大自然，让孩子在增长见识、陶冶性情的同时，提高他自己的交际能力。因为旅游是一种开放性活动，交际也是开放性的，两者是相通的。在旅途中，买车票、找旅馆、进饭店、购门票等都需要与人接触和交谈，家长可以有意识地让孩子去做这些事。这样，孩子就可以直接接触到一些新的对象，了解新的交际内容。旅游结束，孩子的见识广了，谈资多了，又给孩子以后的交际增加了新的话题。

5. 鼓励孩子参加各种体育活动

体育是一种直接与人正面接触和竞争的群体活动。不论是棋类还是球类，不论是田赛还是径赛，它总是要有两个以上的人参与才有意义。更重要的是，体育活动不但需要智慧和力量，而且需要胆量。胆量，正是人际交往所必需的一种要素。鼓励孩子经常参加各种体育活动，既有利于提高孩子的身体素质，培养其兴趣，也有利于提高其交往能力。孩子一旦爱上体育，就会主动寻找对手，这种寻找，就是交际。合适的对手，往往就是友谊的伙伴。

6. 让孩子掌握交往的技能

父母要教会孩子一些基本的社交礼仪和技能，帮助其更快更好地打开社交局面，这主要表现在礼貌、交谈、合作、主人和仪表等方面。比如，教育孩子面带微笑，主动向别人问好，用商量的口吻与别人说话，生活中要正确使用礼貌用语；教孩子热情主动地把自己的玩具给小伙伴玩，相互拉拉手表式有好；培养孩子的同情心，对别人的正当请求和困难提供帮助；教给孩子一些交谈的技巧，让孩子学会倾听，学会换位思考；等等。

帮助孩子走出失败的阴影

父母课堂

要提高孩子的逆商，父母就要让孩子认识到，失败不是事情的终点，而是暂时的不成功；只要不放弃努力，就一定能取得成功。父母要引导孩子进行自我调整，帮助孩子摆脱自我挫败感，走出失败的阴影，让孩子体会到成功。

当孩子经历了一些挫折和失败之后，可能就会因此而产生一种消极的意识，并对挫折产生一种畏惧感，一旦孩子再次面对挫折的时候，在心理上就会产生一种"自我挫败感"。

自我挫败感是指，当孩子在准备去做某件事情之前，自己就会设想许多可能的困难和障碍，并且被其吓倒，从而就产生忧虑和恐惧，认为自己必然会失败。既然失败是必然的，也就不想面对这件事情，于是就会选择逃避。

这样的心理对孩子的成长是很不利的，孩子会因此变得脆弱，不敢去尝试，凡事犹豫就会错过很多机会。要提高孩子的逆商，父母就一定要想办法帮助孩子克服困难，走出误区，走出失败的阴影，重新找回面对挫折的勇气和战胜困难的信心。

1. 让孩子正确地接受自我

当一个人屡屡遭受失败和挫折时，他就会怀疑自己的能力，产生自卑心理。因此，父母要认真考虑自己孩子的能力，提出适当要求，使孩子看到自己的能力。

许多不能接受自我的孩子，常常由于对自身的某个方面不满意，拒绝承认自己的本来面目。比如，因为怕"丑"而竭力装扮或伪装自己。虽然这并非有意，但却会给孩子带来沉重的心理负担。"金无足赤，人无完人"，父母要引导孩子认识到，没有人是十全十美的，每个人都会有自己的缺点和不足，只要自己有信心，愿意去努力，就一定能弥补自身的缺陷和不足，最终实现自己的目标和理想。

2. 让孩子学会适当地要求自己

有目标才会有动力，但是如果目标设定得太高，无论孩子怎么努力都无法达到，多次失败的体验就会让孩子失去信心，产生挫败感。因此，要帮助孩子走出失败的阴影，家长首先要让孩子学会正确认识和评价自己，给自己确定切合实际的目标，适当地要求自己。

父母可以让孩子把自己的优缺点都列在纸上，父母也可提出自己的看法，这样可以帮助孩子对自己进行全面的分析。父母应该让孩子知道，一个人的挫败感和他自身的期望程度有着很大的关系，如果事前期望过高，事情不理想的话，他的失望也会越大。因此，不管做什么事情，都要给自己定一个适宜的标准，然后尽力去做，不要太急功近利。这样一来，心态就会变得平和，就不会有那么大的压力，而且就算失败了，孩子也不会太过失望，挫败感也就不会太强烈，对孩子的伤害相对就会少些。

3. 不要让孩子害怕面对挫折

如果一个人在行动之前就害怕挫败，总是想象失败，并且把失败之后的结果想象得太过严重，把自己立于失败之地，那么，他就会过于把注意力集中到自己身上，就会阻碍自己潜能的发挥。比如，一个孩子在考试之前非常紧张，总是害怕考不好，越害怕越紧张，一紧张就不能集中精力，不能很好地发挥，自然也就不能取得好的成绩了。

每个人都渴望成功，但是父母也应该让孩子认识到，挫折是人生的常态，因此，在憧憬成功的同时，也要做好失败打算。这样一来，孩子就能在鼓起勇气战胜挫折的同时，放平自己的心态；即使真的失败了，也不会因此而害怕面对失败。

4. 让孩子学会鼓励自己

当孩子遇到挫折或失败时，父母应该像知心朋友一样关心孩子，鼓励孩子或和孩子共同克服困难。比如，当孩子说"我不行"时，父母可以这样告诉他："你在我心里是最棒的，只要你努力，我相信你一定可以！"父母的信任和鼓励，会给孩子带来前进的力量。

如果孩子觉得有些事情会让自己有挫败感，或是已经产生挫败感的时候，父母就应该教孩子运用自我鼓励的方法来矫正。父母可以教孩子用生活中的哲理或某些明智的思想来安慰自己，鼓励自己同忧虑和痛苦进行斗争。

比如，孩子在担心失败时，可以让他用"不入虎穴，焉得虎子""只要想成功，就一定能成功"等话语来激励自己；当孩子因为失败感到灰心时，可以让他用"挫折和失败能使人成熟""吃一堑，长一智""这次失败预示着下次的成功"等话语来让自己振作起来，并让自己从挫折和失败中总结经验和教训，更好地迎接下一次的挑战。此外，父母还可以教孩子运用他自己喜欢的伟人的思想来激励自己；名人格言、座右铭等也都有助于孩子自我调节，摆脱自我挫败的不良情绪。